AUFSÄTZE UND VORTRÄGE
(1922–1937)

HUSSERLIANA

EDMUND HUSSERL
GESAMMELTE WERKE

BAND XXVII

AUFSÄTZE UND VORTRÄGE
(1922–1937)

AUF GRUND DES NACHLASSES VERÖFFENTLICHT VOM
HUSSERL-ARCHIV (LEUVEN) IN VERBINDUNG MIT
RUDOLF BOEHM UNTER LEITUNG VON

SAMUEL IJSSELING

EDMUND HUSSERL

AUFSÄTZE UND VORTRÄGE
(1922–1937)

MIT ERGÄNZENDEN TEXTEN
HERAUSGEGEBEN VON

THOMAS NENON
UND
HANS RAINER SEPP

Dieser Band wurde mit Unterstützung der Deutschen
Forschungsgemeinschaft am Husserl-Archiv in
Freiburg i.Br. vorbereitet

KLUWER ACADEMIC PUBLISHERS
DORDRECHT / BOSTON / LONDON

B
3279
.H9
1950
v.27

Library of Congress Cataloging in Publication Data

Husserl, Edmund, 1859-1938.
   [Selections. 1988]
   Aufsätze und Vorträge (1922-1937) / Edmund Husserl ; mit
ergänzenden Texten herausgegeben von Thomas Nenon und Hans Rainer
Sepp.
      p.   cm. -- (Husserliana ; 27)
   ISBN 902473620X
   1. Phenomenology. 2. Philosophy.   I. Nenon, Thomas. II. Sepp,
Hans Rainer. III. Title. IV. Series: Husserl, Edmund, 1859-1938.
Works. 1950 ; Bd. 27.
B3279.H9 1950 Bd. 27
193 s--dc19
[193]   87-24742
                                                        CIP

ISBN 90-247-3620-X

Published by Kluwer Academic Publishers,
P.O. Box 17, 3300 AA Dordrecht, The Netherlands

Kluwer Academic Publishers incorporates
the publishing programmes of
Martinus Nijhoff, Dr W. Junk, D. Reidel and MTP Press

Sold and distributed in the U.S.A. and Canada
by Kluwer Academic Publishers,
101 Philip Drive, Norwell, MA 02061, U.S.A.

In all other countries sold and distributed
by Kluwer Academic Publishers Group,
P.O. Box 322, 3300 AH Dordrecht, The Netherlands

printed on acid free paper

Printed in the Netherlands

INHALT

TEXTKRITISCHER ANHANG

EINLEITUNG DER HERAUSGEBER

Der vorliegende Band vereint diejenigen Aufsätze und Vorträge Husserls aus den Jahren 1923 bis 1937, die noch nicht in den *Husserliana* veröffentlicht wurden.[1] Damit beschließt er die Sammlung von Husserls kleineren Schriften, mit der in Band XXII der *Husserliana* begonnen und die in Band XXV fortgesetzt wurde. Der Titel ‚Aufsätze' umfaßt hier — wie schon in Band XXV — alle kleineren von Husserl selbst veröffentlichten Texte, die für diese Zeitspanne in der Bibliographie Herman L. Van Bredas[2] verzeichnet sind. Sie werden auch in diesem Band durch diejenigen Abhandlungen ergänzt, die Husserl während des genannten Zeitraums für die Publikation vorbereitete, aber nicht erscheinen ließ. Schwerpunkte des vorliegenden Bandes bilden die Aufsätze, die Husserl 1923/1924 in der japanischen Zeitschrift *The Kaizo* veröffentlichte, ein geplanter Festschriftbeitrag für Thomas Masaryk, „Über Ursprung" aus dem Jahr 1930, der von Husserl 1931 mehrfach gehaltene Vortrag „Phänome-

---

[1] In den *Husserliana* erschienen bereits:
1. Aufsätze: „Nachwort zu den *Ideen I*" (Bd. V, S. 138-162), „Die Idee einer philosophischen Kultur. Ihr erstes Aufkeimen in der griechischen Philosophie" (Bd. VII, S. 203-207, 8-10 und 11-17), der *Encyclopaedia Britannica* Artikel (Bd. IX, S. 237-301), Husserls Selbstanzeige der *Formalen und transzendentalen Logik* (Bd. XVII, S. 339-341).
2. Vorträge: Pariser Vorträge (Bd. I, S. 1-39), „Die Krisis des europäischen Menschentums und die Philosophie" (Bd. VI, S. 314-348), „Kant und die Idee der Transzendentalphilosophie" (Bd. VII, S. 230-287; ausgearbeitete Fassung), Amsterdamer Vorträge zur phänomenologischen Psychologie (Bd. IX, S. 302-349).
Die Londoner Vorträge über „Phänomenologische Methode und phänomenologische Philosophie" (1922) werden zusammen mit der Vorlesung „Einleitung in die Philosophie" vom Wintersemester 1922/1923 in einem eigenen Band erscheinen.
[2] In: *Edmund Husserl 1859-1959, Recueil commémoratif publié à l'occasion du centenaire de la naissance du philosophe*, La Haye 1959, *Phaenomenologica* 4, S. 289-306.

nologie und Anthropologie" sowie die 1934 verfaßte „Prager Abhandlung".

Die Kaizo-Artikel

In den Jahren 1923 und 1924 veröffentlichte Husserl in der japanischen Zeitschrift *The Kaizo* drei Aufsätze über Erneuerung des Menschen und der Kultur.[1] Der äußere Anstoß zu dieser Artikelserie ging von T. Akita aus, einem Agenten des japanischen Magazins. Er richtete an Husserl die Bitte, er möge — wie bereits Bertrand Russell und Heinrich Rickert vor ihm — einen Beitrag für die Zeitschrift zur Verfügung stellen.[2] Gerade in dieser Zeit fand Husserls Philosophie in Japan größere Resonanz, und seit Anfang der zwanziger Jahre besuchten regelmäßig japanische Studenten und Dozenten Husserls Vorlesungen und Seminare.

Husserl ging vor allem aus zwei Gründen auf das Angebot des *Kaizo*-Verlags ein. Zum einen sollte der Aufsatz gut honoriert werden — ein für Husserls damalige finanzielle Lage nicht unwesentliches Moment.[3] Vor allem aber bot ihm diese Publikation die Möglichkeit, über ein Thema zu arbeiten, das ihn besonders in den

---

[1] *The Kaizo*. A monthly review of politics, literature, social affairs etc., Tokio. — Die Artikel in der von Husserl bestimmten Reihenfolge: „Erneuerung. Ihr Problem und ihre Methode", 5, 1923 in Heft 3; „Die Methode der Wesensforschung", 6, 1924 in Heft 4; „Erneuerung als individualethisches Problem", 1924 in Heft 2. Der zweite und dritte Artikel wurden vertauscht. Die Manuskriptfassungen sowie weitere Entwürfe beinhaltet das Konvolut F II 7.

[2] R II Akita, 8.8.1922. — R I = Briefe von Husserl, R II = Briefe an Husserl (Signaturen des Husserl-Archivs).

[3] Vgl. den Brief, den Husserl am 13.12.1922 an Winthrop Bell richtete und in dem es heißt: „⟨...⟩ Die Haare sträuben sich Ihnen? Sie rufen aus, wie konnte Husserl sich zu solcher Allotria ⟨die Artikel für das Magazin zu verfassen⟩ hergeben?! Er, der nie zu solchen Dingen zu haben war — zum Geldverdienen?! Ja lieber Freund, das ist das neue Deutschland. Und wenn Husserl zwei Kinder verheiraten, also ausstatten soll, wie dann anders? Ich bin zwar Millionär an Jahresgehalt — fast anderthalb Millionen *pro anno* — herrlich! Aber leider steht der Dollar auf ca. 8300 Mark, und so sind es knapp 160 Dollar, nach Kaufwert im Lande kaum 300, also kaum ein Zehntel von meinem alten amtlichen Einkommen. Da konnte ich, wenn mir pro Artikel 20 Pfund angeboten wurde, nicht nein sagen. ⟨...⟩ Als der ich nun einmal bin, kann ich für den *Kaizo* nicht um ein Jota anders schreiben als für das Jahrbuch. ⟨...⟩ Es war für mich, und ist noch, nicht nutzlose philosophische Arbeit."

Nachkriegsjahren beschäftigte. Beide Gründe mochten bewirkt haben, daß Husserl nicht nur einen Aufsatz verfaßte, sondern eine Artikelserie konzipierte und zum größten Teil ausführte.

Husserl verfaßte die Artikel im Herbst und Winter 1922/1923. Im Januar 1923 waren die ersten drei Aufsätze druckfertig, so daß sie an den Verlag gesandt werden konnten.[1] Außer dem ersten Artikel, der neben japanisch auch auf deutsch veröffentlicht wurde, erschienen die beiden anderen nur in japanischer Sprache: Dem Erdbeben, das Tokio 1923 verwüstet hatte, waren die meisten derjenigen Druckereien zum Opfer gefallen, die über lateinische Drucktypen verfügten.[2] Der Übersetzer der Artikel ist nicht bekannt; in den *Kaizo*-Bänden finden sich hierzu keine Angaben. Vielleicht vermittelte Hasime Tanabe die Übersetzung oder besorgte sie selbst; er nahm zum ersten Mal im Sommersemester 1923 an Husserls Seminar teil und vertrat später in Japan Husserls Interessen gegenüber dem *Kaizo*-Verlag. Unstimmigkeiten zwischen Husserl und dem Verlag traten auf, als dieser die Honorarzahlungen nicht in der vereinbarten Weise leistete und keine Freiexemplare der veröffentlichten Artikel sandte.[3]

Bei der Themenstellung seiner Aufsätze nahm Husserl Bezug auf den Titel des japanischen Magazins. „Kaizo" besagt „Erneuerung", und auf die Rückseite des Schreibens, das Akita an ihn gerichtet hatte, notierte er: „Erneuerung nach Problem und Methode" — fast im Wortlaut der Titel des ersten Aufsatzes. „Mein Thema lautete in Beziehung auf den Titel der Zeitschrift ,Erneuerung'", schrieb Husserl 1923 an Albert Schweitzer, „Erneuerung im Sinne ethischer Umkehr und Gestaltung einer universalen ethischen Menschheitskultur."[4] „Erneuerung" war aber bereits zur Zeit des Ersten Weltkriegs und vor allem in den Jahren unmittelbar danach zum Schlüsselwort für Husserls Bestrebungen geworden, in Auseinandersetzung mit der politisch-sozialen Situation der Gegenwart eine ethische Lebensform für den einzelnen wie für die Gemeinschaft philosophisch zu bestimmen. Bereits Jahre bevor er in den *Kaizo*-Artikeln seine Gedanken in eine systematische Form zu bringen versuchte,

---

[1] R I Albert Schweitzer, 28. 7. 1923.
[2] Vgl. R II Tanabe, 23. 6. 1924.
[3] Vgl. ebd.
[4] R I Schweitzer, 28. 7. 1923.

formulierte er sie im Briefwechsel mit Freunden und Bekannten und verwandte den Terminus „Erneuerung".

„Was der Krieg enthüllt hat", schrieb er am 3. 7. 1920 an William Hocking, „ist das unsägliche, nicht nur moralische und religiöse, sondern auch philosophische Elend der Menschheit." Und am 11. 8. 1920 an Winthrop Bell: „Dieser Krieg, der universalste und tiefste Sündenfall der Menschheit in der ganzen übersehbaren Geschichte, hat ja alle geltenden Ideen in ihrer Machtlosigkeit und Unechtheit erwiesen. ⟨...⟩ Der Krieg der Gegenwart, zum Volkskrieg im wörtlichsten und grauenvollsten Sinn geworden, hat seinen ethischen Sinn verloren." Für die notwendige „ethisch-politische Erneuerung der Menschheit" sei vonnöten „eine von klar fixierten, höchsten ethischen Idealen getragene Kunst universaler Menschheitserziehung, eine Kunst in Form machtvoller literarischer Organisation, die Menschheit aufzuklären, sie aus Wahrhaftigkeit zu Wahrhaftigkeit zu erziehen".

Vor allem zweierlei ist an Husserls Äußerungen beachtenswert. Glaubte er in seinen Kriegsvorträgen über die Philosophie Fichtes[1] im Krieg noch eine Möglichkeit zur Intensivierung ethischer Werte zu erblicken, so enthüllte ihm jetzt das Kriegsgeschehen nur mehr die Brüchigkeit und Unwahrhaftigkeit der gegenwärtigen Kultur. Zum zweiten verspürte er auch offenbar stärker als je zuvor die Notwendigkeit, daß die Forderung nach einsehbaren und einsichtig zu rechtfertigenden Vernunftnormen, an denen sich das einzelpersonale und das gemeinschaftliche Leben orientieren könnte, nur auf dem Weg einer „strengen Wissenschaft" eingelöst zu werden vermag. Dabei hatte er schon früher betont, daß die Beantwortung lebensbedeutsamer Fragen auf strenge Wissenschaft angewiesen sei: Bereits im *Logos*-Artikel von 1911 forderte er von einer Philosophie als strenger Wissenschaft nicht nur, daß sie „den höchsten theoretischen Bedürfnissen Genüge leisten", sondern auch „in ethisch-religiöser Hinsicht ein von reinen Vernunftnormen geregeltes Leben" ermöglichen solle.[2] In seinen Kriegsvorträgen betonte er, daß es schon zum Wesen der theoretischen Fragen selbst gehöre, „daß die Richtung ihrer Beantwortung lebensbestimmend und für die oberste

---

[1] Gehalten in den Jahren 1917/1918. Die Vorträge sind veröffentlicht in den *Husserliana*, Band XXV, S. 267–293.

[2] *Husserliana*, Band XXV, S. 3.

Zielgebung des persönlichen Lebens entscheidend werden kann und werden muß"[1]. An Hermann Graf von Keyserling schrieb Husserl 1919: „Philosophie ist gewiß ihrem höchsten Telos nach die Seele des praktischen Kulturgeistes, ⟨dazu berufen⟩, den Menschen und der sozial verbundenen Menschheit Ziele vorzuzeichnen, nach denen sie ihr Leben von Grund aus umgestaltet und endlich erkennt, daß nur ein auf Verwirklichung reiner Ideale gerichtetes, d.i. ein radikal wahrhaftig seinen eigensten Sinn selbst ausgestaltendes Leben ‚selig' machen könne."[2] Damit solche Ideale praktisch wirksam werden könnten, bedürfe es, in der „Weltepoche der Wissenschaft", einer Philosophie in Form „strenger Wissenschaft".[3]

Das Verlangen nach wissenschaftlicher Behandlung dringender Lebensfragen meinte Husserl in den Jahren nach dem Krieg besonders bei den Hörern seiner Lehrveranstaltungen zu verspüren. Er konstatierte bei den aus dem Krieg zurückgekehrten jungen Menschen eine „tiefe Abneigung gegen die idealistische Betriebsamkeit der Kriegsrhetorik", ein „starkes Mißtrauen gegen die in den Dienst der Kriegspropaganda gestellten philosophischen, religiösen, nationalen Ideale" und demgegenüber den Wunsch zur „Anleitung zu selbständiger wissenschaftlicher Arbeit, zum Zweck einer auf sicheren Fundamenten gegründeten, kritisch freien Stellung gegenüber dem Überlieferten".[4] Diese Zeilen sind einer früheren Fassung des ersten *Kaizo*-Artikels entnommen (vgl. *Beilage I*). Daß Husserl zunächst daran dachte, mit diesem Vorspann die Artikelserie einzuleiten, ist bezeichnend für den engen Zusammenhang der Thematik der *Kaizo*-Artikel mit Husserls Reflexionen über die politisch-soziale Situation in den Nachkriegsjahren.

---

[1] A.a.O., S. 271.

[2] R I Keyserling, 29.9.1919.

[3] Ebd.

[4] Siehe unten, S. 94. Vgl. auch Husserls Äußerungen im Brief an Hocking vom 3.7.1920: „Nie habe ich in 30 Jahren eine solche Hörerschaft gehabt, von solchem Hunger nach Idealen getrieben, so ernst strebend, so sehr nach philosophischer, nach religiös-ethischer Anregung dürstend, von solcher Begeisterung für eine wahrhaftige strenge, wissenschaftlich gründliche Philosophie erfüllt und von solchem Haß gegen alle Phrase, gegen alles und jedes Scheinwesen." Und an Thomas Masaryk vom 2.3.1922: „Nie war die Hörerzahl meiner Vorlesungen (relativ zur Gesamtbesuchsziffer der Universität) eine so große, nie habe ich eine so breite, so herzerfreuende Wirksamkeit üben dürfen als jetzt nach dem Kriege."

Der Gedanke, daß nur strenge Wissenschaft der einzelpersonalen wie gemeinschaftlichen Erneuerung eine sichere Ausgangsbasis verschaffen kann, leitet alle *Kaizo*-Aufsätze. Eine wirkliche Erneuerung der „europäischen Kulturmenschheit" sei nur möglich — führt Husserl im ersten Artikel aus —, wenn es strenger Wissenschaft gelingt, das Wesen der vernünftigen Humanität zu bestimmen. Denn zu dieser Wesensbestimmung gehört auch die Beurteilung nach allgemeinen Vernunftnormen und die Leitung der Praxis nach diesen Normen. Die Methode, mit der diese Wissenschaft zu arbeiten hätte, charakterisiert Husserl im zweiten Artikel. Sie soll als wesenswissenschaftliche, eidetische Methode analog zur reinen Mathematik, die eine Rationalisierung der Natur ermöglicht, eine Rationalisierung des Geistigen in die Wege leiten. Die durch sie ermöglichte Wesenswissenschaft von der vernünftigen Humanität realisiert sich als „reine", d.h. apriorisch verfahrende, und „universale", alle Vernunftarten behandelnde Ethik. Diese umfaßt als „Wissenschaft von dem gesamten handelnden Leben einer vernünftigen Subjektivität"[1] die Logik wie die Axiologie. Ihr Hauptthema bildet das Problem der Erneuerung des einzelpersonalen wie des Gemeinschaftslebens, da für Husserl ein ethisches Leben nur durch beständige Erneuerung, nur in Form eines unaufhörlichen Werdens zu einer vorgezeichneten Zweckidee hin sich realisiert. Im dritten Artikel wird die Erneuerung der Einzelperson Thema. Dieser Aufsatz gliedert sich in zwei Teile; jeder von ihnen besitzt in etwa den gleichen Umfang wie jeweils die ersten beiden Aufsätze, so daß Husserl mitunter von insgesamt vier veröffentlichten Artikeln sprach.[2]

Offenbar wegen der Differenzen mit dem *Kaizo*-Verlag veröffentlichte Husserl keine weiteren Aufsätze. Dies bedeutete, daß er das ursprüngliche Konzept der Aufsatzreihe, zumindest was die Publikation betraf, nicht verwirklichte. So hatte er die im ersten Artikel bereits angekündigten Analysen zur sozialethischen Erneuerung nicht mehr druckfertig gemacht. Sie finden sich nur in Manuskriptfassungen zweier weiterer Aufsätze mit den von ihm selbst gewählten Titeln „Erneuerung und Wissenschaft" und „Formale Typen der

---

[1] Siehe unten S. 21.
[2] So z.B. im Brief an Albert Schweitzer vom 28. 7. 1923. Vgl. auch die Aufschriften auf Husserls kurrentschriftlichen Ausarbeitungen der beiden Teile dieses Aufsatzes (siehe unten, *Textkritische Anmerkungen*, S. 267).

Kultur in der Menschheitsentwicklung". Husserl gab keinen Hinweis darauf, mit welcher der beiden Arbeiten er an den dritten *Kaizo*-Artikel anschließen wollte. Auch existiert kein Plan für die gesamte Artikelserie, aus dem die Gestaltung der Reihenfolge über die
ersten drei Arbeiten hinaus sowie der geplante Abschluß der Serie
ersichtlich wären. Doch schließen die Ausführungen von „Erneuerung und Wissenschaft" unzweifelhaft an die Problemstellung des
dritten Artikels an: Thema ist nun — in Kontrastierung zur individualethischen Erneuerung, auf die Husserl zu Beginn des Aufsatzes
nochmals kurz eingeht — die Erneuerung von Gemeinschaften. Pa-
rallel zur individualethischen Erneuerung behandelt Husserl die Bedingungen der Möglichkeit einer Kulturgemeinschaft, in der die Vernunft verwirklicht ist, und die Entwicklung zu diesem Ziel hin.
Dabei fällt der Wissenschaft in Form der „wissenschaftlichen Ethik"
die Aufgabe zu, diese Entwicklung zu einer humanen vernünftigen Gemeinschaftsform vorzuzeichnen. Da Wissenschaft aber
selbst eine Kulturform darstellt, ist sie nicht nur Organ, sondern
selbst Zweig dieser Entwicklung. Eine Gemeinschaft verwirklicht
sich somit in dem Maße als eine vernünftige, als in ihr die Kulturgestalt der Philosophie, der Repräsentantin der Vernunft, zur Ausbildung gelangt. Von Philosophie als sozialem Phänomen sprach
Husserl bereits in dem 1922 verfaßten Aufsatz „Die Idee einer philosophischen Kultur"[1]. Darin führt er aus, daß mit Platon die
Erkenntnis erwachsen sei, daß „auch die Idee der Vernunft nicht
eine bloß einzelmenschliche, sondern eine Gemeinschaftsidee ist"[2].
Philosophie bestimme sich seitdem als die „prinzipielle Bedingung
der Möglichkeit einer echten, wahrhaft vernünftigen Gemeinschaft
und ihres wahrhaft vernünftigen Lebens"; auf diese Weise sei die
„Idee einer neuen Menschheit und Menschheitskultur" „aus philosophischer Vernunft" gestiftet worden.[3]

Die Urstiftung der Philosophie und ihren geschichtlichen Auftrag
behandelt der fünfte Artikel. Husserl interessiert es vor allem, Paral-
lelen von Philosophie und Religion als Kulturtypen in ihren ent-
wicklungsgeschichtlichen Ausprägungen aufzuzeigen. Die Stiftung

---

[1] *Husserliana*, Band VII.
[2] A.a.O., S. 15 f.
[3] A.a.O., S. 16.

christlicher Religion und die Urstiftung der Philosophie in Griechenland begreift er in ihren jeweiligen Bereichen als Freiheitsbewe-
gungen gegen den gebundenen traditionalistischen Geist dogmati-
scher Glaubensformen, wie er im Lauf der Geschichte in abgewan-
delter Gestalt immer erneut hervorgetreten ist. Das aber bedeutet:
Christliche Religion und griechische Philosophie haben die sozial-
ethische Idee der Erneuerung verwirklicht und dienen als Vorbild für
jedes Erneuerungsstreben. Husserls Ausführungen in diesem Aufsatz
berühren sich mit seinen Bemühungen anderenorts, die Geschichte
der europäischen Kultur als eine solche des Ringens um den eigentümlichen Sinn der Philosophie als strenger Wissenschaft, um die
Autonomie der Vernunft, zu schreiben. Der Aufsatz ist nicht vollendet; die Analyse des Wiedererwachens des autonomen Geistes der
Philosophie in der Neuzeit hat Husserl nicht zu Ende geführt. Im
Nachlaß finden sich allerdings noch Entwürfe zu einem möglichen
Abschluß dieses Artikels und damit wohl der ganzen Serie. Die
geschichtliche Betrachtung sollte wahrscheinlich bis in die Gegenwart fortgeführt werden und in der Beschreibung der phänomenologischen Erneuerungsbewegung kulminieren.

Zwischen der programmatischen Schrift „Philosophie als strenge
Wissenschaft" und Husserls letztem großen Werk, der *Krisis der
europäischen Wissenschaften und die transzendentale Phänomenologie* nehmen die *Kaizo*-Artikel eine wichtige Stellung ein. Die ersten
beiden Werke stellen ebenfalls die Frage nach der Bedeutsamkeit der
Philosophie für das Leben. Während jedoch der *Logos*-Aufsatz und
die *Krisis*-Schrift die praktische Aufgabe von Philosophie und Wissenschaft nur am Rande behandeln, ist in den *Kaizo*-Artikeln das
ethische Problem von Erneuerung und Wissenschaft zentrales Thema. Mit ihren Untersuchungen verschaffen sie den knappen Ausführungen im *Logos*-Aufsatz und in der *Krisis* eine sachliche Fundie-
rung. Insbesondere in Hinblick auf die spätere *Krisis*-Arbeit ist die
Kritik an den Wissenschaften hervorzuheben, wie sie Husserl in den
Texten äußert, die hier als *Beilagen IX* und *X* veröffentlicht werden.
Zwar erklärte Husserl bereits im *Logos*-Aufsatz, daß die Naturwissenschaften die Weltwirklichkeit „an keinem einzigen Punkte" ent-
rätselt hätten.[1] In den Zusatztexten zu den *Kaizo*-Aufsätzen formuliert er diese Kritik jedoch konkreter, indem er das Versagen der die

---

[1] *Husserliana*, Band XXV, S. 55.

Ausbildung der Wissenschaften ursprünglich leitenden Zweckidee in der geschichtlichen Entwicklung der Wissenschaften zu beschreiben sucht. Der Vorwurf der Zersplitterung der Wissenschaften und der Vorwurf, daß die Grundlagenprobleme nicht geklärt worden seien (vgl. *Beilage X*), sind die gleichen, mit denen Husserl zwölf Jahre später seine Abhandlung für den Internationalen Philosophen-Kongreß in Prag einleitete.

Beilage XI. Diese Beilage gibt einen Text wieder, der nicht aus dem Umkreis der Arbeiten zu *Kaizo* stammt, ihnen aber thematisch nahesteht. Er trägt den Titel „ Shaw und die Lebenskraft des Abendlandes " und liegt nur in einer maschinenschriftlichen Version vor.[1] Zu welchem Zweck Husserl ihn verfaßte, ist nicht bekannt. Der Stil des Manuskripts deutet jedoch auf eine geplante Veröffentlichung hin. Insbesondere die Formulierung des Schlußsatzes legt die Vermutung nahe, daß es sich dabei um einen Beitrag für eine Festschrift o.ä. (anläßlich der Verleihung des Nobelpreises an G.B. Shaw im Jahr 1926?) handeln könnte.

Über die Reden Gotamo Buddhos

Husserls Bemerkungen zu Karl Eugen Neumanns Übersetzung der Reden Gotamo Buddhos[2] deuten an, wie intensiv auf ihn die Äußerungen und die ethische Haltung bedeutender Religionsstifter wirkten. Seine Ausführungen bestätigen und ergänzen das Bild, das aus den *Kaizo*-Artikeln, insbesondere des fünften Artikels, zu gewinnen ist. Die kleine Arbeit erschien im *Piperboten*, dem Mitteilungsblatt des Piper Verlages, der Neumanns Übersetzungen betreute.[3] In dieser Broschüre wurden neben Husserls Text die Äußerungen weiterer

---

[1] Signatur des Husserl-Archivs K IV 2. — Nach Angaben von Prof. Ludwig Landgrebe handelt es sich um einen authentischen Text Husserls, der etwa in die Mitte der zwanziger Jahre zu datieren ist. Er wurde erstmals veröffentlicht in der *Hamburger akademischen Rundschau*, 3, 1950, S. 743-744.

[2] *Die Reden Gotamo Buddhos*, übertragen von Karl Eugen Neumann, München, 3. Aufl., 1922.

[3] *Der Piperbote. Für Kunst und Literatur*, München 1925, 1, S. 18 f. Ein Exemplar dieses Heftes findet sich in Husserls Nachlaß unter der Signatur K VIII 18.

bekannter Persönlichkeiten veröffentlicht, die sich positiv über die damals populäre Übersetzung ausgesprochen hatten.

Die Phänomenologie und Rudolf Eucken

Die Würdigung des Jenaer Philosophen Rudolf Eucken, der zu seiner Zeit großen Einfluß auch außerhalb philosophisch-akademischer Kreise ausübte, verfaßte Husserl ursprünglich zu dessen siebzigstem Geburtstag am 5. 1. 1916. Eine längere Arbeit aus demselben Anlaß, die Husserl vermutlich anfertigen wollte,[1] kam nicht zustande. Am 15. 9. 1926 starb Eucken. Der Euckenbund veröffentlichte im Jahr darauf in seinem Organ *Die Tatwelt* eine Gedächtnisschrift, in die Husserls Gedenkblatt aufgenommen wurde.[2] Husserls Ernennung zum Mitglied des Ehrenausschusses der Verwaltung des Eucken-Hauses im selben Jahr zeigt, wie sehr der Kreis um Eucken auch Husserls philosophisches Werk schätzte.[3]

Über Ursprung

Die Abhandlung „Über Ursprung" entwarf Husserl als Beitrag für die deutsche Ausgabe einer Festschrift, die dem Präsidenten der tschechoslowakischen Republik Thomas G. Masaryk zu seinem 80. Geburtstag gewidmet war.[4] Mit dem um neun Jahre älteren Masaryk war Husserl als junger Student in Leipzig zusammengetroffen. Masaryk war es, der Husserl zum Studium von Descartes, Leibniz und des englischen Empirismus aufgefordert und ihm zu einem Studium bei Franz Brentano geraten hatte.

---

[1] Dies geht aus einem Brief Husserls an Fritz Kaufmann vom 20. 9. 1915 hervor. Es ist kaum vorstellbar, daß es der später verfaßte kurze Text war, der Husserl derart in Anspruch nahm, wie er in dem Brief andeutete.

[2] *Die Tatwelt*, 1927, S. 10–11.

[3] Siehe *Kant-Studien*, 33, 1928, S. 351.

[4] Vgl. A VII 12/41 b, 64 b, 83 b. Bei diesen Blättern handelt es sich um die Teile eines Schreibens, in dem der Herausgeber der geplanten tschechischen Fassung, Vasil K. Škrach, Husserl um eine Erinnerung „an den jungen Masaryk oder eine Stellungnahme zu seiner philosophischen oder politischen Richtung oder Bedeutung" bittet. Aus diesem Schreiben geht auch hervor, daß der Herausgeber der deutschen Ausgabe, Boris Jakowenko, Husserl um die Abfassung eines Beitrags gebeten hatte.

Husserl verfaßte die Abhandlung im Januar 1930,[1] veröffentlichte sie aber nicht. Mit ihr steht ein weiterer Text in engem Zusammenhang: Das Manuskript A VI 16-17 schrieb Husserl als Fortsetzung in der gleichen Zeit.[2] Während der erste Text in sich gerundet ist und sowohl in seiner sprachlichen und stilistischen Ausarbeitung als auch von seinem Umfang her den Charakter eines Festschriftbeitrags besitzt, ist der zweite Text nach Darstellung und Inhalt ein typisches Forschungsmanuskript: mehr z.T. stichwortartige Meditation als unmittelbar für eine Veröffentlichung gedacht.

Das Thema der beiden Manuskripte — der Ursprung allgemeiner Gegenstände — ist eine Grundfrage von Husserls Philosophieren. Sie stellte sich für ihn insbesonders dort, wo die Grundlagen wissenschaftlicher Disziplinen ungeklärt sind und somit die Gültigkeit ihrer Leistungen angezweifelt werden kann. Alle wissenschaftlichen Grundbegriffe weisen nach Husserl auf Erfahrungen zurück, in denen sie ihren Ursprung haben. Die Klärung dieser Erfahrungsquellen und des sich auf ihnen aufstufenden konstitutiven Aufbaus wird zur Bedingung dafür, daß das Fundament der betreffenden Wissenschaft gesichert ist. Die Frage nach dem Ursprung von Sinngehalten stellte Husserl vor allem für die Logik — angefangen von den logisch-mathematischen Studien der neunziger Jahre bis hin zur *Formalen und transzendentalen Logik* von 1929; sie hatte aber bereits sein Philosophieren bestimmt, als er in seiner Habilitationsschrift von 1887 und der daraus hervorgegangenen *Philosophie der Arithmetik* nach dem Ursprung mathematischer Gegenstände fragte. In der für Masaryk gedachten Schrift wird sie als Frage nach dem psychologischen Ursprung der Ideen formuliert und als Problem des englischen Empirismus, vor allem als dasjenige Lockes, eingeführt. Möglicherweise wollte Husserl damit an seine Anfänge, an den Einfluß, den Masaryk auf ihn ausübte, erinnern. Er zeigt, daß nicht eine empirische, sondern nur eine rein intentionale Psychologie die intentionale Struktur des reinen Bewußtseins zu erfassen und den Konstitutionsprozeß der allgemeinen Gegenstände in diesem Bewußtsein aufzuweisen vermag.

---

[1] Signatur des Manuskripts A I 27. Datierung auf dem Umschlag A I 27/1 a; vgl. auch den Brief Malvine Husserls an Boyce Gibson vom 17.1.1930.

[2] Datierung auf dem Umschlag A VI 16-17/1a. — Seite unten, *Beilagen XII* und *XIII.*

Der zweite Text versucht den Möglichkeitsbereich der reinen Psychologie zu bestimmen und die Grenzen aufzuzeigen, jenseits deren eine reine Psychologie nicht mehr in der Lage ist, die Ursprünge zu klären. Diese Befragung mündet in den Versuch einer Kritik der Möglichkeit einer psychologischen Ursprungsklärung als psychologischer Erkenntnistheorie. Husserl zeigt, daß die intentionale Psychologie dort an ihre Grenze stößt, wo sie sich selbst zu begründen hätte: Die psychologische Analyse legt in den menschlichen Seelen die „Weltvorstellung" frei, zu der auch die Konstitution der Natur gehört, und sieht gleichzeitig, daß die Seele selbst in der Natur als naturalisiert auftritt. Um sich selbst begründen zu können, müßte sie von sich aus in der Lage sein, dieses Paradox aufzulösen; sie müßte den Ursprung dessen aufzeigen, das die Naturalisierung bewirkt. Dazu hätte sie diejenige Einstellung zu hintersteigen, in der immer schon Natur gesetzt ist: die natürliche. Dies gelingt aber erst der transzendentalphänomenologischen Einstellung.

Das Verhältnis von transzendentaler Phänomenologie und intentionaler Psychologie war Husserls großes Thema insbesondere seit Mitte der zwanziger Jahre. Es kann angenommen werden, daß Husserl die Problematik, die sich ihm im zweiten Text stellte, durch Heranziehen älterer Manuskripte zu diesem Themenbereich von Phänomenologie und Psychologie bewältigen wollte.[1] Die skizzenhaften Ausführungen des zweiten Textes und die Verweise auf Manuskripte aus dem Jahr 1926 zeigen, daß Husserl das Problem nicht als gelöst ansah. Daher wollte er wohl auch nicht den ersten Text separat abdrucken.

---

[1] Der Umschlag des ersten Textes trägt den Verweis auf den zur gleichen Zeit (1930) entstandenen zweiten Text: „cf. Ur II 1926 ⟨sic⟩". Auf dem Umschlag des zweiten Textes ist notiert: „cf. Ur III 1926". Dieser Hinweis bezieht sich mit großer Wahrscheinlichkeit auf das Manuskript A I 29, das von Husserl auf Anfang Juli 1926 datiert ist und die Aufschrift „Ur III" trägt. Es steht in keinem unmittelbaren Zusammenhang mit den beiden anderen Texten. (Vgl. auch die Aufschrift auf dem Gesamtumschlag zu Konvolut B I 12 (Teil I aus 1926–1928): „ad Ursprung I und II".)

Phänomenologie und Anthropologie

Die Vorträge zum Thema Phänomenologie und Anthropologie hielt Husserl vor Ortsgruppen der Kant-Gesellschaft in Frankfurt am Main am 1.6.1931 sowie in Berlin am 10. und in Halle am 16.6.[1] Dies war Husserls erste Vortragsreise in Deutschland, und sie sollte auch, wie er selbst nach seiner Rückkehr voraussah,[2] seine einzige bleiben. Die Anregung zu den Vorträgen ging von dem Vorsitzenden der Berliner Ortsgruppe und der Allgemeinen Kant-Gesellschaft, Arthur Liebert, bereits im Jahr 1929 aus — in dem Jahr also, in dem Husserl seinen 70. Geburtstag feierte und zum Ehrenmitglied der Kant-Gesellschaft ernannt wurde[3]: Ende des Jahres 1929 teilte Malvine Husserl ihrer Tochter mit, daß ihr Mann einen Vortrag in Berlin „auf intensivstes Drängen von Liebert für November nächsten Jahres" versprochen hat.[4] Husserl kam seinem Versprechen jedoch nicht nach. Es war wohl kaum die Scheu vor einer langen Reise, die ihn davon abhielt, die Einladung sogleich anzunehmen. Denn im Dezember des gleichen Jahres besuchte er seinen Sohn Gerhart in Kiel und seine Tochter Elli in Berlin. Er hatte in diesen Städten keine Vortragsverpflichtungen, nur in Kiel sprach er vor einem kleinen Kreis der dortigen Philosophen über Phänomenologie. Husserls Motive für die Verschiebung oder gar für eine vorläufige Ablehnung, wie sie in Malvine Husserls Brief vom 25.11.1929 an ihre Tochter angedeutet wird, sind wahrscheinlich darin zu suchen, daß er nur ungern seine laufenden Forschungsarbeiten unterbrechen wollte, um einen Vortragstext auszuarbeiten.[5] Als er sich, spätestens im April 1931,[6] entschloß, die Einladung dennoch anzunehmen, bestand eines seiner Hauptmotive sicher in dem Bedürfnis, seine transzendentale Phänomenologie gegenüber ande-

---

[1] Die beiden erhaltenen Fassungen des Vortrags sind unter der Signatur F II 2 archiviert.

[2] R I Koyré, 22.6.1931.

[3] Zum siebzigsten Geburtstag Husserls veröffentlichten die *Kant-Studien* im folgenden Jahr auch Oskar Beckers Abhandlung „Die Philosophie Edmund Husserls" (*Kant-Studien*, 35, 1930, S. 119-150).

[4] R I Rosenberg-Husserl, 5.11.1929.

[5] Zu Husserls Arbeitsprogramm in dieser Zeit vgl. die Einleitung des Herausgebers in Band XV der *Husserliana*.

[6] Vgl. R I Ingarden, 19.4.1931.

ren Richtungen des phänomenologischen Denkens zu verteidigen. In seinen Briefen und Gesprächen aus dieser Zeit kommt die Besorgnis zum Ausdruck, daß vor allem seine Methode der transzendentalen Reduktion seiner Ansicht nach mißverstanden, übergangen oder gar verworfen wurde. Daß dies unter Berufung auf die Phänomenologie geschah, schmerzte ihn besonders.[1]

Diese Umstände erhellen die Konzeption von Husserls Vortrag: Die Auseinandersetzung mit dem Anthropologismus wird ausdrücklich mit Bezug auf die „sogenannte Phänomenologische Bewegung" eingeleitet. Der Vortrag gestaltet sich aber nicht als eine polemische Kritik an anderen Positionen innerhalb der Phänomenologie.[2] Vielmehr erläutert Husserl in ihm erneut die transzendentale Reduktion und betont ihre Unersetzlichkeit als Ausgangspunkt einer methodologisch fundierten phänomenologischen Philosophie. Auf die Positionen der von ihm namentlich erwähnten Philosophen Wilhelm Dilthey und Max Scheler geht er nur insofern ein, als er sie mit seiner Auffassung kontrastiert, die er als die einzig maßgebende darstellt.

Husserl maß dem Vortrag in Berlin größere Bedeutung bei als den Vorträgen in Frankfurt und Halle. Dies geht z.B. aus der Tatsache hervor, daß er später meist nur vom „Berliner Vortrag" sprach, wenn er auf „Phänomenologie und Anthropologie" Bezug nahm. Er hielt den Vortrag in Berlin im Auditorium Maximum der Universität vor einem Publikum, dem Vertreter von Wissenschaft und Kultur angehörten.[3] Wie es dazu kam, daß Husserl den Vortrag auch in Frankfurt und Halle hielt, läßt sich nicht genau belegen. Vortragsreisen mit Stationen bei mehreren Ortsgruppen waren zu jener Zeit in der Kant-Gesellschaft üblich.[4] Den Vortrag in Frankfurt vermittelte

---

[1] Vgl. z.B. R I Ingarden, 21.12.1930; R I Albrecht, 30.12.1930.
[2] Die Ausführungen Heideggers im *Spiegel*-Gespräch deuten das Gegenteil an (vgl. *Der Spiegel*, Nr. 23 vom 31.5.1976, S. 199). Zu Heideggers Darstellung seines Verhältnisses zu Husserl und insbesondere von Husserls Berlin-Vortrag siehe Karl Schuhmann, „Zu Heideggers Spiegel-Gespräch über Husserl", in: *Zeitschrift für philosophische Forschung*, 32, 1978, S. 591–612.
[3] Einen Bericht über den Verlauf des Vortrags gaben Heinrich Mühsam in der *Vossischen Zeitung* vom 12.6.1931 und David Baumgardt im *Berliner Tageblatt* vom 11.6.1931. Auch *Der Tag* berichtete am 12.6. über den Vortrag.
[4] Vgl. die jährlichen Geschäftsberichte der Ortsgruppen in den *Kant-Studien*.

Max Horkheimer, dessen Assistent Theodor W. Adorno bei Husserl in Freiburg studiert hatte. Für die Reise nach Halle könnte der Wunsch Husserls, seine alte Wirkungsstätte wieder zu besuchen, eine Rolle gespielt haben. Dort traf er neben einigen anderen Bekannten Emil Utitz, der in der Kant-Gesellschaft über Einfluß verfügte und ebenso wie Husserl in enger Beziehung zu Brentano gestanden hatte,[1] und Hans Reiner, einen seiner früheren Freiburger Schüler, der sich in Halle gerade habilitiert hatte.[2]

Was die Veröffentlichung des Vortragsmanuskriptes betraf, so plante Husserl 1932, den Vortragstext mit einer deutschen Fassung der *Cartesianischen Meditationen* im Jahrbuch erscheinen zu lassen.[3] Sein Privatassistent Eugen Fink nahm eine maschinenschriftliche Ausarbeitung des Textes vor,[4] und zwar frühestens 1932.[5] Doch wurde zu Husserls Lebzeiten weder eine deutsche Fassung der *Cartesianischen Meditationen* noch eine Ausarbeitung des Vortrags veröffentlicht. Posthum erschien 1941 in *Philosophy and Phenomenological Research* eine auf Finks Ausarbeitung basierende Fassung von „Phänomenologie und Anthropologie".[6] Da jedoch der letzte Teil des Vortrags, in dem Husserl nochmals auf den Anthropologismus zu sprechen kommt und Scheler in seine Kritik namentlich miteinbezieht, nicht in Finks Ausarbeitung berücksichtigt wurde, erscheint der vollständige Text des Vortrags hier zum ersten Mal.[7]

---

[1] E. Utitz, „Erinnerungen an Franz Brentano", in: *Zeitschrift für philosophische Forschung*, 13, 1959, S. 102-110.

[2] Vgl. R I Rosenberg-Husserl, 16. 6. 1931 und R II Reiner, 25. 5. 1931.

[3] Vgl. R I Boyce Gibson, 7. 1. 1932. In Husserls Nachlaß findet sich die abgetrennte Hälfte eines Schreibens (von der Berliner Ortsgruppe der Kant-Gesellschaft? — E II 2/13 a, b), datiert Berlin-Dahlem 7. 1. 1932, in dem Husserl um die Veröffentlichung seines Vortrags gebeten wird.

[4] Signatur des Husserl-Archivs: M II 1.

[5] Dies geht aus der falschen Datierung des Vortrags in Finks Ausarbeitung (datiert auf den 10. 6. 1932) hervor, was wohl wiederum auf die fehlerhafte Datierung Husserls auf dem Umschlagblatt des Vortrags zurückzuführen ist. Da dieser Fehler kaum vor 1932 unterlaufen sein kann, ist die Ausarbeitung frühestens in diesem Jahr entstanden; da ein solcher Flüchtigkeitsfehler umso wahrscheinlicher ist, je länger die Vorträge zurücklagen, kann die Ausarbeitung sogar erst einige Jahre danach erfolgt sein.

[6] PPR, 2, 1941, S. 1-14.

[7] Sowohl die Paginierung der Manuskriptblätter wie auch Berichte in Berliner Zeitungen belegen, daß Husserl diese Schlußpassage in Berlin vorgetragen hatte. Vgl. auch *Zur Textgestaltung*, S. 259 f.

Vorwort zu: *Eugen Fink,* Die phänomenologische Philosophie
Edmund Husserls in der gegenwärtigen Kritik

Artikel „ Edmund Husserl" im Philosophen-Lexikon

Zwei der in diesem Band veröffentlichten Beiträge legen Zeugnis
ab von der engen Zusammenarbeit zwischen Husserl und Eugen
Fink, der ab 1928 Husserls letzter persönlicher Assistent war. Husserls Vorwort zu Finks Arbeit „Die phänomenologische Philosophie
Edmund Husserls in der gegenwärtigen Kritik" erschien zusammen
mit diesem Aufsatz in den *Kant-Studien* von 1933.[1] In seinem Vorwort spricht Husserl das Vertrauen und die Hoffnung aus, die er in
Fink als denjenigen gesetzt hatte, der seine eigene Arbeit in der von
ihm erwünschten Weise fortführen sollte.[2]

Finks Aufgaben beschränkten sich nicht auf die Übertragung und
Ausarbeitung von Husserls Manuskripten. Nach Husserls Emeritie-
rung war er dessen wichtigster Gesprächspartner und nahm in selbständiger Weise an Darstellung und Weiterentwicklung von Husserls
Philosophie teil. Der hier veröffentlichte Artikel aus dem *Philosophen-Lexikon* gibt ein Beispiel dieser Zusammenarbeit.[3] Er wurde
von Fink verfaßt, doch hatte — wie Fink mitteilt — „Husserl selbst
teilweise an der Textgestaltung mitgewirkt".[4] Die Arbeit wurde als
Husserls eigene Darstellung eingereicht und ist im Druck nur mit

---

[1] *Kant-Studien,* 38, 1933, S. 319 f. Es wurde nochmals 1934 im Separatdruck der
Abhandlung veröffentlicht, der bei der Pan-Verlagsgesellschaft verlegt wurde.

[2] Die gleiche Hochschätzung kommt wiederholt in Husserls Briefen zum Ausdruck.
Vgl. R I Cairns, 18.5.1934 oder R I Albrecht, 19.5.1934.

[3] *Philosophen-Lexikon,* bearbeitet von Eugen Hauer, Werner Ziegenfuß, Gertrud
Jung, Berlin 1937, 6. Lieferung, S. 447–452. Von dieser Ausgabe des Lexikons wurden
nur sechs Lieferungen fertiggestellt, als sie aus politischen Gründen zurückgezogen werden mußte. 1949 erschien die Neuauflage.

[4] So in einem Manuskript des Artikels, das Fink nach dem Krieg bei den Herausgebern des Lexikons einreichte. Er hatte es, offenbar vor dem Wiedererscheinen des Lexikons, mit einigen Änderungen zum Schluß des Textes und mit folgenden einleitenden
Bemerkungen versehen: „Die nachstehende kurze Skizze stammt aus dem Jahr 1930
und war für das Eislersche Philosophenlexikon bestimmt. Wenn heute die Erstveröffentlichung nachgeholt wird, so allein nur aus dem Grunde, weil Husserl selbst teilweise an
der Textgestaltung mitgewirkt hat." Der Verlag zog es jedoch vor, den Artikel so
erscheinen zu lassen, wie er 1937 zum ersten Mal veröffentlicht worden war. Lediglich
die Bibliographie wurde für die Neuauflage überarbeitet.

seinem Namen unterzeichnet. Aus diesem Grunde erscheint sie hier zusammmen mit den anderen kleineren Schriften Husserls.[1]

Die Prager Abhandlung
Der Prager Brief

Vom 2. bis zum 7. September 1934 fand in Prag der achte Internationale Kongreß für Philosophie statt. Der Präsident des Kongresses, Emanuel Rádl, bat Husserl neben anderen Philosophen, die am Kongreß nicht teilnehmen konnten, um eine briefliche Stellungnahme zur gegenwärtigen Aufgabe der Philosophie.[2] Husserl verfaßte nicht nur diese Antwort (den von ihm selbst so genannten „Prager Brief"),[3] sondern eine längere Arbeit zum gleichen Thema (die „Prager Abhandlung")[4].

Die Einladung Rádls erreichte Husserl, der sich gerade zur Sommerfrische in Kappel im Schwarzwald aufhielt, erst zum 1. August.[5] Husserl machte sich unverzüglich an die Arbeit und teilte bereits am 3.8. seinem Schwiegersohn Jakob Rosenberg mit, daß er bei „der dreckigen Arbeit der Redaktion" sei, „da das erste Hinschreiben etwas zu schnell verlaufen mußte". Doch statt der geplanten kurzen Stellungnahme war eine „kleine Schrift"[6] entstanden, und die Überarbeitung der Erstfassung zog sich länger hin, als Husserl zunächst geglaubt hatte: Am 23.8. schrieb Malvine Husserl ihrer Tochter Elli, daß ihr Mann noch „an dem Aufsatz für Prag" arbeitet. Kurz danach dürfte das Manuskript jedoch abgeschlossen worden sein; Husserl sandte es nach Freiburg, wo sein Privatassistent Eugen Fink es aus der Stenographie übertrug und maschinenschriftlich mit einer Kopie abschrieb. Die eine Ausfertigung sandte Fink

---

[1] Der Abschnitt der Selbstdarstellung zu Husserls *Formaler und transzendentaler Logik* wurde bereits in den *Husserliana*, Band XVII, S. 342 veröffentlicht.

[2] Vgl. R I Albrecht, 7.10.1934.

[3] Publiziert in: *Actes du Huitième Congrès International de Philosophie à Prague 2-7 Septembre 1934*, Prague 1936, S. XLI–XLV.

[4] Archiviert unter der Signatur M III 16 a, b.

[5] R I Patočka, 13.9.1934.

[6] R I Rosenberg-Husserl, 3.8.1934.

nach Prag, während die andere am 30. 8. nach Kappel an Husserl ging.[1]

Außer dieser längeren Arbeit verfaßte Husserl die kürzere briefliche Stellungnahme, und zwar „in der letzten Stunde" innerhalb von zwei Tagen.[2] Er behielt selbst keine Durchschrift dieses Briefes und mußte Jan Patočka in Prag bitten, ihm eine Abschrift zu besorgen.[3] Was hatte Husserl bewogen, außer der Abhandlung noch die kürzere briefliche Fassung anzufertigen? Er dachte gewiß nicht von vornherein daran, die von ihm erbetene briefliche Stellungnahme u n d eine ausführliche Abhandlung zur selben Frage zu verfassen. Den Plan, seine Ausführungen in knapper Form zusammenzustellen, dürfte er angesichts des Umfangs der vollendeten Abhandlung gefaßt haben. Nicht zutreffend ist, daß Husserl den Brief etwa aus dem Grund verfaßte, weil er mit der Abhandlung unzufrieden gewesen wäre. Erwähnte er in seinem Brief an Rosenberg noch, daß ihm die Abhandlung „ziemlich brauchbar geworden zu sein" schien,[4] so änderte sich zwar seine Meinung zu dem Zeitpunkt, als er von Fink die Durchschrift erhielt: Er stellte in der Kopie „höchst sinnentstellende Lesefehler" fest und hielt den „Zweck mit der Einsendung der Abhandlung an das Komitee" für „nicht erfüllbar".[5] Doch zu dem Zeitpunkt, als Husserl die Übertragung von Fink erhielt (frühestens am 31. 8.)[6] und durchlas, hatte er den Brief bereits nach Prag gesandt. Dies ist auch aus dem kurzen Begleitschreiben[7] ersichtlich, das Husserl seinem Brief an den Kongreß beifügte. In diesem an Rádl gerichteten Schreiben schlägt er noch vor, Patočka könne aus der inzwischen von Fink nach Prag gesandten Abhandlung Teile vorlesen — ging also noch davon aus, sie der Öffentlichkeit vorzustellen. Am 2. 9. — Husserl hatte unterdessen die Durchschrift von Fink erhalten — bat er Patočka, er möge die Abhandlung der Lesefehler wegen sofort zurückziehen.

---

[1] Poststempel auf dem Briefumschlag (M III 16a/14).

[2] R I Albrecht, 7. 10. 1934. Vgl. auch R I Patočka, 13. 9. 1934.

[3] R I Patočka, 2. 9. 1934.

[4] A.a.O.

[5] R I Patočka, 2. 9. 1934.

[6] Eingangsstempel Kappel; vgl. M III 16a/26b.

[7] Wohl infolge eines drucktechnischen Versehens wurde dieses Schreiben zusammen mit dem Brief in den Kongreßakten abgedruckt. In dieser Ausgabe wird es nur im textkritischen Anhang wiedergegeben (siehe unten, S. 326).

Zweifel sind auch hinsichtlich der Gründe für die Anfertigung der Abhandlung angebracht, die Husserl in jenem Begleitschreiben nennt. Er habe die Arbeit verfaßt, weil er die im Brief gegebenen „Behauptungen ohne tiefere Begründungen" wenigstens in einer „Hauptlinie" zu fundieren suchte[1]; damit erweckte er den Anschein, als sei die Abhandlung nach der brieflichen Stellungnahme entstanden. In Wirklichkeit wollte Husserl wohl — bevor er Finks Übertragung erhielt — die bereits angefertigte Abhandlung den Kongreßteilnehmern vorlegen und suchte deshalb Rádl gegenüber ihre öffentliche Vorlesung zu begründen.

Patočka zog die Abhandlung zurück, wie Hussel gebeten hatte. Im Brief vom 13. 9. — Husserl hatte die Originalabschrift der Abhandlung inzwischen erhalten — versuchte er Patočka gegenüber seinen Schritt nochmals zu erklären. Erstmals gesteht er auch sachliche Motive für seine Unzufriedenheit mit dem Text der Abhandlung ein: „Die ersten Seiten gehörten zu einem anderen Gedankengang und hätten durch einen neuen Eingang ersetzt werden müssen. Das Ganze ist unfertig — innerlich hatte ich ein so klares Ganzes, daß ich glaubte, es sei schon gut, wie ⟨in der⟩ Stenografie schon niedergeschrieben. ⟨...⟩ niemand sonst es in die Hände geben!"

Es ist anzunehmen, daß Husserls Brief auf dem Kongreß verlesen wurde. Zeitungsberichte, die über den Ablauf des Kongresses referieren, kommen ausdrücklich auf Husserls Thesen zu sprechen.[2] Der Brief erschien allerdings bereits — ohne Husserls Zustimmung —[3] im *Prager Tageblatt*.[4]

Husserl ging wahrscheinlich bereits nach Erhalt der Finkschen Durchschrift daran, die Abhandlung zu überarbeiten. Die dabei vorgenommenen Korrekturen übertrug er dann, aber nur zum Teil, in das zwischenzeitlich zurückerhaltene Prager Exemplar — anfangs vielleicht noch in der Meinung, die Arbeit revidiert nach Prag zurückzusenden; auch in der Originalabschrift finden sich Korrekturen, die wiederum nicht in der Durchschrift enthalten sind.

Husserl sandte die Abhandlung jedoch nicht mehr nach Prag zurück. Er nahm sie sich in den kommenden Monaten wieder vor,

---

[1] Die gleiche Begründung gibt Husserl Patočka gegenüber in seinem Brief vom 2. 9. Vgl. auch R I Ingarden, 31.7. (*sic*) 1934 (=*Phaenomenologica*, 25, S. 87 f.).

[2] So z.B. die *Frankfurter Zeitung* in ihrem Feuilletonbericht vom 2. 10. 1934.

[3] Vgl. R I Albrecht, 7. 10. 1934.

[4] Der offizielle Abdruck erfolgte in den Kongreßakten (siehe oben S. XXV).

vielleicht um noch weitere Korrekturen anzubringen, vor allem aber um einige, z.T. ausführliche Zusätze anzufertigen. In der Mappe M III 16 findet sich ein Umschlag mit „Seiten-Noten zu Prager Abhandlung", der einige Blätter mit Zusätzen enthält. Der Umschlag ist von Husserl auf November 1934 datiert. Aber es ist wahrscheinlich, daß einige Zusätze bereits früher entstanden sind. Die meisten Ausführungen beziehen sich auf die ersten Seiten der Abhandlung, scheinen also dem Desiderat eines „neuen Eingangs", von dem Husserl im Brief an Patočka vom 13. 9. berichtete, Abhilfe schaffen zu wollen. Diesem Umschlag sind die Texte entnommen, die hier als *Beilagen XIV–XVII* abgedruckt werden.

Die Prager Abhandlung eröffnet die Reihe der ausgearbeiteten Texte, die zu Husserls letztem großen Werk, der *Krisis der europäischen Wissenschaften und die transzendentale Phänomenologie,* führen: der Vorträge in Wien und Prag. Im April 1935 überarbeitete Husserl die Prager Abhandlung für den Wiener Vortrag „Die Krisis des europäischen Menschentums und die Philosophie".[1] Aus dieser Zeit stammt der Text, der hier als *Beilage XVI* veröffentlicht wird und den Husserl selbst auf den 9. 4. 1935 datierte. Der Wiener Vortrag orientiert sich eng an den Ausführungen der Prager Abhandlung. Der Ausgangspunkt ist jedoch nicht mehr die Frage nach der Aufgabe der Philosophie in der Gegenwart und von da her die Kritik an den Wissenschaften, sondern das Konstatieren einer europäischen Krisis. Dieses Wort gebrauchte Husserl in der ersten Fassung der Prager Abhandlung noch nicht.[2] Seine These von der Krisis des europäischen Menschentums begründet der Vortrag mit einer Analyse der Idee des europäischen Menschentums. Die Ausführungen zum Urstiftungsprozeß dieser Idee als Idee unendlicher Aufgabenziele sind ausführlicher als in der Prager Abhandlung. Den Grund für das Scheitern der ursprünglichen Konzeption und für die nachfolgende Krise erblickt Husserl darin, daß die mathematische Methode, die nur e i n e Möglichkeit darstellt, auf unendliche Pole ausgerichtet zu sein, alleiniges Vorbild für die wissenschaftliche Be-

---

[1] Vgl. R I Albrecht, 11. 4. 1935: „⟨…⟩ und so habe ich für meine Vorträge in Überarbeitung der Abhandlung, die ich zunächst, vor dem kurzen Brief nach Prag (dem Kongreß) zugesandt hatte, eine wesentlich tiefere geschichtsphilosophische Gedankenreihe im Entwurf ⟨…⟩"

[2] Erst in der Überarbeitung des Typoskripts (in der Fassung A) veränderte er den Plural „Krisen" in „Krise"; siehe unten, S. 208 und 314. Das Thema des Prager Kongresses war auch die „Krise der Demokratie".

handlung aller Bereiche der Weltwirklichkeit wird. Wie auch in der Prager Abhandlung wird dies für Husserl an dem die neuzeitliche Philosophie- und Wissenschaftsentwicklung charakterisierenden Versagen deutlich, eine Wissenschaft vom Eigenwesen des Seelischen, eine eidetische Psychologie, auszubilden.

Beilagen XIX und XX. Um die Jahreswende 1934/1935 sandte der Pariser Künstler Robert Kastor an Husserl ein Kupferstichporträt von ihm mit der Bitte um ein „Motto". Der Zweck dieser Bitte ist nicht bekannt. Ein Briefwechsel zwischen Kastor und Husserl ist im Husserl-Archiv nicht vorhanden, ebenso nicht der Kupferstich. Erhalten sind lediglich drei Entwürfe Husserls, in denen er versuchte, ein Motto zu formulieren.[1] Die Mühe, die sich Husserl damit gab, läßt vermuten, daß der Kupferstich mit dem Motto veröffentlicht werden sollte. Von den Entwürfen werden hier die Fassungen eins und drei wiedergegeben.

Bei diesen Entwürfen liegt ein wahrscheinlich von Eugen Fink ausgearbeiteter Text. Er ist von Husserl auf 1934 datiert.[2] Der Tenor dieses Textes wie auch des Mottos zu Kastors Bild steht den Ausführungen nahe, die Husserl für den Prager Kongreß schrieb.

*

Auch bei dieser Edition haben wir in erster Linie Herrn Prof. Dr. Werner Marx für seine Unterstützung als Direktor des Husserl-Archivs Freiburg Dank zu sagen. Unser Dank gilt ferner dem Direktor des Husserl-Archivs Leuven, Herrn Prof. Dr. Samuel IJsseling, sowie Herrn Prof. Dr. Rudolf Boehm für reiche Anregung und Hilfeleistung; ebenso den Mitarbeitern im Husserl-Archiv Leuven, Herrn Prof. Dr. Rudolf Bernet und Herrn Dr. Ullrich Melle. Herrn Dr. Melle schulden wir unseren besonderen Dank für seine Ratschläge in allen Arbeitsphasen der Edition. Herrn Dr. Eberhard Avé-Lallemant, München, Herrn Dr. Guy van Kerckhoven, Bochum, Herrn Dr. Reinhold N. Smid M.A., vom Husserl-Archiv in Köln sowie Herrn Prof. Dr. Kôichi Tsujimura, Kyoto, verdanken wir bedeutsame Hinweise. Herrn Dr. van Kerckhoven danken wir insbesondere für die Überlassung seiner Transkription des Vortrags „Phänomenologie und Anthropologie". Frau Sabine Mödersheim

---

[1] In M III 17 a, b.
[2] M III 17a/5.

und Frau Cornelia Billmeier halfen erneut in sehr dankenswerter Weise bei den Kollations- und Korrekturarbeiten. Unser Dank für Hinweise zur Korrektur gilt auch Herrn Steven Spileers vom Husserl-Archiv Leuven. Die Deutsche Forschungsgemeinschaft förderte auch diese Edition mit einer Sachbeihilfe, wofür wir ihr unseren Dank aussprechen.

Freiburg i. Br.   Thomas Nenon
                                                   Hans Rainer Sepp

AUFSÄTZE UND VORTRÄGE
1922–1937

⟨FÜNF AUFSÄTZE ÜBER ERNEUERUNG⟩

Erneuerung. Ihr Problem und ihre Methode[1]   [92]

Erneuerung ist der allgemeine Ruf in unserer leidensvollen Gegenwart und ist es im Gesamtbereich der europäischen Kultur. Der
5 Krieg, der sie seit dem Jahre 1914 verwüstet und seit 1918 nur statt
der militärischen Zwangsmittel die „feineren" der seelischen Torturen und der moralisch depravierenden wirtschaftlichen Nöte gewählt
hat, hat die innere Unwahrheit, Sinnlosigkeit dieser Kultur enthüllt.
Eben diese Enthüllung bedeutet aber die Unterbindung ihrer eigent-
10 lichen Schwungkraft. Eine Nation, eine Menschheit lebt und schafft
in der Fülle der Kraft, wenn sie von einem sie in Schwung haltenden
Glauben an sich selbst und an einen schönen und guten Sinn ihres
Kulturlebens getragen ist; wenn sie also nicht nur überhaupt lebt,
sondern einem in ihren Augen Großen entgegenlebt und sich in
15 ihren fortschreitenden Erfolgen in der Verwirklichung echter und
sich steigernder Werte befriedigt. In solcher Menschheit ein würdi-
ges Mitglied zu sein, für eine solche Kultur mitzuwirken, zu ihren
herzerhebenden Werten beizutragen, ist das Glück jedes Tüchtigen
und hebt ihn empor über seine individuellen Sorgen und Mißge-
20 schicke.
Diesen Glauben, der uns und unsere Väter hob und der sich auf
die Nationen übertrug, die wie die japanische sich erst in neuester
Zeit der europäischen Kulturarbeit anschlossen, haben wir, haben
weiteste Volkskreise verloren.

---

[1] Der erste *Kaizo*-Artikel. Zuerst erschienen in: *The Kaizo*, 1923, Heft 3, S. 84-92
(Originaltext), S. 68–83 japanische Übersetzung. — Vgl. zu diesem Artikel auch Beilage I, S. 94.

War er schon vor dem Kriege schwankend geworden, so ist er
jetzt völlig zusammengebrochen. Als freie Menschen stehen wir vor
dieser Tatsache; sie muß uns praktisch bestimmen.

Und danach sagen wir: Ein Neues muß werden; es muß in
5 uns und durch uns selbst werden, durch uns als Mitglieder der in
dieser Welt lebenden, sie durch uns und uns durch sie gestaltenden
Menschheit. Sollen wir warten, ob diese Kultur nicht von selbst in
ihrem Zufallsspiel wertzeugender und wertzerstörender Kräfte gesunde? Sollen wir den „Untergang des Abendlandes" als ein Fatum
10 über uns ergehen lassen? Dieses Fatum ist nur, wenn wir passiv
zusehen — passiv zusehen könnten. Aber das können auch die nicht,
die uns das Fatum verkünden.

Wir sind Menschen, frei wollende Subjekte, die in ihre Umwelt
tätig eingreifen, sie beständig mitgestalten. Ob wir wollen oder nicht,
15 ob schlecht oder recht, wir tun so. Können wir es nicht auch vernünftig tun, steht Vernünftigkeit und Tüchtigkeit nicht in unserer
Macht?

Das sind chimärische Ziele, werden freilich die Pessimisten und
„Realpolitiker" einwenden. Ist es schon für den | einzelnen ein   [91]
20 unerreichbares Ideal, sein individuelles Leben zu einem Vernunftleben zu gestalten, wie sollen wir dergleichen für das Gemeinschaftsleben, das nationale, ja das der gesamten abendländischen Menschheit unternehmen wollen?

Indessen, was würden wir zu einem Menschen sagen, der um der
25 Unerreichbarkeit des ethischen Ideals willen das ethische Ziel preisgeben und den ethischen Kampf nicht aufnehmen würde? Wir wissen, daß dieser Kampf, soweit er ein ernster und stetiger ist, unter
allen Umständen eine wertschaffende Bedeutung hat, ja daß er an
sich schon die ringende Persönlichkeit auf die Stufe des wahren
30 Menschentums erhebt. Wer wird zudem die Möglichkeit eines steten
ethischen Fortschreitens unter der Leitung des Vernunftideals leugnen?

Ebendasselbe werden wir, ohne uns durch einen schwächlichen
Pessimismus und ideallosen „Realismus" beirren zu lassen, auch
35 für den „Menschen im Großen", für die weiteren und weitesten
Gemeinschaften nicht unbesehen für unmöglich erachten dürfen,
und die gleiche Kampfesgesinnung in Richtung auf eine bessere
Menschheit und eine echt humane Kultur werden wir als eine absolute ethische Forderung anerkennen müssen.

So spricht vorweg ein natürliches Gefühl, das offenbar in jener
Platonischen Analogie zwischen Einzelmenschen und Gemeinschaft
verwurzelt ist. Diese Analogie ist aber keineswegs ein geistreicher
Einfall eines das natürliche Denken hoch übersteigenden oder gar
5 verstiegenen Philosophen, sondern ist nicht mehr als der Ausdruck
einer alltäglichen, aus den Aktualitäten des menschlichen Lebens
natürlich erwachsenden Apperzeption. In ihrer Natürlichkeit erweist
sie sich denn auch immerfort bestimmend, wie z.B. fast in allen
nationalen und weltpolitischen Werturteilen und als Motiv für ent-
10 sprechende Handlungen. Aber sind derart natürliche Apperzeptionen und von ihnen getragene gefühlsmäßige Stellungnahmen eine
hinreichende Grundlage für rationale Gemeinschaftsreformen; und
nun gar für die größte aller Reformen, die eine ganze Kulturmenschheit, wie die europäische, radikal erneuern soll? Der uns erfüllende
15 Glaube — bei unserer Kultur d ü r f e es nicht sein Bewenden haben,
sie könne und müsse durch Menschenvernunft und Menschenwillen
reformiert werden — kann doch nur dann nicht in bloßer Phantasie,
sondern in Wirklichkeit „Berge versetzen", wenn er sich in nüchterne rational einsichtige Gedanken umsetzt, wenn er sich in ihnen
20 Wesen und Möglichkeit seines Ziels und der es realisierenden Methode zu vollkommener Bestimmtheit und Klarheit bringt. Und
damit schafft er ja für sich selbst allererst sein Fundament rationaler
Rechtfertigung. Nur solche Verstandesklarheit kann zu freudiger
Arbeit aufrufen, kann dem Willen die Entschlossenheit und die
25 durchsetzende Kraft zu befreiender Tat geben, nur ihre Erkenntnis
kann zum festen Gemeingut werden, so daß sich schließlich unter
tausendfältiger Mitwirkung der durch | solche Rationalität Über-   [90]
zeugten die Berge versetzen, d.i. die bloß gefühlsmäßige Erneuerungsbewegung in den Prozeß der Erneuerung selbst wandelt.
30   Solche Klarheit ist aber keineswegs leicht zu gewinnen. Jener
skeptische Pessimismus und die Schamlosigkeit der unsere Zeit so
verhängnisvoll beherrschenden politischen Sophistik, die sich der
sozialethischen Argumentation nur als Deckmantel für die egoistischen Zwecke eines völlig entarteten Nationalismus bedient, wäre
35 gar nicht möglich, wenn die natürlich gewachsenen Gemeinschaftsbegriffe trotz ihrer Natürlichkeit nicht mit dunklen Horizonten behaftet wären, mit verwickelten und verdeckten Mittelbarkeiten, deren klärende Auseinanderlegung die Kräfte des ungeschulten Denkens völlig übersteigt. Nur strenge Wissenschaft kann hier sichere

Methode und feste Ergebnisse schaffen; nur sie kann also die theoretische Vorarbeit liefern, von der eine rationale Kulturreform abhängig ist.

Hier sind wir aber in einer argen Lage; denn die Wissenschaft, die
5 uns dienen müßte, suchen wir vergeblich. Es ergeht uns darin nicht
anders als in der gesamten übrigen Praxis des Gemeinschaftslebens,
nämlich wenn wir unsere sozialpolitischen, außenpolitischen, nationalen Urteile gewissenhafterweise auf Sachkunde gründen möchten
und uns nun nach einer wissenschaftlichen Belehrung umtun, die
10 uns in dieser schicksalsvollen Welt des Gemeinschaftslebens vom
primitiven Stande eines instinktiven, vagen traditionalistischen Vor-
stellens und Handelns erlösen könnte. An großen und ernsten Wissenschaften ist unser Zeitalter überreich. Wir haben „exakte" Naturwissenschaften und durch sie jene vielbewunderte Technik der
15 Natur, die der modernen Zivilisation ihre gewaltige Überlegenheit
gab, aber freilich auch vielbeklagte Nachteile im Gefolge hatte.
Doch wie immer, in dieser naturtechnischen Sphäre des menschlichen Handelns ermöglichte Wissenschaft eine wahre praktische Rationalität, und sie gab die vorbildliche Lehre, wie Wissenschaft
20 überhaupt zur Leuchte der Praxis werden müsse. Aber an einer
rationalen Wissenschaft vom Menschen und der menschlichen Gemeinschaft, welche eine Rationalität im sozialen, im politischen
Handeln und eine rationale politische Technik begründen würde,
fehlt es durchaus.

25 Ebendasselbe gilt also auch hinsichtlich der uns sosehr interes-
sierenden Erneuerungsprobleme. Genauer bezeichnet, fehlt uns die
Wissenschaft, welche für die Idee des Menschen (und somit auch
für das *a priori* untrennbare Ideenpaar: Einzelmensch und Gemeinschaft) das zu leisten unternommen hätte, was die reine Mathematik
30 der Natur für die Idee der Natur unternommen und in den
Hauptstücken auch geleistet hat. So wie die letztere Idee — Natur
überhaupt als allgemeine Form — die *universitas* der Naturwissenschaften umspannt, so die Idee des geistigen Wesens — und spezieller des Vernunftwesens, des Menschen — die *universitas* aller und
35 speziell aller humanen Geisteswissenschaften. Indem auf | der einen [89]
Seite die Mathematik der Natur in ihren apriorischen Disziplinen
von Zeit, Raum, Bewegung, bewegenden Kräften die in solchen
Wesenskomponenten einer Natur überhaupt („*natura formaliter
spectata*") beschlossenen apriorischen Notwendigkeiten entfaltet, er-

möglicht sie in Anwendung auf die Tatsächlichkeit der gegebenen
Natur empirische Naturwissenschaften mit rationaler, nämlich mathematischer Methode. Sie liefert also mit ihrem Apriori Prinzipien
der Rationalisierung des Empirischen.
5   Auf der anderen Seite haben wir nun wohl viele und fruchtbare
Wissenschaften bezogen auf das Reich des Geistes bzw. der Humanität, aber sie sind durchaus empirische und „ bloß " empirische
Wissenschaften. Die ungeheure Fülle zeitlich, morphologisch, induktiv oder unter praktischen Gesichtspunkten geordneter Tatsachen
10 bleibt in ihnen ohne jedes Band prinzipieller Rationalität. Hier
fehlt eben die parallele apriorische Wissenschaft, sozusagen die
mathesis des Geistes und der Humanität; es fehlt das wissenschaftlich entfaltete System der rein rationalen, der im „ Wesen "
des Menschen wurzelnden „ apriorischen " Wahrheiten, die als der
15 reine Logos der Methode in die geisteswissenschaftliche Empirie in
einem ähnlichen Sinne theoretische Rationalität hineinbrächten und
in einem ähnlichen Sinne rationale Erklärung empirischer Tatsachen
möglich machten, wie die reine Mathematik der Natur empirische
Naturwissenschaft als mathematisch theoretisierende und somit ra-
20 tional erklärende möglich gemacht hat.
Doch auf geisteswissenschaftlicher Seite handelt es sich nicht wie
bei der Natur um bloße rationale „ Erklärung ". Hier tritt noch eine
ganz eigentümliche Art der Rationalisierung des Empirischen auf:
die normative Beurteilung nach allgemeinen Normen, die
25 zum apriorischen Wesen der „ vernünftigen " Humanität gehören,
und die Leitung der tatsächlichen Praxis selbst nach ebensolchen
Normen, zu denen die Vernunftnormen praktischer Leitung selbst
mitgehören.
Die Sachlagen auf beiden Seiten sind überhaupt, eben vermöge
30 der verschiedenen Wesensart natürlicher und geistiger Realitäten,
grundverschieden, daher die Gestalten der beiderseits zu fordernden
Rationalisierungen des Tatsächlichen nichts weniger als vom selben
Stil sind. Es wird gut sein, dies hier gleich anschließend, um nicht in
unseren weiteren Erneuerungsanalysen durch naturalistische Vorur-
35 teile gehemmt zu sein, in einer knappen Kontrastierung zu verdeut-
lichen und uns damit zugleich die methodische Eigenart der, wie wir
im voraus sagten, fehlenden Wissenschaft näherzubringen, welcher
solche Analysen zustreben.
Natur ist wesensmäßig bloß tatsächliches Dasein und dabei Tat-

sache aus bloß äußerer Erfahrung. Eine prinzipielle Erwägung von
Natur überhaupt führt also *a priori* nur auf eine Rationalität der
Äußerlichkeiten, nämlich auf Wesensgesetze der zeiträumlichen
Form und | darüber hinaus nur auf eine Notwendigkeit exakter   [88]
5 induktiver Regelordnung des zeiträumlich Verteilten — das, was wir
schlechthin als „ kausale" Gesetzesordnung zu bezeichnen pflegen.
  Dagegen liegen im spezifischen Sinn des Geistigen ganz andere
Formen, ganz andere allgemeinste Wesensbestimmungen der einzelnen Realitäten und Wesensformen der Verbindung. Abgesehen da-
10 von, daß die zeiträumliche Form im Reiche des Geistes (z. B. in der
Historie) einen wesentlich anderen Sinn hat als in der physischen
Natur, ist hier darauf hinzuweisen, daß jede einzelne geistige Realität ihre Innerlichkeit hat, ein in sich geschlossenes „ Bewußtseinsleben", bezogen auf ein „Ich", sozusagen als einen alle einzelnen
15 Bewußtseinsakte zentrierenden Pol, wobei diese Akte in Zusammenhängen der „Motivation" stehen.
  Ferner, die einzelnen, getrennten Realitäten, bzw. ihre Ichsubjekte, treten zueinander in Beziehungen des Wechselverständnisses
(„Einfühlung"); durch „soziale" Bewußtseinsakte stiften sie (un-
20 mittelbar oder mittelbar) eine völlig neuartige Form der Vereinigung
von Realitäten: die Form der Gemeinschaft, geistig einig durch
innerliche Momente, durch intersubjektive Akte und Motivationen.
  Und noch ein Wichtigstes: Zu den Akten und ihren Motivationen
25 gehören Unterschiede der Vernunft und Unvernunft, des „rechten"
und „unrechten" Denkens, Wertens und Wollens.
  Nun können wir zwar auch geistige Realitäten in gewisser Weise
(als zweite Natur) in Beziehungen der Äußerlichkeit betrachten: das
Bewußtsein als äußerlichen Annex an physischen Realitäten (den
30 jeweiligen physischen Leibern); Menschen und Tiere als bloße Vorkommnisse im Raume, „in" der Natur. Aber die sich alsdann ebenfalls darbietenden induktiven Regelmäßigkeiten sind nicht, wie es
wesensmäßig für die physische Natur gilt, Anzeigen von exakten
Gesetzen, von Gesetzen, welche die objektiv wahre „Natur" dieser
35 Realitäten bestimmen, d.i. sie der Wesensart solcher Realitäten gemäß in rationaler Wahrheit bestimmen. Mit anderen Worten: Hier,
wo das eigentümliche Wesen des Geistigen in der Innerlichkeit des
Bewußtseinslebens sich ausspricht, liegt auf dem Wege induktiv-kau-

saler Betrachtung keine rationale Erklärung, und das aus Gründen *a priori* (so daß es widersinnig ist, in der Art unserer naturalistischen Psychologie nach einer solchen zu suchen). Zur wirklichen Rationalisierung des Empirischen ist eben erfordert (hierin ganz wie im Fal-
5 le der Natur) ein Rückgang auf die maßgebenden Wesensgesetze, also der spezifischen Geistigkeit, als der Welt der Innerlichkeiten. Nun gehören zu den im Wesen der humanen Geistigkeit *a priori* als möglich vorgezeichneten Bewußtseins- bzw. Motivationsgestalten auch die Normgestalten der „Vernunft", und *a priori* besteht zudem
10 die Möglichkeit, in Freiheit allgemein zu denken und gemäß selbsterkannter apriorischer Normgesetze sich praktisch und allgemein zu bestimmen. Demgemäß haben wir im Reiche des humanen | Geistes, wie oben vorausgesagt, und ungleich dem Falle der Natur, nicht allein im besonderen Sinne sogenannte „theoretische" Urteilsbil- [87]
15 dung, nämlich gerichtet auf „bloße Tatsachen des Daseins" (*matter of fact*). Und dementsprechend haben wir nicht bloß die Aufgaben der Rationalisierung dieser Tatsachen durch sogenannte „erklärende Theorien" und gemäß einer apriorischen Disziplin, welche das Wesen des Geistes rein sachlich erforscht. Vielmehr tritt hier auch eine
20 völlig neuartige Beurteilung und Rationalisierung alles Geistigen auf: diejenige nach Normen bzw. nach normativen apriorischen Disziplinen der Vernunft, der logischen, wertenden und praktischen Vernunft. Der beurteilenden Vernunft folgt aber *in praxi*, oder kann in Freiheit folgen, ein die Norm erkennendes und daraufhin frei
25 handelndes Subjekt. Demgemäß ergeben sich in der Geistessphäre in der Tat noch die Aufgaben einer rationalen L e i t u n g der Praxis, also eine abermals neue Weise der möglichen Rationalisierung geistiger Tatsachen auf wissenschaftlicher Grundlage, nämlich durch eine vorgängige apriorische Disziplin von den Normen praktischer Ver-
30 nunftleitung.
     Kehren wir nun wieder zu unserem eigenen Problem zurück, so ist es einzusehen, daß hierfür in der Tat die vorliegenden, bloß empirischen Wissenschaften vom Menschen (wie unsere historischen Kulturwissenschaften oder gar die moderne bloß induktive Psychologie)
35 nichts von dem bieten können, was uns nach Erneuerung Strebenden nottut; und daß wirklich nur jene apriorische Wissenschaft vom Wesen der humanen Geistigkeit — wenn sie da wäre — für uns als rationale Helferin in Betracht käme. Zunächst stellen wir fest, daß Wissenschaften von bloßen Tatsachen für uns von vornherein aus-

scheiden. — Zwar knüpfen unsere Erneuerungsfragen an bloße Tatsächlichkeiten an, sie betreffen ja die gegenwärtige Kultur und speziell die des europäischen Kulturkreises. Aber die Tatsachen werden
hierbei wertend beurteilt, werden einer Normierung der Vernunft
5 unterworfen; es wird gefragt, wie eine Reform dieses unwertigen
Kulturlebens zu einem Vernunftleben in die Wege zu leiten sei.
Jede tiefere Besinnung führt hier auf die prinzipiellen Fragen der
praktischen Vernunft zurück, welche das Individuum und die Gemeinschaft und ihr Vernunftleben in wesensmäßiger und rein for-
10 maler Allgemeinheit betreffen, einer Allgemeinheit, welche alle empirische Tatsächlichkeit, alle kontingenten Begriffe tief unter sich
läßt.

Weniges genügt, dies zu begründen und damit zugleich ersichtlich
zu machen, daß gerade jene Wesenswissenschaft vom Menschen
15 überhaupt eben die wäre, die wir als Hilfe brauchten.

Unterwerfen wir unsere Kultur, also unsere sich und ihre Umwelt
kultivierende Menschheit, einem Verwerfungsurteil, so liegt darin,
daß wir an eine „gute" Menschheit als ideale Möglichkeit glauben.
Implizite liegt als in unserem Urteil beschlossen der Glaube an eine
20 „wahre und echte" Menschheit, als eine objektiv | gültige Idee, in   [86]
deren Sinn die faktische Kultur zu reformieren das selbstverständliche Ziel unserer Reformbestrebungen sein muß. Die ersten Besinnungen müßten also auf einen klaren Entwurf dieser Idee gehen.
Beschreiten wir nicht den Phantasieweg der Utopie, zielen wir viel-
25 mehr auf nüchterne objektive Wahrheit, so muß dieser Entwurf die
Gestalt einer rein begrifflichen Wesensbestimmung haben, ebenso
müßten die Möglichkeiten der Verwirklichung der Idee zunächst *a
priori* als reine Wesensmöglichkeiten in wissenschaftlicher Strenge
erwogen werden. Welche besonderen, normgerechten Gestalten in-
30 nerhalb einer dieser Idee echter Humanität gemäßen Menschheit
dann möglich und notwendig wären, für die sie als Gemeinschafts-
glieder konstituierenden Einzelpersonen sowie für die verschiedenen
Typen von Verbänden, Gemeinschaftsinstitutionen, Kulturtätigkei-
ten usw. — das alles gehörte mit in eine wissenschaftliche Wesens-
35 analyse der Idee einer echten oder vernünftigen Menschheit und
führte auf mannigfache sich verzweigende Einzeluntersuchungen.

Schon eine flüchtige Überlegung macht es klar, daß die ganze Art
und die besonderen Themen der in unserem Interesse nötigen Untersuchungen von vornherein in der Tat durch die formal-allgemei-

nen Strukturen bestimmt sind, welche unsere Kultur über alle ihre
Faktizitäten hinaus mit unendlich vielen *idealiter* möglichen Kulturen gemein hätte. Alle Begriffe, auf die hier eine in die Tiefen, also
ins Prinzipielle dringende Untersuchung stößt, sind von apriori-
5 scher, in einem guten Sinne formaler Allgemeinheit. So der Begriff
des Menschen überhaupt als Vernunftwesen, der Begriff des Ge-
meinschaftsgliedes und der Gemeinschaft selbst und nicht minder
alle besonderen Gemeinschaftsbegriffe wie Familie, Volk, Staat usw.
Ebenso die Begriffe der Kultur und der besonderen Kultursysteme
10 Wissenschaft, Kunst, Religion usw. (desgleichen in den normativen
Gestalten: „wahre", „echte" Wissenschaft, Kunst, Religion).

    Die ursprüngliche und klassische Ausbildungsstätte reiner We-
sensforschung und der zu ihr gehörigen Wesensabstraktion (Abstraktion „reiner", „apriorischer" Begriffe) ist die Mathematik, aber kei-
15 neswegs ist solche Forschungsart und Methode an sie gebunden.
Mag es uns also auch ungewohnt sein, in der Geistessphäre solche
Abstraktion zu üben und ihrem „Apriori", den Wesensnotwendigkeiten des Geistes und der Vernunft, nachzuforschen, so ist dergleichen hier doch ebensowohl möglich; ja oft genug sind wir schon —
20 nur nicht bewußt und methodisch — mitten im Apriori. Denn wo
immer wir in prinzipielle Erwägungen hineingeraten, da ruht unser Blick ganz von selbst nur auf der reinen Form. Das methodisch-
bewußte Absehen vom empirischen Gehalt der jeweiligen Begriffe,
ihre bewußte Gestaltung zu „reinen" Begriffen mag unterbleiben;
25 aber dieser Gehalt spielt doch in unserem Denken keine mitmoti-
vierende Rolle. Denkt man über die Gemeinschaft überhaupt nach,
über den Staat, das Volk überhaupt, | ebenso über den Menschen,   [85]
den Bürger u. dgl. und darüber, was in solchen Allgemeinheiten zur
„Echtheit", zum Vernünftigen gehöre — so sind offenbar alle empi-
30 risch faktischen Unterschiede der Leiblichkeit und Geistigkeit, konkreter irdischer Lebensumstände u. dgl. in demselben Sinne „unbestimmt" und „frei variabel" wie die konkreten Merkmale und
eventuellen empirischen Bindungen der Einheiten in der idealen
Betrachtung des Arithmetikers oder der Größen in der des Algebrai-
35 kers. Ob der Mensch empirisch so oder anders gebaute Wahrnehmungsorgane, Augen, Ohren usw. hat, ob zwei oder x Augen, ob die
oder jene Organe der Lokomotion, ob Beine oder Flügel u. dgl., das
ist bei prinzipiellen Erwägungen, wie z. B. solchen reiner Vernunft,
ganz außer Frage und unbestimmt-offen. Nur gewisse Formen der

Leiblichkeit und der seelischen Geistigkeit sind vorausgesetzt und
liegen im Blick; sie als *a priori* notwendige herauszustellen und
begrifflich zu fixieren ist Sache der bewußt durchgeführten wissenschaftlichen Wesensforschung. Das gilt von dem gesamten, sich viel-
5 verzweigenden Begriffssystem, das als formales Gerüst durch alles
geisteswissenschaftliche Denken hindurchgeht und speziell also auch
durch die Untersuchungen normativen Stils, die für uns in Frage
sind.

Ist nun eine apriorische Wissenschaft von den Wesensformen und
10 Wesensgesetzen des Geistigen und, was uns hier vor allem interessiert, der vernünftigen Geistigkeit noch nicht zu systematischer Ausbildung gekommen, können wir aus bereitliegenden Erkenntnis-
schätzen hier nicht schöpfen, um unserem Erneuerungsstreben eine
rationale Unterlage zu geben — was sollen wir tun? Sollen wir also
15 wieder wie in der politischen Praxis verfahren, z.B. wenn wir uns als
Bürger zur Wahl bereiten? Sollen wir also nur nach Instinkt und
Takt, nach überschauenden Vermutungen urteilen? Dergleichen mag
vollkommen gerechtfertigt sein, wo der Tag die Entscheidung fordert
und mit ihm die Handlung sich vollendet. In unserem Falle aber, wo
20 die Sorge einem zeitlich Unendlichen und im Zeitlichen dem Ewigen
gilt — der Zukunft der Menschheit, dem Werden wahren Menschentums, wofür wir uns doch selbst verantwortlich fühlen —, und für
uns, die wir als wissenschaftlich Erzogene auch wissen, daß nur Wissenschaft endgültige Vernunftentscheidungen begründet und nur sie
25 die Autorität sein kann, die sich schließlich durchsetzt — für uns
kann kein Zweifel darüber sein, was uns obliegt. Es gilt selbsttätig
nach den wissenschaftlichen Wegen zu suchen, die leider keine vorangehende Wissenschaft vorbereitet hat, und ernstlich selbst mit den
methodischen und problemanalytischen Vorerwägungen zu begin-
30 nen, mit vorbereitenden Gedankenführungen jeder Art, die sich als
erste Erfordernisse erweisen.

In diesem Sinne sind schon die bisher durchgeführten Betrachtungen solche Wissenschaft vorbereitende und hoffentlich nicht unnüt-
ze Vorerwägungen. Nicht unnütz vor allem, weil sie uns in metho-
35 discher Hinsicht gezeigt haben, daß nur | eine Betrachtungsart, die   [84]
sich als Wesensbetrachtung vertreten läßt, wirklich fruchtbar
sein kann und daß nur sie den Weg zu einer rationalen Wissenschaft
nicht nur vom Menschentum überhaupt, sondern auch von seiner
„Erneuerung" eröffnen kann. Macht man sich aber noch klar, daß
40 eine „Erneuerung" in Wesensnotwendigkeit zur Entwicklung eines

Menschen und einer Menschheit zu wahrer Humanität gehört, so
ergibt sich, daß die Begründung dieser Wissenschaft die notwendige
Voraussetzung für eine wirkliche Erneuerung, ja ein erster Anfang
ihrer Inszenierung selbst wäre. Ihre Vorbereitung ist jedenfalls das,
5 was wir jetzt und zunächst allein tun können.

Im nächsten Artikel wollen wir nun den Versuch wagen, an die
Idee echter Humanität und Erneuerung herantretend, eine Reihe
prinzipieller Gedankenlinien zu verfolgen, die, vollbewußt in der
Wesenseinstellung vollzogen, bestimmter zeigen sollen, wie wir uns
10 Anfänge — vortastende Anfänge — nüchtern wissenschaftlicher und
dabei apriorischer Kulturuntersuchungen der normativen — sozialethischen — Sphäre denken. Auf Problematik und Methode
muß das Interesse in unserer wissenschaftlichen Lage vor allem
gerichtet sein.

15   Die Methode der Wesensforschung[1]

Unter Wesensforschung verstehen wir die reine und konsequente
Übung der schon von Sokrates-Platon in die Wissenschaft eingeführ-
ten Methode der Ideenschau und der prädikativen Ideenerkenntnis,
die auch apriorische Erkenntnis heißt. Wir sind dabei weit enfernt
20 davon, irgendwelche der philosophischen Interpretationen zu übernehmen, uns also mit irgendwelchen (ob Platonischen oder nachpla-
tonischen) metaphysischen Erbteilen zu belasten, welche mit dem
Begriff der „Idee" und des „Apriori" historisch verhaftet sind.
Praktisch kennt jeder das Apriori von der reinen Mathematik her.
25 Er kennt — und billigt — die mathematische Denkungsart — vor
den nachkommenden metaphysischen oder empiristischen Interpretationen, die das eigentümliche Wesen dieser methodischen Art
selbst nichts angehen.

An ihr orientieren wir unseren Begriff von Apriori. Ganz allge-
30 mein gesprochen, können wir jede erfahrene Wirklichkeit und ebenso jede in freier Phantasieanschauung fingierte Wirklichkeit, kurzum

---

[1] Der zweite *Kaizo*-Artikel. Zuerst erschienen (nur in japanischer Sprache) in: *The
Kaizo*, 1924, Heft 4, S. 107-116.

alles „Empirische" in derselben Weise behandeln (und somit in
derselben Art zu seinem Apriori aufsteigen), wie es der „reine"
Mathematiker bezüglich aller der empirischen Körper, Raumgestal-
ten, Zeitgrößen, Bewegungen usw. tut, die ihm während seines Den-
5 kens dienen. Insbesondere aber da, wo er seine Gedanken, zumal
seine Elementarbegriffe — das Urmaterial für alle seine Begriffsbil-
dungen — „ursprünglich" erzeugt bzw. wo er sich diese Begriffe
„klarmacht", d.i., von dem leeren Wortverständnis auf die „ursprünglichen" echten Begriffe zurückgeht. Bei alldem — und das
10 bezeichnet einen Grundcharakter alles „apriorischen" Denkens —
enthält sich der Mathematiker prinzipiell jedweden Urteils über reale Wirklichkeit. Zwar mögen ihm Wirklichkeiten der Erfahrung dienen, aber sie dienen nicht, und gelten für ihn nicht, als Wirklichkeiten. Sie gelten ihm nur als beliebige, in freier Phantasie beliebig
15 abzuwandelnde Exempel, für die daher Phantasiewirklichkeiten
ebensogut dienen könnten und ihm in der Regel sogar dienen. Die
thematische Sphäre des rein mathematischen Denkens ist eben nicht
die wirkliche Natur, sondern eine mögliche Natur überhaupt: und
das heißt eine Natur, die überhaupt in einstimmigem Sinn vorstell-
20 bare soll sein können. Die Freiheit der Mathematik ist die Freiheit
der reinen Phantasie und des reinen Phantasiedenkens. Und die
starre Gesetzesgebundenheit der Mathematik ist nicht minder die zu
solchem Phantasiedenken selbst gehörige Gebundenheit: nämlich
sofern die mathematische Phantasie in allen ihren willkürlich fingie-
25 renden Gestaltungen sich selbst doch bindet durch den konsequenten Willen, was einmal als fingierte Wirklichkeit gesetzt sei, solle
nun weiter in identischem Sinne erhalten bleiben.
   Etwas näher ausgeführt, ist die Meinung dieser Selbstnormierung
reinen Phantasiedenkens die folgende: Mathematisches (und so
30 überhaupt apriorisches) Denken üben, d.i., nicht sich spielerisch
dem kaleidoskopischen Durcheinander zusammenhangloser Einfälle
hingeben, sondern phantasierend Gestalten erzeugen, sie als mögliche Wirklichkeiten setzen und sie hinfort als identische durchhalten. Darin liegt: sich nur in solchen Richtungen willkürliche Phan-
35 tasievariationen gestatten, welche jedes einmal phantasierend Gesetzte einstimmig, als dieselbe mögliche Wirklichkeit und als eine
mit allem anderen Gesetzten verträgliche, vorstellbar und erkennbar
machen können. In diesem Sinne handelt die Mathematik nicht von
wirklichen Räumen, Körpern, Flächen usw. als solchen der fakti-

schen Naturwirklichkeit, sondern von überhaupt vorstellbaren und
dabei einstimmig denkbaren, von „*idealiter* möglichen". Solches
reine Phantasiedenken hängt aber nicht an den zufälligen singulären
Möglichkeiten, die in der Phantasie zu jeweiliger Gestaltung kom-
5 men, sondern mittelst ihrer erhebt es sich im allgemeinen Wesens-
denken und ursprünglich in der allgemeinen Wesensintuition zu
den reinen „Ideen" oder „Wesen" und „Wesensgesetzen". Von da
aus geht es fort zu den mittelbaren, in intuitiver Deduktion zu
bewährenden Folgesätzen und erschließt sich das unendliche Reich
10 mathematischer Theorie. Die Grundbegriffe, die der Mathematiker
ursprünglich, in allgemeiner Intuition erzeugt, sind reine, an den
phantasierten Einzelheiten direkt herausgeschaute Allgemeinheiten,
die sich auf Grund freier Variation solcher Einzelheiten als identisch
durch sie hindurchgehender genereller Sinn abheben und in ihnen
15 vereinzeln (die Platonische *methexis* in ursprünglicher Intuition).
So ergibt z.B. die einzelne reine Möglichkeit eines Körpers, die
uns eine klare und einstimmige Phantasie vor Augen stellt, durch
freie Variation, und zwar im Bewußtsein beliebiger Fort-
setzbarkeit solcher Variation, zugleich das ursprüngliche Be-
20 wußtsein einer offenen Unendlichkeit von möglichen Körpern. Das in solcher Variation festgehaltene Identische tritt im
überschauenden Durchlaufen der offenen Unendlichkeit von Varianten in Evidenz als durchgehendes Identisches, als ihr allge-
meinsames „Wesen", ihre „Idee" hervor. Oder, was dasselbe, es
25 ergibt sich, intuitiv erschaut, ihr gemeinsamer „reiner Begriff",
der eines Körpers überhaupt, welcher also auf diese Unendlichkeit
singulärer idealer Möglichkeiten als auf seinen „Umfang" bezogen
ist.
Mit derart ursprünglich geschöpften Begriffen operiert die Mathe-
30 matik, erzeugt sie ihre unmittelbaren Wesensgesetze (sogenannte
Axiome) als „notwendige und im strengen Sinne allgemeine" Wahrheiten, „von denen gar keine Ausnahme als möglich verstattet ist"
(Kant). Sie erschaut sie ja als generelle Wesensverhalte, die in absoluter Identität für alle erdenklichen Vereinzelungen ihrer reinen Be-
35 griffe — für jene fest abgeschlossenen Variationsunendlichkeiten
oder apriorischen „Umfänge" — erzeugbar und als das evident
erkennbar sind. Aus ihnen erzeugt sie weiter in deduktiver Intuition
(apriorische „Evidenz" notwendiger Folge) ihre Theorien und abgeleiteten „Lehrsätze", wieder als ideale Identitäten in beliebiger Wie-

derholung der Erzeugung einsehbar.

Jede urteilende Mitsetzung erfahrener Wirklichkeiten — wie solche in allen empirischen Begriffen, z.B. den naturhistorischen Begriffen Löwe, Eidechse, Veilchen u.dgl., mitbeschlossen ist und so-
5 mit auch in allen empirisch allgemeinen Sätzen — bleibt streng inhibiert. In diesem Sinne ist, was das mathematische Denken feststellt, durchaus *a priori* gegenüber aller Empirie. Aber was irgend als Vereinzelung seiner „reinen" Begriffe denkbar ist, also die Identität möglichen Seins soll durchhalten können, steht unter den zugehöri-
10 gen „rein-begrifflichen" oder „Wesens"gesetzen.

Die Anwendung auf die faktische Wirklichkeit beruht darauf, daß jede Wirklichkeit evidenterweise in sich reine Möglichkeiten birgt. Jede läßt sich mit ihrem ganzen konstitutiven Bestimmungsgehalte sozusagen in die reine Phantasie übertragen, eben
15 durch Ausschaltung (freie Enthaltung) von allen Wirklichkeitssetzungen. Aus dem Wirklichen wird dann ein Fall reiner Möglichkeit, neben unendlich vielen anderen, gleichberechtigten Möglichkeiten. Demgemäß steht jede durch Erfahrung gegebene und durch Erfahrungsdenken beurteilte Wirklichkeit, was die Rechtmäßigkeit solcher
20 Urteile anbelangt, unter der unbedingten Norm, daß sie allem voran den apriorischen „Bedingungen möglicher Erfahrung" und möglichen Erfahrungsdenkens entsprechen muß; das ist den Bedingungen ihrer reinen Möglichkeit, ihrer Vorstellbarkeit und Setzbarkeit als Gegenständlichkeit eines einstimmig identischen Sinnes. Solche aprio-
25 rischen Bedingungen spricht für die Natur (die Wirklichkeit physischer Erfahrung) die Mathematik der Natur mit allen ihren Sätzen aus — sie spricht sie „*a priori*" aus, d.i., ohne je von „der" Natur als Faktum zu sprechen. Die Beziehung auf Fakta ist Sache der *a priori* jederzeit möglichen und in dieser Möglichkeit evident ver-
30 ständlichen Anwendung.

Und nun ist überhaupt zu sagen: Wirklichkeiten nach den Gesetzen ihrer reinen Möglichkeit beurteilen oder sie nach „Wesensgesetzen", nach apriorischen Gesetzen beurteilen ist eine universale, auf jederlei Wirklichkeiten zu beziehende und durchaus notwendige
35 Aufgabe. Jede Wirklichkeit hat ihr reines „Wesen" als ihren rationalen Gehalt, jede ermöglicht und fordert ihre rationale („exakte") Erkenntnis. Dies aber insofern, als ihr reines Wesen sich einer Wesenswissenschaft einordnet, in ein abgeschlossenes Reich reiner Rationalität (ein Reich sachlich zusammengehöriger Wesenswahr-

heiten), und sofern fürs zweite die Anwendung dieser Wesenswissenschaft nun auch rationale theoretische Erkenntnis der gegebenen
Wirklichkeit und des ganzen Wirklichkeitsgebietes möglich macht,
dem sie zugehört. Wissenschaftliche Erkenntnis empirischer Wirk-
5 lichkeit kann nur dadurch „exakt", nur dadurch echter Rationalität
teilhaftig werden, daß sie diese Wirklichkeit auf ihre Wesensmöglichkeit zurückbezieht: also durch Anwendung der zugehörigen Wesenswissenschaft.

Echte Rationalität als Erkenntnis aus „Prinzipien" ist eben Er-
10 kenntnis aus Wesensgesetzen, sie ist Erkenntnis der Wirklichkeiten
aus Gesetzen ihrer reinen Möglichkeit — wie wir das am Prototyp
der exakten Naturwissenschaft, der auf Anwendung der reinen Mathematik beruhenden, lernen können. Denn was wir uns hier an dem
mathematischen Denken und der mathematischen Naturwissen-
15 schaft klargemacht haben, gilt allgemein für jederlei Gegenstands-
sphären. Zu jeder gehört ein mögliches apriorisches Denken, danach
eine apriorische Wissenschaft und die gleiche Anwendungsfunktion
dieser Wissenschaft — wofern wir eben überall dem Apriori denselben nüchternen und allein bedeutsamen Sinn geben. Es besteht nicht
20 der leiseste Grund, die Methodik des apriorischen Denkens, wie wir
sie in den allgemeinen Wesenszügen an dem mathematischen Denken aufgewiesen haben, als eine ausschließliche Eigenart eben des
mathematischen Gebietes anzusehen. Ja die Annahme einer solchen
Beschränkung wäre angesichts des allgemeinen Wesensverhältnisses
25 von Wirklichkeit und Möglichkeit, von Erfahrung und reiner Phantasie geradezu widersinnig. Von jeder konkreten Wirklichkeit und
jedem an ihr wirklich erfahrenen und erfahrbaren Einzelzuge steht
der Weg in das Reich idealer oder reiner Möglichkeit und damit in
das des apriorischen Denkens offen. Und dem Allgemeinsten nach
30 ist die (im wesentlichen Sokratisch-Platonische) Methode der Gestaltung, wie der einzelnen reinen Möglichkeiten, so der unendlichen
„Umfänge" solcher in variierender Umwandlung ineinander über-
gehender Möglichkeiten überall dieselbe; und dann natürlich auch
die ursprünglich intuitive Bildung von zugehörigen reinen Wesens-
35 allgemeinheiten, von „Ideen" (Wesen, reinen Begriffen) und Wesensgesetzen.

Freilich ist zu erwarten, also auch nicht zu übersehen, daß je nach
den Ausgangspunkten, nach den sich dabei ergebenden Ideen und
sich unter dem Gesichtspunkt der Wesenszusammengehörigkeit er-

gebenden apriorischen Gebieten, auch die Spezialmethodik und der
ganze Typus der apriorischen Theorien sehr verschieden ausfallen
können und müssen.

5   Apriorische Wissenschaften, mindestens mögliche und demnach
ins Werk zu setzende, gibt es also nicht nur von der Natur und den
ihr eigentümlichen Wesensformen, sondern auch vom personalen
Geiste, dem individuellen und sozialen, und im Rahmen der Natur
nicht nur von bloßen physischen Dingen, sondern auch von Orga-
nismen und von psychophysischen „doppelseitigen" Realitäten;
10   und nicht nur von alldem, sondern auch von Kulturobjekten, von
Kulturwerten jeder rein zu bildenden Kategorie.

Nicht übersehen wollen wir dabei, daß von der spezifischen Mathematik der Natur (reine Geometrie, reine Zeitlehre, reine Bewe-
gungslehre usw.), die wir oben vorzugsweise im Auge hatten, zu
15   unterscheiden ist eine rein formale Mathematik (Analysis, Mannigfaltigkeitslehre usw.), die, trotz ihrer beständigen Anwendung in der
exakten Naturwissenschaft, doch nicht spezifisch zur Natur gehört,
sondern universal genommen als „formale Ontologie" * zu allen
überhaupt möglichen Gegenständen und Gegenstandsgebieten in
20   gleicher Weise, also zugleich gehört. Desgleichen achten wir auf
andere, in ähnlichem Sinne formale apriorische Disziplinen, die wie
die formale Logik der Sätze, die apriorische Formenlehre der Bedeutungen ** (reine Grammatik), die allgemeine Theorie der Vernunft
historisch in Entwürfen oder in ersten Andeutungen vorliegen, aber
25   einer neuen, systematischen, des eigentümlichen Sinnes apriorischer
Methode vollbewußten Behandlung noch harren. Jedenfalls, es ist
Zeit, daß man endlich die alten Vorurteile abwirft und an die große,
höchst notwendige Arbeit der Begründung aller apriorischen Wissenschaften herangeht und daß man damit zugleich der vollen und
30   echten Idee einer (die Leibnizsche Idee weit übersteigenden) *mathesis universalis* genugtut. In der Tat, daß alle möglichen apriorischen
Disziplinen eine zusammenhängende „*universitas*", in der Vielheit
eine innerste Einheit bilden; daß sie in einer apriorischen Urquel-
lenwissenschaft alles möglichen Bewußtseins und Seins zusammen-
35   hängen — in einer „transzendentalen Phänomenologie" ***, als

---

* Vgl. meine *Logischen Untersuchungen*, I, §§ 65–72.
** Vgl. a.a.O., II, 1, IV. Untersuchung.
*** Vgl. meine *Ideen zu einer reinen Phänomenologie und phänomenologischen Phi-
losophie*, Halle, 1913.

deren wesensnotwendige Verzweigungen sie behandelt werden müssen — das zu zeigen ist hier nicht der Ort.

Verfährt man beispielsweise in der oben beschriebenen apriorischen Methode hinsichtlich des Menschen, so ergibt der Übergang
5 von der Empirie in das Reich reiner Möglichkeiten als die oberste prinzipielle Einheit die reine Idee eines animalischen, leiblich-seelischen Wesens überhaupt. Diese oberste Idee erwächst als solche durch freieste Variation aller an den exemplarisch fungierenden Einzelmenschen überhaupt variationsfähigen Momente. Die reine
10 Differenzierung dieser Idee — selbstverständlich nicht im leeren verbalen Denken, sondern intuitiv in entsprechender Bindung der Variation vollzogen — ergibt als eine besondere und wieder reine Artung die Idee (nicht das „Ideal"!) des Menschen und demgegenüber, als Korrelatidee, die des „bloßen" Tieres. Differenzieren wir
15 den Menschen dann z. B. nach der Typik seines möglichen personalen Lebens, bilden wir die Idee des Berufslebens und seiner möglichen Typen u.dgl., so sind das Beispiele immer neuer apriorischer Differenzierungen. Es handelt sich dabei um genau analoge Differenzierungen wie die der Idee Figur überhaupt in geschlossene Figur,
20 dann weiter etwa geradlinige Figur, Dreieck usw. Es fordert eigene, sehr umfangreiche (literarisch noch ganz fehlende) Untersuchungen, um den exakten Wesensgehalt der Idee des „*animal*" mit der wesensmäßig zugehörigen Leiblichkeit und „Seele" systematisch und intuitiv nach Elementarbegriffen und -gesetzen der Wesensbe-
25 stimmung zu unterwerfen; und dann spezieller dieses Selbe zu leisten für die ausgezeichnete, in ihren weiteren Differenzierungen so viel reichhaltigere Wesensgestalt „Mensch", mit den ihm zugehörigen Ideen der Vernunft (bzw. „Unvernunft").

Im ersten Anhieb einer Wesensuntersuchung irgendeines Gebie-
30 tes, z. B. des der Humanität, fungiert natürlich als Leitgedanke eine ganz allgemeine, noch undifferenzierte, obschon reine Idee, z. B. die des Menschen. Es ist nicht zu leugnen, daß man, falls nur das Verfahren wirklich aus den Tiefen der Wesenserschauung schöpft und nicht an leeren Wortgedanken hängen bleibt, einsichtige Wesenser-
35 kenntnisse gewinnen kann, auch ohne daß die vortastende Elementaranalyse von der obersten, in sich undifferenzierten Idee bis zur intuitiven Aufweisung der letzten Elementarideen vorgedrungen wäre. Genau besehen ist das bisher nicht einmal der Mathematik

voll gelungen: daher der Streit um ihre letzten Fundamente und das Kreuz der „Paradoxien".

Aber gerade dieser Hinweis kann dazu dienen, die Überzeugung zu wecken, deren tiefere Begründung hier zu weit führen würde: daß
5 nämlich alle nicht aus den letzten und aus den Ursprungsquellen vollkommenster Intuition (denen der phänomenologisch reinen Subjektivität) geschöpften Erkenntnisse die letzte Strenge und Wissenschaftlichkeit nicht erreichen. Alle sozusagen noch mit Resten vager Vorahnung, ungeklärter Antizipation behafteten Evidenzen
10 haben nur einen intermediären, endgültiger Klärung und Bestimmung noch bedürftigen Erkenntniswert. Eine Erkenntnis kann sehr wohl *a priori*, im „Wesentlichen" auch korrekt und doch relativ unvollkommen sein — sosehr sie andererseits gegenüber der prinziplosen Empirie einen gewaltigen Fortschritt bedeutet.
15 In dieser Art werden es nun unsere zugleich in dieser Zeitschrift mitfolgenden Aufsätze über „Erneuerung als individualethisches und sozialethisches Problem" versuchen, sozusagen von mittlerer Höhe, wie es zur Zeit allein möglich ist, die reine Idee des ethischen Menschen einer Wesensforschung zu unterziehen und einer prinzi-
20 piellen Ethik vorzuarbeiten.

Erneuerung als individualethisches Problem[1]

I. Lebensformen der Selbstregelung, als Vorformen des ethischen Lebens. Einleitendes über das Thema

Erneuerung des Menschen — des Einzelmenschen und einer ver-
25 gemeinschafteten Menschheit — ist das oberste Thema aller Ethik. Das ethische Leben ist seinem Wesen nach ein bewußt unter der Idee der Erneuerung stehendes, von ihr willentlich geleitetes und gestaltetes Leben. Die reine Ethik ist die Wissenschaft vom Wesen und den möglichen Formen eines solchen Lebens in reiner (apriori-
30 scher) Allgemeinheit. Die empirisch-humane Ethik will dann die Normen der reinen Ethik dem Empirischen anpassen, sie will zur

---

[1] Der dritte *Kaizo*-Artikel. Zuerst erschienen (nur in japanischer Sprache) in: *The Kaizo*, 1924, Heft 2, S. 2–31.

Führerin des irdischen Menschen unter den gegebenen (individuellen, historischen, nationalen u. a.) Verhältnissen werden. Man darf aber unter dem Titel Ethik nicht an die bloße Moral denken, welche das praktisch „gute", „vernünftige" Verhalten des Menschen in
5 Beziehung auf seine Nebenmenschen unter Ideen der Nächstenliebe regelt. Moralphilosophie ist nur ein ganz unselbständiger Teil der Ethik, die notwendig gefaßt werden muß als die Wissenschaft von dem gesamten handelnden Leben einer vernünftigen Subjektivität unter dem dieses gesamte Leben einheitlich regelnden Gesichts-
10 punkte der Vernunft. Und welche besonderen Sphären möglichen Handelns wir unter diesem Gesichtspunkte normierend betrachten mögen — sei es auch z.B. das als denkendes Erkennen bezeichnete Handeln —, da hat auch die Ethik ihren thematischen Boden. Auch der Titel Vernunft muß also völlig allgemein genommen werden, so
15 daß Ethik und Wissenschaft von der praktischen Vernunft zu gleichwertigen Begriffen werden.

Aber Ethik ist ferner nicht bloße Individualethik, sondern auch Sozialethik. Letztere ist nicht etwa damit schon gegeben, daß das praktische Verhalten des Einzelmenschen zu seinen „Nebenmen-
20 schen", das ist zu seinen Genossen in der Einheit der Gemeinschaft, individualethischer Forschung unterzogen wird. Es gibt notwendig auch eine Ethik der Gemeinschaften als Gemeinschaften. Und im besonderen auch jener universalen Gemeinschaften, die wir „Menschheiten" — eine Nation oder eine mehrere Nationen
25 umfassende Gesamtmenschheit — nennen. Hierher gehört z.B. die „europäische" oder „abendländische" Menschheit. Eine Menschheit reicht so weit wie die Einheit einer Kultur; zuhöchst einer selbständig abgeschlossenen Universalkultur, die viele nationale Sonderkulturen in sich fassen kann. In einer Kultur objektiviert sich eben
30 eine Einheit tätigen Lebens, dessen Gesamtsubjekt die betreffende Menschheit ist. Unter Kultur verstehen wir ja nichts anderes als den Inbegriff der Leistungen, die in den fortlaufenden Tätigkeiten vergemeinschafteter Menschen zustande kommen und die in der Einheit des Gemeinschaftsbewußtseins und seiner forterhaltenden Tradition
35 ihr bleibendes geistiges Dasein haben. Auf Grund ihrer physischen Verleiblichung, ihres sie dem ursprünglichen Schöpfer entäußernden Ausdrucks sind sie in ihrem geistigen Sinn für jeden zum Nachverstehen Befähigten erfahrbar. Sie können in der Folgezeit immer wieder zu Ausstrahlungspunkten geistiger Wirkungen werden, auf im-

mer neue Generationen im Rahmen historischer Kontinuität. Und
eben darin hat alles, was der Titel Kultur befaßt, seine wesenseigen-
tümliche Art objektiver Existenz und fungiert andererseits als eine
beständige Quelle der Vergemeinschaftung.

5   Die Gemeinschaft ist eine personale, sozusagen vielköpfige und
doch verbundene Subjektivität. Ihre Einzelpersonen sind ihre „Glieder", funktionell miteinander verflochten durch vielgestaltige, Person mit Person geistig einigende „soziale Akte" (Ich-Du-Akte; Be-
fehle, Verabredungen, Liebestätigkeiten usw.). Zeitweise fungiert
10   eine Gemeinschaft vielköpfig und doch in einem höheren Sinne
„kopflos": nämlich ohne daß sie sich zur Einheit einer Willenssub-
jektivität konzentrierte und analog wie ein Einzelsubjekt handelte.
Sie kann aber auch diese höhere Lebensform annehmen und zu
einer „Personalität höherer Ordnung" werden und als solche
15   Gemeinschaftsleistungen vollziehen, die nicht bloße Zusammenbil-
dungen von einzelpersonalen Leistungen sind, sondern im wahren
Sinne persönliche Leistungen der Gemeinschaft als solcher, in ihrem Streben und Wollen realisierte. Demgemäß kann auch das
handelnde Leben einer Gemeinschaft, einer ganzen Menschheit —
20   mag es auch in keiner historischen Wirklichkeit vorgekommen sein
— die Einheitsgestalt praktischer Vernunft, die eines „ethischen"
Lebens annehmen. Das aber in wirklicher Analogie zum ethischen
Einzelleben verstanden. Ebenso wie dieses wäre es also ein Leben
der „Erneuerung", aus dem eigenen Willen heraus geboren, sich
25   selbst zu einer echten Menschheit im Sinne praktischer Vernunft,
also ihre Kultur zu einer „echt humanen" Kultur zu gestalten. Eine
Menschheit kann wirklich, und muß, als „Mensch im großen"
betrachtet und dann gemeinschaftsethisch als sich möglicherweise
selbstbestimmende, somit auch als sich ethisch bestimmen-sollende
30   gedacht werden. Dieser Gedanke aber muß in seiner prinzipiellen
Möglichkeit geklärt, zwingend einsichtig gemacht und nach Erforschung der in ihm beschlossenen Wesensmöglichkeiten und normativen Notwendigkeiten praktisch bestimmend werden — das natürlich für die Gemeinschaft als Gemeinschaft, also für die Gemein-
35   schaftsglieder, sofern sie Träger und Funktionäre des Gemein-
schaftswillens sind.
     Damit ist das Endziel der nachfolgenden allgemeinen Untersu-
chungen — Erneuerung als sozialethisches Grundproblem — in
Hauptzügen charakterisiert.

Indessen die Wesensbeziehung der sozialethischen Erneuerung zu
der individualethischen erfordert eine vorangehende gründliche
Behandlung dieses Grundproblems der Individualethik: Ihm sei die
vorliegende Abhandlung gewidmet. Unsere Methode soll nach den
5 Ausführungen meines vorausgeschickten Artikels „Problem und
Methode der Erneuerung" die „apriorische", die der „Wesensforschung" sein. Für ihre genauere Charakteristik verweise ich auf
meinen Aufsatz „Die Methode der Wesensforschung" (vgl.
diese Zeitschrift ⟨ *The Kaizo*, 1924, Heft 4, S. 107–116; siehe oben,
10 S. 13–20⟩).

A. Der Mensch als personales und freies Wesen

Unserem besonderen Absehen gemäß werden wir den Blick auf
bestimmte Wesenszüge des Menschen überhaupt richten müssen.
Wir wollen nämlich versuchen, innerhalb dieser Idee gewisse diffe-
15 renzierende Besonderungen von menschlichen Seins- und Lebensformen *a priori* zu konstruieren, die sich in der Idee des ethischen
Menschen vollenden. In ihnen soll die eigentümliche Werdensform
der Selbsterneuerung, der Selbstgestaltung zu dem „neuen Menschen" in ihrer wesensmäßigen Motivation zur Klarheit kommen.
20 Als Ausgangspunkt nehmen wir die zum Wesen des Menschen
gehörige Fähigkeit des Selbstbewußtseins in dem prägnanten Sinn
der personalen Selbstbetrachtung (*inspectio sui*) und der darin gründenden Fähigkeit zu reflexiv auf sich selbst und sein Leben zurück-
bezogenen Stellungnahmen bzw. personalen Akten: der Selbster-
25 kenntnis, der Selbstwertung und praktischen Selbstbestimmung
(Selbstwollung und Selbstgestaltung). In der Selbstwertung beurteilt
der Mensch sich selbst als gut und schlecht, als wert und unwert. Er
wertet dabei seine Akte, seine Motive, seine Mittel und Zwecke, bis
hinauf zu seinen Endzwecken. Und er wertet nicht nur seine wirkli-
30 chen, sondern auch möglichen Akte, Motive, Ziele, den Gesamtbereich seiner praktischen Möglichkeiten überschauend: Endlich wertet er auch seinen eigenen praktischen „Charakter" und dessen
besondere Charaktereigenschaften, jederlei Anlagen, Fähigkeiten,
Fertigkeiten, sofern sie Art und Richtung seiner möglichen Praxis
35 bestimmen, mögen sie übrigens als ursprünglicher seelischer Habitus
aller Aktivität voranliegen oder selbst durch Ausübung oder evtl.

Einübung von Akten erwachsen sein.

Achten wir noch auf die Eigenart spezifisch personaler Akte.
Der Mensch hat auch die Wesenseigenheit, anstatt passiv-unfrei seinen Trieben (Neigungen, Affekten) preisgegeben zu sein und so in
5 einem weitesten Sinne affektiv bewegt zu werden, vielmehr
von sich, von seinem Ich-Zentrum aus, frei-tätig zu „handeln“,
in echt „personaler“ oder „freier“ Aktivität zu erfahren (z.B. beobachtend), zu denken, zu werten und in die erfahrene Umwelt hinein-
zuwirken. Damit ist gesagt, er hat die Fähigkeit, sein passives Tun
10 (bewußt getrieben werden) und die es passiv motivierenden Voraussetzungen (Neigungen, Meinungen) in ihrer Auswirkung zu „hemmen“, sie in Frage zu stellen, entsprechende Erwägungen zu vollziehen und erst auf Grund der resultierenden Erkenntnis der bestehenden Sachlage, der in ihr überhaupt realisierbaren Möglichkeiten und
15 ihrer relativen Werte eine Willensentscheidung zu treffen. In ihr ist
das Subjekt im prägnanten Sinne Willenssubjekt, es folgt nicht mehr
„willenlos“ dem affektiven Zuge (der „Neigung“), sondern von
sich aus, „frei“, trifft es seine Entscheidung, und es ist, wenn die
Realisierung eine in solchem echten Wollen willentliche ist, „han-
20 delndes“ Subjekt, personaler Täter seiner Tat. Eben diese Freiheit
kann der Mensch auch in Hinsicht auf seine freien Akte, also in
höherer Stufe, walten lassen, er kann von neuem (also auch diese
freien Stellungnahmen) inhibieren, von neuem kritisch in Frage stellen, erwägen und entscheiden; er kann schon gefaßte Willensent-
25 schlüsse in Willensbejahungen anerkennen oder in Willensvernei-
nungen verwerfen; und ebenso hinsichtlich schon realisierter Handlungen. Das realisierende Geschehen kann freilich nicht rückgängig
gemacht werden. Aber das Ich kann den für es in seinem weiteren
Leben natürlich fortgeltenden Handlungswillen nachträglich der
30 Willenskritik unterwerfen, ihn je nachdem in seiner Fortgeltung
bestätigen oder ihm diese praktische Geltung im Willens-Nein versagen. Sich selbst aber als Willenssubjekt bewertet es dabei in Konsequenz als recht oder unrecht wollendes und handelndes Subjekt.

Die kritischen Erwägungen können singuläre und allgemeine
35 sein. Denn zum Wesen des Menschen gehört es, daß er nicht ein
singuläres Vorstellen, Denken, Werten und Wollen übt, sondern
alle solchen Akte auch in den Formen des Überhaupt vollziehen
kann, in denen der „partikulären“ oder „universalen“ Allgemeinheit. Das „bloße Tier“ mag z.B. unter gewissen Umständen immer

wieder in gleicher Weise tun, aber es hat nicht den Willen in der
Form der Allgemeinheit. Es kennt nicht, was der Mensch in den
Worten ausspricht: „Ich will überhaupt, und wo immer ich derartige Umstände vorfinde, so handeln, weil mir derartige Güter
5 überhaupt wert sind. "

Selbstverständlich ist hier nicht von empirischen Eigenheiten von
Menschen und Tieren die Rede, sondern von Wesensscheidungen,
von Unterschieden *a priori* möglicher Aktformen und Fähigkeiten, *a
priori* möglicher „Menschen" und „Tiere".

10 Zum Wesen des Menschenlebens gehört es ferner, daß es sich
beständig in der Form des Strebens abspielt; und letztlich nimmt es
dabei stets die Form positiven Strebens an und ist also gerichtet
auf ein Erzielen positiver Werte. Denn alles negative Streben,
nämlich das Wegstreben von Unwertem (z.B. „sinnlichem"
15 Schmerz), ist nur ein Übergang zu positivem Streben. Die Schmerz-
losigkeit, in der das Wegstreben sich entspannt — ebenso wie die
Lustlosigkeit im Falle der letzten Entspannung des Luststrebens
durch Auskosten des genossenen Wertes „bis zur Neige" —, motiviert alsbald neue positive Strebungen, darauf gerichtet, die entstan-
20 dene Leere mit positiv Wertigem auszufüllen.

Das immerfort neu motivierte positive Streben führt wechselnd zu
Befriedigungen, zu Enttäuschungen, zur Aufnötigung von Schmerz-
lichem oder mittelbar Unwertigem (z.B. Vermissen zu erstrebender
neuer, das allgemeine Wertniveau steigernder Werte: Langeweile).
25 Zudem treten neue wirkliche und praktisch mögliche Werte in den
Gesichtskreis, streiten mit den soeben noch geltenden und entwerten
sie eventuell für den Strebenden, indem sie selbst als höherwertige
den praktischen Vorzug fordern. Kurz, das Subjekt lebt im Kampf
um ein „wertvolles", gegen nachkommende Entwertungen, Wertab-
30 fälle, Wertleeren, Enttäuschungen gesichertes, sich in seinen Wertgehalten steigerndes Leben, um ein Leben, das eine fortlaufend einstimmige und sichere Gesamtbefriedigung gewähren könnte. In der
höheren Stufe, der der freien Spontaneität, ist das Subjekt aber nicht
wie auf der niederen Stufe ein bloßer passiver Schauplatz miteinan-
35 der ringender Motivkräfte. Es überschaut sein Leben, und als freies
strebt es bewußt, und in verschiedenen möglichen Formen, sein
Leben zu einem befriedigenden, einem „glückseligen" zu gestalten.

Das ursprüngliche Motiv, das Spiel seiner jeweiligen Affektivität

außer Kraft zu setzen und zu freier Erwägung überzugehen, ist das
peinliche Erlebnis der Negation und des Zweifels; also das Erlebnis
des wirklichen oder drohenden Zunichtewerdens der urteilenden,
wertenden und praktischen „Meinungen", und evtl. auch der schon
5 frei vollzogenen Erwägungen und Entscheidungen — sofern auch sie
zweifelhaft und neuer Kritik unterzogen werden können. Andererseits hebt sich aber die schauende Klarheit, die „Evidenz", die
„Einsicht" als Bewußtsein der direkten Selbsterfassung des Ge-
meinten (im realisierenden Handeln das der Erreichung des Zielwer-
10 tes selbst), von dem bloßen antizipierenden Vermeinen ab. Es wird
zu einer nun besonders gewerteten und angestrebten Quelle bewäh-
render Normierungen. So versteht sich das Eigentümliche des Ver-
nunftstrebens, als eines Strebens, dem persönlichen Leben hinsichtlich seiner jeweiligen urteilenden, wertenden und praktischen
15 Stellungnahmen die Form der Einsichtigkeit bzw., in anmesser
Beziehung auf sie, die der Rechtmäßigkeit oder Vernünftigkeit zu geben. Es ist, korrelativ ausgedrückt, das Streben, das in den
entsprechenden Hinsichten „Wahre" — wahres Sein, wahre Urteils-
inhalte, wahre oder „echte" Werte und Güter — in der einsichtigen
20 Selbsterfassung herauszustellen, an dem die bloßen Meinungen das
normierende Maß der Richtigkeit und Unrichtigkeit haben. Dieses
aber selbst einsehen zu können und sich davon motivieren zu lassen
gehört mit zu den menschlichen Wesensmöglichkeiten. Des weiteren
dann auch die Möglichkeit, daß der Mensch sich selbst nach Nor-
25 men der Vernunft bewerte und praktisch umgestalte.

B. Spezifisch menschliche Lebensformen und vorethische Formen der Selbstregelung

Hier knüpfen wir an: In der zuletzt erkannten Möglichkeit freier Selbstgestaltung gründen, a priori verschieden, spezifisch
30 menschliche Lebensformen bzw. personale Menschentypen,
die uns zur obersten Wertform des ethischen Menschen emporlei-
ten und in ihr kulminieren.

Der Mensch kann sein gesamtes Leben, wenn auch in sehr verschiedener Bestimmtheit und Klarheit, einheitlich überblicken und
35 es nach Wirklichkeiten und Möglichkeiten universal bewerten. Er
kann sich danach ein allgemeines Lebensziel vorsetzen, sich

und sein gesamtes Leben in seiner offenen Zukunftsunendlichkeit
einer aus eigenem freien Wollen entsprungenen Regelforderung unterwerfen. Als ein in der Tat allbestimmendes Motiv sich auswir-
kend, erteilt es dem persönlichen Leben eine völlig neuartige Form.
5 Doch es zeichnet sich in der Allgemeinheit dieser Beschreibung ein
allgemeiner Lebenstypus, der noch verschiedene besondere Typen
offenläßt.

Eine solche über die grenzenlose Unendlichkeit des Lebens bewußt erstreckte Regelung liegt z.B. vor, wenn jemand der sinnlichen
10 Selbsterhaltung und den ihr dienenden Gütern eine universale, plan-
mäßige Fürsorge widmen will und demgemäß sich einem der erwer-
benden Berufe zuwendet; er mag dies übrigens nur aus dem Grunde
tun, weil er etwa durch Familientradition in diesen Beruf hineingerät und in ihm festwurzelt oder weil er in den wirtschaftlichen
15 Gütern die Vorbedingung für alle anderen Güter erkennt oder gar
weil er ihnen den Vorzug vor allen gibt.

Unter den mannigfachen Gestalten solcher Lebensformen heben
wir einen ausgezeichneten Typus hervor, ausgezeichnet durch die
besondere Art, wie eine persönliche Wertentscheidung bestimmend
20 wird für eine Selbstregelung des ganzen persönlichen Lebens. Im
Überschauen und Werten seines künftigen möglichen Lebens mag
jemand dessen gewiß werden, daß Werte einer bestimmten Art, die
er jederzeit als Handlungsziele wählen kann, für ihn den Charakter
unbedingt begehrter haben, ohne deren fortlaufende Verwirkli-
25 chung er keine Zufriedenheit finden könnte. (In diesem Sinne können für den einen die Güter der Macht, für den anderen die des
Ruhmes, der Nächstenliebe usw. als die unbedingt vorzüglichsten
gelten; wobei jetzt außer Frage ist, ob es sich um wahre und echte
Güter oder um bloß vermeinte handelt.) Demgemäß entscheidet er
30 sich nun dafür, sich und sein künftiges Leben nach Möglichkeit der
Realisierung solcher Werte zu widmen. Das schließt nicht aus, daß
er auf diese Werte unter Umständen verzichtet, daß er sie aufopfert
in Anerkennung, daß unter diesen Umständen andere Güter von
ihm zu bevorzugen seien. Es kann dabei sehr wohl sein, daß es sich
35 dabei um an sich höhere Güter handelt, denen gegenüber die seinen
überhaupt, wie er selbst sieht, zurückstehen: wie z.B. für den Macht-
gierigen die Güter der Nächstenliebe. Sie mögen zudem jederzeit in
seinem praktischen Bereiche liegen, so daß er also auch ihnen sein
Leben widmen könnte. Und doch bevorzugt er sie nur gelegentlich,

wo sie ihn eben nur wenig „kosten". Also die objektive Höherwer-
tung braucht nicht zu einer praktischen Bevorzugung zu werden,
sofern er eben in der beständigen Gewißheit lebt, daß jene — in
seinen eigenen Augen relativ niederen Güter — für ihn die vorzüg-
5 lichsten seien, auf die er unbedingt nicht verzichten wolle und könne, und nicht könne, weil er sie unbedingt wolle. Was sich uns hier
zunächst abhebt, ist das Allgemeine, daß eine Gesinnung unbedingter Hingabe an gewertete Ziele, entsprungen aus der Unbedingtheit
ihres Begehrens, zum Prinzip einer Lebensregelung wird; mag diese
10 Hingabe, wie im Beispiel, eine völlig irrationale sein, gleichsam die
einer blinden Verliebtheit, oder nicht.

Ein besonderer Fall ist also der einer Entscheidung für ein Berufsleben in einem prägnanten und höheren Sinn. Wir denken es bezogen auf eine Gattung von Werten, die für den betreffen-
15 den Menschen in „reiner" Liebe geliebte sind, ihm also in der
Erzielung „reine" Befriedigung gewähren würden. Und dessen sei er
selbst einsichtig gewiß. Hier handelt es sich vornherein um echte
und in ihrer Echtheit erkannte Werte, und zudem einer einzigen,
ausschließend bevorzugten Wertregion. Die Berufung für sie, die
20 Hingabe des Lebens ausschließlich an die Verwirklichung ihr zuge-
höriger Werte, besteht darin, daß das betreffende Subjekt gerade dieser Wertregion — z.B. der der Wissenschaft oder der Kunst oder der
der echten Gemeinschaftswerte — in einer persönlichen Liebe ausschließlich zugetan ist. Es zeigt sich ja ein wesentlicher Unterschied
25 darin an, daß ich mancherlei Werte vollkommen achten und schätzen, aber doch nicht aus dem innersten Zentrum der Persönlichkeit
— „mit ganzer Seele" — lieben kann: als die meinen, als diejenigen, zu denen ich, als der ich bin, untrennbar gehöre. So ist die
Kunst für den echten Künstler, die Wissenschaft für den echten Wis-
30 senschaftler (den „Philosophen") „Beruf"; sie ist das Gebiet geistiger Tätigkeiten und Leistungen, zu dem er sich „berufen" weiß und
so, daß nur die Schöpfung solcher Güter ihm zu „innerster" und
„reinster" Befriedigung gereicht, ihm mit jedem vollen Gelingen
das Bewußtsein der „Seligkeit" gewährt.
35 Wir haben hiermit einige Formen universaler Selbstregelung kennengelernt, die nun offenbar einer möglichen Kritik und zwar auch
von seiten der für sie jeweils Entschiedenen, unterworfen werden
können. Sie sind erkennbar teils als wertvolle, teils als unwertige,
auch relativ als höherwertige bzw. minderwertige Formen. Mit ih-

nen wesensverwandt ist nun die ethische Lebensform, deren Zeichnung unsere nächste Aufgabe sein soll.[1]

II. DIE INDIVIDUELLE LEBENSFORM ECHTER HUMANITÄT

Die Lebensform des ethischen Menschen ist gegenüber anderen,
5 z.B. den im vorigen Abschnitt gezeichneten Lebensformen des Berufslebens, nicht nur die relativ höchstwertige, sondern die einzige absolut wertvolle. Alle als positiv zu bewertenden Lebensformen können für den Menschen, der sich auf die Stufe des ethischen erhoben hat, nur dadurch wertvoll bleiben, daß sie sich in die ethischen
10 Lebensform einordnen und in ihr nicht nur eine weitere Formgebung, sondern auch die Norm und Grenze ihres letzten Rechtes gewinnen. Der echte Künstler z.B. ist als solcher noch nicht im höchsten Sinne der echte Mensch. Aber der echte Mensch kann echter Künstler sein und kann es nur sein, wenn die ethische Selbstre-
15 gelung dies von ihm fordert.
Solche Thesen gilt es nun als Wesensnotwendigkeiten zur Einsicht zu bringen. Versuchen wir zunächst die ethische Lebensform als eine (apriorische) Wesensgestaltung möglichen Menschenlebens genetisch, d.i. aus der zu ihr aus Wesensgründen hinleitenden Motiva-
20 tion zu entwickeln.

A. Genesis der Erneuerung als absoluter und universaler Selbstregelung. Vernunft, Glückseligkeit, Zufriedenheit, ethisches Gewissen

Überlegen wir zunächst Folgendes. Lebensformen auf Grund universaler Selbstregelung, wie wir sie bisher beschrieben, z.B. als die
25 Lebensform des Berufsmenschen, umgreifen zwar das gesamte Leben, aber doch nicht so, daß sie jede Handlung bestimmend regeln, nicht jeder eine normative Gestalt erteilen, die ihre Ursprungsquelle in dem allgemeinen, die Regel festsetzenden Willen besäße. So will ja der einen Lebensberuf bestimmende Entschluß nur Berufstätigkei-
30 ten regeln; nur sie haben von da her die Gestalt der gesollten und

---

[1] Vgl. hierzu auch Beilage II, S. 96.

der möglichst gut zu vollziehenden. Ferner: Alle derartigen Lebensformen beruhen auf einem Heraustreten des Menschen aus dem
Stande tierischer Naivität. Das ist, das Leben vollzieht sich nicht
mehr ausschließlich in naiver Hingabe des Ich an die Affektionen,
5 die von der jeweils bewußten Umwelt ausgehen. Das Ich lebt nicht
bloß nach ursprünglichen oder erworbenen Trieben, gewohnheitsmäßigen Neigungen u.dgl., sondern reflektiv wendet es sich, wie
oben (im I. Abschnitt *sub* A) beschrieben, auf sich selbst und sein
Tun, es wird zum sich bestimmenden und wählenden und, wie im
10 Berufsleben, zu dem sein gesamtes Leben einem reflektiven und allgemeinen Willen unterwerfenden Ich. Aber im allgemeinen wirkt
solch ein freier Wille sich doch wieder in einer gewissen Naivität
aus. Es fehlt die habituelle Intention auf eine Kritik der Ziele und
ausführenden Wege, sowohl was ihre Erreichbarkeit, ihre Zielange-
15 messenheit und Gangbarkeit anlangt als auch ihre axiologische Gültigkeit, ihre werthafte Echtheit. Eine solche Kritik soll das Handeln
im voraus vor Enttäuschungen des sachlichen und wertlichen Verfehlens sichern, aber auch hinterher der Erzielungsfreude ihre standhaltende und sich immerfort bewährende Kraft geben, sie vor nach-
20 kommenden Entwertungen — vermöge der Preisgabe ihrer sachlichen oder axiologischen Triftigkeit — behüten. In der letzteren Hinsicht erwachsen solche Entwertungen in der peinlichen Erkenntnis,
das erzielte „Gute" sei nur ein vermeintliches Gutes; die ihm
gewidmete Arbeit sei also eine nutzlose, die Freude daran eine sinn-
25 lose gewesen, und darnach eine solche, die hinfort nicht mehr zur
Glückssumme des bisherigen Lebens gerechnet werden dürfe.
  Die von derart peinlichen Entwertungen und Enttäuschungen ausgehende Motivation ist es, die, wie früher schon angedeutet, das
Bedürfnis nach solcher Kritik und somit das spezifische Wahrheits-
30 streben bzw. das Streben nach Bewährung, nach „endgültiger"
Rechtfertigung durch einsichtige Begründung motiviert. Ein solches
Streben mag zunächst nur in einzelnen Fällen oder Klassen von Fällen zutage treten und sich auswirken. Indessen, es bestehen hier
wesensmäßige Möglichkeiten für eine Motivation, welche in einem
35 allgemeinen Streben nach einem vollkommenen Leben
überhaupt ausmünden, nämlich als einem Leben, das in allen
seinen Betätigungen voll zu rechtfertigen wäre und eine reine, standhaltende Befriedigung gewährleistete.
  Hier bedarf es näherer Ausführungen. Es ist die spezifische Eigen-

art des Menschen, daß er sein ganzes Leben (als für ihn gegenständlich konstituierte Einheit) jederzeit überschauen kann. Dazu gehört, wie schon aus dem Früheren hervorgeht, auch die Möglichkeit, die Unendlichkeit des eigenen möglichen Tuns und in eins
5 damit die Unendlichkeit des umweltlichen Geschehens hinsichtlich der darin beschlossenen praktischen Möglichkeiten in freie Erwägung zu ziehen. Eben dadurch aber vergrößert sich im Fortgang individueller Entwicklung (und je höher ihre Stufe ist, um so mehr) nicht nur die Mannigfaltigkeit und die Verwickelung der praktischen
10 Entwürfe, Pläne, ausführenden Tätigkeiten; sondern es vergrößert sich auch in steigendem Maße die innere Unsicherheit des Menschen, die bedrängende Sorge um echte, haltbare Güter, um Befriedigungen, die vor aller entwertenden Kritik und Preisgabe gesichert sind.
15 Besonders hervorzuheben ist hier, als die menschliche Gemütslage und Praxis beständig erschwerend, die im Wesen möglicher Vernunftpraxis gründende funktionelle Abhängigkeit praktischer Werte aufeinander und die zugehörige allgemeine Wesensform der praktischen Entwertung, die sich in dem Ab-
20 sorptionsgesetz ausspricht: Wo mehrere Werte, von denen jeder von demselben Subjekt in demselben Zeitpunkt realisiert werden könnte, während ihre kollektive Realisierung (in Paaren und damit insgesamt) eine Unmöglichkeit ist, da absorbiert der Gutwert des höchsten dieser Werte die Gutwerte aller minderen Werte. Das
25 heißt, jeden dieser „absorbierten" Werte zu wählen, ist verfehlt; sie sind überall da nicht praktisch gut, sondern schlecht, wo ein höheres praktisches Gut mit ihnen konkurriert.
Dieses Gesetz der „formalen Praktik" verflicht sich mit anderen Wesensgesetzen. So z.B. mit dem Gesetz der Summation: Die
30 kollektive Realisierung von praktischen Gütern, die in solcher Realisierung keine Wertminderung erfahren, ergibt ein „Summengut" von höherem Werte als jede der inbegriffenen Teilsummen oder Einzelglieder. Solche Gesetze begründen eine Aufeinanderbezogenheit aller möglichen Gutwerte oder, wie wir auch sagen können,
35 Zwecke eines und desselben Subjekts; sie begründen die Unmöglichkeit, im Erwägen, Planen, Handeln einzelne Werte für sich allein zu berücksichtigen, als ob ihre vereinzelte Verwirklichung und die mit ihr resultierende Befriedigung dauernde Zufriedenheit schaffen könnten. Zufriedenheit entspringt nicht aus einzelnen (sei es auch rei-

nen, auf wahre Werte bezogenen) Befriedigungen, sondern sie gründet in der Gewißheit größtmöglicher standhaltender Befriedigung im Gesamtleben überhaupt. Eine vernünftig begründete Zufriedenheit wäre also gelegen in der einsichtigen Gewißheit, sein ganzes Leben
5 in größtmöglichem Maße in gelingenden Handlungen vollführen zu können, die hinsichtlich ihrer Voraussetzungen und Ziele vor Entwertungen gesichert wären.

Je mehr nun der Mensch im Unendlichen lebt und bewußt die Möglichkeiten künftigen Lebens und Wirkens überschaut, um so
10 mehr hebt sich für ihn die offene Unendlichkeit möglicher Enttäuschungen ab und erzeugt eine Unzufriedenheit, die schließlich — in Erkenntnis der eigenen Wahlfreiheit und Freiheit der Vernunft — zur Unzufriedenheit mit sich selbst und seinem Tun wird.

Die in einzelnen Fällen bewußt werdende Erkenntnis der Möglich-
15 keit einsichtiger Rechtfertigungen sowie die der Möglichkeit, sein Handeln vorzubereiten und so gestalten zu können, daß es sich nicht nur hinterher und wie zufällig rechtfertigt, sondern, als durch einsichtige Vernunfterwägungen begründet, im voraus die Gewähr seines Rechtes mit sich führt, schafft das Verantwortlichkeitsbe-
20 wußtsein der Vernunft oder das ethische Gewissen.

Der Mensch, der schon im Bewußtsein seines Vermögens der Vernunft lebt, weiß sich danach verantwortlich für das Rechte und Unrechte in allen seinen Tätigkeiten, mögen es Erkenntnistätigkeiten oder Tätigkeiten des Wertens oder auf reales Wirken absehenden
25 Handelns sein. Wo sie hinsichtlich ihrer Richtigkeit oder Vernünftigkeit versagen, da tadelt er sich selbst, er ist mit sich unzufrieden.

Daraus entspringt, in einer möglichen und verständlichen Motivation, ein Wunsch und Wille zu einer vernünftigen Selbstregelung, die
30 selbst jene Leben umspannenden und doch nicht wirklich universalen Selbstregelungen des echten Berufslebens weit hinter sich läßt. Nämlich der Wunsch und Wille, das gesamte eigene Leben, hinsichtlich aller seiner personalen Tätigkeiten im Sinne der Vernunft neu zu gestalten: zu einem Leben aus einem vollkommen guten
35 Gewissen oder einem Leben, das sein Subjekt vor sich selbst jederzeit und vollkommen zu rechtfertigen vermöchte. Wieder dasselbe besagt: zu einem Leben, das reine und standhaltende Zufriedenheit mit sich führte.

B. Die Lebensform echter Humanität

Wie weit die praktische Möglichkeit reicht, in dieser Weise sein ganzes Leben zu „erneuern" und damit sich selbst zu einem „neuen", wahrhaft vernünftigen Menschen zu gestalten,
5 mag zunächst fraglich sein. Aber von vornherein klar, und für den sich selbst und sein Leben universal Bewertenden klar, ist jedenfalls eine allgemeine, obschon inhaltlich unvollkommen bestimmte Möglichkeit, „nach bestem Wissen und Gewissen" handeln zu können, also seinem tätigen Leben nach jeweils bestem Vermögen
10 Wahrhaftigkeit, Vernünftigkeit, Rechtheit (bzw. das einsehbar Wahre, Echte, Rechte) zueignen zu können. Ein solches jeweils bestmögliches Leben ist für sein Subjekt selbst charakterisiert als das absolut Gesollte.

In dieser Weise erwächst die Lebensform „echter Humani-
15 tät" und für den sich selbst, sein Leben, sein mögliches Wirken beurteilenden Menschen die notwendige Idee des „echten und wahren Menschen" oder des Vernunftmenschen. Es ist der Mensch, der nicht bloß darum *animal rationale* heißt, weil er das Vermögen der Vernunft hat und dann sein Tun bloß gelegentlich
20 nach Vernunfteinsichten regelt und rechtfertigt, sondern der immer und überall, in seinem ganzen tätigen Leben so verfährt, sofern er auf Grund einer prinzipiell-allgemeinen Selbstbestimmung das praktisch Vernünftige überhaupt und rein um seines absoluten praktischen Wertes willen erstrebt, folglich konsequent das praktisch Wah-
25 re oder Gute als das Beste seiner jeweiligen praktischen Sphäre nach Kräften einsichtig zu erkennen und danach zu verwirklichen beflissen ist.

Gehen wir hier bis an die ideale Grenze, mathematisch gesprochen an den „Limes", so hebt sich von einem relativen Vollkom-
30 menheitsideal ein absolutes ab. Es ist nichts anderes als das Ideal absoluter personaler Vollkommenheit — absoluter theoretischer, axiotischer und in jedem Sinne praktischer Vernunft; bzw., es ist das Ideal einer Person, als Subjektes aller im Sinne absoluter Vernunft gesteigerten persönlichen Vermögen — einer Person, die, wenn wir
35 sie zugleich als allkönnende oder „allmächtige" dächten, alle göttlichen Attribute hätte. Jedenfalls können wir bis auf diese (außerrationale) Differenz sagen: Der absolute Limes, der über alle Endlichkeit hinausliegende Pol, auf den alles echt humane Streben

gerichtet ist, ist die Gottesidee. Sie selbst ist das „echte und wahre Ich", das, wie noch zu zeigen sein wird, jeder ethische Mensch in
sich trägt, das er unendlich ersehnt und liebt und von dem er sich
immerzu unendlich fern weiß. Gegenüber diesem absoluten Voll-
5 kommenheitsideal steht das relative, das Ideal des vollkommen
menschlichen Menschen, des Menschen des „besten" Könnens, des
Lebens in jeweils für ihn „bestmöglichem" Gewissen — ein Ideal,
das immer noch den Stempel der Unendlichkeit in sich trägt.

C. Erläuterungen und Ergänzungen

10   Ziehen wir zu näherer Betrachtung dieser Vernunftideale und der
darauf bezogenen praktischen Idee des ethischen Menschen die Lebensform des paradiesischen Menschen heran, also die der
„paradiesischen Unschuld". Sie bezeichnet (wenn wir sie gar auf
alle Aktarten beziehen wollten) eine kaum zu voller Klarheit zu
15 bringende, also ihrer Möglichkeit nach kaum zu erweisende Lebensform. Bestenfalls wäre es ein idealer Grenzfall aus einer Unendlichkeit anderer solcher Möglichkeiten und jedenfalls ein solcher, den
wir keineswegs als das Vollkommenheitsideal, geschweige denn als
das praktische Ideal ansehen könnten. „Es irrt der Mensch, solang
20 er strebt", also solang er Mensch ist. Wir würden darnach das Irren
jeder Art nicht nur als eine offene Wesensmöglichkeit, sondern auch
— schon durch die Wesensbeziehung des Menschen auf eine natürliche Umwelt — als eine in jedem erdenklichen Menschenleben faktisch unvermeidliche Möglichkeit ansehen. Der paradiesische
25 Mensch wäre sozusagen unfehlbar. Aber nicht wäre es die göttliche
Unfehlbarkeit, die aus absoluter Vernunft, sondern eine blinde, zufällige Unfehlbarkeit, da ein solcher Mensch von Vernunft, von kritischer Evidenz und Rechtfertigung keine Ahnung hätte. In seiner
reflexionslosen Naivität wäre er eben nur ein durch blinde Instinkte
30 an zufällig stabile Verhältnisse ideal angepaßtes Tier. Der Mensch
aber ist kein bloßes, wenn auch in seiner Art vollkommenes und
konstant befriedigtes Tier. Er hat, wie in ⟨Abschnitt⟩ I näher ausgeführt worden, „Selbstbewußtsein". In seiner reflexiven Bezogenheit auf sich selbst lebt er nicht bloß naiv dahin und in seine äußere
35 Umwelt hinein. Sondern sich selbst und die (zu seinem Wesen gehörigen) Möglichkeiten des Erzielens und Verfehlens, des Befriedigt-
und Unbefriedigt-, des Selig- und Unseligwerdens bedenkend, übt

er, wie gezeigt worden, beurteilende Selbstwertung und praktische
Selbstbestimmung. Hier entspringt offenbar die echte, wesensmäßige
Gradualität der Vollkommenheit des Menschentums als solchen,
aus der alle rechtmäßige Konstruktion von Idealen zu schöpfen hat.
5 Je freier und klarer der Mensch sein gesamtes Leben überschaut,
wertet und nach praktischen Möglichkeiten überdenkt, je kritischer
er die Lebenssumme zieht und für sein gesamtes künftiges Leben
den alles berücksichtigenden Ansatz macht; je entschlossener er die
erkannte Vernunftform des Lebens in seinen Willen aufnimmt und
10 sie zum unverbrüchlichen Gesetz seines Lebens macht: um so vollkommener ist er — als Mensch. Hier liegt auch das einzig denkmög-
liche praktische Menschenideal und zugleich die absolut notwendige Form für alle sonst noch unterscheidbaren positiven Wertstufen
des Menschen, nach Tätigkeit, Leistung und habituellem Charakter.
15 Der Mensch als Mensch hat Ideale. Aber es ist sein Wesen, für sich
selbst als dieses persönliche Ich und für sein ganzes Leben ein Ideal,
ja ein doppeltes, ein absolutes und relatives, bilden und nach dessen
möglichster Verwirklichung streben zu müssen: zu müssen, wenn er
sich selbst und in seiner eigenen Vernunft als einen vernünftigen,
20 einen wahren und echten Menschen soll anerkennen dürfen. Dieses
a priori in ihm ruhende Ideal schöpft er also in ursprünglichster
Gestalt aus sich selbst, als sein „wahres" und „besseres Ich".
Es ist in der absoluten Fassung das Ideal seines eigenen, vor sich
selbst absolut gerechtfertigten, nur in absolut zu rechtfertigenden
25 Akten lebenden Ich. Hat er dieses Ideal einmal erahnt und erschaut
— dann muß er auch einsichtig anerkennen, daß die ihm gemäße,
die ethische Lebensform nicht nur die relativ bestmögliche sei, als
ob neben ihr andere überhaupt noch gute heißen könnten — sondern daß sie die einzige schlechthin gute, die „kategorisch" gefor-
30 derte sei. Was für das Ich gut sein konnte, ehe es das Vernunftideal
seines wahren Ich erfaßt hatte, hört auf, schlechthin gut zu sein, und
jede reine Seligkeit, die es vordem gewinnen konnte, hört auf, unbedingt zu gelten und für sich wahre Seligkeit zu sein. Nur was sich
absolut rechtfertigt, also sich nicht in seiner Vereinzelung rechtfer-
35 tigt, sondern im Universum praktischer Möglichkeiten und aus dem
universalen Willen zu einem Leben aus praktischer Vernunft, aus
bestem Wissen und Gewissen, nur das ist jetzt Gutes. Wo aber das
früher gut Genannte sich bestätigt, da macht erst diese Bestätigung
es zum wahrhaft Guten.

Danach ist der Grundcharakter eines Menschenlebens denkbar höchster Wertgestalt ein absolut imperativer. Jeder Mensch steht, so ist demgemäß mit dem Kantischen Worte zu sagen, unter einem „kategorischen Imperativ". Er kann „wahrer Mensch",
5 schlechthin als gut zu bewertender nur sein, sofern er sich selbst willentlich dem kategorischen Imperativ unterstellt — diesem Imperativ, der seinerseits nichts anderes sagt als: Sei ein wahrer Mensch; führe ein Leben, das du durchgängig einsichtig rechtfertigen kannst, ein Leben aus praktischer Vernunft.
10   Wesensmäßig gehört aber zur Wertforderung, so zu sein, die praktische Forderung, so zu werden und, hinwerdend gegen den aus unerreichbarer Ferne leitenden Pol (gegen die Idee absoluter Vollkommenheit aus absoluter Vernunft), das zur Zeit Bestmögliche zu tun und so nach zeitiger Möglichkeit immer besser zu werden. In
15 dieser Art entspricht dem absoluten Ideal des vollkommen personalen Seins im absoluten Vernunftwerden das humane Ideal des Werdens in Form einer humanen Entwicklung. Das absolute Ideal ist das hinsichtlich seiner gesamten Vernunftvermögen absolut rationale und insoweit absolut vollkommene Subjekt. Sein Wesen ist es, aus
20 einem universalen und absolut festen Willen zu absoluter Vernünftigkeit sich als absolut vernünftiges selbst zu schaffen, und zwar, wie wir sagten, in einem „absoluten Vernunftwerden"; dies aber insofern, als das Leben, das überhaupt notwendiges Werden ist, hier aus dem urstiftenden Vernunftwillen herausströmt als ein in jedem Pul-
25 se absolut vernünftiges Tun. Die absolut rationale Person ist also hinsichtlich ihrer Rationalität *causa sui*.[1]
    Betrachten wir demgegenüber das Ideal und den Typus humaner Entwicklung. Es ist eine Entwicklung, die sich scharf von dem Typus einer bloß organischen und somit auch einer bloß tierischen
30 Entwicklung unterscheidet. Objektiv gehört zu einer organischen Entwicklung, daß sie in einem Strom typischen Werdens *realiter* auf eine typische Reifegestalt hinführt. Auch der Mensch, so wie das Tier, hat in leiblicher und desgleichen in geistiger Hinsicht seine organische Entwicklung, mit entsprechenden Entwicklungsstufen.
35 Aber der Mensch als Vernunftwesen hat auch die Möglichkeit und das freie Vermögen zu dieser total andersartigen Entwicklung in

---

[1] Vgl. hierzu Beilage III, S 97.

Form der freien Selbstleitung und Selbsterziehung gegen eine absolute selbst erkannte (im eigenen vernünftigen Erkennen frei gestaltete), selbstbewertete und im Willen selbst vorgesetzte Z w e c k i d e e. Es
ist eine Entwicklung zur freien „ethischen" Persönlichkeit, und
5 zwar in personalen Akten, deren jeder zugleich vernünftiges Tun
und vernünftige Tat sein will, nämlich ein wahrhaft Gutes erstre-
bend und andererseits a l s solches Streben selbst *a priori* erstrebt und
frei erwirkt.

Vom ethisch strebenden Menschen ist offenbar ebendasselbe zu
10 sagen: Er ist Subjekt und zugleich Objekt seines Strebens, das ins
Unendliche werdende Werk, dessen Werkmeister er selbst ist. Eben
damit hat die Lebensform des ethischen Menschen einen merkwürdigen Charakter. Sein Leben hat alle Naivität und damit die ursprüngliche Schönheit eines natürlich organischen Wachstums verlo-
15 ren — um dafür die höhere seelenvolle Schönheit des ethischen Ringens um Klarheit, Wahrheit, Recht zu gewinnen, und daraus ent-
springend die Schönheit der echten Menschengüte, die zur „zweiten
Natur" geworden ist. Jeder einzelne Akt des zu ethischer Bildung,
durch Selbstbildung zur Wohlbildung gereiften Ich, hat, auch wo er
20 ohne eigene Rechtfertigung erfolgt, doch von früheren Rechtfertigungen her seine phänomenologische Gestalt habitueller Rechtmäßigkeit. In diesem habituell verwurzelten, aber als das auch jeweils
sich phänomenologisch kennzeichnenden Rechtsbewußtsein hat er
seine ethische Form, die ihn (ob beachtet oder unbeachtet) von allen
25 naiven Akten unterscheidet. Ein klares Beispiel bietet hier die Art,
wie der Wissenschaftler früher erwiesene Sätze in Fällen neuer Verwertung bewußt hat oder im geübten rechnerischen Denken neue
Sätze im habituellen Bewußtsein ihres Rechtes entwirft. In der
Selbsterziehung dient hier die habituelle, sich auf jedes Tun ohne
30 neue Reflexion phänomenologisch übertragende F o r m d e r G e -
s o l l t h e i t oder der Gesinnung, „gewissenhaft", „so gut als möglich" handeln zu wollen bzw. zu handeln.

Wir dachten die spezifisch humane Entwicklungsform als I d e a l,
sofern wir sie als das i d e a l e M a x i m u m des dem jeweiligen Men-
35 schen zur Zeit möglichen Bemühens dachten, seinem Leben diejenige Gestalt zu geben, die ihm als das absolute Ideal echten Menschentums vor Augen steht. Der Mensch kann aber dieses Ideal sehr
wohl als das praktische Apriori seinem ganzen tätigen Leben vorge-
setzt haben, ihm die Kraft einer die ganze Habitualität seines per-

sönlichen Strebens durchherrschenden Zweckidee gegeben haben; er
mag also als ethisch zentriertes Ich auf sie habituell hingerichtet sein
und bleiben — während er sich doch, sei es momentan oder in längeren Zeitstrecken, von „äußeren Affektionen" fortreißen läßt und
5 „sich an die Welt verliert". Der Anfang jeder Selbstentwicklung ist Unvollkommenheit. Vollkommenheit ist zwar die konsequent leitende Zweckidee in der Entwicklung; aber der bloße Wille,
vollkommen zu werden, macht nicht mit einem Male die Vollkommenheit, deren Realisierung an die notwendige Form eines endlosen
10 Ringens, aber auch Erstarkens im Ringen gebunden ist. Immerzu
besteht dabei die Wesensmöglichkeit, daß der Mensch in ein
„sündhaftes" Weltleben hineingerät, ein Leben, das zwar nicht
wiederum naiv ist, weil der fortwirkende ethische Entschluß seine
Forderung an das Leben immerfort (und im angegebenen Sinne
15 bewußt) geltend macht; aber anstelle der habituellen Form der
Normgemäßheit hat das Leben in der „Sündhaftigkeit" die der
Normwidrigkeit, statt der Form der Erfüllung der absoluten Sollens-
forderung die ihrer unethischen Preisgabe, des ethischen Falles und
Verfalles. Der Bewußtseinscharakter der ethischen Schlechtigkeit
20 haftet dabei dem Getanen selbst und als solchem an, und ohne Reflexion auf das personale Ich und sein Tun, mit deren korrelativen
Charakteren sündhaften Abirrens. Im übrigen mögen dieser Charakter sowie auch das begleitende (evtl. als „Gewissensmahnung"
durchdringende) Gewissensgefühl völlig unbeachtet, auch praktisch
25 außer acht bleiben. Bei fortgesetzter praktischer Nichtachtung und
fortgesetztem Unterlassen neuer Besinnungen und aktualisierender
Wiederaufnahmen des ursprünglichen ethischen Lebenswillens (des
Willens zum neuen Menschen) muß schließlich seine wirkende Motivationskraft verkümmern. Das Leben nimmt die Form der ver-
30 härteten Sündhaftigkeit, der bewußten Mißachtung der ethischen Forderung, der „Gewissenlosigkeit" an. Das Subjekt, das sich
an gewisse Ziele verloren oder sich in freier Wahl ihnen preisgegeben und mit ihnen untrennbar verbunden hat, weigert sich, die
erkannte Norm im Willen zu bejahen, oder es ⟨ver⟩weigert sich
35 schon jeder Kritik dieser Ziele und jeder praktischen Anerkennung
von Normen, die gegen sie sprechen könnten.

Das wahrhaft humane Leben, das Leben in nie endender Selbsterziehung, ist sozusagen ein Leben der „Methode", der Methode
zur idealen Humanität. Wie hoch die relative Vollkommenheitsstufe

des ethischen Lebens auch ist, allzeit ist es ein Leben in der Selbstzucht bzw. der Selbstkultur, der Selbstregierung unter ständiger
Selbstüberwachung. Wie es des näheren wesensmäßig zu verlaufen
hat, welches seine spezifischen Gefahren sind, seine möglichen Ty-
5 pen von Selbsttäuschungen, Selbstentgleisungen, seine dauernden
Entartungen, seine Formen habitueller Selbstverlogenheit, der un-
merklichen ethischen Kautelen — das systematisch darzulegen ist
die Aufgabe einer ausgeführten Individualethik.

Merkwürdig genug erweist sich in unseren formal-allgemeinen
10 Wesensbetrachtungen die ideale Struktur des echt humanen Lebens
als ein „Panmethodismus". Er ist die notwendige Folge der allgemeinen Wesensartung des Menschen, ein in freier und vernünftiger Tat sich über das Tier erhebendes Wesen zu sein. Als vernünftiges und nach eigener Einsicht kann es nur durch Selbstregierung
15 und Selbstkultur gemäß der zentrierenden Idee der praktischen Vernunft zu reiner Zufriedenheit kommen, und es muß dann ein entsprechendes Leben von sich kategorisch fordern. Ein konsequentes
Leben dieser humanen Entwicklungsform ist ein solches fortgesetzter Selbsterhöhung, aber immer nur durch freitätigen Übergang
20 von Unvollkommenheit zu minderer Unvollkommenheit, also von
Unwürdigkeit zu minderer Unwürdigkeit. Denn nur das absolute Ideal der Vollkommenheit, die Zweckidee der humanen Entwicklung, verliehe volle und selbstbestätigte Würdigkeit.

Wir nennen jedes (auch das nicht völlig konsequente) Leben der
25 Selbstregierung, gemäß der kategorischen Forderung der ethischen
Zweckidee, allgemein und im weitesten Sinne ein ethisches Leben; sein Subjekt, als sich selbst zur ethischen Selbstzucht bestimmendes, eine — wieder in einem weitesten Sinne — ethische
Persönlichkeit.

30 Demgemäß enthielte die Idee des ethischen Lebens, als die notwendige allgemeine Form für ein höchstwertiges Menschenleben,
positiv- und negativwertige Wesensmöglichkeiten in sich; ein in
unserem weitesten Sinne ethisches Leben kann mehr oder minder
vollkommenes ethisches Leben sein und dabei ein gutes oder ein
35 schlechtes — ein „unethisches" — Leben. Der letztere Ausdruck
weist auf den prägnanten Begriff eines ethischen Lebens
(desgleichen einer ethischen Persönlichkeit) hin. Dieser befaßt die
Stufenreihe ausschließlich der positivwertigen Lebensformen in
sich, darunter die ideale optimale Form eines konsequenten Le-

bens nach „bestem", nämlich für das betreffende ethische Subjekt jeweils bestmöglichem „Wissen und Gewissen".

Wohl zu beachten ist die schon in der Einleitung betonte Allgemeinheit, in der hier, und aus wesentlichen Gründen, die Begriffe
5 Vernunft und ethische Persönlichkeit gebraucht werden. Der Begriff der Vernunft reicht, soweit irgend in personalen Akten von richtig und unrichtig (bzw. Recht und Unrecht), von vernünftig und unvernünftig gesprochen werden kann, und das geschieht in einem mannigfaltigen, aber offenbare Wesensgemeinschaft beschließenden Sin-
10 ne. Korrelativ wird also von Wahrem, Echtem, Gutem usw. hinsichtlich der Ziele personaler Akte gesprochen. Alle Aktarten kommen hier in Betracht, alle und demgemäß alle Vernunftarten sind durch Wesensgesetze untrennbar miteinander verflochten: Nur eine die volle Universalität der Vernunft umspannende Vernunftlehre
15 und in Richtung auf die Wesensmöglichkeiten eines praktischen Vernunftlebens eine entsprechend universale „Ethik" können vollständige prinzipielle Einsichten geben und danach ein ethisches Leben der höchsten Wertstufe, der aus vollkommenster prinzipieller Klarheit, ermöglichen.

20   Die normative Idee der Vernunft bezieht sich ebensowohl auf das im gewöhnlichen Sinne so genannte (in die Umwelt hineinwirkende) Handeln als auch auf die logischen und wertenden (z.B. ästhetischen) Akte. Die volle Ethik umspannt die Logik (logische Kunstlehre) in allen üblichen Begrenzungen, ebenso die Axiologie (Werte-
25 lehre, speziell die ästhetische) wie auch jede wie immer zu begrenzende Praktik. Auch jedes wissenschaftliche Erkennen ist z.B. ein „Handeln", und das berufsmäßig der Wahrheit gewidmete Leben des Wissenschaftlers ist ein „erkenntnisethisches" — wenn es überhaupt ein im vollen Sinne rechtmäßiges oder vernünftiges ist.
30 Es macht ja den Wesenscharakter des Ethischen in unserem jetzigen individualethischen Sinne, daß er eine Regelung des gesamten individuellen Lebens nach dem „kategorischen Imperativ" der Vernunft fordert — nämlich von ihm fordert, vor der Vernunft und nach allen möglichen personalen Akten ein bestmögliches zu sein.
35 Danach ist es erst festzustellen, inwiefern im formalen Rahmen eines solchen imperativischen Lebens die Form des Berufslebens überhaupt zu rechtfertigen ist, dann speziell etwa die eines wissenschaftlichen oder künstlerischen, politischen Lebens und unter welchen Formen von Umständen und unter welchen einschränkenden

Kautelen es als ethisches möglich und dann gefordert ist.

Überhaupt ist offenbar der „kategorische Imperativ", obschon selbst Imperativ, doch nur eine bedeutsame, aber inhaltlich leere Form für alle möglicherweise gültigen individuellen Imperative von
5 bestimmtem Inhalt. Es ist allererst Sache einer ausgeführten Ethik, in diese universale Form, durch eine systematische Aufsuchung und Kritik der im Wesen des Menschen *a priori* befaßten möglichen Lebensformen, die mit Beziehung auf die Formen möglicher Personalität und möglicher Umstände kategorisch geforderten Besonde-
10 rungen einzuzeichnen und in dieser Art auch die ethischen Formen möglichen Berufslebens in allen *a priori* zu vollziehenden Differenzierungen von ethischer Dignität zu beschreiben wie natürlich auch die Wesenstypik der negativ-ethischen Formen zu entwerfen.

Jeder Mensch hat also wie seine Individualität, so auch seine indi-
15 viduelle ethische Idee und Methode, seinen individuellen und jeweils konkret bestimmten kategorischen Imperativ. Nur die allgemeine Wesensform des ethischen Menschen und die eines Lebens unter dem formal identischen kategorischen Imperativ ist allen Menschen als solchen gemeinsam; desgleichen natürlich all das, was
20 eine wissenschaftliche und prinzipielle (also formale) Ethik aus dem „Wesen" des Menschen an apriorischen Normen abzuleiten vermag.

Fügen wir schließlich noch ein Wort über einen individualethischen Begriff der Kultur bei. Alles spezifisch persönliche Leben ist tätiges Leben und steht als solches unter Wesensnormen der Ver-
25 nunft. Das Tätigkeitsfeld des persönlichen Ich ist der unendliche und zunächst in seiner Totalität zu nehmende Bereich dessen, was für den Menschen erkennbar ist als Gegenstand möglichen freien Wirkens. In passender Einschränkung verstanden, umspannt diese praktische Umwelt jedes Menschen die gesamte ihm bewußt wer-
30 dende Umwelt, die Natur, die Tier- und Menschenwelt, die jeweilige Kultur, aber schließlich auch ihn selbst, seinen Leib, sein eigenes geistiges Leben, seine Akte, tätigen Vermögen und die als steter passiver Untergrund fungierende „seelische Natur" (Assoziation, Gedächtnis usw.). All das unterliegt in individuell wechselndem Maße
35 dem Willen und der zweckbewußten Bearbeitung. Die Gesamtheit der in personalen Tätigkeiten (und speziell in vernünftigen Handlungen) erwirkten subjektiven Güter (im speziellen Falle der echten Güter) könnte bezeichnet werden als das Reich seiner individuellen Kultur und speziell seiner echten Kultur. Er selbst ist dann

zugleich Kultursubjekt und Kulturobjekt; und wieder ist er zugleich
Kulturobjekt und Prinzip aller Kulturobjekte. Denn alle echte Kultur ist nur durch echte Selbstkultur und in ihrem normgebenden
ethischen Rahmen möglich. Auch ein vollendetes Kunstwerk ist z.B.
5 an und für sich genommen ein bloßer hypothetischer Wert, sosehr es
den Schaffenden und Nachverstehenden in einem reinen Sinne „selig" machen kann. Jeder darauf sozusagen isoliert sich richtende
Imperativ ist ein bloßer „hypothetischer Imperativ". Nur im Rahmen eines ethischen Lebens vollzieht sich, und das entspricht dem
10 oben für alle Akte Ausgeführten, universale Bewertung und damit
absolute Auswertung. Also auch das vollendete Kunstwerk — als
Zielobjekt sich rein erfüllender ästhetischer Intentionen ein Wert
„an sich" — hat mit dieser Wertobjektivität für „jedermann" nur eine für jedermann — für jedes vernünftig wertende
15 Subjekt — gültige, positive, aber hypothetische Wertmöglichkeit.
Es erhält wirklichen Wert nur in Beziehung zu einer wirklichen
Individualität (hier einer einzelpersonalen) und innerhalb der Universalität ihrer ganzen Vernunft und ihres ethischen Lebens. Nur
darin erhält die Seligkeit der Hingabe an dasselbe seine letzte, aber
20 auch begrenzende Rechtsnorm: so für alle Gattungen von „Werten
an sich". Nur ethisches Recht ist letztes Recht. Was sonst
schlechthin an sich Wertes oder Gutes heißt, heißt so nur, weil es
gewisse Wesensbedingungen erfüllt, die es im Rahmen eines ethischen Lebens *a priori* als einen positiven Wertfaktor in der Wert-
25 rechnung zu berücksichtigen, statt *a limine* auszuschließen fordern.

Schlußwort

Nach diesen Analysen ist es klar, daß das ethische Leben seinem
Wesen nach in der Tat ein Leben aus einer „Erneuerung", aus
30 einem ursprünglichen und dann immer wieder zu reaktivierenden
Erneuerungswillen, ist. Ein in wahrem Sinne ethisch zu nennendes
Leben kann nicht „von selbst", in der Weise organischer Passivität,
werden und wachsen, auch nicht von außen her addressiert und sug-
geriert werden, wie sehr auch entwicklungsfähige ursprüngliche Ver-
35 nunftanlagen vorausgesetzt und das Vorbild und die rechte Anleitung anderer hilfreich sein mögen. Nur aus eigener Freiheit kann ein

Mensch zu Vernunft kommen und sich sowie seine Umwelt vernünftig gestalten; nur darin seine größtmögliche, die einzig vernünftigerweise zu wünschende „Glückseligkeit" finden. Jeder für sich und in sich muß einmal im Leben jene universale Selbstbesinnung
5 vollziehen und den für sein ganzes Leben entscheidenden Entschluß fassen, mit dem er zum ethisch mündigen Menschen wird, sein Leben als ein ethisches ursprünglich begründet. Durch diese freie Urstiftung oder Urzeugung, welche die methodische Selbstentwicklung gegen die absolute ethische Idee hin inszeniert, bestimmt sich
10 der Mensch (bzw. wird er) zum neuen und echten Menschen, der seinen alten Menschen verwirft und sich selbst die Gestalt seines neuen Menschentums vorzeichnet. Sofern das ethische Leben seinem Wesen nach Kampf ist mit den „herabziehenden Neigungen", kann es auch als eine kontinuierliche Erneuerung beschrieben
15 werden. Im besonderen Sinne erneuert sich der in „ethische Knechtschaft" verfallene Mensch durch radikale Besinnung und Inkraftsetzung des ursprünglichen und kraftlos gewordenen ethischen Lebenswillens bzw. durch Neuvollzug der inzwischen geltungslos gewordenen Urstiftung.
20 Alle unsere Ausführungen, alle Begründung von bestimmten normativen Gesetzen, insbesondere von solchen, die das ethische Individuum als Gemeinschaftsglied, als Subjekt sozialer Pflichten betreffen, gehören zum Aufbau der Individualethik selbst und nicht mehr zum Entwurf ihrer prinzipiellen Richtlinien. Nur auf solche war es
25 aber in dieser Untersuchung abgesehen.

Erneuerung und Wissenschaft[1]

Wie ist die Erneuerung einer Kultur möglich? a) Bedingungen der Möglichkeit einer „wahren" Kultur überhaupt, eines „wahren" Gemeinschaftslebens überhaupt; b) und darin Bedingungen der
30 Möglichkeit, einem unwahren, unechten, unwertigen die Form eines echten, wertvollen zu verleihen. Genauer die Frage: *a)* inwiefern es zum Wesen einer Gemeinschaft und eines Gemeinschaftslebens ge-

---

[1] Unveröffentlicht gebliebener Artikel für *The Kaizo*, 1922/23.

hört, daß sie die Form einer „echt humanen" Gemeinschaft nur
haben kann dadurch, daß sie sich, ausgehend von einer niederen
Form, der eines nicht wahrhaft humanen Lebens, etwa gar von der
Stufe einer „tierischen" Gemeinschaft oder einer Menschengemein-
5 schaft unwertiger Stufe, zu einer „echt menschlichen" emporgehoben hat: daß also eine „humane" nicht von vornherein da sein,
sondern nur durch Entwicklung da sein kann, durch ein Werden,
das, ob nun stetig oder diskret, ob passiv oder aktiv oder wie immer,
eine Wertumwandlung, einen Wertumsturz, -umschlag vollbringe.
10 a') Die Frage, inwiefern die Umgestaltung einer unechten in eine
echte Kultur ein praktischer Zweck sein kann, dem Willen unterste-
hend, und einem Willen, der den Charakter des Gemeinschaftswil-
lens hat, so daß eine humane Menschheit nur eine sich selbst zur
Humanität zweckvoll bestimmende sein kann. a'') Welche Wege
15 dazu in Frage kommen.

I. Das Wesen, die Möglichkeit einer wahren Kulturgemeinschaft

Was gehört zum Wesen einer Lebensgemeinschaft überhaupt, inwiefern steht sie unter idealen absoluten Normen, unter
Bedingungen der Möglichkeit, eine „absolut wertvolle" zu sein?
20 Jeder einzelne Mensch untersteht einer absoluten Norm, einem kategorischen Imperativ (der Kantische Ausdruck sagt nicht, daß wir
die Kantische Formulierung und die Kantische Begründung, kurz
die Kantischen Theorien übernehmen, nur das eine sei gesagt, daß
der einzelne Mensch ein Leben lebt, das, nicht in beliebiger Weise
25 dahingelebt, einen Wert hat). Ferner, ein naiv reflexionsloses Dahinleben führt zur Sünde. Der Mensch ist als Mensch mit der Erbsünde
behaftet, sie gehört zur Wesensform des Menschen. Als Mensch ist
er Subjekt der Selbstreflexion, und zwar Stellungnahme zu sich
selbst, wertender und praktischer, Subjekt eines „Gewissens", und
30 als das steht er unter einer absoluten Wertnorm: Er soll in jedem
Fall nach bestem Wissen und Gewissen sich praktisch entscheiden,
er soll nicht nach Neigung passiv sich treiben lassen, soll frei wollen
und sich dann frei für das Gute entscheiden, für das, was er erkennend (wenn auch vielleicht irrend) für das Gute erkennt. Nur dann
35 kann er ein „guter Mensch" sein. Aber als freier Mensch kann er
sein gesamtes Leben überschauen und in bezug auf das Gesamte

eine Wahl, die universale Lebenswahl, treffen, er kann einsehen,
daß er unter dieser unbedingten Wertnorm steht und daß sie nicht
von selbst erfüllt ist, daß er darüber aber Macht hat, daß er ihr
gemäß einen universalen Willen fassen kann; kurzum, er kann
5 erkennen, daß er unter einem kategorischen Imperativ steht, so eine
Lebenswahl zu treffen, und daß er nur gut ist, wenn er ihn in seinen
Willen aufnimmt. Danach entspringt eine neue Menschenform, die
unbedingt höhere und gebotene, die des Menschen, der sich unter
den kategorischen Imperativ stellt und von sich eine gewisse Form
10 des Lebens fordert und sie will. Das ist der Typus des ethischen
Menschen und die notwendige Form des „wahren" Menschen.
    Damit ist er aber noch nicht der bestmögliche überhaupt. Er steht
nun im täglichen Kampf und übt immer neue Entscheidung und
fühlt sich in ihr verantwortlich. Leidenschaften überrennen seinen
15 guten Willen, er wird zu Überlegungen motiviert, wie er sich dagegen versichere, wie er ihre Kraft schwäche oder ihnen gegenüber
seine Kraft stärke. Er irrt sich auch tief in der Beurteilung maßge-
bender Umstände, er vergreift sich in den Mitteln und wählt statt
des Nützlichen das Schädliche, statt eines edleren Wertes einen min-
20 der edlen. Oder er beurteilt andere Menschen falsch, und auch wo er
von keinen egoistischen Motiven geleitet ist, sondern in wahrer
Menschenliebe lebt, tut er ihnen Unrecht und kränkt in ihnen sich
selbst. Alle solche Erfahrungen zeigen ihm, daß er unvollkommen
ist, daß er lernen muß, sich vor Irrtum zu hüten, seiner Erkenntnis-
25 fähigkeit zu besinnen usw. So hat er neben der Verantwortung der
Entscheidung im einzelnen Fall auch verantwortliche Sorgen für die
Vorbereitung von Fähigkeiten, von Kräften, die ihm in allgemeiner
Weise bessere Möglichkeiten von einzelnen Entscheidungen für
Klassen von Fällen sichern könnten. Der Mensch lebt nicht als ein-
30 zelner — hierher gehören also auch die Wirksamkeit der Beobach-
tung anderer, das Lernen an ihrem Kampf, die Sorgen edler Vorbil-
der usw.
    Aber die Einbezogenheit jedes Menschen in menschliche Gemein-
schaft, der Umstand, daß sein Leben sich in ein Gemeinschaftsleben
35 einordnet, hat ihre Konsequenzen, die das ethische Verhalten von
vornherein bestimmen, dem kategorisch Geforderten von vornherein nähere formale Einzeichnungen geben. Wie die umweltliche
Natur, so gehört auch die Mannigfaltigkeit von „Neben"-Menschen
mit zum Bereich seiner Umwelt, zu seiner praktischen Sphäre und
40 möglichen Gütersphäre, so wie auch er selbst und sein Leben dazu-

gehören, sofern er, aus der Naivität erwacht, sein Leben als ein
gutes Leben und sich selbst als guten, als das rechte Willenssubjekt,
wahre und echte Güter in jedem Fall und im ganzen Leben verwirklichend, gestalten will. Im sozialen Verhältnis sieht er, daß der
5 andere, soweit er Guter ist, auch für ihn ein Wert ist, nicht ein bloß
nützlicher Wert, sondern ein Wert in sich; er hat also ein reines
Interesse an der ethischen Selbstarbeit des anderen, er hat überhaupt
ein Selbstinteresse daran, daß sie möglichst ihre guten Wünsche
erfüllen, ihr Leben in der rechten Form durchführen, und somit muß
10 sein ethischer Wille auch dahin gehen, dazu selbst zu tun, was möglich ist. Das gehört also auch zum kategorisch Geforderten, das bestmögliche Sein und Wollen und Realisieren der anderen gehört auch
zu meinem eigenen Sein und Wollen und Realisieren und umgekehrt. Es gehört also zu meinem echt menschlichen Leben, daß ich
15 nicht nur mich als Guten, sondern die gesamte Gemeinschaft als
eine Gemeinschaft Guter wünschen und, soweit ich kann, in meinen
praktischen Willens-, Zweckkreis nehmen muß. Ein wahrer Mensch
sein ist ein wahrer Mensch sein wollen und beschließt in sich, Glied
einer „wahren" Menschheit sein wollen oder die Gemeinschaft, der
20 man angehört, als eine wahre wollen, in den Grenzen praktischer
Möglichkeit. Und dazu gehört die Idee, daß, wo immer im gemeinschaftlichen Handeln in dieselbe Umwelt hinein praktische Unver-
träglichkeiten resultieren (sofern ⟨wir⟩ nicht mehr ohne weiteres
dasselbe für sie Gute realisieren können), eine ethische Verständi-
25 gung Platz greifen und in „ausgleichende Gerechtigkeit und Billig-
keit" entschieden werden und das Handeln nach Art und Ziel entsprechend verteilt werden muß. Darin liegt eine ethische Organisation des handelnden Lebens, in der die einzelnen nicht nebeneinander und gegeneinander, sondern in verschiedenen Formen der Wil-
30 lensgemeinschaft (willentliche Verständigung) handeln.

Der Mensch, der sich dergleichen allgemein überlegt und allgemein sagt, klärt sich damit nur, was er unter Leben im besten
Gewissen meint, und sofern er zu solcher Klarheit kommt und je
besser sie ist, umso höher steht er selbst, umso mehr ist er wahrer
35 Mensch. Wie denn in der Tat alle guten Menschen in solchen Dingen einig sind und in gewöhnlicher Rede vom einzelnen Fall zu allgemeiner Rede übergehen, deren Sinn auch ohne feinere begriffliche
Fassung in dem beschriebenen Typus abläuft.

Eine jeweilige Gemeinschaft ist aber eine Vielheit von Menschen,

die teils von egoistischen, teils von altruistischen Motiven und meist
passiv geleitet sind, Menschen, unter denen manche Selbstzucht
haben, freie Überlegung, freie Entscheidung üben und manche dabei
einen ethischen Lebenswillen, mindest eine ethische Lebensgesin-
5 nung, eine Neigung zu einem ethischen Verhalten, haben (und nicht
einen festen, wirksamen, auf ein wahrhaft gutes Leben gerichteten
Willensentschluß). So spielt sich das Gemeinschaftsleben und darin
das Leben der einzelnen recht und schlecht ab, und in solchem
Leben ist historisch die Gemeinschaftskultur erwachsen mit ihren
10 mannigfachen, historisch sich umbildenden oder neu gründenden
Institutionen, Organisationen, Kultur„ gütern ", rechten und schlechten, jeder Art. Es ist ein Gemisch von Wertvollem und Wertlosem,
dereinst vielleicht nützlich oder einem höheren Wertsinn gemäß
gewesen, inzwischen entwertetes Überbleibsel, höherer Wertbildung
15 im Wege stehend. In diesem historischen Gemeinschaftsmilieu, in
einer solchen das praktische Verhalten bestimmenden und bindenden Umwelt leben die Menschen, darunter diejenigen, die ethisch
erwacht sind, die sich der kategorischen Forderung, gut zu sein, gut
zu handeln, unterworfen wissen, sich frei ihr unterworfen und ihren
20 Sinn praktisch klarzumachen versucht haben. In solcher Lage sagt
uns die ethische Besinnung, die ja von vornherein die Gemeinschaft
als unsere Umwelt mitumfaßt, daß die ethische Form unseres individuellen Lebens diesem nur einen sehr beschränkten Wertgehalt
geben kann und daß wir, wie alle gut Gesinnten, dahin wirken müß-
25 ten, die Gemeinschaft nach Möglichkeit der Idee einer guten Gemeinschaft anzunähern in dem oben bezeichneten Sinn.

Unter gegebenen Verhältnissen einzelweise das Bestmögliche tun,
also auch in billiger Weise auf andere Rücksicht nehmen und ihr
Eigenrecht anerkennen, zeigt unsere ethische Gesinnung, macht uns
30 zu Subjekten eines absoluten Wertes und doch nur zu Subjekten, die
eine Form von unverlierbarem Werte haben, aber wir und unser
Leben haben damit nur einen relativen Wert, sofern wir in gleicher
ethischer Form (als wahrhaft ethisch Gesinnte) unserem Leben einen weit höheren Sinn erteilen könnten. Dieser Sinn wäre schon um
35 so höher, je weiter der Kreis der Guten wäre, der Gleichgesinnten.
Schon dadurch, daß unsere Menschenumwelt eine werthöhere wäre,
wäre unser auf sie bezogenes Leben ein schöneres, ein höherwertiges.
Aber das Gemeinschaftsleben vollzieht sich in sozialen Akten, in
personalen Motivationen, aus denen gemeinschaftliche Kulturwerke

⟨erwachsen⟩, Werke, an denen die „vereinten" Kräfte mehrerer
und vieler zusammenwirken, sei es in der Form von gemeinschaftlicher Wollung und gemeinschaftlicher Zwecksetzung, sei es in der
Form der Einzelwollung, Einzelzwecksetzung und -handlung, die
5 aber von den mitlebenden, in ethischer Gesinnung mitinteressierten
anderen gefordert oder durch ihr Vorbild mitmotiviert wird. So
hängt das ganze Wertniveau des einzelnen von dem der anderen ab,
und korrelativ damit hat die Gemeinschaft selbst nicht nur wechselnden und evtl. wachsenden Wert durch den wechselnden Wert
10 der einzelnen und der wachsenden Anzahl wertvoller einzelner — in
summatorischer Weise —, sondern die Gemeinschaft hat Wert als
Einheit einer Kulturgemeinschaft und als ein Gebiet von fundierten
Werten, die sich nicht in einzelne Werte auflösen, sondern in der
Arbeit der einzelnen, in all ihren Einzelheit-Werten fundiert sind
15 und diesen selbst einen höheren, ja ungleich höheren Wert erteilen.
   In Zusammenhang damit wird es klar, daß konkrete Gemeinschaften, in Gemeinschaftsorganisationen, Gemeinschaftskulturen,
zwar nur echte Menschengemeinschaften sein können, wenn sie ihre
Träger in echten Einzelmenschen (Menschen von der durch den
20 kategorischen Imperativ bezeichneten Form) haben, daß aber die
Höhe des Wertes der Einzelmenschen und die der konkreten Gemeinschaft in einem funktionellen Verhältnis stehen, und insbesondere ist es klar, daß die Formen des Lebens, des Wirkens, der Kulturgestaltung, in der eine Gemeinschaft konkrete ist und insgesamt
25 ihre bestimmte typische Formgestalt hat, von größter Wertbedeu-
tung sein müssen: daß sie unter Normen stehen müssen, welche die
Bedingung der Möglichkeit wertvoller Gemeinschaft und darin *eo
ipso* beschlossen des relativen Wertes der einzelnen darstellen.
   Die bedeutsamste Tatsache ist aber die, daß die Gemeinschaft
30 nicht ein bloßes Kollektiv der einzelnen und das Gemeinschaftsleben und die Gemeinschaftsleistung nicht ein bloßes Kollektiv der
Einzelleben und der Einzelleistungen sind; sondern daß durch alles
Einzelsein und Einzelleben eine Einheit des Lebens hindurchgeht,
obschon ein in Einzelleben fundiertes, daß über die subjektiven
35 Umwelten der einzelnen hindurchgeht eine in ihnen fundierte gemeinschaftliche Umwelt, daß in Leistungen der einzelnen als ein
Eigenes sich eine in ihnen fundierte Gesamtleistung konstituiert.
Und schließlich, über den Einzelsubjekten und Subjekten verschiedener Stufe bis hinauf zur freien Persönlichkeit in prägnantem Sinn,

erbaut sich eine in ihnen fundierte Gemeinschaftssubjektivität; wobei innerhalb der umfassendst fundierten auch andere Gemeinschaftssubjektivitäten zugleich begründet sein können, die aber zugleich Bestandstücke, Glieder der umfassendsten sind. Auch diese
5 fundierten Subjektivitäten können verschiedene Stufen haben und in höherer Stufe die Stufe der Personalität; eine Gemeinschaft als Gemeinschaft hat ein Bewußtsein, als Gemeinschaft kann sie aber auch ein Selbstbewußtsein im prägnanten Sinn haben, sie kann eine Selbstwertung haben und auf sie sich richtenden Willen, Willen der
10 Selbstgestaltung. Alle Akte der Gemeinschaft sind in Akten der sie fundierenden einzelnen fundiert. Dahin gehört nun die Möglichkeit, daß, wie das Einzelsubjekt auf sich selbst wertend und wollend zurückbezogen zum ethischen Subjekt werden kann, ebendasselbe auch für eine Gemeinschaft gilt, wobei notwendig ethisch schon
15 gerichtete Einzelsubjekte und ihre ethischen Reflexionen über sich und ihre (relativ zu ihnen als Umwelt zu bezeichnende) Gemeinschaft die Wesensvoraussetzungen bilden. Auch gehört wesensmäßig dazu, daß diese Reflexionen der einzelnen eine Vergemeinschaftung erfahren, sich in einer sozialen „Bewegung" (ein Analogon der phy-
20 sischen Fortpflanzung, aber ein total Neues und Eigenes der Gemeinschaftssphäre) fortpflanzen, soziale Wirkungen eigener Art motivieren und schließlich im idealen Grenzfall eine Willensrichtung auf die Selbstgestaltung und Neugestaltung der Gemeinschaft als ethischer Gemeinschaft — eine Willensrichtung, die eine solche der
25 Gemeinschaft selbst ist und nicht eine bloße Summe der fundierenden Wollungen der einzelnen.

Das alles untersteht nun wissenschaftlicher Forschung, und zwar auch einer formalen und apriorischen Forschung, und diese allein ist die prinzipielle. Es handelt sich dann darum, in der „formalen"
30 oder „prinzipiellen" Allgemeinheit die Idee des Menschen und einer Lebensgemeinschaft von Menschen zu fassen und alle zugehörigen Begriffe wie individuelle Umwelt, gemeinschaftliche Umwelt, physische und organische, tierische Umwelt und schließlich menschliche selbst usw. zu bilden, die formal möglichen Gestalten von end-
35 lich bestimmten und endlos offenen Gemeinschaften (z.B. Ehe, Freundschaft — Volk, Kirche, Staat) zu unterscheiden bzw. systematisch zu entwickeln, sie selbst und die Formen des zu ihnen gehörigen Lebens unter ethischen Ideen zu normieren, also die entsprechenden Normideen wissenschaftlich auszuarbeiten.

Eine wissenschaftliche Frage ist dann, wie im Ausgang von formal zu charakterisierenden niederen Wertstufen und von negativwertigen ein Werden und dann eine absichtliche Entwicklung zu höheren möglich werden kann; ob überhaupt eine passiv dahinlebende Ge-
5 meinschaft, eine personal nicht konstituierte, eine positive Wertigkeit hat und gar die höchstwertige sein kann, ist schon vorher entschieden; die Frage ist dann aber, wenn erkannt ist, daß nur eine personale und eine sich selbst unter einen kategorischen sozialen Imperativ stellende Gemeinschaft die Bedingungen einer als Ge-
10 meinschaft wertvollen Gemeinschaft erfüllen und damit eine absolute Wertform haben kann, wie die Gemeinschaft von der Stufe einer bloßen Lebensgemeinschaft auf die Stufe einer personalen und dann einer ethisch personalen komme; daß dazu prinzipiell gehöre, daß das einzelne ethische Bewußtsein erwacht und willensbestimmend in
15 einzelnen geworden ist; daß zuerst in einzelnen die Idee ethischer Gemeinschaft intentionale Gestalt sein muß, sei es auch mit einem noch unklaren Horizont, also nicht in letzter Klarheit usw. Endlich ist dann wissenschaftlich zu erwägen, wie eine ethische Gemeinschaft, die also als solche einen personal konstituierten Selbstgestal-
20 tungswillen und die entsprechende Zweckidee (ihr eigenes „wahres" Selbst) in sich tragen muß, innerhalb dieser normativen und absolut wertgebenden Form höhere Wertstufen und eine fortschreitende Entwicklung gewinnen könne. Es ist zu erwägen, welche Möglichkeiten da bestehen, daß in eins die ethische Kraft, die ethische
25 Standhaftigkeit, die konkrete ethische Einsicht und Willensmotivation durch Einsicht, das rechte Werten und die Erkenntnis der echten Wertordnungen als Unterlage, daß alles als ethische Ausstattung ⟨für⟩ das einzelne und in eins damit, darin fundiert und doch neu, sich das Entsprechende für die Gemeinschaft selbst entwickle, zu
30 immer höherer Stufe fortschreite. Es ist zu erwägen, ob das nicht bewußte Zielsetzung fordert und wie diese Zielsetzung selbst in den Gehalt des kategorischen Imperativs der einzelnen und der Gesamtheit treten muß.
    Das alles ist Sache der Wissenschaft, der untrennbar einigen wis-
35 senschaftlichen Ethik, die untrennbar Individualethik und Sozialethik umspannt, eine formale Gesellschaftslehre voraussetzt und selbst als ethische Prinzipienlehre nur formal sein kann.
    Aber Wissenschaft ist selbst eine der Kulturformen, ein Bereich eines möglichen Gemeinschaftslebens und seiner Gemeinschaftslei-

stung. Und wie Wissenschaft überhaupt, so auch ethische Wissenschaft. Damit steht auch beides, Wissenschaft überhaupt und Ethik,
unter der ethischen Norm, unter dem kategorischen Imperativ. Wie
Einzelsubjekte und Gemeinschaftssubjektivität bewußt auf sich
5 selbst bezogen sind und ihre höchste Gestalt als die einer sich selbst
erkennenden, wertenden, wollenden Subjektivität haben, und zwar
einer sich nach selbst gesetzter kategorischer Norm selbst gestaltenden, so ist die prinzipielle Wissenschaft von dieser Subjektivität als
sich so gestaltende auf sich selbst zurückbezogen, und das sagt, sie
10 muß auch auf die Frage kommen und sie wissenschaftlich beantwor-
ten, wiefern Wissenschaft, speziell ethische Wissenschaft, ethische
Funktion im Gemeinschafts- und Einzelleben hat; auch die Frage
wird dann eine Rolle spielen, wenn ethische Wissenschaft zu einer
Forderung werden sollte, wiefern ethische Wissenschaft ein notwen-
15 diges Mittel sei, das in einer Gemeinschaft zur Entwicklung kommen muß, damit sie selbst prinzipiell höhere Wertstufen erklimmen
könne, und in weiterer Folge, wiefern Wissenschaft, universale Wissenschaft, Philosophie, notwendig in einer Gemeinschaft erst entwickelt sein muß, damit sie die Form einer ethisch-personalen Ge-
20 meinschaft, einer sich bewußt gemäß der ethischen Idee selbst gestaltenden gewinnen und den Weg einer bewußten Höherentwick-
lung einschlagen könne.
      Die Frage der evtl. notwendigen Funktion der Wissenschaft, sei es
für die erste Entwicklung, sei es für die fortschreitende Emporent-
25 wicklung (Entwicklung im Sinn fortgesetzter Wertstufung) einer sich
selbst zur Humanität bestimmenden und sich nach dieser Zweckidee
der echten Humanität bewußt selbst gestaltenden Menschheit.
      Eine Menschheit ist in gewisser Weise zur Humanität erwacht,
wenn einzelne in ihr es sind und wenn sie über sich hinaussehend
30 nicht nur die Idee des sich selbst zum Guten bestimmenden ethischen Menschen, sondern auch schon die Idee einer Gemeinschaft
von lauter Guten als ideale konzipiert haben und wenn sie nun dieser Vorstellung konkret ausgestaltete Möglichkeit geben wollen und
sie als praktische Möglichkeit bedenken. Die Menschheit als
35 Menschheit ist damit noch nicht zu einem eigentlichen Selbstbewußtsein erwacht und nicht als wahrhaft humane Menschheit
erwacht.
      Diese aber kann in gewissen anderen Formen wohl erwachen. Das
kann man sich so denken. Indem der individuelle ethische Mensch

den Wert eines Vernunftlebens und in bezug auf andere den Wert
des Moralischen, den gleichen Wert aller Menschen, soweit sie gut
sind oder Gutes im einzelnen wollen etc., für andere erkannt hat und
somit den überragenden Wert einer Gemeinschaft aus lauter Guten
5 und eines entsprechenden Gemeinschaftslebens, indem er erkannt
hat, daß jeder Vernünftige, wenn er das nur entsprechend erkennen
würde, ebenso urteilen und werten müßte und zu der Realisierung
ebenso gern nach Möglichkeit beitragen, erscheint es als praktische
Möglichkeit, andere durch moralische Predigt und überhaupt durch
10 ethische Belehrung zu gewinnen und so auf dem Wege des Einwir-
kens auf andere, die die Wirkung ihrerseits fortpflanzen würden (geistiges Huygens-Prinzip), also der Erzeugung einer geistigen Bewegung.
   Es wäre hierbei auch denkbar, daß die einzelnen, oder in der all-
mählichen Bewegung besonders nachdenkliche einzelne, zur Er-
15 kenntnis kämen, daß ein wertvolles Leben der einzelnen und aller
von einer Welterkenntnis mitabhinge, also eine Motivation ist denkbar, die auf die Entwicklung eines theoretischen Interesses an der
Welt, aber in Funktion des ethischen Interesses, gerichtet wäre. Das
könnte also zunächst zu einer allgemeinen intuitiven Weltweisheit
20 führen, einer Theorie und Praxis, welche von den Individuen münd-
lich und literarisch und durch Erziehung verbreitet würde. Auch das
ist verständlich, daß sich die Gleichgesinnten, auch ohne gerade in
persönliche Berührung zu treten, sich bewußt aufeinander bezogen
finden und bewußt vereint unter der gemeinsamen Idee einer wah-
25 ren Menschheit und einer ihr dienenden universalen „Wissenschaft“,
als Weltweisheit. Ferner, daß sich von da aus eine fortschreitende
Willensbewegung verbreitet, daß sich zunächst in den Gleichgesinnten bewußt eine Willenseinstimmigkeit, eine Einheit der Willensrichtung auf die fortschreitende Realisierung dieser gemeinsamen
30 Ideen ⟨herstellt⟩ und so die Gemeinschaft fortschreiten würde gegen
die hier praktisch leitende Idee einer Gemeinschaft von guten einzelnen, die alle im Bewußtsein des Seins und Seinsollens einer
Gemeinschaft und einer beständig durch Selbstarbeit zu erhaltenden
Gemeinschaft lebten, und auch zu erhalten durch beständige Kultur
35 in Form der Erziehung der Hineinwachsenden. Und diese Gemeinschaft wäre nicht mehr eine reine Kollektion von Individuen mit
gleichem Willen gemäß gleichen Idealen, sondern es wäre schon
konstituiert eine Willensgemeinschaft; durch die Einheit des Einzel-
lebens und die Einzelsubjekte und Einzelwollungen ginge hindurch

ein Gemeinschaftswille, ähnlich wie etwa jetzt die sämtlichen Mathematiker eine Willensgemeinschaft bilden, sofern jedes einzelnen Arbeit derselben einen Wissenschaft gilt, die Gemeingut ist, daher bestimmt ist für jeden anderen Mathematiker, und jedes Arbeit von
5 jedes anderen Nutzen zieht und in jedem das Bewußtsein der Allheit und des gemeinsamen Zweckes und der sich wechselbestimmenden und bestimmten sollenden Arbeit vorhanden ist. Es ist eine universale Willensverbindung da, die Willenseinheit herstellt, ohne daß eine imperialistische Willensorganisation da ist, ein zentraler Wille,
10 in dem sich alle Einzelwillen zentrieren, dem sie sich alle willig unterordnen und als dessen Funktionäre die einzelnen sich wissen.*
Hier ist das Bewußtsein des Gemeinschaftszweckes da, des zu fordernden Gemeingutes, eines Allheit-Willens, als dessen Funktionäre sich alle wissen, aber als freie und nicht unterworfene Funktionäre,
15 und nicht einmal als ihrer Freiheit entsagende. (Anders ist es in speziellen Willensorganisationen wie Akademien etc.)
Dies ist aber eine andere Stufe, in der ein ethischer Gemeingeist sich entwickelt und die ethische Gemeinschaftsidee Kraft und den Charakter einer fortschreitenden Zweckidee der Gemeinschaft selbst
20 gewinnt. Dabei ist zu bemerken, daß diese Zweckidee insbesondere dann wirklich als die der Gemeinschaft bezeichnet werden kann, wenn ein universaler „Stand" von Funktionären dieser Idee in der Gemeinschaft allgemein geltende Autorität verschafft hat. Wie das zu verstehen ist, zeigt die Autorität der Philosophen und ihrer Phi-
25 losophie im Altertum, die Autorität der Geistlichen einer von der Einheit einer Religion umspannten Gemeinschaft. Freilich ist da die Frage nach der Quelle dieser Autorität: die eine verschiedene ist für die religiöse Repräsentation, die einer ursprünglich naiv erwachsenen und traditionell fortgepflanzten und fortgebildeten Religion, und
30 die Repräsentation einer in ursprünglich schöpferischer Aktivität erwachsenen und in Form übernommener und neuschöpferischer Aktivität sich fortentwickelnden Philosophie.
In diesem Fall erwächst in der Gemeinschaft mit einem die Weltweisheit repräsentierenden Stand auch sie selbst als bleibende, sich
35 entwickelnde Kulturgestalt, als Philosophie. Sie ist ein eigenes Reich idealer objektiver Werte, aber nicht nur gattungsmäßig verwandter

---

* Wir könnten hier auch von einer kommunistischen Willenseinheit sprechen gegenüber einer imperialistischen.

und kollektiv einheitlich zu überschauender Werte, sondern zusammenhängend in einem System, in dem sie sich zu einem höheren Gesamtwert zusammenschließen. Hier ergeben sich nun eigentümliche Verhältnisse.

5   Einerseits erkennen wir: Die Bedingung der Möglichkeit dafür, daß eine echte Vernunftgemeinschaft sich konstituiere, ist die, daß sich über philosophierende einzelne hinaus ein Stand der Philosophen und eine objektive Gemeingütergestalt bzw. ein objektiv sich entwickelndes Kultursystem Philosophie herausstelle. Die Philoso-

10   phen sind die berufenen Repräsentanten des Geistes der Vernunft, das geistige Organ, in dem die Gemeinschaft ursprünglich und fortdauernd zum Bewußtsein ihrer wahren Bestimmung (ihres wahren Selbst) kommt, und das berufene Organ für die Fortpflanzung dieses Bewußtseins in die Kreise der „Laien".

15   Die Philosophie selbst ist der objektive Niederschlag ihrer Weisheit und damit der Weisheit der Gemeinschaft selbst; in ihr ist die Idee der rechten Gemeinschaft, also die Zweckidee, welche sich die Gemeinschaft selbst durch ihren Philosophenstand gestaltet hat, dokumentiert und in dieser objektiven Gestalt jederzeit für jeden Phi-

20   losophen als Gemeinschaftsorgan (bzw. für jeden nachverstehenden Laien als Gemeinschaftsglied) bereit, aktualisiert zu werden und entsprechende Wirkung zu üben. Ebenso ist alle in der Philosophie objektivierte Welterkenntnis allezeit bereits Mittel, vernünftiges Wirken in der Umwelt in einer rational höheren Form, als es eine

25   vorphilosophische praktische Klugheit wäre, zu ermöglichen.

Andererseits ist aber die Philosophie ein Reich idealer objektiver Selbstwerte (absoluter Werte). Jede Schöpfung idealer absoluter Werte erhöht den Wert des schaffenden Menschen, und das Schaffen ist an und für sich betrachtet eine Schichte absolut wertvollen

30   Lebens. Und da jedes solche Gut Gemeingut ist, so gilt dasselbe für die Gemeinschaft selbst, die als derartiges leistende eine absolut Wertvolles leistende ist und damit schon in einer Schichte so lebt, wie es der Zweck höheren Menschentums fordert.

〈 II. Die höhere Wertform einer humanen Menschheit 〉

35   Betrachten wir nun die höhere Wertform einer echt humanen, in Selbstgestaltung zu echter Humanität lebenden und sich entwickeln-

den Menschheit. Es ist diejenige, in der die Philosophie als Welt-
weisheit die Gestalt der Philosophie als universaler und strenger
Wissenschaft angenommen hat, in der die Vernunft sich in der
Gestalt des „Logos" ausgebildet und objektiviert hat.

5   Zeichnen wir hier gleich das Ideal. Strenge Wissenschaft durch
ihre Methode allseitiger und bis in die letzten Erkenntniswurzeln
reichender Evidenz objektive Wahrheit begründender Erkenntnis
erforscht alle möglichen Formen und Normen des Menschenlebens
und Menschenwerdens, des individuellen Lebens und Gemein-
10 schaftslebens, des Werdens der Einzelpersönlichkeit und des Werdens der möglichen personalen Gemeinschaften, speziell natürlich,
den Normen gemäß, des Werdens „echten" Menschentums und
„echt humaner" Gemeinschaften. Damit sind die weitesten und die
ideal gesicherten Sphären praktischer Möglichkeiten vorzuzeichnen,
15 um die Menschheit, in der diese Philosophie erwachsen oder im
Wachsen ist, auf die Bahn einer Entwicklung zur echten Humanität
zu bringen; die strenge Sozialphilosophie und speziell dann die
soziale Vernunftlehre gibt die Theorie, die praktisch fungieren kann,
die sich den gegebenen konkreten Verhältnissen anpassen ließe. Die
20 Wissenschaft selbst vollzieht, indem sie diese Verhältnisse selbst
wissenschaftlich beschreibt und bestimmt und auf die Theorie der
reinen Möglichkeiten zurückbezieht, die Regelgebung der Anwendung, sie bildet sich aus als eine „technische" Wissenschaft. So
gewinnt die Gemeinschaft in ihren Wissenschaftlern (Philosophen
25 als strengen Wissenschaftlern) ein unvergleichlich höheres Selbstbewußtsein als Bewußtsein der Form und Norm ihres echt humanen
Seins und der Methoden, es zu realisieren und sich selbst auf die
Bahn einer fortschreitenden Entwicklung zu bringen.

Dabei ist gleich zu bemerken, daß dies alles nicht statisch, son-
30 dern dynamisch-genetisch zu verstehen ist. Strenge Wissenschaft ist
nicht objektives Sein, sondern Werden einer idealen Objektivität;
und ist ⟨sie⟩ wesensmäßig nur im Werden, so ist auch die Idee der
echten Humanität und ihrer Selbstgestaltungsmethode nur im Werden. So wie das Werden der Wissenschaft, sowie sie die Stufe der
35 echten Wissenschaft, des wahren Logos erklommen hat, ein Wer-
denssystem absoluter Werte ist und in jeder Stufe schon realisierter
absoluter Wert — nur mit einem Horizont weiterer Wertzuwüchse
und Werterhebungen —, so auch die sich selbst gestaltende und ihre
Idee sich zueignende Gemeinschaft. Sie hat schon auf dieser Stufe

und in jeder Phase ihres Werdens ihre Idee, und in absoluter Wahrheit, aber in verschiedenen Stufen der Bestimmtheit der Fülle der besonderen Forderungen. Auf jeder Stufe hat sie noch offene Horizonte, bestimmbare Unbestimmtheiten.

5   Die von der Autorität vollkommenster Einsicht getragene und allgemeine Anerkennung sich erringende Wissenschaft und der durch sie motivierte gemeinschaftliche Wille, alles Leben im Sinn logischer Vernunft zu regeln, bestimmen nun die Gemeinschaft, der Wissenschaft nicht nur in theoretischen Überzeugungen zu folgen, sondern
10 sich eben auch technisch-praktisch von ihr leiten zu lassen. Die Technik, von der hier die Rede ist, ist aber die „ethische" Technik, die Technik der Selbstverwirklichung echter Humanität. Also die Willensbestimmung richtet sich darauf, das gemeinschaftliche Leben nach allen seinen vorgegebenen Gestalten entsprechend um-
15 zugestalten, den Gemeinschaftsinstitutionen ihre wahren Normen (die Normen der ihrer Sondergestalt entsprechenden Echtheit) vorzuhalten und danach überhaupt alles Menschliche, Individuelles in seiner Sphäre und das Gemeinschaftliche in der seinen, in allen seinen Bindungen zu gestalten.

20 Strenge Wissenschaft spielt aber nicht nur ihre ethisierende Rolle als Geisteswissenschaft in der hier gezeichneten Form; sie hat auch die fundierende Aufgabe, alle im personalen, einzelnen und gemeinschaftlichen Wirken sich vollziehenden Leistungen nach ihren Grundarten und -formen zu erforschen und ihre normativen Prinzi-
25 pien wie normativen Gestalten zu bestimmen und damit die möglichen Kulturgebiete und ihre normalen Formen zu behandeln. Indem sie das tut, erforscht sie auch in Rückbezogenheit auf sich selbst, als Wissenschaftstheorie, ihre eigenen Wesensmöglichkeiten und Bedingungen ihrer normalen Möglichkeit. In dieser Rückbezogenheit
30 schafft sie sich selbst erst die praktischen Möglichkeiten, um die Gestalt strenger Wissenschaft zu verwirklichen — im stetigen Selbstwerden zu entwickeln. Die Entwicklung der universalen Wissenschaftstheorie (Vernunfttheorie und Logik) ist ein Organ und selbst ein Zug der Entwicklung der Menschheit zu einer sich zu
35 höherer Selbstverwirklichung bringenden Menschheit, und andererseits ist die Wissenschaftstheorie wie die durch sie werdende strenge Wissenschaft ein Grundstück höherer Kultur im objektivierten Sinn, im Sinn der als Korrelate der Vernunftentwicklung der Menschheit sich erbauenden objektiven geistigen Wertewelt. Vermöge ihrer aus-

gezeichneten kultivierenden Funktion haben die Wissenschaftslehre
und universale Wissenschaft selbst eine ausgezeichnete Stellung gegenüber dem Kulturgebiet der Kunst, wofür nicht etwa nachweisbar
sein sollte, daß der Kunst eine analoge Funktion notwendig zukom-
5 me (wie das Schiller zu zeigen versucht hat).
  Wissenschaft hat aber nicht nur Bedeutung in irgendwelchen beschränkten Sphären und Forschungsrichtungen, gerade als universale
und absolute Wissenschaft übt sie ihre höchsten Funktionen; abgesehen davon, daß sie als universale Wissenschaft den Menschen
10 befähigt, das All der Wirklichkeiten und Möglichkeiten nach Tatsa-
chengesetzen und Wesensgesetzen zu erkennen und dadurch ein
überschwenglich großes und schönes Wertereich der Menschheit
zuzueignen als Korrelat eines großen und schönen Erkenntnislebens.
  Und nicht nur, daß sie als Naturwissenschaft den Menschen befä-
15 higt, die Natur seinen praktischen Bedürfnissen gemäß technisch zu
gestalten, wie andererseits die Geisteswissenschaften praktisch nützlich für die pädagogische, politische usw. Praxis werden können. Die
Nützlichkeiten unterstehen ethischen Normen, und so sind sie an
sich nur relativ zu betrachten. Aber universale und letztbegründete
20 Wissenschaft ist wissenschaftliche Philosophie und macht das All
der Wirklichkeiten und Möglichkeiten letzterkenntlich, schafft Verständnis in den „ Sinn“ der Welt und dadurch die Möglichkeit eines
Lebens, das den Charakter eines seiner selbst bewußten absoluten
Lebens hat, das lebend den absoluten Sinn der Welt verwirklicht,
25 verwirklicht im Erkennen, im Werten, im schöpferischen ästhetischen Gestalten und im ethischen Handeln überhaupt.
  Es ist dann auch Sache der strengen Wissenschaft, einerseits in
reiner Wesensbetrachtung, in der der reinen Möglichkeiten, und
andererseits in der konkret tatsächlichen Betrachtung zu erwägen,
30 inwiefern die durch bloße Autorität freier Vernunft und durch Ge-
lehrtenstand und allgemeiner (der Autorität der Wissenschaft, der
gelehrten Welt sich willig unterordnenden) Bildung getragene Willensgemeinschaft in eine imperiale Gemeinschaft überzuführen sei,
d.h. in eine Gemeinschaft, in der alle einzelnen Willenssubjekte
35 einer Willenszentralisation einbezogen sind, in der Form einer
Machtorganisation des Herrschens und Dienens, in der jedermann
ihm aufgetragene Funktionen zu erfüllen hat und nur in den ihm
vorgeschriebenen Grenzen von sich aus frei entscheiden darf. Es
sind überhaupt alle möglichen Organisationsformen und so die

staatlichen in ihrer ethischen Bedeutsamkeit zu untersuchen, und so insbesondere die Frage, ob es wesensmäßig zu einer Menschheit gehöre, als einer nur im Werden seienden Lebensgemeinschaft, daß sie sich dem Ideal einer ethischen Willensgemeinschaft aus freier
5 Vernunft nur auf dem Wege und durch die Mittel eines Imperiums, eines Staates annähere. Desgleichen die Fragen, ob alle oder nur einige Lebens- oder Kulturgebiete von der Staatsmacht geregelt sein dürfen oder welche nicht, inwiefern im Fortschritt ethischer Entwicklung ein allmählicher Abbau der staatlichen Machtorganisation
10 zu erfolgen hat usw.

Jedenfalls so wie ein einzelner Mensch als ethischer nur ist, indem er wird, und so wie er nur wird im beständigen Kampf und im ethischen Fortschreiten, so ist wesensmäßig eine ethische Gemeinschaft eine werdende und fortschreitende. Beiderseits aber ist vor-
15 ausgesetzt die Form des ethischen Menschentums als eines solchen, in dem ethisches Selbstbewußtsein erwacht ist und die darin konstituierte Zweckidee des echten Menschentums für eine Selbsterziehung, Selbstgestaltung bestimmend ist. Diese absolute Wertform bestimmt dann die weiteren Wertformen, die der ethischen Entwick-
20 lung als Erhöhung (positivwertige Form der Entwicklung), das Herabsinken als negativwertige Entwicklungsform.

Ferner ist die Frage zu erwägen, wie die Verhältnisse von Staat und Nation zu ordnen seien, wie die Idee der Nation als besondere ethische Idee zu bestimmen, wie sie als praktische Zweckidee zu
25 fungieren hat, welche spezifischen nationalen Organisationen dazu erforderlich sind und wie sie Willensorganisationen werden können. Wichtig ist dabei auch die Frage des eigentümlichen Wertes und Rechtes „altehrwürdiger" Tradition, inwiefern das Historische als solches geachtet werden muß, selbst wenn es als „Überbleibsel" sei-
30 nen ursprünglichen Vernunftsinn verloren hat und unter welchen Umständen es doch aufgegeben werden muß zugunsten von Werten eigener Rationalität.

Schließlich ist dann die Frage, ob jede abgeschlossene Kulturmenschheit, wenn sie als ethische die Gestalt einer „Übernation"
35 über allen Einzelnationen, evtl. eines Überstaates über allen einzelnen Staaten, angenommen hat, sich als geschlossene auch nach außen abschließen soll, ob es nicht ethisch gefordert sei, eine ethische Gemeinschaft hinauswachsen zu lassen über die ganze Welt — so weit die Möglichkeit der Wechselverständigung und somit Verge-

meinschaftung reiche. So kommen wir zur letzten Idee einer universalen ethischen Menschheit, zu einem wahrhaft humanen Weltvolk über allen einzelnen Völkern und sie umspannenden Übervölkern, Einheitskulturen, einem Weltstaat über allen einzelnen Staatensyste-
5   men und Einzelstaaten.

Formale Typen der Kultur in der Menschheitsentwicklung[1]

⟨I. DIE STUFE RELIGIÖSER KULTUR⟩

⟨A. Die „natürlich gewachsene" Religion⟩

10   1. Das Tier lebt unter bloßen Instinkten, der Mensch auch unter Normen. Durch alle Arten ⟨von⟩ Bewußtseinsakten geht ein damit verflochtenes normatives Bewußtsein von richtig und unrichtig (schicklich, unschicklich, schön, häßlich, zweckmäßig, unzweckmäßig usw.) und motiviert ein entsprechendes erkennendes, wertendes,
15   dinglich und gesellschaftlich wirkendes Handeln. Aber nicht nur im einzelnen Fall: Denn der Mensch hat wie sonst ein allgemeines Bewußtsein, so auch ein Bewußtsein von allgemeinen Normen, das Bewußtsein „ich soll überhaupt so nicht handeln oder soll so handeln", die Norm kann auf einzelne, auf Gruppen und auf die Allheit
20   der Menschen bezogen sein: So soll überhaupt jeder sich verhalten, speziell jeder Soldat, jeder Priester etc.
   Normen können bewußt sein als faktisch geltende, als willkürlich festgesetzte „Gesetze" von zufälligen Machthabern oder als „nun einmal geltende" zufällige Tradition, unechte, zufällig bedingt, wie
25   die von Landschaft zu Landschaft und zudem von Zeit zu Zeit wechselnde Sitte. Normen können aber auch bewußt sein als absolut geltende, in Form eines absolut unbedingten „ich soll" und „ich darf nicht", z.B. als göttliche Gebote, wobei das „Göttliche" eben

---

[1] Unveröffentlicht gebliebener Artikel für *The Kaizo*. 1922/23.

ein Prinzip ausdrückt, aus dem absolute Geltungen hervorgehen, unbedingte, „kategorische" Imperative.

2. In jeder höherentwickelten Kultur bzw. der in vielgestaltigen Kulturformen tätigen und sich selbst fortgestaltenden Menschheit
5 finden wir eine ausgezeichnete Kulturform „Religion". Religion bedeutet für das menschliche Bewußtsein nicht die bloße Erweiterung der werktätig wohlvertrauten Erfahrungswelt von Sachen, von Tieren und Menschen um kosmische, das ganze Weltall durchherrschende Mächte und nicht bloß die geregelten Lebensgestaltungen,
10 Vorschriften, Kulte usw., die den Zweck haben, zu diesen Mächten in ein richtiges praktisches Verhältnis zu kommen, sie für sich zu gewinnen u.dgl. Vielmehr bedeutet Religion (im spezifischen Sinn) die höhere Stufe mythischer Kultur, in der diese transzendenten Wesen zu Gottheiten verabsolutiert sind, zu den Festsetzern der
15 absoluten Normen: die sie den Menschen mitgeteilt, offenbart haben und in deren Befolgung die Menschen ihr Heil finden. Entwicklung des Normbewußtseins und Entwicklung der Religion sind dadurch aneinandergeknüpft, und eine ganz ausgezeichnete Entwicklungsgestalt der Religion und in gewissem Sinn eine höchste ist
20 dadurch charakterisiert, daß sie zu einer sozial organisierten Willensmacht wird, welche nicht nur irgendein abgesondertes Lebensgebiet (etwa gar ein privater Freiheit überlassenes), sondern das gesamte Gemeinschaftsleben nach allen seinen Tätigkeiten in seine Zucht nehmen will, und zwar in der Weise, daß es alles und jedes
25 unter absolute göttliche Normen, absolute göttliche Forderung und Leitung zurückführen will.

Diese Form religiöser Kultur, durch welche die gesamte Kultur nach allen Kulturformen zu einer religiösen, nämlich durch religiöse Normen geformten, wird, gehört zu den ältesten Formen hochent-
30 wickelter Kultur; schon die alte babylonische Kultur lebt in der praktischen Idee der *civitas dei*, hat die Form des hierarchischen Staates, in dem der Absicht nach alle individuellen und sozialen Tätigkeiten und Ordnungen, Institutionen ihre aus göttlicher Offenbarung abgeleiteten absoluten Normen haben, denen gemäß sie
35 wirklich geformt und somit geheiligt sind. Religion ist hierbei zwar auch ein Titel für ein eigens zu betrachtendes Kulturgebiet, nämlich als kirchliche Organisation, als System kultischer Formen und Objekte, als Ordnung der Kultstätten usw., ebenso als fortschreitende systematische Ausbildung einer Theologie, als methodische Ausbil-

dung der dogmatischen Fixierungen und der denkmäßigen Ausspin-
nung des Glaubenssystems, nach seiten der religiösen Weltinterpre-
tation, der Begründung immer neuer kultischer Vorschriften, immer
neuer religiöser Normen für die Gestaltung des Gemeinschaftslebens
5 und des in seinen Formen sich abspielenden privaten Lebens. Aber
es ist das Eigentümliche einer hierarchischen Kultur, daß eben Religion nicht bloß eigenes Kulturgebiet, sondern formende Norm aller
Kultur ist und des gesamten Lebens ist und, konkret betrachtet, normales Leben und religiöses sich decken. Herrscher, Regierung,
10 Recht, Sitte, Kunst — alles hat von der Religion Wertgehalt und
Wertgestalt, und eine in der Fortentwicklung dieses Kulturtypus mit
immer reicheren normativen Bindungen ausgestattete. Wir können
auch sagen, die Religion birgt hier in Form der priesterlichen Theologie ein universales System aller absoluten Geltungen, und zwar in
15 allen Beziehungen, in Erkenntnis, in Wertung und praktischer Le-
bensordnung. Sie enthält eine universale Weltanschauung und universale Heilsordnung. Und da sie von einem Glauben getragen ist,
der durch die betreffende Kulturmenschheit als lebendiger Glaube
hindurchgeht, so fühlen sich die Menschen in all diesen Bindungen
20 nicht als unterworfen, als geknechtet. Es ist alles, wie es eben sein
soll und wie es, um recht zu sein, nicht anders sein kann. Die Welt-
tatsachen, die die Religion als wahr ausspricht, sind absolut wahr,
was die Religion als gut ausspricht, ist absolut gut, was sie für das
praktische Handeln fordert, ist absolut gefordert. Es ist eben göttli-
25 che Forderung. In die religiöse Tradition hineingewachsen, erlebt
der Mensch jede neue Offenbarung oder jede neue priesterliche Forderung als absolut rechtmäßig, sofern sie sich eben durch absolut
geheiligte und in den als absolut rechtfertigend überlieferten Formen
vollzieht. Eine Spannung zwischen Autorität und Freiheit kann es
30 nicht geben, so wenig es für den Träumenden ein Bewußtsein der
Illusion gibt, es setzt eben das Erwachen voraus.
    Hinsichtlich des Gemeinschaftslebens und der gesamten in ihm
sich abspielenden Kulturentwicklung können wir aber sagen, daß es
die merkwürdige Gestalt eines Lebens, einer Entwicklung hat, die in
35 sich eine einheitliche Zweckidee hat, eine im Gemeinschaftsbewußtsein objektiv konstituierte, die Entwicklung willentlich leitende
Zweckidee. Wie ein einzelner Mensch über alle Einzelzwecke hinaus
eine Zweckidee in sich tragen kann, eine alle möglichen Einzelzwecke und Zwecktätigkeiten bewußt regierende, eine bewußte Regel-

form des gesamten wirkenden Lebens, so kann Ähnliches, wie wir
hier sehen, auch für eine vergemeinschaftete Menschheit, für eine in
Kulturformen sich auslebende und sich mit ihnen in eins selbst
gestaltende Menschheit der Fall sein. Es ist eine Entelechie nicht in
5 jenem uneigentlichen Sinn, in dem wir jedem Organismus eine solche zusprechen. In äußerer Betrachtung und der Erfahrung folgend
legen wir einem in normalem Wachstum stehenden Organismus
rechtmäßig ein Entwicklungsziel ein; er wächst erfahrungsmäßig gegen eine Reifegestalt hin, der seiner Spezies. Auch jeder beliebigen
10 Kultur legen wir in Betrachtung ihrer stetigen Wandlungen ein Entwicklungsziel ein, wo wir, von einem axiologischen Gesichtspunkt
geleitet, eine fortschreitende Werterhöhung und eine Kulmination in
einer Wertgestalt beobachten: wie wenn wir von einer Entwicklung
der griechischen Kunst bis zur Höhe eines Phidias hin sprechen.
15 Ganz anders aber im vorliegenden Fall. Hier lebt in einer Kulturmenschheit und in bewußtester Gestalt in einem ihrer sozialen
Organe (in der Priesterschaft) eine bewußt konstituierte Zweckidee
und ein darauf hingerichteter zwecktätiger Wille, der in mittelbarer
Weise der ganzen Gemeinschaft zugehört und von ihrem Mitwollen
20 getragen ist. Diese Zweckidee ist die einer universalen und absoluten
Regelung der gesamten Kultur unter dem System absoluter Normen,
die aus göttlicher Offenbarung abzuleiten sind; oder, was dasselbe,
der systematischen Gestaltung des gesamten Menschheitslebens,
-strebens, -wirkens und damit der personalen Menschheit selbst und
25 ihrer Umwelt zu einer „vollkommenen", zu einer absoluten Normen entsprechenden.

Diese besondere Form einer religiösen Kultur mit der Zweckidee
der *civitas dei* hat neben sich andere Gestalten religiöser Kultur, in
der Religion zwar eine anderen und selbst allen anderen Kulturfor-
30 men sich mitteilende Form ist, aber nicht der Kulturentwicklung
eine Zweckidee vorhält, die diese Entwicklung aktuell regiert und sie
regiert nicht in der Weise eines bloßen Ideals, sondern eines durch
die Gemeinschaft hindurchgehenden einheitlichen Willens, eines bewußt im Sinne dieser Idee regierenden Priesterwillens und korrelativ
35 des sich in religiöser Pflichtmäßigkeit unterordnenden Willens der
Laien.

Wir haben so e i n e n e r s t e n T y p u s d e r K u l t u r beschrieben,
der ein universal umspannendes normatives Prinzip oder Prinzi-
piensystem für alle theoretische und praktische Geltung in sich trägt;

eine Kultur ist nicht eine Überhaupt-Mannigfaltigkeit von Gemein-
schaftstätigkeiten und Gemeinschaftsleistungen, die sich in einer allgemeinen Typik verfestigen und zu Einheiten sich fortentwickelnder
Kulturgestalten zusammengehen, sondern eine einheitliche Norm
5 leitet alle diese Gestaltungen, prägt ihnen Regel und Gesetz auf, und
diese Norm ist im Gemeinschaftsbewußtsein selbst lebendig und
selbst als Kultur objektivierte und sich historisch fortbildende
Norm, genannt „Religion".*

⟨B. Die Gestalt der religiösen Freiheitsbewegung⟩

10   Eine hierarchische Kultur wie die babylonische oder jüdische hat
trotz der Zweckbewußtheit den Charakter einer gewissen Naivität
und trotz der freiwilligen, glaubensfreudigen Erfüllung der religiösen
Vorschriften den Charakter der Unfreiheit. Beides kommt auf dasselbe hinaus. Der Glaube ist ererbter Glaube, und wie schon gesagt,
15 jede neue Festsetzung, ja selbst jeder Zuzug neuer Offenbarung hat
seinen Kredit aus Kraftquellen des schon Ererbten und aus der
Angepaßtheit des Neuen an das Alte. Freiheit ist ein Ausdruck für
das Vermögen und vor allem für den erworbenen Habitus kritischer
Stellungnahme zu dem, was sich, zunächst reflexionslos, als wahr,
20 als wertvoll, als praktisch seinsollend bewußtseinsmäßig gibt, und
zwar als Grundlage für das daraufhin sich vollziehende freie Entscheiden. Also ist es besser, Freiheit zurückzubeziehen auf freies
Entscheiden, zu dessen Wesen es eben gehört, „auf Grund" von
Überlegung zu erfolgen, vollkommene Freiheit, reine Freiheit einer
25 Stellungnahme, nichts von Zwang. Allgemeine personale Freiheit
gegenüber einer einzelnen freien Entscheidung. Ein Ausdruck für
eine habituelle kritische Einstellung zu allem, was sich geradehin als
geltend, etwa gar als absolute Norm von Geltungen gibt. Das Vermögen der Kritik gehört zum Wesen des Menschen, im praktischen
30 Leben übt er sie, wenn auch unvollkommen, oft genug, er „überlegt", „erwägt", ob seine Zwecke und Mittel wirklich richtige Zwecke und Mittel sind, und ohne seine vorangehenden Überzeugungen
darum schon fahren zu lassen, stellt er sie, in die kritische Einstel-

---

* Dieser erste Typus verdiente einen besonderen Namen. Die Kultur ist hier „natürlich gewachsene" Kultur? Aber passender!

lung übergehend, in Frage und inhibiert so während der Kritik die
Wirksamkeit der Überzeugungen, er überdenkt, wiefern sie Kredit
verdienen. So kann aber jede natürlich betätigte Überzeugung behandelt, es kann nach ihrem Rechtsgrund gefragt werden, also auch
5 jede mit dem Anspruch absoluter Norm auftretende Überzeugung.
Ihr Anspruch muß sich ausweisen, der Rechtsgrund selbst für das,
was Rechtsgrund für anderes zu sein beansprucht, will klargelegt
sein. Der religiöse Glaube selbst muß sich die Kritik seiner Wahrheit, seines Rechtes gefallen lassen. Der Habitus freier Kritik er-
10 wächst notwendig aus einem vorangegangenen Habitus naiv betätig-
ter Theorie und praktischer Überzeugungen, also notwendig in einer
schon religiös geformten Gemeinschaft, in der alle als absolut sich
gebenden Normen ihren Rechtsgrund auf den Glauben zurückführen, dessen Rechtsgrund außer Frage bleibt, weil subjektive unüber-
15 windliche Gemütskraft das In-Frage-Stellen als Gottesfrevel verhin-
dern.
　　Es kann sich nun Freiheit in doppelter Gestalt entwickeln und als
eine sich ausbreitende Freiheitsbewegung für die Neuformung einer
Kultur Bedeutung gewinnen 1. in der Gestalt einer religiösen Frei-
20 heitsbewegung, 2. in der einer Entwicklung freier Wissenschaft und
zunächst außer Bezug zur Sphäre religiöser Stellungnahmen, aber
dann freilich in einer Kultur, die der Erkenntnis nicht durch religiöse Bindungen Zwangsfesseln auferlegt hatte.
　　Die Entwicklungsbedingungen der ersten sind gegeben in einer bis
25 zur Höhe einer voll entwickelten hierarchischen Lebensregelung ge-
diehenen Nation, nämlich wenn die Religion aufhört zu leisten, was
sie dem mit der Gottheit durch das „offenbarte Gesetz" verbundenen Volk zu leisten selbstverständlich berufen ist. Gewährt sie ihren
Verheißungen zuwider nicht mehr nationales und darin be-
30 schlossen personales Heil, verliert die zunächst einleuchtende Erklärung durch vielfachen sündhaften Abfall von den göttlichen Ordnungen ihre Kraft, wenn nach willig ertragener Strafe und reichlicher
Buße sich das Leid noch erhöht, so sind schon Bedingungen für eine
freiere Stellungnahme zur Tradition und zu der in der historischen
35 Entwicklung unvermeidlich eingetretenen traditionalistischen Veräußerlichung gegeben. Das heilsbedürftige Individuum und Volks-
glied besinnt sich von neuem über sein und seines Volkes Verhältnis
zu seinem Gott. Wirksam kann dabei in besonderem Maß auch
werden die zu jeder normal fortschreitenden kulturellen Entwicklung

gehörige Vergeistigung der religiösen Vorstellungen; die im gesund
fortschreitenden und sich differenzierenden Gemeinschaftsleben in
mannigfaltigen konkreten Gestalten sich intuitiv abhebenden reinen
und echten Werte und normativen Typen werden ins Religiöse pro-
5 jiziert. Im Gesamtgehalt der Religion wächst so ein immer reicherer
Kern von intuitiv verstehbaren, von einer lichtvollen Evidenz
durchleuchteten Wertgehalten, umkleidet von einer irrationalen
Faktizität; ungeschieden gehen intuitive Einsicht und Irrationales
zur Einheit des Glaubens zusammen. In immer höherem Maß
10 gewinnt für den sich höherentwickelnden Menschen dieser rationale
Kern mit seiner einsichtigen normativen Notwendigkeit im Glaubensinhalt den Hauptton und wird zur tragenden Kraft des ganzen
Glaubens.

Erwächst nun eine freie Stellungnahme zur Religion als kritische
15 Prüfung, die der selbst religiös Verwurzelte an seiner und seines
Volkes Stellung zu Gott und seinen wahren Forderungen vollzieht,
so wie wir das im Fall Christi nachverstehen können, so vollzieht
sich eine Krise in der Religion dadurch, daß die intuitiven Wertge-
halte in lebendigster Intuition herausgehoben werden, daß das reli-
20 giös bewegte Individuum in ihrer Richtung von Intuition zu Intuition lebendig fortschreitet und eine rein aus solcher Intuition, also
aus reinen Wertgehalten aufgebaute Gottesvorstellung und Vorstellung von göttlichen Forderungen an den Menschen und an ein Gottesvolk schafft und von der Tradition den bloßen mythischen Rah-
25 men als einen Rest irrationaler Faktizität übrigbehält. Die einheitliche Intuition erhält hier den Charakter einer Einheit ursprünglicher
religiöser Erfahrung, also auch einer ursprünglich erlebten Beziehung
zu Gott, in der sich das Subjekt dieser Intuition nicht als von einem
äußerlich gegenüberstehenden Gott angesprochen und zum Träger
30 einer mitteilenden Offenbarung bestimmt, sondern, als ihn in sich
erschauend, mit ihm ursprünglich eins weiß, also sich selbst als Verkörperung des göttlichen Lichtes selbst und so als Mittler der Ver-
kündigung göttlichen Wesens aus einem ihm selbst eingelegten Gehalt göttlichen Wesens. Es findet hier also statt eine Umgestaltung
35 der Religion aus der Kraft ursprünglich erschauter Werte und Normen, die in die Welt als sie gestaltender Heilssinn hineingeschaut
werden und eben die Evidenz, daß eine solche Welt wirklich dem im
Glauben, in der verstehenden Erfassung dieses Sinnes Lebenden
beseligen würde, falls er eben die Norm des Guten in sich selbst
verwirklicht und dadurch ihren Heilssinn wahr macht — eben diese

Evidenz ist es, die dem Glauben selbst Kraft gibt und ⟨ihn⟩ begründet. Der Glaube macht selig, und er ist wahr, weil er selig macht, weil er in der Betätigung eines sinnvollen Lebens einer Welt Sinn dokumentiert.

5   Es liegt in der begreiflichen Tendenz einer solchen religiösen Befreiung aus der Kraft des von reiner Werterschauung geleiteten Glaubens, daß sie die nationalistische Bindung religiösen Heils überwindet und gegen eine Weltreligion ernstlich hinstrebt. Zu bemerken ist noch, daß die Übernahme der Messianischen Offenbarung durch
10 andere in der Weise freier Bekehrung statthat, nicht in äußerlicher Übernahme von Berichten, sondern im Nachverstehen der ursprünglichen Erfahrungen des Stifters, also im Nacherfahren seiner Intuitionen, und somit wirkt hier in der verstehenden Nachfühlung wieder die ursprüngliche Kraft der intuitiven Werte und die zugehö-
15 rige ganze Motivation, nur daß sich die Beziehung zu Gott nicht unmittelbar, sondern durch den Mittler und seine von innen her geschöpften Verkündigungen herstellt: Und so war es überhaupt der Sinn der neuen Religion, wodurch sie einen neuen religiösen Typus darstellte, daß sie eine Religion nicht aus irrationaler Tradition, son-
20 dern aus den (in gewissem guten Sinn rationalen) Quellen ursprünglicher religiöser Erfahrung sein wollte. Denn auch der in die Religion Hineingeborene und Hineinerzogene sollte sein persönliches Verhältnis zu Christus und durch ihn zu Gott aus ursprünglicher religiöser Intuition gewinnen; in einem wirklichen Herstellen religiöser
25 Intuition durch die ihm zukommende Heilsbotschaft, durch die überlieferten Erzählungen von Christi Leben, von seinen Gleichnissen, Selbstzeugnissen usw. sollte er innerlich frei Stellung nehmen, sich mit Gott eins fühlen und im christlichen Leben die eingesehene Norm befolgend Zugang zum Gottesreich suchen.[1]
30 Ursprünglich richtet sich die Heilsbotschaft Christi an die heilsbedürftigen Individuen und nicht an die jüdische Staatsnation. Wohlbegreiflich. Denn die auf ursprüngliche Normintuition zurückgreifende religiöse Stellungnahme betrifft zunächst das Individuum und eine Umkehr seiner Persönlichkeit, eine radikale Neubildung seiner indi-
35 viduellen Lebensgesinnungen; eine entsprechend wertvolle Umbildung der gesellschaftlichen Ordnungen setzt Menschen der neuen Gesinnung voraus und stand naturgemäß im Interesse zurück. Es

---

[1] Siehe hierzu Beilage IV, S 100.

trennt sich hiermit also Religion (bzw. religiöse Gemeinde und sich neu bildende Kirche) von dem gesamten übrigen Kulturleben ab; sie bildet einen eigenen Kulturbestand in der gesamten Kultur, ein Reich eigenen persönlichen und Personen verbindenden Lebens ge-
5 genüber dem gesamten sonstigen gesellschaftlichen und staatlichen Leben. Sowie aber die neue Bewegung, die der freien Religion, sich in der alten Welt sieghaft ausbreitet und in ihr selbst das Bewußtsein ihres Berufes zur Weltreligion die Form sicherer Hoffnung annimmt, muß auch die Aufgabe einer konkreten Gestaltung des
10 gesamten Kulturlebens mit all seinen staatlichen Ordnungen im Sinne der christlichen Weltanschauung in ihren Gesichtskreis treten und die Kraft einer die Entwicklung der Kulturmenschheit beherrschenden Entelechie annehmen. Die neue Kirche muß auf die bestehenden Staaten und vor allem auf das römische Imperium Einfluß
15 zu gewinnen ⟨suchen⟩, und sie selbst muß die Idee des weltumspannenden Imperiums in sich aufnehmen, den Sinn einer weltbeherrschenden Kirche — weltbeherrschend in dem vollen Sinn und nicht nur in dem Sinn einer gewisse private Überzeugungen aller Menschen bestimmenden und regelnden Macht. So ist der neu sich bil-
20 denden Kirche der Weg zu einer hierarchischen Kirche gewiesen und ihr der Beruf zur Gründung eines hierarchischen Weltstaates gewiesen, einer *civitas dei*, in der alle sozialen Betätigungen der Menschen, alle gesellschaftlichen Ordnungen und Institutionen, alle Kulturleistungen, religiös normiert sind. Das Neue dieser neuen hierarchi-
25 schen Idee besteht nicht so sehr in der Weltumspannung (die alten Hierarchien wie der babylonischen nicht fremd gewesen sein dürfte), sondern darin, daß die Religion, die hier das System normierender Überzeugungen abgibt, sich als eine aus ursprünglichen religiösen Intuitionen, aus freier intuitiv-rationaler Stellungnahme geschöpfte
30 Religion, als eine Religion aus freiem, rationalem Glauben weiß statt aus blinder Tradition.

Diese Entwicklung vollzieht sich wirklich, kreuzt sich aber mit jener anderen oben angezeigten Freiheitsbewegung, die ihre Quellen nicht im Glauben, sondern im Wissen, genauer in der Entwicklung
35 dessen hat, was wir jetzt schlechthin Philosophie und Wissenschaft nennen. Was das bedeutet, wissen wir aus eigenen Studien *in concreto* sehr wohl. Schieben wir eine tiefere Charakteristik noch hinein und desgleichen die des Eigentümlichen jener Befreiung, die sich durch sie vollzieht und die schließlich die ausgezeichnete Form einer

Befreiungsbewegung unter Leitung einer bewußt leitenden Zweckidee annimmt. Das Allgemeinste sei zunächst in Anlehnung an
Bekanntes kurz gesagt und ist zureichend verständlich. Freie Philosophie und Wissenschaft als Funktion autonomer theoretischer Ver-
5 nunft entwickelt sich in der griechischen Nation und bestimmt in
fortschreitender Bewegung die Entwicklung eines allgemeinen Geistes freien Kulturlebens aus autonomer Vernunft, der sich über diese
Nation hinaus sieghaft ausweitet und die Einheit einer hellenischen
Kultur und damit das spezifisch Europäische schafft. Verfolgen wir
10 jetzt aber die Entwicklung der christlichen Bewegung und der Ausbildung der spezifisch mittelalterlichen Kulturgestalt.

⟨C. Die mittelalterliche religiöse Kulturgestalt⟩[1]

Indem die beiden oben unterschiedenen Kulturbewegungen, die
Weltausbreitung der griechischen, wissenschaftlich geformten Kultur
15 und die Weltausbreitung der christlichen Religion, sich begegnen
und sich die intuitive Rationalität des Glaubens und die Rationalität
der Philosophie und Wissenschaft oder, wie wir auch sagen können,
die Freiheit des Christenmenschen und die Freiheit des Philosophen
sympathisch verbinden, ihrer inneren Verwandtschaft bewußt wer-
20 dend, erwächst das „Mittelalter". Die Religion, das gehört zu
ihrem Wesen, kann eine von dem Glauben unabhängige Autonomie
wissenschaftlichen Denkens nicht anerkennen, sie muß alle Norm
der Geltung religiös interpretieren und in der Übernahme freier
Wissenschaft ihr zugleich durch die aus religiöser Intuition geschöpf-
25 te und dogmatisch gefestigte Norm Grenzen der Freiheit setzen.
Andererseits kann sie selbst der Denkgestaltung der intuitiven Gehalte nicht entbehren, sie bedarf einer Theologie, wie jede höher
entwickelte Religion, wie auch schon die babylonische eine solche
wollte und hatte, als eine Wissenschaft, welche die Glaubensgehalte
30 objektiv denkmäßig festzulegen, nach den in ihnen beschlossenen
Konsequenzen zu entfalten und die Wirkungen des Göttlichen in der
Welt und die daraus sich ergebenden Verhältnisse des Menschen zu
ihr zu erforschen hatte. Für die christliche Theologie kam dazu —
und war vielmehr der erstbestimmende — der Zweck der Apologetik

---

[1] Vgl. hierzu auch Beilage V, S. 103.

gegenüber den Angriffen der außerchristlichen Philosophie, die ab-
gewiesen werden mußten, wenn man diese philosophisch erzogene
Welt gewinnen wollte. Die christliche Theologie hat gegenüber den
älteren und anderen Kulturkreisen angehörigen Theologien nicht nur

5   die Eigentümlichkeit, die ihr aus der christlichen Freiheit (der religiösen Stellungnahme aus Quellen intuitiver Rationalität) erwuchs,
sondern vor allem die, daß sie sich die aus dem Geiste theoretischer
Freiheit geborene Philosophie nach Methoden und Zielen zugeeignet, obschon mit einem neuen Normgeiste ausgestattet und danach

10   wesentlich verwandelt hat. Sie übernahm sogar die in rein theoretischer Einsicht erkannten Normen für jedes theoretisch einsichtige
(und danach freie) Erkennen. Sie übernahm andererseits das Ziel
einer universalen theoretischen Welterkenntnis, das einem frei sich
auswirkenden theoretischen Interesse notwendig zuwachsen mußte,

15   und zugleich das miterwachsene Ziel einer universalen Technologie,
einer theoretischen Erforschung der praktischen Normen, nach denen der Mensch auf Grund seiner Erkenntnis der Welt und darunter
des Menschen selbst sein Leben rational ordnen und seine Umwelt
rational beherrschen und zweckmäßig umgestalten sollte. Es lag im

20   Wesen des Glaubens, daß er in seiner Weise auch die ganze Welt
umspannte, die Welt als Tatsache und die praktische Welt, mit allen
ihren regelnden Normen. Wie sehr anfangs das Interesse sich in der
Pflege und Wirkung ursprünglicher Intuition an sich und anderen
erschöpfte, der des ursprünglichen Glaubens, wie sehr es abgestimmt

25   war auf die sich hierin zu vollziehende Einigung mit Christus und
durch ihn mit Gott sowie den Verheißungen ewiger Seligkeit in einer
jenseitigen Welt — das sich ausbreitende Christentum mußte sich in
dieser Welt einrichten, und für das Leben einer christianisierten
Gemeinschaft mußte in allem und jedem eine religiöse rationale

30   Gestalt gefordert werden. Ferner, der tatsächliche Gehalt und geordnete Gang der Natur, des ganzen Weltalls als von Gott geschaffenen
mußte in die Einheit religiöser Rationalität miteinbegriffen sein. Die
natürlichen menschlichen Funktionen und speziell auch der natürliche Menschenverstand konnten nicht ausgeschlossen sein, also was

35   er als natürliches Recht und Gut ausgab und was gar als Prinzip
absoluter Geltung von ihm ausgesprochen war, mußte auf Gott als
Quelle aller Norm zurückgeführt werden, in subjektiver Hinsicht auf
den Glauben als absolute Erkenntnisquelle, in der wir Gott inne
werden. So wird die Philosophie, die Wissenschaft der Griechen, die

Schöpfung der natürlichen Vernunft, übernommen, fleißig geübt,
religiös gedeutet nach ihren übernatürlichen Geltungsquellen und
zugleich durch den Glaubensinhalt normiert, begrenzt. Dieser selbst
wird in philosophische Begriffe gefaßt und verwissenschaftlicht, bil-
5 det dann aber, eben als objektiv verfestigte Glaubensnorm, eine
Schranke freier wissenschaftlicher Forschung. Die Theologie wird in
ihrer Konsequnz immer zu universaler Wissenschaft (wie der Intention nach die griechische Philosophie), und alle Wissenschaft, auch
die sehr spät noch selbständiges Interesse sich zueignende Naturwis-
10 senschaft, hat ihren theologischen Index. Auch die naturwissenschaftliche Erkenntnis wie alle Erkenntnis überhaupt ist eine Funktion der Religion und hat Freiheit nur in Form religiöser Freiheit,
das ist aus dem Glauben. Und ebenso wird alle Praxis der Idee nach
zu einer Funktion der Religion, sie muß theoretische, theologisch
15 geleitete Praxis sein. Diese Entwicklung gibt der mittelalterlichen
Kultur ihr charakteristisches Gepräge im Rahmen der gesamten
europäischen Kultur und zugleich allen bisherigen Kulturen. Nicht
diejenigen sicherlich zutreffenden Züge der mittelalterlichen Kultur
haben wir hier im Auge, die hervorgehoben und alle bekannt sind:
20 so, daß der Prozeß der Dogmatisierung, der theologischen Verabso-
lutierung von philosophischen Ausdeutungen ursprünglicher intuitiver Gehalte, einen Traditionalismus schafft, der nicht nur die Freiheit vernünftiger Deutung gemäß neuer philosophischer Einsichten
hemmt, sondern auch das religiöse Leben des Gläubigen von den
25 ursprünglichen intuitiven Quellen ablenkt, ja immer abschneidet
und ihm statt der Beseligung in der Intuition die Befriedigung äußerlicher Glaubenskorrektheit in Anerkennung unverstandener For-
meln gibt. Auch vom sonstigen Traditionalismus der mittelalterlichen Kirche und theologischen Wissenschaft will ich nicht sprechen.
30 Was uns hier interessieren soll, ist vielmehr der unter solcher Veräußerlichung durch viele Jahrhunderte hindurch doch nicht leidende
gewaltige Schwung der mittelalterlichen Kulturentwicklung und die
zentrale Idee, welche dem mittelalterlichen Leben diesen Schwung
verleiht.
35   Das mittelalterliche „Abendland" bedeutet, obschon es nicht gelingt, es nicht bloß kirchlich, sondern auch politisch zu einer staatlichen Einheit zusammenzuschließen, doch eine Einheit hierarchischer Kultur, und in noch höherem und innerlich reicher differen-
ziertem Sinn als bei den alten hierarchischen Kulturen ist es eine

Kultur, die in sich eine bewußt leitende Zweckidee trägt, eine
Zweckidee, die also im abendländischen Gemeinschaftsbewußtsein
wirklich konzipiert ist und die Entwicklung wirklich motiviert — so
ähnlich wie im Einzelsubjekt ein bewußter praktischer Zweck. Zu-
5 nächst hat das mittelalterliche Abendland in der Kirche eine über
alle Einzelstaaten hinausgreifende und in das Leben der einzelstaat-
lichen Volksgemeinschaften überall eingreifende geistige Macht, eine
übernationale, imperialistisch organisierte Gemeinschaft der Priester, die zwischen den Nationen ein übernationales Gemeinschafts-
10 bewußtsein herstellt und überall in gleicher Weise anerkannt ist als
Träger göttlicher Autorität und als berufenes Organ, die Menschheit
geistig zu leiten. In dieser Sondergemeinschaft, in der Kirche, ist
aber die Idee der *civitas dei* die bewußt herrschende Zweckidee und
ist es mittelbar für das ganze religiös vergemeinschaftete Abendland.
15 Das Ziel eines politischen Imperiums, in dem die Kirche die eigentliche Macht ist, oder zunächst das Ziel, in allen Staaten die Macht zu
werden, die sie dem Ideal der *civitas dei* nähert, im Dienst dieser
Christianisierung der gesamten Kultur alles vorzubereiten und auch
eine universale Theologie, als theoretische und praktische Univer-
20 salwissenschaft, zu schaffen, im Dienste dieser Idee vor allem auch
das soziale, das politische Leben wissenschaftlich und nach seinen
wahren normativen Formen zu erforschen, das sind Zwecke, die
wesentlich die Lebendigkeit der mittelalterlichen Geistesbewegung
bestimmen. Es sind nicht leere Ideale, sondern Zwecke, an deren
25 Erreichbarkeit im Lauf der Zeit man glaubt und denen man als religiöser Mission freudig entgegenarbeitet.
    Dies ist also die Form, in der im Mittelalter die europäische
Menschheit sich als eine Vernunftmenschheit unter einer Vernunft-
idee organisiert und ein zweckbestimmtes Gemeinschaftsleben
30 durchzuführen versucht.
    Bekannt ist, daß es nicht an inneren Spannungen und Ansätzen
von Gegenbewegungen fehlt, die in der Struktur des mittelalterlichen Geistes begründet sind, also Spannungen zwischen dogmati-
siertem Glauben, veräußerlichendem Traditionalismus verschiede-
35 ner Gestalt und ursprünglicher Glaubensintuition, welch letztere in
den Bewegungen der Mystik sich ihr Recht zu erkämpfen sucht;
andererseits die Spannung zwischen „Glaube" und „Wissen", das
ist zwischen den wesentlich unterschiedenen Glaubenstypen des ursprünglichen und des traditionalisierten Glaubens und der natürli-

chen Evidenz und der Wissenschaft.

Aus diesen Spannungen, die den Verlauf der mittelalterlichen Kultur wesentlich mitbestimmen, ist auch die Auflösung dieser Kultur hervorgegangen. Ihre Entelechie, worin wir ihren eigentümlichen
5 Sinn, den Sinn von „Mittelalter", sehen, verliert ihre Kraft und hört auf, die wesentliche Triebkraft der Entwicklung zu sein; wie dann der Stand der Geistlichen und die Kirche, trotzdem sie ihre internationale imperialistische Organisation und selbst diese Idee mindest als Ideal in sich lebendig erhält, die autoritative Stellung im allge-
10 meinen Bewußtsein der Völker verlieren. Die kirchlich-religiöse Kultur sinkt herab zu einem Zweige der allgemeinen Kultur neben der freien Wissenschaft, neben der Kunst usw. Eine neue religiöse Bewegung setzt mit elementarer Kraft ein, die Reformationsbewegung, welche das Urrecht der religiösen Intuition gegenüber der
15 historisch gewordenen Kirche partiell durchsetzt und für die ursprüngliche „Freiheit des Christenmenschen" eintritt. Sie beruft sich auf keine neue Offenbarung, sie repräsentiert sich nicht in einem neuen Messias, sie restauriert nur die noch lebendig wirksamen Quellen ursprünglicher Überlieferung, ⟨um⟩ aus ihnen zu
20 Christus und zu der ursprünglichen christlichen Gemeinschaft ein lebendiges Verhältnis durch ursprüngliche religiöse Erfahrung herzustellen. Doch setzt sich die Reformation bekanntlich nicht unbedingt und dauernd durch und versandet in einer neuen Kirche, die, so ungeheuer die Reformationsideen auch wirken, doch der Neuzeit
25 keine neue Zweckidee einzuflößen vermag.

Anders steht es mit der anderen Freiheitsbewegung gegen den gebundenen mittelalterlichen „Geist" und gegen seine Idee eines kirchlichen Imperiums, die Freiheitsbewegung der natürlichen Vernunft der Philosophie und Wissenschaft. Auch sie hat einen sekun-
30 dären Charakter, so wie die Reformationsbewegung. Was sie reformiert oder restauriert, ist die Wissenschaft, sie verwirft die mittelalterliche Wissenschaft als unfreie Theologie (oder theologisch gewendete Wissenschaft), sie kehrt zur Idee der Philosophie im antiken Sinn zurück als einer nicht durch Glauben, welcher Form
35 immer, nicht durch Motive des Gemüts, durch die aus der Not des Menschenlebens hervorgehenden Heilsbedürftigkeit bestimmten Wissenschaft, sondern einer rein sachlichen, durch rein sachliche Motive bestimmten, einer Funktion des rein theoretischen Interesses.

⟨ II. Die Stufe wissenschaftlicher Kultur ⟩

⟨ A. Die Gestalt philosophischer Freiheitsbewegung.
Das Wesen echter Wissenschaft ⟩

Doch es ist nun an der Zeit, die ergänzende Kulturanalyse zu
5 vollziehen und das Eigentümliche der Befreiungsbewegung, die in
der griechischen Nation anhebt und in einer Hauptstrecke sich in
ihr, in Form der Schöpfung einer neuen Kulturform, Philosophie,
vollzieht, zu kennzeichnen. Es gilt von daher das spezifisch Eigentümliche der europäischen Kultur zu bestimmen und den Nachweis
10 zu führen, daß diese nicht nur wie selbstverständlich ihre morphologischen Eigentümlichkeiten hat, wie jede andere in der Menschheit
sich einheitlich abhebende Kultur, sondern daß sie, und über allen
morphologischen Eigenheiten ihrer Kulturgehalte, eine sie allein
auszeichnende Form hat. Und noch mehr, oder näher bestimmt,
15 die in ihr sich auslebende Menschheit und dieses Leben selbst haben
eine besondere und axiologisch höchst zu bewertende Form, mit der
diese Menschheit die höchste für sie als Menschheit überhaupt
geforderte Stufe erklimmt, die Stufe einer sich selbst und ihre Umwelt aus rein autonomer Vernunft und näher aus wissenschaftlicher
20 Vernunft gestaltenden Kulturmenschheit.
Das meint nichts minderes, als daß wir der europäischen Kultur,
deren Entwicklungstypus wir damit beschrieben haben, eben darin,
daß sie ihn verwirklicht hat, nicht nur die relativ höchste Stellung
unter allen historischen Kulturen zubilligen, sondern daß wir in ihr
25 die erste Verwirklichung einer absoluten Entwicklungsnorm sehen,
die dazu berufen ist, jede andere sich entwickelnde Kultur zu revo-
lutionieren. Denn eine jede in der Einheit einer Kultur lebende und
sich entwickelnde Menschheit steht unter einem kategorischen Imperativ. Und eine jede soll und muß daher zum Bewußtsein dieses
30 Imperativs sich erheben und ihm gemäß eine neue, ihm gemäße
Entwicklungsform willentlich anstreben.
Nimmt man den Begriff Wissenschaft und den ursprünglich damit
sich deckenden Begriff Philosophie in strengem Sinn, so sind die
alten Griechen die Schöpfer der Philosophie bzw. Wissenschaft. Was
35 man bei den alten Babyloniern, Ägyptern, Chinesen und selbst
Indern mit den gleichen Worten benennt, mag Erkenntnisse enthal-

ten, die eine strenge Wissenschaft bestätigen, inhaltlich übernehmen, in ihre methodische Art und Einstellung einbeziehen kann, aber mit Grund machen wir doch zwischen beidem einen radikalen Schnitt und nennen evtl. dieselben Erkenntnisse und Selbstbegründungen
5 auf der einen Seite vorwissenschaftliche oder unwissenschaftliche, auf der anderen wissenschaftliche.

Um dies klar zu machen, scheiden wir zunächst einen allgemeinsten und einen bestimmteren Begriff von Erkennen und dann in diesem wieder zwischen einem außerwissenschaftlichen und wissen-
10 schaftlichen.

Erkennen im weitesten Sinn ist ein Akt, ein geistiges Tun (ein *ego cogito*) irgendeines Ich, das durchaus die Aktgestalt eines „Glaubens" (*belief*) hat, der, fortschreitend und zu komplexen Gebilden sich aufbauend, einen abschließenden Glauben ergibt. Was hier
15 Glaube heißt, heißt bei manchen auch in einem weitesten Sinn Urteilen, und vom Aktus dieses Glaubens oder Urteilens unterscheiden wir die mit ihm sich entweder neu stiftende oder, wenn sie schon im Urteilenden früher gestiftet war, sich aktualisierend erneuernde „Überzeugung" (Urteil in einem zweiten Sinn) — die habitu-
20 elle Überzeugung, die er besitzt, auch wenn er schläft, überhaupt wenn der Akt vorübergegangen und selbst nicht mehr retentional bewußt ist. Das Urteilen oder Glauben hat sein Was, seinen Inhalt darin, daß etwas ist oder nicht ist, daß es so ist, daß es zu dem oder jenem in den und den Verhältnissen steht usw. Und dieses geurteilte
25 Was, der identische Sinn, der mehreren Urteilsakten identisch gemein sein kann, ist das Urteil (als Urteilsbedeutung, Urteil im dritten Sinn). In diesem weitesten Sinn nun ist jedes Wahrnehmen oder Sicherinnern, sofern es ein Seiendes zu erfassen vermeint, einen Gegenstand als seiend „setzt", ein Urteilen. Das Urteilen hat man-
30 nigfache Abwandlungen, die zu ihm wesentlich gehören, der Seinsglaube kann sich „modalisieren", übergehen in ein Für-möglich-Halten, Vermuten (Für-wahrscheinlich-Halten), ein Zweifeln, ein Negieren, die man alle ebenfalls als Modi des Urteilens bezeichnet. Urteilen kann die praktische Form eines urteilenden Strebens an-
35 nehmen und eines frei tätigen Wollens, und zwar so, daß dieses sich richtet auf eine ausgezeichnete Form des Urteils (des Geurteilten als solchen), und diese ausgezeichnete Form ist die der „Wahrheit" und zunächst der sicheren Gewißheit.

Ein Urteil kann schon als Urteil der normalen Gewißheitsform

gegeben sein, aber in Ungewißheit übergehen, es kann, ob es so ist, fraglich, zweifelhaft werden. Oder es taucht von vornherein eine „Möglichkeit" auf, eine Anmutung, es sei so, und es wird der Wunsch erregt, ob es so ist oder nicht ist, zu „entscheiden" —
5 durch eine bestätigende oder widerlegende Urteilsgewißheit: Das erfolgt durch „Begründung", durch Urteilsmotive, welche der anmutlichen Möglichkeit eben durch ihre Motivationskraft die Gewißheit verschaffen, und es heißt dann in sprachlicher Fixierung: „Das ist um der und der Gründe willen gewiß so", auch: „So ist es in
10 Wahrheit". Meist lebt der urteilend Strebende und im weitesten Sinn also erkennende Mensch im Moment, und für den Moment kommt es ihm auf eine Entscheidung an, mag er sie noch auszusprechen Anlaß haben oder nicht. Nicht aber kommt es ihm darauf an, eine Frage „ein für allemal" zu entscheiden und die Entscheidung
15 ein für allemal zu fixieren, evtl. mit der Begründung, die „ein für allemal" begründet. Man rekurriert dann auf Motive, Gründe, die absolut gewiß sind. Die „absolute Gewißheit" ist nicht von seiten des Subjekts eine Stellungnahme, in der es sich selbst als bleibende Persönlichkeit für eine Sache einsetzt, in der Art der Gewißheit liegt
20 nicht der Charakter der Absolutheit der $\delta\iota\acute{\alpha}\vartheta\varepsilon\sigma\iota\varsigma$, das „So bin ich und wie ich bin, es ist so entschieden: Ich, als dieser, ich kann nicht anders". In der Tat haben die in dem Wiederaufleben der sprachlichen Fixierungen erneuerten Begründungen, wenn sie nicht verwurzelte und immer wieder betätigte Überzeugungen als Motive haben,
25 immer wieder gleiche Kraft, und so legt der Mensch, dieser Sachlage selbst gewiß, wo die Entscheidungsgewißheit öfter praktisch bedeutsam sein muß, auch Wert darauf, sich der vielleicht mühevoll erworbenen begründeten Gewißheit und ihrer Begründung zu versichern, dazu auch das Motiv kommen mag, daß er von der Begrün-
30 dung dann auch anderen gegenüber, sie zu überzeugen, Gebrauch machen kann oder daß auch sie auf diese Gewißheit Wert legen werden usw. Ein begründetes Urteil und seine Begründung nehmen so den Charakter eines verfügbaren Besitzes und Gutes an, für das einzelne Individuum, aber auch für die Gemeinschaft. Es kann ein
35 allgemeines Interesse welcher Quelle auch immer dahin führen, daß man für einen allgemeinen Sachbereich, über Natur, über den Lauf der Gestirne, über göttliche und menschliche Dinge, Gewißheiten, „Wahrheiten" und dann in geordneter Folge, die aus dem Erkenntnisgebiet ein durch systematische Begründungszusammenhänge ge-

ordnetes Wissensgebiet macht, zu gewinnen ⟨sucht⟩. Als System
von Gemeingütern und durch Systematisierung als einheitliches Gemeingut erwächst so „Wissenschaft" — in einem uneigentlichen,
laxen Sinn. Die intersubjektive Festigkeit, Objektivität einer solchen
5 Wissenschaft beruht darauf, daß ihre Begründungen nicht auf individuell wechselnden sachlichen oder Gemütsmotiven beruhen, sondern auf allgemein festgewurzelten Überzeugungen, aus uralten erar-
beiteten Traditionen stammend. Insbesondere mythologische und
religiöse Motive sind hier von bestimmender und auch allgemein (in
10 dem betreffenden Kulturkreis) entscheidender Kraft. Aber ein von
solchen Motiven regiertes Erkennen und eine so erwachsende Wissenschaft, z.B. eine theologische (wie die babylonische Astronomie
als Astrologie), ist nicht echte und reine Wissenschaft. Einen zweiten
Begriff von Wissenschaft gewinnen wir, wenn wir den Unterschied
15 hervortreten lassen zwischen einem Urteil, das „völlig gewiß" ist
oder dessen wir, sofern wir es in seinem vollen Sinn realisieren,
individuell oder auch in Gemeinschaft „absolut gewiß" sind, ferner
Urteilsbegründungen, die solche absolute Gewißheit sich zueignen
durch Begründungen, die als letzte auf solche ein für allemal festste-
20 henden Gewißheiten zurückführen; und andererseits Urteile, die
„evident" sind, Sätze, die aussagen, was man genau in dem Sinn, in
dem es ausgesagt ist, aus originalen Gegebenheiten der Sachen und
sachlichen Zusammenhänge selbst schöpft, die Gegenstände, wor-
über sie sprechen, dadurch, daß man sie in leibhafter Selbstheit
25 erfährt und erfahrend sieht, daß sie wirklich so sind, die Verhältnisse, daß man die selbst gegebenen Gegenstände wirklich in die Einheit einer Beziehungsanschauung bringt und sieht, daß die Beziehung wirklich statthat, oder Begründungen, die gewisse Überzeugungen dadurch stiften, daß sie eine bleibende Gewißheit durch Anmes-
30 sung an Selbstgegebenheit normieren und bestätigen oder daß sie in
einsichtigen „Schlüssen" von unmittelbar einsichtig normierten
Sätzen überführen zu dem nun mittelbar einsichtig motivierten gewissen Urteil. Das Motivierende ist in allen Schritten einsichtig und
einsichtig in Sicht des wahren Seins, der wahren Folge bzw. des
35 wahren Grundes. Echte Erkenntnis ist Erfüllung eines Strebens nicht
nach Gewißheit überhaupt, sondern Gewißheit aus selbstgegebener
und einsichtig motivierter Wahrheit.

Die Motivationen oder Begründungen und einsichtigen Urteile
vollziehen sich hier als Normierungen der Urteilsmeinungen durch

Anmessung an die Sachlichkeiten „selbst", an das Wahre im ersten
Sinn. Nämlich in der Einsicht ist das Sachliche, das im Urteilen
Vermeinte, im Urteilen „Selbstgegebene" *originaliter* da, verwirklicht, das Subjekt ist an der Sache selbst, hat sie selbst in seinem
5 urteilenden Schauen, Einsehen. Im Übergang von einer uneinsichti-
gen Urteilsmeinung zur Einsicht tritt normierende Identifikation des
Vermeinten und Selbstgegebenen ein, und die Meinung erhält den
Charakter der bestehenden Wirklichkeit, des „Ja, so ist es wirklich", der Normgerechtigkeit, der Wahrheit im zweiten Sinn. Sach-
10 lich motivierte Urteile sind objektiv gültig, das ist, intersubjektiv
gemeinsame Geltungen, sofern, was ich sehe, jeder sehen kann; über
allen Unterschieden der Individuen, der Nationen, der allgemein
geltenden und fest verwurzelten Traditionen stehen die Gemeinsamkeiten, deren Titel ist gemeinsame Sachenwelt, die in austauschba-
15 ren Erfahrungen konstituiert ist, so daß alle mit allen sich verständigen, auf dasselbe Gesehene rekurrieren können. Und zunächst darauf bezüglich und dann darüber hinausgreifend eröffnet sich ein
Reich der Wahrheit, das jeder in seine Sicht bringen, das jeder
schauend in sich verwirklichen kann, jeder aus jedem Kulturkreis,
20 Freund und Feind, Grieche oder Barbar, Kind des Gottesvolkes
oder der Gott feindlichen Völker. Das ist zu Anfang in Selbstverständlichkeit aus dem gemeinsamen Verkehr sich ergebend, mindest
für den Umkreis der allgemeinsamen realen Umwelt. Selbstverständlich haben Urteile über Erfahrungstatsachen ihre Norm an den
25 erfahrenen Sachen selbst, daß die Sonne aufgegangen ist, daß es reg-
net u.dgl. Das hat seine Gewißheit und Wahrheit, für die man sich
auf keine Religion, auf nichts weiter als eben auf die erfahrenen
Sachen zu berufen hat. Aber jedermann urteilt eben über diese nächste Erfahrungssphäre hinaus, und in der niederen Stufe mischen
30 sich, wo man objektive Gewißheiten fixiert, Motive aus Erfahrung
und überhaupt sachlicher Einsicht mit niederwertigen Motiven, mit
solchen, die so tief in der Persönlichkeit verwurzelt sind, daß schon
ihre Bezweiflung sie selbst zu „entwurzeln" droht, die sie meint
nicht aufgeben zu können, ohne sich selbst aufzugeben, was zu hef-
35 tigen Gemütsreaktionen führen kann. Doch oft ist es gerade die
ungeschiedene Mischung, die die Kraft macht, nämlich sofern die
wahre Kraft aus der Normierung durch Einsicht herrührt. Zur höheren Stufe gehört aber gerade die Kritik, die bewußte Unterscheidung zwischen den „heteronomen" und autonomen Gewißheitsmo-

tiven und die Stellung des erkennenden Subjekts gegen alle Motivationen des Gemüts für eine Urteilsgewißheit (wohin auch die in
Gewißheiten umzuwandelnden Wahrscheinlichkeiten usw. gehören,
also Gewißheit für wahrscheinliches Sein statt für Sein schlechthin)
5 und gegen sonstige Motivation durch „ Vorurteile", als durch keine
Einsicht normierten Überzeugungen. Das Urteil muß wahr, das ist
sachgerecht sein (durch Anmessung an die „ Sache selbst" als *originaliter* zu erschauende), gleichgültig, ob es mir und meinen Genossen lieb oder unlieb ist, ob es mich und uns alle „ bis an die Wurzel"
10 trifft: Die Wurzel braucht nichts zu taugen. Nicht weil ich, wie ich bin,
und wir, wie wir sind, so denken müssen, ist der Gedanke ein rechter,
sondern nur wenn er ein rechter ist, erweisen sich unser Denken
selbst als ein rechtes und wir selbst als die rechten Erkenntnissub-
jekte, die die „ an sich" rechte Urteilsrichtung fest in sich Tragenden.
15 Das charakterisiert auch das sogenannte „ theoretische Interesse",
die „ rein theoretische Einstellung", welche zu echter Erkenntnis
gehört. Es ist das „ rein sachliche" Interesse, das an der Sache selbst,
so wie sie ist; dasselbe aber sagt nach der eigentlich leitenden Meinung: das ausschließlich auf normgerechte Gewißheiten, Überzeu-
20 gungen und auf Aussagen gerichtet ist, die jederzeit in normgerech-
ter Begründung (in lauter Schritten, die selbst normgerecht sind) ihre
Normgerechtigkeit ausweisen können. Nur dann haben sie die *ad-
aequatio* an die „ *res*", die eben im Modus des ursprünglichen Selbst-
gegebenseins der einsehenden Aktion „ einwohnen". Wo diese Kon-
25 trastierung und der bewußte Wille auf Wahrheit als Normgerechtigkeit in diesem Sinne nicht vorliegen, da können Erkenntnisse und
Begründungen nicht ganz korrekt, das ist in der echten Erkenntnis-
einstellung ausweisbar sein, aber sie sind darum selbst oft echte
Erkenntnis für den, der sie naiv gebildet hat. Denken wir uns das
30 theoretische Interesse bzw. die theoretische Haltung nicht auf einzelne Fälle und die einzelnen Personen beschränkt, nehmen wir vielmehr an, daß die Freude an solcher echten Erkenntnis zu einem
universalen Zweck im Menschenleben, zum „ Beruf" wird, so erwächst echte Wissenschaft und, im Falle voller Universalität hin-
35 sichtlich der Erkenntnissphäre, das Universum des theoretisch Erkennbaren überhaupt umspannend, Philosophie. Dahin drängt ja
das theoretische Interesse von selbst; denn wenn nämlich die Freude
an der echten Erkenntnis überhaupt lebensbestimmend geworden
ist, dann zeigt es sich alsbald, daß jede Antwort Fragen offenläßt

oder neue Fragen eröffnet, daß keine Sache ganz isoliert ist, Seiten,
Teile, Zusammenhänge, Abhängigkeiten hat, die in der begrenzten
Frage nicht umspannt waren oder in der Antwort nicht erledigt sein
konnten, und so schreitet die Erkenntnis im „sachlichen Zusam-
5 menhang" fort, der in der Verbindung der Erfahrungen und Einsichten in den Begründungszusammenhängen als einsichtig sich bestimmender und sich durch neue Einsichten immerfort erweiternder
bewußt wird.

⟨B. Die Ausbildung der philosophischen Kulturgestalt in
10   Griechenland. Die beiden Stufen echter Wissenschaft⟩

Doch sind nun zwei Stufen echter Wissenschaft zu unterscheiden,
eine Vorstufe und die Stufe der wirklich konstituierten Wissenschaft, in den Entwicklungsgang, in die Bahn normgerecht fortschreitender Erkenntnis getreten. Auf der Vorstufe ist zwar schon
15 das theoretische Interesse ausschließlich bestimmend, und die kritische Abwehr der Vorurteile wird vollzogen, aber das erste, völlig
naive Nachdenken über die Welt führt noch eine sehr unvollkommene Evidenz mit sich und begründet keine objektive Gewißheit,
geschweige denn wirklich eine objektiv gültige Wissenschaft. Ich
20 sage über die Welt. Denn was zuerst das theoretische Interesse
erregt, ist nicht der Erfahrungskreis, in dem das tägliche Handeln
und Wirken verläuft. Diese konkrete Praxis hat noch kein Bedürfnis
nach einer Wissenschaft. Erst schon ausgebildete und technisch
fruchtbar sich erweisende Wissenschaft erweckt von der Praxis her
25 wissenschaftliches Bedürfnis. Die konkrete Erfahrung leitet die Praxis, und das konkrete praktische Bedürfnis bestimmt, welche neuen
und besonderen Wege die konkrete Erfahrung einzuschlagen hat.
Hier ist alles wohlvertraut, auch die Weise, wie nützliche Kenntnis
zu gewinnen ist. Das theoretische Interesse geht also über diesen
30 Kreis hinaus und beginnt zunächst etwa als Erwachen eines geographischen Interesses an fremder Landschaft, an fremden Völkern und
Sitten, politischen Einrichtungen, religiösen Vorstellungen usw. Dies
befördert aber auch nüchterne sachliche Vorstellungen einer endlos
weit sich erstreckenden Menschen- und Sachenwelt, wobei auch die
35 Schätze an Erfahrungskenntnissen über die Natur Interesse erwek-
ken, die von fremden Völkern durch regelmäßige beobachtende

Erfahrung gesammelt worden sind, wenn auch aus religiösen Motiven und mit religiösen Apperzeptionen umkleidet. Für den theoretisch eingestellten Weltreisenden sind diese religiösen Verbrämun-
gen schon darum wirkungslos, weil ihm selbst die entsprechenden
5 religiösen Überzeugungen fern sind. Das höchste und universal umspannende Thema des theoretischen Nachdenkens wird bei den
Griechen aus solchen Motiven das rätselvolle Universum und seine
allgemeinen „Prinzipien". Die Intention geht auf Gewinnung allgemeiner Gedanken, die das in seiner Endlosigkeit und Unbekanntheit
10 rätselvolle Universum verständlich machen könnten: sachlich verständlich, sofern es sich um allgemeine Gedanken von einsehbarer
Wahrheit handelte, durch die auf alles konkret einzelne ein erklären-
des Licht fallen könnte.

    Aber diese Einsichten der ersten „Philosophen" waren von keiner
15 objektive Gewißheit ermöglichenden, geschweige denn unbedingt
begründenden Kraft. In diesem Stadium erster Naivität operierte
man mit rohen Analogien, mit Übertragungen von anschaulichen
Vorstellungsweisen und von Erfahrungsregeln der alltäglichen Erfahrungssphäre auf die kosmischen Dimensionen. Obschon jede analo-
20 gische Interpretation, die an Erfahrungen anknüpft, ihre Evidenz
hat, also in einigem Maß die Kraft sachlicher Motivation, so gibt es
doch verschiedene Evidenzstufen und solche von sehr geringer
Kraft. Verschiedene solche Interpretationen könnten miteinander
streiten (können doch sogar direkte Erfahrung und aus ihr direkt
25 geschöpfte Induktionen streiten, aber freilich durch erweiterte und
genauere Erfahrung sich wieder versöhnen). Jede der neuen Philosophien sorgte wohl für Einstimmigkeit ihrer allgemeinen Gedanken
und der aus ihnen gezogenen konkreteren Erklärungen, aber die
Freiheit theoretischer Stellungnahme, die die rein sachliche Einstel-
30 lung jedem neuen Forscher gab, ermöglichte auf dieser Stufe für
jeden neuen auch eine neue und so viele miteinander unverträgliche
Philosophien. Diese Sachlage motivierte schließlich das Erwachen
eines Skeptizismus, der die Möglichkeit von so etwas wie „Philosophie", von objektiver, von jedem in sachlicher Einsicht als unbe-
35 dingt gemein geltender feststellbarer Wahrheit und Wissenschaft ⟨be-
zweifelte⟩. Dies gab dem Denken schließlich die gesunde Wendung
zur Erkenntnis des *unum necessarium* in solcher Sachlage. Sie konnte erwecken und erweckt in Sokrates und vollendet in Plato die
große Erkenntnis, daß naive Philosophie, in naiver Betätigung des

theoretischen Interesses sich auswirkende Erkenntnis, noch keine
echte Philosophie, kein System sachlicher Gültigkeiten ermöglicht,
das jeder rein sachlich Eingestellte und Denkende als für ihn und für
jedermann notwendig verpflichtend anerkennen müßte. Philosophie
5 ist nur möglich durch eine vorangehende kritische Erwägung der allgemeinen Bedingungen der Möglichkeit objektiv gültiger Erkenntnis
als solcher; in vollendeter Klärung muß der Sinn solcher Erkenntnis,
das Verhältnis von Erkennen und Erkanntem, von Urteil und Wahrheit, von der durch Anmessung eines urteilenden Meinens einer
10 beliebig gewonnenen Überzeugung an die selbstgegebene Sache, das
Wesen mittelbarer Begründung, und müssen die zu ihr gehörigen
Wesensnormen und Methoden herausgestellt werden.

    Mit anderen Worten, echte Wissenschaft kann nicht ohne weiteres
anfangen, sie ist erst möglich durch „logische", „erkenntnistheore-
15 tische" Überlegung und eigentlich erst möglich, wenn eine Logik als
zentrale Wissenschaft von der Methode, als allgemeine Wissenschaftslehre, begründet worden ist. Diese erste aller Wissenschaften
ist auf sich selbst notwendig zurückbezogen. Ist sie in erster Einsicht
geglückt, so muß eine weiter zurückgehende Reflexion die Einsicht
20 ergeben, daß ihr eigenes Erfahren den Normen gemäß ist, die sie
selbst aufgestellt hat. Dies ist der an sich notwendige und zugleich
historische Gang der Entwicklung. Nach der naiven Philosophie der
Vorstufenperiode beginnt eigentliche Philosophie und Wissenschaft
mit den Sokratischen und Platonischen Reflexionen über die Metho-
25 de, und die Platonische „Dialektik" ist das erste und Grundstück
einer Wesenswissenschaft von der Wissenschaft, einer Wissenschaftslehre, und von nun ab gehört zu jeder Philosophie der Folgezeit eine Logik als Disziplin von der Methode wahrer Erkenntnis
und Wissenschaft.

30   In der Tat, diese Rückbeziehung der Philosophie und aller sich
abzweigenden Sonderwissenschaft auf die logische Kritik — und im
Ideal auf eine universale und vollkommene Logik — verändert von
Grund aus den Charakter der Wissenschaft. Denn prinzipiell verliert
nun die Wissenschaft, das Denken in der Motivation eines rein
35 theoretischen Interesses, ihre Erkenntnisnaivität, und es gehört zu
ihrem Wesen, daß dieser Verlust der Naivität sich in der echten
Wissenschaft in der Bewußtseinsform, in welcher das Erkennen sich
vollzieht, auch ausprägt. Wissenschaftlich sind Erkenntnistätigkeiten
nur dann, wenn sie nicht nur von einem außenstehenden Kriti-

ker als bewiesen, logischen Normen entsprechend befunden werden,
sondern wenn sie durchaus und in jedem einzelnen Schritt vom reflektiven Bewußtsein der Normgerechtigkeit getragen sind. Der Wissenschaftler selbst muß sich von dieser Normgerechtigkeit bei jedem
5 Schritt wirklich überzeugt, er muß reflektiv jede naiv erlebte Evidenz untersuchen und (wenn die Logik entsprechend weit ist) die
Tragweite dieser Evidenz prinzipiell, unter Rekurs auf Evidenztypus
und Normgesetz, festgestellt haben. Keinen Satz darf er als Prämisse
benützen, den er nicht selbst begründet, keine mittelbare Begrün-
10 dung darf er vollziehen, ohne für jeden Schritt des Schlusses das
normierende Schlußgesetz bereit zu haben. Und für alles dabei ist er
selbst und ganz allein verantwortlich, nur seine eigene Einsicht gibt
ihm ein Recht, seine Erkenntnis als Erkenntnis zu vertreten. Wie
sehr kunstgerechtes Erfahren sich auch hier mechanisieren läßt und
15 wie sehr Mechanisierung auch hier für den wissenschaftlichen Fortschritt notwendig wird, es muß doch bei aller Wiederkehr ähnlicher,
ihrem Normprinzip nach schon gerechtfertiger Erkenntnisschritte
das begleitende habituelle Normbewußtsein da sein, das, aus früher
einsichtiger Begründung entsprungen, die praktische Sicherheit an-
20 zeigt, die rechtmäßige Gültigkeit wirklich ausweisen, also jedermann
gegenüber auch vertreten zu können. Nur so kann wissenschaftliche
Erkenntnis zum Gemeingut werden, kann das einmal Festgestellte
für jedermann „objektiv" dastehen, als etwas, das jedermann einsehen und durch Einsehen als dasselbe übernehmen kann. Dergleichen
25 wird vor allem dadurch möglich, daß es selbst zum methodischen
Prinzip der Wissenschaft wird, nicht nur die begründeten Erkenntnisse, sondern auch die Begründung selbst zum objektiven Ausdruck
zu bringen. Ja erst dadurch wird ihr Ausdruck als Erkenntnis wirklich objektiv, wenn der Ausdruck der Begründungen ein angemessen
30 vollständiger ist, der nur aus unmittelbar einsehbaren Elementen
aufgebaut ist, der es jedermann ermöglicht, die gesamte Einheit der
Begründung sich zu wirklicher Einsicht zu bringen und sich ihrer
Normgerechtigkeit zu versichern. Dann aber ist jeder Nachverstehende in derselben Lage wie der originale Entdecker im Status der
35 vollendet erworbenen Einsicht, und was dieser erworben, hat er
nicht sich allein, sondern für jedermann erworben, sofern jedermann
bloß nachverstehend nun denselben Erwerb hat.
    Es ist hier noch zu beachten, daß wir das Wesen der Wissenschaft
im Sinn einer ausgereiften Idee beschrieben haben. Aber wie sehr

die nachkommende griechische und neuzeitliche Wissenschaft hinter
dieser Idee auch zurückbleiben mag: diese Idee ist ihr als wirksame
Idee eingepflanzt, und jederzeit erhebt sie in sich selbst nur soweit
und nur in solchen Theorien den Anspruch, wirkliche Wissenschaft
5 zu sein, als sie glaubt, dieses Ideal schon verwirklicht zu haben. Daß
sie sich darin täuschen mag und daß sie in jeder Stufe, auch wo sie
es nicht merkt, weit hinter ihrer Idee zurückbleibt, weil die prinzipielle methodische Reflexion, die der Wissenschaftslehre, noch nicht
weit genug gediehen und weil späterhin eine Art Technisierung der
10 wissenschaftlichen Methode tiefere Einsicht selbst verbaut, das ist
eine Sache für sich, und sie soll noch besprochen werden. Jedenfalls
ist es der Grundcharakter der werdenden echten Wissenschaft, sich
diesem Ideal gemäß bewußt zu gestalten und den Typus einer sich
reflektiv durch methodische Reflexion einsichtig normierenden Wis-
15 senschaft, einer logischen, beständig darzustellen. Der ewige Ruhm
der griechischen Nation ist es, nicht nur überhaupt eine Philosophie als eine Kulturgestalt eines rein theoretischen Interesses begründet zu haben, sondern durch ihr Doppelgestirn Sokrates-Platon
die einzigartige Schöpfung der Idee logischer Wissenschaft und einer
20 Logik als universaler Wissenschaftslehre, als normierender zentraler
Wissenschaft von der Wissenschaft überhaupt, vollzogen zu haben.
Dadurch erhält der Begriff des Logos als autonomer Vernunft und
zunächst theoretischer Vernunft, als des Vermögens eines „ selbstlo-
sen" Urteilens, das als Urteilen aus reiner Einsicht ausschließlich
25 auf die Stimmen der Sachen „ selbst" hört, seine ursprüngliche Konzeption und zugleich seine weltumgestaltende Kraft. Und nicht minder die Idee der Logik, der Wissenschaft von Vernunft als „ Orga-
non" für alle echte Wissenschaft.
　　　Man kann allerdings sagen, daß sich nicht nur das theoretische
30 Interesse im griechischen Volk verselbständigt und eine autonome
Kultur theoretischer Vernunft begründet, sondern daß dasselbe auch
vom ästhetischen Interesse und seiner Kunst gilt und daß sein ganzes Kulturleben nach allen Seiten, die durch die verschiedenen Aktarten bestimmt sind, denen eben verschiedene Vernunftarten zuge-
35 ordnet werden, den allgemeinen Charakter der Freiheit hat. Aber
während diese im Vergleich mit anderen Kulturen nur eine Sache
des Grades ist (z.B. Werke einer freien ästhetischen Kunst finden wir
ja auch außerhalb Griechenlands), handelt es sich hinsichtlich der
„ strengen" Wissenschaft um eine Erkenntniskultur eines neuen Stils

und zudem um eine Kultur, die dazu bestimmt war, die Menschheit
überhaupt hinsichtlich ihres gesamten Lebens und Wirkens auf eine
neue Stufe zu erheben. Die Griechen sind es, die in Konsequenz der
Schöpfung der Philosophie in ihrem prägnanten (Platonischen) Sinn
5 der europäischen Kultur eine allgemeine neuartige Formidee eingepflanzt haben, wodurch sie den allgemeinen Formcharakter einer
rationalen Kultur aus wissenschaftlicher Rationalität oder einer philosophischen Kultur annahm. Natürlich ist das *cum grano salis* zu
verstehen, es handelt sich um eine ins Werk gesetzte und fortschrei-
10 tende Formung, und wie wir hören werden, wandelt sich das selbst
ins allgemeine Bewußtsein tretende Ideal der philosophischen Kulturgestaltung späterhin — in der Neuzeit — in eine echte Zweckidee,
die als ein universaler Kulturwille den Grundcharakter der Neuzeit,
solange sie in frei aufsteigender Entwicklung ist (Aufklärungsperio-
15 de), bestimmt.

   Dies klar zu machen, stellen wir folgende Überlegung an: Der
Ursprung der griechischen Wissenschaft liegt darin, daß einzelne
Männer vom Interesse, das wir das rein theoretische nennen, von
der reinen Liebe zur sachlichen Erkenntnis, zu der in Einsicht gege-
20 benen Wahrheit bewegt werden. Die dauernde Fixierung der erworbenen Wahrheit und ihre Begründung in literarischer Form haben
nicht nur für den Erkennenden selbst den Zweck, jederzeit sie wieder
einsichtig aktualisieren, sich wieder an ihr erfreuen zu können, sondern sie ist für ihn auch verfügbar als hilfreiche Prämisse für die
25 Begründung neuer Wahrheiten. So wird erworbene Wahrheit zu
einem dauernden Besitz und Gut. Zugleich dient diese Fixierung der
Übermittlung an andere, deren Erkenntnisinteresse dadurch geweckt
und die nun der gleichen Einsichten und Freuden teilhaftig werden.
Die Mitteilung beschränkt nicht die eigene freie Verfügung und die
30 Erkenntnisfreude, im Gegenteil, das geistige Gut ist alsbald Gemeingut, die Freude gemeinsame Freude, also doppelte Freude; und
zugleich wird jede Verwertung für den Erkenntnisfortschritt alsbald
eine Bereicherung auch für den Mitteilenden. So ist eben diese ver-
ständliche Tatsache ein beständiges Motiv für die literarische Äuße-
35 rung, und sie stiftet zugleich eine Interessengemeinsamkeit der Menschen, die, weil sie ihr Substrat hat in der Gemeinsamkeit idealer
und für alle identisch zuzueignender, also überindividueller Werte,
keine Interessenkonflikte kennt — solange nicht egoistische Interessen sich einmengen und die Reinheit des „philosophischen" Stre-

bens trüben. Die sich demgemäß naturgemäß verbreitende wissenschaftliche Gemeinschaft und der in ihr sich fortgesetzt erweiternde
geistige Gemeinbesitz, die „Philosophie", schaffen über die Er-
kenntniswerte hinaus neue und sogar höhere Werte, die in dem Wer-
5 te der Wissenschaft selbst fundiert sind. Es sind „ethische", personale Werte, individuelle und Gemeinschaftswerte, die erwachsen.
Denn um der reinen Freude willen, die der einzelne an den rein
geistigen Werten und ihrer Schöpfung hat, eignet er sich selbst personalen Wert zu, den des Philosophen, des „Weisheitsliebenden",
10 und angesichts der Mitfreude, die jeder Gleichgesinnte zeigt, ist er
auch dem anderen wert. Jeder wird am anderen des personalen Wertes inne, der ihm durch die Weisheitsliebe, durch die fortgesetzte
Zuwendung seines Lebens zu dem geistigen Wertebereich zugewachsen ist. Und noch mehr: Jeder lernt sich an einer offenen und fort-
15 wachsenden Gemeinschaft der Philosophen ⟨teilhaftig⟩ fühlen und
fühlt die Freude an der Schönheit einer solchen Gemeinschaft und
an dem Wert einer durch gemeinsame Beziehung zu einem fortwachsenden Reich geistiger Werte, an dem alle nicht nur Freude
haben, sondern auch alle mitarbeiten. Jeder fühlt die Freude an der
20 Werterhöhung, die in ihr und durch sie jeder einzelne erhält, und
jeder lernt, in der Forderung dessen, was die anderen beglückt und
erhöht, eigene Forderung und eigenes Glück zu finden. Solche Motive wirken beständig und unwillkürlich und zeigen ihre Kraft selbst
dann noch, nachdem Umbiegung der reinen Weisheitsliebe in ego-
25 istische Ruhmsucht und wissenschaftliche Habsucht eingetreten ist
und jene egoistischen Motivabwandlungen, die aus der praktischen
Nützlichkeit der Wissenschaft erwachsen.
      Wissenschaft, Philosophie, ist dabei zunächst, wenn auch nicht
lange, eine „unpraktische" Sache, reines Gebilde intersubjektiv ver-
30 gemeinschafteter theoretischer Interessen, ein objektives Güterreich,
nach dessen außertheoretischer Nützlichkeit nicht gefragt wird und
das jedenfalls ursprünglich keine Motive für die Schätzung und
Erzeugung solcher Werte abgibt. In der Tat, die zuerst das Interesse
beherrschenden kosmologischen Probleme und Theorien in ihrer
35 weitfältigen Allgemeinheit und primitiven Vagheit bewegten sich in
abstrakten Höhen, die alle Bereiche menschlicher Praxis tief unter
sich ließen und somit auch jeden Gedanken an eine mögliche praktische Verwertung fernhielten.
      Indessen, hatte einmal das Erkennen in rein theoretischer Einstel-

lung seine Kraft in einer weiten Erkenntnissphäre erprobt und zu
eindrucksvollen Theorien geführt, so konnte es nicht fehlen, daß es
sich auch anderer Erkenntnissphären bemächtigen würde. Wo immer Erkenntnisse schon vorlagen oder Erkenntnisbetätigung aus
5 welchen Motiven immer ins Spiel trat, mußte sich der neue Habitus
„philosophischen" Denkens als der überlegene geltend machen. Vor
allem konnte so das Reich der menschlichen Praxis und der praktischen Vernunft in philosophische Arbeit genommen werden. Die
philosophische Zuwendung zur Praxis, also deren Einbeziehung in
10 das theoretische Interesse bezeichnet in historischer Beziehung
den bedeutungsvollsten Punkt der philosophischen Entwicklung, sofern erst durch diese Wendung die Begründung der Logik und der
logisch normierten Philosophie motiviert wurde; aber nicht nur das,
auch die Begründung einer universalen, Sein und Seinsollen, Tatsa-
15 chen und Normen umspannenden Philosophie ging von da aus
sowie die Schöpfung der Idee eines philosophischen, wahrhaft humanen Menschenlebens als eines Lebens aus philosophischer Vernunft. Im Widerstreit der kosmologischen Philosophien hatte die
Sophistik ihren Anhalt gesucht für die paradoxe Bildung ihrer skep-
20 tischen Theorien, die in Gestalt philosophischer Theorien begründen wollten, daß keine philosophische Theorie in Wahrheit gelten
könne. Dieser theoretische Widersinn hatte aber praktische Abzwek-
kung. Denn die Sophistik war wesentlich praktisch eingestellt.
Wahrheit gibt die Philosophie nicht, aber ihre Begriffs- und Argu-
25 mentationsformen sind für die politische Rhetorik sehr nützliche
Künste. Der Richtung auf das praktisch Nützliche lag aber nicht
etwa die Meinung zugrunde, daß eine wahrhaft vernünftige Lebenspraxis durch eine theoretische Vernunfterwägung (also im Übergang
in eine rein theoretische Einstellung und etwa gar zu einer im voraus
30 ausgebildeten theoretischen Philosophie) zu begründen sei. Sie leug-
neten ja die Möglichkeit objektiv gültiger Erkenntnis und Wissenschaft. Der Sinn der Sokratischen Reaktion gegen die Skepsis ist nun
gerade der, daß zwar auch er nicht theoretischer Philosoph, sondern
Praktiker sein will, sofern ihm nicht theoretische Erkenntnis, son-
35 dern vernünftige Führung des Lebens das Erste ist; daß er aber ein
vernünftiges und darum wahrhaft befriedigendes Menschenleben
nur als ein philosophisches für möglich hält. Deutlicher gesprochen:
Nur wer philosophierend — in rein theoretische Einstellung übergehend — über sein Leben und die es bewegenden Zwecke nachdenkt,

nur wer in dieser Einstellung die Einsicht gewinnt, was hierin wahrhaft schön und unschön, edel oder niedrig, gerecht oder ungerecht,
gut oder schlecht sei und so philosophierend die echten Normen der
praktischen Vernunft erkennt, kann dann, von ihnen bewußt gelei-
5 tet, sein Leben als ein praktisch vernünftiges wirklich ins Spiel setzen. Darin lag, es gibt in Wahrheit eine Philosophie, und zwar eine
Philosophie der vernünftigen Lebenspraxis, in ihr beschlossen eine
Philosophie der Werte. Aber Philosophie ist eine Funktion der vernünftigen Praxis, sie ist das ihr die wahren Ziele zur Erkenntnis
10 bringende Organ. Dem echten Wissen folgt das Handeln. Dem echten Wissen, das ist: Nur wer selbsttätig in eigener theoretischer Ver-
nunftarbeit sich die vollkommene Klarheit der Norm erarbeitet hat,
hat jenes echte Wissen, das wirklich den Willen motiviert.
   In dieser Wendung liegt zunächst natürlich der Keim für die Ent-
15 wicklung einer Ethik, aber auch der Keim für die Übertragung des
sich über das naive Handeln erhebenden und es zunächst inhibie-
renden freien Besinnens auf das naive Handeln des Philosophen,
also auf das unkritisch naive theoretische Tun in der Philosophie
selbst. Das echte erkennende Handeln, das echte Philosophieren
20 erfordert eine Besinnung, welche in der ethischen Gesinnung höchster Selbstverantwortlichkeit erst die prinzipiellen Ziele des Philoso-
phierens sucht und dafür die möglichen Methoden erforscht: Das ist
der Sinn der Platonischen Wendung zur Logik und damit zur Philosophie als strenger Wissenschaft. Zugleich liegt aber in der Sokrati-
25 schen und Platonischen Wendung der Keim zu einer weiteren Entwicklung. Die Beziehung alles Handelns, des konkret vollen Menschenlebens auf die prinzipiellen ethischen Normen (in eins gefaßt:
den kategorischen Imperativ) genügt nicht. Es bedarf nicht nur einer
immer nur formalen ethischen Prinzipienlehre, sondern einer uni-
30 versal umspannenden theoretischen Wissenschaft, die das gesamte
Reich des theoretisch Erkennbaren erforscht, in einer systematisch
verknüpften Mannigfaltigkeit von Einzelwissenschaften entfaltet,
nämlich es bedarf ihrer unter der Leitidee eines konkret durchzuführenden und möglichst vollkommenen Vernunftlebens, einer mög-
35 lichst vollkommenen und sich möglichst befriedigt auslebenden
Menschheit. Vor allem bedarf es über eine bloße Individualethik als
formaler Prinzipienlehre des einzelmenschlichen Vernunftlebens einer Sozialethik, deren möglichst konkrete Durchführung erst die
konkrete Normierung jedes individuellen Handelns möglich macht.

Aber die tiefere Erwägung dessen, was vernünftiges Menschenleben,
das *eo ipso* sozial ist, zu fortschreitender Erhöhung und Vervollkommnung bedarf, innerhalb der allgemein normativen Form, die die formale Idee der Vernunft vorschreibt, führt eben auf die Notwendig-
5 keit einer universalen Philosophie.

Was zunächst die Idee einer Sozialethik anlangt, so handelt es sich
deutlicher gesprochen um die normativen Wissenschaften von der
vergemeinschafteten Menschheit als einer ihr gesamtes Leben nach
Vernunftnormen gestaltenden Menschheit. Sie kommt zu einem er-
10 sten, noch unvollkommenen und doch schon kraftvollen Durchbruch im Platonischen „Staat". Denn die naturgemäße Konsequenz
seines entworfenen Staatsideals ist es, daß nicht nur für irgendeine
Polis, sondern für die ganze in Einheit kulturschaffender Gemeinschaftsbeziehungen stehende Menschheit eine absolute Norm der
15 Vernunft bestehe, daß sie sich, wenn sie zu einer wahren und echten
Menschheit werden soll, organisieren muß zu einer von autonomer
Vernunft und der Vernunft in der objektivierten Form echter universaler Philosophie geleiteten Menschheit. Aber wie ein Mensch,
so kann auch eine Menschheit nur sich selbst leiten, und wie ein
20 Mensch echter Mensch nur werden kann dadurch, daß er sich die
normative Idee dieser Echtheit und die Idee eines normalen Lebens
bewußt gestaltet und es willentlich unter diese Idee als kategorischen
Imperativ stellt, ebenso kann eine Menschheit zu einer vernünftigen
nur werden, wenn sie im allgemeinen Bewußtsein von der Idee einer
25 ihr gesamtes personales Leben normgemäß gestaltenden Menschheit
geleitet ist und sich selbst den bestimmten Gehalt dieser Normen
bewußt erarbeitet. Wie das historisch möglich werden sollte und in
der Tat möglich geworden ist, daß diese Idee in der offen endlosen
europäischen Menschheit, diese wirkende praktische Zweckidee,
30 Wurzel faßte, das ist die Frage.

Nun ist aber zunächst eine Gestalt der Wirksamkeit dieser Ver-
nunftidee, und zwar auf Grund der schon konstituierten Philosophie, nicht nur als historische Tatsache da, sondern auch leicht
genug verständlich. Trotzdem die Griechen die Idee der philosophi-
35 schen Wissenschaft (einer universal umspannenden und durch logische Formung absolut gerechtfertigten Wissenschaft) nicht adäquat
zu realisieren vermochten, sofern ja Philosophie ein Titel war für
eine Vielheit von widerstreitenden Philosophien, so gewinnen ihre
großen eindrucksvollen Systeme nicht nur als solche, sondern der

ganzen Idee nach, die sie vertreten, eine überwiegende Kraft im griechischen Kulturleben. Jede Philosophie zeichnet das Bild des echten
Menschen als des Philosophen, nämlich als des Menschen, der autonom durch bloße Vernunft, also durch Philosophie, seinem ganzen
5 Leben die rechte Norm vorschreibt; sondern sozusagen jedermann
will nun auch wirklich Philosoph sein, er erkennt dieses Ideal der
Humanität mindest der Form nach an und will es in sich verwirklichen. In eins damit ist es die allgemein herrschende Überzeugung,
daß das Gemeinschaftsleben, das die einzelnen mit allen ihren Tä-
10 tigkeiten und Werken umspannt, um ein wahrhaft vernünftiges zu
sein, philosophischen Normen gemäß sein müßte. Unter dem Titel Philosophie ist die Idee strenger Wissenschaft aus
freier Vernunft die übergreifende und allherrschende
Kuluridee — solange eben wirklich griechische Geistesart
15 herrscht und nicht das Mittelalter und somit Ströme der traditionalistischen religiösen Kultur und die von Gemütsmotiven regierten
religiösen Bewegungen des Christentums einbrechen und sich mit
der griechischen Kulturidee mischen. Ihr Einfluß zeigt sich noch in
den neuen jüdischen und christlichen Theologien und dem Versuch,
20 die religiösen Überzeugungen als Erkenntnisgehalte durch Philosophie zu formen und nach Möglichkeit auch vor der „natürlichen"
Vernunft zu rechtfertigen. Aber freilich selbst die natürliche Vernunft hat, wie wir es ausführten, für das „Mittelalter" (den Typus,
den wir damit bezeichnen) keine unabhängig in sich ruhende Auto-
25 rität, und eine für alles und jedes, also auch für die Religionsinhalte,
Rechte und Grenzen der Geltung normierende, vielmehr eine aus
der vorgängigen Autorität des Glaubens erst abgeleitete.

⟨C. Die Entwicklung der philosophischen Kulturgestalt im
Mittelalter und in der Neuzeit⟩

30 So ist nun die ungeheure Wandlung, die sich mit der Entwicklung
des mittelalterlichen Geistes vollzieht, verständlich. Der antike
Geist freier Menschheitskultur, also die das reine Griechentum tra-
gende Idee wahrer Humanität, die eines echten Kulturlebens aus
freier philosophischer Vernunft, verliert seine Kraft und hört auf,
35 Bestandstück des allgemeinen Bewußtseins zu sein. Waren vordem
die Philosophen die Repräsentanten des herrschenden Normprinzips

freier Vernunft (als das die Form echten Menschentums der Idee nach repräsentierende), so sind für das neue Grundprinzip aller Normen, die *civitas dei*, die Priester die Repräsentanten. War die philosophische Gemeinschaft sozusagen kommunistisch und die Leitidee
5 von keinem umspannenden sozialen Willen getragen, so ist jetzt die entsprechende Gemeinschaft, die der Priester, imperialistisch, von einheitlichem Willen durchherrscht. Ihre Idee der *civitas dei* wird durch sie dem gesamten mittelalterlichen Gemeinschaftsleben als eine normierende Zweckidee einverleibt und durch sie allgemein
10 praktisch für die Kulturbewegung bestimmend, und das vermöge ihrer autoritativen Stellung im öffentlichen Bewußtsein.

Die europäische Menschheit hat als mittelalterliche ihre volle Kontinuität mit der antiken vor allem aber darin, daß die griechische Philosophie fortgesetzt als auf das geistige Leben formgebend
15 wirkt — wenn auch unter der beschriebenen Umdeutung und Verdeckung ihres tiefsten Formsinnes. Aber geistige Sinneswandlung trägt in sich die Intentionalität der Wandlung und behält im Verborgenen wirkungsfähige Motive der Rückwendung. Das natürliche Licht der Vernunft hört — wo man es nicht absperrt — nicht auf,
20 natürliches Licht zu sein und von sich aus zu leuchten, auch wenn man es mystisch als Ausstrahlung übernatürlichen Lichtes deutet. Und diese Deutung kann wieder abfallen. Auch ist in der Lebenseinheit einer Menschheit keine verlorene Kulturidee wirklich verloren, keine Lebensform, kein Lebensprinzip der Vergangenheit wirk-
25 lich und endgültig versunken. Eine einheitliche Menschheit hat, wie ein einzelner Mensch, ein einheitliches Gedächtnis, alte Traditionen können wieder lebendig werden, können wieder motivieren, können wieder, gleich, ob halb oder ganz verstanden, ob ursprünglich oder umgebildet, wieder wirksam werden. Es ist Sache des Historikers,
30 die Renaissance des antiken Geistes, die historisch faktischen Motive im konkreten Entwicklungszusammenhang und im einzelnen nachzuweisen. Was uns hier interessiert, ist, daß in der Tat eine solche Renaissance als eine große Freiheitsbewegung statthat, das sei hier rein nach dem geistigen Sinn verstanden. Also die alte Kultur-
35 idee wird wieder lebendig und stürzt die mittelalterliche von ihrem Thron. Die Kirche und Theologie hören auf, den herrschenden Kulturgeist der Menschheit zu vertreten, die in ihr erwachsende und zentrierte Zweckidee hört auf, durch sie die Zweckidee der europäischen Menschheit zu sein, sie lebt nur noch als ein Bestandstück der

bloßen kirchlichen Lehre und kirchlichen Theologie, die nun ein Kulturgebiet neben anderen vertritt und nicht mehr den Anspruch erheben kann, daß die von ihr festgehaltene Idee der *civitas dei* mehr sei als eine Norm, die sie, diese Gemeinschaft der Priester, der
5 Umwelt einprägen möchte, aber nicht mehr einprägen kann. Die Kirche kämpft seitdem prinzipiell für die Erneuerung des Mittelalters, aber Mittelalter ist nur solange Wirklichkeit, solange die ganze Menschheit unmittelbar oder mittelbar diese Idee praktisch anerkennt und sich willentlich in ihren Dienst stellt.
10   Freilich ist damit auch eine Zwiespältigkeit in der neuzeitlichen Menschheit und Kultur bezeichnet. Die Kirche übt in den folgenden Jahrhunderten ihren Einfluß auf den Zeitgeist und repräsentiert eine bald dünne, bald wieder anschwellende Tendenz in der allgemeinen Kulturgesinnung, eine gelegentlich sich verstärkende dünne Strö-
15 mung mittelalterlichen Geistes in der Neuzeit. Aber soviel sie religiös-gesellschaftlich, theologisch-literarisch auch wirkt — sie kann der mittelalterlichen Idee nicht allgemein wirkende Kraft geben, und selbst der politische Katholizismus seit dem Kulturkampf bedeutet in der großen politischen Partei noch nicht eine verbundene Einheit
20 lebendiger Überzeugung, und zwar verbunden durch die wirklich innerlich herrschende Idee der *civitas dei.*
       1. Die Neuzeit als Durchbruch einer allgemeinen Gesinnung selbstverantwortlicher Stellungnahme zu allen vorgegebenen theoretischen und praktischen Überzeugungen — als Freiheitsbewegung,
25 und zwar als philosophische Freiheitsbewegung, das ist als Renaissance des antiken Kulturlebens eines vernünftigen Menschheitslebens aus philosophischer Vernunft (Wissenschaft) und als religiöse Freiheitsbewegung, das ist als Renaissance des altchristlichen (oder für altchristlich gehaltenen) religiösen Ideals einer Religion aus ur-
30 sprünglicher religiöser Erfahrung, aus ursprünglichen Glaubensquellen. Beide, zunächst befreundet, gehen notwendig auseinander. Der Reformation liegt im Glauben die letzte Autorität, an der alle Norm gebunden ist, der Philosophie ist aber der Glaube bestenfalls eine der Erkenntnisquellen und untersteht wie alle Erkenntnisquellen der
35 freien Kritik. Die Philosophie ist absolut independent, die „Vernunft" ist das Normprinzip selbst für den Glauben und die Grenzen seines Rechtes. Religion ist für die philosophische Freiheit Thema einer eigenen kritischen Philosophie, der Religionsphilosophie, die nicht in der Weise der Theologie im Glauben gründet und in ihm

letzte Norm hat, sondern dem Glauben selbst Normen vorschreibt.
In der Entwicklung der Kritik der Vernunft gibt es eine eigene Kritik
der ethischen und der religiösen Vernunft, die Wesen, mögliche
Grenzen dieser Vernunft allererst festzustellen hat. Und wenn sie
5 religiöse Erfahrung als Faktum vorfindet, so beansprucht sie doch,
das Recht und die Grenzen derselben in Freiheit der Kritik zu
bestimmen. Der Geist freier Vernunft, die Renaissance der antiken
Geistesfreiheit, der der Philosophie, siegt, wird zum Geiste der Neuzeit schlechthin.

10   2. Diese „moderne" Stellung zum Glauben besagt nicht Verwer-
fung des Glaubens als religiöser Erfahrung und auch nicht Verwer-
fung seiner wesentlichen Glaubensinhalte, obschon es den Anspruch
auf die Freiheit, ja und nein zu sagen, also die Freiheit, sich für den
Atheismus zu entscheiden, besagt (so ähnlich wie die freie kritische
15 Stellung zum Mathematischen, die die Wissenschaft selbst fordert
während der kritischen Überlegung; die vorgängige Freiheit besagt
selbst, zu $2 \times 2 = 4$ ja und nein zu sagen). Aber freilich besagt die
Vernunftautonomie eine Ablehnung der aller Entscheidung vorangehenden Verpflichtung, die Glaubensinhalte auf die Autorität der
20 Kirche oder die Autorität des Glaubens selbst vor der freien Kritik
hinzunehmen. Und besagt so eben die Stellungnahme gegen das
Mittelalter — die für die Neuzeit also charakteristisch ist.

3. Die Neuzeit unterscheidet sich in der Art, wie Philosophie oder
Wissenschaft im Altertum die Autonomie der Vernunft als den
25 Quell aller Autoritäten und aller Geltungen überhaupt vertreten, und
zwar auf Grund des Unterschiedes antiker und neuzeitlicher Wissenschaft. Die Neuzeit betätigt ihre freie Vernunft auch an den Traditionen alter Wissenschaft, die sämtlich unter dem Titel Philosophie
in einander widersprechenden Entwürfen der Neuzeit wieder zuge-
30 kommen sind. Nur eine Sonderwissenschaft findet sie vor, die schon
im Altertum allgemeine Anerkennung gefunden und nicht in den
Streit der Philosophien verflochten, nicht in verschiedenen Systemen verschiedene und einander widersprechende Darstellungen gefunden hatte, die Mathematik.

35   Die beginnende Neuzeit sieht in der Mathematik das Urbild wirklicher und echter Wissenschaft. Sie bildet sie nicht nur fort, sie wendet den in gewaltiger Kraft entbrennenden Willen zu einer freien
Lebensgestaltung aus reiner Vernunft auf eine wissenschaftliche
Ordnung der Welt. Was die Antike in eng begrenzten mathemati-

schen Problemsphären und in eng begrenzter Methodik geleistet hat,
das ist für die Neuzeit bloß Anfang; sie strebt in Kühnheit eine
universale Mathematik und in freiester logischer Gestaltung der
Methode an. Ebenso steht es mit den kleinen Anfängen strenger
5 Naturwissenschaft im Altertum — eine universale Naturwissenschaft, universale Gesetze der Natur überhaupt und eine mathematische Naturwissenschaft, die ein universales, nach dem Vorbild der
Geometrie zu entwerfendes deduktives System anstrebt, wird zum
Ziel, und es gelingt in der Tat, eine Naturwissenschaft dieses Stils in
10 derselben allbezwingenden Kraft auf die Beine zu bringen, wie es
vordem in der Mathematik gelungen war. Die unendlich mannigfaltigen Erfahrungstatsachen der Natur verlieren ihre Vereinzelung, alle
real möglichen Tatsachen sind beschlossen in einer begrenzten Zahl
von Grundgesetzen, in denen unendlich vielfältige Gesetze als bloße
15 deduktive Folgen beschlossen, aus denen sie deduktiv und systematisch abzuleiten sind. Dieses Gesetzessystem der realen Möglichkeiten enthält die erklärenden Gründe für alle Fakta und empirischen
Regelmäßigkeiten. Eben damit scheiden sich die Aufgaben der Entdeckung der reinen Physik, der Wissenschaft von den erklärenden
20 Gesetzen, und die Aufgaben der Beschreibung der empirischen Fakta als bloßer Ausgang für ihre rationale (physikalische) Erklärung.
Der universalistische Zug, der durch die Mathematik und Naturwissenschaft von Beginn an hindurchgeht, bezeichnet den allgemeinen
Charakter der neuzeitlichen Philosophie und Wissenschaft. Angelegt
25 war er schon in der Platonischen Idee der Philosophie, aber im
Altertum gewinnt nicht der Wille zu einer universalen, planvoll einheitlichen Allerkenntnis, Gebiete in systematische Arbeit nehmenden und jedes einzelne solche Gebiet durch universale Problematik
und Methode vollständig umspannenden strengen Wissenschaft die
30 Allherrschaft in der „Philosophie".
    Und die Neuzeit hat nicht nur das leitende Ideal einer universalen
Wissenschaft, sondern einer universalen, aus letzten Prinzipien
streng erklärenden und sich in jedem Schritt letztrechtfertigenden;
sie hat mindest praktisch den Erfolg, ungeheure Wissenschaften in
35 so fester, theoretische Vernunft bezwingender wie aus theoretischer
Vernunft entsprungener Gestalt herausgebildet zu haben, daß kein
Skeptizismus die Objektivität ihrer Geltung in Zweifel ziehen kann.
Nach dem Vorbild der Geometrie und der neuen mathematischen
Naturwissenschaft will sie eine *universalis scientia* schaffen, von

derselben Objektivität, derselben stringenten Überzeugungskraft. An
der Spitze der neuzeitlichen wissenschaftlichen Bewegung steht Bacons *institutio magna* als ein Versuch der aus allgemeinen Prinzipien
vollgezogenen Austeilung der wissenschaftlichen Aufgaben auf ein
5 System der Wissenschaften und Descartes' Idee einer universalen
Wissenschaft, die in allen einzelnen sogenannten Wissenschaften nur
sich austeilt, die eine ist, so wie die Vernunft eine ist, aus der Allerkenntnis entsprungen.

4. Idee der absoluten Rechtfertigung. Vernunftkritik.[1]

10 5. Die praktische Idee einer universalen Kultur aus Vernunft;
höchste Auswirkung des Platonischen Ideals, nicht ein bloßes Ideal,
sondern ein universaler Wille als Gemeinwille, eine Entelechie.[2]

BEILAGE I (zu S. 3): ⟨Anfangspartie einer früheren Fassung
des ersten Aufsatzes über Erneuerung⟩
15   ⟨1922/23⟩

Seit der Wende dieses Jahrhunderts ist in Deutschland und im besonderen
in der akademischen Jugend das Wiedererwachen eines tiefen, in der innersten Persönlichkeit verwurzelten Interesses an der Philosophie zu beobachten. Die Leiden der Kriegsjahre haben es noch mächtig entfacht. Als die
20 Generation der Schützengräben die lange veröbten Lehrsäle füllte, da galt
ihr Studieneifer nicht etwa ausschießlich der spezialwissenschaftlichen Ausbildung für die erwählten besonderen Berufe. Wider Erwarten gehörten die
an Hörer aller Fakultäten sich wendenden philosophischen Vorlesungen mit
zu den besuchtesten. Für den philosophischen Lehrer war der Anblick dieser
25 neuen Hörerschaften tief ergreifend. Aus leuchtenden Augen sprach eine glü-
hende Sehnsucht nach den ewigen Ideen, welche den Sinn der Welt und des
Menschenlebens in sich tragen. Die eifrige Mitarbeit in den überfüllten Seminaren erwies mindest für einen beträchtlichen Teil dieser Hörerschaft, daß sie
in der Philosophie nicht bloß Selbstvergessenheit suchte gegenüber der har-
30 ten Not der Gegenwart, daß sie sich nicht bloß emportragen lassen wollte
von den schönen philosophischen Weltdichtungen, von der Rhetorik großer
Systeme und großer Worte; was sie vielmehr wünschte, war Anleitung zu
selbständiger wissenschaftlicher Arbeit, zum Zweck einer auf sicheren Fundamenten gegründeten, kritisch freien Stellung gegenüber dem Überlieferten.
35 Mit einer tiefen Abneigung gegen die idealistische Betriebsamkeit der
Kriegsrhetorik, ja selbst mit einem starken Mißtrauen gegen die in den
Dienst der Kriegspropaganda gestellten philosophischen, religiösen, nationalen Ideale war diese Jugend größtenteils zurückgekehrt. Aus dem unentwirr-

---

[1] Vgl. hierzu Beilage VI und VII, S. 105 und S. 107.
[2] Vgl. hierzu Beilage VIII, S. 108. Siehe auch die Beilagen IX und X, S. 109 und S.
113.

baren Durcheinander von Wahrheit, frommer Lüge, frecher Verleumdung, von echten und verfälschten Idealen und Gefühlen wollte sie herauskommen. Radikale Wahrhaftigkeit in Wort und Tat war ihr Wille. Eine neue Welt im Geiste reiner Wahrhaftigkeit wollte sie um sich bauen. Die Philosophie war
5 für sie die wissenschaftliche Stätte radikaler Selbstbesinnungen. In diesen Kreisen, inmitten des politischen, nationalen, religiösen, künstlerischen, philosophischen Chaos, das jetzt Deutschland und dem weiteren Horizont nach europäische Kultur heißt, hat sich auch eine neue philosophische Bewegung rasch verbreitet, die sich die „Phänomenologische" nennt. In der „Tran-
10 szendentalphänomenologie", einer neuen, schon um 1900 zum ersten Durchbruch gekommenen philosophischen Grundwissenschaft und -methode, sieht sie nichts minderes als einen Heilsquell, aus dem unsere entartete Kultur sich allmählich erneuern, durch den gesundend sie zu einer wurzelechten, ihres tiefsten Sinnes bewußten und ihn erfüllenden Kultur werden
15 kann. Eine solche Überzeugung wird zunächst recht befremdlich erscheinen, und sie könnte leicht bei den Lesern, die von der Phänomenologie noch nicht aus eigenen Studien Kenntnis gewonnen haben, ein bedenkliches Vorurteil erwecken: als ob es sich bei ihr um eine Art philosophischen Okkultismus handelte, um eine als „Wissenschaft" drapierte Phantasie oder um eine
20 Begriffsromantik, die in unseren verworrenen Zeiten neben anderen ihresgleichen Kredit gewonnen und zu überschwenglichen Hoffnungen verführt habe. Indessen solche Vorstellungen bleiben der Phänomenologie himmelfern. Ist es doch gerade der Sinn der phänomenologischen Reform der Philosophie und aller Wissenschaften, daß sie im Radikalismus ihrer Anforde-
25 rungen an Wissenschaftlichkeit keine der noch so exakten Wissenschaften, die ihr voranliegen, als schon im höchsten Sinne wissenschaftliche anerkennt, daß sie erst durch Heranziehung ihrer prinzipiellen Quellen und ihrer Methode letztwissenschaftliche Wissenschaft in allen Erkenntnissphären für möglich hält. Ist schon die wissenschaftliche Strenge im bisherigen Sinne
30 Ergebnis nüchterner sachlicher Denkarbeit, so ist danach erst recht die Phänomenologie eine Sphäre nüchternster Sachlichkeit, bei der für Überschwenglichkeiten noch weniger Raum bleiben kann als selbst in der Mathematik. Ist dem aber so, wie soll, wird man wohl befremdet fragen, der Neubau einer nüchternen Wissenschaft Heilkraft für unsere gesamte Kultur in
35 sich tragen?
    Unterdrücken wir die Neigung, auf Grund solcher sozusagen apriorischer Bedenken der phänomenologischen Erneuerungsbewegung unser Interesse zu versagen, wo uns ihr eigener Sinn noch unbekannt ist. Versuchen wir uns diesen Sinn zuzueignen. Dazu ist zweierlei erforderlich: fürs erste eine Auf-
40 klärung über den Sinn der Phänomenologie selbst in bezug auf die astreinen Ideen Philosophie und Wissenschaft und zweitens über den Sinn unserer europäischen Kultur, soweit er von diesen Ideen betroffen wird. Ich darf wohl annehmen, daß sich gerade der Leser dieser Zeitschrift, die, wie ihr Titel besagt, das Organ der japanischen Erneuerungsbestrebungen sein will, sich
45 für diese Fragen interessieren wird, und dies umso mehr, als ich die japanische Nation als einen jungen, frisch grünenden Zweig der „europäischen" Kultur glaube anschließen zu dürfen. Beteiligt sie sich mit Eifer und Erfolg

an der europäischen Wissenschaft und Philosophie, so können ihr die spezifischen Nöte der europäischen Kultur, die, wie wir sehen werden, mit Wissenschaft und Philosophie innig zusammenhängen, nicht fremd bleiben. Ihre Erneuerungen müssen mit den unseren und darunter auch der an den Radi-
5 kalpunkten ansetzenden phänomenologischen Erneuerung innerste Motivationsquellen gemein haben. Beginnen wir mit dem zweiten Thema, dessen Behandlung uns zugleich für den eigentümlichen Sinn der Phänomenologie selbst und ihrer Kulturfunktion empfänglich machen kann (ein Thema, das einem weiteren Artikel vorbehalten bleiben mag). Vielleicht daß sich bei
10 näherer Erwägung des Sinnes unserer europäischen Kultur das oben bezweifelte Vorrecht der Philosophie und Wissenschaft vor allen anderen Kulturformen in ihrem Sinnesrahmen sich rechtfertigen läßt, vielleicht daß sich zugleich dabei das Vorrecht unserer Kultur vor jeder anderen gerade als einer „intellektuellen" Kultur einsehen läßt, und in weiterer Folge gewinnen wir
15 damit vielleicht ⟨ bricht ab ⟩.

BEILAGE II (zu S. 29): ⟨ Die beiden Lebensformen des individuellen
personalen Lebens ⟩
⟨ 1922/23 ⟩

Wir kontrastieren im individuellen personalen Leben zweierlei Lebensfor-
20 men. 1. Der Mensch lebt ein naiv natürliches Leben, sei es daß er passiv in den Tag hineinlebt, sei es daß er sich universale Zwecke stellt, Zwecke, die sein ganzes Leben regeln, z.B. Berufszwecke (evtl. in der Form, dadurch berühmt zu werden oder allen anderen im Reichtum, in der Macht u.dgl. es zuvorzutun). Es sind da mehrerlei Unterschiede. a) Das passive Leben, das
25 sich vom Moment die Ziele geben läßt, und zwar immerfort auf Selbsterhaltung bedacht ist, aber ohne etwa eine Idee von Selbsterhaltung, Selbstregelung als bewußten allgemeinen Zweck zu haben. b) Ein anderes Leben, auch passiv zu nennen, das in der Gemeinschaft und ihrer Tradition lebt, sich von ihr Zwecke zuteilen läßt, wie wenn jemand, da nun einmal jeder-
30 mann einen Beruf haben muß, was die Gemeinschaft fordert, irgendeinen Beruf wählt, ohne von sich aus, von innen her sich berufen zu fühlen, und nun seine Tagesarbeit macht in den üblichen und geforderten Formen.
Eine höhere Form ist eine Selbstgesetzgebung durch einen von innen her gesetzten und auf das ganze Leben erstreckten Zweck, wie eben einen wahren
35 Beruf. Dabei aber ist zwar der ganze Lebenszusammenhang, die konkrete Lebenszeit, betroffen, aber doch nicht in allen und jeden Lebensbetätigungen. Die vom Beruf ausgefüllte Zeit ist nicht die ganze Lebenszeit (man hat ja seine freien Stunden und ist auch Mensch außerhalb des Berufs). Der zweite Fall ist aber nun der, daß in einem Menschenleben der Zeitpunkt kommt, wo
40 der Mensch sich eine Zweckidee bildet und sie in seinen Willen aufnimmt, welcher jeden Puls seines Lebens, alle und jede seiner persönlichen Tätigkeiten regelt. Eine solche Idee ist eine neuergriffene religiöse Idee oder die universale ethische Idee: Ich will mein Leben aus freier Vernunft zu einem

bestmöglichen gestalten. Diesem Kontrast im individuellen personalen Leben entspricht ein analoger Kontrast im Gemeinschaftsleben.

Im individuellen Leben, und ebenso im gemeinschaftlichen, kann die Zweckidee eine vor der Vernunft zu rechtfertigene sein oder nicht. Jemand
5 kann den Mammon zu seinem Gott machen; reich zu werden und immer reicher kann zur herrschenden Idee für sein ganzes Leben werden. Dem Habsüchtigen steht als Parallele gegenüber der Ehrsüchtige und Machtsüchtige (Herrschsüchtige); über andere und über möglichst weite Kreise anderer zu herrschen, wird zum letzten Lebenszweck, dem alles Leben unterge⟨ord-
10 net⟩ wird. Der Machtsüchtige kann sein letztes Ziel darin haben, möglichst viel zustande zu bringen, sich immer neue und immer größere und schwierigere praktische Ziele zu stellen (in einer gewissen praktischen Sphäre) und sie durchzusetzen. Immer neue gefahrvolle Unternehmungen kühn und wagemutig in Angriff zu nehmen und auch durch Mißerfolge hindurch doch im
15 großen von Erfolg zu immer größeren Erfolgen fortschreiten, das ist die Lebensform, die er will, und eine Welt sich gestalten, die seine Leistungen objektiv dauernd bezeugt und ihm selbst beständig vor Augen hält, das ist seine Freude. So der Industriekönig, der große Handelsherr usw. Jeder hat ein Wertgebiet vor Augen, aber als Machtmensch ist er nicht eigentlich auf
20 maximale Realisierung solcher Werte gerichtet, sondern darauf, *in infinitum* solche Werte erraffen, erzwingen, durch seine Energie, Klugheit etc. ins Werk setzen zu können. Der Leistungssüchtige: möglichst viel in einer Sphäre möglicher Wertleistungen zu leisten, möglichst viel zustande zu bringen und möglichst Großes: hier nicht in der Einstellung auf das Können, sondern auf
25 die Werke. Also die korrelative Einstellung: möglichst viele Werke in die Welt setzen, wissenschaftliche, künstlerische etc., die Welt mit meinen Geschöpfen bevölkern.

BEILAGE III (zu S. 36): Der Mensch als Subjekt von Gütern und
Werken, Subjekt einer Kultur
30   ⟨1922/23⟩

Zwecke, auch relativ bleibende Zwecke und entsprechend bleibende Zweckgestaltungen, hat auch das Tier, Kultur hat nur der Mensch, das Vernunftwesen. Nur des Menschen Streben steht unter bewußt leitenden Zweckideen (und nicht bloß bleibend gerichteten Instinkten) und hat danach
35 unendliche Horizonte, nur der Mensch strebt, handelt, wirkt, bleibende Werke schaffend, die bleibenden Zwecken genugtun, über den Tag und die Stunde hinaus. Ein bleibendes Werk ist aber ein Werk nicht für ein momentanes Bedürfnis, sondern ist berechnet auf eine offen unendliche Wiederholung gleicher Bedürfnisse derselben Person, verschiedener Personen dessel-
40 ben Gemeinschaftskreises. Sein Zweck ist eine offene Unendlichkeit von gleichen Zwecken, die synthetisch vereinheitlicht sind in einer Idee. Jedes Werkzeug, jedes Gebrauchsobjekt, ein Haus, ein Garten, ein Standbild, ein Opferaltar, ein Religionssymbol usw. — all das sind Beispiele. Eine infinite

Unendlichkeit von Zwecken zu erfüllen, bezogen auf offene Unendlichkeit
von Personen und real möglichen Gelegenheiten, ist „der" Zweck eines solchen Kulturobjektes. Und das betrifft jedes Kulturobjekt überhaupt. Nur er
hat eben bei allem Streben einen unendlichen Lebenshorizont vor sich, bezo-
5 gen auf eine unendliche raumzeitlich-kausale Natur und eine endlos offene
Vielheit von Nebenmenschen, mit denen er gemeinschaftlich lebt, eine offen
unendliche Einheit des Gemeinschaftslebens lebt. Nur er bedenkt die Unendlichkeiten und bedenkt, was danach ein Nützliches schafft über die momentane Bedürfnisbefriedigung hinaus, die künftigen nützlichen und schädlichen
10 Folgen, also auch die wiederholbare Zweckverbindung und dadurch bleibende Nützlichkeit dessen, was schon eine gegenwärtige Zweckfunktion geübt
und Befriedigung verschafft hat. Nur er hat die Idee der (bleibenden und
allgemeinen) Nützlichkeit, des dauernden und evtl. allgemeinen Guten, und
sie ist bezogen auf eine Unendlichkeit, auf den „offenen" Lebenshorizont.
15 Nur er schafft daher Werkzeuge, Häuser, Waffen u.dgl., welche die Endlosigkeit möglicher Wiederholung von Zwecktätigkeiten sowie Erzielungen von
Gütern immer gleichen Typus für die Bedürfnisse eines in offener Zukunft
wiederholbaren Typus als bleibende Bedeutung an sich tragen und die er mit
dieser Bedeutung ausgestattet, denen er diesen bleibenden praktischen Sinn
20 erteilt hat.

Nur der Mensch ist Person und ist nicht nur Subjekt von Tätigkeiten,
sondern sieht sich selbst als Subjekt eines offenen Lebens- und Wirkensho-
rizontes, beständig bedroht durch den Tod als Bruch dieses wachen Lebens
und freien Wirkens, und doch ein Abschluß, der in seiner Unbestimmtheit
25 nur eine in die Unendlichkeit unaufhörliche, selbst unendlich bleibende Dro-
hung ist. Nur der Mensch hat ein Schicksal, hat bewußt im Auge die offenen
Unendlichkeiten der sein freies Wirken hemmenden Zufälle, Hemmungen,
Störungen, Widerstände, nur ⟨er⟩ seine personale Selbsterhaltung, die durch
das Bewußtsein der vielfältigen in ihm selbst, in der äußeren Natur, in der
30 Tierwelt, in der ihn als Mitglied umspannenden Menschenwelt liegenden
Unendlichkeiten in seinem Leben und Streben bestimmt ⟨wird⟩, nur er
strebt nach „Glückseligkeit" und erhebt sich zu unendlichen Zwecken, zu
Zwecken, die Zweckideen sind, ⟨die⟩ einzelne Zwecke niederer Ordnung in
sich schließen, einzelne Zwecke, die selbst schon, wie alle menschlichen
35 Zwecke, Zweckideen sind, wie wir es oben beschrieben haben, die unendlichen Aufgaben, die sich nur verendlichen in Form endloser Wiederholung
gleicher Zwecktätigkeit mit gleichen nützlichen Leistungen. Nur der Mensch
hat „Ideale" und ideale Ziele, die die Ersteigung unendlich vieler Stufen
fordern, nur der Mensch widmet sich z.B. der Wissenschaft, in der jeder
40 erzielte Schritt eine bleibende Zweckgestalt, ein bleibendes Gut ist mit der
vorhin beschriebenen Unsterblichkeit.

Das Tier ist an die Wirklichkeit gebunden, das ist, es folgt blind, passiv
der Motivationskraft der auf es einstürmenden Affektionen, der Sinnesaffek-
tion, der Neigungen, der Begierden, der passiv sich auswirkenden realisieren-
45 den Tendenzen. Der Mensch ist frei, für ihn geht die Möglichkeit den Wirklichkeiten vorher. Er beherrscht die Wirklichkeit durch Beherrschung der
Möglichkeiten.

Und zu dem System bewußt gegebener und motivierender Unendlichkeiten gehört die Idee und das Ideensystem der Vernunft, das Vermögen universaler Vorbetrachtung der in unendliche Horizonte hineinzuzeichenden
Möglichkeiten, das Vermögen freier Zurückhaltung aller „ Stellungnahme ",
5 das ist aller Auswirkung der herrschenden Stufungen transzendenter Zwecke,
einer universalen Erwägung ihrer Werte und der Ordnung des in sie hinein-
wirkenden bestmöglichen Lebens und einer ihm gemäß mit besten Gütern
ausgestatteten Umwelt. Nur er wendet sich dabei notwendig auf sich selbst,
wertend und Zwecke setzend, zurück und betrachtet bestmögliches Leben in
10 eins mit und als Korrelat von bestmöglichem personalen Sein. Kultur ist ein
Begriff, der also auf den Menschen als Vernunft- oder freies Wesen zurückweist. Alles, was dieser Begriff umspannt, steht in Horizonten der Unendlichkeit und darunter in Horizonten der Unendlichkeit von Wertungen und
möglichen Wertausweisungen, die wie alle hier fraglichen Unendlichkeiten
15 ins Bewußtsein tretende und selbst das menschliche Leben und Wirken motivierende sind. Also wirkliches Menschheitsleben ist seinem Wesen nach Kulturleben, und soweit es das nicht ist, ist der Mensch noch Tier und seinem
Wesen nach emporstrebend von niederen zu immer höheren Vernunftformen.
20 Willensziele. Die organische Natur entwickelt sich und bildet als eine Einheit des Lebens, abgeschlossen durch vereinheitlichende „Lebensbedingungen" (universale Einheit des irdischen Lebens), ein System von Entwick-
lungsgestalten, die ein System von Entwicklungsideen (Spezies) in sich schließen, mit einer zugehörigen relativ bleibenden und sich in unzähligen Indivi-
25 duen wiederholenden Typik eines Entwicklungswerdens, in denen sich jene
Speziesideen „normaler"weise mehr oder minder vollkommen realisieren.
Und dieses ganze System von Ideen und von realisierenden Entwicklungen
(Ontogenese) ist selbst wieder in Entwicklung begriffen. Es treten neue Spezies
mit neuen Ontogenesen auf, und auch die Phylogenese zeigt Richtung nach
30 aufwärts, das ist auf die Entwicklung höherer und höchster Gestaltung. Diese
„Zielstrebigkeit" auf Ideen hin und auf die Konzeption neuer Ideen, diese
„vollkommenere" oder minder vollkommene Realisierung der Ideen und
die Entwicklung von Ideen regierenden Ideen höherer Stufe bedeutet kein
zielgerichtetes Streben bewußter Wesen, keine Zweckmäßigkeit; die Ideen
35 sind nicht intentionale Gestaltungen einer bewußtseinsmäßig vollzogenen
Ideation. Das Tier hat Bewußtsein und hat seine Leiblichkeit, hat seinen Organismus, es ist aber nicht Organismus. Aber sein Leib ist für es in neuem Sinn
Organismus, ein System bewußtseinsmäßig gegebener und ihm praktisch ver-
fügbarer Organe, verfügbar als Wahrnehmungsorgane und als Organe für eine
40 in die außerleibliche Umwelt als eine Bewußtseinsumwelt hineinwirkende
Willensaktion. Das Tier hat seinen biophysischen Organismus, aber bewußt
hat es ihn nur als Einheit seiner aktuellen Erfahrungen, und auf den bewußtseinsmäßig konstituierten, so wie er gerade für es konstituiert ist, bezieht sich
sein unmittelbares Wirken: Alles subjektive Wirken geht auf Erfahrenes, auf
45 klar oder dunkel Vorgestelltes, evtl. Gedachtes etc., auf Einheit des Bewußtseins als solches. Das Tier handelt im uneigentlichen Sinn, es handelt triebmäßig, und wenn es Mittel für Willensziele verwendet und als Mittel auch

erkennt, so bleibt es am Einzelfall haften. Selbst der Affe, der ein Mittel, das einmal von ihm für einen Zweck als brauchbar erfaßt und benützt worden war, von nun ab in jedem ähnlichen Fall wiederverwendet, kennt nicht so etwas wie ein Gerät, wie ein Werkzeug, wie einen Stock, als ein bleibendes
5 Zweckding, bleibend dazu bestimmt, bleibend bereitliegend und bereitgelegt, für jeden sich voraussichtlich wieder ergebenden ähnlichen Fall in gleicher Weise zu dienen.

Der Mensch allein hat nicht nur singuläre praktische Möglichkeiten vor sich, sondern überschaut offene Horizonte von Möglichkeiten in Form be-
10 wußtseinsmäßig konstruierter, mehr oder minder bestimmter Unendlichkeiten: Damit zusammenhängend hat nur der Mensch nicht nur unbestimmte Einzelheiten, sondern Einzelheiten, die einen offenen Horizont von gleichen Einzelheiten als beigeordneten Möglichkeiten mit sich führen und in weiterer Folge Einzelheiten von Allgemeinheiten (einzelnes einer Art) und Allgemein-
15 heiten als Ideen, die einen unendlichen Umfang möglicher Einzelheiten ihrer Art mit sich führen: Nur der Mensch stellt nicht nur vor (denkt nicht nur) in Allgemeinheiten, sondern er wertet, er begehrt und will auch in Allgemeinheiten. Und indem er sich damit in Möglichkeiten hineindenkt, Möglichkeiten, die er sich phantasiemäßig bildet, in denen er sich wirkend und han-
20 delnd denkt und deren mögliche Befriedigungen, deren mögliche Zielwerte er phantasiemäßig auskostet, befreit er sich von dem Drang und Zwang der singulären Aktualitäten, von den Triebreizen der erfahrenen Wirklichkeiten, der singulären, durch antizipierende Vermutung sich entgegendrängenden und in der Reizkraft streitenden realen Möglichkeiten. In die Bereiche freier
25 Möglichkeiten und in das konstruktive Spiel der Unendlichkeiten eintretend, unterbindet er die Aktualität und wird frei Wählender; er wählt nicht nur zwischen gegebenen Einzelheiten, sondern er bezieht sie in das Universum von Möglichkeiten, das praktisch in Betracht kommen kann.

BEILAGE IV (zu S. 66): Religiöse Wirkung von Legenden,
30 dichterischen Gebilden
⟨1922/23⟩

Lese ich die Evangelien, so bewegen mich die Wunder gar nicht. Aber die Gestalt Christi, so unbestimmt legendarisch sie verbleibt (im Gegensatz zur individuell bestimmten Gestalt Pauli), wie sie sich in ihren ethischen Grund-
35 richtungen bekundet durch mancherlei Aussprüche und Gleichnisse, weckt in mir ein Reich vollkommener Güte. Ich habe die Evidenz, daß so geartetes Tun (wie es hier gefordert wird) ein rein gutes ist, daß so sein zu können Seligkeit wäre, das, wie ⟨es⟩ so ist, Liebe und reinste Liebe in mir wecken müßte. Und Christus selbst steht mir da als nicht nur so fordernder, sondern
40 selbst als vollkommen Guter, als reine Güte schauend, in reiner Liebe allen Menschen, als Pflanzstätten eines möglichen reinen Guten, zugewendet, als Allverstehender und Allverzeihender, und ich kann ihn mir nur denken selbst als Verkörperung der reinen Menschengüte: als idealen Menschen. Ich lese die Evangelien wie einen Roman, wie eine Legende, ich fühle mich

ein, und ich werde mit unendlicher Liebe zu dieser überempirischen Gestalt, dieser Verkörperung einer reinen Idee erfüllt und erfüllt von der Seligkeit, diese unendliche Person auf mich lebend mitbezogen zu wissen — und indem von dieser Idealgestalt diese Kraft ausströmt, hat sie schon für mich eine
5   Realität, ich glaube an diese legendarisch individualisierte Idee, und sie wird Kraft in meinem Leben. Und nun verstehe ich den Gläubigen, der im Erschauen dieser Idealgestalt, die zugleich gegeben ist durch eine stetige Tradition, an der er nicht zweifeln kann, an das historische Individuum Jesus glaubt und an alle Wunder und an alles, was die erste Tradition der Evan-
10   gelien von seiner Auferstehung, von dem von ihm selbst bezeugten Verhältnis zu Gott vorsagt usw. und ebenso was die Evangelisten berichten über ihre eigenen Erfahrungen; dann, was die Heiligen aus der Seligkeit ihres Glaubens her berichten etc. Die Liebe zu einer individuell gestalteten Idee in Verknüpfung mit einer auf das Individuum bezogenen Tradition, das in dieser Idee
15   sich mit überliefert, macht für den historischen Glauben und den Glauben an die religiöse Wahrheit als eine Tatsachenwahrheit und zugleich Heilswahrheit empfänglich. Die Heilskraft, die ich wirklich erfahre und die von der Idee ausgeht, gibt der historischen Religion Kraft, und ich habe an Tatsachengehalt nicht nur die Existenz einer jüdischen Person, die der Ursprung
20   für die Legende ist, sondern für die Existenz Gottes (falls ich vornherein nicht schon daran glaube und im Sinn einstimmig mit dem hier geforderten Gott-Glauben) und für das Verhältnis von Vater und Sohn usw. Von Christus habe ich eine urbildliche Idee eines „Gott-Menschen", von Paulus die Idee eines edelsten gotterfüllten Predigers und eines ringenden und im Ringen
25   grübelnden Menschen, eines Suchers, strebend sich und anderen Christus-Gläubigen zur Klarheit und zum reinen Leben zu helfen, in seinen konkreten Tagesforderungen die entsprechenden Normen zu finden usw.

    Es tut mir nichts, und es tut der Wirkung nicht Eintrag, wenn ich mir Christus selbst als ringenden Menschen denke, der in sich den Beruf fühlte,
30   sich durchzuringen, die reine Ideengestalt zu erschauen, in sich zu verwirklichen, und dem es so gut gelang wie erdenklich im Menschen. Wenn ich mir dann denke, daß er als so über das Gemeine erhaben dastand, solche Liebe erweckte (Liebe idealisiert), daß alsbald in ihm die absolute Verwirklichung der Idee gesehen, erfahren wurde und nun der Glaube erwuchs, der auch
35   bloßes Menschliches (obschon keine Abirrungen von der reinen Menschengüte) mitaufnahm, so die Wunder (in ihrer Interpretation als Wunder) usw. Eine Romangestalt (der Künstler müßte freilich selbst Christus nahekommen) könnte auf mich ebenso wirken.

    Ein Glaube kann eine ideale Wahrheit haben und eine gewaltige persönli-
40   che Wirkungskraft, und eine höchst ideale haben, auch wenn er mit Zufälligkeiten behaftet ist. Aber diese Zufälligkeiten bestimmen dann die Weltauffassung. Im Gottesglauben ist Christus zurückbezogen auf den jüdischen monistischen Gott, wie er als Idee sich bis auf Christus hin ausgestaltet hat, der Gott des Psalmisten D⟨avid⟩ und der Propheten. Im historisch Gewordenen
45   liegt auch vielfach eine verborgene Rationalität, die im leidenschaftlichen Ringen nach der Erfüllung von religiösen (wie anderwärts von künstlerischen) Intentionen, nach Heilsintuitionen, nach dem, was Erlösung bringen,

was Hoffnung und Halt geben kann, gelangt zu Erfüllungen, die, wie relativ
sie sind und in der Zeit nach neuen tieferen Erfüllungen verlangen, doch ein
Moment echter Erfüllung tragen können. So ist die volkstümliche Ethik, wie
sie sich in verschiedenen Entwicklungsstufen der Menschheit ausbildet, keine
5 rein rationale Ethik, aber sie hat immer einen Kern, der echt ist und aufwärts
führt.

Was wäre der Mensch, wenn er nicht verehrungswürdige Menschen, rein
gute Menschen erschauen könnte. Er kann nur gut werden, wenn er gute
Menschen sieht, wenn er sich an Vorbildern aufrichtet und durch sie sich
10 erhöht. Er kann nur gut werden durch die verklärende Liebe, die den Gelieb-
ten zum Ideal umdichtet, die nur das Gute an ihm sehen will. An anderen
immer nach dem Guten sehen, möglichst das Gute aus ihnen heraussehen,
das macht besser und weckt die reine Menschenliebe, die selbst wieder Weg
zum Besserwerden ist. Durch die reine Freude in der Liebestat.
15 Ethische Erfahrungen macht man nicht durch eine Kritik der anderen, die
ihre Fehler herausstellt, sondern durch konkrete liebende Anschauung ihrer
Güte, die sich in der Evidenz der reinen Erfüllung der Liebesintentionen als
Wertintentionen (seien es auch idealisierende) bekundet.

Natürlich macht man aber Erfahrungen auch durch schöpferische Phanta-
20 sie oder durch intuitives Eindringen in schöpferische Phantasiegestalten edler
Künstler. Das ist das Erfahrungsmaterial der Ethik wie das Erfahrungsmaterial der Ästhetik, das intuitives Eindringen in Kunstgestalten überhaupt
eröffnet, und das Erfahrungsmaterial der Logik, das „intuitives" Eindringen
in die Wissenschaftsgestalten ist. Wie ist das Erfahrungsmaterial der „rei-
25 nen" Theologie gegeben? Und der wahren Gotteslehre und wahren Reli-
gionslehre, bezogen auf das Faktum? Will ich aber den faktischen Stand der
Welt in ethischer und ästhetischer Beziehung und der faktischen Kunst und
ethischen Kultur beurteilen, dann brauche ich einerseits die Norm und andererseits die nüchterne Kritik, die die Grade der Approximation beurteilt und
30 gute und schlechte Momente gleich beachtet.

Ich bedarf der Anschauung, ich bedarf ursprünglicher „religiöser Erfahrung" und bedarf der Idealisierung, die das reine, voll erfüllte und dabei rein
intuitiv Durchzuhaltende erfaßt. Aber vielleicht ist unser Bereich an Intuition zu eng und ist die Intuition zu sehr getrübt und unvollständig. Und alle
35 Versuche reiner Ausgestaltung mißlingen, weil die religiöse Intuition voraussetzt die universalste Intuition der absoluten Gegebenheiten. Vielleicht brauchen wir dazu die universale phänomenologische Weltbetrachtung und
-anschauung, die Befreiung von allen Scheuklappen, eine universale historische Anschauung in dieser phänomenologischen Einstellung, ebensowohl wie
40 eine universale Naturanschauung, und dazu vielleicht eine Entfaltung der
Wissenschaften überhaupt, die selbst in den „intuitiven" Stand gebracht,
also aus symbolisch-habituellem Wissen in einsichtig sich abspielendes werden gebracht werden müssen. Vielleicht ist dem Menschen aufgegeben, Religion in doppeltem Sinn schaffen zu müssen: einmal Religion als fortschrei-
45 tenden Mythus, als einseitige und echte Intuition von religiösen Idealen,
umgeben von einem Horizont der Ahnung, in dessen Unendlichkeiten man
nicht eindringt, vor dem Unerforschlichen sich beugend, und einmal Reli-

gion als Religionsmetaphysik, als letzten Abschluß universal verstehender
Wissenschaft, als Norm für alle intuitiv mythische Symbolik und ihre Phan-
tasiegestaltungen und Umbildungen regelnd.

Die universale absolute Wissenschaft zielt auf ein universales, in sich
5   zusammenhängendes absolutes Leben, das notwendig in sich zur allseitigen
Einstimmigkeit kommen will und kommen muß; und jedes darin verfloch-
tene einzelne Ich muß Heil suchen, und sie muß ihn leiten, Heil zu finden
durch die Einsicht, daß alles in der Welt emporstrebt zur Einheit und zum
Heil-Suchen Beziehung hat und daß das Heil-Finden die Tat der Freien ist
10 und daß die ganze Welt schließlich eine unendliche „Harmonie" ist, ein
unendlicher Weg aller zur Freiheit, worin jeder seine Funktion hat und seine
Stufe.

BEILAGE V (zu S. 68): ⟨Kirche und christliche Wissenschaft⟩
⟨1922/23⟩

15 Also Glaube als echte Bekehrung oder echte ursprüngliche Nachfolge ist
freie Tat. Und Erneuerung dieser Freiheit in der echten Bekennerschaft ist
das Thema ursprünglicher christlicher Predigt. Dasselbe gehört zu jeder
ursprünglich gestifteten Religion gegenüber dem gewachsenen und nicht
gestifteten Mythus der mythischen Religion. Eigentliche Religion ist also
20 ein Durchbruch der Freiheit, und auf ihrem Wege liegt Kirche und, wenn es
eine universale Menschheitsreligion sein will, der Durchbruch einer bewußten Tendenz auf eine frei erzeugte Kultur, auf eine erneuerte, echte, oder die
Herausbildung einer bewußt gestalteten Entelechie in der Kultur und der
kulturtätigen Menschheit, gerichtet auf ein neues Menschentum, individuel-
25 les und gemeinschaftliches, auf universal neu zu gestaltende Systeme von
Gemeinschaftsordnungen, von Normen alles individuellen Gestaltens und
Gemeinschaftsgestaltens, Normen der Selbsterziehung zum neuen Menschen
und gleichsam der Selbsterziehung der Menschheit zu einer neuen Menschheit. Die christliche Wissenschaft hat nicht die Funktion, den Glauben
30 zu erwirken, sondern ist zunächst Mittel der Apologetik und soll dazu dienen, den in Einwendungen geltend gemachten Widerstreit zwischen „natürlicher Vernunft" und Offenbarung (offenbartem Gehalt) aufzulösen und diesen vor der „Vernunft" zu rechtfertigen. Natürliche Vernunft ist dabei die
vor der Offenbarung und neben ihr gegebene theoretische Wahrheit. Christus
35 tritt doch in der Welt auf, die erfahrene Welt ist (in einer Zeit griechischer
und sonstiger Kultur, griechischer Wissenschaft etc.). Diese Welt ist eine
Tatsache, die sich erkennen läßt unabhängig vom „Glauben". Es gab auch
Versuche der Philosophie, über Zweck der Welt, über Sinn des Menschenlebens, über Gerechtes und Ungerechtes, gute und törichte Menschenziele etc.
40 wissenschaftliche Feststellungen zu machen, Gottes Dasein teleologisch zu
beweisen, Unsterblichkeit der Seele etc. Diese natürliche Wissenschaft muß
mit dem Glauben versöhnt werden, und die Glaubensinhalte selbst werden
dabei zum Thema theoretischer Urteile, die dem Glauben nachfolgen, aber
ihn nicht begründen. Dabei spielt der Glaube die Rolle der natürlichen theo-

retischen Erfahrung: nur daß evtl. Erfahrung sich berichtigen läßt, teils durch
neue Erfahrung, teils mittelbar durch Denken, Glaube aber — ja der ursprüngliche Glaube mag der Erfahrung darin gleich sein; im Austausch der
Glaubenserfahrungen der ersten Gemeinden, ja ursprünglicher im Fortschritt
5 der Glaubenserfahrung im Kennenlernen Christi etc. bereichert und berichtigt sich evtl. der Urglaube, aber in der Gemeinschaft bildet sich ein dogma-
tisierter Glaube aus als Glaubensnorm, und der Glaube zudem wird traditionell, wird durch Tradition erworben und nicht ursprünglich selbsttätig gefaßt
— so erwächst eine Spannung zwischen jeder späteren ursprünglichen Glau-
10 benserfahrung und der darin gründenden Vernunftüberlegung, andererseits
dem Dogma, der Forderung der Tradition. Diese Forderung wird aber als
Glaubensforderung zum Glauben selbst hinzugetan und für sie eine zweite
nachkommende Offenbarung oder beständige Offenbarung behauptet. Und
das ist dann der Hauptkonflikt: Es gibt eine doppelte Tradition, näm-
15 lich diejenige, welche das in den Evangelien entworfene Bild Christi selbst,
seine Reden, Legenden, Parabeln sowie die noch aus ursprünglicher Anschauung herausgewachsenen Apostelbriefe u.dgl., bringt, also eine ursprüngliche Tradition, die intuitiv nachverstanden Glauben zu wecken, eine ursprüngliche Glaubenserfahrung zu erwirken vermag. Und die kirchliche Tra-
20 dition, mit ihren unanschaulichen Dogmatisierungen, an die man glaubt,
aber deren ursprünglichen Erfahrungscharakter man bezweifeln kann (daneben Glaubenserfahrungen in den Heiligenleben).
  Der Protestantismus der Reformation ist Durchbruch einer neuen
Freiheit der Stellungnahme, und zwar zur kirchlichen Glaubenstradition, und
25 Vollzug einer freien Anerkennung der durch die Urschriften bezeugten Glaubensinhalte bzw. Nachvollzug der ursprünglichen Glaubenserfahrung der ältesten Gemeinden und Ablehnung des Traditionalismus der Dogmen und
ihres Ursprungs aus neuer Offenbarung.
  Das Mittelalter lebt im Traditionalismus und einer durch ihn gebundenen
30 Wissenschaft, die wesentlich Theologie sein will; nicht mehr, längst nicht
mehr apologetisch. Man will eben von den göttlichen Dingen und vom Menschen in bezug auf Gott auch Wissenschaft haben und, was man im Glauben
erfährt, auch in Begriffe fassen, theoretisch erkennen, theoretische Konsequenzen ziehen und nach dem Vorbild der Alten, besser des Aristoteles, ein
35 universales philosophisches System, eine universale Wissenschaft schaffen,
welche eben die universale Theorie für die absolute Wirklichkeit (Gott,
Mensch, Natur in eins) gibt und die als solche nicht nur das Universum der
realen Tatsachen als Tatsachen, sondern auch die universale Teleologie, die
in ihnen waltet, und die universalen Normen des richtigen Lebens, des ein-
40 zelnen und gemeinschaftlichen, bietet, zugleich die universalen Normen für
wahre Menschen und Menschengemeinschaften selbst — aber alles bezogen
auf die Grundlage der Offenbarung und der Dogmen. Die wahre christliche
Welt soll theoretisch begründet werden und darin auch die Dogmen (soweit
als möglich), andererseits ist sie als im Glauben vorgegeben zugleich Norm
45 der Begründung. An sich widerspricht es dem natürlich nicht, daß Anfänge
streng sachhafter Naturwissenschaft im Mittelalter vorliegen, auch Anfänge
von erkenntnistheoretischen Theorien etc. Ein Traditionalismus lag im Prin-

zip der kirchlichen Dogmatisierung und in der Form des kirchlichen Imperiums, das nicht Erkenntnisnormen, sondern äußere Normen auch für wissenschaftliche Geltungen vorschrieb und andererseits absoluten Respekt für
alle Folgezeit forderte und im ganzen durchsetzte. Sie beförderte einen weit-
5 gehenden Traditionalismus, eine Bindung an Autoritäten, auch wo es sich
nicht um wirkliche Glaubensautoritäten handelte.

Die Idee der *civitas dei*, die ihre herrschende Idee ist, ist auch die herrschende Leitidee des Mittelalters; in ihr liegt eine fortschreitende Realisierung dieser Idee in der aktuellen Menschheitskultur und als einer universalen
10 vereinheitlichten Menschheitskultur überhaupt (Mystik). Und in ihr liegt die
Idee in der spezielleren (von den mystischen Bewegungen scharf bekämpften,
aber doch durch die Macht der Kirche herrschenden) Form: Daß eine universale Wissenschaft, zentriert in einer christlichen Theologie und in ihrer
Universalität selbst als erweiterte Theologie zu fassen, die berufene Funktion
15 sei für die im kirchlichen Imperium vergemeinschaftete Menschheit, die
wahre Kultur zu schaffen und sie zum Stand der vergemeinschafteten Got-
teskindschaft emporzuleiten. Dabei ist zu bemerken, daß zwar diese mittelalterliche Wissenschaft weite und immer wachsende Sphären der offenbarten
und dogmatisierten Glaubensinhalte als wissenschaftlich unbegreiflich er-
20 klärt, aber sie scheidet selbst Begreifliches und Unbegreifliches, und das
Unbegreifliche lehrt sie doch in Begriffe fassen und in seinen deduktiven
Konsequenzen zu verfolgen, also gibt sie auch da Normen für die universale
menschliche Vernunftpraxis.

Die kirchliche Weltherrschaft als Idee, oder die Idee der *civitas dei*, birgt,
25 wie der letztere Ausdruck besagt, in sich den Gedanken, daß Gott selbst sein
Gottesvolk, die Christenheit, in der göttlich gestifteten Regierungsform der
Kirche regiert bzw. zugleich regiert und durch geistige Reinigung (Mystik) so
erweitert, daß schließlich die ganze Menschheit der Gnade der Erlösung
aktuell teilhaftig sei oder in eigener Freiheit zu ihr Stellung nehmen könne.
30 In der Theologie erteilt er der Menschheit das Vernunftorgan, einen Anteil
an seiner Vernunft in der Selbstrealisierung dieses Heilsweges. Das Juden-
volk ist auch als Gottesvolk organisiert, und sein hierarchischer Staat ist
auch ein Gottesstaat. Aber hier herrscht Gott als Despot durch ein Gesetz,
dem unverstanden blind zu gehorchen ist. Der christliche Gottesstaat beruht
35 aber auf Offenbarung und natürlicher Vernunft, er herrscht als aufgeklärter
Despot.

BEILAGE VI (zu S. 94): ⟨Zur Idee absoluter Rechtfertigung⟩
⟨1922/23⟩

Die europäische Kultur hat in der Neuzeit den ihr schon durch die grie-
40 chische Philosophie eingepflanzten Grundcharakter enthüllt. Sie ist ihrem
innersten Sinn nach, oder sie will sein, eine K u l t u r a u s a u t o n o m e r V e r-
n u n f t und ganz ausschließlich aus autonomer Vernunft. Schon das 17. und
vor allem das 18. Jahrhundert nannte das neue Zeitalter, nannte die Renaissance der freien (vernunftautonomen) Geistesart der Antike das Zeitalter der
45 A u f k l ä r u n g. Man mag jetzt über die überschwengliche Selbsteinschätzung

des 18. Jahrhunderts lächeln, man mag die Rationalisierung des Geisteslebens in allen Kulturgebieten als flach und beschränkt tadeln, es ist doch kein Zweifel, daß das 19. Jahrhundert nicht minder „aufklärerisch" und rationalistisch ist als das 18., daß es das nur in einem tieferen Sinne, und besser der

5 Schwierigkeiten echter Rationalisierung bewußt, ist und sein wolle. Es geht durch die ganze „europäische" Geschichte von ihrem Anfangen an dieser Kampf zwischen der erwachten Vernunft und den Mächten der historischen Wirklichkeit. Die Vernunft bezeichnet zwar ein Wesensmerkmal des Menschen überhaupt, des *animal rationale*. Es ist also kein Menschenleben ohne

10 Vernunft, vernünftiges Erwägen und Überlegen kann ihm nie ganz fremd sein. So sind auch alles Gemeinschaftsleben und die in ihm erwachsenden Kulturgebilde aus vielfältigen Niederschlägen rationaler Betätigung entsprungen. Und doch nennen wir das Historische, nennen wir die den Menschen beständig bedrängende Umwelt aus historischer Tradition, nennen wir die

15 Kulturwelt, die alles personale Leben und Wirken, alle planvolle Lebenstätigkeit, aber schon jedes momentane Entschließen motivierend bestimmt, eine irrationale Welt; eine Welt, gegen die der zur Autonomie erwachte Mensch sich aufbäumt, die er so, wie sie sich ihm bietet, und so, wie sie ist und sich fortentwickelt, nicht gelten lassen kann und gelten lassen will. Sie

20 mag in großen Einzelgestaltungen, ja in Hauptzügen ihrer Gesamtgestaltungen in ausgezeichneten Entwicklungsepochen ihre Größe und Schönheit haben, Gefühle der Bewunderung, ihre furchtbare Erhabenheit, Liebe u.s.f. erwecken, sie mag also in gewisser neuer Art doch in erheblichem Maße „rational" sein und sich nachträglich vor der Vernunft rechtfertigen. Und

25 doch ist sie selbst dann irrational in sich. Wie sagt die Religion: Aus dem uranfänglichen Logos ist die Welt geschaffen, sie ist eine vernünftige Welt. Das sagt in ihrem Sinne nicht, sie ist eine aus einem blinden Unbewußten erwachsene Welt, die nachträglich sich durch vernünftige Wertung als eine gute erkennen ließe. Sondern sie ist eine aus der Vernunft selbst herausgebo-

30 rene, erzielte eines vernünftigen Erzielens. Ins Religiöse projiziert sich hier das neue Verhältnis des Menschen, der verbundenen Menschheit, zur Sphäre der historischen, der in menschlicher Arbeit — in menschlichem Sorgen, Mühen, Zwecksetzen, idealisierendem Gestalten — sich konstituierenden Welt. Ich als Vernunftwesen will meine Welt und mich selbst vernünftig

35 gestalten. Ich als einzelner Mensch und ich mit anderen gemeinsam — wir Menschen — wollen uns eine bestmögliche Welt gestalten und einander im Streben nach bestmöglicher Selbstgestaltung nach Möglichkeit fördern. Uns leuchtet vor die Idee einer vollkommenen Menschheit und Kulturwelt, die Idee eines Menschheitslebens, in dem jeder einzelne nicht nur lebt, sondern

40 im Bewußtsein der Vernunft lebt, einsichtig handelt und in all sein Handeln, in den großen Zusammenhang der sozial verbundenen Menschengemeinschaft und des vergemeinschafteten Handelns hineinschaut und nach Prinzipien einer Gemeinschaftsvernunft ordnet, ein Leben, in dem jeder die höchste Befriedigung genießt, die menschlich genannt werden kann, die einer

45 individuellen Leistung, die Bestmögliches im Rahmen einer bestvereinigten und in Wechselliebe gegründeten Gemeinschaft schafft und sich daher von der Liebe aller wahrhaft Guten getragen weiß. Was will also „Aufklärung",

Klärung der letzten Ziele des Menschheitslebens, Klärung des letzten Sinnes der praktischen Umwelt des Menschen, Klärung des Sinnes der vorgegebenen Welt, radikale Kritik?

BEILAGE VII (zu S. 94): Radikale Kritik
⟨1922/23⟩

5

Die Welt mit all dem Schönen und Guten, das in ihr geworden ist, blind geworden oder in unvollkommener, unausgereifter, ungeklärter Rationalität geworden ist, die aber auch in dieser Blindheit oder Unklarheit Schlechtes und Rechtes enthält, muß ihr Recht und ihr Unrecht, ihr Gutes und ihr
10 Schlechtes, ihre Schönheiten und Häßlichkeiten, ihre Werte und Unwerte enthüllen, und das Ziel ist, das Schöne, Gute, Rechte, das sich da herausstellt, selbsttätig sich zuzueignen, ihm durch Kritik wirkende Macht für sich und alle Einsehenden zu verschaffen, die Autorität der einsehenden Vernunft, und in dieser offenbarten Vernunft zum Grundstück einer neu zu
15 gestaltenden Welt zu machen. Dem Irrationalen aber gilt der Vernichtungskampf, und die Kritik hat hier die Funktion, die entsprechenden rationalen Gestaltungen vorzubereiten. Die historische Welt ist die Welt der Vergangenheiten und die Welt der Gegenwart, soweit sie als Tradition die Niederschläge der Vergangenheit in sich birgt. Ein neues Leben, eine neue Menschheit
20 fordern eine Umgestaltung dieser lebendigen Gegenwart teils durch ihre Kritik, teils durch Kritik der Vergangenheiten selbst, die in ihren vergangenen und nicht mehr jetzt in ursprünglicher Gestalt wirkenden Formen eine neue Weckung fordern können, und endlich auf dem Grund der kritisch vermittelten Beurteilung der Gegebenheiten eine in selbsttätiger Rationalität ent-
25 worfene Gestaltung für das praktische Handeln. Der autonome Mensch will sich also diese neue Welt bauen, und letzlich fordert das eine prinzipielle Kritik und dazu eine letzte Besinnung über letzte Prinzipien, selbst über die Prinzipien, die Kritik möglich machen und die andererseits ein wahres Vernunftleben möglich machen. Vernünftiges Leben ist ja nach dem
30 schon Gesagten nicht ein Leben, das eine von außen zufällig hereinkommende und nur überhaupt mögliche Vernunftüberlegung rechtfertigen kann, sondern ein Leben, dessen Subjekt selbst die Vernunft seines angeblichen Vernunftlebens selbst rechtfertigen kann. Ein Vernunftleben soll ein Leben sein, in dem das Ich seiner Vernunft als absoluter Vernunft selbst absolut gewiß
35 werden kann. Das aber ist philosophisches Leben. Das Subjekt der Vernunft kann aber nicht das isolierte Einzel-Ich sein, das als isoliertes nicht ist und sein kann, sondern die Gemeinschaftssubjektivität. Alle radikale Neugestaltung der Menschheit zu einer autonomen setzt voraus eine radikale Philosophie. Und damit stehen wir vor dem sinngemäßen Anfang der Menschheits-
40 befreiung: durch die Philosophie und, um ihre ersten Bahnbrecher zu nennen, durch Platon bzw. durch den Platonischen Sokrates.

BEILAGE VIII (zu S. 94): ⟨Die neuzeitliche Kultur als Kultur aus
praktischer Vernunft⟩
⟨1922/23⟩

  Damit haben wir den Sinn, mit dem die europäische Kultur aus der
5 Renaissance hervorgegangen ist, bestimmt. Wir haben nur zu präziser Fassung gebracht, was die beginnende Neuzeit selbst als ihren neuen Sinn verkündet, als ihr axiologisches Formprinzip, nach dem sie so ein neues Menschentum, ein neues Kulturleben, eine neue Geisteswelt schaffen will. Sowie
dieses Prinzip Bestimmtheit einzuschlagender Methode sich zugeeignet hat,
10 ist die Neuzeit wirklich da und im Werden. Als philosophisch-wissenschaft-
liche Kultur beginnt sie in eins mit der neuen Philosophie und sich allseitig
entfaltender Sonderwissenschaften, sie beginnt, indem sie sich in diesen ihre
spezifischen Organe schafft. Immer zu beachten ist dabei, daß „philosophische und wissenschaftliche Kultur" für uns hier die allgemeine Sinnesgestalt
15 der Kultur und nicht die einzelne Kulturgestalt Philosophie oder Wissenschaft selbst bezeichnet, auch nicht die bloße Charakteristik einer Gesamt-
kultur durch die Bestimmung, daß sie auch diese besondere Kulturform in
sich trage. In diesem letzteren Sinn ist auch die scholastische Kultur wissenschaftliche. Aber für sie bedeutet Wissenschaft nichts weniger als die autono-
20 me Norm und Kritik aller Geltungen, ihr Prinzip ist nicht „Freiheit", sondern „Autorität", und selbst Wissenschaft ist für sie nicht freie Wissenschaft,
Wissenschaft aus autonomer Vernunft.
  Unsere Interpretation des Sinnes der neuzeitlichen europäischen Kultur
(die wir schlechthin jetzt als europäische bezeichnen) als die in ihr selbst
25 bewußt gestaltete und bewußt zur Auswirkung gebrachte Zweckidee für ihre
eigene Entwicklung bedarf noch tieferer Klärung. Wir knüpfen an eine selbstverständlich nötige Ergänzung an. Die „Renaissance" bezeichnet sich selbst
nicht als Geburt einer schlechthin neuen, sondern als Wiedergeburt der antiken Kulturgestalt. Ihr gegenüber dem Mittelalter neues Kulturprinzip der
30 Freiheit und spezieller auch der Freiheit aus wissenschaftlicher Vernunft
sieht sie selbst als Wiederaufnahme des Kulturprinzips der bewunderten
Antike, und natürlich mit Recht. Bei Platon ist die Idee einer aus freier
Vernunft zu gestaltenden Kultur in der prägnanten Form einer philoso-
phisch-wissenschaftlichen Kultur voll ausgestaltet und zudem in reicher sy-
35 stematischer Entfaltung durchdacht. In dieser Prägnanz wirkt sie von nun ab
nicht nur in den Studierstuben der Philosophen, sondern gewinnt auch eine
starke, die allgemeine Kulturentwicklung bewegende Kraft.* Damit ist nicht
gesagt daß die griechische, geschweige denn die hellenische Kultur wirklich,
in allen Phasen und Schichten, diese Vernunftform erfüllte, die ihr im philo-
40 sophischen Denken ihre Besten als ihre ideale Form und Norm vorgezeichnet hatten. Genug, daß die formale Norm wirkte und, sei es auch in sehr

---

* 1. Die Idee einer Vernunftkultur tritt ins griechische Bewußtsein und wirkt in einigem Maße als ein unpraktisches Ideal. 2. Für Plato ist es hinsichtlich der Polis ein
praktisches Ideal. Aber es wurde doch nicht ernstlich zu einem fortschreitend angenom-
menen praktischen Ideal. Erst in der Neuzeit.

vermittelten und verflachten Gestaltungen, das Kulturleben bestimmte. Freilich die Wiedergeburt dieses griechischen Kulturwillens bedeutet nicht eine
schwächliche Anknüpfung oder Nachfolge, sie geschieht in einer Willens-
norm, die der Neuzeit einen unvergleichlich größeren Schwung in der Ratio-
5   nalisierung des Gemeinschafts- und Kulturlebens gibt, als welchen wir je im
Altertum beobachten können, dem übrigens vor allem in Gestalten wie Platon der einzigartige Vorzug urschöpferischer Originalität verbleibt. In ungleich größerem Umfange gelingt der Neuzeit die Begründung und Erweiterung von Wissenschaften, die durch ihre methodische Strenge allgemeine
10   Anerkennung und höchste Bewunderung finden, vor allem der Naturwissenschaften. Die ungeheuren Erfolge der naturwissenschaftlichen Technik verleihen zugleich den beiden sich hierbei verknüpfenden Ideen, der Idee der Wissenschaft und der durch sie zu leistenden Rationalisierung der Kultur, eine
feste, unbedingte, sich bis in die Massen verbreitende Autorität. Sie begrün-
15   den einen allgemeinen Glauben an ein neues Zeitalter der Menschheit, das
Zeitalter der „Aufklärung" oder, wie wir besser sagen können, Kultur aus
praktischer Vernunft, einer sich selbst in eins mit ihrer Umwelt tätig vernünftig gestaltenden und fortgesetzt erhöhenden Menschheit. Und das bedeutet einem zweifellos geltenden Ideal nach ebensoviel wie: Zeitalter einer
20   sich mittels der Begründung aller möglichen echten Wissenschaften und
ihnen allen zugehörigen wissenschaftlichen Technologien rationalisierenden
Menschheit.

     Lassen wir, unter Ablehnung aller Überschwenglichkeiten der Selbstein-
schätzung der Neuzeit hinsichtlich des nahezu schon erreichten oder bald zu
25   erreichenden Ideals, doch den sie leitenden Ideenglauben selbst gelten. Geste-
hen wir, in ihrem Sinne die absolute Gültigkeit der Idee einer solchen Kultur
zu haben, als Norm, an der jede echte Kultur zu messen und nach der unsere
eigene zu gestalten sei. Lassen wir auch mitgelten den Glauben an die praktische Möglichkeit solcher Gestaltung, sei es auch mindest in Form eines
30   unendlichen Progresses, ja noch mehr, lassen wir mitgelten den Glauben an
unsere unbedingte Pflicht praktischer Verwirklichung, an diesen „kategorischen Kulturimperativ" sozusagen. Dann rechtfertigt diese Stellungnahme
(ihr eigenes Recht setzen wir hier voraus, ohne es zu begründen) unsere
Interpretation der europäischen Kultur als Interpretation ihres wahren ge-
35   schichtsphilosophischen Sinnes. Kultur aus freier Vernunft und zuhöchst aus freier, ins Universale strebender Wissenschaft bezeichnet dann
die absolute Zweckidee, die wirkende absolute Entelechie, welche die Idee
der europäischen Kultur als einer Entwicklungseinheit definiert und, wenn
die Wertung eine richtige ist, rational definiert.

40   BEILAGE IX (zu S. 94): ⟨Ursprüngliche Kultur und Zivilisation.
       Können die neuzeitlichen Wissenschaften „selig" machen?⟩
                          ⟨1922/23⟩

     Ursprünglich quellendes Kulturleben, ursprüngliche schöpferische
Geistigkeit, auf ursprünglich erschaute Werte gerichtet, sie zu bleibenden
45   Gütern in poetischer Tätigkeit gestaltend (objektivierend).

Zivilisation. Das sekundäre Kulturleben, das veräußerlichte einer Tradition, die den inneren Sinn der Gestaltung verloren hat und in wertlose
Betriebsamkeit ausartet, Ersatzkultur, Scheinkultur, einschrumpfende Werte.

5   Wissenschaft. Wann ist wissenschaftliche Kultur ursprünglich quellen-
de, wurzelecht, zielecht, echt in der Methode, echt in der Leistung?
   Sprechen wir von einem Geistesleben der Menschheit, so meinen wir nicht
das gesamte psychische Leben, nicht das Leben in bloß dumpfer Passivität,
vielmehr den universalen Bereich des freien tätigen Lebens der miteinander
10   im Medium der Wechselverständigung in personaler Gemeinschaft stehenden Menschen: Das zwecktätige, auf selbstgesetzte Zwecke gerichtete Leben,
dessen Leistungen sich immerfort in sinnlich verleiblichten Werkgestalten
objektivieren.
   Diese Objektivierungen bilden das Gegenstandsfeld der Kultur. Kulturob-
15   jekte sind Gebilde des sozialen Geistes oder mindestens im sozialen Geiste;
sofern sie individuelle Erzeugnisse sind, wirken sie doch in die gemeinschaftliche Geistigkeit hinein, sie sind durch ihre objektiv sinnliche Gestalt, die
Geistesgehalte verständlich ausdrückt, Gemeingut der personalen Umfor-
mung, bereit, in ihr nachverstanden zu werden, neue Zwecksetzung, neue
20   Werkschöpfungen zu motivieren, wie sie umgekehrt von vornherein in eben
solcher Weise bei ihrer Erzeugung sozial motiviert zu sein pflegen. Alle Gei-
stestätigkeit ist entweder originär leistend, in allen Phasen und Schritten von
ursprünglicher Motivation getragen, im Rahmen reiner „Intuition" sich
bewegend, oder sie ist eine sekundäre, mit passiv erwachsenen „Traditio-
25   nen", traditionellen Ableitungen früherer, ursprünglich gewachsener oder
vielmehr erzeugter Leistung wirtschaftende Aktivität. Tradition kann verstanden werden als jederlei „Übernahme" einer früher erzeugten Geisteslei-
stung durch bloßes Nachverstehen. Dieses kann völlig äußerlich, symbolisch
sein, als mehr oder minder leere Vordeutung, ohne wirkliches, in reproduk-
30   tiver Nacherzeugung der ursprünglichen Erzeugungsschritte schrittweise
selbsttätig herzustellendes Verstehen: Bei der Trägheit der menschlichen
Natur genügt dem Menschen im weitesten Umfang ein symbolisches, sei es
völlig leeres, sei es nur in geringem Maß anschauliches (wirklich nacherzeu-
gendes) Verstehen. Ein Werk kann nur für den gemeinen Menschen durch
35   rohe Kopien vervielfältigt werden. Und die Kopie ist von vornherein unfä-
hig, als unvollkommener Ausdruck, wirkliches Verständnis zu erwecken:
Oder vielmehr, sie weist auf ein Urbild zurück, das nicht mehr in der Kopie
zu originärer Gegebenheit zu bringen ist. Aber Werke üben nicht nur eine
unechte Wirkung durch Kopien, sondern auch in Form der äußerlichen
40   Nachahmung, daß halb oder nur leer, oberflächlich verstanden wird, in einiger Freiheit nach Sinngestaltungen abgewandelt. Wie sonst sinnliche Gebilde
der Wahrnehmung im Spiel der Phantasie wirksam sind und ihre Formen
nur Abwandlungen der erfahrenen sind, so werden auch die aus freier Aktivität stammenden ursprünglichen Gebilde in eine „sekundäre Sinnlichkeit"
45   übergehen und dort wie sonstige sinnliche Gebilde fortwirken, dann aber
auch das tätige Handeln des Menschen bestimmen. Weiter: Sinnentleerung im
gewohnheitsmäßigen Tun. Das Konventionelle. Die Sitte etc., die unechte,

bloß zivilisatorische Kultur. Der Kampf um eine wurzelechte und sinnklare, zielechte Kultur.

Es ist naheliegend, hier an den beliebten Versuch zu denken, zwischen Kultur und Zivilisation zu unterscheiden. In der Tat sind das, wenn ein
5 Kontrast gemeint sein soll, „Massenerscheinungen" oder vielmehr Erscheinungen an Lebensgemeinschaften offener Subjektvielheiten, in denen der beschriebene Unterschied seine wesentliche Rolle spielt. Obschon nicht die einzige. Ein Volk hat (und hatte nicht bloß) Kultur, soweit es als Volk ursprünglich schöpferische Geistigkeit betätigt und schaffend in leiblichem
10 Ausdruck verkörpert, und von diesem schaffenden Eros bewegt, von geistigen Schöpfungen zu neuen geistigen Schöpfungen fortschreitet. Es hat lebendige Kultur, solange dieser Eros, dieser Liebestrieb zum „Schönen", sich in Werken relativ vollendet, aber immer wieder durch sie hindurch zu höheren, durch sie allererst ermöglichten Zielen und Werkgestaltungen fortgetrieben
15 wird. Als Volk, das sagt, durch das Gemeinschaftsleben* (mag es auch seine Niederungen haben, in die das Licht der vernünftigen Geistigkeit und ihres Eros nicht dringt) geht eine höhere Gemeinschaftsgeistigkeit, eine durch Gemeinschaftsbeziehungen vermittelte und verknüpfte Habitualität, immer bereit, in lebendige Sehnsucht und aktive Triebkräfte und schöpferische
20 Tätigkeiten überzugehen und von allen Werken, die aus solcher Gesinnung entsprungen sind, zum tätigen Nacherleben und praktischer Nachfolge, zu geistiger Erweckung und zu höherer geistiger Leistung angeregt, begeistert zu werden. Wo nur einzelne dergleichen vermögen, wo sie, nicht vom allgemeinen Strom solcher Begeistung und Begeisterung getragen, emporgehoben,
25 zuerst suggestiv angeregt und dann auf Grund der allgemeinen Vorbedingungen in der persönlichen Habitualität zur Aktivität emporgetrieben werden, da haben die einzelnen Persönlichkeiten allenfalls Kultur, aber nicht das Volk selbst. So kann auch eine neue Weckung und neue Verlebendigung vergangener Kultur, ihre Umsetzung in aktuelle Kultur verstanden werden. Immer
30 hat aber Kultur ihr Milieu der Zivilisation, immer hat die produktive Lebendigkeit ihr Milieu der veräußerlichten Lebendigkeit, ihr Milieu versunkener, „konventioneller", bloß „traditioneller", nicht mehr oder kaum noch verstandener Geistigkeit, einer Geistigkeit, die zwar ausgedrückt ist, aber deren geistiger Gehalt mit seinen ursprünglichen Motivationen nicht mehr nacher-
35 zeugt werden kann, dessen Motivationen vielleicht versunken und völlig tot sind: nur durch historische Gelehrsamkeit nachzuverstehen, nicht mehr als Reaktivierbares in Form lebendiger Stellungnahme und neu begründeter und ursprünglich gerechtfertigter und gestalteter Gesinnung.

Doch sehen wir näher zu, so ergeben sich, wenn wir einzelne Kulturgebie-
40 te, um konkreter zu sein, uns anschaulich vor Augen stellen und insbesondere wenn wir das — uns hier besonders interessierende — Gebiet der Wissenschaft betrachten, eigentümliche Verhältnisse und höchst merkwürdige, da sie das Schicksal der Zeiten wesentlich mitbedingen. Lassen wir die Wissenschaft für uns repräsentiert sein durch die wissenschaftliche Leitung der

---

* Gemeinschaftsbewußtsein

Neuzeit, und schließen wir alle jene unechten Wissenschaften aus, deren
Theorien logischer Nachprüfung nicht standhalten. Lassen wir auch für die
Neuzeit nur das gelten, dem wir das Vorrecht einsichtiger Methode und logischen Wertes in den Resultaten zusprechen müssen; niemand wird leugnen,
5 daß moderne Wissenschaft eine Bekundung echter Kultur sei, wissenschaftlicher Kultur natürlich, in der Einseitigkeit, die das Wort Wissenschaft schon
andeutet. Hat eine Epoche größere Wissenschaftler und durch sie ermöglichte
Leistungen praktischer Vernunft zustande gebracht, in letzter Hinsicht eine
größere und rationalere Technologie? Und doch hat sich, wie Sie wissen,
10 unserer Zeit eine Art Wissenschaftsmüdigkeit bemächtigen können; eine wis-
senschaftsfeindliche Stimmung und Strömung, deren Feldruf ist: Die Wissenschaften haben uns nicht weiser gemacht, die Wissenschaften geben uns
keine echte Erkenntnis, sie lassen uns den Naturlauf berechnen, aber nicht
verstehen, sie geben uns geordnete Kenntnis für wirkliche und mögliche Tat-
15 sachen, sie geben uns Gesetze als Ordnungsregeln, sie ermöglichen uns, im
Feld wirklichen und möglichen Seins uns zurechtzufinden; sie haben eine
wunderbare Technik des ordnenden und begrifflich bestimmenden Denkens
ausgebildet, in allen Natur- und Geistesgebieten, sie haben die Zusammenarbeit der früher vereinzelten Forscher organisiert, die wissenschaftliche Ar-
20 beit, Organisation, Disziplin, sei es auch Selbstdisziplin, die jedem Forscher
sein begrenztes Wissenschaftsgebiet und darin sein Problem, seine Arbeits-
stelle zuweist, jeden zum Soldaten und bestenfalls zum Offizier einer gewaltigen Weltorganisation macht − das ist der Charakter moderner Wissenschaft. Freilich kein Gewaltherrscher hat sie geschaffen, wie das schließlich
25 auch keiner für ein militärisches System gewöhnlichen Sinnes getan hat.
Jeder sieht selbst die Notwendigkeit ein, sich zu beschränken und am Wis-
senschaftsturm, von dem er selbst nur sein Arbeitsplätzchen sieht, zu bauen,
zu bauen von einer ihm geistig handgerechten Stelle ⟨aus⟩. Niemand ist da,
der ein Ganzes der Einsicht hat, selbst der Einsicht, von der jetzt die Rede
30 ist, nämlich in die Universalität äußerer Ordnungs- und Fixierungsleistung,
aber was noch schlimmer ist, solche Leistung wird nur möglich durch eine
endlose Stufenfolge von Leistungen, die Niederschläge alter Leistungen in
symbolischer Form und ohne Nötigung, ihren ursprünglichen Sinn zu letzter
Ausweisung zu bringen, verwerten für höhere Leistungen. Der wissenschaft-
35 liche Forscher ist zum Alleinarbeiter an einer großen Maschinerie geworden,
die er lieben konnte, solange ihre Leistungen ihn und andere verblüffen
konnten − was längst nicht mehr der Fall ist, man wundert sich jetzt über
nichts mehr −, die er nicht ganz ernstlich und im hohen Sinn lieben kann,
da seine Erkenntnis tiefsten Verständnisses entbehrt, das ihm in ihr eine
40 Geistigkeit enthüllt, die eine notwendige Funktion aus tiefsten Geistesgrün-
den hat, eine Notwendigkeit der Teleologie, die sich zurückleitet auf das
Letzte, für das der Mensch als Mensch allein endgültiges Interesse haben
kann: kurzweg gesprochen für seine ewige Seligkeit. Sind wir seliger als unsere Vorfahren, da wir drahtlos telefonieren und sprechen können durch Tau-
45 sende von Kilometern? Werden die Nachkommen seliger sein, wenn sie mit
Mars- oder Siriusbewohnern sich werden unterhalten können? Werden wir
seliger sein, wenn die sämtlichen Sprachen der Erde und bis auf zehn Jahr-

tausende zurück durchforscht sind, wir die Namen all ihrer Könige, aller
Schlachten, aller Tempelstädte, aller Künstler usw. dokumentarisch festgelegt
haben?

5 Steigern wir die menschlichen Kräfte zu Riesenkräften *in infinitum*, lassen
wir die Kräfte jedermanns so gewachsen sein, daß er die Wissenschaft jeder
Zeit und das Universum aller Wissenschaft durcharbeiten, ja gar jeden Satz
jederzeit begründen, jede erlangte technische Leistung allein oder mit seines-
gleichen zusammen nachmachen kann: er ist ein Stück besser daran wie wir.
Macht ihn das aber selig?

10 Sie werden sagen, Seligkeit ist eine persönliche Angelegenheit und ist eine
Gnade. Mag sein. Ganz gewiß ist sie, wenn sie mir zuteil wird, göttliche
Gnade. Aber ist es nicht notwendig, daß ich mich frage, wie werde ich selig?
Wie kann ich es werden, wie befreie ich mich von meiner Unseligkeit?

BEILAGE X (zu S. 94): ⟨Zum Versagen in der neuzeitlichen Kultur-
15 und Wissenschaftsentwicklung, das Telos der europäischen Menschheit
zu verwirklichen. Fünf Texte.⟩
⟨1922/23⟩

1. Der Charakter der europäischen Kultur als philosophischer
Kultur, Kultur aus „logischer", wissenschaftlicher, „theoretischer" Ver-
20 nunft. Prinzip der vollkommenen Rechtfertigung, Prinzipienlehre, universale
Wissenschaft von den Prinzipien aller letzten Rechtfertigung. ⟨In der⟩ Logik
hat sich diese entfaltet: Leitung der Erkenntnis durch den Willen auf prinzipielle Rechtfertigung, durch Reflexion über die „Methode" wahrer Erkenntnis überhaupt und wahrer Erkenntnis in besonderen Gebieten. Zugleich Wil-
25 le auf eine universale*, absolut gerechtfertigte oder zu rechtfertigende Wissenschaft. Eine universale *sapientia* oder *scientia*, die zugleich fordert eine
universale Mathematik, bei Leibniz eine erste umgrenzte Idee einer *mathesis
universalis*.

Die überschauende, aber noch nicht systematische, methodisch-logische
30 Weltbetrachtung der kosmologischen Anfänge. Anpassung der Alltagssprache
mit den Alltagsbegriffen an die neugebildeten vagen Gedanken. Nötigung,
Begriffe selbsttätigen Denkens neu zu bilden und die alten umzubilden und
andere zu überzeugen, die vom Gewöhnlichen abweichenden Urteile über
die Welt zu rechtfertigen, zu begründen. Kontrast zwischen „Vernunft" und
35 Sinnlichkeit. Die Begriffsarbeit führt auf Paradoxien, die Richtung des Interesses auf Begründung auf das Logische und seine Schwierigkeiten. Skepsis
Reaktion Logik.

2. Was schnell heranwächst: eine Geometrie, eine Universalität anstrebende Mathematik der räumlichen Quantitäten und der Quantitäten über-
40 haupt, eine Universalität anstrebende exakte Naturwissenschaft. Aber auch
eine universale deskriptive Naturwissenschaft (Naturhistorie), die

---

* universale und systematische

als Vorstufe für die exakte erklärende mathematische Wissenschaft angesehen wird, Wissenschaften von den konkreten und zunächst zu deskribieren-
den Naturgestalten und Typen von Naturgeschehnissen, deren Typik in ihrer
zeiträumlichen Ordnung und ihrer kausalen Entstehung exakt mathematisch
5 zu erklären sei. Die Naturwissenschaft zunächst Wissenschaft von der physischen Natur, das physische Organische einbegriffen. Alsbald aber, schon in
Anfängen, wird die Aufgabe einer Wissenschaft von der psychischen Natur,
vom Psychischen „in" der Natur, ihr eingeordnet durch die physische Leiblichkeit, gestellt. Idee einer exakten Wissenschaft vom Seelischen, den Kom-
10 plexen seelischer Tatsachen, zusammengeballt sozusagen in Seelen an Leibern und von den Regeln der Zusammenordnung von seelischen Tatsachen
und physischen Tatsachen (Psychophysik). Idee einer Deskription des Seelischen in der inneren Erfahrung (bestimmt durch L⟨ocke⟩s Erkenntnistheorie), einer deskriptiven Psychologie und Psychophysiologie überhaupt (psy-
15 chischen Anthropologie).
   ⟨3.⟩ Dann aber auch das Erwachen der historischen Geisteswissenschaften, der Wissenschaften vom gesellschaftlich geschichtlichen Menschen und
von seinen Kulturleistungen. Es sind deskriptive Wissenschaften. Die Psychologie mit wechselnden Theorien, ringend um die Form einer objektiven,
20 methodisch sicheren Wissenschaft, dagegen die deskriptiven historischen
Geisteswissenschaften mit festem Erfolg und in sichtlich zu immer größerer
Objektivität durchdringenden Ergebnissen. Dazu die Philosophie, die vermeintlich wissenschaftliche Metaphysik in unklaren, widerstreitenden Systemen. Die Vernunftkritik, die tranzendentale Philosophie und die Systeme
25 des transzendentalen Idealismus.
   4. Der positivistische Naturalismus und der damit verschwisterte
Sensualismus. Die Vorbildlichkeit der exakten Naturwissenschaft. Wie sie
die Weltauffassung bestimmt als Naturalismus. Die Welt eine universale tote
Tatsache, ein Reich von Tatsachen, geordnet durch geltende Gesetze, die
30 alles Daseiende in seinem Sosein an seiner Stelle notwendig machen. Der
innere Widerspruch zwischen dem Sinn des wissenschaftlichen Strebens mit
der durch Wissenschaft regierten praktischen Vernunft und dem durch sie
vermeintlich herausgestellten Weltsinn. Freiheit und Notwendigkeit. Das
Subjekt wird in der Psychologie als Komplex seelischer Tatsachen betrachtet,
35 als ein irgendwie nach Gesetzen, nach noch unbekannten exakten Gesetzen
geregeltes Gemenge von Tatsachen — es wird etwas Sinnloses, etwas
Unverständliches. Aber die Psychologie vermag nicht die gesuchte „Natur"gesetzlichkeit hier zu finden, die experimentell gefundenen Regelmäßigkeiten der Tatsachen wollen nie eine Leitung auf eine exakte seelische Natur
40 geben. Das Erkenntnisbedürfnis bleibt unbefriedigt, aber man weiß nicht
recht, warum. Aber auch die Naturwissenschaft. Ihre Methode ist leistend.
Aber sie hat etwas Unverständliches, und die ganze Natur der Naturwissenschaft hat von dieser Seite her etwas Unverständliches; also kann die Naturerkenntnis, so wie sie jetzt ist, keine absolute Welterkenntnis sein. Sie
45 scheint relativ zur erkennenden Subjektivität zu sein. Aber was besagt diese
Relativität? Und die Schwierigkeit, daß die Subjektivität selbst Annex der
Natur sein soll? Metaphysik versucht die Subjektivität absolut zu setzen.

Aber es will keine Klarheit und Wissenschaftlichkeit hereinkommen. Im Zusammenhang damit die Unklarheit über Methode und Gebiet der Geisteswissenschaften und ihrer Verhältnisse zu den Naturwissenschaften und der modernen naturalistischen Psychologie.

*

5   Was war der Grund des Ungenügens, das man Ende des 19. Jahrhunderts an der doch immer erfolgreich fortschreitenden modernen Wissenschaft empfand?
      1. Die Spezialisierung der wissenschaftlichen Erkenntnis in endlosen Reihen von Einzelwissenschaften, die unübersehbare Füllen von Einzelerkennt-
10   nissen boten, so umfassend, daß sie kaum noch ein einzelner Spezialforscher beherrschen konnte. Niemand wird noch durch Wissenschaft theoretisch weise.
      2. Mit den Spezialwissenschaften war man sehr zufrieden, sofern sich an sie eine fruchtbare wissenschaftliche Technik anschloß, durch die ⟨man⟩
15   allgemein nützliche Zwecke, insbesondere wirtschaftliche Werte, Erhöhung der Lebensannehmlichkeiten erreichen konnte. Aber je mehr Bedürfnisse befriedigt wurden, um so mehr wurden geweckt, die Menschen wurden dadurch nicht zufriedener.
      Wissen ist Macht. Macht worüber? Über die Welt, zu der die Menschen,
20   die Subjekte dieser Macht, selbst gehören. Was für Macht, zu welchem Zwecke? Menschliche Glückseligkeit. Macht über das Schicksal, das den Menschen hindert, so zu wirken und zu leben, wie er im innersten Grund will. Aber die Wissenschaften sind unendlich, wie die zu erkennende Welt unendlich ist. Also ist Wissenschaft als Mittel praktischer Weisheit unnütz.
25   3. Die Wissenschaft beförderte auch nicht das rein theoretische Interesse, sie machte auch nicht theoretisch selig. Alle Wissenschaftsgruppen, und nicht zum mindesten die exakten Wissenschaften, leiden empfindlich an der Unklarheit ihrer Grundlegung, also der prinzipiellen Methodik, die den Sinn ihrer Erkenntnisarbeit vorzeichnet und letztlich die Rationalität ihrer in
30   besonderen Einzelmethoden sich vollziehenden und fortschreitenden Erkenntnisarbeit bestimmt. Die Bemühungen um eine prinzipielle Neubegründung der Mathematik und der mathematischen Naturwissenschaft. Relativitätstheorie. Der Streit um den Sinn der reinen Geometrie und um die Notwendigkeit der Geltung derselben für die Natur. Der Streit über die histori-
35   sche Methode, über das Verhältnis von Naturwissenschaften und Geisteswissenschaften. Alle letzten methodischen Fragen, alle Fragen der praktischen Grundlegung aller Wissenschaften führten auf Erkenntnistheorie und Logik. Aber die Wissenschaften glaubten von sich aus ihre Grundlegung leisten zu können. Verachtung der Philosophie, der Vernunftkritik, ja sie wurde selbst
40   von den Einzelwissenschaften, von Naturwissenschaft oder Psychologie, abhängig gemacht. Ursprung aller Wissenschaft aus der Philosophie. Streben nach einer universalen, weltumspannenden Erkenntnis und einer objektiv zu rechtfertigenden, jeden Vernünftigen durch einsichtige Begründung überzeugenden.

*

Die Welt, das besagt sowohl die dingliche Tatsachenwelt, die wir Natur
nennen, als auch die Welt der Tiere und der in Gemeinschaftsbeziehung
verflochtenen und sich selbst ihre Kulturgestaltung gebenden Menschen. In
der Linie der theoretischen Erwägungen der Antike als allgemeine Methodo-
5 logie eines vernünftigen Lebens lag die Erkenntnis, daß solches Leben nicht
nur Besinnung über die formalen Normprinzipien bedarf bzw. über allgemeinste Form eines solchen Lebens, sondern daß es in seiner Abhängigkeit
von der Umwelt auch umso wertvoller zu gestalten sei, je mehr eine Erkenntnis dieser Umwelt den Handelnden bestimmt. Es mußte auch durch die all-
10 gemeine logische Reflexion bald klar werden, daß alle Erkenntnissphären
miteinander zusammenhängen, daß keine Wissenschaft isoliert sein kann,
daß sie alle in einer Philosophie zusammenhängen müssen. Und ebenso in
praktischer Wendung, daß schließlich alle Wissenschaften zu einem möglichen Handeln fruchtbare Beziehung gewinnen können, daß sie den ursprüng-
15 lichen Sinn aus dem Auge verloren haben, dem alle Wissenschaften zu
dienen berufen waren. Sie sollten alle Organe der einen Philosophie, einer
universalen Weisheit aus letztverstehender Einsicht, sein. Sie sammelt unermüdlich ungeheure Schätze von Tatsachen und Theorien und lehrt damit gar
viel machen: Nur das eine lehrt sie nicht, die Welt und das Menschendasein
20 verstehen, damit wir sie und uns selbst im Geist der Vernunft frei gestalten
können. Das aber ist das eine, „was nottut", und nicht das blinde Machtbe-
wußtsein, als Wissenschaftler und durch Einbindung der Wissenschaft so viel
zu können und immer neue „Leistungen" zustande zu bringen. Die Lei-
stungssucht unserer Zeit ist viel verwerflicher als die Habsucht, und sie ist
25 nur eine Form des Egoismus, die in der verwissenschaftlichen Form das
Elend der Menschheit nur ins Ungemessene gesteigert hat. Die Phänomenologie ist die Wissenschaft nüchternster Besinnungen über die Urquellen
einer sich radikal selbst verstehenden Vernunft und über die Methode universaler, durch keine Scheuklappen behinderter, alle irrationalen Erkenntnis-
30 schranken durchbrechender Vernunftklärung, welche alle schon in Leistung
stehenden Wissenschaften, aber auch alle noch zu gründenden aus letzten
einsichtigen Quellen durchleuchtet und damit den Sinn der Welt selbst
durchleuchtet, der uns anvertraut ist als Reich unserer Freiheit.

*

Die griechische Mathematik, die Mathematik im Geiste Platonischer
35 Ideenlehre, ist der erste vollendete Durchbruch einer Wissenschaft in unserem
heutigen Sinn, der ersten „logischen" Wissenschaft in strengen, „exakten"
Begriffen und objektiven Gesetzeswahrheiten, in logischer Methode begründet. Sie ist die erste gegen Prinzipien hinstrebende und prinzipiell begründende Wissenschaft, die erste, die bewußt philosophisch ist. Sie leitet die Wei-
40 terentwicklung der Philosophie, und ihre Einsicht wird zum Prototyp „rationaler" Einsicht, der Einsicht im höheren Sinn der Wissenschaft. Von ihr läßt
sich die Entwicklung der Philosophie seit Galilei leiten. Eine universale
Welterkenntnis in strengen Begriffen und in einer Rationalität, die sich in
strenger Methode aus letzten Prinzipien rechtfertigen läßt, wird zum Ideal

des neuen (Platonische Tendenzen wiedererneuernden) Rationalismus. Wie
sehr die empiristische Skepsis das mathematische Wissenschaftsideal angreift
und eine Philosophie als eine rationalistische Weltwissenschaft bekämpft,
auch der Empirist ist dem allgemeinen nach, da er nicht rein negativistisch
5 sein will, von der Idee der Wissenschaft als begründender Methode und
zuhöchst aus prinzipiell begründender Methode geleitet. Es ist bekannt, wie
die Entwicklung erfolgreiche Einzelwissenschaften ergibt und doch das ursprüngliche Ziel einer universalen Weltwissenschaft, einer Welterkenntnis,
die von wissenschaftlicher Rationalität getragen ist, versagt. An die Einzel-
10 wissenschaften schließen sich technische Disziplinen vielfach ⟨ an ⟩, und in
jeder möglichen Weise dienen sie der wissenschaftlichen und politischen Praxis. Aber eine wissenschaftliche Vernunftkultur, ein echtes Zeitalter
der „Aufklärung" durch reine Wissenschaft, kommt nicht zustande. Die wissenschaftliche Vernunft ist nicht ihr Hegemonikon, die trägen Massen sind
15 die Beute der sie nach egoistischen Interessen (individual- und nationalego-
istischen) treibenden Führer. Die weisen Menschenfreunde sind machtlos,
weil aus Erfahrung, aus empirischer Intuition erwachsene Weisheit nicht die
Autorität objektiver Begründung hat, nicht die Macht logisch-wissenschaftli-
cher Überführung des Widersinnes und des Verstoßes gegen erwiesene feste
20 Gesetze oder gar gegen apodiktisch einsichtige, logisch strenge Prinzipien.
Die politische, die nationalistische, die gesellschaftliche Phraseologie und
Argumentation haben ebensoviel und mehr Macht als die Argumentation der
menschenfreundlichsten Weisheit. Die Einzelwissenschaften blühen in ihrer
Vereinzelung; die Philosophie, die ihnen letzte Einheit zu geben berufen war,
25 ist in Verachtung. Die Wissenschaften, die sich verselbständigten, glauben ihrer
nicht zu bedürfen; und der praktische Mensch, in den Tag hineinlebend,
benützt die Wissenschaften, wo sie ihm technisch helfen, Mittel für zufällige
praktische Zwecke bieten. Im übrigen hat der die vorigen Jahrhunderte
beherrschende Gedanke einer neu zu gestaltenden Menschheit und einer aus
30 Ideen der Vernunft prinzipiell zu gestaltenden Vernunftkultur seine Kraft
verloren. Darüber ist man als Realpolitiker hinaus, man lächelt über die
Ideologien der vergangenen Zeit. Hat der Glaube an die allwaltende Vernunft
versagt, der im philosophischen Ringen der Menschheit zum immer reineren
Selbstbewußtsein kommen und sie in eine gotteskindliche Menschheit, ihre
35 Umwelt in ein Gottesreich auf Erden verwandeln könne, seine Kraft verloren, so wirft sich der Mensch dem Egoismus und politisch dem Moloch der
Machtidee in die Arme und verbrämt seinen Abgott (zumal in der nationa-
listischen Gestalt) mit idealistischen Phraseologien, die ihren ursprünglichen
Sinnesquellen nach aus der Schweißkammer ewiger Ideen stammen, die in
40 ihrer unverfälschten Gestalt zu allen Gestalten der Selbstsucht in totalem
Gegensatz stehen. So wie die Skepsis in der Gelehrten- und fiktualen Philosophie unter dem Titel Positivismus oder Fiktionalismus (Philosophie des
Als-Ob) oder Philosophie des Übermenschentums sich als Philosophie, sich
als positive Wahrheit gibt (sie, die ihrem prinzipiellen Sinn, ihren Vorausset-
45 zungen und Thesen nach die Möglichkeit positiver Wahrheit negiert), so gibt
die praktische Skepsis der „Realpolitik" der politischen und wirtschaftlichen
Machtmenschen ihre Ziele, ihre Mittel, ihre Werke als vernünftige und rüh-

menswerte aus — sie, die aller Vernunft, allen aus ihr entsprungenen kategorischen Imperativen ins Gesicht schlagen.

*

Die europäische Menschheit ist von ihrem eingeborenen Telos abgeirrt. Sie
ist sündhafter Entartung verfallen, sofern sie sich dieses Telos schon bewußt
5 geworden war (vom Baum der Erkenntnis genossen hatte), aber dieses Telos
weder zu vollstem Bewußtsein erhoben hat noch dabei geblieben ist, es als
ihren praktischen Lebenssinn konsequent durchzuführen, vielmehr diesem
Sinn untreu geworden ist.
Wir reden nicht einem schlechten Konservatismus das Wort, der in einer
10 gewordenen Kulturgestaltung der Vergangenheit das Maß und Ziel sieht für
Erneuerungen.
So wie der individuelle singuläre Mensch sein eingeborenes Telos hat, eine
ihm eingeborene unendliche Idee, die seines „wahren" Ich und seines wahren Lebens, das, einmal in ihm, wenn auch zunächst unklar, erwacht, den
15 kategorischen Imperativ seines weiteren Lebens ausmacht, in fester Gesinnung seinem Leben eine neue Gestalt, die des gesollten und gerechtfertigten
Lebens, einzuprägen bestimmt ist (als Idee) oder auch die eines Lebens in der
Form der Verwirklichung der kategorischen Idee, und zwar durch einen konsequenten Willen (Willenszentrierung in der Idee des kategorischen Impera-
20 tivs) — so für eine Menschheit, d.h. für die in der strömenden Einheit eines
Gemeinschafts- und Kulturlebens sich betätigende Menschheit. Sie hat ein-
geboren in sich die Idee einer echten Menschheit, eines echten Gemeinschaftslebens, die, einmal zum Gemeinschaftsbewußtsein gekommen, zum
kategorischen Gemeinschaftsimperativ wird. Die beiden Ideen, die für das
25 Einzelsubjekt und für die Gemeinschaftssubjektivität, stehen offenbar in
naher Beziehung, sofern das Einzelsubjekt nur in Gemeinschaft leben kann
und zu seinem kategorischen Imperativ gehört, daß es in rechter Weise
Gemeinschaftsglied ist, und andererseits beschließt der Gemeinschaftsimperativ den Individualimperativ in sich, da eben der einzelne Zelle der Ge-
30 meinschaft ist und sein Leben Teil des Gemeinschaftslebens ist.
Kultur aus freier Vernunft und zuhöchst aus universaler freier Wissenschaft bezeichnet die absolute Zweckidee und zugleich die schon wirkende
Idee in der europäischen Kultur, das, was sie zu einer zwar noch nicht vernünftigen Kultur, aber zu einer frei sich selbst bestimmenden, genauer aus
35 freier Vernunft sich selbst bestimmenden Kultur macht: doch besser der
korrelative Ausdruck: Diese Idee als Zweckidee der Menschheit macht sie zu
einer sich in autonomer Vernunft frei bestimmenden Menschheit. Dies aber
bezeichnet hinsichtlich der Entwicklung einer Menschheit die axiologisch
höchste Entwicklungsgestalt. Doch eigentlich ist das kein richtiger Ausdruck.
40 Hat der Ethiker recht, so ist die Lebensform des kategorischen Imperativs
nicht nur besser als jede andere, sie ist absolut gefordert, und jede andere
kann überhaupt nur dann Wert haben, wenn sie die kategorische Form aufnimmt als Form aller im Menschenleben möglichen und zulässigen Werte.
Darin liegt, daß jeder Menschenwert in die kategorische Form eingehen

kann bzw. nur wirklicher Wert sein kann, sofern er in dieser Form (die ihn selbst „material" nicht ändert) eingegangen ist. All unsere ethisch-praktische Wertung ist hypothetisch, und wird sie wie eine absolute behandelt, so liegt darin die Voraussetzung, daß sie selbstverständlich in die Form des katego-
5 rischen Imperativs eingehen kann und eingehen muß.

Ein Mensch, ein Menschenleben kann nicht vernünftig sein, sondern nur vernünftig werden, und es kann nur vernünftig werden, es sei denn im Werden nach oder unter dem bewußt gewordenen kategorischen Imperativ. Damit hat es die höhere Entwicklungsform, die selbst eine kategorisch geforder-
10 te ist. All das gilt auch für den „Menschen im großen". Das natürlich-naive Menschenleben vor dieser Entwicklungsgestalt kann Werte enthalten und eine Schönheit haben, also selbst einen Wert — aber dann stehen wir in einer anderen, nicht praktischen Wertungsweise, in welcher eine naive Kultur eine „Höhe", einen Wert haben kann, der sogar höher sein kann als eine Kultur
15 von kategorischer Form, nämlich nach seinen außerpraktisch betrachteten Kulturinhalten und nach alldem, was wir von der kategorischen Form abstrahierend betrachten. Aber der ethische Mensch, möge er auch kulturlos sein, steht als solcher doch höher, er hat die Form der höchsten Wertstufe, er ist „guten Willens", er hat darin absoluten Wert, während das Höchste sonst
20 noch immer nicht das Mindeste von absolutem Wert enthält, aber freilich, wenn es die Form des Absoluten hätte oder annehmen könnte, sofort einen sehr viel größeren Wert besäße. Aber freilich, sind nicht alle Menschen guten Willens ethisch alle gleich? Von derselben Menschenwürde? Gewiß. Jeder Mensch dieser Form gehört in die Welt absoluter Werte, und zwar sagt „ab-
25 solut" Doppeltes: Es ist kein hypothetischer Wert, und es ist kein bloß relativer, relativ zu Subjekten, wie die „Geisteswerke".

Der Mensch, der das ethische Bewußtsein, das des kategorischen Imperativs, schon hat, trägt von da an in sich seine Zweckidee als Prinzip seiner Entwicklung in Form einer Selbstgestaltung durch autonome Vernunft, eine
30 Entelechie in einem ganz anderen, ja in dem eigentlichsten Sinn, gegenüber dem einer organisch blinden Entelechie, als einem naturhaften Endtypus, dem das Organische seinem Typus nach entgegenwächst. Ebenso eine Gemeinschaft, die nicht nur die Form einer mit Gemeinschaftsbewußtsein ausgestatteten Menschheit ist, sondern einer solchen, die in diesem Bewußtsein
35 zugleich schon in sich trägt ihre wahre Entelechie (oder die schon erwacht ist zu dem Gemeinschaftsbewußtsein der absoluten Form). Sie lebt nun nicht mehr in einer Kultur blinden Werdens, eines Wachstums, sei es auch zu Gestalten von Wert (sofern etwa eine schöne Kunst in immer höheren Gestalten als ein Reich von Gemeinschaftswerten erwächst), sondern sie ist
40 zu einer Willenseinheit organisiert, die gerichtet ist auf ihr wahres Menschentum als eine absolute Idee und die in dieser Richtung die Form einer absolut wertvollen Menschheitsentwicklung angenommen hat.* Solange sie in dieser Entwicklung als Gemeinschaft lebt und aufsteigend sich nach ihrer Wahrheit verwirklicht, erhält sie ihren absoluten Wert. Sowie sie ihre Entelechie fahren

---

* Die Menschheit ist auf ihre Idee wie ein Künstler auf seine gerichtet. Die Idee wird stets bestimmt in der Vollendung.

läßt, sowie in ihr die Entelechie die Kraft einer wirkenden Idee verloren hat, aufgehört hat, allgemein bewußt und wirkender Zweck zu sein, verfällt diese Menschheit in den Stand der vollkommenen Sündhaftigkeit. Die Wertung einer Menschheit, die ihrer Entelechie bewußt ist, bestimmt sich analog wie
5 die des ethischen Einzelmenschen nach dem Maß der Wirksamkeit bzw. Verwirklichung. Aber die Verhältnisse sind hier doch komplexer. Denn hier ist schon die Frage: Wann hat eine Menschheit bzw. eine Kultur ihre Entelechie in sich? Wann, sagen wir, nicht bloß in einzelnen ist diese Entelechie als die der Gemeinschaft erwacht, sondern in der Gemeinschaft ist sie
10 erwacht? Erwachen kann sie nur im einzelnen, aber sie erwacht eben als Idee, die ein Gemeinbesitz, Gemeingut ist, und sie wirkt, indem sie als das immer anerkannt und dann notwendig in den Willen aufgenommen wird, mindest als Forderung. Und sie stiftet dann eine Gemeinschaft als Interessen-, Liebes- und Willensgemeinschaft in bezug auf diese Idee, selbst als Gefordertes.
15 Es gehört nun selbst in den Rahmen des kategorischen Imperativs, daß jeder absolute Wert zu ehren und zu lieben, also keiner zu schädigen, jeder Entwicklungswert nach Möglichkeit zu fördern sei. Sowie auch, daß jedes Sein, jeder Gegenstand, der in sich selbst die „Anlage" zu einem absoluten Wert oder gar einer unendlichen Entwicklung absoluter Werte und die Idee eines
20 unendlichen Entwicklungswertes hat, als das zu lieben und zu fördern ist, zu pflegen etc. Also z.B. das Kind oder der noch nicht erwachte Naturmensch oder eine naive „Menschheit", ein im „Naturzustand" lebendes Volk.
Indem jeder zur Freiheit Erwachte jeden anderen als Menschen achtet, hat er, das gehört auch zu diesem Imperativ der Vernunft, jeden anderen nach
25 der erzielten Werthöhe zu schätzen, in dieser Hinsicht über sich zu stellen und ihm eventuell in dieser Hinsicht zu dienen. Doch es kommt dann noch darauf an, welche Werte, in kategorischer Form gefaßt, die höchsten sind, oder was nach Wesen des Menschen überhaupt und nach dem gegebenen Menschen in gegebenen Verhältnissen etc. das Beste sei. „Egoistische" Wer-
30 te? Liegt im Genuß eigenen wahren Wertes ein Unwert? Ein Entwertendes? Nicht aber im Genuß am Werte des anderen? Erkenntnis des eigenen Wertes und Unwertes ist unentbehrlich für den Fortschritt. Ist jede Selbstzufriedenheit unethisch, ist Selbstzufriedenheit nicht *a priori* da, wenn in der Selbstprüfung der Wert erkannt worden ist? Bedeutet das Laster der Selbstzufrie-
35 denheit nicht anderes, nämlich das falsche Verendlichen, Verabsolutieren des eigenen Wertes in Verbindung mit Selbstüberhebung gegenüber anderen? Statt daß man sich im Spiegel der Unendlichkeit sieht, also die Unendlichkeit des geforderten, nicht realisierten Wertes im Auge hat, neben dem das endliche Erreichte gering ist, und zudem nicht sieht, daß die Aufgabe nicht
40 ist, einen Wert in der Welt zu setzen, sondern gut zu sein, um ins Unendliche hinein gut ⟨zu⟩ leben.
Jeder gute Mensch ist wie ein geistiger Wert „Gemeingut", und so ist auch für den guten Menschen er selbst als Wert nicht ein Eigenbesitz, sondern Gemeinbesitz, und nur die Freude dürfte er an sich haben, die jeder an ihm
45 haben kann (so wie er allzeit das tun muß, was jedermann wünschen muß, daß er täte. Aber das gehört eben zu seinem absoluten Wert).

Nun ist aber die Schwierigkeit: Wann ist diese Gemeinschaft so umfassend, daß wir sagen, daß die ganze betreffende Kulturmenschheit (Nation oder europäische Menschheit) sich ihrer Entelechie bewußt ⟨ ist ⟩ und sie als das anerkannt hat, als ihren kategorischen Imperativ? Oder ist das nur eine
5 *façon de parler*? Im Zeitalter der Aufklärung „herrscht" der Geist autonomer Vernunft. Aber schließlich gab es genug Menschen, die von der Entelechie nichts wußten, und ganz geschlossene Schichten und Gemeinschaften (die traditionalistischen der Kirche), die sich gegen diesen neuen Geist stemmten. Schließlich urteilen wir selbst als Mitglieder dieser Vernunftge-
10 meinschaft, das 18. Jahrhundert betrachtend. Oder wir stellen uns auf den Boden dieser Wertung (sei es auch hypothetisch) und finden dann, daß diese Idee rapide immer weitere Kreise ergreift und übernommen wird, immer weitere Kulturgebiete formt und somit eine fortschrittliche Entwicklung stattfhat, wodurch die Menschheit und ihre Kultur immer mehr den Charakter einer
15 Vernunftkultur, also die einer von dem Geiste des kategorischen Imperativs getragenen, annimmt. Im 19. Jahrhundert finden wir dann, daß dieser Fortschritt aufhört, daß die Idee ihre Kraft verliert, skeptisch aufgehoben wird, und wieder finden wir einen fortschreitenden Rückschritt. Es bildet sich eine andere Idee aus, die nationale Idee, nicht als allgemeine Kulturidee, sondern
20 als herrschende oder um sich greifende innerhalb jeder der Nationen: Die nationale Idee als egoistische Machtidee und als egoistische Idee der Erhöhung des Selbstwertes der eigenen Nation. Diese Idee wirkt ansteckend, ohne eine absolute Wertidee zu sein. Eine absolute Wertidee ist zwar die der Forderung des absoluten Wertes der e i g e n e n N a t i o n und der eigenen vor allen
25 anderen (wie bei der Mutterliebe und Kindesliebe), aber das ist keine egoistische Idee und nicht die des Nationalismus. Eine Forderung des eigenen absoluten Wertes in einer Weise, die es einem anderen unmöglich macht, überhaupt absoluten Wert anzustreben, in der Weise der Verknechtung, ist ein Verbrechen und nicht ein vom kategorischen Imperativ ⟨als⟩ absolut Wertes
30 gefordert. Egoistische Ideen können auch übernommen werden, in der Weise der Ansteckung, nicht aber in der Weise der Übernahme eines absoluten Wertes, der in Identität übernommen wird und nicht nachgeahmt werden kann. Selbst wo ich als ethischer Mensch den ethischen Wert eines anderen zum Vorbild nehme und ihn nachahme, gewinne ich damit den ethischen
35 Wert des anderen zum Besitz als Idee, und dieser Wert ist identisch derselbe, den der andere in sich verwirklicht. Ich kann dann nicht anders, als seinen Wert ebenso wollen wie meinen, obschon ich in der Verwirklichung mir selbst der Nächste bin, aber evtl. doch um des erkannten viel höheren Wertes des anderen mich opfere. So sehr erkenne ich des anderen Wert als den
40 meinen an, daß ich schon bei geringer Wahrscheinlichkeit des Erfolges mein Leben für das seine einsetze, wenn ich ihn unter Gefahr rette.
     Also der Egoismus in der Form des als absoluten Wert fälschlich sich ausgebenden nationalen Egoismus wird zur herrschenden Idee und damit in eins überhaupt der Egoismus. Es verflechten sich immerfort absolute Ideenwerte,
45 indem sie egoistisch verbrämt und entwertet werden, mit egoistischen. Die nationale „Wohlfahrt" erfordert wirtschaftliches Gedeihen, die Voraussetzung für jedes Gedeihen der Kunst und Wissenschaft und sonstiger geistiger

absoluter Werte, sie muß also auch auf Kosten fremder Nationen gefordert
werden, und so wird die Welt hinsichtlich ihrer materiellen Nützlichkeiten
als ausschließlicher Besitz der Nation in Anspruch genommen oder rück-
sichtslos erstrebt. Ebenso Wissenschaft ist ein Wert, durch sie wird wissen-
5 schaftliche Technik und Industrie möglich, diese ist Wert wieder, weil sie
große Volksmassen ernähren, zu nützlicher Arbeit bringen kann usw. Aber
nun wird alles ohne Frage der ethischen absoluten Grenzen maßlos betrie-
ben, verabsolutiert oder vielmehr in schrankenloser Steigerung zu einer
nationalen Angelegenheit, zu der des nationalen Egoismus gemacht. Alles,
10 Wissenschaft, Kunst und was immer als geistiges Gut absolut betrachtet werden kann, wird zum Gegenstand nationaler Verhimmelung, nationaler
Markt- und Machtware, Machtmittel.

Der ethische Geist, der Geist des Kulturwillens aus absoluter Vernunft,
hört nicht auf, in einzelnen zu wirken, aber kämpft einen Verteidigungs-
15 kampf, statt siegreich fortzuschreiten. Wir können also wohl als ein Zeitalter
der Vernunft bezeichnen ein Zeitalter fortschreitender (und universale
Kulturgebiete und immer größere Gemeinschaften innerhalb der Gesamtge-
meinschaft neu formender) Wirksamkeit der Idee der Vernunftmenschheit.
Diese Idee ist dann die Gesamtentwicklung herrschend bestimmende, sie
20 repräsentiert den Geist der Zeit. In höherer Form wäre ein Zeitalter der
Vernunft ⟨als⟩ ein solches zu bezeichnen, in dem in allen parteilichen
Gemeinschaften schon dieser Geist Wurzel gefaßt und zur Entwicklungs-
macht geworden ist. Im Ideal müßte dieser Geist in jedem Individuum leben
oder müßte im allgemeinen Bewußtsein als zum normalen Individuum
25 selbstverständlich gehörig angesehen werden.

BEILAGE XI: Shaw und die Lebenskraft des Abendlandes[1]

„Der Untergang des Abendlandes", diese neueste Theorie eines schwach-
herzigen philosophischen Skeptizismus, was könnte sie uns viel Sorge machen in einer Zeit, da Shaws Komödien allüberall die Herzen erobern und
30 jenen Glauben einpflanzen, der alle echte Wissenschaft und alles echte Leben
trägt und jedweden Skeptizismus zerstieben läßt. Wir sind es ja, in denen
das „Abendland" lebt, ob in Erniedrigung oder in Erhöhung — wie wir
wollen. Gott hätte seine Hand von uns abgezogen? Gottes Kraft lebt und
vollendet sich nirgend anders denn in uns, in unserem wurzelechten Willen.
35 Wo anders wirkt er, der lebendige Gott, denn in unserem Leben, in unserem
reinen Willen, dem bis in die letzten Wurzeln wahrhaftigen, dem, der nichts
anderes will, als wovon wir nicht lassen können, ohne unser Leben als ein
sinnloses aufgeben zu müssen.

Bernard Shaw ist nicht der einzige, in dem solche den innersten Lebens-
40 willen umwandelnde Überzeugungen erwachsen sind und zu einer revolutio-

---

[1] Dieser Text ist etwa in die Mitte der zwanziger Jahre zu datieren. Vgl. den
Abschnitt *Zur Textgestaltung*, unten auf S. 260 f.

nären Kraft der europäischen Zivilisation werden wollen. An Weite und
Kraft der Wirkung kommt ihm niemand gleich — dank seiner Methode.
Seine leidenschaftliche Reaktion gegen den Naturalismus, der das echte Menschentum, das Leben aus persönlicher Selbstverantwortung, ertötete, sowie
5   gegen dessen Begleiterscheinung, die Kunst der Ästheten, die Wissenschaft
der Spezialisten, die Religion der konventionalisierten Kirchen usw., vollzieht sich in der Sprache künstlerischer Gebilde. Mit unerhörter Wucht
durchbricht seine Kunst die Schranken zwischen der Lebensaktualität des
Zuschauers und ihren bildhaften Gestalten, sie wird in seinen Händen zu
10   einer Macht des Lebens selbst und seiner sozialethischen und religiösen
Erneuerung. Mit dem beständigen Wiederholen *de te fabula narratur* trifft sie
uns mitten ins Herz, uns nicht als bloß private Menschen, sondern als Glieder der sozialen Umwelt. Shaw ist ein unvergleichlicher Wecker des sozialen
Gewissens und des Glaubens, daß keine Welt, die für uns ist, bloß ist, son-
15   dern daß eine jede eben die ist, zu der wir sie aus Kraft oder Schwäche, aus
gewissenlosem Egoismus oder aus der Macht unserer wahren Freiheit werden
lassen oder machen. Mit einem Worte, der Künstler Shaw ist der wirksamste
Prediger der europäischen Gegenwart und ihr radikalster kritischer Zucht-
meister, unermüdlich in der Enthüllung aller Verlogenheiten und wohlmei-
20   nenden Unechtheiten, aller intellektuellen und praktischen Vorurteile in
allen erdenklichen Verkleidungen. Aber niemand übertrifft ihn an reiner
Menschenliebe, vor der aller Haß dahinschmilzt, und an wahrhafter Wahrhaftigkeit, die auch sich selbst nicht schont. Ein echt philosophischer Zug
seiner Kunst liegt in der Universalität ihrer sozialpsychologischen Analyse
25   und exemplarischen Gestaltung, die nicht in der Halbheit steckenbleibt,
Menschen und Schicksale in Vereinzelung darzustellen, sondern sie in den
konkreten Einheitszusammenhang der ganzen sozialen Kultur, als ihres sozialen Milieus, hineinstellt und sie in ihrer universalen Bedeutung und Motivationskraft wirksam macht. Daß Shaws Bannwort gegenüber dem Natura-
30   lismus lautet: ich bin, eben dieses Wort bezeichnet — als wissenschaftliches
Thema — eine ganz andersartige Methode der Erneuerung des Lebens — die
statt den Weg einer echten und dem Leben dienenden Kunst vielmehr den
einer echten, dem Leben dienenden Wissenschaft geht. Ich meine natürlich
den der „phänomenologischen Philosophie". Ihr Arbeitsfeld liegt in schwer
35   zugänglichen Einsamkeiten, denen der „Mütter" aller Erkenntnis. Denn es
ist abgesehen auf die Erneuerung der Wissenschaft auf Grund der radikalsten
Selbstbesinnung auf ihre Urquellen im Leben, im „ich lebe" und „wir in
Gemeinschaft leben", m.a.W., auf Grund einer radikalen Selbstauslegung des
Lebens, in dem die Wissenschaft selbst erwächst und erwächst als dienende
40   Funktion eines echten Lebens. Es gilt die Herstellung einer sich bis ins Letzte
verstehenden und rechtfertigenden Wissenschaft auf dem Wege über eine
letztmögliche Steigerung der Vorurteilslosigkeit, die bis an die letzterdenkli-
che Grenze des Unglaubens zurückgeht, um die Unzerbrechlichkeiten, die
prinzipiellen Glaubensnotwendigkeiten zu gewinnen, die ῥιζώματα πάντων.
45   Und es gilt zu zeigen, daß der einzige echte Sinn der Wissenschaft der ist,
dem universalen Leben das klare Geistesauge einzugestalten, danach es sich
und seinen Zwecksinn verstehen und danach praktisch das werden kann, was

Bernard Shaw seinerseits ersehnt und will. So sind wir im Endziele Genossen, nur daß ich das Glück habe, mich an seiner Kunst erquicken, belehren und stärken zu dürfen. Und so hat der weltferne Philosoph ein Recht, hier mitsprechen und herzlich mitdanken zu dürfen.

ÜBER DIE REDEN GOTAMO BUDDHOS[1]

Ich habe nun den größten Teil der Karl Eugen Neumannschen Verdeutschungen von Hauptstücken der Heiligen Schriften des Buddhismus gelesen. Nachdem ich einmal angefangen, konnte ich
5 davon trotz anderweitiger dringender Arbeiten gar nicht mehr loskommen. In der Tat, was ist da auch für ein herrlicher Schatz der deutschen Übersetzungsliteratur zugewachsen. Der Verlag hat sich durch die Veranstaltung dieser in jeder Hinsicht mustergültigen und höchst geschmackvoll ausgestatteten Neuausgabe des unvergängli-
10 chen Lebenswerkes K.E. Neumanns ein außerordentliches Verdienst erworben. Wohl die höchste Blüte indischer Religiosität, einer in Schau und ringender Tat rein nach innen gewandten — ich möchte sagen, einer nicht „transzendenten", sondern „transzendentalen" — tritt erst mit diesen Übertragungen in den Horizont unseres reli-
15 giös-ethischen und philosophischen Bewußtseins, zweifellos dazu berufen, es von nun ab wirksam mitzubestimmen. Die vollendete sprachliche Nachschöpfung der kanonischen buddhistischen Schriften verschafft uns die vollkommene Möglichkeit, eine unserer europäischen völlig entgegengesetzte Art, die Welt anzuschauen, kennen-
20 zulernen, zu ihr Stellung zu nehmen, sie religiös-ethisch zu überwinden, wirklich verstehend nachzuerleben und aus diesem Verstehen heraus ihre lebendige Wirkung zu erfahren. Für uns, für alle, die in dieser Zeit des Zusammenbruchs unserer durch Veräußerlichung entarteten Kultur sehnsuchtsvoll Umschau halten, wo noch seelische
25 Reinheit und Echtheit, wo friedvolle Weltüberwindung sich bekunden, bedeutet dieses Sehendwerden für die indische Art der Weltüberwindung ein großes Erlebnis. Denn daß es sich im Buddhismus
| — so wie er aus seinen reinen Urquellen zu uns spricht — um eine
religiös-ethische Methodik seelischer Reinigung und Befriedigung

---

[1] Zuerst erschienen in: *Piperbote*, Frühling 1925, II/1, S. 18–19.

von einer höchsten Dignität handelt, durchdacht und betätigt in
einer inneren Konsequenz, einer Energie und einer edlen Gesinnung
fast ohnegleichen, das muß jedem sich hingebenden Leser bald klar
werden. Nur mit den höchsten Gestaltungen des philosophischen
5 und religiösen Geistes unserer europäischen Kultur kann der Buddhismus parallelisiert werden. Es ist nunmehr unser Schicksal, die
für uns völlig neue indische Geistesart mit der für uns alten und sich
in diesem Kontrast selbst wieder verlebendigenden und kräftigenden
verarbeiten zu müssen.

10   Aus den vorliegenden Schriften werden uns, durch den Reichtum
treu geprägter Überlieferung, Buddho selbst und seine vornehmsten
Jünger als Repräsentanten eines neuartigen Types menschlicher
„Heiligkeit" fast greifbar anschaulich. Man muß es sehr beklagen,
daß die in uns historisch lebendige und keineswegs an diesen Bud-
15 dhismus irgend preiszugebende Religion hinsichtlich der Urschriften
nicht mehr über eine Verdeutschung verfügt, die mit dieser Neumannschen des Suttapitakam an Nachverstehbarkeit verglichen werden kann. Denn in verhängnisvoller Weise hat sich die deutsche
Sprache von der Sprache der Lutherschen Bibelübersetzung entfernt;
20 deren „Kirchensprache" entbehrt der aus dem unmittelbaren lebendigen sprachlichen Sinn fließenden seelischen Wirkung. Indessen,
vielleicht wird der Einbruch indischer Religiosität in unseren Gegen-
wartshorizont auch in dieser Hinsicht sein Gutes haben. Jedenfalls
wird er neue Kräfte religiöser Intuition wecken; er wird eben da-
25 durch auch zu einer neuen Verlebendigung und Vertiefung christlicher Intuition beitragen und der Fähigkeit, christliche Religiosität
wirklich und von innen her zu verstehen, zugute kommen. Sicherlich unschätzbar sind diese herrlichen Neumannschen Nachgestal-
tungen für jeden, der an der ethischen, religiösen, philosophischen
30 Erneuerung unserer Kultur Anteil nimmt.

Mit Spannung sehe ich dem Erscheinen der letzten Stücke der
Neumannschen Übersetzungen entgegen.

DIE PHÄNOMENOLOGIE UND RUDOLF EUCKEN[1]

Zwei Wege sind möglich, um das ursprüngliche, alle Erfahrungswelt in sich konstituierende Leben zu entdecken; zwei Wege, um zur
wesentlichen Scheidung zwischen Menschen in der Natur und der
5 Menschheit im Geiste durchzudringen, um die im Lebensgange der
Menschheit sich aufsteigend bekundende Einheit des Geisteslebens
zu erschauen und auf ursprüngliche Quellen zurückzuführen. Den
ersten hat Rudolf Eucken in seiner Philosophie des Geisteslebens
betreten, den anderen die phänomenologische Philosophie.
10 Eine weitumfassende, in die tiefsten Motivationen der großen
Zusammenhänge verständnisvoll eindringende Intuition vom Werden und Sichentwickeln des geistigen Lebens der Menschheit — von
den sie bald einstimmig, bald widerstimmig bewegenden Intentionen, von den Steigerungen relativer Erfüllungen, von den Hemmun-
15 gen mitresultierender Enttäuschungen, von den Spannungen unaus-
geglichener Widersprüche und dergleichen — gab Eucken, unter Leitung einiger Anregungen des deutschen Idealismus, die Möglichkeit
einer neuen Einstellung, die der naturalistischen durchaus entgegengesetzt ist: Statt das menschliche Geistesleben als einen bloßen kau-
20 salen Annex der Natur anzusehen, erschaute er in ihm die Einheit
eines von immanenter Teleologie getragenen Lebensstroms, in dem
nicht die Kausalität der Natur, sondern die Finalität der Motivationen herrscht und in dessen sinnvollem und nachverstehbarem Spiel
überindividueller Bewegungstendenzen sich das immanente Walten
25 einer einheitlichen Vernunftmacht enthüllt. Ihre Wirkungspunkte
sind die sich selbst in diesem Prozeß entwickelnden Individualitäten
mit ihrem Vernunftstreben und ihren freien Vernunftakten. — Die
unschätzbaren Werte der Geistesphilosophie Euckens und ihre le-
benweckende Kraft beruhen durchaus darauf, daß er ungleich | dem

---

[1] Zuerst erschienen in: *Die Tatwelt*, 1927, S. 10–11.

logizistischen Ontologismus keinerlei metaphysischen Tiefsinn aus
vorgegebenen Begriffen herausspinnt, vielmehr überall aus dem Leben selbst schöpft, aus historisch geleiteten Intuitionen und darin
erschauten überempirischen Notwendigkeiten der Motivation.
5   Was auf der anderen Seite die Phänomenologie anbelangt, so war
sie ursprünglich außer aller Fühlung mit dem deutschen Idealismus
erwachsen, vielmehr von den vernunfttheoretischen Motiven bestimmt, die schon die Entwicklung der neuzeitlichen Philosophie
von Descartes bis Kant bewegten. Ihren Ausgang nimmt sie von der
10   intuitiven Betrachtung der elementaren Akte des Bewußtseinslebens,
mit den in ihnen bewußten Gegenständlichkeiten und deren wechselnden Erscheinungsweisen. In systematischer Analyse und Deskription durchforscht sie die Akte der inneren und äußeren Erfahrung, des prädikativen Urteilens, die Akte des Gemüts und Willens.
15   Desgleichen die all solche Akte verflechtenden Bewußtseinssynthe-
sen, insonderheit diejenigen der Vernunft. Sie verfolgt hierbei die
Methode der „phänomenologischen Reduktion". Durch sie erhebt
sie sich zur Erfassung transzendental reiner Akte und gewinnt das
Feld des gesamten „reinen" Bewußtseinslebens. Sie studiert die in
20   ihm waltenden Motivationen und erschließt hier die primitiven und
letzten Quellen aller Sinngebung, die systematischen Stufen der phänomenologischen Konstitution aller Grundarten von Gegenständlichkeiten usw. Eben damit glaubt sie (immer rein intuitiv erfassend
und nie aus Begriffen konstruierend) alle echten Ursprungsprobleme
25   lösen, alle prinzipiellen Begriffe auf ihre Ursprünge zurückführen zu
können. In ihrem von unten emporsteigenden Verfahren einer intentionalen Analytik und Synthetik muß sie aber konsequenterweise
auch zu den Höhen kommen, in denen R. Euckens Philosophie sich
bisher betätigt. So muß diese und die phänomenologische Philoso-
30   phie schließlich zu einer zusammenstimmenden Einheit verschmel-
zen.
Die Phänomenologie hat ihre besonderen Gründe, Rudolf Eucken
zum heutigen Tage Kränze der Verehrung darzubringen. Sie sieht in
ihm nicht nur den leuchtendsten Ausstrahlungspunkt edelster prak-
35   tischer Wirkungen in unserer Zeit; vielmehr auch in rein wissenschaftlicher Beziehung sieht sie in seinen Werken geistige Schätze,
die sie mit Dankbarkeit aufnimmt und in weiteren Arbeiten zu verwerten hofft.

ÜBER URSPRUNG

⟨Die reine Psychologie und die Aufgabe einer
Ursprungsklärung unserer Ideen⟩
⟨1930⟩

5   Allgemeines tritt uns im vorwissenschaftlichen und wissenschaftlichen Leben in verschiedenen Modi entgegen. Sinngemäß unmittelbar oder mittelbar auf Individuelles bezogen (welchen besonderen Sinn wieder dieses Bezogensein haben kann), ist es doch
gegenständlich ein anderes als Individuelles. Allgemeines jeder
10 Form nennen wir also nicht minder als Individuelles „Gegenstand".
Denn wie Individuelles uns „entgegentretend", wie schon dieses
Wort oder auch das gleichwertige „uns bewußtwerden" besagt, sich
als ein Etwas für sich gibt, das im wiederholten und eventuell sehr
mannigfaltigen Bewußtwerden ein Identisches ist und in dieser Iden-
15 tität in beliebig neuem, in offen möglichem Bewußtwerden vorge-
funden werden kann, so gilt dasselbe offenbar von jedem und in
jedem Sinne Allgemeinen, vom Allgemeinen, das wie Gattung und
Art in dem besonderen Sinne des Substratgegenstandes (Gegenstand
im ausgezeichneten Sinn) auftritt oder dem Allgemeinen als allge-
20 meine Bestimmung (als Prädikatbestimmung kategorialer Urteile)
oder dem Allgemeinen als universeller Sachverhalt und was sonst an
Allgemeinheiten genauer unterschieden werden mag. Die weiteste
Rede von Gegenstand reicht so weit wie die weiteste Rede von
Bewußtsein, das wesensmäßig Bewußtsein von etwas, von einem
25 Gegenständlichen ist, und wieder reicht sie so weit wie die weiteste
Rede von Urteil, als Aktus des Seinsglaubens (Doxa, Seinsbewußtsein), sofern, was immer bewußt ist, und sei es auch in Modi des
Gemütes, der wesensmöglichen Umwandlung in ein Urteil unter-
steht, durch die, was im Gemüt als Wert oder als Zweck bewußt ist,
30 bewußt werden kann als Seiendes, als seiender Wert oder Zweck.

Nur dadurch wird ja dergleichen zum Substrat von Prädikationen. Durch alles Bewußtsein geht hindurch die wesensmäßige Spaltung in bloß vermeinendes und evidentes. Letzteres dadurch ausgezeichnet, daß in ihm das Gegenständliche in „originärer" Weise, als es selbst,
5 bewußt wird. So auch für das im weitesten Sinn urteilende Bewußtsein, womit zusammenhängt der Grundunterschied bloß vermeinter Gegenstände — die „in Wahrheit" gar nicht zu sein brauchen — und wirklich oder wahrhaft seiender Gegenstände als sich in der Evidenz selbst zeigender bzw. in Anmessung der bloßen Meinung an
10 die Evidenz als wahrhaft bezeugender. Wie vieles in diesen Beziehungen klärend zu sagen ist über diese rohen Andeutungen hinaus, mit denen wir uns begnügen müssen, es gilt alles selbstverständlich auch für das Reich der die Stufe der individuellen Gegenstände übersteigenden Allgemeinheiten. Sie haben ihre Weisen des Vermei-
15 nens, das noch nicht Selbsterfassung und Selbsthabe ist, oder was dasselbe, des Nichtevidenten, und andererseits ihre Weisen der Evidenz, wobei, wie sonst, jedes Vermeinen in sich einen frei zu suchenden und begehenden Weg zur „entsprechenden" Evidenz vorzeichnet, den Weg der Erfüllung, der Bewährung. Auch hier wie
20 sonst kann die nur partiell gelingende Erfüllung zu einer evidenten Selbstgebung von solchem führen, das die Totalerfüllung zunichte macht, oder anders gesprochen, das die Vormeinung evident „aufhebt". Die vermeinte Allgemeinheit ist dann nicht in Wahrheit, das vermeinte regelmäßige Dekaeder „existiert" nicht. Wie überall
25 heißt es aber, es gibt bloß das Vermeinte als solches, das Geurteilte als solches oder das Urteil im Reich der Urteile, nicht aber die entsprechende Sache, den entsprechenden Gegenstand selbst, Sachverhalt selbst. Das betrifft also ebenso wie Individualien auch die Generalien in ihrer Wesensbeziehung auf die ihnen jeweils zugehö-
30 rigen Formen des Urteilens bzw. des Urteils — in dem weitesten Sinn, in dem die schlichte Erfahrungsmeinung von Individuellem als Daseinsbewußtsein schon Urteilen heißt und das darin im Modus des schlichten Daseins Bewußte individuell Urteil heißt — doxisch Vermeintes als solches. In gleicher Weise also wie ein prädikatives
35 Urteilen, etwa als schlichtes prädikatives Gewißsein, in sich trägt das prädikative Urteil, den vermeinten prädikativen Sachverhalt als solchen. Sofern wir diesen vor aller Frage, ob er in eine entsprechende Wahrheit überzuführen ist oder nicht, zum eigenen Thema machen können, von ihm rein als Vermeintes aussagen, auf ihn neue

Meinungen beziehen und die Meinungen bewähren können, ist er
selbst eine Gegenständlichkeit, eben die der Seinsregion „vermeintes Sein als solches" oder Urteil im weitesten Sinn. Eine bloße
Urteilslehre ist noch nicht Erkenntnislehre, sie ist Lehre von den
5 Wesensformen der Urteile und ihren zugehörigen Gesetzen möglicher Urteile überhaupt, aber nicht Lehre von Wesensformen möglicher Gegenstände überhaupt, Sachverhalte überhaupt. Auf der einen
Seite finden wir Wesensformen geurteilter (überhaupt vermeinter
Allgemeinheiten aller Formen), auf der anderen diejenigen mögli-
10 cher wirklicher Allgemeinheiten, wahrhaft seiender „Begriffe",
wahrhaft seiender universeller Sachverhalte, und die zu diesen Wesensformen ⟨gehörigen⟩ Erkenntnisgestalten, so heißend, wenn Erkenntnis prägnant verstanden ist als das in möglicher Evidenz Evidente, das Wahre und in Beziehung darauf in möglicher Adäquation
15 an sie evident Richtige.

Die im bisherigen in rohen Grundstrichen vollzogenen Klarlegun-
gen des universalen Sinnes von Gegenständlichkeit überhaupt, in
sich befassend alle Allgemeinheiten, zuoberst die reinen Wesensallgemeinheiten, unterscheiden sich nicht wesentlich von den in mei-
20 nen früheren Schriften gegebenen Darlegungen. Sie beanspruchen
die absolute Selbstverständlichkeit, die Aufweisungen aus purer Evidenz notwendig zu eigen ist. Gleichwohl haben sie den oft wiederholten Vorwurf der Mystik, des platonisierenden Realismus über
sich ergehen lassen müssen. So schwer ist es, sich von den vermein-
25 ten Selbstverständlichkeiten altererbter Vorurteile, von denen des
traditionellen („Empirismus" genannten) Naturalismus freizuma-
chen. Dabei wird es freilich bleiben, solange man dabei bleibt, über
Evidenz allgemeinhin zu reden und über sie leere Theorien zu
erdenken, statt sie ernstlich zu betätigen und sich in selbstgebender
30 Evidenz von Evidenz davon zu überzeugen, daß eben Evidenz gar
nichts anderes ist als Selbstgebung bzw. daß alles Erkenntnisstreben
auf nichts anderes geht als ein Vordringen von bloßem Vermeinen
zum „Selbst"-Erfassen und Als-es-selbst-Haben des Vermeinten
und von unvollkommenem Selbsthaben zu immer vollkomme-
35 rem — mit all den daraus entspringenden und vielgestaltigen Problemen. Darunter das große Problem der Ursprünge, die sich an alle
möglichen Evidenzen bzw. an alle möglichen Selbstgegebenheiten
und an alle möglichen Gegenstände, die in Wahrheit sind, anknüp-
fen.
40 Den Sinn dieser Ursprungsfragen — in deren allgemeinen Rah-

men die für uns hier thematische Frage nach dem Ursprung der allgemeinen Gegenstände fällt — müssen wir nun klären. Ihm dienten natürlich die vorangestellten Ausführungen über Gegenstände überhaupt und Bewußtsein und Allgemeines als Gegenstand. Ursprungs-
5 fragen sind ein bekanntlich vielbehandelter Teil in der traditionellen Psychologie, insbesondere der Erkenntnispsychologie sowie der von dieser wie immer geschiedenen oder wie immer mit ihr vereinten Erkenntnistheorie. Der Sinn der gesuchten Ursprünge ist von Locke und seinen großen empiristischen Nachfolgern her vorgezeichnet,
10 ihre allgemeinen Vorurteile und methodischen Überzeugungen beherrschen sinnbestimmend die Psychologie der Jahrhunderte (unsere Gegenwart mitbeschlossen) und durch sie vermittelt alle künftigen Erkenntnistheorien. Wie sehr der Empirismus bekämpft, wie heftig sein erkenntnistheoretischer Psychologismus bestritten ⟨wird⟩, wie
15 immer Leibniz, Kant und der deutsche Idealismus und die späteren Philosophen sich von ihm abzuscheiden suchen, es kommt zu keinen wirklich klaren prinzipiellen Abscheidungen, die aus ursprünglichen Quellen der Evidenz geschöpft wären. Das aber darum nicht, weil der naturalistische Typus der Lockeschen Psychologie (und
20 schon der Hobbesschen) sich durch alle Neugestaltungen dieser Wissenschaft forterbt und auch in den erkenntnistheoretischen Kämpfen von keiner Seite (und jedenfalls nie wirksam) angegriffen wird und so in beständiger Fortgeltung verbleibt. Der Unterschied zwischen einer reinen Bewußtseinspsychologie — einer alle psychophysi-
25 schen Fragestellungen ausschließenden Psychologie aus reiner psychischer Erfahrung, wie sie als Intention und in ersten systematischen Anhieben schon bei Berkeley und Hume vorlag — und einer reinen Lehre von Bewußtseinsgegebenheiten im transzendentalen Verstand wurde zwar gefühlt, auch gesucht, aber es kam nicht zu
30 einer radikal klaren Abhebung der beiden Seiten, also auch nicht der Unterscheidung zwischen den menschlichen Seelen in Menschen in rein geistiger Hinsicht (einzeln und in Vergemeinschaftung) und den Subjekten (bzw. der Intersubjektivität) in transzendentalem Sinn.
    Die Psychologie der Jahrhunderte ist Psychologie als Naturwis-
35 senschaft, ihre Ursprungsprobleme sind also Probleme der kausalen Genesis, wobei diese Kausalität genauer als naturale Kausalität zu bezeichnen ist. Als Selbstverständlichkeit liegt hier zugrunde — der so notwendigen Klärung nie unterworfen —, daß die menschliche

(und tierische) Psyche, einzeln genommen je ein geschlossenes Feld
von psychischen Daten, von Realen zu einem realen Ganzen verbunden, sich einordnet dem All der Realitäten, der universalen
Natur. Alle ihre Realitäten umspannen die universalen Formen
5 Raum und Zeit (oder die einheitliche Form Raumzeitlichkeit), und
zwar so, daß sie in ihren in der Raumzeitlichkeit verlaufenden Veränderungen dem allumspannenden Kausalgesetz unterstehen. Genauer gesprochen: daß jedwede reale Veränderung nach Naturgesetzen eindeutig bestimmt ist. So hat alles und jedes Reale nach raum-
10 zeitlicher Stelle und Soseinsgehalt seinen Ursprung, es ermöglicht
und fordert eine kausale Erklärung. Gemäß dem verhängnisvoll
wirksamen Cartesianischen Dualismus erschien dabei Psychisches
und Physisches ontologisch (in der seienden Natur selbst) gleichwertig, beide eben in ihr gleicherweise reale Bestandstücke der univer-
15 salen Natur — als wären beide in der Tat in gleichem Sinne raumzeitlich seiend und veränderlich und Einheiten kausaler Eigenschaften.
   Die neue physische Naturwissenschaft wird in den Grundauffas-
sungen, wird, was die Seinsform ihres Gebietes und in Weiterfolge
ihrer Methode anbelangt, ohne weiteres als Vorbild für die zu
20 begründende neue Psychologie genommen; Analyse, Deskription,
Klassifikation, Kausalerklärung müssen in der psychischen Sphäre
völlig analog wiederkehren, jede Psyche ist in sich so etwas wie ein
Analogon von naturalem Sein, obschon vereinigt mit einem physischen Körper nach einer eigenen psychophysischen Gesetzlichkeit.
25 Die physische Natur wird dabei von Anfang an als eine in sich real-
kausal abgeschlossene Natur angenommen, und andererseits wird
doch die universale raumzeitliche Welt als einheitliche Natur in
einem erweiterten Sinn gefaßt, so daß die Psychologie sich als Zweig
in diese universale Naturwissenschaft einreiht und der Physik ein-
30 reiht. Wie sehr nun diese fundieren⟨den⟩ Voraussetzungen an wesentlichen Unklarheiten leiden und prinzipieller Einschränkungen
bedürfen, wir werden nicht daran zweifeln können, daß die Idee der
einen realen Welt, der Physisches und Psychisches sich einordnen,
ihr Recht hat, daß also auch Psychisches objektive Zeitbestimmung
35 zuläßt — Bestimmung nach Zeitstelle und Zeitdauer in der Raumzeitlichkeit, derselben, die der physischen Natur zugehört. Sollte sich
auch zeigen, daß hierin wesentliche Unterschiede in der realzeitli-
chen Seinsweise beiderseits bestehen und sinnvolle Forderungen
kausaler Erklärung beiderseits sehr verschiedenen Sinn haben, so ist

es doch zweifellos, daß auch Psychisches, als was es objektiv raumzeitlich erfahren ist (im Rahmen der konkreten äußeren Erfahrung
vom da und dort seienden Menschen), seine Weisen der induktiven
Regelung in der Welt hat, deren Erkenntnis dazu dienen kann, es
5 unter gegebenen raumzeitlichen Umständen in der universalen Koexistenz und Sukzession zu erwarten. Aber es ist eben, wie gesagt
und wie genauere Untersuchung lehrt, diese induktive Regelung
nichts weniger als das Analogon jener naturgesetzlich kausalen, die
zur physischen Natur, und zwar zu ihrer Wesensform, gehört. Diese
10 physische Natur — die Natur in dem ersten und prägnanten Sinn —
besteht aus Naturkörpern, deren objektives Sein „wesensmäßig"
durch kausale Eigenschaften bestimmt ist. Das heißt, sie sind
schlechthin nicht anders denkbar als so, daß sie im Wechsel ihrer
extensiven und stellenmäßig individuierten raumzeitlichen Gehalte
15 (ihrer Zuständlichkeiten in Veränderung und Unveränderung) einen
festen kausalen Stil bewahren. Nur als Substrate kausaler Eigenschaften, also nach ihren Zuständlichkeiten als unter Kausalgesetzen
stehend, sind sie überhaupt, sind sie, was sie sind, sind sie objektiv
oder an und für sich seiend. Dabei fordert ihre aus der sinnlichen
20 Anschauung geschöpfte Wesensform zu einer Idealisierung und damit einer exakten Mathematisierung auf, zu einer Beziehung aller
Erfahrungsgegebenheiten auf eine mathematische Normidee Natur
und damit zu einer methodischen Ausgestaltung der deskriptiven
Naturforschung, zu einer auf das mathematisierte Apriori (das reine
25 Geometrie, das reine Mathematik der Natur in apriorischen Disziplinen entfaltet) gebauten mathematischen Naturwissenschaft. Also
Kausalerklärung durch exakte Naturgesetze ist hier die *a priori* vorgezeichnete, die einzig mögliche Erklärung.

Ganz anders liegt die Sache hinsichtlich der psychischen Sphäre,
30 und zwar vermöge ihres total verschiedenen und nicht minder wissenschaftlich zu fassenden Wesens. Von einer Seele kann nicht
gesagt werden, daß sie im eigentlichen Sinne eine Natur hat, daß
ihre psychischen Gehalte im eigentlichen Sinne sich über die Raumzeitlichkeit extendieren und in ihr stellenmäßig individuiert sind;
35 desgleichen daß ihr An-und-für-sich-Sein, ihr Sich-selbst-Erhalten
und im Wechsel ihrer Erlebnisse und Habitualitäten Verharren so
etwas sei wie ein Verharren im Sinne von naturalen Realitäten, also
ein Verharren kausaler Eigenheit durch alle Veränderungen (eigentliche raumzeitliche Veränderungen) hindurch. Hier ist natürlich

Mathematisierung von vornherein und wesensmäßig ausgeschlossen. Die den Seelen in der uneigentlichen Verräumlichung und Verzeitlichung zuwachsenden induktiven Regelungen enthüllen nichts weniger als ihr eigenwesentliches Sein, so wie auf der anderen Seite
5 Naturerkenntnis in Erfahrung und exakter Wissenschaft es tut. Sie setzen es immer schon als Nichtnaturales, aus eigenen Erfahrungsquellen (Selbsterfahrung der Seelen und, in Modifikation derselben, Erfahrung vom Fremdseelischen) Bekanntes und zu Erkennendes, auf das sie nur von außen her und bestimmt nur nach sozusagen
10 oberflächlichen Beständen hindeuten, ohne es je, bei noch so sorgfältiger begrifflicher Fassung und bei noch so systematischer Erweiterung, eigenwesentlich begreifen, rational erklären zu können. Freilich sofern die Welt, als Reich des Außereinander erfahren, die Seelen in der uneigentlichen zeiträumlichen Lokalisierung enthält und
15 das Mitdasein der Seelen mit den Leibern sich von außen als induktive Tatsache gibt, hat die induktive Psychophysik (in einem weitesten Sinne genommen) selbstverständlich ihre eigenen berechtigten Aufgaben. Nur daß der mögliche Sinn möglicher induktiver Forschung von Seelischem alsbald überschritten ist, wenn durch sie
20 eigentlich psychologische, das Seelische in seinem Eigensein treffende Erkenntnis gesucht wird.

Die schon mit Hobbes durch Imitation der neuen Naturwissenschaft erwachsene und herrschend gewordene Naturalisierung der Seelen, ja des ihnen in Einzelheit zugehörigen psychischen Bestandes,
25 des, die damit gegebene und ausschließliche Herrschaft der induktiven Außenbetrachtung des Psychischen verdeckten völlig das dem Psychischen selbst eigentümliche Wesen und erweckten jenen widersinnigen Sensualismus, der gegen die ursprünglichen, die evidenten Gegebenheiten der reinen psychischen Sphäre blind war und blind
30 machte. Nach dem Lockeschen Gleichnis, das für diesen Sensualismus charakteristisch ist, ist die Seele so etwas wie ein „weißes Papier", in das sich wechselnde „Zeichen" einschreiben, in ihrem Auftreten und Verschwinden, in ihrem Sichumbilden und -verbinden zu komplexeren Gebilden Gesetzen unterworfen, wobei gedacht ist
35 an psychophysische und innerseelische Gesetze; oder in seinem zweiten, noch charakteristischeren Gleichnis. Die Seele ist wie ein abgeschlossener, ursprünglich dunkler Raum, in dem, von außen erwirkt, sinnliche Daten auftreten und dann nach weiteren empirischen Gesetzen weitere Arten von Daten usw.

Nicht das ist aber der wesentlichste Fehler des Sensualismus, daß er, insbesondere in seiner Radikalisierung nach Locke, die Seele als einen Haufen von an sich zusammenhanglosen Atomen auffaßt, nur zusammengewirbelt durch irgendwelche empirischen Gesetze; daß
5 er also die Ganzheiten und ihre Gesetzmäßigkeiten übersehe, wonach alles in der Seele als Einzelheit Erfaßbare immer und überall schon in Ganzes verflochten ist. Aber selbst wenn diese „Gestaltpsychologie" die Gesetzmäßigkeiten der Gestalt als apriorische in Anspruch nähme, wäre damit die Naturalisierung des Seelischen
10 nicht überwunden. Das heißt nicht, die Bereiche von Phänomenen, welche die Gestaltpsychologie in den Mittelpunkt rückt, leugnen und die auf sie bezüglichen besonderen Untersuchungen entwerten, aber wohl dieser Psychologie den Einwand machen, daß der prinzipielle Gesichtspunkt der Gestalt, unter dem sie das gesamte Reich des
15 Psychischen bzw. des Psychischen in der einzelnen menschlichen Seele betrachtet, das eigentümliche Wesen alles Psychischen verfehlt, aus dessen Erkenntnis ihr alsbald die Relativität und Beschränktheit möglicher Gestaltbetrachtung verständlich würde. Ich sagte, die Naturalisierung des Psychischen sei in der Gestaltpsycho-
20 logie nicht überwunden. Von außen her kann die Differenz so fühlbar gemacht werden: Durch die gestaltpsychologische Auffassung der Seele wäre die verkehrte Vorbildlichkeit der mathematischen Physik (in der klassischen Auffassung einer Mathematik der Atome) ausgeschaltet. Aber nun wäre dafür eingesetzt die Vorbildlichkeit der
25 die Naturgegebenheiten der erfahrenden Anschauung typisierenden deskriptiven Natur, dieser Morphologie, welche die anschauliche Natur unter dem für sie wesentlichen Gesichtspunkt der Gestalten erforscht. Also wir hätten immer noch eine seelische Natur. Übersehen wäre aber der prinzipielle Unterschied einer deskriptiven Mor-
30 phologie der physischen Natur, sich haltend im Rahmen der ihr allein ursprünglich zueigenen Formen der Raumzeitlichkeit und der an sie angeschlossenen Naturkausalität, und einer ganz anders gearteten Morphologie des Seelischen, das nur indirekt und nicht eigenwesentlich an diesen Formen Anteil hat. Es ist eben von einem total
35 neuartigen Wesen, dessen Gesamtform nicht die mindeste Analogie hat mit dem „weißen Papier" oder dem „abgeschlossenen Raum" und in dem Zeitlichkeit und Kausalität (wenn wir jedes „weil — so" als Kausalität bezeichnen) einen total neuen Sinn haben. Die unvergleichliche Verschiedenheit der universalen Wesensformen dieser

beiden Totalitäten Natur und Seele bedingt selbstverständlich auch
eine völlige Disanalogie der in beide einzuordnenden Einzeltatsa-
chen. Das gilt auch, wenn ⟨man⟩ statt der Seele als Totalität des
„in" ihr Seienden die Totalität der Seelen selbst (denn auch sie
5 haben, wie nachzuweisen, eine eigenwesentlich begründete totale
Einheit) nehmen würde. Also nichts, was in einer Seele ist, aber auch
keine Seele selbst, ist in wirklicher Analogie so etwas wie ein Ding
(als Eigenschaft, Relation usw., so etwas wie eine dingliche Eigenschaft, dingliche Relation usw.). Die einzige Gemeinschaft, die bei-
10 des umgreift, ist die Allgemeinschaft der „logischen", der formalon-
tologischen Formen — Begriffe wie Gegenstand, Eigenschaft, Relation, Ganzes und Teile, Homogenität und Heterogenität (Analogie
und Disanalogie) und dergleichen sind eben Begriffe für „alles und
jedes", übergreifen also alle obersten Regionen. Ebenso offenbar die
15 in korrelativem Sinne formalen noetischen Begriffe wie Erfahren,
Vergleichen, Unterscheiden, begrifflich Fassen, prädikativ Urteilen,
im besonderen Beschreiben anschaulicher Gegebenheiten der Erfahrung, in deskriptive Begriffe Fassen usw. Daß also Natur und Seele
Erfahrungsfelder sind, daß beiderseits Beschreibungen und auf
20 Grund von Ähnlichkeiten morphologische Allgemeinheiten, Typen
erfaßt und gestalttheoretische Betrachtungen durchgeführt werden,
das gehört zum Logisch-Formalen. Eine morphologische, eine
„ganzheitliche" Betrachtung muß es schließlich in jeder Region
geben, und so kann der Gesichtspunkt der Gestalt kein prinzipieller
25 sein, um dem eigentümlichen Wesen des Psychischen genugzutun.
Nur eine Psychologie, die das tut, kann wirkliche Psychologie sein,
nämlich eine Wissenschaft, die befähigt und berufen ist, das Ganze
des seelischen Seins systematisch zu umgreifen und zu erschließen.
Alle Systematik folgt den eigenwesentlichen Strukturen. In höherer
30 Stufe gilt es dann, sich dieser Strukturen und in eins des universalen
Wesens der psychischen Sphäre zu bemächtigen als der allgemeinen
und unbedingt notwendigen Form, ohne die eine Seele (und Gemeinschaft der Seelen) schlechthin undenkbar wäre. Im Leibnizschen Sinne gilt es auch hier jene Wissenschaft von den Möglichkei-
35 ten (der psychischen Erdenklichkeiten) auszubilden, die der Wissenschaft von den faktischen Wirklichkeiten vorhergehe und auf die
diese Wissenschaft dann auch zu begründen sei, ganz so wie die
Naturwissenschaft in der höheren Stufe der „rationalen" Physik die
bloß deskriptive Naturlehre dadurch übersteigt, daß sie sich auf das

„Apriori" der Natur, auf die alle erdenklichen Abwandlungen von
Raum- und Zeitgestalten, von Kräften usw. beherrschenden Wissenschaften von der invarianten Wesensform einer erdenklichen Natur
überhaupt gründet. Nur eine auf eine Wesenslehre vom Psychischen
5 (auf sein invariantes apriorisches Struktursystem) gründende Psychologie kann also im echten Sinn systematische und dabei rationale, erklärende Psychologie sein und somit dem ursprünglichen Sinn
genugtun, in dem sie zu Beginn der Neuzeit in die historische Wirklichkeit eintrat und den echt zu verwirklichen ihr niemals gelang.
10   Das Wesen in faktischer Vereinzelung zeigt sich in der empirischen Anschauung, hier in der seelischen Erfahrung — wofern man
sie, durch Vorurteile nicht geblendet, wirklich und in Reinheit sich
aussprechen läßt. Doch diese „Reinheit" bedarf einer Erläuterung.
Gilt es, seelisches Sein in seiner Eigenwesentlichkeit, also rein als es
15 selbst, zu erfassen, so müssen wir von der physischen Leiblichkeit,
mit der die Seele in der Welterfahrung (der Erfahrung von raumzeitlichen Realitäten) konkret einig erfahren ist, abstrahieren, und so
überhaupt von der gesamten Natur. Alle auf Natur gerichtete Erfahrung und Erkenntnis muß jetzt „außer Spiel" gesetzt werden, außer
20 Geltung, was sie uns gibt und was von ihr her uns gilt, das jeweilige
Naturale als daseiend. Betätigen sollen wir nur Erfahrung vom Psychischen und als reine Erfahrung, ausschließlich gerichtet auf es
selbst, und nur in dieser Reinheit betätigt ist sie diejenige psychologische Erfahrung, aus der eine deskriptive Psychologie, deutlicher
25 eine deskriptive und reine Psychologie erwachsen kann. Doch voll
deutlich ist erst die Rede von einer Psychologie, die das Psychische
in seiner Eigenwesentlichkeit, rein so, wie es in sich selbst ist, zum
Thema macht. Das hat insofern keine Schwierigkeit, als es doch klar
ist, daß wir, irgendeine Erfahrung von einem konkreten Menschen
30 befragend, sagen müssen, Physisches einerseits und Psychisches andererseits seien je rein für sich zu betrachten und auszulegen, obschon in der konkreten Realität einig, seien sie doch in allem und
jedem „getrennt" (womit wir natürlich nicht der Cartesianischen
Lehre von den beiden Substanzen, von zwei getrennten Realitäten
35 das Wort reden wollen). Aber eine Schwierigkeit (und bekanntlich
eine Quelle unendlicher Schwierigkeiten) entspringt daraus, daß doch
die gesamte Welterfahrung, mit ihrer Struktur Natur, sich in der
Seele abspielt, einzeln und in seelischer Vergemeinschaftung. Man
könnte also einwenden: Wie können wir die Erfahrung und Erkennt-

nis von der Natur „außer Spiel setzen", außer Betätigung, da sie
doch selbst mit ins Gesamtthema Seele gehört und in diesem ein
gewaltiges Sonderthema bilden muß? Hier ist also der eigentümliche
Sinn dieses Außer-Spiel-Setzens der Naturerfahrung bzw. des Seins
5 der erfahrenen Natur und in Konsequenz des Seins der realen Welt
als erweiterter Natur wohl zu beachten. Erfahrung, als zum Eigenwesentlichen einer Seele gehörig, ist, indem sie für eine Psychologie
thematisch wird, in ganz anderer Weise vollzogen als eine Erfahrung, die etwa im praktischen Leben oder naturwissenschaftlich fun-
10 giert. Im letzteren Fall ist die Erfahrung mit ihrem Seinsbewußtsein
im eigentlichen Sinn vollzogen; die Straße gehend und sehend ist
das Gesehene schlechthin für mich seiende Wirklichkeit. Dieses
schlichte Wirklichsein ist Korrelat des vollzogenen Seinsglaubens,
des erfahrenden Gewißseins, das seinerseits, erst in einer reflektiven
15 Erfahrung erfaßt, mir als wirklich seiend gegeben ist. In der psychologischen Einstellung lebe ich nicht vollziehend im Erfahren, sondern ich mache es reflektierend zum Thema eines neuen Erfahrens.
Würde ich aber in diesem reflektierenden Erfahren zugleich noch
das Geradehin-Erfahren in Wirklichkeitsgeltung halten, so würde ich
20 in eins etwa die Straße und das Erfahren der Straße gesetzt haben,
also in eins naturales Sein und psychisches Sein. Das Erfahren von
der Straße rein als mein Erleben erfordert das Nicht-im-Griff-Fest-
halten der Straße als wirklich seiender, also ein dieses Seiende nicht
in Mitgeltung Halten, vielmehr ausschließlich das Erfahren von ihr.
25 Dazu gehört dann auch als ein von ihr untrennbares Moment, daß
sie Erfahrung von „der Straße" ist, daß sie Seinsglauben von ihr
enthält — nur daß dieser Glaube für mich als Psychologen jetzt seiner Geltung nach ganz außer Frage und schon außer schlicht erhaltener Geltung ist. Demnach ist die „innere" Erfahrung, wenn diese
30 prägnant als die Erfahrung vom Psychischen in seiner reinen Eigenwesentlichkeit verstanden wird, auch wo sie innere Erfahrung von
einer äußeren Erfahrung ist, von Sein und Nichtsein des erfahrenen
„Äußeren" unabhängig, jede Stellungnahme dazu ist durch die Reinigung ausgeschaltet. Es ist die für die reine Innenpsychologie ent-
35 scheidende Grundtatsache, daß der Psychologe jede Voraussetzung
oder Mitsetzung von Natur, von objektiv realer Welt überhaupt
außer Spiel setzen kann und gerade dadurch die universale Welterfahrung in allen ihren dahinströmenden Sondergestalten als rein
psychisches Thema gewinnt und so alle Bewußtseinsweisen, in de-

nen erkennend, wertend, strebend usw. die Welt als seiend mit- und
vorausgesetzt ist. Das psychologisierende Subjekt übt nun rein seelische Erfahrung und folgt ihrer sozusagen natürlichen Evidenz ebenso und in derselben Naivität wie der Naturforscher der Evidenz der
5 naturalen (der „äußeren") Erfahrung. Ihm gilt, was er sieht und
beobachtend, es „genauer" betrachtend sieht, solange die Einstimmigkeit der Erfahrung ungebrochen bleibt, also nicht Erfahrungs-
zweifel, Zerfallen in widerstreitende „Auffassungen", Durchstrei-
chung als „Schein" eintreten.

10   Der gesamte Gang einstimmiger Erfahrung, der durch solche Vorkommnisse der Unstimmigkeit zwar gelegentlich gestört wird, aber
doch so, daß sich immer wieder im Durchgang durch Korrekturen
eine Einheit einstimmiger Erfahrungswirklichkeit herstellt. Ganz so
wieder wie in der äußeren Erfahrung, und beiderseits hält sich so ein
15 universales Erfahrungsfeld durch, ein Feld beständiger Erfahrungs-
wirklichkeiten, auf das sich ein Erkennenwollen, ein begreifendes
und prädizierendes Denken in seinem Eigenwesen der Evidenz eta-
blieren kann. Die erste und Grundform der reinen Erfahrung, diejenige, die in ihrer relativen Unmittelbarkeit die höhere Evidenz hat
20 und die Evidenz der sekundären rein seelischen Erfahrung mitträgt,
ist die reine „Selbsterfahrung", in welcher der Psychologe seine
eigenen Bewußtseinserlebnisse in reiner Selbsterfahrung erfaßt und
deskriptiv behandelt. Hierbei ist ihre erste, die unmittelbarste Form
die Selbstwahrnehmung. In ihr ist die strömende Selbstgegenwart in
25 unmittelbarster Originalität gegeben. An sie knüpfen die weiteren
Formen der Selbsterfahrung an, als welche die unanschaulichen
Horizonte der Selbstgegenwart enthüllen. So enthüllt die anschauliche Wiedererinnerung (schon in einer intentionalen Mittelbarkeit),
und doch in einer sekundären Originarität, die eigene Vergangenheit
30 und die in den Zukunftshorizont eindringende, die „originär kommende" Zukunft, mit ihren im freien „ich kann" sich jeweils wan-
delnden Leeren dieses Kommenden.

Verfolgen wir so je unser eigenes rein seelisches Sein, uns ausschließlich an das haltend, was die Evidenz der Selbsterfahrung
35 wirklich bietet, und richten wir den Blick auf die durch alle Wandlungen hindurchgehende Typik, so gewinnen wir in reiner Deskription eine Erfahrungserkenntnis dieser Typik, als der Strukturtypik
unseres eigenen Selbst. Wir sehen dann bald, daß diese Typik sich
von aller Bindung an Faktisches befreien und sich erkenntnismäßig

in einer neuen Reinheit, nämlich einer reinen Wesenstypik fassen
läßt, d.i. einer universalen Typik, die in apodiktisch evidenter Allgemeinheit alle frei erdenklichen Abwandlungen meines faktischen
Seins beherrscht, oder mit anderen Worten, die invariante Struktur
5 bezeichnet, die, wie immer ich mich in fiktiv gewandelter reiner
Selbsterfahrung umfingieren möge, als unzerbrechliche Form verbleibt. Es ist dann einzusehen, daß auch alle für mich erdenklichen
fremden Seelen dieselbe Wesensform haben müssen, da sie, was sie
für mich sind, nur sein können als „meinesgleichen". Einfühlung ist
10 ein derivativer Modus der Selbsterfahrung; was sie anschaulich bietet, kann nur ein mir selbst Ähnliches, also von demselben Wesen
sein.

Folgen wir der bevorzugten Selbsterfahrung, so ergibt sich in ihr
bei vorurteilsloser Betrachtung der Grundcharaktere des Psychi-
15 schen die Intentionalität, und somit kann die „reine" Psychologie
auch bezeichnet werden als intentionale Psychologie. Wir können
stattdessen auch sagen Bewußtseinspsychologie, sofern Bewußtsein
(Bewußtseinserlebnis als Bewußtsein von etwas, intentionales Erlebnis) der notwendige Ausgangstitel für alle Wesensdeskriptionen ist,
20 auf den aber auch alle anderen Titel, obschon sie es selbst nicht mit
Bewußtseinserlebnissen zu tun haben, zurückbezogen sind. So ist die
psychologische Problematik, die das reine ⟨Ich⟩ (nichtpsychophysi-
sche Ich: Ich der Mensch) bietet, obschon dieses „Ich" kein intentionales Erlebnis ist, Anzeige einer gewissen „Polarisierung" aller
25 konkret einheitlichen Erlebnisse, derjenigen einer „Seele", die übrigens selbst in ihrer Seinsidentität nicht ein nur komplexes Erlebnis,
eine Synthese der wirklichen Erlebnisse ist. Ebenso steht es mit den
Habitualitäten, der Person in ihren personalen Charakteren usw. All
dergleichen Psychisches gehört zum Thema, setzt aber in seiner
30 Wesensbeziehung auf das Bewußtseinsleben eben zunächst das Studium desselben in seiner wesensnotwendigen und wesensmöglichen
Typik voraus, und eben damit rechtfertigt sich die Bezeichnung
Bewußtseinspsychologie als diejenige, welche das Eigenwesentliche
des Bewußtseinslebens und das wesensmäßig darauf Bezogene und
35 davon Unabtrennbare behandelt. Diese intentionale Psychologie ist
in ihrer ersten Stufe auf die wesensverschiedenen Bewußtseinsmodi
(Modi intentionaler Erlebnisse) und die ihrer synthetischen Verein-
heitlichung zu neuen, fundierten Intentionalitäten bezogen, also deskriptiv die Formtypik von Intentionalität, die ⟨zu⟩ jedem erdenkli-

chen faktischen Bewußtseinsleben gehören muß, nach allem, was
davon wesensmäßig unabtrennbar ist, erforschend. In ihrer höheren
Stufe ist sie aber ganz und gar von den Problemen beherrscht, die
wir Ursprungsprobleme nennen. Es sind dieselben Probleme, die
5 sich Locke und sogleich in Universalität in seinem Essay stellte, in
der Absicht, dem leeren Wortstreit der Metaphysik ein Ende zu
machen, und die man sich seitdem in unwesentlichen Wendungen
immer wieder gestellt hat: Alle unsere unklaren „Vorstellungen"
(Ideen), alle unsere wie immer uns als entwickelten Subjekten zuge-
10 wachsenen Begriffe zu „klären", sie auf ihren „Ursprung" zurückzuführen, und zwar in einem Sinne, daß dadurch ihre objektive Gültigkeit und zugleich Art und Tragweite dieser Gültigkeit einsichtig
werden können.[1]

15 BEILAGE XII (zu S. 142): ⟨Ursprungsklärung als Erkenntnistheorie⟩
⟨1930⟩

Universale Klärung, universale Nachweisung des Ursprungs unserer
„Ideen" in Allgemeinheit, und zwar oberster grundbegrifflicher Allgemeinheit — warum ist das gleichwertig mit Erkenntnistheorie? In der Tat, was
für Probleme soll dieses Wort befassen? Doch keine anderen, als die in der
20 Frage liegen: Wie ist es zu verstehen, daß der Erkennende oder die Erkennenden in der Immanenz ihrer psychischen Erlebnisse unter dem Titel
Erkenntniserlebnisse solche gewinnen und gewinnen können, in denen sie in
einsichtiger Weise transzendenter Wirklichkeiten, außerpsychischer, gewiß
werden können; wie kommen in dieser Immanenz auftretende und als Denk-
25 aktionen in einer willentlichen Aktivität des Erkennenden vollzogene psychische Gebilde dazu, eine mehr als psychische Bedeutung zu haben? Zu den
psychischen Gebilden gehören auch alle idealen Normen, alle Ideen, darunter die idealen Identitäten, die idealen festen Begriffe und Urteile (fest erhalten in ihrer Identität), alle Ideen des „ein für allemal", z.B. in der Fortgel-
30 tung der gewonnenen Evidenzen, die Idee, daß jedermann sie immer wieder
erzeugen, daß er in ihnen immer wieder ideal-identisch dieselben Erkenntnisse gewinnen könnte. Zu den psychischen Gebilden gehören die theoretischen Denkerzeugnisse jeder Art, die doch offenbar Erzeugnisse, von uns
selbst gebildet, sind und doch für die „Sachen selbst" gelten, für sie objektive
35 Wahrheit ermöglichen sollen. Sind nicht die wirklichen Gegenstände an sich,
und ist nicht die in den Seelen bald so, bald so vorgestellte und in Denkge-
bilden gedachte Welt ein die psychische Sphäre Überschreitendes? Und sind nicht

---

[1] Vgl. hierzu Beilagen XII und XIII, S. 142 und S. 143.

die Seelen für andere transzendent, für andere ein Außensein, das nie zum
Drinnensein werden kann und nicht nach den mindesten Bestandstücken?
Und was von der Welt gilt, gilt von Gott, der doch noch von der Welt
unterschieden wird.

5   Fragen wir : Was ist Erkennen, was ist erkennendes Vermeinen von Gegenständen, wie unterscheidet es sich vom nicht erkennenden? Fragen wir
zunächst allgemeiner : Was ist Vermeinen von etwas, welches sind seine verschiedenen Formen, welche Besonderheiten machen das sogenannte Erkennen aus, wie differenzieren sie sich, oder was offenbar dasselbe ist, welche
10 Arten und Stufen der Evidenz gibt es, und wie kommen Evidenz und Vermeinen in eine allgemeine Beziehung, die es versuchen läßt, jede Meinung
auf ein „ entsprechendes " Evidentmachen hin in Arbeit zu nehmen, usw.? So
stehen wir doch durchaus in der Bewußtseinssphäre, da doch Vermeinen, wie
leicht zu sehen, nur ein anderes Wort ist für Intentionalität und in seinem
15 allgemeinsten Formsinn die ganze Sphäre des Bewußtseinslebens umspannt.

Nun sagten wir, daß die intentionale Psychologie alle Fragen nach Sein
und Nichtsein der Gegenstände einklammert. Sind damit nicht die erkenntnistheoretischen Fragen *eo ipso* ausgeschaltet?

20 BEILAGE XIII (zu S. 142): ⟨Zum Problem einer intentionalen Psychologie
und psychologischen Erkenntnistheorie⟩
⟨1930⟩

Diese Abzweckung der psychologischen Untersuchungen des Ursprungs
aller unserer „ Ideen ", oder in allgemein begrifflicher Fassung, aller unserer
25 Begriffe oder vielmehr aller Grundbegriffe, durch die alles, was uns als seiend
gilt, in allgemeinster Form gedacht wird, auf Ermöglichung einsichtig gültiger
Erkenntnis macht diese Untersuchungen zu „ erkenntnistheoretischen ".
Man kann auch sagen, daß zu den Grundbegriffen *eo ipso* auch alle Grundbegriffe der Erkenntnis selbst und als solcher gehören, Begriffe wie Begriff,
30 Urteil, gültiger Begriff, gültige Gewißheit und ihre modalen Abwandlungen
wie Möglichkeit und Wahrscheinlichkeit sowie die auf diese bezogenen Unterschiede und ihre Gültigkeit. Ebenso korrelativ die Begriffe, die sich auf die
allgemeinsten Formen erkennender Tätigkeiten beziehen, Erfahren, Vorstellen, Abstrahieren (Begriffsbildung), erkennendes Urteilen (Evidenz prädikati-
35 ver Sachverhalte) usw. Weiter gehören auch die Grundbegriffe der Werte-
sphäre und praktischen Sphäre mit hierher, sofern sie auf formale Strukturen
unserer vorgegebenen Welt sich beziehen (z.B. in alle Kulturbegriffe mit eingehen). Danach ist universale Klärung *eo ipso* gleichwertig mit Erkenntnistheorie. Nämlich als universal klärende Besinnung, und zwar in grundbegriffli-
40 cher Allgemeinheit sich haltend, von Erkenntnis überhaupt in allen ihren
Gestalten, und zwar korrelativ Gestalten des Erkennens und Gestalten der
Erkanntheiten bzw. des zu Erkennenden als solchen, der möglichen Arten
und Formen von Gegenständen als solchen der Erkenntnis.

Daß die im Sinn der traditionellen Psychologie verstandene „Kausalerklärung" von Erkenntniserlebnissen und den in ihnen (vermeintlich) erkannten Gegenständen als solchen nicht dazu angetan sein kann, solch erkenntnistheoretische Probleme zu lösen, ist uns selbstverständlich, überhaupt ist
5 weder eine naturalistisch mißverstandene noch eine auf guten Sinn reduzierte „Psychologie als Naturwissenschaft", also ein Hereinziehen psychophysischer und jeder Art induktiver Problematik dem Sinn der Erkenntnisprobleme angemessen, vielmehr ihm widersprechend.

Aber wenn hier reine Psychologie einsetzen soll, so ist nun die erste Frage,
10 wie sie nach Ausscheidung des verkehrten Sensualismus, wie er in der ersten Gestalt einer solchen Psychologie bei Hume der ganzen psychologischen Problematik verhaftet (und bei ihm zum widersinnigen erkenntnistheoretischen Fiktionalismus führt), zur Ursprungsproblematik führt und welchen wesensmäßigen Sinn diese in ihr hat.

15 Fürs zweite ist die Frage, wiefern der alte Einwand, psychologische Fragen des Ursprungs unserer Erkenntniserlebnisse sind nicht Fragen nach ihrer objektiven Gültigkeit, auch noch Bestand hat oder in welchem Sinn er es noch hat. Oder was dazugehört, inwiefern diejenigen Ursprungsfragen, welche zur intentionalen Psychologie gehören, zu unterscheiden sind von denje
20 nigen, welche im echten Sinn transzendentalphilosophische heißen.

Zunächst wird zu überlegen sein: Inwiefern ist es richtig, so wie p. ⟨142⟩ gesagt worden, daß die Probleme der rein intentionalen Psychologie auf der höheren Stufe durchaus Ursprungsprobleme sind, und zwar genau die Lockeschen, und zwar wenn diese in ihrer offenbaren, wesensmäßig erweiter
25 ten Universalität umgriffen werden?

Was ist der eigentümliche Sinn dieser Probleme, in ihrer reinen Fassung als intentionaler?

Hier muß zunächst über die Art der phänomenologischen Psychologie gegenüber der Brentanoschen einiges gesagt werden und gezeigt, wie ein Rest
30 des Naturalismus darin bestehen bleibt, daß das Bewußtseinsfeld als ein in der inneren Erfahrung sich nach Koexistenz und Sukzession ausbreitendes Zeitfeld genommen wird und andererseits von den intentionalen Gegenständen zwar gesprochen wird, aber sie selbst nicht ernstlich in psychologische Untersuchung gezogen werden, als ob das, wovon Bewußtsein Bewußtsein
35 ist, nicht in gewisser Weise untrennbar zu diesem gehöre, zu seinem deskriptiven Bestand, gleichgültig, wie es mit der objektiven Wahrheit des Seins der „vermeinten" Gegenstände selbst stehe, während doch nicht eine Deskription in Hinsicht dieser intentionalen Gegenstände den Charakter der natürlich objektiven Deskription der „entsprechenden Gegenstände" der Natur,
40 der Welt etc. habe.

Bewußtsein als Vermeinen und Gegenstand als Polsynthesis intentionaler Erlebnisse, als identifizierende Einigung eine Identität des Pols. Der Pol als Substrat- und Nebenpol, als unselbständig, als bestimmend. Pol, vermeinter Gegenstand- und die Mannigfaltigkeit seiner Darstellungen, Einheit der Be
45 stimmung und ihrer Abschattungen. Empfindungsdatum und Auffassung in der „äußeren" Wahrnehmung, das Empfindungsdatum selbst als Einheit zeitlicher Gegebenheitsweisen, in einer völlig neuartigen Weise des Sichdar-

stellens, Sichabschattens und immer so, daß Darstellung in sich charakterisiert ist als Darstellung von. Unendlicher Regreß.

Betrachtung solcher Synthesen der kontinuierlichen Identifikation, in der kontinuierliche Erfahrung vonstatten geht und so, daß sie tendiert überzuge-
5 hen in explizierende Erfahrung, in der die Eigenschaftspole einzeln hervortreten und ihrerseits in einer besonderen Identitätsdeckung, der eigenschaftlich partialen gegenüber der totalen, den Sinn der „unselbständigen" Bestimmung annehmen.

Verfolgung an Beispielen, Übergang zur Wesensallgemeinheit, und dann
10 haben wir Auslegung des allgemeinen Sinnes von Erfahrungsgegenstand als Gegenstand des Bewußtseins — aber immer in Beispielsweisen endlicher Prozesse von synthetischem Bewußtsein betrachtet.

Wir sehen schon: Das wird wesentlich Beziehung haben zum Problem der Klärung des Begriffes, der allgemeinen Vorstellung: „Erfahrung" (Erfahren)
15 und Erfahrungsgegenstand. Aber wir stehen noch in der Endlichkeit und in der Betrachtung einzelnen kontinuierlichen Erfahrens und kontinuierlich Erfahrenen. Diskrete Synthesis: kann verschiedene solche Erfahrungen einigen. Aber das macht nicht Einheit einer Erfahrung.

Horizonte der Erfahrung — das Verweisen auf neue und neue Erfahrungen
20 und keine die letzte, also auf eine implizite offene Unendlichkeit von Erfahrungen und Erfahrenheiten desselben Gegenstandes, wobei der äußere Gegenstand ein Beispiel dafür ist, daß der Gang der Forterfahrung zwar auf dieselben Bestimmungen zurückführen kann, aber daß der Horizont ein solcher einer offenen Unendlichkeit immer neuer Bestimmungen ist oder der
25 enthüllende Prozeß in seiner idealmöglichen Unendlichkeit ein solcher einer ins Unendliche fortzuführenden Kenntnisnahme ist, die immer Neues vom selben Gegenstand ergeben würde. Er selbst ist Einheit, identisches Substrat einer unendlichen Allheit von Bestimmungen. Vermeinter Gegenstand, also Vermeintes, das, soweit ⟨es⟩ eben zur Kenntnis kommende ist, behalten
30 bleibt in Form des Bekannten, und im Horizont ein Unbekanntes, aber zu Erkennendes durch die neuen möglichen Erfahrungen. Enthüllung des Gegenstandes, wie er selbst ist oder wäre, und Enthüllung durch die Unendlichkeit wirklicher und möglicher Erfahrungen etc.

„Ursprung des Erfahrungsgegenstandes" — „Klärung dessel-
35 ben". Nach dem Ursprung des Erfahrungsgegenstandes fragen, das ist, zunächst sich sagen: Ein Erfahrungsgegenstand ist uns im allgemeinen „unklar", unanschaulich vage vorstellig. Indem wir ihn vorstellen, das ist, in irgendeinem Modus als seiend bewußt haben (oder im neutralen Modus, als ob er wäre, nämlich wo er phantasiemäßig als Faktum Vorgestelltes ist),
40 haben wir in der Regel keine „Anschauung" von ihm, in der wir ihn selbst sehen würden und sehen, wie er beschaffen ist, was an Eigenmerkmalen ihn konstituiert. Vorstellung besagt hier ein vermeinendes Bewußtsein, das den Charakter des doxisch Vermeinenden hat, derart daß in ihm bewußt ist Vermeintes (mit einem „Inhalt" einer Meinung) in der Weise des Schlicht-Sei-
45 end. Etwa so, wie wir im Wahrnehmen ein Bewußtsein, und zwar ein seinssetzendes, ein doxisches, betätigen, gerichtet auf das in ihm Bewußte (Vermeinte), und dieses, auf dem allein der „Blick" ruht (das ist eben das Wor-

auf des Gerichtetseins), steht „da", im schlichten Dasein, ohne daß etwa erst
etwas vorstellig wäre und dann das Seiende ihm zugesprochen, es als seiend
anerkannt wäre u.dgl. Doxa, Seinsbewußtsein, ist ein Modus der Vorstellung
selbst, und das Da im wahrnehmungsmäßigen Bewußtsein, das Seiende, ist
5 sein korrelativer Modus; nur daß in gewissen jederzeit herzustellenden Zusammenhängen Inhalt und „Seinsqualität" unterschieden werden können.
Von hier aus erweitert sich der Begriff Vorstellung von selbst auf alle doxi-
schen Modalitäten, ein Gegenstand kann, statt als seiend schlicht bewußt zu
sein (wie „das" Sofa im Nebenzimmer, worauf ich jetzt gerichtet bin und
10 ⟨das ich⟩ in Seinsgewißheit vorstelle), auch bewußt sein als zweifelhaft, als
möglicherweise usw. Desgleichen überträgt sich der Begriff Vorstellung von
selbst an die neutralisierenden Abwandlungen aller Modalität „wirklicher"
Doxa (Positionalität), die im weitesten Sinn Phantasievorstellungen heißen.
Wesensmäßig gehört zu jeder Vorstellung, die unklar ist, daß sie überge-
15 führt werden kann, daß Überführung erstrebt werden kann in eine klare, und
zwar so, daß im gelingenden Übergang unklar und klar in einer Synthesis der
Identifizierung sich „decken", korrelativ, daß das beiderseits Vermeinte bewußt ist als dasselbe — dasselbe nämlich im Modus der Unklarheit, das
andere Mal im Modus (oder einem Modus) der Evidenz. Doch ist Rücksicht
20 zu nehmen auf die verschiedenen möglichen Weisen dieser Identifizierung —
derselbe Gegenstand, das kann derselbe sein in schlicht totaler Identifizierung, derselbe ganz und gar, wie er gemeint war, klar geworden als er selbst;
oder derselbe, aber sich „genauer bestimmend", evtl. sich als anders bestimmend und doch derselbe, oder endlich derselbe Gegenstand — in der Klärung
25 „offenbar werdend als Schein", und statt dessen tritt für ihn ein entsprechend wahres Sein, der wahre Gegenstand usw.
Der Gegenstand wird im Ursinn evident, sein Dasein bestätigt sich und als
wie er ist, und er zeigt sich in seinen noch unbekannten, unbestimmt vorgezeichneten Bestimmungen — darin liegt: Vorstellung hat auch Horizonte
30 der Vormeinung, der Mitmeinung, die sich nicht in einem schlichten Übergang zur Wahrnehmung schon klären, sondern Mittelbarkeiten, ja Kontinui-
täten von Mittelbarkeiten in sich schließen, die in immer neue Vorstellungen, immer neue Klärungen überleiten müssen, wobei jeder Schritt, jede
Phase wieder ihren Horizont haben, in eins mit bestimmteren Vorzeichnun-
35 gen neu geformte Unbestimmtheiten, die wieder mit der anschaulichen Erfüllung neue offene Unbestimmtheiten als Horizont bringen usw.
Hier ergibt sich gegenüber der Klärung (dem Klarmachen bzw. Klarwer-
den) der aktuellen Erfahrung, der fortgehenden Wahrnehmung, in ähnlicher
Weise klarer und immer weiter zu klärender Erinnerung, ein neuer Sinn von
40 Klärung. Ohne Weitergehen im Wahrnehmen kann ich den Gegenstand mir
klarmachen — wie er wäre, wie er in Klarheit gegeben sein müßte, wenn ich
im Wahrnehmen etc. fortschritte. Ich schreite also statt wirklich wahrneh-
mend in der Weise anschaulicher Antizipation im Anschauen-als-ob fort.
Der Horizont ist eine leere Antizipation, die in intentionaler Implikation
45 eine verborgene Unendlichkeit von immer neuen Antizipationen in sich
birgt, die sich im Fortschreiten auf das da Implizierte bestimmt eröffnen
würde. Sich die Horizonte klarmachen ist, sich anschaulich hineindenken in

das fortschreitende Wahrnehmen. Es ist offenbar nicht bloß Phantasie, sondern ein Analogon der wiedererinnernden Vergegenwärtigung, in gewisser Weise eine intentionale Modifikation derselben. Das anschaulich Werdende in der Synthesis der Identifikation ist nicht ein bloßes Als-Ob der Phantasie,

5　sondern ist hinsichtlich der Doxa wirkliche Seinssetzung in einer gewissen Modalität; es ist ein zum „ich kann weiter wahrnehmen" gehöriger Erwartungsmodus, was in Anschauung würde kommen, wenn ich den zugehörigen mitbewußten Wahrnehmungsweg verwirklichend durchlaufen würde. Aber doch nicht so ohne weiteres, nicht der volle Gehalt des Anschaulichen ist in

10　dieser Art als „dann zu erwarten" motiviert, sondern nur motiviert als eine der Möglichkeiten — der Horizont hat eine Unbestimmtheit, die eine allgemeine Rahmenumzeichnung ist für viele Möglichkeiten, von denen das anschaulich Werdende eine ist, die festgehalten wieder einen nächsten Horizont umzeichnet —, was kommen müßte, wenn diese Möglichkeit einträte,

15　und was wieder eigentlich ein Spielraum von neuen Möglichkeiten ist, deren jede eine „gleiche Möglichkeit" hat, für die ein Gleiches spricht. Die Klärung legt auseinander, expliziert die Horizontintentionalität, und das durch die vorstellende Seinssetzung Umzeichnete, ein immer neuer Spielraum gleicher Möglichkeiten, gibt für jeden Schritt eine Überschau über diesen Spiel-

20　raum und seine Möglichkeiten und zugleich Klarheit über den gesamten Stil der Erfahrung und der Möglichkeiten des Selbstseins desselben sich dabei klärenden Erfahrungsgegenstandes — er klärt sich in seiner Möglichkeit, und das sagt wieder in dem All der Möglichkeiten, die von der Ausgangserfahrung aus vorgezeichnet sind.

25　　Das überträgt sich auf alle Abwandlungen der Erfahrung bzw. von der Klärung des Seins eines Gegenstandes auf die der Möglichkeit eines Gegenstandes, und wieder von der Klärung eines bestimmten Gegenstandes (oder seiner Möglichkeit) und der darin beschlossenen Möglichkeiten seines wirklichen Seins oder möglichen Seins auf die allgemeinen Vorstellungen, auf

30　Klärung des allgemeinen „irgendein Ding überhaupt", „irgendein Mensch überhaupt", „irgendein Gegenstand welcher Region überhaupt", insbesondere in reiner Allgemeinheit. Dann stehen wir im Reich reiner Möglichkeiten, die umspannt sind von einer allgemeinen Wesensform, die ihrerseits klar wird (als allgemeiner Gegenstand), wenn wir in der Methode der Idea-

35　tion exemplarisch einzelne reine Möglichkeiten (im reinen Als-Ob gesetzte) zur Klarheit bringen und dann in der freien Variation dieser geklärten in der Evidenz des Und-so-Weiter nach Belieben das invariante Allgemeine erschauen. Schon die Klärung eines singulären Gegenstandes, der wie ein Dinggegenstand Unendlichkeiten der Möglichkeiten in sich schließt, von jedem

40　Erfahrungssinn aus, den eine wirklich vollgezogene endliche Erfahrung an die Hand gibt, führt über in eine Klärung einer Allgemeinheit — obschon sie nicht notwendig so weit gehen muß — nämlich auf die Klärung des Allgemeinen, das alle Möglichkeiten dieses Gegenstandes umspannt, zunächst „von hier aus". Aber dieses Allgemeine ist hier gebunden, und wird es in

45　Freiheit des Umdenkens entbunden, dann wird eben aus der Klärung die der reinen Allgemeinheit, und letztlich der Region Ding überhaupt.

Des weiteren: Klärung unserer Begriffe und insbesondere Klärung der Grundbegriffe unserer Erkenntnis — der Grundbegriffe, in
denen alles, was für uns ist, gedacht wird; versteht man unter Begriffen jene
Allgemeinheiten des Vorgestellten und Vorstellbaren, von denen die oben
5 Rede war, so ist nichts weiter zu sagen. Versteht man darunter allgemeine
Wortbedeutungen, so sind normalerweise damit gemeint eben allgemeine
Vorstellungen, die mit Worten bezeichnet sind. Vorstellung Vorgestelltes als
solches; der Gegenbegriff von Vorstellung allerdings Vorstellen als Erlebnis
oder als eine begründete Habitualität, in die für ein Ich, für mich ein beliebig
10 wann (in der Zeit der ungebrochenen Habitualität) auftauchendes Vorstel-
lungserlebnis eines Vorgestellten aufgenommen wird im Bewußtsein, es sei
dieselbe Vorstellung, noch immer in derselben Geltung.
    Überall: Klärung des Vorgestellten, des einzelnen oder des „Be-
griffs".
15 Erkenntnistheoretisch — die Klärung des Vorgestellten vollzieht sich in
erfüllendem Anschauen, das aber dabei anonym bleibt, was im Blick ⟨ist⟩,
ist der Gegenstand — aber der sich klärende als solcher; das ist, der Gegenstand hat seine Stufen der klaren Gegebenheit; die Klarheit, der völlig klare
Gegenstand, ist der Gegenstand selbst in der Klarheit der Totalität seiner
20 Konstituentien. Das ist das Telos. Es ist nun so wie bei einem Prozeß des
Erwirkens, das Werk in verschiedenen Stadien der Fertigkeit, des Entwurfs,
in deren synthetischer Kontinuität das intendierte Werk immer vollkommener „zutage tritt", bis es als Telos da ist.
    Diese Klärung des Vorgestellten hat ihr Korrelat in der Klärung des Vor-
25 stellens (des Wahrnehmens etc.), der „subjektiven Seite"; das Verborgene,
das Anonyme enthüllen und zu fixierender Deskription bringen.
    Die Frage, was leistet ein Klärungsprozeß, ist doppelseitig. Wie kommt die
Leistung zustande, analog, wie kommt das Werk zustande — in den Stadien
seiner Entwürfe, deren jeder auf das Telos verweist und es als Entwurf in sich
30 partiell in der eigentümlichen Weise des „um werden" „vorstellt"? Vorstellen kann auch diesen noematischen Sinn haben; andererseits wie der Geist
das macht, daß er entwirft und von Entwurf zu Entwurf fortschreiten kann,
wie das noetische Vorstellen leistet und das Noematische in sich trägt, wie
die Einheit des Wahrgenommenen in seinen Wahrnehmungsphasen und
35 wechselnden Wahrgenommenheiten in der Einheit des wahrnehmenden
Sichdarstellens einer neuen reflektiven Schicht sich macht, ist die tiefere Frage. Wie macht sich das Subjektive — wie sieht das Bewußtsein von einem
sich enthüllenden Gegenstand und der Idee nach von einem vollkommen
vorstelligen Gegenstand aus — für jede Gegenstandsart und -kategorie? Und
40 welche Struktur muß es als evidentes, als anschauliches haben gemäß den
verschiedenen Modi des Vorgestellten?
    Universal — für alle Arten von Gegenständen als vorgestellten
und sich in ihrem wahren Selbstsein enthüllenden und ihr enthüllendes Vorstellen.
45 Aber Gegenstand in Vereinzelung? Die Allgemeinheiten sind auch Allgemeinheiten für Universa. Eine reale Welt überhaupt, Idealitäten jeder Art,
auch Allgemeinheiten, sich einer realen Welt einfügend, sich darin „realisie-

rend" als Gebilde und sich zugleich auf die Welt beziehend (darunter Rück-
beziehungen), korrelativ das „Vorstellen" (das konstituierende Leben), zuge-
hörig zu möglichem Sein jeder Art, zu seiner konkreten Möglichkeit, also
auch die Allgemeinheiten auf dieses Konstitutive bezogen.

5   Universale und totale Klärung. Alles mögliche, vorstellbare Sein in
seiner untrennbaren Beziehung zum Subjektiven, und in diesem intentional
beschlossen Totalität möglichen Seins, bezogen auf und beschlossen in einer
Totalität des Subjektiven, als dessen intentionale Leistung, passiv und aktiv.
All das selbst zu klären; Erkenntnis als absolute, als klärende Enthüllung, als

10   Idee einer systematischen universalen Tätigkeit, die selbst zur allkonstitu-
ierenden Subjektivität gehört und in ihr selbst ist, indem sie sich konstituiert.
Universale Erkenntnistheorie als universale Selbstenthüllung
allkonstituierender Subjektivität hinsichtlich all der Leistungen, in
denen es das Seinsuniversum, das objektive und das eigene Sein, konstituiert

15   — universale Klärung führt auf Transzendentalphilosophie.

Rein immanente universale Selbstbesinnung über alles, was ist in
seiner intendierten Wirklichkeit und nach allen seinen impliziten Möglichkeiten. Vorgehen: Die universale Ontologie, zunächst universale Ontologie der faktischen Welt; wie ist sie aus der Unendlichkeit ihrer zu enthül-

20   lenden gebundenen Möglichkeiten, und rein *a priori*? Wie ist ideal mögliche
Welt überhaupt und diese als ihre Vereinzelung? Die universale ontologische
Überschau, die naiv ontologische, „deskriptive", unmittelbare „axiomati-
sche" Wesenserkenntnis als Leitfaden. Ihre Erzeugung in der Klarheit, der
Evidenz — Reflexion und deskriptive Auslegung der Erkenntnis, der subjek-

25   tiven „Seite".

Aber die Schwierigkeit der Psychologie — da doch die Seelen zur Welt
gehören und zu ihnen alles wirkliche und mögliche Erkennen, auch das
Erkennen, das auf Seelisches Bezug hat. Entspricht nicht der Totalität des
weltlich Seienden eine Totalität der Erkenntnis als Korrelat, und gehört nicht

30   diese Totalität selbst zur Welt? Und was die wissenschaftlichen Leistungen
anlangt — sie geben „Theorien", Begriffe, Aussagen, Einsichten der Welt,
auch des Psychischen, aber sie gehören doch auch als Kulturgebilde zur Welt,
und das wissenschaftlich erkennende Tun zu den Seelen.

Die Welt, alles, was uns je als wirklich gilt und als Wahrheit sich uns

35   ausweist, ist intentional gegeben, ist Bewußtes von Bewußtsein und bewegt
sich in der Form: unsere Vorstellung und unser Vorgestelltes, aktuell und
potentiell. Universale Betrachtung der Subjektivität umspannt universal alles darin je Vorgestellte und Vorzustellende und alles darin je als
seiend, als wirklich, als möglich etc. Sichabhebende und alle Ausweisun-

40   gen, alle Evidenzen, unmittelbar und mittelbar, mit dem darin erwachsenden
oder möglicherweise erwachsenden „richtig" und „unrichtig" (wahr und
falsch), in Wahrheit seiend etc., aber Relativität dieser Charaktere des Vorgestellten (also insbesonders „wahr" — aber mit Präsumption behaftet etc.).
Ist universale Erforschung der Subjektivität, die alle Weltforschung mitum-

45   spannt, in eidetischer Hinsicht alle Ontologie, nicht universale Seelenfor-
schung, und ist das Universum der Seelen nicht ein bloßes Stück der Welt?

Universale Klärung führt auf eine universale Psychologie. Zunächst der Sinn der Klärung — ich will mir klarmachen mein Vermeintes — das forderte rein intentionale Betrachtungsweise, und zwar in universaler Einstellung, die ausschließlich Einstellung auf das Universum meiner Inten-
5 tionalität, auf mein „rein" seelisches Sein ist. Spreche ich von der Welt und von meinem Sein in der Welt, so ist das selbst Vermeintes und Vermeinen und gehört als bezogen auf Reales selbst in diesen „reinen" Zusammenhang — er geht für mich dem Sein der Welt vorher, also dieses Ich, das dieses Zusammenhangs, nicht Seele in der Welt. Aber wenn ich rein eingestellt bin,
10 ist nicht dieses Ich selbst wieder vorstelliges? Also habe ich nicht wieder hinter dem meinenden Ich ein meinendes Ich *in infinitum*? Aber hier besteht der große Unterschied „immanenten" und „transzendenten" (weltlichen) Seins, hier ist Seiendes als Immanentes „absolut gegeben" in einem absoluten Leben, das selbst wieder absolut zu geben ist etc. Also als erstes Ego —
15 dann Beachtung, daß Weltliches (geistige Welt) nicht mit meinen psychologisch immanenten Erlebnissen zu klären ist, auch nicht, wenn ich andere schon heranziehe als seiende. Aber Weg zur „transzendentalen" Intersubjektivität.*
Hier ist zu sagen:
20   Die Psychologie wie alle positive Wissenschaft steht auf dem universalen, beständig vorgegebenen Seinsboden, dem der Welt, die alle Menschen befaßt und die zugleich von den Menschen erfahren wird und in ihrem beständigen Erfahrungsdasein als dieselbe für alle Menschen und näher für sie alle als psychische Subjekte. Es ist die Welt, in die sie bewußt hineinden-
25 ken, hineinwerten, hineinhandeln und von der sie sich alle abhängig, von der sie sich in verschiedenen bewußtseinsmäßigen Weisen affiziert wissen — und das aus Erfahrung. Für den Naturforscher gilt die Erfahrungswelt und des näheren die ihn von ihr allein interessierende physische Natur. Erfahrung gibt ihr Dasein, obschon Erfahrung durch Erfahrung nicht nur erweitert wer-
30 den kann (zur Einheit einer Erfahrung), sondern auch aufgehoben, als Scheinerfahrung entwertet werden kann. Ebenso hinsichtlich des Psychologischen. In eins mit Natur ist seelisches Sein da, nicht abgetrennt für sich, aber in der konkreten, und nur nach den beiden Seiten Natur und Geist, Erfahrung eines animalischen Wesens. Die Erkenntnis bloßer Erfahrung in ihrer Relativität
35 (der Seele, ⟨der⟩ unvollkommenen, obschon für die Praxis meist zureichenden Intersubjektivität der Geltung) ist beiderseits nicht wissenschaftliche Erkenntnis, die auf die objektive Wahrheit, auf das letzte wahre Sein geht, das ein für allemal und für jedermann notwendig gelten soll und in dieser Notwendigkeit von jedermann soll einsehbar sein. Das Sein von Menschen

---

* 1. Apperzeption, die Seiendes in Geltung setzt, aber so, daß es in Schwebe zwischen Sein und Nichtsein ist, Sein antizipierend, das auf Bewährung gestellt ist.
    2. Absolute Erfahrung, absolut Seiendes, für das Nichtsein sinnlos ist, das nicht erst auf Bewährung gestellt ist, als Entscheidung, zwischen Sein und Nichtsein. Apodiktizität? Aber nicht Apodiktizität auf dem Weltboden, sondern „absolute" Apodiktizität etc.

und ihren Seelen, und bestimmt das der Eigenmenschlichkeit, nach Leib und Seele als in der Erfahrung „gegeben" und als eingeordnet in die reale Welt, die als universales Seinsfeld fraglos ist, liegt voran. Die einzige Frage ist: Wie lassen sich über Seelen wissenschaftliche Aussagen gewinnen und in allge-
5 meiner Seelenlehre über das Sein der Seelen überhaupt, sei es eigenwesent-lich, sei es psychophysisch? Nun ist es psychologische Selbstverständlichkeit, der Psychologie *a priori* vorgegeben, daß jede Seele in sich von der Welt (dieser als seiend vorausgesetzten) mannigfaltiges Bewußtsein in vertrauter Typik hat, wie gesagt Erfahren, Denken, Werten, Handeln, je nachdem in
10 Gestalten passiv auftretender Erlebnisse oder den Wortformen gemäß Ak-tivitäten, aktives Betrachten, aktive Begriffsbildung, aktive Prädikation über etwas usw., alles zur ontologischen Form gehörig. Das menschliche Sein, Leiblichkeit, Seele, Bewußtseinsweisen von der Welt in der allgemein seeli-schen Typik — das alles ist ontologisches Apriori, eingeordnet dem univer-
15 salen Ineinander und einer Welt als solcher. Nun ist klar, daß der Psycholo-ge, um das Seelenleben — der im natürlichen Sinn auf Grund seiner naiven Erfahrungen im voraus schlechthin seienden Seele und Welt — als „reines" zu erforschen, zunächst völlig außer Frage halten muß Sein oder Nichtsein aller der betreffenden Person und Erfahrung in ihrer Individualität als Wirk-
20 lichkeiten geltenden Realen, von ihr bezweifelten, ihr als möglich oder wahr-scheinlich geltenden, von ihr induzierten oder in wissenschaftlichen Erkennt-nissen erkannten etc., und daß er so überhaupt eine Epoché vollziehen muß hinsichtlich der jeder betreffenden Person in Bestimmtheit geltenden Welt, die für sie diese ist. Das ist eine methodische Abstraktion, die zugleich die
25 Fortgeltung der letztlich in Wahrheit seienden Welt als Untergrund festhält. Jedwede Seelen, als menschliche oder tierische in der Welt, haben ihr reines Seelenleben, welches Bewußtsein von „der Welt" ist und, um als reines Bewußtsein, wie es in dieser Seele ist, beschrieben zu werden, jede schlichte und nachher wissenschaftliche Urteilsweise über die den jeweiligen Personen
30 in verschiedenem Inhalt eigene, von ihnen gemeinte, ihnen bewußte Welt ausschalten muß. Jeder Mensch hat Weltbewußtsein, jeder das seine, in jedem hat Welt seinen personalen, den ihm geltenden Seinssinn. Die Welt als die inhaltlich der jeweiligen Person seinsgeltende wird nicht als seiend hin-genommen, sie wird aber auch gar nicht nach Sein oder Nichtsein befragt,
35 bzw. keine Kritik wird hinsichtlich der Erfahrungen, der Denkakte etc., ob sie richtig oder unrichtig seien, vollzogen. So für das gesamte Bewußtseinsle-ben jeder Person und für das gesamte miteinander Vergemeinschaftete aller wirklichen Personen in der Welt überhaupt, der bekannten wie unbekannten. Nur das Bewußte als solches, das erfahrene Ding als solches, als was und wie
40 es im betreffenden Erfahren vermeint und in der besonderen Art dieses Erfahrens vermeint ist, ebenso das Geurteilte als solches (z.B. das naturwis-senschaftlich Geurteilte als solches, wenn diese Seele naturwissenschaftliches Urteilen vollzieht), das als Weltall Vermeinte als solches (wenn es sich um die universale Bewußtseinsweise der betreffenden Seele von „dem" Weltall
45 handelt) usw. ist in Frage. Wie alle Erfahrungen, vereinzelte und viele und synthetisch vereinheitlichte, und sonstigen unklaren oder klaren Bewußt-seinsweisen, mögen sie die äußere Welt oder diese in irgendwelchen Seelen

der Welt betreffen. Eine Seele kann sich auf alles außer ihr, aber auch auf ihr
Eigenes „ beziehen ", das in jedem Fall der Grundposition gemäß Weltliches
ist, aber in der Reinigung dieses ausschaltet. Wenn der Psychologe sich in
sein Thema einbegreift, so übt er also auch hinsichtlich seines gesamten
5   Bewußtseinslebens, darunter all seines psychologisierenden Forschens und
Feststellens, die fragliche Epoché — um eben dann für seine Seele das reine
Bewußtseinsleben zu gewinnen. Das ist nun selbst wieder seine Feststellung
etc. und deren Epoché selbst sein psychologisches Bewußtsein, das Bewußtsein davon bedarf wieder der Epoché etc.
10   Wenn wir nun, sei es auch in dieser Grundposition, reine Seele und
zunächst die eigene in ihren universalen und apriorischen Möglichkeiten
erforschen, so scheiden sich uns die voraus geltende wirkliche Welt und die
„ Weltvorstellungen " und so hinsichtlich aller ihrer realen Einzelheiten und
Momente dieser Einzelheiten.
15   Im Reich der reinen Intentionalität haben wir das Weltliche und haben wir
(wenn wir schon das Ansichsein idealer Gegenständlichkeiten gelten lassen)
auch Ansichseiendes jeder Art in der modifizierten Weise jener phänomenologischen Reinigung — also Intentionales als solches, Erfahrenes, Gedachtes,
Idealisiertes als solches. Und zwar haben wir es, wie in den Ausdrücken liegt,
20   als „ Korrelat " der betreffenden Bewußtseinsweisen. Nicht als etwas neben
ihnen, sondern jede hat unabtrennbar das Bewußte als solches „ in " sich, nur
daß es zwei Beschreibungsrichtungen hier gibt, wenn wir Identität des Vermeinten festhaltend (sc. annehmen, daß einer Person etwas als Identisches
verschiedener Erfahrungen oder Erfahrungsstrecken gelte, und so überhaupt
25   als dasselbe ihrer sonstigen und verschiedenen Akte) nach den verschiedenen
wirklichen und möglichen Bewußtseinsweisen fragen, „ in " denen es Vermeintes ist.
     Verbleiben wir nun im rein Psychologischen, deutlicher im Psychologisch-
„ Phänomenologischen " im Sinn jener „ phänomenologischen " Reinigung,
30   in ungebrochener Konsequenz — machen wir das Universum des reinen
Bewußtseins zum geschlossenen universalen Thema einer „ phänomenolo-
gisch-intentionalen " Psychologie und zunächst als Wesenslehre, so treten in
das Thema alle Vermeintheiten ausschließlich in ihren Modi des Vermeinens
und alle mit sich identisch verbleibenden Vermeintheiten in Korrelation mit
35   ihren möglichen Bewußtseinsweisen möglicher personaler Ich. Universal
gewinnen wir als Thema der Forschung nicht nur einzelne Erlebnisse und
einzelne Synthesen, sondern in unserer Fähigkeit, Unendlichkeiten von Möglichkeiten als Möglichkeiten des Bewußtseins vom Selben zu überschauen,
eben das unendliche Universum reinen Bewußtseins — in der Welt und einer
40   Welt überhaupt. Aber das muß genauer gefaßt werden. Die faktische Welt
mit der offenen Unendlichkeit faktischer Personen, im Konnex gemeinsam
Welt erfahrend etc. als ihnen gemeinsam geltende, die Epoché hinsichtlich
dieser gemeinsamen Welt ergibt das gemeinsam vergemeinschaftete Bewußtsein. So für jede erdenkliche Welt. Wir haben also Allheit der Personen in
45   einer Welt überhaupt, Allheit ihrer Bewußtseinsleben, Allheit ihrer Bewußt-
seinsvergemeinschaftungen bezogen auf gemeinsam vermeinte Welt als solche. Universale Epoché hinsichtlich der ihnen so geltenden Welt, aber Sub-

jektivierung: die geltende Welt als solche genommen als Bewußtseinskorre-
lat, einzeln und in Vergemeinschaftung — für alle. Daß aber der Boden der
wirklichen Welt, in der die Seelen sind, und das Bewußtseinsleben ihre Zeitlichkeit haben und identisch eine mögliche Welt, eine fingierbare und in
5 Fiktion dann identisch festgehaltene.

In der Erforschung dieser Möglichkeiten ergibt sich ⟨die⟩ Methode, die
uns auf die universalen Strukturen des Bewußtseinslebens führt, wozu vor
allem gehört die Scheidung von positionalem und neutralem Bewußtsein,
und hinsichtlich der immerfort lebendigen Positionalitäten, daß sie nach
10 Wirklichkeit und Möglichkeit an eine Gesetzmäßigkeit der Parallelisierung
nach identisch verharrenden „Gegenständen" gebunden ist und letztlich in
aller Wandlung der Positionen, in allen möglichen Modalisierungen doch
notwendig auf eine durch alle Korrekturen verharrende Welt wirklich seiender Gegenstände angelegt ist, wie andererseits auf eine korrelative Polarisie-
15 rung, die alles Bewußtsein einer Seele polarisiert, unter dem Titel Ich als
Träger ichlicher Eigenheiten (Habitualitäten, personaler Charaktere), Struktur des ursprünglichen, erfahrenden und des nicht selbstgebenden, nicht
erfahrenden Bewußtseins (in Positionalität und Quasipositionalität), Rückbeziehung aller bloßen, leeren, grundlosen Vermeintheiten auf Erfahrenheiten,
20 und das alles in verschiedenen und deskriptiv aufzuhellenden und immerfort
wesensnotwendigen Formen und Stufen.

Jedes Bewußtsein ist entweder „evident" (quasievident) oder nichtevident
(quasi-), jedes nichtevidente ist evident zu machen oder mit evidentem in
Streit, die verschiedenen Formen des evidenten Bewußtseins haben selbst
25 eine teleologische Beziehung auf andere; transzendentes Bewußtsein ist bezogen auf immanentes, alles transzendente Bewußtsein bezogen auf indivi-
duales Bewußtsein, auf Realität, alles transzendente Bewußtsein zugleich hin-
eingehörig in ein auf Einstimmigkeit gestelltes universales Bewußtsein. Korrelativ alle Realitäten gehörig zur Einheit einer Welt. Usw. Das alles müßte
30 hinsichtlich der Gegenstandsseite seine Anführungszeichen haben. Gegenstand in Anführungszeichen ist im Sinn der psychologischen Einstellung (vermöge ihrer Grundposition) zu bezeichnen als „Vorstellung", also nicht
Welt, sondern Weltvorstellung, nicht Reales, sondern Vorstellung von
Realem.* Auch der evident seiende Gegenstand ist im Evidenzbewußt-
35 sein bloße Vorstellung, in der äußerlich erfahrenden Evidenz das schlicht
natürliche und selbstverständliche Sein des Dinges, das Ding in evidenter
Seinsgewißheit; die Bewährung durch Erfahrung ergibt das schlicht natürliche „es ist wahr, wirklich" (was ich als dasselbe vordem bloß vorgestellt, das
ist, hier vorgestellt habe in nichterfahrender Weise, nicht als es „selbst").
40 Auch die apodiktische Evidenz, etwa $2 < 3$, macht keine Ausnahme. Vorgestellt ist dieser Sachverhalt, eine mathematische Evidenz wie $2 < 3$, in ursprünglicher Erzeugung.

---

* Dingvorstellung, das Vermeinte als solches — für den Psychologen Weltvorstellung;
Vermeintes als solches auch universal für die Allgemeinschaft aller Bewußtseinssubjek-
te.

Exkurs. Über mathematische Evidenz und Evidenz idealer
Gegenständlichkeiten überhaupt und die Frage der Evidenz von
ihrer Apodiktizität.

Freilich, ob das Apodiktische darin schon mitgegeben ist und nicht aus
5 einer Evidenz höherer Stufe stammt, ist zu fragen. Sicher liegt hier wie bei
jedem Erfahrungsinhalt, bei jedem evidenten Urteil im Erlebnis selbst nichts
vom immer wieder, als ob das auch schon evident wäre, während es vielmehr auf eine neue Evidenzstufe, und zwar eine apodiktische, verweist. Aber
wiederholt sich das Gesagte nicht für jederlei Evidenz?

10 Aber vielleicht ist diese Darstellung nicht genug überzeugend, da ein
Unterschied ist in der Vorgegebenheit und der Vorausgesetztheit, dem Im-
voraus-schon-Sein des weltlich Seienden, der Welt für den positiven Forscher, andererseits dem Im-voraus-schon-Sein für die „Denk"-Gegenständ-
lichkeiten — für die mathematischen etc. —, sofern diese ja erst erzeugt
15 werden, aber nach der Erzeugung ohne weiteres als an sich gültig in Geltung
kommen, ohne ausdrücklich es als das zur Geltung zu bringen. Selbstverständlich ist, und aus wiederholter Betätigung, daß man auf dasselbe, was
man einmal ursprünglich erzeugt hatte, immer wieder zurückkommen, darüber verfügen kann, daß man der Erinnerung an die Evidenz, an die
20 ursprüngliche Erzeugung, vertrauen kann, nämlich daß man nicht bloß unmittelbar nacheinander und „immer wieder" nacherzeugen und wiederer-
zeugen kann, nachrechnen, ob es stimmt — das Immer-wieder-Nachrechnen hat
kein Zurück, aus der Evidenz des Immer-Wieder, die hier entspringt — sondern auch später im Fall der laschen Unklarheitserinnerung (der Nach-
25 Retention könnte man sagen). Hier wird man freilich grundwesentliche Modi
unterscheiden müssen. Erinnere ich mich, den Satz von der logischen Lös-
barkeit der Gleichung vierten Grades etc. früher gelernt und bewiesen zu
haben, so mag es sein, daß ich vage Situationen in Erinnerung habe oder
ganz indirekte Erinnerungen sonst; mir fällt Lersets Lehrbuch der Algebra
30 ein und der Satz, aber in Wahrheit nicht der Beweis, in leerer Form, in
„Retention", selbst wenn ich ihn früher wirklich durchdacht und verstanden
habe. Aber das „Vergessen" ist überall als Hemmung der Freiheit zu charakterisieren, es ist eine „Evidenz" des Hinkönnens, z.B. eine vorstellige
Person, deren Namen momentan vergessen ist, unzugänglich. Ich habe die
35 „Evidenz" des bestimmten mir bekannten Namens, aber der zugehörige
Weg, ihn wiederzuverwirklichen (der doch zur Bekanntheit überhaupt gehört), ist versperrt. Plötzlich habe ich ihn selbst, vielleicht erst leer, aber
ohne Hemmung, und dann Verwirklichung.

Soll ich sagen, jedes leere Bewußtsein, jede unanschaulich auf einen Ge-
40 genstand gerichtete „Vorstellung" hat ihr Vorgestelltes, den Gegenstand (ein
Bekanntes oder Modifikation von Bekanntem, ein Retentionales oder Modifikation von Retentionalem), und zu jedem Vorgestellten gehört entweder ein
Ich-kann der Veranschaulichung (der Selbstgebung oder Modifikation davon)
oder Ich-kann-nicht, eine Hemmung, die ihrerseits selbst eine Modifikation
45 der Freiheit ist. Eine Hemmung kann bestätigt werden, aber nicht in unmittelbarer Willkür, sondern evtl. in einer mittelbaren, die Assoziation wirksam
als Hilfe herbeiholt.

Also die frühere Evidenz des so „direkt Vorgestellt"-Seins in einer bestimmt auf sie gerichteten Intentionalität (einer Leererinnerung) und dann als eine Endevidenz, die zurückweist auf die beweisende Kette der Deduktion —
aber so, daß die Wiedererzeugung derselben gehemmt ist, vergessen ist; sie
5 erfordert den Wiederanfang und Fortgang der Erzeugung bis ans Ende. Es kann allerdings die rückstrahlende retentionale Weckung bestimmt sein mit Anfang etc. bis ans Ende — aber so wie der Name, den ich bestimmt in Gedanken habe und doch nicht fassen kann. Nur handelt es sich hier um eine erzeugende und Erzeugniskette in der Einheit einer Erzeugung. Die Wie-
10 dererinnerung ist wirkliche Wiedererzeugung, und diese Wiedererzeugung ist zugleich wirkliche Erzeugung, und umgekehrt zugleich Erinnerung — zugleich, es ist doch eine modale Abwandlung, die aber der Willkür unterliegt (gegenwärtige Erzeugung mit dem Erkennen, dasselbe schon früher erzeugt zu haben, andernfalls wirkliche und explizite Wiedererinnerung der
15 früheren Erzeugung). Das wäre ein Anfangsstück sorgfältiger Auslegung jener eigentümlichen Abwandlung der Evidenz, früher eingesehen zu haben und das früher Eingesehene noch zugänglich zu haben, also als immer wieder zugänglich, Besitz, von dem man nur durch „zufällige Hemmungen" gelegentlich abgesperrt ist.

20   Nun wieder zurück — ideale und reale Welten. Die reale Welt ist „vorausgesetzt" als im voraus und immer seiende, das Ideale ist Erzeugnis, freilich in dem Bewußtsein der Identität immer wieder erzeugbares; aber wenn ich dergleichen in der immanenten, in der psychischen Sphäre selbst, und zwar nach ihren individuellen psychischen Vorkommnissen (den sich ver-
25 zeitlichenden), betätige, Sätze bilde, auch Allgemeines für dieses Individuelle, also Ideales, so ist das, wird man sagen, eben bloßes Vorkommnis in der Seele selbst und ihre Eigenschaft, in sich zu identifizieren und Ideen zu bilden. Es sind „psychische Gebilde", die die Seele ideenbildend identifiziert. Wenn ich dann äußere Erfahrung und ihr Erfahrenes nehme und es reduzie-
30 re, so gewinne ich im Erfahren Dingvorstellungen, Außerseelisches nicht wirklich, sondern in Vorstellung, und damit kann ich wieder rein seelisch die Kunst der Idealisierung betreiben. So faßt man den Fall der Idealität anders als den der Realität. Was wäre dann der psychische Charakter der Selbstheit, des Bei-dem-Gegenstand-selbst-zu-Sein, ihn originär zu haben? Soll das ein
35 bloßer Charakter einer Anzeige, eines Hinweises auf ein Ansich sein, den Gegenstand der Wirklichkeit, der ja der Seele transzendent ist? Wie das in der Grundposition im voraus beschlossen ist.
Gehe ich selbst nun meinen Weg der intentionalen Auslegung,* so muß ich sagen: Was mir immanent gegeben und ⟨ich⟩ durch die Unendlichkeit

---

* Die phänomenologische Fassung des Verhältnisses von Realität und Idealität. Das Reale selbst eine Form der „Idealität".

der Erfahrungsvorzeichnung in den Horizonten als Identisches immer wieder
und in von mir herstellbaren (in einem anderen Sinn meiner Freiheit zugehörigen) Erscheinungsweisen, Vorstellungsweisen vorfinden kann, immer
wieder verfügbar in Wiedererinnerungen, immer wieder zugänglich in mei-
5　nen freien leiblichen Betätigungen (reduziert auf Immanentes), das ist ein
Ideales eigener Art, eben faktisch Gegebenes oder Erreichbares, in diesen
Erscheinungsweisen gegeben, damit auf bestimmte Art einander verweisend,
in meinem subjektiven Bewegen und Durchlaufen wieder verwandelbar in
„Nahding", wenn es als Fernding gegeben war, in „rechts von mir", wenn
10　es „links von mir" erschien etc. Dieses Identische, über das ich wie über
einen Besitz verfüge, so wird man als wie selbstverständlich dazu sagen, ist
aber trotz der Form der Selbsthabe, die ein subjektiver Charakter ist, eben
nicht das „Ding draußen"; das Ideale gehört zu mir als idealer Einheits-
punkt, als identifiziertes und identifizierbares Sein, Irreelles in den realen
15　(wirklichen oder frei möglichen) psychischen Daten, den subjektiven Erscheinungen. Freilich wird man dann genauer analysieren und diese Aspekte,
Empfindungsdaten selbst noch nicht als das letzte reale Psychische nehmen
dürfen.

　　Dann führt meine Auslegung auf die Konstitution der Intersubjektivität —
20　immer noch psychologisch; es bleibt bei der Grundposition, also selbst dann
ist alles noch bloße „Vorstellung", Weltvorstellung als ein intersubjektives
Ideales konstituiert, in intersubjektiv vollziehbaren und vollzogenen Identi-
fizierungen, wobei, was schon Ideales für die einen und anderen Einzelseelen
ist, in der Vergemeinschaftung selbst identifiziert wird.

25　　Nun ist aber weiter Folgendes zu sagen: Habe ich jetzt nicht alles Erdenkliche in eine „Psychologisierung" einbezogen? Betrifft das nicht alle Vorstellungen, Gedanken, Überzeugungen, alle Voraussetzungen — auch die Voraussetzung der im voraus bestehenden Welt? Ist nicht jede Unterscheidung
von immanent und transzendent, von an sich seiend und Erscheinungen des
30　Seienden usw., in der immanenten Sphäre vollzogen, und gewinne ich, über
die Endlichkeiten herausgegriffener Einzelerlebnisse hinausgehend und die
Unendlichkeiten der Wirklichkeiten und Möglichkeiten des Bewußtseins zu-
sammennehmend, nicht das All des Seins, als das, was für uns ist? Und ist
irgendein Seiendes nicht solches, das für uns ist, ob wir davon wirklich wis-
35　sen oder nicht? Andererseits, was da getan ist, ist doch nur die Entfaltung der
Weltvorstellung, in der ich die Welt und mögliche Welt überhaupt vorstellen kann, in Gewißheit begründen in alldem, was mir dabei als faktisch
sich bietet oder als im faktischen Zusammenhang als möglich etc. Nun wohl
in solchem Vorstellungsleben finden wir doch wirklich Welt vor, und verste-
40　hend, was das besagt, so finden wir es als Idee durch unseren Erfahrungs-
verlauf vorgezeichnet, als Idee eines Systems von idealen Einheiten, die teils
erworben sind, wenn auch unvollkommen, teils erworben werden können,
und erworben in der Relativität beschränkter Erfahrung, doch in ihrem Horizont vorgezeichnet ihre zugehörigen Möglichkeiten weiterer Erfahrung. Und
45　wir finden die Welt als psychophysische, als Natur und als Seele bzw. die
Seele als Seele eines Leibes. Wenn wir die Seelen rein und konsequent aus-

legen, finden wir sie alle als weltvorstellend.* Wir finden in ihnen die Welt
vorstellig und in bewährter Geltung, als von ihnen, von ihrem Wesen unabtrennbare intentionale Einheit, allerdings nicht einzeln, sondern in Vergemeinschaftung. Aber doch finden wir auch die Seelen naturalisiert in der
5 Natur — die doch zugleich in den Seelen konstituiert ist. Wie ist das klarzu-
legen? Der Ausgang muß da die transzendentale Reduktion sein, es
muß gezeigt werden, wie die Subjektivität nicht als Seele der Welt, da das
schon mitbesagt Seele eines Menschen, psychophysische Realität in der voraus geltenden Welt, sondern absolut setzbar ist, zunächst als meine eigene,
10 als transzendentales Ego (und eidetisch als System meiner eidetischen Möglichkeiten), und dann gezeigt werden, wie im Ego die Welt als Phänomen, als
korrelatives Polsystem, „liegt", schließlich als Intersubjektivität (und als
System möglicher Monadengemeinschaften überhaupt) — es ergibt sich, daß
das Ego als Schichte das primordiale Ego hat, dieses, intentional in der ein-
15 fühlenden Appräsentation, impliziert andere „Monaden" — und von da
wird sichtlich, daß die transzendentale Monade sich selbst verräumlicht und
verzeitlicht in der Natur, die sie in sich als intersubjektiv konstituiert, wie sie
immerfort transzendentale Subjektivität ist und zugleich für sich selbst konstituiert sein muß als Weltobjekt in der Form psychophysischer Mensch bzw.
20 als Seele dieses Menschen.
    Ist das klar, dann versteht es sich, daß die gesamte transzendentale Ausle-
gung der Monade und des Monadenalls übergeht in die Seelen, als das Apriori (was in jede faktische wie ein Apriori in Faktum übergeht), nur daß das
Transzendentale eben jetzt nicht wirklich transzendental bleibt (das Tran-
25 szendentale als letztkonstituierend), sondern die objektivierende Form, den
Sinn und das Sinnsystem annehmend, das die Objektivität macht. Diese
selbst ist konstituiert, aber auch sie geht in das Seelische „hinterher" ein.
Das Ego ist ja nicht eine fertige Sache, derart, wie wir uns in der Alltagser-
fahrung eine Sache, ein Ding, einen Körper denken, etwas Endliches, in sei-
30 nen Eigenheiten Erschöpfbares. Ego, Monade, ist eine Unendlichkeit der
Intentionalität, nicht eine aktuale Unendlichkeit, sondern eine Unendlichkeit
zu bildender Leistungen, eine Unendlichkeit passiver und immer wieder neu
sich realisierender und eine Unendlichkeit aktiver Leistungen, nicht fertig
wirklicher, sondern von uns aus immer wieder zu vollziehender. Und so ist
35 auch die Objektivierung nichts Fertiges. Was ich transzendental gewinne,
kann ich jederzeit in psychologischer Einstellung als Seelisches objektiviert
finden.
    In der transzendentalen Intersubjektivität finde ich die reale Welt als „äs-
thetische", als Erfahrungswelt, als einseitig, orientiert, in wechselnden As-
40 pekten erscheinend, mit dem Horizont ihrer unendlichen, in immer neuen
möglichen und disjunktiv vorgezeichneten Erscheinungen identifizierbar und

---

* Unklar. Nehme ich Einstellung auf die reinen Seelen und auf das, was mir rein
seelisch und durch die rein seelisch sich mir ergebenden anderen Seelen gegeben ist und
sich in Weltvorstellungen ideell ausweist, so finde ich nichts anderes als Ideen als seiende Welt. Aber meine Seele und alle Seelen sind doch selbst — können sie etwas
anderes sein — weltlich, also selbst nur als Ideen mir gegeben und nur als das denkbar
für mich. In ihnen konstituiert sich alles Sein, und sie selbst sollen Konstituiertes
sein?

bestimmbar. Wir finden den jeweils anderen als Menschen im Raum; alles
faktisch Psychische, das ich an ihm finden kann und er selbst mitteilen kann,
ist natural indirekt lokalisiert und temporalisiert. Meine eigenen psychischen
Vorkommnisse sind durch meinen Leib, den ich natural als physisches
5   Objekt erfahre, bestimmt, indirekt raumzeitlich bestimmt als Realitäten, und
dadurch für jedermann im Seinshorizont, auch wenn er sie nicht direkt erfahren kann.

   Die anschauliche Natur, die anschaulich ins raumzeitliche Unendliche sich
erstreckende psychophysische Welt, orientiert nach nah und fern. Beschränk-
10 te faktische Zugänglichkeit in der „aktuellen“, der „praktischen“ Umwelt
— einer Art Nahwelt. Jede relative Ferne, die zur Nähe wird, tritt selbst
wieder in die Nullsphäre einer neuen Nahwelt. Idealisierung der Zugänglichkeit, Idee der hemmungslosen Freiheit des Zugangs für mich und jedermann
oder durch jedermann, in der homogenen raumzeitlichen Naturwelt, mit den
15 homogenen Formen Raum und Zeit der homogenen kausalen Natur usw.

   Intersubjektive Zugänglichkeit, eigene Hemmungen, fremde Hemmungen;
wohin ich nicht kann, können günstiger gestellte andere; all das so idealisiert,
daß wir eine homogene Naturwelt haben als Idee, und zwar als „objektiv“
für uns alle, andererseits aber auch eine homogene im Aufbau der Orientie-
20 rung. Aus endlichen praktischen Umwelten und Fernumgebungen derselben,
in die Unendlichkeiten hineinreichend.

   Wir Menschen in der jeweilig praktischen Umwelt, die die unsere ist, ihr
selbst als eine endliche Menschengemeinschaft zugehörend. Dabei hat jeder
seine individuelle praktische Umwelt, in der gewöhnlich seine personale
25 Lebenspraxis sich voraussichtlich abspielt, während er mit dieser seiner per-
sonal-praktischen Umwelt doch in die endliche Menschheitswelt hineinge-
hört. Hier sind noch manch weitere Scheidungen zu machen, die Wahrnehmungsgegenwart, die wahrnehmungsmäßige Umwelt, die praktische Umwelt
des „gegenwärtig“ Verfügbaren mit einem beschränkten zeiträumlichen Ho-
30 rizont, die Umwelt, die *cura posteriora* ist, etc.

   Das alles muß sorgsam umschrieben werden. Erweiterung der praktischen
Umwelt einer Menschheit, oder unserer irdischen Menschheit, aus der Fern-
welt rückt immer mehr hinein in diese Welt der Praxis, ohne daß sie sogleich
oder überhaupt wirklich eine Erweiterung in dem Sinne gibt, daß die erwei-
35 terte in allem indirekt praktisch zugänglich wird (in Erfahrung und real
umgestaltender Praxis) so wie die irdische Welt.

   „Herrschaft über die Natur“, zunächst über die irdische Natur. In der
irdischen Welt ist mir, ist dem jeweiligen einzelnen Menschen, auch nicht
wirklich alles zugänglich, und die Mannigfaltigkeit der Mitmenschen, der
40 irdischen Dinge ist nicht ohne weiteres praktisch verfügbar.

   Notwendigkeit einer Methode der individuellen Unterscheidung und dauernden individuellen Bestimmung, dazu Notwendigkeit von Orts- und Zeit-
bestimmungen (Bestimmungen der zeiträumlichen Stellen).

   Dann: Wie kann man Nichterfahrenes, wozu man also nicht aktuellen
45 Zugang hat (das man bloß in seiner Stelle bestimmen und dadurch als dasselbe immer wiederfinden kann), nicht nur nach zeiträumlicher Lokalität,
sondern auch nach seinen Eigenschaften bestimmen, wie eine antizipierende

Erkenntnis davon gewinnen, als ob man es erfahren hätte, und mindest eine antizipierende mehr oder minder genau verbildlichende Vorstellung, der gemäß man das wirklich Erfahrene als dasselbe antizipatorisch Bestimmte erkennen könne?

5   Die Natur, die Welt erkennen über die geringe Sphäre wirklicher Erfahrung hinaus, ja dann auch das Erfahrene, von dem immer nur ein Geringes wirklich bekannt wird, nach seinen durch wirkliche Erfahrung unerschlossenen Horizonten antizipierend erkennen.

Die Welt „berechnen". — Die psychophysisch konkrete Welt mit ihren 10   „bloß" physischen Dingen, ihren Menschen und Tieren; abstraktive Scheidung: Die bloße Natur — unter Abstraktion vom Seelischen —, gedacht als „sich selbst überlassene Natur", in der das Eingreifen der Seelen durch Leibestätigkeit außer Betracht bleiben soll (was freilich eine starke Idealisierung ist und ein eigenes Thema). Die Naturwissenschaft, als berechnende, mathema-15   tische. Mathematik der Raumzeitlichkeit, Mathematik der zugehörigen Veränderungen, Reduktion aller „qualitativen" Veränderungen auf die dieser ersten Klasse, klassische Physik.

Hat hier eine Psychologie, eine Wissenschaft von den weltlichen Tatsachen des seelischen Seins, eine Parallele?

20   Da das Seelische real ist durch seine sekundäre raumzeitliche Lokalisierung und diese geregelt ist durch psychophysische Koordination, so ergibt sich die auf dem Grund der Physik sich ergebende Psychophysik.

Aber da ist zu überlegen: Unter dem Titel Weltwissenschaft haben wir zwei wesensmäßige Formen: morphologische Naturwissenschaft — 25   mathematische Naturwissenschaft. In der irdischen Welt und in Beschränkung auf das Reich intersubjektiver ästhetischer Normalität haben wir deskriptive Wissenschaft. Aber beschrieben wird nicht das wirklich Erfahrene, sondern die ästhetischen Naturgegenstände, gegeben mit ihren Horizonten der Erfahrbarkeit; das Unbekannte wird intersubjektiv bekannt gemacht, 30   und zwar nach den intersubjektiven allgemeinen Typen von konkreten Dingen und Eigenschaften. Der Begriff ästhetisch („sinnlich"), der zu dieser Stufe gehört, hat raumzeitliche Lokalisierung und messende Bestimmung, evtl. auch Größe idealisiert, bezogen auf Normbegriffe einer exakten Raumzeitlichkeit (Geometrie etc.), und dem entspricht auch eine Morphologie des 35   Psychischen, eine Betrachtung des Psychischen in der ästhetischen Welt und selbst aus konkreter psychischer Anschauung geschöpft. Die Morphologie dient in ihrer Art der individuellen Bestimmung, der einzelner weltlicher Realitäten nach Natur und Seele.*

---

* Die „ästhetische" Natur — Universum des natural erfahrbaren, das ist selbsterscheinenden, sich ins Unendliche in Selbsterscheinungen darstellenden, bewährenden und evtl. entwährenden Eigenen und durch Einfühlung „unmittelbar" Zugänglichen der mitfungierenden Subjekte. Was sich in Selbsterscheinung als Natur darstellt, ist zwar Idee, aber diese Idee ist hinsichtlich der *res extensa* (primäre Qualitäten) adäquat konstruierbar oder antizipierbar — mathematische Naturwissenschaft ist in diesem Sinn adäquat-ideales Erkenntnissystem, adäquat realisierbar, Natur in ihrem individuellen Sein ist „exakt", ist adäquat erkennbar. Nicht so die Seelen, sie haben in diesem Sinn der Naturwissenschaft keine Natur.

Aber eigentlich gehört zum Morphologischen zunächst auch die ästhetische Typik der mechanischen Kausalität, die dann aber, nachdem Mathematisierung erfolgt ist, ausscheidet. Zur Idee der Mathematisierung, also Berechnung, gehört die wesensmäßige Rückbeziehung auf Ästhetisches, die Bezie
5 hung desselben auf normative Ideale durch „Approximation" in möglichen (selbst idealisierend betrachteten) Stufen. Aber das sind Sphären „primärer Qualitäten", die außerhalb derjenigen Unterschiede von Normalität und Anormalität stehen, vielmehr welche die erfahrene Objektivität durchhalten lassen als identisch dieselbe, die der Anormale nur eben anormal erfährt. Das
10 raumzeitlich Mechanische — das, was zur res extensa gehört, eben ⟨zu⟩ diesem Identischen, also zur Natur selbst, wie immer sie „erscheinen" mag.

Die ästhetische Morphologie — die beschreibende Naturwissenschaft überhaupt, morphologisch oder individuell beschreibend (Erde, individuelle
15 Sphären), dann aber wieder morphologisch erforschend (Geologie), erstrebt aber nun auch eine höhere, der mathematischen Physik gleichkommende Objektivität, die Aufhebung der Beschränkung auf eine normale Erfahrungsgemeinschaft oder vielmehr (da diese in gewisser Weise selbst vorausgesetzt ist, auch für die Physik) auf das normale ästhetische Erfahrungsfeld, auf die
20 Natur des normalen Menschen.

Nun könnte man sagen, der deskriptive Naturforscher prädiziert die ästhetischen Gestalten und die sie betreffende ästhetische typische Kausalität (die spezifisch biologische) auf die Physik oder prädiziert in jenen Aufbau das Physikalische hinein. Die deskriptiven Konkretionen bauen sich ja auf als
25 raumzeitliche Gebilde, haben also in Örtlichkeit und Zeitlichkeit Gestalt, sinnliche Qualitäten — was alles der Mathematisierung unterliegt. Also er weiß, daß jede Raumgestalt in ihrem örtlichen und zeitlichen Wechsel, in Exaktheit gedacht, geometrisch zu bestimmen ist, ebensowohl wie die Lagen, die Abstände usw. Ebenso jeder „sekundären Qualität" entspricht ihr Phy
30 sikalisch-Mathematisches. Aber er hat doch kein Interesse an seiner Bestimmung in möglichst fortzusteigernder Approximation. Seine Aufgaben liegen im Ungefähren, liegen ausschließlich im Typischen und nicht im Exakten. Ist aber die Natur als mathematische aufzufassen, so erwächst das Problem: Wie kann mit mathematischen Mitteln das Ungefähre, die Regelung der
35 Natur als einer Mannigfaltigkeit typischer Gestalten, beschrieben werden? Wie immer das Problem entschieden werden möge, es bleibt dabei, daß eben die ästhetischen Gestalten die objektive Bedeutung von Typen haben, die typisieren, was eben res extensae sind, die in ihren jeweiligen individuellen Bestimmungen unter exakt mathematischer Norm stehen, also auch unter
40 Ideen der Physik physikalischen Sinn haben müssen.

Wie nun die Psychologie?

Das Psychische ist in der „ästhetischen" Sphäre psychophysisch, als Mitseiendes, als „Beseelendes" eines ästhetischen Körpers, gegeben, der als solcher individualtypisch ist und in Allgemeinheit als Mensch, als Tier dieser
45 oder jener Spezies und innerhalb jeder Spezies in Sonderheit allgemein typisierbar ist. Es ist aber eine wesentlich unterschiedene Sache zwischen dem seelisch Ästhetischen und dem Ästhetischen der Natur (und in Konsequenz zwischen bloßer Natur und Realitäten im weitesten konkreten Sinn, der

Menschen und Tiere in sich schließt, aber auch Kunstwerke, Kultur überhaupt). Der Unterschied liegt in der Zugänglichkeit für jedermann. Bloße Natur, ästhetisch verstanden, ist im Rahmen der Normalität jedermann, jedem ästhetisch Normalen überhaupt, zugänglich in allen ihren Bestimmun-
5 gen. Der Horizont eines Dinges erschließt sich in einem fortgehenden W a h r -
n e h m e n ganz unmittelbar.

Im Fall der Anormalität und im Zusammenbetrachten mit Normalität scheiden sich ä s t h e t i s c h   p r i m ä r e als wesentliche Qualitäten der *res extensa* und als solche, ohne die eine Gemeinschaft ästhetischer Natur für jeder-
10 mann überhaupt nicht sein könnte, und s e k u n d ä r e. Die p r i m ä r e n   ä s t h e -
t i s c h e n Qualitäten sind jedermann unbedingt zugänglich durch bloße Wahrnehmung, mag er normal sein oder anormal. Jedermann kann von jedermann in Einfühlung die ästhetischen Selbsterscheinungen der Extension übernehmen, wie oben gesagt: Natur ist eine adäquat konstruierbare Idee,
15 von mir und jedermann durch jedermann hindurch konstruierbar. Dabei ist freilich zu sagen: Eines jeden Menschen schlichte Erfahrung hat Einordnung in den intersubjektiven Zusammenhang der dieselbe Welt erfahrenden Subjekte, und damit einen offenen Horizont schlichter Erfahrbarkeit für jedermann als mit der wirklichen Erfahrung synthetisch zu verbindenden.
20 Was das S e e l i s c h e anlangt, so haben wir zwar nicht die Relativität der Normalität und Anormalität in der ästhetischen Gegebenheit und den auf sie bezogenen Unterschied der beiderlei ästhetischen Qualitäten. Und doch haben wir ein gewisses, eigentlich ein nur scheinbares Analogon dieses Unterschiedes, nämlich hinsichtlich der Zugänglichkeit. Das ästhetische Seelische,
25 das Seelische als Reales in der ästhetischen Welt, ist nicht überhaupt durch bloßen Fortgang synthetischer selbstdarstellender „Erfahrung" jedermann zugänglich — in der dem Realpsychischen zugehörigen Art „schlichter" selbstdarstellender Wahrnehmung und Erfahrung.* Primär erfahren ist das den körperlichen Leib „Beseelende", die spezifische Leiblichkeit, und zwar
30 in differenzierter Analogisierung, also die leiblichen Organe mit den zugehörigen Kinästhesen, das wahrnehmende und unmittelbare leiblich handelnde Tun etc.; das Weitere der fremden Seele ist ein sehr vages Analogon der meinen, gemäß der Selbstapperzeption, die ich habe und die selbst primordial ist. Durch fortschreitende Selbstkenntnis oder durch fortschreitende
35 Konstitution meiner immer reicher mit Einzeichnung, näheren Bestimmungen ausgestatteten Selbstapperzeption lerne ich analoge andere verstehen und wieder durch die von meiner Selbsterfahrung aus ermöglichten Abwandlungen auch abgewandelte andere, die sich so benehmen, wie ich es faktisch nicht tun würde, obschon ich mich doch in solches Benehmen hineindenken
40 kann. Ich gewinne immer reichere Menschenkenntnis und Selbsterkenntnis, und als reifer Mensch habe ich sie von vornherein, und zwar, ich habe mit den eigenartig verschiedenen anderen, die ich verstehen gelernt habe, alsbald auch durch apperzeptive Übertragung Typen von anderen, und die Men-

---

* Keine eigentliche Selbstdarstellung in Selbsterscheinungen direkt wie Natur.

schenwelt ist wie die physische Welt typisiert. So habe ich ein erweitertes Reich seelischer bzw. menschlicher Erfahrung (es typisieren sich die Leiber hinsichtlich des Ausdrucks von Seelischem, in eins Ausdruckstypen und personale Typen). Aus dem Tun der Menschen verstehe ich ferner stufenweise
5 die objektive Leistung der Menschen und ihr Vermögen zu solchen Leistungen, ich verstehe die Kulturobjektivität als Bestandstück der realen Welt in ihrer Beziehung zur menschlichen und darin seelischen Objektivität. Andererseits ist die geistige Objektivität, die von der Erfassung des allgemeinsten Typischen (der Kategorie Kunstwerk, wissenschaftliche Abhandlung etc.)
10 fortschreiten kann zu differenzierterem Verstehen im Rückgang auf personale Normen, Zwecksetzung usw., ein Weg, um auf dem Grund der schon erworbenen Menschenkenntnis eben diese selbst zu erweitern und zu vertiefen. Das alles verläuft in individuellen und konkret allgemeinen Typisierungen, führt auch zu den Typen Nation, Typus des deutschen Sondertypen
15 Schwabe, Sachse, Elsässer etc., Typus des deutschen Schrifttums, der deutschen Kunst, der nationalen Vermögen und der Sondervermögen der Stämme etc.

Nun ist natürlich nicht zu sagen, daß derartige Typen und danach das erfahrende Verstehen irgendwelcher Menschen, Menschengemeinschaften
20 und ihres Typus, irgendwelcher Kulturen in ihren konkreten (nationalen, nach historischer Zeit abgewandelten typischen) Gestalten jedermann ohne weiteres zugänglich sein müssen.

Wenn jeder Mensch von seiner Stelle im Menschheitszusammenhang seine Menschenkenntnis sich erwerben muß, so ist es nicht ohne weiteres so, daß
25 jeder von außen in diesen Zusammenhang hineinschneide Mensch zu denselben Anschauungen, zu denselben nachverstehenden Erfahrungen und Feststellungen kommen muß — wie es hinsichtlich der Natur der Fall ist.

Erfahrung gewinnt in der Menschheitssphäre einen neuen und sich stufenweise fortgestaltenden Sinn; wir müssen sagen:
30 1. Ästhetische Objektivität als Erfahrbarkeit für jedermann in gegenständlicher Identität* besteht hinsichtlich des Psychischen bzw. Anthropologischen in einer ersten Schichte von vornherein. Diese Schichte betrifft die seelischen Gehalte, die erfahrbar sein müssen, damit überhaupt ein anderer, andere Menschen erfahren sein können. Das sind die im psychologi-
35 schen Sinn primären Qualitäten. Das betrifft Leib und leibliches Gehaben, leibliche Tätigkeiten, Tätigkeiten des Wahrnehmens und des bloß leiblich in die Umwelt Hineinwirkens. Außerdem das formal Allgemeinste einer Seele überhaupt, das Ich, das personale Mit-etwas-beschaffen-Sein in seiner Umwelt, auch die allgemeinste Struktur dieser Umwelt in ihrer formalen
40 Typisierung nach instinktiven Bedürfnissen, nach diesen dienenden Zwecken usw. Aber damit ist vom individuellen Menschen und von seinen allgemein typischen Konkretionen nur eben das erschlossen, was allen Menschen gemein ist bzw. was jedermann in einer Umwelt verständlicherweise vorhaben, tun, leiden etc. wird.

---

* individuell konstruierbar in adäquat konstruierbarer Idee

⟨2.⟩ Umwelt wie Mensch und Menschengemeinschaft können konkret nur
erfahrbar werden für den Menschen, der in dieser historischen Umwelt geboren, in ihr erzogen ist, sich diese Umwelt erworben hat. Jeder kann konkret
nur seine städtische, nationale etc. Umwelt erfahren bzw. zu ihrer Erfahrung
5 emporsteigen. Da gibt es viele Differenzen, denen gemäß man nicht einmal
sagen ⟨kann⟩, jeder Deutsche könne die deutsche Umwelt wirklich vollständig verstehen. Und korrelativ kann nur in dieser historischen Gemeinschaft
konkrete Menschenerfahrung bestehen, in der dem erfahrenden Menschen
der konkrete Mensch im Gegenüber erfahrbar wird.
10 Der Chinese, der nach Europa kommt, unsere Musik, Dichtung usw. ken-
nenlernt — lernt sie selbst in ihrem wirklichen Sinn, lernt die europäische
Kulturwelt nicht kennen, sie ist für ihn nicht ohne weiteres erfahrbar. Er muß
erst in sich einen Europäer aufbauen, er muß von seinen Erfahrungsvoraus-
setzungen aus Wege finden eines historischen Verständnisses, in sich ein
15 europäisches Ich erst konstituieren, mit dem geistigen Auge des Europäers
sehen lernen, für das allein europäische Kultur erfahrbar und da ist. Nur auf
diesem Umwege einer und nur unvollkommen zu gewinnenden Selbstumbildung (eine Art Erdpolung der Persönlichkeit), eine höchst mittelbare Sache,
ist wirkliche Objektivität denkbar für Psychisches und ein wirkliches Sich-
20 verstehen von Menschen entfernter Kulturmenschheiten. Und Objektivität
wäre dann eine Idee, beruhend auf der Idealisierung, daß jeder Mensch ideal
gesprochen die Möglichkeit hätte, diese Selbstumbildung zu vollziehen. Aber
grundverschieden ist diese Idee von der Idee der Natur.

PHÄNOMENOLOGIE UND ANTHROPOLOGIE

⟨Vortrag in den Kantgesellschaften von
Frankfurt, Berlin und Halle⟩[1]

In dem letzten Jahrzehnt macht sich, wie bekannt, in der jüngeren
5 philosophischen Generation Deutschlands eine schnell anwach-
sende Hinneigung zu einer philosophischen Anthropologie geltend.
W. Diltheys Lebensphilosophie, eine Anthropologie neuartiger Gestalt, übt jetzt eine starke Wirkung aus. Aber auch die sogenannte
Phänomenologische Bewegung ist von der neuen Tendenz ergriffen
10 worden. Im Menschen allein, und zwar in einer Wesenslehre seines
konkret-weltlichen Daseins, soll das wahre Fundament der Philosophie liegen. Man sieht darin eine notwendige Reform der ursprünglichen konstitutiven Phänomenologie, eine Reform, durch die sie
allererst die eigentliche philosophische Dimension erreiche.
15 Eine völlige Umkehrung der prinzipiellen Stellungnahme wird
also vollzogen. Während die ursprüngliche Phänomenologie, als
transzendentale ausgereift, jeder wie immer gearteten Wissenschaft
vom Menschen die Beteiligung an der Fundamentierung der Philosophie versagt und alle darauf bezüglichen Versuche als Anthropo-
20 logismus oder Psychologismus bekämpft, soll jetzt das strikte Gegenteil gelten: Die phänomenologische Philosophie soll völlig neu
vom menschlichen Dasein her aufgebaut werden.
In diesem Streit kehren in modernisierter Gestalt die alten Gegensätze zurück, welche die ganze Philosophie der Neuzeit in
25 Bewegung halten. Von Anfang an wirkt sich die dieser Epoche
eigentümliche subjektivistische Tendenz in zwei gegensätzlichen
Richtungen aus, die eine die anthropologistische (oder psychologisti-

---

[1] In Frankfurt vorgetragen am 1. Juni, in Berlin am 10. Juni und in Halle am 16. Juni
1931.

sche), die andere die transzendentalistische. Die beständig als Notwendigkeit empfundene subjektive Begründung der Philosophie
muß selbstverständlich — so heißt es auf der einen Seite — die
Psychologie leisten. Auf der anderen Seite aber fordert man eine
5 Wissenschaft von der transzendentalen Subjektivität, eine völlig
neuartige Wissenschaft, von der aus alle Wissenschaften und so auch
die Psychologie allererst philosophisch zu begründen seien.

Sollen wir es als ein Schicksal hinnehmen, daß sich dieser Streit,
nur seine historischen Gewänder wechselnd, in aller Zukunft erneu-
10 ern muß? Nein, werden wir sagen. Im Wesen der Philosophie, im
prinzipiellen Sinn ihrer Aufgabe, muß doch die von ihr prinzipiell
geforderte Begründungsmethode vorgezeichnet sein. Ist es notwendig eine subjektive, so muß auch der besondere Sinn dieses Subjektiven *a priori* mitbestimmt sein. Es muß also eine prinzipielle Ent-
15 scheidung zwischen Anthropologismus und Transzendentalismus
möglich sein, die über alle historischen Gestalten der Philosophie
und Anthropologie bzw. Psychologie erhaben ist.

Doch hier hängt alles am wirklichen Besitz der zur prinzipiellen
Entscheidung vorausgesetzten Einsichten, deren beständiger Man-
20 gel den unaufhörlichen Streit ermöglichte. Sind wir nun heute schon
soweit, über diese Einsichten zu verfügen, ist das prinzipielle Wesen
der Philosophie und ihrer Methode schon zu so radikaler Klärung
und apodiktischer begrifflicher Fassung gekommen, daß wir darauf
eine endgültige Entscheidung gründen können?

25 Ich werde versuchen, Sie davon zu überzeugen, daß wir in der Tat
schon soweit sind, und zwar als Ergebnis der Entwicklung der konstitutiven Phänomenologie. Ohne dieser Entwicklung nachzugehen,
will ich versuchen, die in ihr zu reiner Abklärung gekommene transzendentalphilosophische Methode sowie die dadurch in den syste-
30 matischen Gang konkret ausführender Arbeit gekommene Transzendentalphilosophie mindest als Idee zu umzeichnen. Aus
der gewonnenen Einsicht wird die prinzipielle, also endgültige Entscheidung der Frage — die unser heutiges Thema ist — uns von
selbst zufallen — der Frage, inwiefern eine Philosophie und dann
35 eine phänomenologische Philosophie ihre methodische Grundlegung
durch eine „philosophische" Anthropologie finden könne.

Als Ausgang nehmen wir eine Kontrastierung der vorcartesiani-
schen und nachcartesianischen Philosophie, die erstere beherrscht
von der altursprünglichen objektivistischen Idee der Philoso-

phie, die nachcartesianische von der Tendenz auf eine neue, die
subjektivistisch-transzendentale Idee.

Im neuzeitlichen Ringen um eine wahre Philosophie (auch in den
vorhin bezeichneten methodischen Streitigkeiten) birgt sich ein Rin-
5 gen um eine echte Überwindung der alten Idee von Philosophie und
Wissenschaft eben zugunsten der neuen Idee: Echte Überwindung
besagt hier zugleich Konservierung durch Klärung ihres wahren Sinnes, als eines transzendental-relativen.

Allgemein gesprochen ist Wissenschaft in unserem europäischen
10 Sinn wie bekannt eine Schöpfung des griechischen Geistes. Ihr Ur-
sprungsname ist Philosophie, ihr Erkenntnisgebiet das Universum
des überhaupt Seienden. Sie verzweigt sich in Sonderdisziplinen,
deren Hauptzweige Wissenschaften heißen, während man philosophische nur diejenigen unter ihnen nennt, welche allgemein alles
15 Seiende in gleicher Weise betreffenden Fragen behandeln. Doch ist
der alte Totalbegriff der Philosophie, der alle Wissenschaften konkret zusammenfaßt, für immer unentbehrlich.

In einer langen Entwicklung klärt, formt, festigt sich stufenweise
die zunächst unklar konzipierte Zweckidee der Philosophie, der
20 Wissenschaft. Erkenntnis in der Einstellung des ϑαυμάζειν, des rein
„theoretischen" Interesses ergibt Wissenschaft im ersten, aber bald
nicht mehr genügenden Sinn. Bloß empirische Erkenntnis, deskrip-
tiv-klassifikatorisch-induktorische, ist noch nicht Wissenschaft im
prägnanten Sinn. Sie liefert bloß relative, bloße Situationswahrhei-
25 ten. Philosophie, echte Wissenschaft geht auf absolute, endgültige,
alle Relativitäten übersteigende Wahrheiten. In ihnen kommt das
Seiende selbst, wie es an sich selbst ist, zur Bestimmung. In der
anschaulichen Welt, der Welt vorwissenschaftlicher Erfahrung, bekundet sich zwar selbstverständlich und trotz ihrer Relativität
30 eine wirklich seiende Welt, aber ihre an sich wahren Beschaffenhei-
ten übersteigen die schlichte Erfahrung. Philosophie, echte Wissenschaft erzielt sie, sei es auch nur in Stufen der Approximation, durch
ihren Rekurs auf das Eidos, auf das reine Apriori, das in apodiktischer Einsicht jedermann zugänglich ist.

35 Die Entwicklung tendiert gegen folgende Idee. Philosophische
Erkenntnis der gegebenen Welt erfordert zunächst eine universale
apriorische Welterkenntnis, wir könnten sagen, eine universale,
nicht nur abstrakt allgemeine, sondern konkret regionale Ontologie.
Dadurch erfaßt wird die invariante Wesensform, die reine

Ratio der Welt bis hinein in alle ihre regionalen Seinssphären. Oder was gleich gilt: Der Erkenntnis der faktischen Welt geht voran die universale Erkenntnis der Wesensmöglichkeiten, ohne die eine Welt überhaupt, also auch die faktische, nicht gedacht werden könn-
5 te als seiend.

Mittels dieses Apriori wird nun eine rationale Methode möglich, um die faktische Welt in Form rationaler Tatsachenwissenschaften zu erkennen. Die blinde Empirie wird rationalisiert, sie gewinnt Anteil an der reinen Ratio. Unter ihrer Leitung erwächst Erkenntnis
10 aus den Gründen, rational erklärende Tatsachenerkenntnis.

So zum Beispiel hinsichtlich der körperlichen Natur: Reine Mathematik, als Apriori einer erdenklichen Natur überhaupt, ermöglicht echte, philosophische Naturwissenschaft, eben mathematische. Doch ist das mehr als ein Beispiel. Denn reine Mathematik und
15 mathematische Naturwissenschaft haben, in einer freilich engeren Sphäre, zuerst an den Tag gebracht, worauf die ursprünglich objektivistische Idee der Philosophie, der Wissenschaft hinausstrebte.

Scheiden wir nun, was erst als späte Folge der neuzeitlichen Wendung zu scheiden ein Bedürfnis wurde: nämlich das Formale und
20 Materiale an dieser Konzeption. *Formaliter* handelt es sich um eine universale und im angegebenen Sinn rationale Erkenntnis des Seienden, in seiner Totalität. In der gesamten Tradition hat aber der formale Begriff Seiendes, oder Etwas überhaupt, von vornherein einen material bindenden Sinn, nämlich als weltlich Seiendes bzw.
25 als Reales, als von der seienden Welt her Seinssinn Ableitendes. Also Philosophie soll Wissenschaft vom All der Realitäten sein — und eben diese kommt in der Neuzeit ins Wanken, wie wir sogleich hören werden.

Die mit Descartes einsetzende Entwicklung der philosophischen
30 Neuzeit hebt sich scharf von allen vorangegangenen Entwicklungen ab. Ein neuartiges Motiv tritt in Aktion, das zwar nicht das formale Ideal der Philosophie, das der rationalen Wissenschaftlichkeit, angreift, wohl aber ihren materialen Sinn und ihn schließlich völlig verändert. Die Naivität, in der die Welt als selbstverständ-
35 lich seiende vorausgesetzt wird — als selbstverständlich vorgegebene durch die Erfahrung — geht verloren: Aus der Selbstverständlichkeit wird ein großes Rätsel. Der Cartesianische Rückgang von dieser vorgegebenen Welt auf die welterfahrende Subjektivität, und so auf die Bewußtseinssubjektivität überhaupt, erweckt eine

total neue Dimension wissenschaftlichen Fragens: Wir nennen sie im voraus die transzendentale.

Als philosophisches Grundproblem spricht sie sich in verschiedenen Weisen aus: als Erkenntnis- oder Bewußtseinsproblem,
5 als Problem der Möglichkeit objektiv gültiger Wissenschaft oder der Möglichkeit einer Metaphysik usw. In allen solchen Aussprachen bleibt das Problem weit entfernt davon, ein präzises, in ursprünglich geschöpften wissenschaftlichen Begriffen ausgelegtes Problem zu sein. Es behält stets etwas unklar Schillerndes, das in dieser Unklar-
10 heit widersinnige Wendungen offenläßt. Die neueröffnete Erkenntnisdimension kann schwer zu Worte und Begriff kommen; die altgewohnte Begrifflichkeit, als ihr wesensfremd, kann sie nicht fassen, sondern nur mißdeuten.

So ist die philosophische Neuzeit ein beständiges Sichmühen, in
15 diese neue Dimension einzudringen, zu den rechten Begriffen, rechten Fragestellungen und Methoden zu kommen. Dahin ist der Weg weit. So versteht sich, daß sie es trotz des ernstesten Wissenschaftswillens nicht zu einer einzigen, der transzendentalen Motivation genügenden Philosophie bringt. Statt dessen haben wir die Vielheit
20 einander widersprechender Systeme. — Hat sich diese Lage in der neuesten Zeit verbessert?

Kann man im Durcheinander und der hastigen Folge unserer modernen Philosophien die Hoffnung wagen, daß unter ihnen eine schon da sei, in der die transzendentale Tendenz der Neuzeit sich
25 vollkommen abgeklärt und zu einer festgeformten, apodiktisch notwendigen Idee einer Transzendentalphilosophie geführt hat? Zudem zu einer Methode bodenständiger, streng wissenschaftlicher Arbeit, ja zu einem systematischen Anfang und Fortgang dieser Arbeit selbst?
30 Meine Antwort ist schon in der Einleitung vorweggenommen. Ich kann nicht anders, als in der transzendentalen oder konstitutiven Phänomenologie die rein ausgewirkte und zu wirklich wissenschaftlicher Arbeit gekommene Transzendentalphilosophie zu sehen. Viel beredet und viel kritisiert ist sie doch eigentlich noch unbekannt,
35 natürliche und traditionelle Vorurteile wirken als Blenden und lassen ihren wirklichen Sinn nicht durchdringen. Kritik, statt zu helfen, zu bessern, hat sie daher noch nicht berührt.

Es ist nun meine Aufgabe, Ihnen diesen wahren Sinn der transzendentalen Phänomenologie zur Evidenz zu bringen. Dann gewin-

nen wir diejenigen prinzipiellen Einsichten, in denen das Problem
der Möglichkeit einer philosophischen Anthropologie entschieden
werden kann.

Die bequemste Anknüpfung bieten die Cartesianischen Meditatio-
5 nen. Von ihrer Form allein lassen wir uns leiten und von dem in
ihnen durchgebrochenen Willen zu einem äußersten wissenschaftlichen Radikalismus. Dem vielfach von uns vermerkten, ⟨durch⟩
Vorurteile verfälschten Gehalt der Meditationen folgen wir nicht.
Wir versuchen, einen nicht mehr zu übersteigenden wissenschaftli-
10 chen Radikalismus durchzuführen. Aus den Cartesianischen Meditationen entquillt die ganze Philosophie der Neuzeit. Wir wenden diesen historischen Satz ins Sachliche. Aus Meditationen, aus einsamen
Selbstbesinnungen entquillt jeder echte Anfang der Philosophie. Autonome Philosophie — wir stehen im Zeitalter der zur Autonomie
15 erwachten Menschheit — in ihrer Ursprünglichkeit wird in der einsamen radikalen Selbstverantwortung des Philosophierenden. Durch
Vereinsamung und Meditation allein wird er Philosoph, wird in ihm
Philosophie als notwendig von ihm aus anfangende. Was andern,
was traditionell als Wissen und wissenschaftliche Begründung gilt,
20 muß ich, als autonomes Ich, ausschließlich in meiner eigenen Evidenz bis in das Letztgründende verfolgen. Dieses Letzte muß unmittelbar apodiktisch evident sein. Nur so kann ich absolut verantworten, absolut rechtfertigen. Also: Kein Vorurteil, sei es auch das aller-
selbstverständlichste, darf ich ungefragt, unbegründet passieren las-
25 sen.

Versuche ich ernstlich dieser Forderung genugzutun, so entdecke
ich mit Erstaunen eine nie bemerkte, nie sich aussprechende Selbstverständlichkeit, die eines universalen Seinsglaubens, der sich durch
mein ganzes Leben hindurchzieht und es trägt. Alsbald geht sie,
30 unvermerkt, auch in mein Absehen auf eine Philosophie ein.
Unter diesem Titel will ich natürlich eine universale Wissenschaft
von der Welt und dann mich spezialisierend in Spezialwissenschaften von den Sondergebieten der Welt. „Der" Welt. Ihr Sein ist die
beständige Selbstverständlichkeit, ist beständig unausgesprochene
35 Voraussetzung. Ihre Quelle ist natürlich die universale Erfahrung in
ihrer beständigen Seinsgewißheit.

Wie steht ⟨es⟩ mit ihrer Evidenz? In Hinsicht auf einzelne
Realitäten hält die Evidenz der Erfahrung oft genug nicht stand. Die
Seinsgewißheit, die sie bietet, wird gelegentlich zweifelhaft und

sogar durchgestrichen unter dem Titel nichtiger Schein. Warum hält
nun, demgegenüber, die Erfahrungsgewißheit der Welt, als der Totalität der für mich wirklich seienden Realitäten, ungebrochen
stand? Sie bezweifeln oder gar negieren kann ich tatsächlich nie.
5 Reicht das für eine radikale Begründung hin? Ist nicht am Ende die
der Kontinuität der Welterfahrung einwohnende Seinsgewißheit eine
vielfältig fundierte? Bin ich auslegend je dem nachgegangen, habe
ich verantwortlich nach den Geltungsquellen der Erfahrung und
ihrer Tragweite gefragt? Nein. Also unverantwortet lag sie in mei-
10 nem früheren Leben dem wissenschaftlichen Tun zugrunde. Unverantwortet darf sie nicht bleiben. Ich muß sie in Frage stellen, eine
ernstlich autonome Wissenschaft kann ich gar nicht anfangen, ohne
sie vorher in einer Aktivität des fragend-antwortenden Begründens
bis ins letzte apodiktisch verantwortet zu haben.
15   Nun weiter: Ist die Seinsgewißheit der Welterfahrung fraglich
geworden, so kann sie nun nicht mehr einen Boden abgeben
für zu bildende Urteile. Damit ist uns, ist mir, dem meditierenden,
philosophierenden Ich, eine universale Epoché hinsichtlich des
Seins der Welt auferlegt, darin beschlossen aller Einzelrealitäten,
20 welche mir Erfahrung, auch konsequent einstimmige Erfahrung, als
Wirklichkeiten anbietet. Was bleibt übrig?
  Ist nicht die Welt das All des Seienden? Stehe ich also vor dem
Nichts, kann ich überhaupt noch urteilen, habe ich überhaupt noch
eine Erfahrung als Urteilsboden, worin Seiendes schon vor allem
25 Urteilen für mich ursprünglich-anschaulich da ist? Wir antworten in
einiger Ähnlichkeit mit Descartes (und doch nicht völlig mit ihm
eins): Mag die Existenz der Welt, als erst radikal zu begründende,
für mich jetzt in Frage stehen und der Epoché verfallen sein, ich, der
Fragende, der Epoché Übende, bin doch, und der ich bin, dessen bin
30 ich mir bewußt und kann es sofort apodiktisch feststellen. Von mir
als diesem Epoché Übenden habe ich eine Erfahrung, die ich unmittelbar und aktiv verantworten kann. Es ist nicht Welterfahrung —
die gesamte Welterfahrung ist ja außer Geltung gesetzt — und doch
Erfahrung. Durch sie erfasse ich mich selbst, eben als Ich in der
35 Weltepoché, mit allem, was von mir als diesem Ich unabtrennbar
ist. So, als dieses apodiktische Ich, bin ich gegenüber dem Sein der
Welt das an sich Frühere, nämlich sofern mein Sein, als dieses Ich,
davon unberührt ist, wie immer es mit der Seinsgeltung der Welt
und ihrer Verantwortung stehen mag. Offenbar nur als dieses Ich

kann ich das Sein der Welt letztlich verantworten, kann ich eine radikal zu verantwortende Wissenschaft, wenn überhaupt, durchführen.

　Nun ein neuer wichtiger Schritt: Nicht umsonst habe ich betont
5　„dieses Ich". Denn so weit gekommen merke ich, daß mit meinem philosophierenden Ich eine wahre Revolution vorgegangen ist. Zuerst, die Meditation beginnend, war ich für mich dieser einzelne Mensch, der sich nur zeitweise als philosophierender Einsiedler von seinen Mitmenschen absonderte, um sich ihre Urteile
10　vom Leibe zu halten. Darum stand ich doch auf dem Boden der selbstverständlich seienden Erfahrungswelt. Jetzt aber, wo diese in Frage gestellt bleiben muß, ist auch mein Sein als Mensch — unter Menschen und sonstigen Realitäten der Welt — mit in Frage, mit der Epoché unterworfen.
15　Aus der menschlichen Einsamkeit ist vermöge dieser Epoché eine radikal andere, die transzendentale Einsamkeit, geworden, nämlich die Einsamkeit des Ego. Als Ego bin ich für mich nicht der Mensch in der seienden Welt, sondern das die Welt hinsichtlich all ihres Seins und somit auch Soseins in Frage stellende Ich oder
20　das die universale Erfahrung zwar durchlebende, aber ihre Seinsgeltung einklammernde. Ähnlich hinsichtlich aller nicht erfahrenden Bewußtseinsweisen, in denen Welt praktisch oder theoretisch in Geltung ist. Die Welt erscheint weiter, wie sie erschien, das Weltleben ist nicht unterbrochen: Aber Welt ist jetzt „eingeklammerte" Welt,
25　bloß Phänomen, und zwar Geltungsphänomen der strömenden Erfahrung, des Bewußtseins überhaupt, das aber nun transzendental reduziertes Bewußtsein ist. Von ihm ist dieses universale Geltungsphänomen Welt offenbar unabtrennbar.

　Hiermit ist beschrieben, was in der transzendentalen Phänomeno-
30　logie phänomenologische Reduktion heißt. Gemeint ist sie nicht als eine vorübergehende Glaubensenthaltung bezüglich des Seins der Welt, sondern als eine willentlich fortdauernde, mich als Phänomenologen ein für allemal bindende. So ist sie aber nur das notwendige Mittel für die reflektive Aktivität des Erfahrens und theoretischen
35　Urteilens, in der ein grundwesentlich neuartiges Erfahrungs- und Erkenntnisfeld sich eröffnet, eben das transzendentale. Was also jetzt zum Thema wird und nur durch diese Epoché dazu werden kann, ist mein transzendentales Ego, seine transzendentalen *cogitationes*, also die transzendental reduzierten Bewußtseinserlebnisse in

allen ihren typischen Gestalten, aber auch die jeweiligen *cogitata
qua cogitata*; alles das, dessen ich jeweils bewußt bin und in den
Modi, in denen ich es bin — stets unter Innehaltung der Epoché. So
bilden sie den jeweiligen und im Wandel einheitlich bleibenden
5 transzendentalen Bewußtseinsbereich des Ego. Das ist aber nur der
Anfang, aber ein notwendiger Anfang. Die fortgesetzte transzendentale Reflexion führt auch bald auf die transzendentalen Eigenheiten
des „ ich kann “ und die habituellen Vermögen, noch manches andere und so auch zu dem universalen Geltungsphänomen Welt als
10 verharrendem Universum gegenüber der Mannigfaltigkeit des Weltbewußtseins.

In der Tat gegen alle Erwartung eröffnet sich hier, und nur durch
die phänomenologische Reduktion, ein ungeheueres Forschungsfeld.
Zunächst ein Feld unmittelbarer und apodiktischer Erfahrung, der
15 steten Quelle der Bodenständigkeit aller transzendentalen unmittelbaren und mittelbaren Urteile. Descartes und die Folgezeit waren
und blieben dafür blind. Allerdings, es war außerordentlich schwer,
den reinen Sinn der transzendentalen Umstellung abzuklären und
damit die Grundunterscheidung zwischen transzendentalem Ego
20 bzw. der transzendentalen Sphäre und dem Menschen-Ich mit seiner
psychischen Sphäre und der Weltsphäre überhaupt zur Abhebung zu
bringen. Und selbst nachdem der Unterschied gesehen war und die
Aufgabe einer transzendentalen Wissenschaft reinen Sinn gewonnen
hatte, wie bei Fichte und seinen Nachfolgern, war es außerordentlich
25 schwer, den transzendentalen Erfahrungsboden in seiner Unendlichkeit zu sehen und nutzbar zu machen. Da der deutsche Idealismus
hier versagte, geriet er in bodenlose Spekulationen, deren Unwissenschaftlichkeit außer Frage und keineswegs, wie heutzutage viele meinen, ein Lob ist. Es war überhaupt außerordentlich schwierig, dem
30 völlig neuen Problem der philosophischen Methode genugzutun,
wenn es eben Methode einer philosophischen Wissenschaft sein sollte, einer Wissenschaft aus letzter Verantwortung. Schließlich hängt
aber alles an der Anfangsmethode der phänomenologischen Reduktion.

35 Ist der Sinn der Reduktion verfehlt, die das einzige Eingangstor in
das neue Reich ist, so ist alles verfehlt. Die Versuchungen zu Miß-
verständnissen sind fast übermächtig. Allzu nahe liegt es doch, sich
zu sagen: Ich, dieser Mensch, bin es doch, der die ganze Methodik
der transzendentalen Umstellung übt, der dadurch sich auf sein rei-

nes Ego zurückzieht; also was ist dieses Ego anderes denn eine abstrakte Schichte in dem konkreten Menschen, sein rein geistiges Sein, während vom Leib abstrahiert wird. Offenbar ist, wer so spricht, in die naiv-natürliche Einstellung zurückgefallen, sein Den-
5 ken bewegt sich auf dem Boden der vorgegebenen Welt statt im Bannkreis der Epoché: sich als Menschen nehmen, das ist schon, die Weltgeltung voraussetzen. Durch Epoché wird aber sichtlich, daß es das Ego ist, in dessen Leben die Apperzeption Mensch innerhalb der universalen Apperzeption Welt Seinssinn erhält.

10 Doch selbst wenn man so weit ist wie wir jetzt, das neuartige transzendentale Erfahrungsfeld und Urteilsfeld scharf geschieden zu erhalten von dem natürlich-weltlichen — und selbst wenn man schon merkt, daß hier ein weites Reich möglicher Forschung sich eröffnet, ist es nicht leicht zu sehen, wozu eine solche Forschung
15 dienen soll bzw. zu sehen, daß sie dazu berufen sei, echte Philosophie auf die Beine zu bringen.

Wie sollen Forschungen bei konsequenter und unverbrüchlich erhaltener Epoché, rein egologische Forschungen, überhaupt eine philosophische Relevanz haben können? Als Mensch in der Welt stelle
20 ich an die Welt alle theoretischen, alle praktischen, alle Schicksalsfragen. Kann ich sie aufgeben? Muß ich das aber nicht, wenn die Welt ihrem Sein nach der Epoché unterzogen ist und bleibt? Dann komme ich ja, scheint es, nie wieder zur Welt zurück und zu all den Lebensfragen, um deren willen ich philosophierte, Wissenschaft als
25 rationale und radikale Besinnung über Welt und Menschendasein anstrebte.

Indessen überlegen wir, ob nicht am Ende die konsequente Weltentsagung der transzendentalen Reduktion der notwendige Weg ist zu einer wahren endgültigen Welterkenntnis, als einer nur innerhalb
30 dieser Epoché durchzuführenden. Vergessen wir nicht den Sinnzusammenhang der Meditationen, in denen für uns die Epoché ihren Sinn und ihre Erkenntnisfunktion gewann. Die Weltentsagung, „Welteinklammerung", meint doch nicht, daß hinfort die Welt überhaupt nicht mehr Thema sei, vielmehr, daß sie nun in einer
35 neuen, um eine ganze Dimension tieferen Weise unser Thema sein muß. Entsagt haben wir nur der Naivität, in welcher wir uns von der allgemeinen Erfahrung die Welt vorgeben ließen als seiende und jeweils soseiende. Die Naivität wird aufgehoben, wenn wir, und das war das treibende Motiv, die Geltungsleistung der Erfahrung als

autonome Subjekte verantwortlich auslegen und die rationale Einsicht suchen, in der wir sie eben verantworten und ihre Tragweite bestimmen können.

Anstatt naiv die Welt zu haben und naive Weltfragen, Wahrheits-
5 fragen des gewöhnlichen Sinnes zu stellen, stellen wir jetzt neue Weltfragen, Fragen an die Welt rein als Welt der Erfahrung und des sonstigen Weltbewußtseins — also an die Welt, die rein in uns und zunächst rein von mir her und in mir Sinn und Geltung gewonnen hat. In mir *nota bene* als transzendentalem Ego.
10   Doch eben dies muß man sich in den Brennpunkt der Klarheit rücken. Diese Welt hat Selbstverständlichkeit ihres Seins für mich doch nur als meine eigene Selbstverständlichkeit, die meiner eigenen Erfahrung, aus meinem eigenen Bewußtseinsleben. In ihm hat jeder Sinn, den sie, den irgendwelche objektiv weltlichen Tatsachen
15 für mich haben, seine Quelle. Durch die transzendentale Epoché sehe ich aber, daß alles weltlich Seiende und so auch mein Dasein als Mensch für mich nur Daseiendes ist als Inhalt einer gewissen erfahrenden Apperzeption im Modus der Seinsgewißheit. Als transzendentales Ego bin ich das diese Apperzeption vollziehende,
20 durchlebende Ich. Sie ist ein Geschehen in mir, ein vor der Reflexion freilich verborgenes, in welchem Welt und menschliche Personen für mich als seiende allererst sich konstituieren. Auch jede Evidenz, die ich für Weltliches überhaupt gewinne, jeder Bewährungsweg, ob nun vorwissenschaftlicher oder wissenschaftlicher, liegt pri-
25 mär in mir, dem transzendentalen Ego. Zwar verdanke ich so viel, vielleicht das meiste, den anderen, aber zunächst sind sie für mich andere, von mir aus den Sinn und die Geltung erhaltend, den sie für mich je haben. Und erst, wenn ich aus mir ihren Sinn und ihre Geltung habe, können sie mir als Mitsubjekte helfen. Als transzen-
30 dentales Ego bin ich also das absolute und das verantwortliche Subjekt aller meiner Seinsgeltungen. Durch transzendentale Reduktion meiner als dieses Ego innewerdend, habe ich einen Stand über allem weltlichen Sein, über meinem eigenen Menschsein und menschlichen Leben. Eben diese absolute Stellung über allem, was mir gilt
35 und soll je gelten können mit all seinem möglichen Inhalt, muß notwendig die philosophische sein, es ist die Stellung, die mir die phänomenologische Reduktion gibt. Nichts von dem habe ich verloren, was in der Naivität für mich da war, sich mir insbesondere als seiende Wirklichkeit auswies. Vielmehr: In der absoluten Einstel-

lung erkenne ich die Welt selbst, erkenne sie nun allererst, als was
sie stets für mich war und wesensmäßig für mich sein mußte: als
transzendentales Phänomen. Eben damit habe ich eine neue
Dimension nie gefragter Fragen für eben diese seiende Wirklichkeit
5 ins Spiel gebracht: Fragen, durch deren Beantwortung erst das konkret volle Sein und die vollständige und endgültige Wahrheit für
diese Welt zutage kommen könne.

Ist nicht schon im voraus gewiß, daß die Welt, die in der natürlichen Einstellung als das Universum des schlechthin Seienden gel-
10 ten mußte, ihre Wahrheit nur als transzendental relative hat und
daß schlechthinniges Sein allein der transzendentalen Subjektivität zukommen kann? Aber hier werden wir bedenklich.
Gewiß, die Welt, die für mich ist, von der ich je Vorstellung hatte, je
mit Sinn redete, hat für mich Sinn und Geltung aus meinen eigenen
15 apperzeptiven Leistungen, aus meinen gerade in diesen ablaufenden
und sich verbindenden Erfahrungen und sonstigen Bewußtseinslei-
stungen, zum Beispiel Denkleistungen. Aber ist das nicht eine tolle
Zumutung, daß die Welt selbst aus meiner Leistung sei? Ich muß
also wohl verbessern. In meinem Ego gestaltet sich aus eigenen
20 Quellen transzendentaler Passivität und Aktivität meine „Weltvorstellung", mein „Weltbild" — außer mir aber ist wie
natürlich die Welt selbst.

Indessen, ist das eine gute Auskunft? Hat diese Rede von Außen
und Innen, wenn sie überhaupt Sinn hat, diesen Sinn anderswoher
25 denn aus meiner Sinnbildung und Bewährung? Darf ich vergessen,
daß die Totalität alles dessen, was ich als seiend je erdenken kann,
innerhalb des universalen Bewußtseinsbereiches liegt, meines, des
Ego, und zwar meines wirklichen oder möglichen?

Diese Antwort ist zwingend und doch unbefriedigend. Die Aner-
30 kennung der transzendentalen Relativität alles Seins, und demnach der ganzen seienden Welt, mag unvermeidlich sein, aber sie ist,
so formal hingestellt, ganz und gar unverständlich. Sie bliebe es,
wenn wir uns von oben her in Argumentationen einließen, wie sie
allzeit der Fluch der sogenannten Erkenntnistheorie gewesen sind.
35 Aber haben wir nicht schon die transzendentale Subjektivität kon-

---

28 *statt* wirklichen oder möglichen *in M II 1 (= maschinenschriftliche Ausarbeitung*
von Eugen Fink mit Veränderungen Husserls; vgl. Textkritische Anmerkungen, *S. 300)*
apodiktisch wirklichen

kret als ein Erfahrungsfeld und als ein Feld bodenständig darauf
bezogener Erkenntnisse erschlossen? In der Tat, ist damit wirklich
der Weg freigelegt, um das neuartige, transzendentale Welträtsel zur
Lösung zu bringen? Es besteht, himmelfern von allen Welträtseln im
5 gewöhnlichen Sinn, eben in der Unverständlichkeit, in welcher die
transzendentale Relativität uns anfangs sogleich mit der Entdeckung
der transzendentalen Einstellung und des transzendentalen Ego ent-
gegentritt. Der Anfang ist kein Ende. Jedenfalls klar ist, was wir zu
tun haben, um sie in eine Verständlichkeit zu verwandeln und
10 um so zu einer wirklich konkreten und radikal begründeten Welterkenntnis zu kommen. Wir müssen in ein systematisches Studium
der konkreten transzendentalen Subjektivität eintreten, und zwar in
der Frage, wie sie in sich objektive Welt zu Sinn und Geltung bringt.
Ich als Ego muß mich selbst und meine gesamte Bewußtseinssphäre
15 in ihrem Wesensbau und in dem Aufbau der in ihr vollzogenen und
zu vollziehenden Sinnes- und Geltungsleistungen zum wissenschaftlichen ⟨Thema⟩ machen und demnach zunächst zum wesenswissen-
schaftlichen Thema. Als Philosoph will ich ja nicht in der vagen
transzendentalen Empirie stehenbleiben. Zunächst gilt es also, die
20 Wesenstypik meiner Bewußtseinserlebnisse in ihrer immanenten
Zeitlichkeit, cartesianisch gesprochen, den Strom meiner *cogitationes*, ⟨zu erfassen⟩. Diese sind, was sie sind, als „intentionale"
Erlebnisse. Jedes einzelne *cogito*, jede Verbindung von solchen, als
Verbindung zur Einheit eines neuen *cogito*, ist *cogito* seines *cogita-*
25 *tum*, und dieses *qua cogitatum* genau so genommen, wie es als das
auftritt, ist vom *cogito* wesensmäßig unabtrennbar. Natürlich, es ist
andererseits aber auch dem Wesenszusammenhang zwischen den
cogitationes und den entsprechenden Vermögen nachzugehen, auch
das „ich kann", „ich tue", schießlich „ich habe ein bleibendes
30 Vermögen" ist ein Wesensvorkommnis und jedes Vermögen und
Vermögen des Ichbewußtseins, tätig zu sein. Auch das Ich, das
zunächst als ein leeres Zentrum sichtlich wird, ist ein Titel für eigene
transzendentale Probleme, für die der Vermögenseigenschaften.

---

18 vagen in *M II 1 gestrichen*
23 *nach* cogito *Einfügung in M II 1* hat sein cogitatum
24 *vor* cogito seines *Einfügung in M II 1* einheitliches
24 *vor* cogitatum *Einfügung in M II 1* einheitlichen und fundierten
25 *nach* dieses *Einfügung in M II 1* überhaupt,
31 *statt* Ich *in M II 1* identische Ich mannigfaltiger cogitationes

Doch das erste ist die Korrelationsforschung von Bewußtsein als
Erlebnis und darin Bewußtem als solchem (dem *cogitatum*). Hier
darf das Entscheidende nicht übersehen werden. Da muß ich als Ego
den Blick richten auf die verwirrende Mannigfaltigkeit der subjekti-
5 ven Bewußtseinsweisen, welche jeweils zusammengehören als solche
eines und desselben darin bewußten, darin vermeinten Gegenstandes, Zusammengehören vermöge der Identitätssynthesis,
die im Übergang notwendig eintritt: so zum Beispiel die Mannigfaltigkeiten von Erscheinungsweisen, in denen das wahrnehmende Be-
10 trachten eines Dinges besteht und wodurch immanent bewußt wird
dieses Eine, dieses Ding. Was uns naiv als Eines und eventuell
als völlig unverändert Verharrendes gegeben ist, wird zum transzendentalen Leitfaden für das systematisch reflektive Studium
der wesensmäßig zugehörigen Bewußtseinsmannigfaltigkeiten. So für
15 jedes Seiende, so für jedes einzelne Reale und auch für die Welt als
Totalphänomen. Schon dies, daß hier eine apodiktische Wesensge-
setzmäßigkeit der Korrelation besteht, war eine völlig neue Erkenntnis von geradezu unerhörter Tragweite. Aber das sind nur Anfänge
(obschon höchst umfassende deskriptive Untersuchungen fordernd)
20 für einen Progressus immer neuer Stufen transzendentaler Forschungen, und zwar stets aus konkreter Erfahrung und Deskription ihre
Bodenständigkeit, ihre konkrete apodiktische Evidenz schöpfend.
    Die Möglichkeit aller dieser Forschungen hängt an der Auffindung
der Methode der Korrelationsforschung, der Methode, von der in-
25 tentionalen Gegenständlichkeit konkret enthüllend zurückzufragen.
Echte Bewußtseinsanalyse ist sozusagen Hermeneutik des Bewußtseinslebens als eines immerzu Seiendes (Identisches) Vermeinenden,
Seiendes in sich in wesenszugehörigen Bewußtseinsmannigfaltigkeiten intentional Konstituierenden. Nicht der Natur (wie Baco) muß
30 man, sondern dem Bewußtsein bzw. dem transzendentalen Ego
Daumenschrauben anlegen, daß es uns seine Geheimnisse verrate.
Daß solche Problematik und Methode völlig verborgen bleiben
konnte, das liegt an einer Wesenseigentümlichkeit des Bewußtseinslebens selbst. Nämlich: Während das Ich, wie in der natürlich-welt-
35 lichen Einstellung immer, jeweils auf irgendeine ihm vorgegebene
Gegenständlichkeit gerichtet, irgendwie mit ihr beschäftigt ist, ver-

---

10 *vor* Dinges *Einfügung in M II 1* körperlichen
28 *nach* in sich *Einfügung in M II 1* als Geltungs- und Bewährungs-Ich

bleibt wesensmäßig das strömende Leben, in welchem die Einheitsleistung sich vollzieht, sozusagen anonym, verdeckt. Das Verdeckte
ist aber zu enthüllen, wesensmäßig kann das Ich den thematischen
Blick reflektiv zurückwenden, es kann intentional zurückfragen und
5 durch systematische Explikation die Einheitsleistung sichtlich und
verständlich machen.

Nach alldem verstehen wir auch, daß die Umwendung von der
naiven Weltforschung zur Selbsterforschung des transzendentalen
egologischen Bewußtseinsbereiches nichts weniger bedeutet als eine
10 Abwendung von der Welt und einen Übergang in eine weltfremde
und darum interesselose theoretische Spezialität. Im Gegenteil: Es
ist die Wendung, die uns eine wirklich radikale Welterforschung, ja
wie sich zeigt darüber hinaus, eine radikal wissenschaftliche Erforschung des absoluten, des im letzten Sinne Seienden ermöglicht. Es
15 ist der Weg, der, nachdem das Manko der Naivität erkannt worden
ist, der einzig mögliche ist, um Wissenschaften in der echten Rationalität zu begründen, konkret gesprochen der Weg zu der einzig
möglichen radikal gegründeten Philosophie.

Freilich erfordert diese überwältigend große Aufgabe eine außer-
20 ordentlich schwierige Methodik in der abstraktiven Schichtung der
transzendentalen Sphäre und der entsprechenden Problematik. Sie
ist nötig, um in einer festen Arbeitsordnung von Problemstufe zur
höheren Stufe aufsteigen zu können.

Dahin gehört vor allem, daß in einer ersten Untersuchungsschich-
25 te abstraktiv von der transzendentalen Leistung der Einfühlung abgesehen wird. Nur so werden die Wesensvoraussetzungen gewonnen,
um eben diese Leistung zu verstehen und in eins damit die allerpein-
lichste Unverständlichkeit zu überwinden. Mit anderen Worten: um
den anfangs beirrenden Schein eines transzendentalen Solipsismus
30 zu zerstreuen. Das aber natürlich nicht durch hohle Argumentationen, sondern durch konkret intentionale Auslegung.

Hierbei zeigt sich im transzendentalen Erkenntnisbereich des Ego
eine grundwesentliche Scheidung zwischen dem ihm sozusagen personal Eigenen und dem ihm Fremden. Aus mir selbst als Seinssinn
35 Konstituierendem, im Inhalt des privat eigenen Ich gewinne ich
die transzendentalen anderen als meinesgleichen und gewinne so die
gesamte offen endlose t r a n s z e n d e n t a l e I n t e r s u b j e k t i v i t ä t, sie

---

12 *nach* radikale *Einfügung in M II 1* und wirklich konkrete
19 *nach* überwältigend *Einfügung in M II 1* ja unendlich

gewinne ich als diejenige, in deren vergemeinschaftetem transzendentalen Leben sich erst die Welt als objektive, als identische Welt für jedermann konstituiert.

Dies also ist der Weg der transzendentalen Phänomenologie, ihr
5 Weg von der Naivität des alltäglichen natürlichen Lebens und der Philosophie des alten Stils zur absoluten transzendentalen Erkenntnis des überhaupt Seienden.

Beständig im Auge zu behalten ist, daß diese transzendentale Phänomenologie gar nichts anderes tut, als die Welt zu befragen, genau
10 die, die allzeit für uns die wirkliche ist (die uns geltende, uns sich ausweisende, für uns einzig Sinn habende ist) — sie intentional nach ihren Sinnes- und Geltungsquellen zu befragen, in denen selbstverständlich ihr wahrer Seinssinn beschlossen ist. Eben damit gewinnen wir, und nur auf diese Weise, alle erdenklichen Weltprobleme und alle über
15 sie hinaus, aber transzendental sich erschließenden Seinsprobleme, also nicht nur die alten hinaufgehoben in ihren transzendentalen Sinn.

Hat man einmal ernstlich verstanden, was hier gewollt und was hier in konkretester Arbeit und zwingendster Evidenz als systematische Theorie erschlossen wird, so kann nicht der leiseste Zweifel
20 übrig sein, daß es nur eine endgültige Philosophie, nur eine Weise endgültiger Wissenschaft geben kann, die Wissenschaft in der Ursprungsmethode der transzendentalen Phänomenologie.

Damit ist implizite die Frage beantwortet, ob eine Anthropologie mit welchem Aufgabensinn immer als philosophische möglich ist,
25 im besonderen, ob eine auf das Wesen des Menschen und in welchen Formen immer zurückgehende Begründung der Philosophie ein Recht haben kann.

Denn es ist sofort klar: Jedwede Lehre vom Menschen, ob nun empirisch oder apriorisch, setzt seiende Welt bzw. möglicherweise
30 seiende voraus. Philosophie vom menschlichen Dasein her fällt also in jene Naivität zurück, die zu überwinden, wie wir meinen, der ganze Sinn der Neuzeit ist. Nachdem diese Naivität endlich enthüllt ist, nachdem das echte transzendentale Problem in seiner apodiktischen Notwendigkeit gewonnen ist, gibt es zu ihr keine Rückkehr.
35 Ich kann nicht anders, denn die Entscheidung als eine endgültige anzusehen und auch alle phänomenologisch sich nennenden Philosophien als Verirrungen zu erklären, die die eigentlich philosophische Dimension überhaupt nie erreichen können.

Dasselbe gilt übrigens für jeden wie immer gearteten Objektivismus, für jedwede Zurückwendung zum Objekt anstatt der Rückwendung zur transzendentalen Subjektivität. Es gilt also auch für jeden ontologischen Idealismus, der wie der Schelersche in der er-
5 neuernden Rechtfertigung des Eidos und der apriorischen oder ontologischen Erkenntnis durch meine *Logischen Untersuchungen* schon einen Freibrief für eine naive Metaphysik sieht, anstatt der inneren Tendenz der subjektiv gerichteten konstitutiven Untersuchungen zu folgen. Also auch die Rückkehr in eine Metaphysik alten Stils ist
10 statt eines Fortschritts nur ein Versagen gegenüber der großen und unverlierbaren Aufgabe der Gegenwart: endlich den Sinn der neuzeitlichen Philosophie zu seiner Klarheit und Wahrheit zu führen.

Leider nur flüchtig berühren kann ich die schon erwähnte Parallele von Mensch und Ego, von Innenpsychologie und transzen-
15 dentaler Phänomenologie: erstere als Psychologie der rein gefaßten Bewußtseinssubjektivität (bzw. Personalität und in der einzig sinnvollen Form der intentionalen Psychologie) und in der rationalen, das ist eidetischen Methode.

Die tatsächliche Entwicklung der Psychologie in der Neuzeit ver-
20 lief nicht als bloße Entwicklung einer speziellen positiven Wissenschaft, sondern bis ins 19. Jahrhundert mit dem Sinn einer transzendentalen Grundlegung der Philosophie überhaupt. Auch nach der Verselbständigung blieb ihr diese Funktion in weiten Kreisen erhalten. Eine solch beständige Verflochtenheit von Psychologie und Phi-
25 losophie im Zeitalter der transzendentalen Motivation wäre nicht möglich ohne Gründe in den Sachen selbst. Sie zeigen sich auch darin, daß radikale psychologische Reformversuche, wie die Einführung der Intentionalität in die sogenannte deskriptive Psychologie (jene Innenpsychologie der Lockeschen Tradition) sowie von der
30 geisteswissenschaftlichen Orientierung her Diltheys Impuls zu einer Psychologie der Personalität in ihrer gesellschaftlich geschichtlichen Existenz, Vorbedingungen geschaffen haben für ein neues und tieferes Verstehen des spezifisch transzendentalen Problems und für die Auffindung einer bodenständigen transzendentalen Methode. Umge-
35 kehrt aber war der Durchbruch der echten Methode einer transzendentalen Phänomenologie und dieser selbst innerhalb der Philosophie sofort rückwirkend auf eine Reform der Psychologie, der eigentliche Sinn einer Innenpsychologie. Ihr prinzipielles Leitproblem, das der psychologisch-phänomenologischen Konstitution der Welt als

menschliche „Vorstellung", tritt nun erst hervor, ebenso wie die
Methode der Auslegung der Bewußtseinshorizonte, als Methode der
Leitfäden vom *cogitatum*, vom intentionalen Objekt her. Noch
Brentano und seiner Schule war dergleichen völlig verschlossen.

5   Dieses merkwürdige Verhältnis, dieser Parallelismus einer intentionalen Psychologie und der transzendentalen Phänomenologie, bedarf natürlich einer Aufklärung. Es muß verständlich werden aus
den letzten transzendentalen Gründen, warum in der Tat die Psychologie, und wenn man will Anthropologie, nicht eine positive
10   Wissenschaft neben den anderen, neben den naturwissenschaftlichen
Disziplinen ist, sondern zur Philosophie, der transzendentalen, eine
innere Affinität hat.

Auch diese Klärung ist schon möglich geworden, und es hat sich
Folgendes gezeigt: Wenn man der Innenpsychologie (der Anthropo-
15   logie in rein geistigem Sinn endlich), wie es jetzt möglich geworden
ist, die Intersubjektivität erschließt und wenn man sie als rationale
Wissenschaft in der unbedingten Allgemeinheit und Weite ausbildet
(wie es für die rationale Naturwissenschaft von Anfang an geschehen
ist) — dann erwächst von selbst eine Motivation, welche den Psy-
20   chologen zwingt, seine naive Weltlichkeit aufzugeben und sich als
Transzendentalphilosophen zu verstehen. Wir könnten auch sagen:
Wird die Idee einer positiv rationalen Welterkenntnis bis ans Ende
durchgeführt gedacht und die letzte Begründung derselben bis ans
Ende durchgedacht, dann schlägt positive Weltwissenschaft von
25   selbst in transzendentale um. Positive Wissenschaft scheidet sich
nur solange von Philosophie, als der Erkennende in Endlichkeiten
steckenbleibt. Aber das sind große Themen für einen Vortrag.

VORWORT [319]

⟨zu Eugen Fink, „Die phänomenologische Philosophie
Edmund Husserls in der gegenwärtigen Kritik"⟩[1]

Es hat oft Anstoß erregt, daß ich es in den letzten Jahrzehnten
5 unterlassen habe, mich mit den Kritikern der in meinen Schriften
begründeten und sich aus innerer Konsequenz fortentwickelnden
Phänomenologie (der „transzendentalen", „konstitutiven") in Verhandlungen einzulassen. Über ein Motiv meines Schweigens habe
ich mich gelegentlich ausgesprochen. Alle mir bekannt gewordenen
10 Kritiken verfehlten den Grundsinn meiner Phänomenologie so sehr,
daß diese überhaupt nicht betroffen wurde — trotz der Zitation meiner Worte. Ich hielt es für wichtiger, den Anforderungen der in
immer neuen Stufen sich aufdrängenden Probleme der neuen Wissenschaft in handanlegender, konkreter Arbeit genugzutun und sie
15 überhaupt, teils durch methodische Ausgestaltung, teils durch selbst-
besinnliche Klärung ihres prinzipiell neuartigen philosophischen
Sinnes, auf eine Stufe allseitiger Durchbildung zu bringen, auf welcher sie in Zukunft ihr unangreifbares Wahrheitsrecht selbst vertreten könnte — ihr Recht als getane Arbeit.
20 Neben die allzu häufigen oberflächlichen Kritiken, zumeist von
philosophischen Anfängern herstammend, denen überhaupt die Rei-
fe zu einer ernst zu nehmenden kritischen Leistung fehlte, sind allmählich auch von seiten der verschiedenen philosophischen Schulen
gründliche und verantwortungsbewußte Kritiken getreten, mit denen
25 eine Auseinandersetzung durchaus notwendig wäre. Das um so
mehr, als unleugbare Unvollkommenheiten meiner Darstellungen,
wie sie bei jedem ersten Durchbruch neuartiger Gedanken kaum
vermeidlich sind, an den | Mißverständnissen mitschuldig waren, wie [320]

---

[1] Zuerst erschienen in: *Kant-Studien*, 38, 1933, S. 319–320.

freilich auch die Standpunktsvoraussetzungen, von denen die Kriti-
ker sich bewußt oder unbewußt leiten ließen. Auf meinen Wunsch
hat es der Verfasser des nachfolgenden Artikels unternommen, die
zur Klärung der prinzipiellen Mißverständnisse notwendigen Aus-
5 einandersetzungen zu entwerfen. Zu einer solchen Aufgabe war er
berufen: Von Anfang an hatte ich sein philosophisches Studium
geleitet. Seit dessen Abschluß steht er als mein Assistent, und nun
schon das fünfte Jahr, mit mir in fast täglichem Konnex. Auf diese
Weise ist er mit meinen philosophischen Intentionen, aber auch mit
10 dem hauptsächlichen Gehalt meiner unveröffentlichten konkreten
Untersuchungen auf das vollkommenste vertraut geworden. Auf
Wunsch der verehrten Redaktion der *Kant-Studien* habe ich diese
Abhandlung genau durchgegangen, und ich freue mich, nun sagen zu
können, daß in derselben kein Satz ist, den ich mir nicht vollkom-
15 men zueigne, den ich nicht ausdrücklich als meine eigene Überzeugung anerkennen könnte.

Freiburg i. Br., Juni 1933

Edmund Husserl

⟨ÜBER DIE GEGENWÄRTIGE AUFGABE DER PHILOSOPHIE⟩[1]

⟨1934⟩

An den VIII. Internationalen Kongreß der Philosophie in Prag!

5 Indem ich dem Komitee für den VIII. Internationalen Kongreß der Philosophie für die ehrende Aufforderung danke, mich über die gegenwärtige Aufgabe der Philosophie zu äußern, muß ich darauf gefaßt sein, einer Skepsis zu begegnen, welche sich vorweg gegen die Fragestellung richtet, sie sei ja offenbar gegenstandslos. Die Philo-
10 sophie der Gegenwart? Ist sie eine Einheit, die — wie bei den positiven Wissenschaften — all ihre Forscher verbindet, Einheit durch eine Zweckidee, an deren Verwirklichung im unendlichen Progreß alle Forscher gemeinsam arbeiten? Gibt es in der Philosophie eine einheitliche Methode, ein fortwachsendes Lehrsystem allverbinden-
15 der Theorien, stehen alle Forscher in der Einheit einer Motivation, aus der eine identische Problematik entspringt?

Und war es im Grunde je anders? Zeigt die Philosophiegeschichte nicht von Anfang her das Bild eines ständigen Entstehens und Vergehens einander negierender Systeme? Fast möchte man aus der
20 Geschichte die Lehre ziehen: Es waren und sind echte und unechte Wissenschaften im Werden. Die einen geleitet von evident sinnvollen, in fruchtbarer gemeinsamer Arbeit zu verwirklichenden Zielen, die anderen von lockenden Phantomen, deren Scheinevidenzen im Versuch der konkreten Verwirklichung zerfließen. Darunter eben die
25 Philosophie.[2]

---

[1] Dem Text liegt das Manuskript M III 16 b zugrunde. Die sachlich bedeutsamen Varianten von M III 16 a (im folgenden mit A bezeichnet) werden in Fußnoten wiedergegeben. Vgl. den Abschnitt *Zur Textgestaltung*, S. 260.

[2] Vgl. hierzu und zum Folgenden Beilage XIV, S. 221.

Doch alsbald meldet sich in uns, die wir als arbeitende Philosophen die Zweckidee Philosophie in uns selbst lebendig tragen, für uns eine Triebkraft unserer personalen Existenz, ein Protest gegen eine solch äußerliche Geschichtsbetrachtung, ein Protest gegen die
5 Verkehrtheit einer Charakteristik der Philosophie als e i n e r der Wissenschaften, einer unter anderen. Die übliche Rede von der *universitas scientiarum* — darin der Plural und der Begriff der Verbundenheit zur Einheit — darf uns nicht verleiten, dem sinnlichen Leitbild eines naturalen Ganzen zu folgen: als ob es sich um so etwas wie ein
10 Außereinander von Teilen handelte, die wie einzelne Dinge für sich existierten oder existieren könnten. Wo echte Wissenschaft werktätig lebt, da lebt Philosophie, und wo Philosophie, da Wissenschaft: ein untrennbares Ineinander. Das sagt offenbar: Wenn wir in der Neuzeit auch spezifische philosophische Disziplinen haben und an sie
15 allein zu denken pflegen, wo von Philosophie die Rede ist, wie Psychologie, Logik, Erkenntnistheorie, Ethik, Rechtsphilosophie, Geschichtsphilosophie usw., unterschieden von den übrigen nichtphilosophischen Wissenschaften, so besteht doch im Zwecksinn aller Wissenschaften und damit in allen ihren Aufgaben, Methoden,
20 Theorien eine innergeistige Aufeinanderbezogenheit, im Außereinander spezifischer Facharbeiten ein intentionales Ineinander, das in solchen Arbeiten aber ungeweckt, dem thematischen Sinn entzogen bleiben muß, während es doch den konkreten vollen Sinn aller besonderen Wissenschaften, aller Theorien mitbestimmt. Und wir
25 werden gleich sagen, es ist gerade die Funktion der Philosophie im engeren Sinne.

Der Geometer z.B. hat als seine Arbeitswelt den geometrischen Raum. Durch welche Abstraktionen und Idealisierungen diese Idee, dieser „reine" Raum idealer Gestalten, dereinst auf Grund der kon-
30 kreten Welt des Lebens konzipiert und schulmäßig tradiert und ihm selbst zugekommen ist als ein Selbstverständliches und doch so erst fruchtbar Fragliches, das geht ihn in der Arbeit seiner erfindenden Konstruktionen und Deduktionen nichts mehr an. Daran zu denken, das hieße diese Arbeit nicht fördern, sondern unterbrechen. Doch
35 sowie der Mathematiker als Funktionär der Welterkenntnis beansprucht wird und es gerade in Frage kommt, wie der reine Raum — eine Gedankenkonzeption — zum Raume der anschaulichen Welt unseres Lebens steht und wie die Gedankengestalten des Geometers zu der Welt wirklicher Erfahrung sich verhalten, dann nimmt sein

Denken die „philosophische" Richtung. Er wird, wenn er fast schon
zum bloßen Ingenieur mathematischer Konstruktionen geworden
ist, in solchen Ablenkungen dessen wieder innewerden, daß letztlich
die eigentliche Wahrheit seiner Konstruktionen in den philosophi-
5 schen Reflexionen zum Problem wird. So sind in der Tat die
„Grundlagenprobleme" aller Sonderwissenschaften philosophische,
sie sind entgegengerichtet den Arbeitsfragen, dem systematisch
schon vorgezeichneten Gang der Wahrheitsbildung.[1]
  Was wir da soeben in Erinnerung gebracht haben, ist offenbar ein
10 unentbehrlicher Anfang der Besinnung darauf, welchen Sinn die Frage nach der Gegenwartsaufgabe der Philosophie haben kann. Angesichts der uns Gegenwärtige viel mehr noch als die Philosophen der
Vergangenheit beunruhigenden Systemzersplitterungen wird ja zunächst überhaupt fraglich, ob von einer Aufgabe der Philosophie die
15 Rede sein kann. Obzwar ihrer persönlich gewiß, müssen wir diese
Gewißheit vor uns selbst verantworten und dazu ihren Inhalt zur
angemessenen Bestimmtheit bringen. Was will Philosophie, was
machte als einheitlicher Zwecksinn die historische Einheit der Philosophie aus, was gab und gibt allen Systemen als geistigen Werken
20 sinnvolle Zusammengehörigkeit? Wir erinnern uns an den ursprünglichen Sinn, mit dem sich in der altgriechischen Nation die Urstiftung der Philosophie vollzog, nämlich als Kosmologie. Sehr rasch
aus der Form unfaßbarer vager Spekulation die bestimmte und sich
immer mehr differenzierende Sinnesform Wissenschaft annehmend,
25 wird die Wissenschaft vom Kosmos, vom Universum des Seienden;
aber noch ohne Vorstellung von einer notwendigen Entwicklungsgestalt als einer *universitas scientiarum*, von Wissenschaften im Plural.
Wie sehr auch die ursprüngliche Wissenschaft, die Weltwissenschaft,
in ihrer Aufgabe, in ihrem Zwecksinn unbestimmt, undifferenziert
30 war, bestimmt war sie in der Form ihres völlig neuartigen praktischen Vorgehens.
  Ein Doppeltes können wir daran unterscheiden; nämlich fürs erste
die konsequente theoretische Einstellung, gegenüber der bisherigen
vielgestaltigen Praxis, der Praxis der individuellen, sozialen und
35 nationalen Selbsterhaltung. Das Willensleben der national verge-

---

9 *nach* ein *Einfügung in A* in unserer Zeitlage
30 *vor* Form *Einfügung in A* allgemeinen
[1] Vgl. hierzu Beilage XV, S. 223.

meinschafteten Menschen diente in allen Akten der Befriedigung der
in der konkreten Lebenssituation treibenden und immer neu ge-
weckten Bedürfnisse. Alle praktischen Situationen der einzelnen und
verbundenen Gruppen lagen und hatten Einheit im nationalen
5　Raum, dem der nationalen Kulturwelt, so wie sie jeweils aus lebendiger Geschichtlichkeit geworden war. Die Nation als Nation hatte
dabei ihren außen-historischen Raum, die Umwelt fremder, das
nationale Handeln in den Formen des feindlichen und freundlichen
Verkehrs bestimmender Nationen. Natürlich bestimmt das auch mit
10　die mannigfaltige Situationspraxis der Menschen innerhalb der nationalen Kultur.[1]
　　Die aufkommende universal gerichtete theoretische Einstellung ist
in diesem allgemeinen und bisher ausschließlich die Menschen bestimmenden Sinn unpraktisch. Andererseits ist sie doch, aber in
15　einem völlig neuen Sinne, praktisch. Ihr Interesse ist Erkennen, nicht
jenes Erkennen, das ständig in der umweltlichen Praxis dient, z.B.
als Besinnung über die jeweiligen Tatsächlichkeiten der Situation,
welche die praktischen Möglichkeiten der Vorhaben, die Wahl der
Mittel und Wege bestimmen oder für die Sicherung der Gewißheit in
20　Frage kommen, das jeweilige Ziel wirklich erreicht zu haben. Das
theoretische Interesse ist universales Interesse rein am Sein und
Sosein als Ziel einer erkennenden und das Erkannte sichernden Praxis. Ein zweites Moment aber, mit dem das Ziel der „theoretischen"
Praxis erst den Sinn der Wissenschaft, eines Ganzen wissenschaftli-
25　cher Theorie, gewinnt, ist die Neubildung des Sinnes Welt als thematisches Feld der wissenschaftlichen Urteile, des Sinnes Seiendes,
wenn Welt Universum von Seienden bedeutet, der Begriffe Wahrheit, Erkenntnis, Vernunft. Das ϑαυμάζειν, das theoretische Interesse, ist nicht eine bloße erweiterte Neugier, eine ins Grenzenlose, in
30　die konkrete endlos weite Umwelt sich ergießende Neugier, dieses
umweltliche Ganze kennenzulernen. Das lag freilich voran. Aber

---

5 *vor* Raum *Einfügung in A* geistigen
6 *nach* war *Ergänzung in A* Wir beschränken uns der Einfachheit halber hier auf Nationen und Übernationen als geschichtlich lebende Menschheiten, unter Ausschluß der
freilich nicht zu übersehenden „geschichtslosen" primitiven Menschengruppen.
15 *vor* Interesse *Einfügung in A* „praktisches"
16 *vor* Praxis *Einfügung in A* individuellen und nationalen Selbsterhaltungs-
22 *vor* erkennenden *Einfügung in A* neuartigen
[1] Vgl. hierzu Beilage XVI, S. 228.

sein Gegenstand, der des Staunens, verwandelt sich. Was das Staunen weckt und ihm seine gewaltige, nicht bloß einzelne Vorstellungen, sondern das ganze Menschentum umformende Macht gibt, ist die mit der universalen Umschau in den Griechen bei ihrer natio-
5 nalen Lebenssituation motivierte Entdeckung der Relativität ihrer traditionalen, aus lebendiger Geschichtlichkeit allgemein geltenden Welt, oder wenn man will, ihrer Weltanschauung — wie aller fremdnationaler Weltanschauungen. Damit wird der Grieche also der Geltungsrelativität der Welt bewußt. Er entdeckt, daß die Welt, in der er
10 lebt, ihren Seinssinn hat aus seiner nationalen Tradition und Sitte, von daher ihre Selbstverständlichkeit für jeden Volksgenossen ableitet wie im gleichen für den Seinssinn der Welt je für eine fremde Nation. Offenbar konnte diese vorwissenschaftlich, rein aus Tradition in Zweifellosigkeit geltende Welt nur als eine animistische
15 erfahren sein, als eine Welt mannigfaltiger wie menschlicher, so übermenschlicher, andererseits untermenschlicher, teils tierischer, teils untertierischer Lebewesen sein, immer in naiver Analogie mit menschlicher personaler Sinnhaftigkeit verstanden. Daher lebt der Mensch mit ihnen in einer universalen Verkehrs- und Schicksalsge-
20 meinschaft, einer feindlichen und freundlichen. Auf sie beziehen sich die traditionalen Kulte. Der Animismus in dieser natürlich gewachsenen Mythologie ist nicht ein abscheidbares Stück oder eine Seite dieser nationalen vorwissenschaftlichen Welt, sondern macht, konkret genommen, ihr ganzes Sein aus, für alle Lebenstätigkeiten
25 der Menschen sinnbestimmend. Im friedlich vielverzweigten Verkehr mit mannigfachen fremden Nationen tritt also eben dies höchst Befremdliche hervor, daß eine jede in einer anderen, jede in ihrer konkreten mythischen Welt lebt, während sich der theoretische Zuschauer sagen mußte, daß eine Seinsidentität sich durch alle diese
30 Welten hindurcherstrecken müsse. Schon die Möglichkeit, im Handel und überhaupt in Vergesellschaftung sich doch zu verständigen,

---

5 *statt* ihrer *in A* der in der ursprünglichen Selbsterhaltungspraxis als Wirklichkeit ständig vorgegebenen Lebenswelt, verstanden als Welt, worin man lebt, sich lebend weiß, worin eigene und fremde Nationen leben, in jeweiligen persönlichen und nationalen Interessen. Ich hebe zunächst heraus die Relativität der gemeingeltenden Lebenswelt als der jeweils

9 *statt* der Welt *in A* dessen, was ihm wirkliche Welt war,

14 *statt* animistische *in A* geistig-lebendige

31 *statt* doch *in A* zunächst unvollkommen, aber dann doch in steigendem Maß

mußte das evident machen. Menschen hier und Menschen dort, im
Wesen doch dieselben, mit ähnlichen leiblichen Organen, ähnlichen
Grundbedürfnissen usw., andererseits dieselben Dinge, dieselbe
Erde, dasselbe Meer, dieselbe Sonne usw., dies alles als Identisches
5 gegenüber dem Wandel der mythologischen Anschauungen. So hebt
sich ab der Unterschied von Weltvorstellung (eben das, was vordem
schlechthin Welt war) und Welt an sich, die identische, wie auch
immer national apperzipierte. Auf diese Weise vollzog sich im Philosophen, im Zuge der universalen theoretischen Erkenntnishaltung,
10 eine radikale Entmythisierung der Welt, eine Stellungnahme gegen
alle traditionalen Geltungen, soweit sie sich nicht theoretisch rechtfertigen ließen. Es entsprang die Scheidung zwischen δόξα und
ἐπιστήμη, die erstere das Feld der traditionalen Erkenntniswahrhei-
ten, axiotischen und praktischen Wahrheiten, die letztere das Reich
15 der theoretischen Welterkenntnis als der Erkenntnis der an sich seienden Welt.[1]

Begreiflicherweise wurde alsbald, im Ausgang von der Relativität
der traditional-mythischen Welt, der Blick gelenkt auch auf die mannigfaltigen Relativitäten der nun schon entmythisierten Erfahrung,
20 wir können sagen: der theoretischen Erfahrung. Das identische,
schon unmythisch gesehene Ding stellt sich in mannigfachen sinnlichen Relativitäten dar, als Nahding und Fernding, als Ding des
gesunden und kranken Organs, für den einen gemäß seiner Sinnlichkeit, für den anderen gemäß der anderen. Mit alldem verflicht sich
25 eine weitere Relativität, die der ständig offenen Möglichkeit der
Modalisierung der Gewißheit. Was als seiend im Leben gegeben ist
und sogar schon in der Wahrnehmung, in der es als selbst da, als
originaliter gegeben ⟨ist⟩ in seinen jeweils wahrgenommenen Eigenschaften, das kann sich doch im Fortgang der Wahrnehmung als

10 ff. *statt* eine Stellungnahme gegen alle traditionalen Geltungen, soweit sie sich nicht
theoretisch rechtfertigen ließen *in A* verstanden nicht als eine schlechthinnige Preisgabe
der Lebendigkeit der Welt, gemäß der naiv-natürlichen animistischen Apperzeption,
sondern als eine skeptisch-kritische Haltung des Philosophen zu den mythischen Poten-
zen, unter Reduktion dieser wie aller traditionaler Geltungen auf das, was „ rein sachlich", in theoretischer Einstellung, als wahrhaft seiende Wirklichkeit anzuerkennen
sei.
17 *statt* alsbald, im Ausgang von *in A* mit der Etablierung eines theoretischen For-
schungsinteresses für das Seiende überhaupt, das mit der Erkenntnis
18 *nach* Welt *Einfügung in A* einsetzte
[1] Vgl. hierzu Beilage XVII, S. 231.

nichtiger Schein oder zwar als fortdauernd seiend, aber als anders
beschaffen ergeben, als wie es sich vordem darstellte. Das betrifft
einzelne Dinge. Aber auch das Ganze der Wahrnehmung — mindest
liegt es nahe, den lebendigen Traum als Täuschung der universalen
5 Wahrnehmung zu interpretieren. Die Umwertung von Sein in
Schein kann auch im konnektiven Verkehr und in der Vergemeinschaftung der Wahrnehmung statthaben. Was wir miteinander sehen, enthüllt sich uns gemeinsam als Schein. Auch durch diese Geltungsrelativität der Modalisierung geht hindurch die ständig unge-
10 brochene Gewißheit des vorwissenschaftlichen Lebens, daß doch die
Welt, die im Wandel der Relativitäten erscheinende, trotz der einzelnen Umwertung von Sein und Schein wirklich sei, daß bei jedem
Streit subjektiver, einzelsubjektiver oder gruppensubjektiver Meinungen und sogar Erfahrungen nach Wahrheit und Falschheit, nach
15 Sein und Schein zu entscheiden und die Entscheidung durch Bewährung unbedingt zu begründen sei.

Nun ist zu beachten, daß sich diese ständige Überzeugung auf die
theoretische Einstellung ohne weiteres und als wie selbstverständlich
überträgt. Beiderseits gibt es also eine Wahrheit, bezogen auf die
20 Welt, wie sie an und für sich wirklich ist; aber das An- und Fürsich
der mythischen Welt mit allen ihren Wahrheiten ist jetzt als $\delta\delta\xi a$
entwertet: Hier ist alles bloß relativ. Das neue absolute Ansichsein
mit dem Sinn des alle Relativitäten der Erfahrung hindurch sich
Bekundenden wird ohne weiteres vorausgesetzt als erkennbar, er-
25 kennbar durch das höhere Vermögen der $\dot{\epsilon}\pi\iota\sigma\tau\dot{\eta}\mu\eta$. Dieses erzielt die
objektive, alle Menschen als Vernunftmenschen bindende Wahrheit,
obschon ihr Substrat, das Ansichseiende, niemals direkt gegeben
sein kann; denn direkte Erfahrung ist immer für jedes konkret Reale
bloß sinnlich, bloß in Relativitäten Seiendes bekundend.

30 Dies ist nun der Quellpunkt unaufhörlicher Schwierigkeiten, die
unbewältigt und in wechselnden Gestalten sich durch die Geschichte
der Philosophie hindurchziehen. Wie kann es eine Erkenntnis dieser
an sich wirklichen Welt geben, wenn sie selbst unerfahrbar, ja
eigentlich prinzipiell unerfahrbar ist? Das Reich der Erfahrung,
35 nicht nur der momentanen einseitigen Erfahrung, sondern auch der

---

21 *statt* mythischen Welt *in A* Welt des praktisch-naiven Interesses
23 *nach* Erfahrung *Einfügung in A* übersteigenden, aber nur durch sie

noch so weit in einstimmigem synthetischen Zusammenhang fortge-
führten Erfahrung ist bloße δόξα, ist entwertet zu einem Bereich bloß
subjektiver Erscheinungen, Vorstellungsweisen. Nichts von dem,
was im Leben als Wirklichkeit dasteht, ist wirklich. Ist also nicht all
5 das Täuschung, ist Erscheinung nicht Schein, all dies vermeintlich
Seiende Nichtseiendes?
   Aber bei dieser naheliegenden Überlegung konnte es nicht sein
Bewenden haben. Man mußte dem Rechnung tragen, daß doch
allein durch die vortheoretische Empirie, durch diese zu Vorstellun-
10 gen degradierten Dinge der Umwelt (total gesprochen: durch die
Wahrnehmungswelt als Vorstellung) für uns Welt überhaupt Sinn
erhält, daß Vorstellung in sich Vorstellung von, Erscheinung immer
Erscheinung von ist. Aber dann wird eben dieses von, das „Sich-
Bekunden-durch-Vorstellungen" zum Problem. Für die Erkenntnis-
15 absicht auf ein an sich Seiendes ergibt sich die Notwendigkeit einer
Konstruktion eines denkmöglichen Weges von Bekundung zum Be-
kundeten. Die Bekundung, die in jeder Erfahrung und in jeder
Erfahrungserkenntnis des Lebens liegt, führte auf empirisch Seiendes* und führte so *in infinitum*, gemäß der unentrinnbaren Endlosig-
20 keit der Relativität. Wollte oder konnte man nicht das vorweg doch
selbstverständliche Ansich und seine Erkenntnis preisgeben, so
mußte man die Möglichkeit der Erkenntnis irgend durch die Tat
erweisen. Freilich was hier zunächst als Philosophie dargeboten wurde, war von primitiver Naivität, vage subjektive Konstruktionen.
25   In theoretischer Haltung eindringend in die offen endlosen Horizonte der empirischen Umwelt unterlegte man ihnen objektive Unendlichkeiten, man entdeckte die inneren und äußeren Unendlichkeiten der an sich seienden Welt, schnell vorstoßend zur mathematischen Idealisierung der unendlichen Formen Raum und Zeit. Al-
30 lerdings verwickelte man sich sofort in Schwierigkeiten des Konti-
nuums. Ebenso substituierte man der vertrauten Kausalität in der
endlichen umweltlichen Empirie die der objektiv-realen Unendlich-

---

* das Seiendes ist im Ganzen der anschaulichen totalen Umwelt. Diese selbst ist nun,
wie in Einzelheiten, so als totale, *bloße Vorstellung*, in der sich die an sich wahre Welt
mit ihren an sich wirklichen Seienden bekunden soll. Diese Welt ist aber für jedermann
in seinen verschiedenen Lebensperioden und für jedes verschiedene Subjekt inhaltlich
eine andere.

---

4 *vor* Wirklichkeit *Einfügung in A* konkrete
4 *zu* wirklich *Variante in A* die wahre Wirklichkeit

keiten der Naturkausalität und antizipierte auch schnell die Idee von
strengen Naturgesetzen, welche in unbedingter Allgemeinheit die
Unendlichkeit der Realitäten beherrschen und kein indeterminiertes
Dasein offenlassen.

5   Die Naivität dieser Denkweise liegt darin, daß man trotz der
Erhebung über die Welt der eigentlichen Empirie gebunden bleibt an
ihre altgewohnten Weisen der Gedankenbildung und an die in der
allgemeinen Sprache liegenden Vorstellungsweisen. Im Grunde kon-
struierte man nur in naiv sinnlicher Analogisierung Weltbilder, als
10 Möglichkeiten, sich eine an sich seiende Welt vorstellig zu machen,
wobei sich in begreiflicher Naivität als einleuchtendes Schema für
das Verhältnis von Vorstellung und Wirklichkeit das von Bild und
Original — eine Mannigfaltigkeit von Bildern eines für immer unzu-
gänglichen Originals — anbot. Solcher Weltbilder konnte es natür-
15 lich viele, in der gleichen Leistung primitiver Verständlichkeit, geben. Erst in Kontrast und Streit wurde man dessen inne, daß solche
Weisen, an sich seiende Welt verstehen zu wollen, noch keine zwin-
gende Begründung zulassen. Damit setzt erst eigentlich die Entwicklung der Philosophie als Wissenschaft ein, also erst mit Plato, näm-
20 lich mit dem Problem der Möglichkeit und Methode der wahren
Erkenntnis und des echten Sinnes des an sich Seienden, ein Problem, das den Entwicklungsgang der Philosophie in immer neuen
Stufen der Ausgestaltung begleitet. Korrelativ bildet sich der Begriff
der Wahrheit und des wahren Seins geschichtlich fort und bleibt
25 doch immer problematisch. Die vorsokratisch versuchten Weltvorstellungen behalten als zu erwägende Vordeutungen auf Möglichkeiten langehin Kraft, ihre nebulose Vagheit forderte bestimmtere For-
mungen, Methodenkritik und Neuerarbeitung. Eben dabei schieden
sich besondere Erkenntnisrichtungen ab, in denen es unter abstrak-
30 tiver Sinneinschränkung zu einer zwingenden Evidenz kam und zu
einem festen, in fester Methode bewährten und erweiternd fortzuführenden geistigen Erwerb — Sonderwissenschaften, an deren gelingen-
der Leistung das „Logische", das spezifisch Echte wissenschaftlicher
Methode, vorbildliche Form gewann, während freilich, hinsichtlich
35 der Welt im ganzen betrachtet, in der Philosophie übergenug an
Unverständlichkeiten zu bewältigen übrigblieb. Die im platonischen
Geiste gestaltete Euklidische Geometrie und die daran sich anschlie-

---

10 *vor* Möglichkeiten *Einfügung in A* vermeinte

ßenden Anfänge exakter Physik waren der erste feste Kernbestand, der sich aus dem Glutstrom philosophischer Gedankenbildung niederschlug. Von da aus war die Tendenz auf die Aussonderung und Ausgestaltung immer neuer positiver Wissenschaften vorgezeichnet,
5 in denen philosophische Arbeit sich auswirken und — sich verlieren konnte: sich verlieren in der Sinnbeschränkung, wo doch alles Sein in der untrennbaren Einheit eines totalen Seinssinnes steht — sich verlieren in der Technisierung des überall vorgezeichneten unendlichen Ganges von den Unmittelbarkeiten zu den Mittelbarkeiten im
10 schließenden Verfahren. Scheinbar sorgte die Erhebung zu den Wesensallgemeinheiten für die Totalität: Hierher gehört die Ausbildung einer apriorischen Theorie der Schlußweisen (ihr Weg geht von Aristoteles über die formale Mathematik, über Leibniz' *mathesis universalis* bis zur Analysis der Gegenwart), andererseits die Tendenz
15 zur Ausgestaltung eines Systems material-ontologischer Disziplinen. Alles in allem ist es die Tendenz, ein universales System apriorischer Disziplinen auszubilden. So schien nun ein Universum positiver Tatsachenwissenschaften auf dem Fundament einer formalen und konkret-allgemeinen Ontologie, als Instrument aller technischen
20 Methodik, dem Ziel einer Philosophie genugzutun.

Aber nicht nur dies, daß die ontologischen Disziplinen nun erst recht den Weg der einseitigen Thematisierung und Spezialisierung gehen mußten, es war damit nichts weniger als dem unverlierbaren Anspruch, das Ganze des Seins zu ergründen, Genüge getan, und es
25 fehlte nicht an einem nach Klärung ringenden Gefühl dafür. Das „Ganze" ist hier eben als Sinneinheit nicht so etwas wie ein Außereinander von Teilen, die gewissermaßen nur durch Gestaltqualitäten, durch Verbindungsformen untrennbar einig sind. Aber die tiefsten Geheimnisse und Rätsel, die der Thematik der Totalität des
30 Seins anhaften und der objektiven Welt, die sie von Anfang an vertrat, konnten, obschon frühe durchgefühlt und in der Weise gedanklicher Vorahnungen das historische Werden triebmäßig motivierend, erst auf dem an Schicksalsschlägen reichen Wegen in der neuzeitlichen Entwicklung zur wissenschaftlichen Klarheit kommen.
35 Und damit zur Formung als feste Problematik, die alle als Ontologie und positive Tatsachenwissenschaft eröffneten Problemdimensionen überschattet und die Totalität dieser Weltwissenschaften und ihre Welt relativiert.

Gelang es mir, dies in einigen groben Strichen verständlich zu

machen, so dürfte es auch einsehbar werden, in welche kaum geahn-
ten Tiefen die Frage nach der gegenwärtigen Aufgabe der Philosophie hinabreicht und daß sie in ihrem ganzen Ernst nur gesehen und
begriffen werden kann, wenn man den innersten Seinswillen, in dem
5 die Philosophie historisch geworden und lebendige Einheit geblieben
ist, in den Notwendigkeiten seiner Sinnverwandlung erfaßt. Dazu
gehört aber ein letztes Verständnis des tragischen Umschlages vom
stolzen Bewußtsein eines herrlichen Aufstieges der Welterkenntnis
dank der erfolgreichen Arbeit der positiven Wissenschaften zum
10 Innewerden und immer zweifelloseren Wissen um ein völliges Versagen in dem, was Philosophie in ihnen eigentlich wollte und was sie
als ihre Glieder im Miteinander verwirklichen sollten.

Stellen wir im Hinblick auf die Geschichte folgende Überlegung
an. Die ganze Entwicklung der Philosophie in der Vorstufe der
15 Unwissenschaftlichkeit und als eigentliche Philosophie seit Plato ist
von der Idee der Welt geleitet, der Welt an sich, der „objektiven"
gemäß der besprochenen Sinnverwandlung, ⟨die⟩ aus dem, was der
vorwissenschaftliche Mensch Welt nennt, ein wesentlich Neues geschaffen hatte. Wissenschaft und Wissenschaft von der objektiven
20 Welt, theoretische Wahrheit und Wahrheit über Objektiv-Weltliches
decken sich. Seiendes ist Reales, ist objektiv-raumzeitlich Seiendes;
wie könnten auch, werden auch heute noch die meisten fragen, die
Begriffspaare einen verschiedenen Sinn haben? Welt ist vorwissenschaftlich die dem Blick sich eröffnende Allrealität, in welcher wir
25 leben, in die wir hineinstreben, hineinerfahren, hineindenken, hineinwerten, in der wir uns praktisch entscheiden und unsere weltlichen Zwecke verwirklichen. Das nimmt durch die theoretische Konzeption absoluter Identitäten, als idealer Pole in den mannigfaltigen
Erscheinungsweisen, zwar einen verwandelten Sinn an, aber die
30 Form Welt als All der Realitäten, deren Existenz In-Existenz in den
individuierenden Formen Raum und Zeit besagt, bleibt erhalten.
Wir, die Subjekte der Erkenntnisakte, wie aller Akte, gehören mit zu
dieser Welt, ebensogut wie die Tiere, auch wie die evtl. theoretisch
umgedachten, also entmythisierten und zu theoretischen Erkenntnis-
35 objekten gewordenen Götter (z.B. die ϑεῖα σώματα des Aristoteles).
Das seelische Leben dieser Wesen mit seinen Akten, Zuständlichkeiten, Vermögen ist natürlich ein Teilbereich von weltlichen Vorkommnissen. Dieser Objektivismus oder Realismus (der eigentlich
Mundanismus heißen müßte) hat seinen Gegenbegriff im Subjekti-

vismus. Freilich ein übelbeleumundetes Wort, ebenso wie alle zu
gleichsinniger Funktion bestimmten Worte wie Idealismus oder
Transzendentalismus, welche zudem durch ihre historischen Mitbe-
deutungen zu abwegigen Interpretationen geradezu einladen. Der
5 Subjektivismus tritt nicht wie sein Gegenpart, der realistische Objektivismus, mit einem scharf bestimmten Sinn auf, nicht als eine
Philosophie, als Möglichkeit einer ganz neuartigen universalen Wissenschaft, mit einem dem Objektivismus sich gegenüberstellenden
bestimmten Seinssinn; und das gar wie der Objektivismus mit einer
10 vermeintlichen Selbstverständlichkeit, die für entsprechend Eingestellte von vornherein einen Gedanken an eine andere Möglichkeit
nicht aufkommen läßt. Der Subjektivismus tritt zunächst als Para-
doxie auf den Plan, als ein unbequemer, fast lächerlich verkehrter
Skeptizismus, der die Möglichkeit objektiver Wissenschaft, wenn
15 nicht gar das Sein einer objektiven Welt an sich leugnet. Und doch
liegt in dem, was er geltend macht, eine historische Unsterblichkeit,
ein lebendiger Keim, der, immer wieder durch Argumentationen zu
Boden geschlagen, wieder auflebt. Der erste Subjektivismus durch-
läuft dabei Verwandlungen, paßt sich allen Entwicklungshöhen der
20 wissenschaftlich objektivistischen Philosophie und denen der argu-
mentativen Widerlegungen an und nimmt dabei neue, immer wieder
neue Gestalten an. Er macht, wie immer in Form von unannehm-
baren Paradoxen, seine im Typus allzeit identischen Gedankenmo-
tive geltend. In der Tat, sie haben ihre eigene Evidenz. Sie gruppie-
25 ren sich um die Schwierigkeiten der Korrelation von Erkenntnis und
Erkanntem und machen die aus ihr entspringende Fraglichkeit des
Sinnes der Transzendenz fühlbar.
    Aber diese Evidenz steht in unerträglicher Spannung gegen die
nicht preiszugebende Evidenz des Objektivismus. Dieser hat es
30 leichter, sich in innerer Konsequenz im Raume seines allverständli-
chen Geltungsbodens „Welt" auszubilden, mindestens in den Fort-
entwicklungslinien der exakten Einzelwissenschaften von der Natur.
Und bei der scheinbaren Gleichordnung von Natur und Geist in der
Einheit der Welt, bzw. der gleichen Unterordnung unter den Ober-
35 begriff Mundan-Reales, scheint es ganz selbstverständlich, daß auch
die Wissenschaften vom Geiste nun also Wege der Exaktheit finden
und ihresteils als objektive Ergänzungswissenschaften die Welter-

---

10 *vor* Selbstverständlichkeit *Einfügung in A* und ausschließlichen

kenntnis vollständig machen werden. Aus den konsequenten Erfolgen der Naturwissenschaften schöpft er überwältigende Kraft und
eine innere Haltung der Abkehr von der subjektivistischen Evidenz,
eine meist unbewußte Entschlossenheit, sie nicht an sich herankom-
5 men zu lassen. Diese Haltung wurde ihm leicht gemacht, dadurch
daß der Subjektivismus selbst sich der im Realismus liegenden Kraft
nicht ganz entziehen konnte und sich ständig zu Inkonsequenzen
verführen ließ, während nur das Gelingen eines reinen und völlig
konsequenten Subjektivismus, und zwar als systematische Wissen-
10 schaft, den Anspruch des Gegners auf eine absolute Welterkenntnis
widerlegen konnte. Allerdings mußte er dann dem zweifellosen
Recht — obschon einem begrenzten Recht — und in der Begrenzung
der Notwendigkeit objektiver Wissenschaften im Rahmen seiner
philosophischen Theorien genugtun, er mußte zeigen, daß die objek-
15 tiven Wissenschaften recht interpretiert in ihrer wahren Leistung im
subjektivistischen Felde ihren Stand erhielten. Inkonsequent war der
Subjektivismus, da er als Agnostizismus auftrat; darin lag ja die
Anerkennung des Transzendenten, obschon seine Unerkennbarkeit
für uns Menschen; und in der anthropologistischen Relativierung
20 aller Erkenntnis die Anerkennung des absoluten Seins des Menschen, der nur als Einzelobjekt in der Welt erfahrbar und denkbar
ist, also in derjenigen Welt, die subjektivistisch nur als sein subjektives Phänomen, als sein Vorstellungsgebilde gelten soll. Und doch
war etwas in das Blickfeld gebracht und mußte peinlich empfunden
25 werden: etwas Schillerndes, Doppelsinniges im Sein des Menschen.
Der Mensch — ich, als fungierendes Subjekt in aller Erfahrung und
Erkenntnis, durch welche alles, was als Welt und Theorie der Welt
für mich in Geltung kam, als Geltendes meines Geltens, Bewußtes
meines Bewußtseinslebens umspannt wird — und doch wieder: Ich
30 bin Mensch, bin als Objekt in der erfahrenen, im Bewußtsein bewußten Welt vorhanden. Ein merkwürdiges Ineinander.
    Andererseits konnte sich der Objektivismus, da der Subjektivis-
mus sein wesentlichstes Moment nicht zur Reinheit brachte und in
inkonsequenten Halbheiten steckenblieb, mit der Evidenz beruhi-
35 gen, daß doch die Subjektivität jeder Art und Form, als menschliche
und tierische und evtl. in anderen anzunehmenden Gestalten von
untertierischen, aber auch übermenschlichen, als Bestand der Welt

---

33 *statt* Moment *in* A Motiv

zu seinem Thema gehöre, und zwar mit all den speziell dem Menschen eigenen Erkenntnisfunktionen. Und es fehlte ja nicht an eifriger Pflege der entsprechenden objektiven Wissenschaften, der Geisteswissenschaften im weitesten Sinne. Schon in den Anfängen einer
5 philosophischen Wissenschaft bei Plato und Aristoteles haben wir bedeutende Anfänge, systematische Lehren über menschliche und tierische Seele und Seelenleben, über den Menschen als Person im sozialen und politischen Ganzen, über den Menschen als Subjekt des erkennenden, wertenden, praktischen Verhaltens; über seine theore-
10 tische und praktische Vernunft, über sein Ringen um „Existenz", wie man heute sagt usw.

Die im Altertum abgebrochene Entwicklung der Philosophie als autonomer objektiver Wissenschaft wird — wir überspringen den wichtigen Zwischenraum, in welchem die Philosophie zur Theologie
15 wurde — seit der Renaissance wieder aufgenommen. In einer gewaltigen konsequenten Entwicklung erwächst die neue, die innere Unendlichkeit des Fortschritts der Theorien, die äußere der Disziplinen verbürgende Methode der positiven Weltwissenschaften. Ja noch mehr scheint sie klar zu verbürgen, nämlich daß in der freien und
20 systematischen Verwirklichung dieser Möglichkeiten wirklich die Totalität der für die Welt zu stellenden theoretischen Fragen umspannt und so das Ziel der Philosophie, das einer Erkenntnisherrschaft über die Welt, in der allein denkbaren Form eines unendlichen Progresses zu gewinnen und gewonnen sei. Ihr muß aber der
25 Progreß der praktischen Herrschaft folgen: *scientia est potentia!* In der Etablierung der neuzeitlichen Wissenschaften treten gleich anfangs den Naturwissenschaften zur Seite — wir erinnern an Hobbes und Locke — die neuzeitliche Psychologie und das Heer der neuen Geisteswissenschaften, die neue universale Biologie. Und doch hat
30 die wissenschaftliche Philosophie neben sich weiter den Skeptizismus, der ihr in der Geschichte wie ihr Schatten folgt.

Als einen sich von den methodologisch wohlbegründeten und blühenden positiven Wissenschaften abhebenden Hintergrund haben wir in der Neuzeit alle die subjektiv gerichteten philosophischen
35 Betrachtungen, die nachher allein als Philosophie bezeichnet und in Disziplinen behandelt werden unter den Titeln Erkenntnistheorie, Theorie der Vernunft usw., als vielgestaltige, eindrucksvolle und doch unklare Gedankenbildungen vollzogen, die immerfort mit subjektivistischen Gedankenmotiven operieren. Von der empfindlich

gewordenen Spannung jener gegensätzlichen Evidenzen innerlich bewegt, können sie ihr doch nicht durch Aufklärung genugtun. Diese
Wissenschaftlichkeit erstrebende, aber nie erreichende Philosophie
im engeren Sinne ist nun der Ort der „idealistischen" und „reali-
5 stischen" Systeme und Systemstreitigkeiten. Überall wirken dabei
die zu einer neuen ungeahnten Kraft gekommenen Motive, die
keimhaft schon primitive Sophistik geltend gemacht hatte. Zumeist
und bis zum heutigen Tag verliert sich die Philosophie insbesondere
als Erkenntnistheorie, die berufene Stätte, diese Motive zu reiner
10 Geltung zu bringen, in disputierende Argumentationen, anstatt eben,
was dem Subjektivismus Kraft gibt, wirklich an das Licht zu holen.
Es gilt, wie erst in unseren Tagen und nur wenigen möglich geworden ist, die sehr notwendige Einsicht zu erreichen, daß keine objektivistische Psychologie und Geisteswissenschaft dasjenige Subjektive
15 je fassen kann, das im subjektivistischen Gegenspiel zu Worte kommen will, aber in seinen Unklarheiten verhüllt bleibt. Aber erst die
späteste Entwicklung zeigt, worum es da geht — um Sein und Nichtsein der Philosophie selbst, wenn sie verbleiben sollte in dem allgemeinen Seinssinn, welcher sich von ihren Anfängen an historisch
20 auswirken wollte; also streng unter der Idee der unbedingte Einsicht
begründenden Erkenntnis vom All des in Wahrheit Seienden. Die
Selbstverständlichkeit, in welcher Seiendes und Reales sich decken,
somit Allheit des Seienden und Welt, müßte sich auflösen, sobald
sich ein unendlicher Horizont von Fragen, von wissenschaftlichen
25 Fragen, eröffnete, die prinzipiell in keiner objektiven Weltwissenschaft auftreten könnten, wie sehr sie gleichwohl die Welt und den
ganzen Seinssinn Welt beträfen. Die Selbstverständlichkeit, daß das
Absolute der objektiven Wissenschaft, nämlich das sich im herakli-
tischen Fluß der vorwissenschaftlichen Welt bloß subjektiv relativer
30 Erscheinungen (der einzelsubjektiven, der gesellschaftlichen und der
nationalen Vorstellungsweisen) notwendig doch Bekundende: das
absolut verstandene „Ansichsein", nun schon im Ernst das Absolute schlechthin, also das Telos der philosophischen Erkenntnis sei,
und wieder die Selbstverständlichkeit, daß die Methode der positi-
35 ven Wissenschaften, allen voran und vorbildlich die mathematisch
exakte, die philosophische Methode sei — müßte in die Brüche
gehen, sobald man auf eine absolute Subjektivität in einem direkt
erfahrbaren und apodiktisch theoretisierbaren Sinne stieße, welche
objektiv nicht erreichbar war und es *a priori* nie sein kann.

Als die Bruchstellen erwiesen sich die menschlichen und dann überhaupt die seelischen Subjekte. Menschen ernstlich als Realitäten anzusehen, so wie Steine, wie Naturkörper, nur eben als psychophysische Realitäten, die neben ihren körperlich realen Eigenschaften

5 noch in derselben Ebene seelisch-reale besitzen, das heißt kurz gesagt ihr Sein als raumzeitlich Individuiertes und der allgemeinen Realitätenkausalität Unterstehendes auffassen und nach einer entsprechend erweiterten Naturgesetzlichkeit suchen, durch die sie als verharrende Einheiten in realen Veränderungen in sich bestimmt

10 sein müßten: Die Welt wird zu einer universalen Natur im erweiterten Sinne. Aber die Sekundärlokalisation des Seelischen im Körper und damit seine sekundäre In-Existenz in der Raumzeitlichkeit der Natur ist nicht wirkliche Lokalität in diesen Formen. Darüber hinwegzusehen und die Welt ernstlich als universale psychophysi-

15 sche Natur verstehen wollen, das verstößt gegen das eigene Wesen des Geistes und rächt sich in widersinnigen Folgen. So gerät man z.B. in die Verblendung, die Seele als einen Haufen von Daten anzusehen. Die naive Naturalisierung der Seele, in welchen Formen sie immer sich in scheinbarer Selbstverständlichkeit durchzusetzen

20 suchte, hatte die unvermeidliche Konsequenz, daß aller Einsatz höchster Begabungen und leidenschaftlicher Energien in Jahrhunderten eine wissenschaftliche Psychologie nicht in Gang bringen konnte, nämlich eine Psychologie, wie man sie als objektive wollte: im Geiste und als Parallele der physischen Naturwissenschaften, und beide

25 zumal als Komponenten einer konkret universalen Naturwissenschaft im erweiterten Sinne. Das natürlich im Sinne der traditionalen Idee der Objektivität. Man merkte nicht, daß das aus Wesensgründen unmöglich ist. Beschränkt man sich auf eine bloß empirische und rein deskriptive Anthropologie und Zoologie, die sich in

30 der anschaulichen Lebensumwelt hält; verzichtet man also auf jene absolute Objektivität, die als philosophische auf ein irrelatives Ansich abzielt, so hat man die Menschen und Tiere — in dieser Umwelt — als psychophysische Konkreta, welche Erfahrungseinheiten sind und als das behandelt werden können so gut wie Pflanzen

35 oder Gestein. Hinsichtlich ihrer Zweiseitigkeit hat man eine anschauliche empirische „Kausalität", eine wechselseitige empirische Induktion, man kann induktiv Physisches und Psychisches verbin-

---

34 *vor* behandelt *Einfügung in A* deskriptiv-induktiv

dende Schlüsse machen; man kann sich auch auf das Empirisch-
Deskriptive und Induktive in jeder der beiden „Schichten" richten
und wird es tun müssen, wenn man der Konkretion genugtun will.
Eine solche psychophysische Anthropologie resp. Psychologie hat
5 natürlich ihren rechtmäßigen Sinn. Aber Philosophie und letztlich
alle Wissenschaft ging doch auf absolute Objektivität; die biologi-
schen Wissenschaften wollen nur vorläufig deskriptiv sein, die anschauliche Welt soll ganz und gar bloß subjektiv-reiative Erschei-
nungsweise sein. Unter der Idee des Ansich soll die Deskription
10 verwandelt werden in eine exakte Approximation an die Welt an
sich als Polsystem aller Approximationsreihen. Für die reine Physis
galt das prinzipiell als schon geleistet durch die exakte mathematische Naturwissenschaft. Und so hat man für den menschlichen und
tierischen Leib als sein an sich Wahres irgendeinen mathematisch-
15 physikalischen Ausdruck. Für das Psychische hoffte man, nun einmal dasselbe leisten zu können; es erschien als Selbstverständlichkeit, daß das möglich sein müsse, also wenn auch nicht eine quan-
titativ mathematisierende, so doch eine Psychologie der „Seele an
sich", die eine Komponente — soweit hatte sich der Cartesianische
20 Dualismus durchgesetzt — der einen Allnatur an sich sein müsse.
Warum hat man den Widersinn eines solchen Objektivismus nicht
eingesehen? Warum hat man sich nicht überlegt, wie eine universale
Ontologie der Welt, im Ideal ausgeführt gedacht, aussehen müßte?
Dergleichen Überlegungen dürfen nur Hinweise darauf sein, daß
25 Psychologie die ihr eigenwesentliche Wissenschaftlichkeit ⟨nicht⟩
erreicht, daß sie ihre Methode nicht in der rechten Weise gesucht
und gefunden hat. Nicht eine „Metaphysik der Seele" ist ja in Frage, sondern eine konkret arbeitende strenge Wissenschaft.
   Von der historischen Überschau kann man sich einen Zugang zu
30 diesem Manko verschaffen, welches die objektivistische Weltbetrachtung immer in Hinsicht auf das Subjektive mit sich führte,
indem sie bei ihrer Voreingenommenheit für das ideal Exakte den
Blick ablenkte von dem „bloß Subjektiven" ihres erkennenden Forschens. Die skeptische Reaktion dagegen bestand im wesentlichen
35 darin, das aktuell erkennende Leben mit all seinem „bloß Subjektiven", seinen Erfahrungen, seiner anschaulichen Welt zur Geltung zu
bringen, in der Tat das konkrete Leben, worin überhaupt alles, was
für den Menschen verständlichen Sinn, Wert, Bedeutung hat, beschlossen ist. Der Skeptiker richtet so den Blick, wenn auch ohne

thematischen Ernst, auf das erkennend und erfahrend fungierende
Subjekt. Seine Tendenz ist nicht, schlechtweg jede Erkenntnis zu
negieren, sondern sie auf die empirische Welt des aktuellen Lebens,
dieser uns einzig direkt anschaulich gegebenen Welt des relativ Sei-
5 enden, zu reduzieren. Anfangs ist er wissenschaftsfeindlich, sofern er
Wissenschaft, Philosophie als objektive Wissenschaft, als die vom
angeblichen Ansich versteht. Aber schon im Altertum nimmt der
Skeptizismus eine Wendung, in der er selbst zur Wissenschaft wird,
nur eben daß Wissenschaft jetzt die von bloß Subjektivem ist, über
10 die hinaus es keine objektive geben könne. Freilich eindrucksvoller
und historisch wirksamer blieben die eigentlich skeptischen Schulen,
vermöge ihrer Argumentationskünste mit den inzwischen voll formulierten Paradoxien; abgesehen von weltanschaulichen Motiven,
welche andere Interessen in objektiver Wissenschaft und Wissen-
15 schaft überhaupt geschwächt hatten, sucht er zu zeigen, daß die
unleugbaren Erfolge der Mathematik und Naturwissenschaften vom
Skeptizismus sehr wohl anerkannt werden können, nämlich daß diese Wissenschaften eigentlich nur Methoden sind, um sich in der
Relativität der Umwelt urteilend und handelnd zurechtzufinden. So
20 deuten schon die medizinischen Empiriker die transzendent gerichteten exakten Wissenschaften anthropologisch um.
     Epochemachend für eine neue große Zeit der Philosophie wurde in
der Renaissance das Wiederaufleben der skeptisch-subjektivisti-
schen Tradition und die Art, wie Descartes von ihr für seinen Ver-
25 such einer radikalen Neubegründung der objektivistischen Philosophie motiviert wurde. Wegsehend von den unfruchtbaren Argumentationen über Subjektives und Transzendentes, nimmt er die Ver-
weisung der Sophisten auf die Immanenz der erkennenden Subjektivität und ihrer bloß subjektiven Gehalte ernst und macht dabei die
30 ihn selbst tiefbewegende Entdeckung, welche sich in dem vielzitier-
ten, aber stets in trivialisierender Entstellung mißverstandenen *ego
cogito* ausspricht. Die darauf hinleitenden beiden ersten der „ Meditationen " können m.E. auch heute noch nicht nachdenklich genug
studiert werden, wenn auch niemand mehr seiner Philosophie selbst
35 eine Zukunftsbedeutung beimessen wird. „Ego" — das bin ich
selbst, ich, das philosophierend auf mich reflektierende Ich als Träger und Vollzieher der Geltungen, in denen mir gilt, was immer für
mich je gilt, oder, was dasselbe, was immer mir als Seiendes bewußt
ist, als Ding-Seiendes oder als Schein-, als Gut-Seiendes, als Sein-

Sollendes, als möglich oder unmöglich Seiendes usw. Zu den Geltungen gehören alle Erfahrungen, alle vagen Vorstellungen, alle Meinungen, alle Evidenzen, genau so, wie ich sie ⟨habe⟩, und mit dem
Inhalt und der Geltungsmodalität, in dem ich sie als Geltungen
5 habe. Mein Ichleben, als das dieses Ego, ist ein Strom von mannigfaltigen Bewußtseinsakten, immerfort ein In-Geltung-Setzen, In-
Geltung-Nehmen, In-Geltung-Haben und -Behalten, auch Geltungen In-Frage-Stellen, von Geltungen Mich-Enthalten in unzähligen
Modi mit den groben Titeln Wahrnehmen, Sicherinnern, Erwarten,
10 Phantasieren, Vergleichen, Unterscheiden, überhaupt Denken, Werten, Begehren usw. Es verläuft einheitlich in der ständigen Form *ego
cogito* — der allgemeine Cartesianische Titel für all diese Modi heißt
cogitatio. Jede hat ihr *cogitatum*, das rein, wie es nach jeweiligem
Inhalt und Geltungsmodus *cogitatum* ist, untrennbar zur jeweiligen
15 *cogitatio* gehört. Ist dieses Ego Ich, der Mensch? Descartes sagt nein
und macht dies methodisch sichtlich. Nämlich es führt eine besondere und sehr merk⟨würdige⟩ Methode, eine gewisse quasiskepti-
sche und doch nicht ernstlich skeptische Epoché, von meinem gewöhnlichen Selbstbewußtsein als Mensch zu diesem Ego. Als Men-
20 schen finde ich mich leiblich-seelisch seiend im Ganzen der Welt.
Welt ist mir ständig und vor aller Wissenschaft durch sinnliche
Erfahrung in fragloser Daseinsgewißheit gegeben. Bei einzelnen Objekten, die ich in sinnlicher Gewißheit erfuhr, mußte ich diese wieder fahren lassen, sie als Schein entwerten. Könnte es nicht mit allen
25 so ergehen? Könnte die Welt nicht Schein sein? Das nimmt Descartes in seiner Absicht auf absolute Erkenntnisbegründung als Motiv
für eine neue Einstellung. Ich, soeben noch naiv der Welt gewiß,
kann doch in Freiheit den naiven Vollzug der in der sinnlichen
Erfahrung liegenden einheitlichen und seinsgewissen Weltgeltung in-
30 hibieren, mich ihrer enthalten. Diese Epoché umfaßt dann das für
mich wirkliche Sein der ganzen Welt so⟨wie⟩ als darin beschlossen
mein eigenes Sein als Mensch.
      Die Welt ist für mich vorwissenschaftlich ständig da in sinnli-
cher Anschaulichkeit, ständig und als nie fehlendes Bestandstück in
35 ihr und in nie fehlender Gewißheit mein menschliches Dasein, in
besonderer Weise sich sinnlich anschaulich gebend, ebenso natürlich
mein mit anderen in dieser Welt Leben. Aber kann ich das fraglose
Sein dieser Welt, ihre ständige selbstverständliche Seinsgeltung als
eine apodiktische in Anspruch nehmen? Kann ich auf diesem

Grund eine Allphilosophie, eine letztbegründete Wissenschaft von
der Welt, also von dieser Alltagswelt der Sinnlichkeit, gewinnen? Ist
überhaupt eine Philosophie möglich, so bedarf sie eines apodiktischen Bodens. Ihre Anfänge können nur Aufweisung eines solchen
5 unter Epoché von allem, was nicht apodiktisch ist, ⟨sein⟩. Dann
muß ich also die Welt des Alltags, die der Sinnlichkeit, der Epoché
unterwerfen, darin beschlossen mein eigenes menschliches Dasein.
Aber nun werde ich dessen inne, daß ich zwar mein alltägliches Ich,
das des ganzen außerwissenschaftlichen praktischen Lebens, ausge-
10 schaltet, mir die Inanspruchnahme seines Seins für den philosophischen Anfang untersagt habe (mich stellend, als ob es wirklich zweifelhaft oder gar nicht seiend wäre), aber dafür habe ich mich in
meiner Reinheit und in meinem absoluten Sein als unmittelbar apo-
diktisches Ego entdeckt. Die sinnlich anschauliche Welt mag ein
15 bloßes Phänomen sein, so etwa wie ein Traumphänomen, aber ich
— der dieses Phänomen hat, in diesem Geltungsmodus der Zweifels-
möglichkeit, ich, der daraufhin die Epoché vollzog und jetzt in ihr
inhäriere, ich, der vor dieser ganzen bald un-, bald apodiktischen und
desgleichen offenbaren Bedenklichkeit das strömende sinnliche Phä-
20 nomen der Welt unbedenklich erlebte, und zwar im ständigen naiven Vollzug ihrer Seinsgeltung, ich, der ⟨ich⟩ mir, auf dem Boden
der Erfahrungsgeltung, die ich vollzog, vielerlei vage oder anschaulich klare Gedanken machte, neben solchen Geltungen auch vielerlei
Wertgeltungen vollzog, praktische Akte usw. —, das Ego als Voll-
25 zugssubjekt aller und jeder Geltungen mit den zugehörigen Gel-
tungsinhalten, anders ausgedrückt, das letzte Ich des gesamten Bewußtseinslebens als eines immerfort Geltungen in Vollzug gebenden,
haltenden, aufbewahrenden Lebens, war damit zum ersten Mal entdeckt und in seiner Unterschiedenheit vom Menschen-Ich. Damit
30 war auch entdeckt, daß alles, was für mich „ist", was Ding ist,
Menschsein (Ich-Mensch oder andere Menschen) usw., für mich ist
aus Geltungen meines Geltungslebens, meines, des letzten Ichsub-
jektes Ego: ich selbst in meinem apodiktischen Sein, mit dem apodiktisch zugehörigen Bewußtseinsleben, dem der *cogitationes* — ein
35 Titel, der für Descartes alle und jede Bewußtseinsmodi befaßt. Nicht
ist dieses Ego ein abstraktes Destillat aus dem konkreten Menschen,
da alles solches Destillieren und seine Ergebnisse selbst im Ego das
Vollzugssubjekt haben und in dessen absolutem Leben liegen. Umgekehrt ist vielmehr der konkrete Mensch, wie die gesamte konkret

anschauliche Welt, wenn auch nicht aus Abstraktion gewonnen, so
doch Geltungseinheit im konkreten, dem allein absolut konkreten
Ego; ihm gehört das strömende mannigfaltige, aber synthetisch einheitliche Geltungsleben zu, dessen Geltendes, dessen *cogitatum,* die-
5   se Welt ist.

Mit dieser Interpretation habe ich aus den ersten der Cartesianischen Meditationen Tiefen sichtbar gemacht, die in ihr liegen, und
sofern eine echte Interpretation gegeben. Andererseits habe ich
durch Unterstreichen und Explizieren in gewisser Weise Descartes
10 verfälscht. In der Tat vermochte Descartes die beispiellose Bedeutung seiner Entdeckung und auch seiner Methode der Epoché nicht
auszuschöpfen und in der rechten Weise den Nachfahren zu über-
mitteln. Er nahm sich in den allzu flüchtigen Reflexionen gar nicht
die Zeit dazu, da die Apodiktizität des Ego für ihn doch nur ein
15 Mittel für einen Weg war, Transzendenzen zu entdecken. Er steht
noch ganz im Bann des durch die ganze Geschichte der Philosophie
sich hindurchziehenden Vorurteils der Transzendenz, das ihre erste
und gröbste Form hatte im Schema subjektives Bild und objektives
Original — ohne zu ahnen, daß gerade seine Entdeckung und Me-
20 thode, konkret ausgestaltet, dazu berufen sei, dieses Vorurteil in seiner Sinnwidrigkeit zu enthüllen und somit eine ganz andersartige
Philosophie als die bisherige objektivistische in die Wege — wirklich
apodiktisch begründende Wege — zu leiten. Daß er auch vielfältig
von scholastischer Tradition vorurteilsvoll bestimmt ist, ist demge-
25 genüber von ganz sekundärer Bedeutung. Im voraus soll die Philosophie als absolute Wissenschaft das Absolute im Sinn jener Transzendenz zur apodiktisch begründeten Erkenntnis bringen, nicht
durch Sinnlichkeit, sondern durch ein Denken — wobei er im voraus innerlich gewiß ist, daß die Evidenz der mathematischen Metho-
30 de in diese Transzendenz hineinreicht. Das regiert im geheimen seine Gedankenführung, selbst auch, ⟨wo⟩ sie in der Epoché der ersten
Meditationen inbegriffen ist. So kommt es, daß ihm die Apodiktizität des *ego cogito,* zusammengenommen mit allen Auslegungen,
welche in den beiden ersten Meditationen im Rahmen dieser egolo-
35 gischen Immanenz vollzogen werden, nur als die apodiktische Ur-
prämisse fungieren soll, um von da aus auf die Tranzendenz zu
schließen bzw. mittelbar das Recht zu erschließen dafür, daß die
Evidenz der exakten Wissenschaften transzendente Geltung hat und
daß schließlich nun doch auch dem Ego objektive Bedeutung als

Seele des beseelten Körpers beizumessen sei im Sinne seines Dualismus. Dieser freilich hat ungeheuer und im Sinn einer gewaltigen
Stärkung des Objektivismus philosophisch verhängnisvoll gewirkt.
Der eigentliche Wert aber, der, ganz und gar unentwickelt und Des-
5 cartes selbst völlig verborgen, in den beiden ersten Meditationen lag,
konnte wie gesagt vermöge der vorurteilsvollen inneren Entscheidung des Descartes für eine objektivistische Philosophie nicht zur
Entfaltung kommen. Und doch beruht die ganze neuzeitliche Philosophie auf diesem seines eigentlichen Sinnes nicht bewußten Keim
10 eines absoluten, völlig neuartig, egologisch geformten Subjektivismus. Man beachte, daß vor allen Cartesianischen Theorien, welche
den schließenden Weg zur Transzendenz und zunächst zum Beweis
für das Dasein Gottes bahnen sollen, doch in den so flüchtigen
ersten Meditationen ein in sich independentes Stück einer rein ego-
15 logischen apodiktischen Forschung liegt, mit einigen Auslegungen
des Ego nach der Typik der *cogitationes* und der *cogitata* — also
auch des Weltphänomens. Ist es hier nicht offenbar möglich, *in infinitum* weiter auszulegen und zu theoretisieren in d i e s e r reinen
Immanenz und ohne dieselben Verfälschungen des Ego, die schon im
20 *mens sive* etc. lagen, mit denen Descartes schon in den ersten Meditationen seiner Leser Gedanken auf eine falsche Bahn verführerisch
verwies? Und doch, diesem Stückchen immanenter Analyse des Ego
war eine eigene große Linie von Nachwirkungen beschieden — es ist
die offenbare Quelle der Lockeschen Psychologie und psychologisti-
25 schen Erkenntnistheorie auf dem Grunde der „inneren Erfahrung",
nicht minder ist es die Quelle für alle Idealismen der Neuzeit, die
rationalistischen und empiristischen, die in immer neuen Formen
bis in die Gegenwart sich zu gestalten versuchten. Auf Descartes'
Methode der Gründung des Objektivismus auf eine apodiktische
30 Immanenz gehen aber auch die realistisch argumentierenden Theorien zurück; in allen Formen wiederholt sich der Typus seiner
Begründungsweise der Transzendenz, und so erschöpfen sie sich in
widersinnigen Versuchen, von einer durch unmittelbare Erfahrungs-
evidenz bezeugten Immanenzsphäre aus durch Schlüsse in ein
35 Transzendentes überzuleiten, einer Transzendenz, mit welcher die
objektive Welt der exakten positiven Wissenschaften getroffen sein
sollte.
Und was ist das Ergebnis dieser ganzen neuzeitlichen Entwicklung? Über zwei Jahrhunderte verläuft sie in einem begeisterten

Schwung, getragen von der allgemeinen Überzeugung, eine Philosophie als universale autonome Wissenschaft in einen nie wieder zu
hemmenden Gang gebracht zu haben, eine Wissenschaft, die allen
Realitäten, irdischen und himmlischen, physischen und psychi-
5 schen, genugtun kann in Natur- und Geisteswissenschaften, in rationaler Anthropologie, Ethik, Soziologie, Theologie usw. Auch die
großen praktischen Menschheitsfragen sind als im herrschenden
Sinn wissenschaftliche, sie allein sind also als der autonomen Selbst-
rechtfertigung der Vernunft unterworfene verstanden in dieser gro-
10 ßen Zeit der Philosophie, die so wenig wie die antike Philosophie
deswegen nicht den Vorwurf fürchten mußte, daß die vernünftige
Behandlung dieser Fragen eine „intellektualistische, abstrakte" Ab-
schnürung des Lebens bedeuten müsse. Die praktische Vernunft ist
wie die Vernunft überhaupt selbst im thematischen Horizont dieser
15 Philosophie, und sie betrifft nicht nur den einzelnen Menschen, sondern auch den Menschen in der Sozialität, als Staat, als Internationalität und schließlich die ganze Menschheit unter dem Gesichtspunkt ihrer Möglichkeiten, sich durch autonome Vernunft gestalten
zu können. Selbst die Probleme, wie theoretische Vernunft praktisch
20 werden kann, ist Sache der theoretischen Überlegung und Entscheidung. Glaubt man Grenzen der Vernunft feststellen zu können mit
umgebenden Sphären der Irrationalität, so ist doch das vermeinte
Irrationale rationales Thema und hat seinen Anteil an der Rationalität.
25 　In diesem gewaltigen, von leidenschaftlichem Willen auf strenge
und allumgreifende Wissenschaft erfüllten Strom des Erkenntnislebens merken wir im 19. Jahrhundert eine wesentliche Umwandlung,
die man als ein philosophisches Versagen charakterisieren kann. Ich
meine ein Versagen derjenigen Wissenschaftlichkeit, die man schon
30 so vollkommen errungen zu haben meinte, die einer absoluten und
universalen Welterkenntnis, darin einer allseitigen Erkenntnis des
Menschen, in deren Geiste alle besonderen Wissenschaften Organe
sein sollten. Das Versagen der theoretischen Vernunft als Philosophie beschließt aber auch ein Versagen der praktischen. Was die
35 neuzeitliche Philosophie mit ihren Wissenschaften *eo ipso* mit zu

---

20 *vor* Sache *Einfügung in A* ja so war die Meinung
21 *nach* Entscheidung. *Einfügung in A* Daher die großen pädagogischen Bewegungen
und der Eifer für eine Ethik.

erwecken vermeinte, gerade als notwendige Folge jener philosophischen echten Wissenschaftlichkeit, was schon die antike Philosophie
seit Sokrates als die eigentliche Funktion der Philosophie ansah, war
Schaffung eines höheren, eines echten Menschentums. Nicht als eine
5 angelesene und vornehm machende Bildung, sondern als Gesinnung,
die auf das καλὸν κάγαϑόν hingerichtet ist und das ganze menschliche Dasein in Wirken und Streben bestimmt. Dieses aber nicht in
egoistischer Vereinzelung, sondern als eine Sozialität, Staat, verei-
nigte Menschheit durchherrschende Gesinnung: im unendlichen
10 Progreß der Erziehung, der „Aufklärung", ein Sichemporringen zu
einer neuen Stufe vergeistigter Existenzialität, in der die Menschheit
ihres wahren Telos innegeworden sei und sich demnach autonom
gestalte sowie korrelativ ihre ganze Umwelt, sie immer vergeisti-
gend.
15   Eben dieser Glaube an den Sinn und Beruf der Philosophie, der
Wissenschaften, in die konkrete Geschichtlichkeit der Menschheit
einzugreifen und ihr einen völlig neuen Daseinsstil, nämlich den
eines durch philosophische Vernunft sich vergeistigenden und immer mehr befriedigenden Daseins, zu geben, erfüllt die ganze euro-
20 päische Welt. Denn schon seit den griechischen Anfängen der Philosophie wird sie die berufene Bildnerin des allgemeinen Geistes,
zunächst des griechischen und von da aus aller hellenisierten und in
der Hellenisierung sozusagen geistig verbürgerten Völker. Aus ihnen
ist in der Kontinuität der historischen Entwicklung, durch Einbezie-
25 hung immer neuer Völker in diese Vergeistigung, die Einheit des
europäischen Menschentums geworden. In der Tat ist es die Philosophie, die den Grundcharakter von Europa als einer geistigen, in
sich geschlossenen und einheitlich lebendigen Gestalt (also nicht als
einen bloß geographischen Begriff) geschaffen hat, nämlich als eine
30 erste Internationalität aus Bildung anstatt aus bloßer Macht, eine
Bildung, deren ursprünglichste Quelle die autonome Philosophie ist,
und erst sekundär Anteilnahme an der durch philosophische Methode geformten Kulturwelt. Alle Neu- und Umgestaltungen der Philosophie bestimmen wesentlich, gleich idealen Leitsternen, für die
35 europäische Menschheit (als einer eben nach Ideen sich orientieren-
den) den jeweiligen allgemeinen Geist von Europa.
    Das gilt offenbar in besonderem Maße von der Epoche der Auf-
klärung, zumal wenn wir die rapide Auswirkung der neuen positiven
Wissenschaften in Form einer bürgerlichen Zivilisation, der indu-

striellen Technik usw. bedenken. Nicht ohne Grund verstand sich
diese Epoche als das philosophische Zeitalter. Und doch, im
19. Jahrhundert vollzieht sich nun trotz der Blüte der positiven Wissenschaften ein wesentlicher Wandel. Eben dieser Schwung gebende
5 Glaube an Philosophie und Wissenschaft gerät ins Schwinden. Welche Wandlung im europäischen Zeitgeist! Der ursprüngliche Sinn
der Philosophie als theoretischer Welterkenntnis, der Sinn der Einzelwissenschaften als Zweige der Philosophie wird aufgegeben. Reine
Theorie, abstraktes begriffliches Denken, Intellektualismus sind
10 Worte, die in weiten Kreisen einen verächtlichen Beigeschmack
erhalten und vor allem in der Jugend, die sich für berufen hält, neue
Ideale an die Stelle der vermeintlich für immer erledigten zu setzen.
Sosehr sich auch in dieser Entwicklung der europäische Geist, den
die Philosophie gebildet hat, bewährt, nämlich in der Weise, in der
15 Überlegenheit des autonomenMenschen jene Ideen zu gestalten und
von ihnen sich leiten zu lassen und von daher dem ganzen Gemeinschaftsleben in Staat, in Nation, Kultur Form und Inhalt zu geben
— es ist ein skeptisch umgestürztes Europa in diesen Krisen lebendig, eine Parallele zur antiken skeptischen Philosophie gegenüber der
20 Philosophie selbst, und zugleich von dieser Seite wesentlich bestimmt.

Bleiben wir zunächst in der Sphäre der positiven Wissenschaften,
und zwar der durch ihre Vorbildlichkeit von Anfang an die Entwicklung leitenden exakten Naturwissenschaften. In ihrem Arbeits-
25 schwung und in ihren Fachleistungen haben sie nicht gelitten, aber
wohl in dem Geist, in welchem ihr Betrieb weiterverläuft, in dem
lebendigen philosophischen Gehalt und philosophischen Schwung,
der aus diesem Geiste entspringt. In der Allgemeinheit wirft man
ihnen vor, und nun schon bis zum Überdruß, die spezialisierende
30 Zersplitterung und das Fachmännertum. Es ist zweifellos eine Tragik
der objektiven Wissenschaft, daß sie wesensmäßig nicht an der
unmittelbaren Einsicht haftenbleiben kann, daß sie als Wissenschaft
von der unendlichen Welt sich in unendliche Mittelbarkeiten induktiver und deduktiver Schlüsse einlassen muß und den Progreß *in*
35 *infinitum* nur beherrschen kann durch eine Technisierung der Me-

---

32 *statt* Einsicht *in A* Anschauung und damit in der Endlichkeit

thode. Dazu gehört auch die Ausbildung des Instrumentes der formalen Mathematik (einschließlich der mathematischen Logik), die selbst in höherer Stufe eine höchst gesteigerte geistige Technik darstellt. Desgleichen gehört zu dieser Tragik die Notwendigkeit der
5 Gebiets- und Arbeitsteilung, unter Spezialisierung der methodischen Technik, deren erfolgreiche Handhabung schließlich Spezialwissenschaften als Lebensberufe und damit das Fachmännertum erfordert. Es ist eine Tragik, weil die ursprünglich einsichtige Begrifflichkeit notwendig übergeht in eine „symbolische" Ersatzbegrifflichkeit und
10 weil trotz der Evidenz der konsequent verlaufenden Arbeit der aus ursprünglichen Quellen stammende eigentliche Sinn des wissenschaftlichen Verfahrens ganz verlorengehen kann. Es wird schließlich eine entleerte und erlernbare Technik mit nützlichen, praktisch höchst leistungsfähigen Folgen, selbst ohne ein Verstehen der Not-
15 wendigkeit einer Evidenz, welche dem ursprünglichen Sinne genugtut. So ist Technisierung und Spezialisierung notwendig und zugleich — wenn die Gegenbewegung auf Sinnklärung bis in die Totalhorizonte, also das philosophische Universum, hin fehlt — ein Verfall. Die Fachmänner werden zu evtl. höchst genialen Ingenieuren einer
20 geistigen Technik, die ihrerseits in irgendeiner Sphäre der zeitweiligen Umweltlichkeiten, etwa der wirtschaftlichen Praxis, eine außerordentlich nützliche „Technik" im populären Wortsinne ermöglichen kann. Ingenieure sind keine Philosophen, sind im eigentlichen Sinne keine Wissenschaftler, es sei denn, daß man den Begriff Wis-
25 senschaft in moderner Weise verfälscht. Ihre Genialität bleibt darum Genialität, und ihre Bewunderung beruht auf der Leistung, die sie üben, nicht auf der, die sie nicht üben — obschon nur zu oft prätendieren.

Aber das Universum der positiven Wissenschaften trägt noch in
30 sich eine andere, historische Tragik, die erst in der Neuzeit sich auswirkte. Es ist die, von der wir als Zug zum Objektivismus in der Geschichte gesprochen haben. Es ist nicht zufällig, daß die Philoso-

---

8 *statt* ursprünglich einsichtige *in A* ursprüngliche, aus anschaulichen Quellen geschöpfte

12 *nach* kann. *Ergänzung in A* Nun ist aber die Evidenz der mit dieser operierenden Methode und der von ihr öfters herangezogenen stellvertretenden Anschaulichkeit keineswegs schon eine Evidenz der Erkenntnis der realen Weltgebiete, die aus der ursprünglichen Anschauung letztlich ihren Sinn schöpfen könne und ihre Bewährung gewinnen müsse.

phie als nach außen gewandte Kosmologie aufkeimte und ihr damit
vorweg eine Tendenz auf objektive Wissenschaft, und zunächst auf
Naturwissenschaft, hin gegeben wurde. Die mit Sokrates einsetzende
Wendung des Interesses auf den Menschen, die dann im Rahmen
5 des Kosmos und seiner Raumzeitlichkeit gefunden wurde, führte auf
anthropologische Geisteswissenschaften als eine Gruppe von Wissenschaften dieses Kosmos, wie es nun leicht scheinen konnte: eine
neben den anderen. Im Altertum nahm man hier keinen Anstoß,
anders in der Neuzeit, und aus folgendem Grunde. Erst in der Neu-
10 zeit kam es, und schon von Anfang an, zu einer konsequenten, in
Wahrheit nur abstraktiven Ablösung einer reinen, real in sich geschlossenen physischen Natur als einer durch die unendliche Welt
hindurchreichenden Totalität; idealisiert als Natur von mathematischer Struktur in den mathematischen Kontinuen von Raum und
15 Zeit. Das war das Universalgebiet der sich in unzählige Disziplinen
spezialisierenden Naturwissenschaften. Danach wurden alle animalischen Wesen nach ihrer physischen Leiblichkeit in diese eine in sich
kausal geschlossene Natur als sekundärer kausaler Annex einbezogen, und die neuzeitliche Psychophysik war da, Wissenschaft und
20 allgemeine Bildung durchdringend. Dergleichen war dem Altertum
ganz fremd, samt den jetzt erst auftretenden und nicht mehr zur
Ruhe kommenden Fragen nach der Art der Einheit von Leib und
Seele, wo doch der Körper als Naturobjekt eine Realität für sich
darstellen soll und sein Für-sich-Sein bestimmt ist durch eine uni-
25 versale Naturkausalität. Da nun die Welt, im ganzen genommen, als
universale Natur begriffen wurde, in welcher überall an den Stellen,
wo sich diese eigenartigen physischen Komplexe, genannt organische
animalische Körper, kausal zusammengebildet hatten, merkwürdigerweise seelische Komplexe empirisch einstellten, irgendwie doch
30 als kausale Folgen, hatte die physische Natur nun einen Seinsvorzug.
Ja es war wie ein zufälliges Faktum der naturalen Kollektionen, daß
überhaupt Geistigkeit in ihr als Annex vorkam und vielleicht nur
zeitweilig vorkam. Im Grunde war also alles Natur in einem passend
erweiterten Sinne. Das gab, wie schon angedeutet wurde, der moder-
35 nen Psychologie ihr spezifisch neuartiges Gesicht. Merkwürdigerwei-

---

12 *statt* unendliche *in A* offen endlose anschauliche
18 *vor* Natur *Einfügung in A* mathematisch unendliche und kausale

se beachtet weder die Naturwissenschaft noch die Psychologie, daß
der ursprüngliche und ganz unmittelbare Geltungsboden, den der
Naturwissenschaftler beständig benützt, in seiner Seinsgeltung in all
dem „ bloß Subjektiven" liegt, in all dem, was die Sinnendinglich-
5 keit und ihre subjektive Gewißheit ausmacht und was so abschätzig
als nicht objektiv beiseite geworfen wurde. Und merkwürdigerweise
sagten sich nicht die Psychologen, daß in diesem Unmittelbaren
auch für sie ein Unmittelbares liege, welches konkret thematisch zu
machen, in der für eine Psychologie sinngemäßen Weise, eine ihrer
10 allerersten Aufgaben sein müßte. Stattdessen setzte man an den
Anfang Empfindungsdaten, Gefühlsdaten und dergleichen, die, man
weiß nicht woher, kommen und jedenfalls in der psychischen Konkretion des menschlichen Lebens, so wie es sich in der Reflexion, in
der „ Selbstwahrnehmung", ganz unmittelbar darstellt, nicht zu fin-
15 den waren. Nun führte aber die neuzeitliche Entwicklung zur Begründung der mannigfaltigen, um diese Psychologie unbekümmerten
sogenannten Geisteswissenschaften. Sie betreffen den Menschen
nicht als psychophysische Natur, davon hatten sie gar keinen Gebrauch zu machen, vielmehr den Menschen als personalen, in der
20 personalen Gesellschaftlichkeit, als Ichsubjekt, in seiner Umweltlichkeit lebend, die ihm ständig geistig, bewußtseinsmäßig gegeben
ist, als seine in seinen immer neuen Akten sich fortkultivierende
Kulturwelt. Der von der naturwissenschaftlichen Weltbetrachtung
ausgehende Bann der Naturalisierung macht sich, obschon nicht in
25 der tatsächlichen geisteswissenschaftlichen Arbeit, nach Begriffsbildung und sonstiger Methode doch geltend. Menschen haben wie bloße Naturkörper, vermöge ihrer leiblichen Körperlichkeit, doch auch
in der Raumzeitlichkeit Dasein. So scheinen von fern gesehen alle
Wissenschaften in einer Ebene zu liegen. In der Lösung der Spe-
30 zialaufgaben, im Schwung der dabei gemachten Entdeckungen be-
dachte man nicht, daß der Geisteswissenschaftler ausschließlich und
ganz prinzipiell in der anschaulichen Umwelt mit ihrer bloß anschaulichen Raumzeitlichkeit seinen Boden hat und nicht in der
mathematisierten Welt der exakten Naturwissenschaften und ihrer
35 mathematischen Raumzeitlichkeit. Er lebt nicht nur bewußtseinsmäßig als alltäglicher Mensch, sondern seiner fachlichen Einstellung
gemäß, eben als Geisteswissenschaftler, ausschließlich in diesem
Subjektiven. Er interessiert sich für das innere personale Sein und
Leben, für die Akte der Personen, für das Tun und Leiden, für das

Wirken und das Werk der Personen und Personenverbände, die seine Themen sind, für ihre Weisen, motiviert zu werden durch die
Umwelt, wie sie sie bewußtseinsmäßig haben und wie sie sich im
Gemeinschaftsleben als Wirklichkeit oder Schein durch eigene oder
5 wechselseitige Korrekturen jeweils für die Menschen darstellt. Alles
das ist durch und durch Subjektives, und was da jeweils konkretes
Thema ist: Sprache, Sitte, Recht, Staat, Kirche usw. — alles steht im
subjektiven Raum und ist im Sinne der naturwissenschaftlichen
Objektivität bloß subjektiv-relativ — also Geistiges. Für den Natur-
10 wissenschaftler ist und war es selbstverständlich, daß er, in der
Naturhistorie ebenfalls mit umfassenden Deskriptionen in Gebieten
der anschaulichen Umwelt beschäftigt, in diesen doch nur eine Vorarbeit für „exakte Erklärungen" vollziehe. Was als anschauliche
Körperlichkeit vorliegt, ist für ihn ja selbstverständlich nicht objek-
15 tive Wahrheit, aber doch Index für eine dereinst exakt zu vollziehende Theoretisierung in mathematischer Approximation an das im
Unendlichen als Idee liegende objektive Seiende. Aber konnte der
Geisteswissenschaftler seine durchaus anschauliche deskriptive Arbeit ebenso ansehen? Konnte das die Zeiten beherrschende Ideal der
20 Objektivität, die Art, den Realitäten der empirischen Umwelt ein
ideal identisches Ansich unterzulegen, wirklich universal gelten?
Konnte sinnvoll die der Philosophie gestellte Aufgabe einer einsichtigen und unbedingt begründenden Erkenntnis von der Welt auf
dem zuerst so unvermeidlich scheinenden motivierten Wege der
25 universalen Naturerkenntnis gelöst werden, nämlich dem der Sub-
struktion einer objektiv wahren Welt an sich, in ihr einer geschlossenen Natur an sich als Thema mathematischer Theoretisierung;
dann einer Einordnung der Seelen in diese Natur unter Zielstellung
einer vollständigen Welterkenntnis in Form einer Wissenschaft von
30 der Welt als erweiterter Natur? War der naturale Weltbegriff am
Ende nur ein für die Naturerkenntnis passender Begriff? Aber nun
wird der ganze Begriff Welt fraglich, man kann die Welt dann nicht
mehr zusammensetzen aus Natur und Geist und so die beiderseiti-
gen Wissenschaften in eine Dimension bringen. Es zeigt sich schon
35 an der nie eines hinreichend ernstlichen Nachdenkens gewürdigten
Tatsache, daß die Naturwissenschaften mit allen ihren Theorien und
Wahrheiten in das Reich des Geistes hineingehören und daß die in
ihrem Sinne objektive, an sich wirkliche Natur im geschichtlichen
Geiste als eine menschliche Konzeption auftritt und von jedem spä-

teren Menschen in einem geistigen Tun bewährt werden und sein
Forschen motivieren muß.

Das Weltproblem der Philosophie wird fraglich, da der Sinn Welt
problematisch geworden ist. Man kann nicht die anschauliche Welt,
5 „in" der der Mensch als Ich, als tätiges und leidendes Subjekt, als
Person „lebt", in der mathematisch-objektiven Natur unterbrin-
gen. Man kann nicht das Sein der Person und der personalen
Gemeinschaften in dieser Welt — ihr Sein als in dieser Welt tätiges
und leidendes und sie dadurch sinnhaft gestaltendes — als Sein von
10 naturalen Tatsachen in der universalen objektiv-exakten Natur fassen. Man kann nicht weiter daran vorbeigehen, daß der Naturforscher selbst als erfahrender und denkender, nicht als Naturprodukt
„Mensch", sondern als Naturerkennender, in Gemeinschaft mit seinen naturwissenschaftlichen Genossen in der anschaulichen Welt
15 „lebt" und, was besonders zu beachten ist, ihr anschauliches Sein
als beständige Grundlage aller seiner Erkenntnisse geltungsmäßig
benutzt wird. Dieses bloß subjektive Sein ist also das Apriori für das
Sein der Natur im exakten Sinn.

Wenn nun andererseits die Geisteswissenschaften ausschließlich
20 mit Subjektivem beschäftigt sind, wenn man auch nur in einer flüchtigen Überschau an die verwirrend mannigfaltigen Gestalten des
Subjektiven herantritt, wenn man dabei die verschiedenen allgemeinen Korrelationen beachtet, denen sie zugehören: Subjektives als
Ich und Wir, als andere, als Ihr, als Aktleben in personaler Verein-
25 zelung oder ihrer Vergemeinschaftung, als subjektiv so und so wahr-
genommene Gegenständlichkeit, als das in mannigfaltigen Wahrneh-
mungserscheinungen in Identität sich Darstellende usw. — so kann
und muß es uns doch in Erstaunen setzen, daß man so wenig das
Bedürfnis nach einer systematisch umgreifenden und prinzipiell be-
30 herrschenden, letztlich analytischen Wesenslehre der Geistigkeit
empfand als einer im gleichen Sinne universalen großen Wissenschaft rein im menschlichen Geiste wie die apriorische Wissenschaft
von der reinen Natur (mit ihren Disziplinen Geometrie, analytische
Mathematik etc.). Wo ist die Wissenschaft von Ich und Wir, von
35 einem reinen Bewußtseinsleben, einzeln und in der Wirvergemein-
schaftung, sowie von der ihm darin anschaulichen Welt als Titel für
die Geltungs- und Bewährungsgehalte des Bewußtseins? Wäre das
nicht Psychologie, eine immanent reine Psychologie, also analog wie
die in der puren Immanenz der Natur sich haltende Naturwissen-

schaft? Kann es eine andere Psychologie geben als diese, die keine
Datenkomplexe kennt, sondern in der Immanenz des rein anschaulichen Ichlebens nur Bewußtsein von, Geltung von und darin nur
Bewußtes als solches? Kurz — eine intentionale Psychologie? Wie
5 könnten die Geisteswissenschaften als Glieder einer Philosophie, als
ernstliche Wissenschaften gelten, ohne auf eine solche allgemeine
Wesenslehre des Geistes sich zu gründen? Aber wieder meldet sich
hier das Problem, wie eine solche Psychologie und die Naturwissenschaften zueinander stehen würden bzw. wie ein Universalbegriff
10 von Welt, von real Seiendem, Reales im exakten Sinne und Reales
im Sinne der Subjektivität umfassen soll. Das betrifft natürlich auch
die Begriffe von Sein und Wahrheit, von Erkenntnismethode hier
und dort. [1]
    Bedeutende Philosophen der letzten Zeit haben, den philosophi-
15 schen Bedürfnissen der Geisteswissenschaften entgegenkommend
und sie zugleich mächtig bewegend, wenn auch unter Leitung ganz
anderer Fragestellungen, als welche soeben angedeutet wurden, über
naturwissenschaftliche und geisteswissenschaftliche Erkenntnis
nachgedacht und sie zu klären versucht, und seit Dilthey die Forde-
20 rung einer geisteswissenschaftlichen Psychologie gegenüber der gei-
steswissenschaftlich irrelevanten naturalistischen Psychologie aufgestellt hatte, diese Forderung zu erfüllen versucht. Freilich zu einer
wirklichen Klärung ist es m.E. nicht gekommen, da der Sinn einer
intentionalen Psychologie und eine radikale Kritik der naturalisti-
25 schen Psychologie fehlte.
    Offenbar in nahem Zusammenhang mit diesen Weltproblemen,
die die gewöhnlich nur als bloß „ methodologische" oder „ logische"
angesehenen Unterschiede der anthropologischen Geisteswissenschaften und der Naturwissenschaften betreffen, sind die in der
30 gegenwärtigen Biologie so vielverhandelten Streitfragen des Vitalis-
mus oder Mechanismus; auch hier Weltfragen, bezogen auf Natur
und Geist. Freilich sieht man, daß alle die tierische Geistigkeit ange-
henden Fragen abhängig sind von den letztlich in der menschlich-

---

1 *nach* immanent reine Psychologie *Einfügung in A* der Personen in ihren Gemeinschaften
13 *zu* Subjektivität *Variante in A* Personalitäten
    [1] Vgl. hierzu und zum Folgenden Beilage XVIII, S. 233.

geistigen Sphäre gewonnenen und nur hier zu gewinnenden Grund-
anschauungen. Das macht uns auch zugleich auf die höchst merkwürdige Bevorzugung des Menschen in der Welt des Geistes und, da
innerhalb der Menschlichkeit die sozusagen originale Geisteserfah-
5 rung Selbsterfahrung ist, auf die wundersame Bevorzugung des Ich
und die seines Leibes als des Organs für alle seine umweltlichen
affektiven und aktiven Bezogenheiten auf seine geistige Umwelt auf-
merksam. In ihr sind nicht nur andere Menschen da, gegeben durch
„Einfühlung", sondern auch Tiere in einer aber doch schon sekun-
10 dären, auf die menschliche, und zwar auf das jeweilige Ich zurück-
bezogenen Einfühlung gegeben. Umwelt in ihren merkwürdigen
Strukturen ist Umwelt zunächst des Ich und vom Ich aus. Die Wissenschaft vom Geiste hat ungleich der objektiven Naturwissenschaft
das forschende Subjekt nicht außerhalb, sondern innerhalb seines
15 Themas. Sollten diese Merkwürdigkeiten nicht für den Sinn „Welt",
für den Grundsinn der Philosophie, große Bedeutung haben?

Nehmen wir die positiven Wissenschaften spezialistisch-thema-
tisch, so können wir es ihnen überlassen, mit ihren thematischen
Schwierigkeiten fertig zu werden und ihre Streitfragen fachmän-
20 nisch, so wie sie sich in ihnen darbieten, also als technische, zu entscheiden. Das betrifft auch die mächtigen Umwälzungen der Physik
der Gegenwart. Ihre Aufregungen und Entdeckungen sind noch keine Aufregungen und Entdeckungen für die Philosophie. Das gilt hinsichtlich aller positiven Wissenschaften. Erheben diese aber den
25 Anspruch auf Wissenschaftlichkeit im alten, im philosophischen
Sinne, den Anspruch auf ein Wissen vom Seienden selbst, ein Wissen, das als universales oder speziales ursprünglich allem Erkenntnisstreben seinen Sinn gab, und sprechen ihre Forscher als Philosophen über ihre Sphäre und deren Weltbedeutung, so müssen wir erst
30 fragen, ob sie überhaupt ein Verständnis für den Sinn der Aufgabe
haben, mit dem Philosophie historisch geworden ist, um dessen
theoretische Aufklärung sich die Jahrtausende bemüht und den sie
in notwendigen Sinnbeschränkungen in den Einzelwissenschaften
ausgewirkt haben. Es wäre naiv, die Autorität der genialen geistigen
35 Techniker für philosophisches Fragestellen ohne weiteres gelten zu
lassen, etwa darum, weil sie auf Grund ihrer allgemeinen, von traditionellen Anklängen durchsetzten Bildung ihre Ergebnisse selbst
glauben philosophisch interpretieren zu können. Es wird schon so
sein, daß in den Lehrgebäuden der Spezialwissenschaften und in

jeder ihrer ganz großen Entdeckungen in besonderem Maß auch
bedeutende philosophische Gehalte beschlossen sind. Aber sie zu
interpretieren kann nur der befähigt sein, der in der Philosophie seine Lebensaufgabe hat und befähigt ist, die geistige Sinnbildung der
5   Methode zu klären und auf den universalen Sinn der Philosophie
zurückzubeziehen.

Nach alldem scheint mir, daß die philosophische Lage der Wissenschaften der heutigen Zeit, und das ist nichts anderes als ihr
Anspruch auf wirkliche und letztliche Erkenntnis, noch ganz und gar
10 verworren ist. Bei der unvermeidlichen technischen Absonderung
der positiven Wissenschaften finden die ihren letzten Wahrheitssinn
für das Seiende betreffenden philosophischen Fragen notwendig in
eigenen philosophischen Disziplinen ihre Behandlung, wie überhaupt alle zur lebendigen Fortentwicklung der Philosophie gehörigen
15 prinzipiellen Fragen. Sie alle hängen nah zusammen. Und alle waren
und blieben Streitfragen, die nicht einmal in ihrem begrifflichen
Sinn zu einer klaren prinzipiellen Formulierung führten. In der
nachhegelschen Periode ist es nicht besser, sondern immer schlimmer geworden, in einer betrüblichen Steigerung bis zur Gegenwart.
20 Nie war die Spaltung der Meinungen und Richtungen größer, nie
war ein restloses wechselseitiges Sichverstehen und Verhandeln
schwieriger, nie ist die Internationalität, deren berufenste Wahrerin
die Philosophie ist, schwächer geworden, zumal bei dem unheimli-
chen Anwachsen der philosophischen Literaturen der verschiedenen
25 Nationen. Jeder Versuch, diese wirklich, d.i. in einem ernsten Studium, kennenzulernen und zu der Unzahl von Lehren Stellung zu
nehmen, ist ganz und gar hoffnungslos. Ist es ein Wunder, daß die
Philosophie in der allgemeinen Schätzung in solch nie geahnter Weise gesunken ist oder daß man zwar die großen Philosophen der Vor-
30 zeit wie Heroen verehrt, aber in der Weise, daß man ihr philosophisches Lebenswerk nur wie ein Kunstwerk bewundert und ihr schick-
salvolles Ringen als ein ästhetisches Schauspiel genießt? Sind wir
aber noch wirklich Philosophen, was sollen wir tun? Sollen wir
schwächlich dem Schicksal ausweichen und ohne Einsatz unserer
35 ganzen Persönlichkeit, unter Verzicht darauf, Selbstdenker zu sein,
uns in eine der Renaissancen der früheren Philosophien einlassen,
die seit der zweiten Hälfte des 19. Jahrhunderts eben einen solchen

---

35 *nach* Selbstdenker *Einfügung in A* aus Berufung

Verzicht aus gesunkenem Selbstvertrauen ausdrückten? Renaissancen sind wesensmäßig hoffnungslos. Gedruckte Philosophien sind
keine lebendigen Philosophien. In ihnen ist die existenzielle Triebkraft des Philosophen nicht mitgedruckt, die die eigentliche Seele
5 seiner Philosophie ist: sein Ringen im dunklen Drange, der sich des
rechten Weges stets bewußt ist. Das gilt zumal für Philosophen, die
wie alle bis zur Gegenwart noch um den letzten Sinn des Vorhabens
Philosophie und damit um die Möglichkeit eines wahren Anfangs
rangen. Nur als Selbstdenker können wir Selbstdenker verstehen,
10 von unserer personalen Entwicklung im inneren Werden aus die
ihre. So nur können sie uns etwas sein und uns in jedem Ruhepunk-
te unserer Entwicklung ein Neues lehren. Oder sollen wir uns in eine
überlegene Skepsis und entwertende Kritik verlieren oder der Versu-
chung der neuen Romantik unterliegen, uns in eine gemütsselige
15 Mystik aufzugeben, in deren Dienst die dann leichten Argumentationen und Kritiken stünden? Etwa in den Dienst einer freilich als
mystisch drapierten Tragik des Daseins, während wir der wirklichen,
nüchternen, ernstlich philosophischen ins Auge zu sehen, im Mühen
um ihren wissenschaftlich faßbaren und verstehbaren Sinn, nicht
20 den Mut haben? In der Art der Fragen schon liegt meine Antwort.
Aber ich meine doch, daß in der Schilderung der gegenwärtigen
Situation, die so viel bedrückender ist als jede vergangene — denn
keine vergangene war wirklich eine rosige, sie war wohl immer für
den Selbstdenker eine Situation dicht am Abgrund persönlicher Ver-
25 zweiflung — sich nicht die leere Selbstverständlichkeit ergibt, als
Selbstdenker den Kampf mit den Mächten der Unklarheit aufzuneh-
men. Ich versuchte radikale Fragen, die sich mir in der historischen
Überschau aufdrängten, anzudeuten und fühlbar zu machen, daß sie
alle in die Rätsel der Subjektivität einmünden und die eben damit,
30 also in zweiter Linie, zum Rätsel gewordene Natur und Welt überhaupt umspannt. Aber bei den aufgeworfenen Fragen darf es nicht

---

1 *statt* Verzicht aus gesunkenem Selbstvertrauen *in A* literarischen Betrieb ohne philosophische Berufung
2 *nach* Renaissancen *Einfügung in A* auf Grund der Bücher
5f. *statt* des rechten Weges *in A* doch der Sinnhaftigkeit seines Zieles auf rechten
Wegen
31 *nach* umspannt *Ergänzung in A* letztlich im Rätsel meines eigenen Ich, in dessen
Bewußtseinsleben die für mich seiende und soseiende Welt mein eigener Erwerb ist,
während ich zugleich mich selbst als in der Welt seiend gelten lassen muß

sein Bewenden haben. In ihnen liegt verborgen eine Direktion auf
eine letzte Fragenquelle. Aus guten Gründen habe ich eine Interpretation der ersten Meditationen des Descartes oben angefügt, aus
denen die nie abbrechende Reihe der idealistischen Weltauffassun-
5 gen entspringt, obschon Descartes selbst so weit entfernt war, eine
solche auszubilden. Sie alle blieben, von ihm bestimmt, doch in
gewisser Weise hinter ihm zurück: Sie schöpften nicht die Tiefen
dieser Meditationen aus, Tiefen, über die Descartes selbst, verschossen auf das Ziel der Transzendenz, hinwegsah, wie der Bergsteiger
10 über die Aussichten des Weges, der ihn nur als Weg interessiert. Für
uns aber ist gerade sein Weg und gar nicht sein Ziel, und vom Wege
dieser Gang zum Ego der *cogitationes* und der *cogitata qua cogitata*
das Interessante, für mich das brennend Interessante. Schenken Sie
der Tatsache Aufmerksamkeit, daß alles, was von Descartes über
15 das Ego gesagt ist, in einer skeptisch scheinenden, aber nicht wirklich skeptischen Epoché gesagt wird, also in einer Einstellung des
Ich, die der natürlichen naiven Einstellung alles menschlichen Lebens, alles Lebens bis auf Descartes hin, entgegengesetzt ist. In der
natürlichen Naivität ist für uns die Welt in der jeweiligen erlebnis-
20 mäßigen Umweltlichkeit unberedet, fraglos unbeachtet eben die
Welt, seiender, wirklicher B o d e n für alle unsere Akte; mit was
immer wir beschäftigt sind, es ist einzelnes, dieses Ding, dieser
Baum usw., i n m i t t e n d e r W e l t, ein Etwas in seiner unthemati-
schen, aber mitseienden Umgebung, die selbst wieder ihre Umge-
25 bung hat, eben schließlich Welt. Die Epoché vollziehen heißt, diese
unthematische Vorgeltung, den Geltungsboden für alle thematische
Vollzüge und ihre Geltungen, inhibieren. Die immer noch erscheinende Welt verwandelt sich, total als Welt, in ein bloßes Phänomen,
in ein Erscheinendes des Erscheinens, Geltendes des Geltens, reines
30 Korrelat dieser Korrelation, wobei das Ich aufhört, als Mensch in

---

9 *statt* der Transzendenz *in A* einer exakten Welterkenntnis
25 *nach* Welt. *Ergänzung in A* Existenz hat überall den Sinn der In-Existenz, in der
Welt, der erfüllten Raumzeitlichkeit.
25 *nach* heißt *Einfügung in A* für mich
26 *statt* den Geltungsboden *in A* der Welt, des Geltungsbodens
30 *nach* wobei *Einfügung in A* auch
30 *nach* aufhört *Einfügung in A* mir schlicht zu gelten

der Welt schlicht „da" zu sein. Es ist verwandelt in das Ego, das
frei über allen Geltungen, über dem Geltungsuniversum, über der
totalen naiv seienden Welt steht. Wer ernstlich darüber nachdenkt,
und ich habe mich immer wieder darauf zurückgeführt gesehen,
5 muß erkennen, daß hier nicht ein kurioser Satz, nicht eine Triviali-
tät „Ich bin" gewonnen ist. Schon bei Descartes sind, wenn man
genau hinsieht, einige konkrete Auslegungen aus diesem Grundbestand der in der Epoché vollzogenen Reflexion im Hinblick auf das
Ego durchgeführt. Verweilt man weiter und weiter auslegend, so
10 sieht man, daß sich Unendlichkeiten der Deskription, Unendlichkeiten eines rein Subjektiven ergeben. Wenn man darangeht, das Phänomen Welt in seinem strömend subjektiven Wandel, korrelativ das
Ich, das in seinen Akten auf Welt bezogen ist, diese Akte selbst zu
beschreiben und konsequent in dieser Einstellung auszulegen, tun
15 sich unübersehbare Horizonte konkreter Forschungen auf. Es ist
aber dabei nicht zu übersehen, daß alle Wissenschaft, die ich betätigte und nun als erworbenes Vermögen habe, wie alle Vermögen
überhaupt, wenn auch in einer charakteristischen Modifikation, so
doch in dieser neuen merkwürdigen Seinssphäre auftreten.
20   Hier haben wir eine Einstellung erreicht, die in der Tat weltüber-
legen ⟨ist⟩, die uns über alle philosophischen Fragestellungen und
Lehren der Vergangenheit erhebt, über alle Überzeugungen, die wir
schon haben und wie immer erworben haben, sei es auch in Evidenz, die uns über alle die peinlichen Gegensätze von Natur und
25 Geist stellt und konsequent durchgeführt zur Klarheit über alle diese
Fragen, über alles weltliche Sein, über alles menschliche Leben und
menschliche Aufgaben führen muß. Der beispiellose und beispiellos
neuartige Cartesianische Radikalismus einer Begründung universaler
Philosophie ist ein „Urphänomen" in der Geschichte der Philoso-

---

1 *statt* schlicht „da" zu sein. Es ist verwandelt in *in A* auch mein menschliches Dasein
umspannt die Epoché, es wird wie alles Weltliche bloßes Phänomen. Für mich, als
Vollzieher der Epoché, als Vollzieher der neuen universalen Geltungsebene der „Welt
als Phänomen". Nun heißt es wieder: Ich bin, ich als „Ego".
10 *nach* man *Einfügung in A* in der mit radikaler Konsequenz im Vollzug gehaltenen
Epoché
10 *statt* der *in A* einer neuartigen Selbsterfahrung und
11 *nach* rein *Einfügung in A* egologischen
13 *vor* Ich *Einfügung in A* letzte Vollzugs-

phie; aber es ist zugleich nur ein Keim. Nicht weil so viele Philosophen historisch von daher bestimmt waren, denn, wie gesagt, sie alle
sind außerstande gewesen, diesen Keim wirklich zum Sprießen und
Wachsen zu bringen, so bedeutsame Vorahnungen auch in den gro-
5 ßen Idealismen liegen und darum eine ernstliche Überzeugung begründeten, das Welträtsel, das in diesem Keim in der Tat beschlossen ist, zu lösendem Ausspruch gebracht zu haben — der Keim blieb
verschlossen. Und damit blieb auch verschlossen der letzte Sinn dieses Radikalismus und der echten Vorurteilslosigkeit, aus der heraus
10 Philosophie allein in Wesensechtheit anfangen und dann fortwerden
kann *in infinitum.* Möglichkeit und Unmöglichkeit philosophischer
Vorurteilslosigkeit ist nicht Sache hohler argumentativer Überlegungen, sondern die Grundfrage nach derjenigen Einstellung, die uns
wirklich über alle Fragen stellt und die alle — erdenklich sinnvollen
15 Fragen — in unseren Denkhorizont hineinbringt.

Descartes' Radikalismus der Vorurteilslosigkeit, so überlegen er
historisch auch ist, ist noch nicht der reine und letztliche Radikalismus, der das leistet, was ich soeben als Forderung ausgesprochen
habe. Er bringt es zu keinem wirklichen Anfang der Philosophie,
20 sondern zu einem Anfang der naturalistischen Philosophie, die ge-
messen am absolut universalen Sinn der Philosophie eine Unmöglichkeit ist. In ihrer Auswirkung war sie freilich hinsichtlich der
wirklichen und eigentlichen Natur nicht ohne höchst bedeutende,
aber nur relative Leistungen.
25 Es ist die aus meinem fast schon zu langem Arbeitsleben entsprungene und in unzähligen konkret analytischen Untersuchungen
bewährte Überzeugung, daß dieser letzte Radikalismus mit der
„transzendentalen Epoché und Reduktion" wirklich gewonnen ist.
Doch davon will ich hier nicht sprechen, sondern nur dies als Sum-
30 me der Analyse der gegenwärtigen Situation der Philosophie in

---

7 *statt* lösendem *in A* einem ersten
8 *nach* verschlossen. *Ergänzung in A* Die spekulativen Systeme waren nicht wissenschaftliche Auslegungen, in denen das „Transzendentale" heraus in die Erfahrung tritt,
die seine Horizonte erschließbar macht.
20 *vor* Anfang *Einfügung in A* neuen, scheinbar festbegründeten
21 *vor* absolut *Einfügung in A* echten, wirklich
21f. *statt* eine Unmöglichkeit *in A* infolge voreiliger Mißverständnisse und treibender
Vorurteile der Objektivität im Gegenteil eine Verirrung
23 *statt* wirklichen und eigentlichen *in A* physischen
24 *vor* Leistungen *Einfügung in A* und nach ihrem wahren Seinssinn unverstandene

Rückbezogenheit auf die historische Kontinuität der vergangenen ziehen und als Beantwortung der gestellten Frage: Die eine einzige Aufgabe, die auch alle künftigen Aufgaben umgreift, ist nicht nur, originale Philosophie, d.i. Philosophie von selbstdenkenden Philoso-
5 phen, zu verwirklichen, allen Untergangsstimmen und allen anti-intellektualistischen Depressionen des Zeitgeistes zum Trotz, sondern ⟨besteht⟩ vor allem darin, im bewußten Rückgang auf den Quellpunkt der ganzen neueren Philosophie, auf die Meditationen des Descartes, seinen Radikalismus in einen unübersteiglichen
10 zu verwandeln und aus dem *ego cogito* die Unendlichkeit konkreter Analysen in apodiktischer Arbeit zu erschließen, die den Anfang einer arbeitenden Philosophie herstellt. Dies glaube ich in aller Bescheidenheit des Selbstdenkers raten zu dürfen, der die ungeheuere Disproportion zwischen unendlicher Aufgabe und allzu geringen
15 persönlichen Kräften vor Augen hat.

BEILAGE XIV (zu S. 184): ⟨Der Einheitssinn der positiven Wissenschaften als Verengung der Idee universaler Wissenschaft⟩
⟨1934⟩

Solche Urteile sind in der Tat und vor allem bei den vermöge ihrer großen
20 Erfolge wissensstolzen Vertretern der positiven Wissenschaften sehr verbreitet. Die Notwendigkeit einer universalen Wissenschaft wird von ihnen nicht geleugnet, aber sie kommt nur zur Leistung, meinen sie, durch eine Synthese der positiven Einzelwissenschaften, und zwar durch Verfolgung der Verflechtungen der wissenschaftlichen Gebiete, die schließlich überall zu Problem-
25 gruppen führen, die über die Einzelwissenschaften hinausreichen. Zudem haben ja manche Wissenschaften, wie Mathematik und Physik, eigentlich nicht ein Stück der Welt als ihr thematisches Gebiet, sondern Formstrukturen, welche in ihrer Allgemeinheit die ganze unendliche Welt umspannen. Eine Gegenübersetzung von Philosophie und positiver Wissenschaft nach
30 Thema und Methode sei also verkehrt, das Universum der positiven Wissenschaften, das freilich nicht als ein äußerlicher Einband und auseinander zu denken sei, sondern als ein System allgemeiner und besonderer Gebiete, sei im Sinn und in der Methode eine Einheit. Gerade in unserer Zeit ist von daher das Bedürfnis vordringlich geworden, über die in relativer Geschlos-
35 senheit ausgebildeten Disziplinen die Totalität der weltumspannenden allgemeinen Strukturen zu erforschen und auf diesem Wege nicht nur die spezialen Bedürfnisse dieser Disziplinen zu erfüllen, sondern das höchste Ziel der

---

9 *nach* Radikalismus *Einfügung in A* durch Klärung seines tiefsten Sinnes, durch Befreiung von seinen Selbstmißverständnissen

Erkenntnis, das einer universalen Welterkenntnis, in bestmöglicher Weise auf die Bahn systematischer Verwirklichung zu bringen.

Man mag die so definierte universale Wissenschaft als Philosophie bezeichnen, als positive Philosophie, aber sie ist eben nichts anderes als uni-
5 versale Wissenschaft und nach Sinn und Methode in allen Gliedern der *universalitas scientiarum* Wissenschaft in demselben Geiste, dem der Positivität. Jeder Anspruch einer Philosophie, von einem anderen Wissenschaft sein wollenden Geiste einer Philosophie, die sich eigentümlicher Fragestellung und einsichtiger Methode rühmt, welche das Ganze der positiven Wissen-
10 schaften transzendieren, wird von dieser Seite abschätzig beurteilt, als „Metaphysik", als Fiktion, als Einbruch unwissenschaftlicher Gemütsmomente in die reine Theorie, als Mystik und Phantastik.

In den beiden letzten Jahrzehnten hat freilich die lange Vorherrschaft der positivistischen Interpretation der Philosophie (wobei der Ausdruck Positi-
15 vismus hinfort ausschließlich durch die obige Charakteristik definiert sein mag) ihr Ende gefunden. Gegen die positiven Wissenschaften richtet sich eine in der jüngeren Generation weitest allverbreitete Skepsis. Sie hat sogar die Form einer Skepsis gegen theoretische Wissenschaft überhaupt angenommen und damit auch gegen den von jeher so hochgehaltenen Anspruch der
20 Philosophie, Wissenschaft zu sein. Sichtlich orientiert eben diese neue Skepsis ihre Idee von Wissenschaft ausschließlich an den positiven Wissenschaften und sieht den Grund der Mannigfaltigkeit alter und neuer Philosophien darin, daß sie dem für eine Philosophie falschen Ideal der Wissenschaftlichkeit nachjagen.

25 Aber die moderne Reaktion der positiven Wissenschaft hat ihren Sinn aus einer besonderen Motivation, sie betrifft eigentlich nicht das, was die Wissenschaftler der positiven Wissenschaften als ihre wissenschaftliche Leistung hochhalten, sondern was die ganze Neuzeit seit der Renaissance von der sich über den ganzen Globus intellektuell (*deus natura homo*) verbreitenden
30 theoretischen Erkenntnis, und zwar in den Methoden der Positivität, für die Menschheit erhoffte. Die Wissenschaft macht den Menschen frei von allen irrationalen Vorurteilen und praktischen Bindungen, frei von jeder irrationalen Mystik, von irrationaler religiöser und sonstiger Tradition. In der wissenschaftlichen Autonomie erkennt er die Natur und lernt die Natur beherr-
35 schen, er erkennt rein theoretisch Gott und den göttlichen Sinn der Welt, erkennt den Menschen und die menschlichen Vermögen, den Sinn menschlichen Daseins in der Welt und die Verhältnisse des Menschen zu Gott. Er erkennt auch alle Vernunftnormen, die der Erkenntnis, die der praktischen und ästhetischen Vernunft. So war die Rolle der Wissenschaft im menschli-
40 chen Dasein ursprünglich gemeint. Aber die ungeheure Ausbreitung der Wissenschaften insbesondere im 19. Jahrhundert war, in Hinsicht auf das Universum der für den Menschen unentbehrlichen Fragen, eine Verengung. Soweit wirklich Wissenschaft reichte, war es universale Tatsachenwissenschaft, Naturwissenschaft im engeren und weiteren Sinn. Das, was der
45 Mensch suchte und immer gesucht hat, Leben in Form eines im ganzen befriedigenden Lebens, ein Leben, das immerfort eine hoffnungsvolle Zukunft vor sich hat als einzelpersonales, als nationales, als gesellschaftliches Leben, kann Tatsachenwissenschaft nie und nimmer leisten.

BEILAGE XV (zu S. 186): ⟨Das Grundproblem der Weltwahrheit
fundiert die Grundlagenprobleme der Einzelwissenschaften und der
Mathematik⟩
⟨1934⟩

5   Dereinst durch gewisse Abstraktionen und Idealisationen konzipiert, ist
die Idee des reinen Raums mit seinen reinen Figuren dem Mathematiker in
entleerter, kritisch nie ernstlich verantworteter Gestalt zugekommen, expliziert in axiomatischen Grundbegriffen und Grundsätzen, Sätzen also von
eben solch symbolisch entleertem Sinn. Dies setzt sich fort in der ganzen
10   logisch exakten Technik der geometrischen Konstruktionen und Deduktionen. Man hat gelernt, mit den symbolischen geometrischen Begriffen (evtl.
mit den mit den symbolischen Bedeutungen belegten Figuren auf der
Schreibtafel) logisch exakt umzugehen und von den jeweils fertig erzeugten
und zum intellektuellen Gesetz schon gewordenen Begriffen und Sätzen neue
15   zu bilden in einer technischen Intellektualität, die ihre evidenten Fragestellungen und Antworten hat, Antworten, die nach Wahrheit und Irrtum von
jedem mathematisch-technisch Gebildeten evident zu entscheiden sind. So
erwächst die Geometrie, und überhaupt die Mathematik, als ein System
,,mathematischer Wahrheiten" in mathematisch einsichtigen Begründungen.
20   Das alles aber, ohne daß je mit anderem operiert wird in allem ,,exakten"
Denken als mit symbolischen Begriffsgebilden und ohne je in eine Besinnung
darüber einzugehen, was denn der ,,eigentliche", ,,ursprüngliche" Sinn ist,
den Geometrie als Wissenschaft vom wirklichen Raum haben wollte, ohne
Frage, wie dieser ursprüngliche Sinn des geometrischen Sinnes zu verstehen,
25   wie die echte Idealisierung als sinnbildende Leistung für den reinen Raum
und seine reinen Gestalten zu vollziehen ist und wie aus diesem Vollzug der
originale Sinn als die rechtmäßige Norm evident wird. Darüber nachzuden-
ken würde allerdings das, was der Geometer in seiner Berufseinstellung
erstrebt — neue und immer neue mathematische ,,Entdeckungen", neue und
30   immer neue Bauten und Umbauten in logisch exakter Konsequenz — nicht
fördern, sondern nur hemmen.
       Indessen, sowie der Mathematiker als Funktionär der Welterkenntnis be-
ansprucht wird und es gerade in Frage kommt, wie sein geometrisch reiner
Raum (diese traditionale, symbolisch entleerte Gedankenkonzeption) zum
35   wirklichen Welt-Raum steht, wie zunächst zum Raum der anschaulichen
Lebensumwelt, warum dieser im naiven praktischen Dahinleben als wirklich
geltende Raum nur als Bekundung des an sich wirklichen gelten dürfte, was
dann weiter in der theoretischen Erkenntnisfrage nach diesem wirklichen
jene Idealisation der anschaulich gegebenen räumlichen Gestalten motiviert,
40   aber auch was sie vermöge dieser Motivation rechtmäßig zu leisten berufen
sei: sowie der immer weiter sich dehnende Fragehorizont dieses Stils thematisch wird, hat sich offenbar das Denken des Mathematikers eine völlig neue
Dimension eröffnet. Er hat damit aber auch sein fest geschlossenes Berufsfeld
als Mathematiker verlassen und das Feld der Philosophie und im besonderen
45   der von der Mathematik aus zu stellenden philosophischen Probleme betreten.
       Ähnliches gilt für alle exakten Naturwissenschaften, in welchen die Geo-

metrie und die Logik und Mathematik als Methode eingehen, und schließlich gilt es für die sonstigen Wissenschaften, welche wie die Psychophysik und Experiment-Psychologie dem Ideal der exakten Naturwissenschaften nachstreben. Alle haben, so wie sie ursprünglich aus griechischer Tradition oder
5 in der Neubegründung seit der Renaissance geworden sind, den Charakter von theoretischen Aussagesystemen aus traditionalen Urbeständen der Begrifflichkeit, für welche die Methode ursprünglicher Sinnbildung und Geltungsfunktion unbefragt bleibt, während alle Arbeit in der technischen Verarbeitung verläuft. Jede ist eine eigene traditionale und erfinderisch sich fort-
10 bildende Praxis, in die man als Lehrling in den Seminaren und Instituten, unter Behelf einer Lehrbuchsleitung, hineinerzogen wird, so gut wie in jede andere Technik, ja sogar nicht unähnlich, wie Lehrlinge in den Werkstätten der Handwerker zu Gesellen und Meistern sich heranbilden. Die ungeheure Leistung, der vielbewunderte und bewunderungswerte Fortschritt der neu-
15 zeitlichen Technik umspannt auch diese Techniken. Diese gewinnen allerdings eine höhere Dignität dadurch, daß sie als Techniken der Theorie technologische Grundmittel sind für alle anderen außertheoretischen Techniken und deren gewaltigen Fortschritt überhaupt erst ermöglicht haben. Aber für alle diese „Wissenschaften" gilt eben auch, daß ihre technische Evidenz, die
20 Evidenz in ihrer fortschreitenden Logizität, nicht ausgegeben werden kann für wirkliche Welterkenntnis. Denn Welt hat ursprünglich Sinn und Geltung für uns, die erste Weltwirklichkeit ist für uns die aus erfahrender Anschauung der allgemein praktischen Lebensumwelt. Wie dann intellektuelle Bedürfnisse motiviert werden, dieser Welt einen höheren Wahrheitssinn abzufragen
25 bzw. einzuverleiben, das ist ein philosophisches Problem. Alle positiven Wissenschaften je in ihrer methodischen Ebene abgeschlossener Problemunendlichkeiten und erstrebten bzw. erworbenen Wahrheitssysteme sind als Erkenntnis der Welt „grundlos". Die Frage nach ihrem wirklichen, ihrem zureichenden Grund enthebt sie ihrer vermeinten Unabhängigkeit, und ent-
30 hebt ihre Wahrheiten des Ringens wirklich begründeter Wahrheiten für ihre Weltgebiete, also die Welt selbst als das Universum aller Gebiete. Alle positiven Wissenschaften sind erst Welterkenntnis, wenn für sie diese Begründung, die „philosophische", geleistet oder wenn ihr theoretisches Gebäude, statt in entleerter Traditionalität von Grundbegriffen und Grundsätzen auf-
35 wärts bauend, von den wirklich grundgebenden, wirklich ursprünglich Sinn und Geltung erzeugenden Leistungen her einsichtig erbaut worden ist. Hier liegen also die wahren und echten Grundlagenprobleme. Was die Mathematiker so nennen und sonderbarerweise als philosophisch ansehen, das betrifft ein gewisses Ideal der mathematisch-technischen Architektur.
40   Was wir soeben in der Kontrastierung der technischen Wahrheit und der ihr allererst Wahrheitssinn für die Welt selbst verleihenden Weltwahrheit überlegt haben, was wir als Notwendigkeit einer philosophischen Begründung der positiven Wissenschaften, die sie in ihrer Gänze und mit all ihren eigenen Methoden und Begründungen in Frage stellt, fühlbar gemacht haben, ist
45 offenbar ein für uns Menschen dieses skeptischen Zeitalters, das wie an der Religion, so auch an der Bedeutung der Wissenschaft irr geworden ist, ein zeitgemäßer Anfang der Besinnung.

*

„Grundlagenprobleme", auf das axiomatische Prämissensystem
der Wissenschaft bezogen, unterschieden von dem philosophischen
Grundlagenproblem.

Grundlagenprobleme — Probleme der Grundlegung der universalen Theo-
5 rie, des ganzen „Lehrgebäudes" der Wissenschaft (als Wahrheitssystem für
das wissenschaftliche Gebiet), des ganzen, das also auch die axiomatischen Prämissen in sich befaßt. Die Grundlegung besagt hier also etwas
ganz anderes. Theorien, Aussagensysteme, die Wahrheiten sein wollen für die
Welt, setzen die Wirklichkeitsgeltung der vorwissenschaftlich erfahrenen und
10 vorwissenschaftlich aus dieser Erfahrung geltenden Welt voraus. Durch diese
Beziehung allein haben alle Wissenschaften von der Welt miteinander zu-
sammenhängenden Sinn — eben als die Wahrheitsfragen beantwortende,
die von der vorwissenschaftlich geltenden und in Jeweiligkeit erfahrenen
Welt gestellt werden. Die vorwissenschaftliche Welt — die jedermann in sei-
15 ner subjektiven Weise in seinen erfahrenden Anschauungen, als Welt von
dem und dem Inhalt und als diese in ihren Wirklichkeiten, Möglichkeiten,
induktiven Vermutlichkeiten, hat — die Welt, in der sich der Wissenschaftler
weiß, hat für ihn nicht nur einen jeweiligen „Vorstellungsgehalt", sondern
sie ist für ihn in seinem aktuellen Leben wirklich seiend — aussprechbar
20 auch in Aussagen, die ihre Lebenswahrheit haben, ohne die Weltleben, das
für ihn selbst offenbare Wahrheit ist, sinnlos, unnatürlich, unmöglich wäre.
Also diese Wahrheit des Lebens fundiert den Sinn der Fragen, die der Wissenschaftler an sie stellt und den Sinn der Antworten, der theoretischen wissenschaftlichen Wahrheiten als Ergebnisse seiner Arbeit. Was unterscheidet
25 diese und jene Wahrheiten — was ist der Wahrheitssinn der Wissenschaft?
Und somit, was ist der Wahrheitssinn der Welt selbst als wissenschaftlicher,
der doch nicht in der wissenschaftlichen Arbeit allein liegt, sondern auch in
dem, was sie vor dieser Arbeit voraussetzt?

Da stößt man also auf die Probleme der Relativität der vorwissenschaftli-
30 chen Lebenswahrheit, der historischen, national-übernationalen, bis herab zu
der Lebenswelt der Primitiven, auf das Problem, wie Weltobjektivität sich in
der erkennenden Subjektivität rechtfertigt und wiefern diese in all ihrem Tun
doch subjektiv bleibende doch „transzendentes" Sein ergeben kann und welchen Sinn diese Transzendenz als subjektive Sinnbildung und Bildung einer
35 subjektiven Seinsgeltung doch haben soll — welchen als gültig für „jedermann" — und wiefern diese Jedermannsgeltung nicht doch selbst wieder die
Spannung zwischen Immanenz und Transzendenz in sich trägt, da die mögliche Vergemeinschaftung von jedermann mit jedermann die Basis ist für
eine intersubjektive Bewährung. Aber führt all das nicht alsbald zu den nie
40 herausgearbeiteten Paradoxien?

Grundlagenprobleme. Hier wäre der Doppelsinn ergänzend zu bespre-
chen. Das Absehen auf Wissenschaftlichkeit blieb in den Anfängen und noch
jahrtausendelang in Halbheit stecken. Die rationale Verantwortung jeder
Behauptung — was man ihren Beweis, im Ideal ihre apodiktische Begrün-
45 dung nannte — war eine unvollkommene, solange Selbstverständlichkeiten,
und sogar ausdrücklich gar nicht formulierte, als Prämissen fungierten, als
Voraussetzungen, von denen die Begründung geltungsmäßig abhing, ohne

daß sie ausdrücklich verantwortet wurde durch eine Begründung. Das Ideal
war eine Reduktion auf letzte unmittelbar zu verantwortende Selbstverständlichkeiten, und zwar ein vollständiges System von Sätzen, in denen sich das
regionale Wesen eines Gebiets unmittelbar, nach den unmittelbaren Wesens-
5 eigenheiten, auslegt. Sie sind daher die Grundsätze, auf die die ganze Wissenschaft mit allen ihren Sätzen, allen je für das Gebiet zu entdeckenden
Wahrheiten aufgebaut sein muß. In der Art des Aufbaus der Euklidischen
Geometrie lag schon sicherlich die Intention auf eine geometrische Axiomatik. Sind Euklidische Axiome schon die letzten der Geometrie, sind sie nicht
10 beweisbar? Das Vorgefühl sozusagen der Notwendigkeit, das Parallelaxiom
zu beweisen, ⟨er⟩gab für D'Al⟨embert⟩ den entrüsteten Ruf des Skandals
der Geometrie. Das Problem der letztlichen Axiomatik läuft für die Mathematik unter dem Titel „Grundlagenproblem". Das ist aber selbst noch ein
Problem der mathematischen Technik, der Techné der Geometrie, es ist das
15 universale Problem der technischen Methode. Aber ein ganz anderes ist noch
in Frage, das philosophische, das subjektive, das in dem Sinn der Mathematik als intellektueller menschlicher Leistung liegt und einer Leistung, die
ihren Sinn mit dem aller anderen Wissenschaften verbindet. Das aber mit
Beziehung darauf, daß Raum eine Sinnhaftigkeit hat, die auf mögliches
20 räumlich Seiendes ⟨bezogen ist⟩. Das verweist auf andere Wissenschaften.
Und wäre dies das, wovon „abstrahiert" wird? Genügt nicht für eine Mathematik das Exemplarische der anschaulichen Umwelt und die an ihm als
Raumkörper vollzogene Idealisation? Andererseits aber ist dies Anschauliche schon Wirklichkeit selbst. Verstehen wir also schon, wie Geometrie für
25 die wirklich seiende Welt, die nicht die anschauliche, im Leben als Wirklichkeit geltende Umwelt ⟨ist⟩, Seinssinn, Wahrheitsgeltung hat? Ist die Konstruktion des idealen Raumes, die nichts anderes ist als Konstruktion einer
Idealität auf Grund des vorhandenen Wirklichen der Anschauung, verständlich als Strukturform der an sich seienden Wirklichkeit, die ein Postulat, aber
30 keine Gegebenheit ist? Also wir kommen auf universale Fragen — vom
immanenten Sinn der Geometrie, von der idealen Konstruktion her —, die
nicht mathematische Fragen sind. Sie wiederholen sich für jede Wissenschaft,
die sich als speziale etabliert, und zwar als eine objektive gegenüber der naiv
vorgegebenen anschaulichen Welt, die für sie alle doch der Untergrund für
35 alle Fragen war und ist.

*

Es ist gerade die Funktion der Philosophie im engeren Sinn, alle die an
sich früheren, in der Grundbegrifflichkeit und Grundsätzlichkeit und theoretischen Methodik schon sedimentierten Erkenntnisleistungen — diejenigen
also, welche der Spezialwissenschaft als solcher vorangehen, ihren Anfang
40 und Fortgang als Spezialwissenschaft verschafften — wieder lebendig zu
machen und zum ausdrücklichen Thema; denn damit wird der Urboden der
Sinngebung erweckt, der als einheitlicher und allverbindender allen Spezialwissenschaften in eins vorangeht und als letztlich Seinssinn bestimmender in
all ihre „Gebiete", all ihre Begriffe, ihre Theorien, ihre Wahrheiten ein-

geht. Auf ihn muß von jeder spezialwissenschaftlichen, jeder ihre Arbeitsein-
stellung sozusagen fertig überlieferten und übernommenen Grundbegrifflichkeit zurückgefragt werden, und in universaler Einstellung auf das Ganze der
Erkenntnisleistung als einer sich in wirklichen und möglichen Besonderungen
5 auswirkenden.

Denn in den Wissenschaften wollen wir doch eine gewisse Art von geistigen Arbeitsleistungen, genannt theoretische Erkenntnisse, uns gewisse normgerechte geistige Erwerbe verschaffen — die wissenschaftliche Wahrheit für
das Seiende. Dazu aber müssen wir die gesamte Sinnaufstufung jederzeit
10 wieder lebendig machen können, die im schon Erledigten, schon normgerecht Erworbenen, in unseren Begriffen und Sätzen steht. Jeweils nicht nur,
was wir an alten Erwerben benützt haben, nämlich durch Restitution ihrer
Begründungswege, mit denen sich die Evidenz ihres ursprünglichen rechtmäßigen Sinnes erneuert; sondern schließlich zurückgeführt auf die „axiomati-
15 schen" Begriffe und Sätze, müssen wir von diesen nach derjenigen gründenden Leistung zurückfragen, durch die sie selbst Sinn und Geltung gewonnen
haben, in ihrer ausgezeichneten Funktion, ihrerseits Grundlagen, erste Anfänge der Spezialwissenschaft zu sein. Nur auf diese Weise beherrschen und
verstehen wir den vollen Wahrheitssinn des spezialwissenschaftlichen Wah-
20 ren bzw. sind wir in der Möglichkeit, ihn zu einer echten Evidenz zu bringen
und zu einer echten kritischen Rechtfertigung. Aber derart echtes Wissen ist
nicht nach Sonderwissenschaften getrennt, sondern verknüpft sie alle synthetisch in der Einheit eines vollen und echten Wissens.

Die Grundbegrifflichkeit jeder Einzelwissenschaft ist zwar in gewisser Wei-
25 se unterschieden und eben damit die eine Wissenschaft gegenüber der anderen. Aber alle Grundbegrifflichkeiten (und was wir immer mitrechnen, die
Grundurteile) bilden ihrem letzten Seinssinn nach eine untrennbare Einheit,
also korrelativ auch eine untrennbare hinsichtlich der sie gründenden Leistung und des universalen vorwissenschaftlichen Geltungsbodens, auf dem
30 diese sich vollzieht — dem des vorwissenschaftlichen Lebens und seiner
„Welt". Philosophisch ist jede Rückfrage nach den Erkenntnisquellen der
spezialwissenschaftlichen „Grundlagen" eben darum, weil sie in die universale Erkenntnisfrage zurückführt — Philosophie selbst ist, ihrer Idee nach,
die Wissenschaft vom Seienden überhaupt, das ist von dem Universum der
35 Seienden. Dies ist nicht eine kollektive Allheit, nicht ein äußerliches Miteinander und Aneinander-Gebundensein von Seienden, sondern eine in ihren
Sinnbezügen untrennbare All-Einheit. Das Universum ist aber für uns ein
ständig endlos offener Horizont der Vorgeltung von Seienden, ein Horizont
der Gewißheit möglicher Zueignung durch Erfahrung und Erkenntnis — aus
40 dem Wissenschaft Seiendes in ihrem Sinn schaffen will, in der Vorgewißheit,
daß dies möglich ist: Seiendes im Sinn der produktiven Leistung, deren Titel
theoretische Wahrheit ist, als einer unendlichen Aufgabe und eines unendlichen Aufstiegs der erzielenden Leistung. Philosophie ist notwendig — und
Sonderwissenschaften sind nur Sonderaufgaben und -leistungen im Rahmen
45 der untrennbar einen Wissenschaft von der einen zu erkennenden Welt.

BEILAGE XVI (zu S. 187): ⟨Das Altertum kennt keine
Korrelationsforschung von Subjektivität und Welt⟩
⟨1935⟩

Auch die teleologische Weltanschauung des Aristoteles ist objektivistisch.
5 Das Altertum erschaut noch nicht das große Problem der Subjektivität als
fungierend leistender Bewußtseinssubjektivität, als Welt und in der Welt seiender menschlicher Subjektivität, erfahrender, erkennender, behandelnder
—und in diesem subjektiven Leisten „die" Welt, die ihr selbstverständlich
vorgegebene, zustande bringender — zustande bringend in strömenden, man-
10 nigfaltigen „Vorstellungen" als den darin einstimmig geltenden Sinn „seiende Welt" etc. Die aus den ersten naiven Besinnungen entsprungene Philosophie überschaut die selbstverständlich vorgegebene Welt, selbstverständlich
mit einem Kern Nahumwelt einigermaßen bekannte und im weiteren und
ferneren, im noch nicht Erfahrenen und Induzierten immer vollkommener
15 zu erkennende Welt, die in dieser Weise allem Handeln erkenntnismäßig
zugrundeliegende. Für diese Welt stellt die Kosmologie die allgemeinsten, die
universalen Fragen als die der Umwendung von mythischer zu theoretischer
Weltbetrachtung nächstliegenden. Der Mensch im vorwissenschaftlichen
praktischen Leben in all seinen Vorhaben und Handlungen, in all seinen für
20 sie erforderlichen erfahrenden Kenntnisnahmen und induktiven Antizipationen ist auf das ihm als seiend Vorgegebene, und dies in der Einheit seines
praktischen Feldes, gerichtet, als die Nahwelt und aus ihr das praktisch Rele-
vante, das seinen Absichten, seinen Zwecken gemäß anders werden soll.
Geworden ist es dann eingegangen in die für neues Vorhaben und Tun vor-
25 gegebene Welt. In der theoretischen Einstellung, die von der praktischen
Naivität ausgeht, und nur die Fernhorizonte miteinbegreifend, ist das Universum, im Weltall umspannenden theoretischen Blick, ebenso gefaßt als
universales Reich der seienden, der vorgegebenen, wenn auch noch ganz vage
gedachten, aber schon mitseienden Sachen. Darin die bekannten oder unbe-
30 kannten Menschen, Tiere, Pflanzen usw. In der alsbald erkannten All-Einheit
der Welt, in der nichts einzelnes unbekümmert um alles andere sein kann,
sind auch die Menschen unselbständige Realitäten, Momente in der Welt. Sie
sind aber dadurch ausgezeichnet, daß sie sinnlich wahrnehmende, sich erin-
nernde, phantasierende, Lust und Leid fühlende, wertende, handelnde sind.
35 Sie sind Personen, die in ihrem psychischen Sein sich auf die Welt, in der sie
sind, und zwar in ihren Weisen als seelisch lebende sind, beziehen. Sie sind
anders wie Steine, wie bloße Körper teleologische Wesen, und das auf Grund
der Welterfahrungen und sonstigen Weltvorstellungen, die sie bilden, durch
die die für sie selbstverständlich seiende Welt ihr praktisches Feld werden
40 kann. Es bleibt die Naivität des vorwissenschaftlichen Menschen auch für
den aus der Einstellung des praktischen Lebens in die theoretische überge-
henden Philosophen erhalten, wonach die von ihm erfahrene, obschon unvollkommen bekannte Welt ist und ihn wie alle anderen Menschen mit allen
ihren Erfahrungen, Vorstellungen, erkennenden Meinungen, Handlungen in
45 sich hat. In sich hat — das ist natürlich, in den universalen Realitätsformen
Raum, Zeit stellenmäßig seiend, in diesem Universum realer Äußerlichkei-

ten in Abhängigkeitsbeziehungen stehend, als reales Substrat verharrend, aber nach induktiven Regeln sich bestimmend zu erkennen. Für jeden Menschen von seiner Stelle aus, von seinen Erfahrungen, von den ihm durch sie ermöglichten Induktionen — mehr oder minder vollkommen. Aus der allge-
5 meinen Kosmologie erwächst — von den allgemeinsten Allgemeinheiten (wohin die Erkenntnis der Raumzeitlichkeit und der kausalen Regelung gehört) zu den konkreten Besonderungen, denen der besonderen Weltgebiete herabsteigender empirischer Welterkenntnis — andererseits eine apriorische Erkenntnis der Normen, nach denen Sein und Nichtsein erkennbar ist, nach
10 denen aus prädikativ fixiertem Sein darin Impliziertes deduktiv zu erschließen ist und nach denen der Mensch andere Zwecke und Werte beurteilt in Normen, für alle Menschen geltend. Aber trotz der primitiven Anregungen der Sophisten und späteren Skeptik kommt es nicht in der philosophischen Besinnung soweit, daß man das „Bewußtseinsleben" des Menschen systema-
15 tisch und, ins Elementare eintretend, in der Frage erforschte, wie das Bewußtsein in seinen mannigfaltigen Sondergestalten die Leistung der „Weltvorstellung" zustande bringt. Genauer gesprochen, man machte sich nicht klar, daß die selbstverständlich seiende Welt des Philosophen und jedermanns die Selbstverständlichkeit ihres Seins und des ganzen Inhalts, mit
20 dem sie jeweils gilt, aus dem subjektiven Leben als Bewußtseinsleben schöpft und daß für den sich philosophisch Besinnenden auch das wichtig werden, von ihm ausdrücklich herausgestellt werden muß. Ferner, daß auch das Mitsein von anderen und sein eigenes Sein als Mensch unter anderen Menschen und als in Konnex mit ihnen die Welt vorstellend, die Welt zur Geltung
25 bringend, die sie als gemeinsame vorfinden — daß auch das eine Sinn- und Geltungsleistung ist, welche allererst in dem Leben des sich besinnenden Philosophen entsprungen sein muß, ist zunächst ganz unbekannterweise. Alles Philosophieren vollzieht sich in sehr natürlicher, aber eben naiver Weise auf dem Boden der selbstverständlich allgemeinsam seienden Welt in der
30 Selbstverständlichkeit des Seins als ein Mensch unter anderen Menschen in der Welt, in einer Weise, die vorweg zwischen dem philosophierenden Ich und seiner mitmenschlichen Umwelt keinen Rangunterschied macht: Der Unterschied der Personalpronomina ist beseitigt, wir sind Menschen, wir sind alle in einer Ebene, in einem Plural, der Unterschiede der einzelnen
35 Singulare nur zuläßt als Unterschiede von Realen einer Art, letztlich durch räumliche und zeitliche Stellen bestimmt. Aber auch zunächst abgesehen von der verborgenen Problematik des Ich als Ich und Wir als Wir, Ich und mein Wir als die letztlichen Geltungsträger für alles reale Sein, für die das Weltall ist, das für „mich" und uns Sinn hat. Es blieb schon unentdeckt die syste-
40 matische Problematik des in jedem Menschen-Ich, psychologisch in der Gleichstellung als menschlicher Person unter Personen, verlaufenden Bewußtseinslebens, in dem die Leistung der Sinnbildung und Geltungswertung seiender Realitäten, seiender Welt zustande kommt und jeweils zustande gekommen das schlichte Bewußthaben von jeweils gegenwärtig seiender Welt
45 ausmacht. Das aber für jede Person in zwar allgemein gleicher, aber individuell verschiedener Weise, der gemäß jede ihre „Weltvorstellung" hat mit den von ihr erfahrenen Dingen, dabei den so und so (in den Seiten, in den

Perspektiven etc.) erfahrenen, mit den von ihr diesen Dingen apperzeptiv
und sehr vermittelt zugemuteten Eigenschaften, in den und den Modi der
Anschaulichkeit und Unanschaulichkeit, der Bestimmtheit oder Vagheit, der
Erfaßtheit oder hintergrundmäßigen Unerfaßtheit etc. Das Altertum ist ganz
5 und gar objektivistisch gerichtet in seiner Wissenschaft und allen Entwicklungsstufen dieser Wissenschaft. Indem es den Menschen, sein Seelenleben,
seine idealen Normen, zum Thema macht, erreicht es unter dem Titel Seelenleben niemals das konkrete Bewußtseinsleben der jeweiligen Person (und
⟨des⟩ in Uroriginalität ihm eigenen, philosophierend auf sein Bewußtsein
10 rein reflektierenden Ich) und korrelativ, es erreicht nie das große Problem
der jeweils e r s c h e i n e n d e n   u n d   v e r m e i n t e n   W e l t   a l s   s o l c h e r, in
ihrem strömenden Wandel als die subjektiv sich nach Was und Wie, nach
Inhalt und Geltungsmodalität so und so darstellende, zum Thema systematischer Explikation zu machen — immerzu verschossen auf das Problem
15 objektivistischer Einstellung, das objektiv wahre Sein der sich subjektiv-relativ darstellenden Welt in Theorien zu bestimmen. Das ist ja der antike
Gegensatz von δόξα und ἐπιστήμη, und das ist seine Meinung: Jeder hat
einzeln und jedes Menschentum in Gemeinschaft (z.B. jedes Volk mit seiner
Mythologie) seine Vorurteile, seine im naiven Dahin- und Miteinanderleben
20 erwachsenen Meinungen, einzeldingliche und Weltmeinungen, das ergibt ein
sich unter dem Titel alltägliche Wahrheit praktisches Verständigen, aber es
gibt nicht objektive Erkenntnis — „objektive" Wahrheit, unbedingt für alle
gültige Wahrheit. Das leistet die ἐπιστήμη. Aber genauer besehen handelt es
sich hierbei um folgendes: Durch den Wandel der subjektiven Meinungen
25 über die Welt, in der die Menschen leben, geht die Welt selbst, sie b e k u n d e t
sich in der Einstimmigkeit der Subjektivitätserfahrungen und ganz selbstverständlich. Das selbstverständlich als Welt Seiende ist im Ausgang von den
Erscheinungen und Meinungen eines jeden durch Kritik bestimmbar und
durch die rechte Methode. Aber es ist noch nicht entdeckt, daß das hinter
30 diesem Objektivismus liegende, mehr oder minder unklar den Sinn von
Objektivität bestimmende S c h e m a: Mannigfaltigkeit von Erscheinungen
des subjektiven Erkenntnislebens der einzelnen Personen (und Gemeinschaften) und selbstverständliche Einheit sich darin bekundenden, sich darin darstellenden wahren Seins (des an sich Seienden, auf das jedermann vorstellend
35 hinzielt, aber nur in bloß subjektiven Erscheinungen erfahrend zu erfassen
bekommt), das Objektive — ich sage, daß dieses Schema nur für das physische Sein, das naturale, einen guten Sinn hat, nicht aber für das Sein des Seelenlebens als Bewußtseinslebens, als Welt vorstellenden, als Welt und alle auf
Welt bezogenen Unterschiede von bloß Subjektivem, Vorstellungsmäßigem,
40 und Ansich zu Sinn und Geltung bringenden. Freilich auch die Personalität
von Menschen, ihr personales Erfahren, Vorstellen, Denken, Meinen, Fühlen, Werten, Vorgeben, Tun (oder wenn man will, das seelische Leben derselben), ist für jedermann ein Verschiedenes. Von jedem habe ich in meinem
Leben je nach meinen Erfahrungen von ihm verschiedene „Vorstellungen",
45 jeder stellt sich mir bald so und bald so dar und ebenso jedem anderen, der
von ihm Kenntnis gewinnt, ob unmittelbar oder mittelbar. Aber diese verschiedenen V o r s t e l l u n g s w e i s e n und zunächst die erfahrenden sind etwas

ganz anderes als die verschiedenen Erscheinungsweisen von Dingen. Die Schwierigkeit, sich in sie in ihrem eigenen Sein als Bewußtmachen, als Sinnbilden und Zur-Geltung-Bringen von Sinngehalten zu vertiefen, was hier geschieht, auszulegen, dafür die rechte Methode zu gewinnen, hat ihre tiefen
5 Gründe und macht es verständlich, daß es nie zu einer ernstlichen Psychologie in der Geschichte gekommen ist. Man bleibt bei dem rohen Faktum stehen, daß jemand z.B. ein Haus erfährt, es wahrnimmt, sich daran erinnert, darüber urteilt und dgl. Aber die überschwenglichen, verwickelten Implikationen, die im Wandel einer Wahrnehmung liegen und es verständlich ma
10 chen, daß sie in diesem strömenden Wandel so etwas wie originales Dasein von etwas bewußt macht und in einstimmigem Fortgang bewährt (und so für alle Sorten von Akten), haben niemand in der Psychologie Sorge gemacht und wurden nie Thema ernstlicher Arbeit. Die Einheit einer Aktrichtung auf ein Reales, die in die erste objektivistisch-deskriptive Betrachtung des See
15 lenlebens bzw. der Bezogenheit eines Ich auf Weltliches eingeht, hat ihr Korrelat in der Einheit des realen Gegenstandes (der Baum, den ich sehe, der Knall, den ich höre usw.). Aber wie es ein ungeheures Thema ist, das subjektive Wie des Gegenstandes in der Mannigfaltigkeit strömender Erscheinungen zur Darstellung zu bringen und dann zu zeigen, wie darin Einheit
20 dieses (etwa unveränderten Baumes, Hauses) für mich zu seinem schlichten Da kommt — ebenso ist es ein ungeheures Thema (und ein davon ganz untrennbares, damit verflochtenes), diesen einlinigen Strahl „ich sehe", „ich höre", „ich erinnere mich", „ich handle" zurückzuführen auf den Ichpol und den Konnex, auf dessen Wesensmomente, auf dessen Implikationen,
25 und als intentionale, durch die dieses Einheitlich-Einlinige „Ich sehe dieses Haus" verständlich wird als Einheit einer Sinn- und Geltungsleistung. Doch nicht nur das Altertum, die ganze Neuzeit hat diese Probleme, die einzig echten Probleme des Verstehens aus Elementen alles Verstehens, nicht gesehen, und das sagt, sie haben die wirklichen Grundprobleme und die wirkli
30 chen Methoden einer Wissenschaft von der Subjektivität nie erreicht.

BEILAGE XVII (zu S. 189): ⟨Relativität und Einstimmigkeit
lebensweltlicher Praxis⟩
⟨1934⟩

Diese Relativität bleibt unauffällig im normalen Gang des Lebens. Es ist
35 als normales dadurch charakterisiert, daß jedermann wach dahinlebend seinen Interessen gemäß in seinem aktuellen raumzeitlichen Horizont ihm entgegentretende Gegenstände ⟨sich⟩ im Wechsel ihrer Relativität ohne weiteres als diese — nur selbstverständlich je nach der Stellung zu ihnen immer wieder anders, aber sozusagen so, wie sich für diese Stellungen gehört — darstellen. Das normale Leben im Wandel dieser subjektiven, in ihm selbst
40 verlaufenden Orientierungsgegebenheiten ist ein Leben in der Selbstverständlichkeit der Einstimmigkeit, in der die Einheit des Gegenstandes und der erscheinenden Gegenstandswelt überhaupt zustandekommt und so im Wech-

sel des auf ihn Zurückkommens Einheit der Seinsgewißheit mit sich führt. Im durchgehenden Bewußtsein von diesen und jenen Gegenständen, von der Welt, aus der sie hervortreten, bin ich das Bewußtseinssubjekt in schlichter Welthabe, mit mir selbst als Geltungsvollzieher von stimmigen Selbigkeiten
5 einig. Ebenso im Gemeinschaftsleben bin ich bewußtseinsmäßig in schlichtem, normalem Konnex mit anderen, solange ich, ihre Erscheinungsweisen, ihre Orientierungen, ihre Weltauffassungen im Mitbewußtsein (der Einfühlung) miterlebend nach Inhalt und Geltung, im Gang der vertrauten Einstimmigkeit verbleibe und sich so das schlichte Dasein der Gegenstände im
10 gemeinsamen raumzeitlichen Lebens- und Gegenstandshorizonte für uns gemeinsam zeigt, oder mit jenem schon oben gebrauchten Ausdruck, alles in meinem und der anderen Weltbewußtseinskreis selbstverständlich verläuft — wie es sich gehört. Es stört uns dabei nicht, daß wir in dem Nähertreten das vordem etwa als gleichmäßig rot Gesehene und Beurteilte nachher in
15 rotfleckig umsetzen. Solche Änderungen eigenschaftlichen Inhalts der Gegenstände unter Erhaltung ihrer Daseinsgeltung verlaufen unaufhörlich als immanente Korrekturen des Soseins, nur ausnahmsweise als Korrektur beachtet. So gehört es sich eben für das normale Daseiende und seine normale Erscheinungstypik, und ebenso übernehmen wir, was uns die anderen, über
20 unser Sichtfeld hinaus, mitteilen als Korrektur des uns geltenden Soseins, solange alles in der Einheit einer Selbstverständlichkeit verläuft, die in den Stilen der für uns alle nachzuerlebenden Geltungseinstimmigkeit verläuft.

Unser Leben hat nun zwar immer einen gewissen Boden der fortlaufenden Normalität, aber unter gelegentlichem und öfterem Bruch der normalen Ein-
25 stimmigkeit; Anormalität hat den Charakter der Ausnahme, die als ständige Möglichkeit doch zur Regel gehört.

In dieser Hinsicht ist aber noch zu bemerken, daß zum Stil des Lebens als Weltbewußtseinslebens jedes Menschen für sich und in seiner kommunikativen Vergemeinschaftung des Weltbewußtseins auch das (und offenbar als ein
30 invarianter Wesenscharakter desselben) zu rechnen ist, daß, sowie wir, sei es als einzelne oder in der Kommunikation, auf einen Bruch der Einstimmigkeit — auf „Widersprüche" — stoßen, wir doch im voraus dessen gewiß sind, daß sich der Widerspruch lösen lassen, daß es möglich sein muß, den Widerstreit in Einstimmigkeit zu verwandeln. Mit anderen Worten: Es ist
35 immer zu entscheiden, ob Sein oder Schein, ob das Ist oder Nicht-Ist gilt. Es hat von daher schon die Frage, und nur von daher, Sinn, ob dieses da — das vorweg Geltende — wahrhaft, wirklich ist oder ob es nicht ist, und nur von daher hat Sinn die Vermöglichkeit, sich eine Entscheidung als Ziel zu stellen, in der selbstverständlichen Voraussetzung, daß, ob eines oder das
40 andere wirklich ist, „an sich" schon entschieden und uns nur nicht bekannt ist. Das An-sich-Entschieden-Sein wird zu unserer Entscheidung des Wirklich- und An-sich-Seins (oder Nichtseins) in der absichtlichen Handlung der Begründung, die wie jede Handlung ihre Evidenz hat als Gewißheit der fortschreitenden Verwirklichung des Erzielens bis zum Ende, dem Selbst-am-
45 Ziel-zu-Sein. Im praktischen Dahinleben herrscht, können wir auch sagen — unformuliert — das Prinzip vom ausgeschlossenen Dritten. Aber hier ist ein weiteres als Grundzug des Lebens zu beachten: Es ist normalerweise als

Leben wacher und voller Menschen (und nicht etwa wirklicher Kinder) schon
ein Leben in habituellen Interessen von mehr oder minder weit ausschauen-
den Vorhaben dirigiert, auf nähere oder fernere Ziele (die einen, die jetzt „ an
der Zeit" sind, die anderen, die es jetzt nicht und vorläufig zurückzustellen
5 sind) vorgerichtet. Jeweils bestimmen sie, bestimmt das jeweilige praktische
Interesse, was vom Seienden bzw. in der Realisierung von dem als so seiend
(gemäß dem gesollten Sein der Vorhabe) nun wirklich Gewordenen eben als
Wirklichkeit zu gelten hat. Die Wahrheit und Wirklichkeit des Lebens ist
also von der praktischen Einstellung her bestimmt, und von ihr her hat die
10 sichere Bewährung ihr dem praktischen Interesse dienendes und es erfüllen-
des Erkenntnisziel. Der gleichmäßig rote Anstrich einer Wand hält der Prüfung des Beurteilers stand, obschon er weiß, daß dieses Rot sich bei einer
Nahbetrachtung als fleckig zeigen würde. Alle Wahrheit und Unwahrheit des
Lebens hat diese „ Situationsbezogenheit" oder besser diese Bezogenheit auf
15 die Interesseneinstellung. Daß sie im Wechsel der Einstellung sich verändert,
als einer immer und notwendig relativen, das ist selbst eine der Selbstverständlichkeiten des Lebens, wie auch dies, daß durch diese Relativität doch
hindurchgeht ⟨eine⟩ aus ständig sich herstellender Einstimmigkeit der Erfahrung sich ergebende Welt der Erfahrung. Aber dies wird erst für den Philo-
20 sophen eigenes Erkenntnisthema in seinem theoretischen Interesse. Sowie es
das aber wird, ergibt sich aber auch, daß die Dinge als Einheiten der praktisch uninteressierten, alle möglichen praktischen Seienden übersteigenden
Erfahrung eben gar nicht anders gegeben sind als in all diesen und insbesondere den praktischen Relativitäten. Hier setzt nun aber eine naive Vorüber-
25 zeugung ein, daß nämlich Wahrheit und Falschheit, Sein und Nichtsein, das
doch ursprünglich nur im Leben und seinen verendlichenden Interessen seinen Sinn und seine ständige Rechtfertigung hat, auch für das schrankenlose,
unpraktisch eingestellte theoretische Leben Sinn und mögliche Rechtfertigung hat.

30   BEILAGE XVIII (zu S. 214): Menschliche Selbstbesinnung, ins
                    Transzendentale führend
                         ⟨1934⟩

Ich mit den anderen; es sind Ichsubjekte, und ich bin es, ihnen voran, ich
sie und mich selbst objektivierend; ich Ichpol von Akten, auf die Welt hin-
35 lebend, und sie hin als weltliche — und mit ihnen als Pole des Lebens, als
Mitvollzieher der Objektivation, der strömenden — wir als zielgerichtet, wir
durch Zielungen auf relative Endzwecke gerichtet — wir durch die „ vermeinten Endzwecke" hindurch fortgetrieben, nie befriedigt und in letzter Reflexion Selbstbesinnung übend, „ worauf es eigentlich in uns hinauswill", wie
40 wir doch leben, das ist, das objektivierende Leben natürlich forttreiben, und
wie wir doch befriedigt sein könnten.
    Führt Selbstbesinnung nicht naiv betrieben auf die Welt? Aber zuerst
auf die Heimwelt als alltägliche Selbstbesinnung, dann Entdeckung der „ unendlichen Welt" und zur Philosophie als universaler Wissenschaft. Was ist

Welt, was ist der Mensch, was ist Weltleben als Mensch und als Menschheit, was will er in ihr, was kann er wollen, was soll er wollen — wenn er Befriedigung gewinnen will, was, wenn er welterkennend soviel von Welt erkennt, daß ihre Unendlichkeit kein Ziel sichert, daß alle Zielung als Weltzielung in
5 Relativität bleibt, wie alles Weltsein in Relativität bleibt und eigentlich vom Ich her selbst Geltung und Zielung ist? Reflexion höherer Stufe und neue Zielung über alles Zielen, das weltlich ist — freie Selbstbestimmung, aus Selbstverständnis und Menschheitsverständnis, aus Verständnis des Absoluten als in allem letztlichen und absoluten Ich- und Wirsein. Die „Te-
10 leologie" findet, Gott spricht in uns, Gott spricht in der Evidenz der Entscheidungen, die durch alle endliche Weltlichkeit in die Unendlichkeit weisen. Ich bin — auf dem Wege — wohin geht der Weg, was ist mein Weg, mein Weg ins Unendliche, der mir in jedem Schritt bezeugt: hier gehe ich recht, und bei jedem Fehlschritte: hier gehe ich innerlich blind und falsch;
15 hier tue ich, was meine Sache ist — hier tue ich, was nicht meine Sache ist? Alle rechten Wege führen in mir, aber in mir durch meine Mit-Iche, mit denen ich untrennbar, ich, dieses Ich, bin, zu Gott, der nichts ist als der Pol — von jedem Ich aus (das von mir aus Ich, anderes Ich, ist, wie ich von ihm aus anderes Ich bin) führt der Weg als sein Weg, aber alle diese Wege führen
20 zu demselben überweltlichen, übermenschlichen Pole Gott, aber nicht als getrennte und in einem Punkt zusammenlaufende Wege, sondern in einer unbeschreiblichen Durchdringung: Der Weg des Nächsten, soweit er der rechte Weg ist, gehört in gewisser Weise auch zu meinem Weg ganz wesentlich; die Nächstenliebe — mein Weg geht gerade als rechter dahin, ur-
25 sprünglich zu leben; bei allem, was ich tue, muß ich wissen warum, und bei allem, was ich verwende als Mittel, warum es Mittel sein kann. In meinem Kreis — aber wenn Wissenschaft die Welt universal zum Feld gemacht hat, schafft sie aus der Nahwelt eine „unendliche" Welt, und schafft sie zugleich eine Kunst — eine Unzahl von Mitteln für die Zwecke in der Welt
30 und Ermöglichung von Zwecken neuer Dimensionen und immer neuer. Die Unverständlichkeit der Wissenschaft, die Unverständlichkeit der „Wahrheiten" für die Welt, der Welt selbst aus der Wissenschaft und des Zwecklebens, das eine unverständliche Technik schafft. Zurück zur Ursprünglichkeit, Ruf nach originärer Selbstgegebenheit, zurück zu den Sachen, zur echten
35 Evidenz. Meine beständige Meinung in den alten Vorlesungen. Das führt in die Phänomenologie. Die Wissenschaft der Neuzeit wollte radikale und universale Weltwissenschaft sein. So ihr Anfang bei Descartes. Aber sie verlor das Problem des Menschen aus der Hand bei ihrer Art, Universalität ins Spiel zu setzen, den Menschen als Ichsubjekt; sie hatte kein Ich und Wir im
40 Thema, und damit hatte sie nicht die Gestalt einer Selbstbesinnung der Menschheit auf ihr Absolutes, auf das, was ihrem weltlichen Sein als In-der-Welt-Leben (ihrer vermeinten Realität unter Realitäten und ihrem vermeinten Weltleben als vermeintlichem Sein eines Realen unter Realen, wie körperliche Dinge mit- und untereinander sind) Wahrheit und Sinn gibt.
45   Philosophie reduzierte sich auf eine bloße Tatsachenwissenschaft, in der die Vernunft verlorenging, welche die Tatsachen jedes Sinnes erst als solche, als Seinssinn, schafft. Darum verlor sie auch bei allem guten Willen, der

Religion, sei es auch als sogenannter Vernunftreligion, genugzutun, den Sinn göttlichen Seins und göttlicher Schöpfung der Welt aus ihrem Thema und führt von selbst zum Atheismus oder zwar zu einer wissenschaftlichen Mystik — gegenüber der rein der Gemütsevidenz folgenden, aber wieder Wis-
5 senschaftlichkeit in entscheidendem Sinne preisgebenden Mystik im gewöhnlichen Sinne. Philosophie als radikale und universale Philosophie ist, sowie sie den Menschen ernstlich ins Thema bekommt, notwendig universale Menschheitsbesinnung. — Jeder Philosoph ist, obschon er für sich philosophieren mag und niemand davon Notiz nehmen mag, die Stätte, in der
10 Menschheitsbesinnung sich vollzieht; also niemand kann sich philosophisch besinnen, ohne daß die Menschheit sich besinnt. Ich und Menschheit, das ist eben nicht ein Nebeneinander, sondern ein Ineinander, so vor allem transzendental und absolut verstanden.

Von der Aufklärung der neuen Physik aus, im Rückgang zur Idealisierung,
15 kommt der Gedanke, daß, wenn man die Typik der Konkretionen in Betracht zieht, eine Ontologie der Konkretionen gefordert sei, die dann die physikalische als eine abstrakte Schichte nur in sich fasse. Das wäre dann also eine wirkliche Ontologie der Welt, der konkreten Welt. Gibt es also eine konkrete, eine Weltontologie — in dem gewöhnlichen wissenschaftlichen
20 Sinne einer unendlichen Welt?

Die Phänomenologie kommt zu ihrer Eidetik so, daß sie Welt als ihren transzendentalen Leitfaden frei variiert, und korrelativ variiert sich dann das weltkonstituierende Bewußtseinsleben.* Es ist also ein Korrelationsapriori aufgewiesen, die Welt hat ihr weltliches Apriori und hat ihr korrelatives, und
25 beide in eins sind das Apriori der transzendental vollen Subjektivität. In dieser Variation finde ich mich als Menschen in der Welt lebend, als menschliches Ich von Zwecken in Gemeinschaft mit anderen menschlichen Ichsubjekten in der Welt lebend und habe zu fragen, was ist da frei variierbar.** Zunächst möchte ich vieles für entbehrlich halten in der Welt als einer
30 möglichen Welt für mich, die Tiere und sogar die Menschen. Aber ich bin notwendig da, mein Leib, Sinnesorgane, als wodurch ich wahrnehme und handle; komme ich nicht dazu, daß ich notwendig und leiblich sein muß? Ich kann meinen Leib variieren, aber ich behalte doch notwendig den je abgewandelten als meinen Leib und nur dadurch Welt als durch ihn und
35 seine Organe zugänglich etc. Aber mit Welt anfangen, heißt das nicht, mit der Welt anfangen, die schon Sinn „Welt für alle" hat, und komme ich da nicht auf die ersten oben dargestellten Korrelationsbetrachtungen? Ich habe also schon andere Menschen vorausgesetzt, eine Mitmenschheit. Da habe ich dann Geburt und Tod, Wachen und Schlaf, Normale und Anormale, „Ver-
40 nünftige" und Unvernünftige, gesellschaftliche Formen; wir haben immerfort zu fragen, was variiert sich frei und wie erhält sich in freier Variation Einheit der Welt.

---

* Aber welcher Welt? Nicht der Lebenswelt. Ist Unendlichkeit nicht schon idealisierende Konstruktion?

** Methode der Enthüllung des Korrelativen — Methode der Vervollkommnung der Evidenz. Darin die Methode der mundanen Ontologie.

Variation muß aber ernstlich evidente Variation sein und nicht ein beliebig unklarer oder halbklarer Ansatz. Ich muß mich an meine Lebenswelt
halten. Aber auch da muß ich mit meinem Wahrnehmen beginnen, also
meiner Wahrnehmungsgegenwart. Ich muß Außen- und Innenhorizont als
5 Mitgeltung beachten; die Evidenz herstellen — zur vermöglichen Selbstgegebenheit bringen und das Geltende in seinen Möglichkeiten des „ Von-Selbst"-
Daseins oder meines vermöglichen Erfahrens und Erfahrenhabens betrachten. (Die Vermöglichkeiten meiner Überlegung sind dabei noch andere Vermöglichkeiten.) Ich komme dann auf die weiteren Vermöglichkeiten, die
10 zum Zeithorizont gehören in den Zeitmodalitäten usw. Das ist also erste
phänomenologische Selbstauslegung, mindest Anfang davon unter dem Titel
Herstellung der Evidenz für das Faktum dieser Lebensumwelt — die Idealisierung der Unendlichkeit und Mathematisierung ist natürlich abgetan. Aber
wie geht das vonstatten? Mein Wahrnehmungsfeld, dieser Zimmerraum, so
15 wie ich jetzt wahrnehme — ich kann ihn variieren, aber dann sehe ich, daß
der Außenhorizont in Mitgeltung und noch nicht befragt ist und daß er sich
mitvariiert. Wenn ich zu neuen Wahrnehmungsfeldern übergehe, wiederholt
sich das — wie weit reichen da Lebensumwelt und Variation der
Lebensumwelt, so muß ich fragen. Nicht zu übersehen, daß ich hier in
20 einer Kette von relativen Evidenzen stehe, die jede ihr Recht behält, in
gewisser Weise vollendete Evidenz zu sein, nämlich sofern ich einen Horizont nur unbefragt habe, der die Evidenz in einen größeren Zusammenhang
bringt und eventuell modifiziert und doch in ihrem Rahmen und den Charakteren der erfüllten Evidenz, und das ist der Evidenz, bleibt. Es ist, um
25 nicht dabei zu verweilen, nun so viel klar, daß ich zu der ursprungsvollen
und echten Evidenz nur in einer Selbsterkenntnis komme, in der ich
fortschreitend meine Methode der Evidentmachung zum Thema
mache, obschon ich mich jetzt nur interessieren wollte für eine Ontologie
der Lebenswelt. Es gibt ein Schlicht-Geradehin-Sehen, aber inwiefern es voll-
30 kommen und für die Variation brauchbar ist, das setzt schon Eintritt in die
phänomenologische Reflexion und keine Variation voraus. Nun das zeigt,
daß ich also wirklich eine Ontologie der Konkretion habe, „zunächst" der
Lebenswelt, freilich ein langer Weg. Hier habe ich nicht bloß „ Anzeigen "
für ein Apriori der Konkretion, freilich keine Idealisation, Unendlichkeit,
35 keine Geometrie und Physik; aber die positive Wissenschaft, so wie sie sich
selbst versteht, ist doch Wissenschaft in der Unendlichkeit.

BEILAGE XIX: ⟨ Der neuzeitliche Rationalismus erfüllt nicht den
Ursprungssinn der Rationalität⟩
⟨1934⟩

40   Die Philosophien der Jahrtausende haben insgesamt versagt. Sie haben es
nicht vermocht, in der Geschichte der Menschheit die Funktion zu üben, zu
der sie ihrem ureigenen Sinn gemäß sich für berufen hielten. Vergeblich
mühten sie sich um eine Methode, in welcher wir unserem Dasein in einer
Welt unendlicher, unbekannter Horizonte einen verständlichen Sinn geben

könnten. Nun ist auch die neuzeitliche Philosophie der Kritik erlegen, und
mit ihr verlor das ganze europäische Dasein seine geistige Schwungkraft. Sie
verlor den die Jahrhunderte seit der Renaissance befeuernden Glauben an
die durch sie endlich errungene Geistesfreiheit und an das nunmehr für
5 immer verbürgte Fortschreiten im Aufbau einer echten, durch autonome
Vernunft zu verantwortenden Geisteskultur. Das Ideal der Rationalität, nach
dem der neuzeitliche Mensch sich und seine Welt gestaltet, war von Anfang
an das Ideal der „exakten", der positiven Tatsachenwissenschaften. Immer
reiner setzte es sich als den öffentlichen Geist bestimmendes durch. Philoso-
10 phie erhielt den Sinn einer die Totalität der Welt thematisch umspannenden
universitas der positiven Wissenschaften und Technologien. Dieses Ideal hat
seinen Zauber verloren. Sagte A. Comte: „*science d'où prévoyance d'où
action*", so fragt dawider unsere Generation: Ist die Wahrheit der Voraus-
sicht die Wahrheit, die frei macht? Ist es denkbar, daß wir je durch noch so
15 große Fortschritte der positiven Wissenschaften und Technologien (etwa gar
durch Psychotechnik) zur Erkenntnis des „Einen" kommen, „das uns not
tut"?
    Die allgemein übliche Kritik des der neuzeitlichen Philosophie einwohnen-
den Ideals der Rationalität glaubt nun aber, den Rationalismus überhaupt als
20 eine Verirrung erwiesen zu haben. Denn die Selbstgewißheit der neuzeitlichen Philosophie beschloß auch die Überzeugung, den der Philosophiegeschichte seit ihren Anfängen im griechischen Altertum eingeborenen Zwecksinn vollkommen ausgereift zu haben. So betraf der Zusammenbruch des
Glaubens an den Beruf der neuzeitlichen Wissenschaften und der sich in
25 ihnen auslegenden Idee der Philosophie auch den Glauben an den Beruf der
Philosophie überhaupt, der universalen Ratio überhaupt, zur autonomen
Norm eines sinnvollen, eines sich selbst befriedigenden Daseins und korrelativ des Aufbaus einer echten Kulturwelt dienen zu können.
    Indessen, könnte es nicht am allgemeinen Stil aller bisherigen und
30 zuletzt auch der neuzeitlichen Philosophien liegen, daß sie den wesensmäßig
unverlierbaren Sinn einer Philosophie überhaupt nicht wahr machen konnten? Könnte es nicht sein, daß alle ihre Fragestellungen und Methoden auf
einem gemeinsamen Boden der Selbstverständlichkeit ruhten, in welchem
verborgen gerade die tiefsten und eigentlichsten „Welträtsel" unenthüllt und
35 unbefragt verblieben? Mußte in diesem Falle nicht jede kritische Umbildung
vergangener Philosophien immer wieder zwar zu neuen, aber in gleicher
Weise unbefriedigenden Systemen führen?
    In der Tat. Das ist unsere Situation. Ein völlig neuer Modus des Philoso-
phierens ist notwendig, welcher in einem unerhörten Radikalismus und Uni-
40 versalismus der skeptischen Epoché und Besinnung sich jenes allgemeinen
Bodens naiver Selbstverständlichkeiten bemächtigt, seine nie befragten Frag-
lichkeiten aufdeckt und von ihm aus allererst zurückfragt nach dem in apodiktischer Einsicht unbedingt Letzten, das allen sinnvollen Fragen Sinn gibt.
Mit anderen Worten, es gilt, die urtümliche Quelle alles Selbst- und Welt-
45 verständnisses freizulegen und in systematisch notwendigem Fortgang die
urquellenmäßig echte Philosophie und Wissenschaft auf die Bahn zu bringen.
Nur so kann ernstlich eine *philosophia perennis* werden und jener aus ver-

zweifelnder Skepsis erwachsene „Irrationalismus" wieder verschwinden, der uns des heroischen Kampfes um eine sinnvolle Gestaltung unseres Daseins und um eine Vergeistigung unserer Umwelt dadurch enthebt, daß er die zum Wesenssinn des Rationalismus als universaler Philosophie ständig gehörige
5 Relativität von Verständlichkeit und Unverständlichkeit in eine Mystik und Sensation verwandelt. Er verschließt sich so den Weg zu einer Philosophie, welche im Wesen der bewußtseinsmäßigen Endlichkeit des Menschen im Horizont seiner unendlichen Welt die eigentlich radikale Irrationalität entdeckt, welche, solange das natürlich-naive Leben als Leben in dieser Welt-
10 lichkeit ungebrochen bleibt, notwendig verborgen bleibt: nämlich als das Welt und Menschentum konstituierende transzendentale intentionale Leben. Er erkennt daher nicht die Möglichkeit, die absolut konkrete rationale Struktur der Universalität des im Transzendentalen geborgenen Seienden aller Seinsstufen rational ins Unendliche fortschreitend zu erkennen, und in wei-
15 terer Folge die Möglichkeit, die Lebenspraxis der sich in ihrem transzendentalen Sein bewußt gewordenen Menschheit aus dieser absoluten Erkenntnis her zu regeln. Das aber in Form einer unendlichen Aufgabe, in unendlicher Arbeit an sich selbst und seiner Welt, in einer Arbeit, die es allein möglich und apodiktisch-praktisch notwendig macht, unserem in der Endlichkeit und
20 prinzipiellen Unverständlichkeit unbefriedigten Leben die Form eines sich befriedigenden zu geben, sich befriedigend in der Erfüllung der uns selbst anvertrauten, sich in unserer Freiheit verwirklichenden unendlichen Teleologie.
   Nur durch eine neu anfangende, in heroischem Radikalismus auf die echte
25 Aché aller Erkenntnis, aller Seins- und Sollensgeltungen zurückgehende Philosophie kann der Menschheit wieder Bodenständigkeit des Daseins, Glauben an sich selbst und an den Sinn der Welt gegeben werden, und nur so ein Glaube, welcher durch keine Skepsis mehr bedroht werden kann. Nur wenn die europäische Menschheit aus diesem Geiste sich erneuert, kann sie ihren
30 alten Anspruch auf Vorbildlichkeit für die irdische Menschheit überhaupt rechtmäßig erfüllen.

BEILAGE XX: Zur Unterschrift unter Kastors Bild
⟨1935⟩

⟨Erste Fassung⟩

35   „Noch immer predigst Du Deinen radikalen Rationalismus, Du glaubst noch an eine Philosophie als strenge Wissenschaft? Hast Du den Aufbruch der neuen Zeit verschlafen?" — O nein. Ich „glaube", ich „predige" nicht: ich arbeite, ich baue, ich verantworte. Ich erweise mir die neue Wissenschaftlichkeit im äußersten Radikalismus der Skepsis an alle bislang nie befragten
40 Selbstverständlichkeiten und in der Rückfrage nach den absolut letzten Quellen, die allem für mich Seienden überhaupt Sinn geben. Das ist die skeptische Methode der tätigen, sich selbst bis ins letzte durchleuchtenden Rationalität. Eure Skepsis aber — was ist das anderes als die der faulen Vernunft, die sich

die Unendlichkeit der Arbeit erspart, indem sie tiefsinnige Reden dichtet und sich's im Irrationalismus und Mystizismus wohl sein läßt!

⟨Dritte Fassung⟩

Die modische Kulturkritik der Gegenwart degradiert übereifrig die Ratio,
5 den Geist der autonomen Philosophie, das sich bis in alle Wissenschaften auszweigende Fundamentalprinzip der europäischen Kultur. Wenn der Zusammenbruch einer unzulänglichen rationalen Kultur europäisches Schicksal zu werden droht, wenn einzusehen ist, daß der bisherige methodische Stil der Grundlegung die versagende Rationalität aller Philosophien bedingte,
10 so hilft nur das eine: ein völlig neuer Anfang mit radikalen Besinnungen über die letzten Geltungsquellen des Seins und der Wahrheit, und von da aus der Aufbau einer neuen Philosophie und Wissenschaft, die uns den Sinn unseres Daseins und der für uns seienden Welt in letzter Rationalität aufzuklären vermag.
15 Nur eine echte Ratio kann die Schäden einer schlechten heilen. Der jetzt vielbeliebte Irrationalismus? Was ist das anderes als die „faule Vernunft", welche Argumente konstruiert, die ihr die unendliche Arbeit des Ringens um den wahren Sinn des Daseins als eines uns selbst anvertrauten ersparen sollen.

AN DEN PRÄSIDENTEN
DES VIII. INTERNATIONALEN
PHILOSOPHEN-KONGRESSES,
HERRN PROFESSOR DR. RÁDL IN PRAG[1]

5   Sehr verehrter Herr Kollege!

Die Beantwortung der Frage, die Sie mir im Namen des Komitees vorgelegt haben, kann in Form eines Briefes nur dürftig ausfallen, da die Begründungen, die dem, was ich zu sagen hätte, wirksame Kraft geben könnten, eine umfangreiche Abhandlung erfordern würden.
10 So kann ich nur thesenhaft sprechen.

Philosophie ist das Organ eines neuartigen historischen Daseins der Menschheit, des Daseins aus dem Geiste der Autonomie. Die Urgestalt der Autonomie ist die der wissenschaftlichen Selbstverantwortung. Die Urgestalt von Kulturgebilden aus solchem Geiste sind
15 die Wissenschaften, ihrerseits unselbständige Glieder der einen vollen und ganzen Wissenschaft, der Philosophie. Philosophische Selbstverantwortung verwirklicht sich notwendig in philosophierender Gemeinschaft. Prinzipiell betrachtet, ist die Philosophen-Gemeinschaft und die Philosophie das Urphänomen und zugleich die in
20 ständiger Lebendigkeit wirkende Kraft, welche aus der bloßen Internationalität durch Macht eine völlig neuartige Internationalität erwirkt hat und forterhält, nämlich eine Verbundenheit durch den Geist der Autonomie. Damit ist der spezifische Sinn der europäischen Menschheit und Kultur bezeichnet. Als hellenistische
25 stammt sie nicht nur überhaupt von den Griechen ab, sondern in ihrer spezifischen Geistigkeit von der in der griechischen Geschichtlichkeit zur Urstiftung gekommenen Philosophie, mit dem ihr eigen-

---

[1] Zuerst erschienen in: *Actes du Huitième Congrès International de Philosophie à Prague 2–7 Septembre 1934*, Prague 1936, S. XLI–XLV. (Vgl. *Einleitung der Herausgeber*, S. XXVII).

tümlichen Sinne einer rein theoretischen, nur aus theoretischen
Motiven und bis ins letzte zu verantwortenden Welterkenntnis. In
der Auswirkung bedeutet das die Erkenntnis der All-Einheit des in
theoretischer Wahrheit Seienden überhaupt, darunter auch der Normen.

5 Im Sinne der europäischen Kultur, als einer aus wissenschaftlicher
Vernunft sich vergeistigenden, liegt die Mission, die gesamte
Menschheit in den Prozeß solcher Vergeistigung einzu|beziehen. Eu- [XLII]
ropa in diesem geistigen Sinne ist also eine im empirischen Europa
bewußtseinsmäßig lebendige Aufgabe, bezogen auf eine vorleuchten-

10 de, im Unendlichen liegende Idee, die einer Allgemeinschaft der
irdischen Menschheit aus dem Geiste der autonomen Vernunft; also
unter Leitung der Philosophie, der Wissenschaft. In diese Idee ordnen sich als unselbständige Momente die historischen Aufgaben
aller einzelnen Nationen ein. In ihrer Reinheit und Echtheit als

15 Ideen sind sie Komponenten der Totalidee einer autonomen Verbundenheit der ganzen Menschheit. Autonomie ist nicht Sache der
vereinzelten Individuen, sondern, auf dem Wege über ihre Nation,
der Menschheit.

Philosophie verzweigt sich notwendig in Sonderwissenschaften.

20 Aber sie ist nur so lange Philosophie und die Wissenschaften echte
Wissenschaften, solange dieses Ganze der Erkenntnis durchherrscht
ist vom echten philosophischen Geiste, dem der radikalen und universalen rein theoretischen Selbstverantwortung. Diese ist nur zu
leisten durch Vertiefung in das Prinzipielle, das als Allgemeines die

25 untrennbare Sinneinheit des Universums der Erkenntnis durchwal-
tet sowie die Sinnaufstufung regelt. Das betrifft auch die Wissenschaften vom Menschen, und zwar nach allen Menschheitsproble-
men, darunter den Problemen der sogenannten Existenz, der individuellen sowie der nationalen. Sie gehören zur Theorie der prakti-

30 schen Vernunft, die ein Sonderthema der universalen Theorie, d.i.
der Philosophie, ist.

Wahre Welt, All-Einheit des in Wahrheit Seienden im Vollsinne,
und wahre Philosophie als universale Theorie sind im Unendlichen
liegende Ideen. Philosophie in empirischer Geschichtlichkeit ist der

35 Prozeß der Versuche der im ständigen Willen zu radikaler Autonomie verlaufenden empirischen Verwirklichungen der Philosophie als
Idee. Geschichtliche Philosophie hat Wirklichkeit in höherem Sinne,
sobald eine universale Einheit der Methode und aus ihr ein Körper
von Theorien entsprungen ist, welche durch ihre Apodiktizität eine

innigste Internationalität der Erkenntnis- und Arbeitsgemeinschaft
erwirkt hat, getragen von der zwingenden Gewißheit, einen unendlichen Progressus der konsequenten Steigerung der Approximation an
die Idee der Philosophie vor sich zu haben.

5   Lebendige Philosophie ist im Absterben, wenn in der Allgemein-
schaft der Philosophen, der Wissenschaftler der lähmende | Geist   [XLIII]
des Skeptizismus — mit dem Philosophie immer zu ringen hat —
zum allgemeinen Geist zu werden droht. Aber auch, wenn unvermerkt eine Entartung im Betriebe der Wissenschaften eintritt, als
10   unvermeidliche Folge der notwendig fortschreitenden Spezialisierung, durch die ihr ursprünglicher philosophischer Sinn verloren-
geht. Dazu tritt der Einfluß großer, die internationale Gemeinschaft
völlig verwirrender Schicksale, sofern dadurch der allgemeine Glaube an die Idee und das praktische Ideal Europas, das einer harmo-
15   nischen Lebenseinheit der Nationen aus Quellen des vernünftigen
Geistes, untergraben worden ist.

In der eminenten Gefahr eines solchen Absterbens der Philosophie, und damit notwendig des Absterbens eines Europa aus dem
Geiste der Wahrheit, stehen wir in der Gegenwart. Nie war einer-
20   seits die Uneinigkeit der Philosophie im engeren Sinne, nämlich in
den Disziplinen, die auf die prinzipiellen Problemgruppen gehen,
größer. Aus einem sehr guten Grunde: Die Kritik hat insofern ihr
Werk getan, als sie wechselseitig und an aller historischen Überlieferung vermeinte Klarheit als Unklarheit enthüllt hat. In dieser Hin-
25   sicht haben die präzisesten Begriffe, die als apodiktisch anerkannten
Axiome nicht standgehalten. An allen haften Unklarheitshorizonte,
alles ist fraglich geworden. Was andererseits die positiven Wissenschaften anlangt, so steht es bei ihnen nur scheinbar besser. Sie
haben uns mit einer Überfülle von strengen Methoden und Theorien
30   beschenkt, ihre Entdeckungen haben sich tausendfältig bestätigt.

Aber ihre philosophische Substanz haben sie eingebüßt, eben das,
was sie zu Zweigen einer philosophischen Welterkenntnis machte.
Der eigentliche Wahrheitssinn der von ihnen behandelten Sonderge-
biete, zu dem uns ihre Theorien führen sollten, bleibt verborgen.
35   Wahrer Sinn ist er nur aus prinzipiellen Allgemeinheiten, welche
dem Sondergebiet und allen seinen positiven Feststellungen vorangehen, als den Sinn letztlich bestimmend. Daß dem so ist und daß
eine ganz anders gerichtete, in ganz anderen Methoden verlaufende
Denkarbeit erforderlich ist, bedrängt von beispiellosen Schwierigkei-

ten — dafür ist in den positiven Wissenschaften das Verständnis
verlorengegangen. Man kann sagen, nie war der Menschheit der
letztliche Seinssinn der Natur und des Geistes ferner gerückt als
jetzt, nach den in ihrer Art so bewundernswerten Leistungen der
5 positiven Wissenschaften. Sie sind ingeniöse Techniken mittelbaren
| Denkens geworden. Die Leistungen dieser neuartigen technischen   [XLIV]
Genialität sind aber keine Erkenntnisleistungen im Sinne der ursprünglichen und unverlierbaren Idee „Philosophie" — jedenfalls
nicht so, wie sie in den positiven Wissenschaften selbst als Ergebnis-
10 se auftreten.

In keiner Weise ist danach die Philosophie, die Wissenschaft der
Gegenwart befähigt, die Kraftquelle für ein Europa des autonomen
Geistes zu sein und den Beruf zu erfüllen, den ihr die Geschichte
zugeteilt hat.

15 Aber der Zusammenbruch der Philosophie, und damit der „Zusammenbruch des Abendlandes" in unserem echten Sinne, ist so
lange nicht endgültige Wirklichkeit, als es noch eine wenn auch kleine Gemeinschaft gibt, erfüllt von der echt philosophischen Gesinnung — als Philosophen, die in der innersten Gewißheit leben, daß
20 Philosophie, in unserem griechisch-europäischen Sinne, eine mögliche und unbedingt notwendige Aufgabe ist; und zudem, welche in
existenzieller Entschiedenheit diese Aufgabe als ihre eigenste, von
ihrem persönlichen Dasein schlechthin untrennbare Lebensaufgabe
übernommen haben.

25 Was kann in solcher Situation die gegenwärtige „Aufgabe" der
Philosophie sein? Meine Antwort ist die, wie mir scheint, eindeutig
vorgezeichnete. Die alte Weise der Zusammenarbeit der Philosophen, auch der mit den Wissenschaftlern, ist hoffnungslos. Wirklich
einig sind die echten Philosophen nur in der Gesinnung. In der For-
30 schung ist vorläufig ein jeder in seine persönliche Einsamkeit ver-
wiesen, und sie kann nicht streng genug abgeschlossen sein. Selbst
gegenüber den Großen der Geschichte: Auch alle Renaissancen sind
hoffnungslos. Nur das ist noch möglich, also das *unum necessarium*,
daß man in eine absolut radikale Besinnung eintritt über den Sinn
35 der Philosophie; daß man, unter Epoché hinsichtlich aller historischen Traditionen in Begriffen und Lehren und aller naiven Selbstverständlichkeiten von Namen, die Frage nach dem Seienden oder
dem Seinsfelde stellt, das durch den eigenen Sinn einer Philosophie
vorausgesetzt ist, in der Weise eines apodiktischen Bodens, für eine

Wahrheitsfrage überhaupt. Dessen pure Auslegung muß, wenn Philosophie überhaupt sein, überhaupt anfangen kann, einen Anfangs-
gang in apodiktischem Fortschreiten eröffnen. Aus dem Wenigen
wird schon mehr werden und vor allem eine Methode, die, einmal
5 ausgebildet, Zukunft bedeutet. Vorerst völlig vereinsamt, werden die
Philosophen sol|cher radikalen Besinnlichkeit sich wieder zusam-   [XLV]
menfinden können, Gemeinschaft in Kritik und wechselseitiger Förderung wird sich — wenn Philosophie überhaupt sinnvoll ist — von
selbst herstellen.

10   Genau das war, der Intention nach und formal betrachtet, das
Vorgehen Descartes' in der verworrenen Erkenntnissituation seiner
Zeit. Nur daß selbst er noch lange nicht genug radikal war und es
damals nicht sein konnte. Wir, durch die Erfahrung und Kritik einiger Jahrhunderte weiser geworden, dürfen darauf vertrauen, tiefer
15 dringen zu können, indem wir seinen Radikalismus des Anfangens
mit unseren geschärften kritischen Organen wiederholen, auch von
ihm nichts übernehmend als den Geist, die Form seiner beiden
ersten *Meditationes*. So habe ich es gehalten und bin in langen Jahren der Arbeit in mehr formalen Allgemeinheiten, aber auch in kon-
20 kretesten Besonderheiten zu einer Methode und einer Überfülle von
strengen Ergebnissen gekommen, die mich wenigstens durch ihre
apodiktische Evidenz befriedigen; zudem zu der innern Gewißheit
geführt haben, daß der Horizont dieser Methodik alle erdenklichen
sinnvollen Probleme befaßt. Wohin ein solcher Radikalismus andere
25 führen wird, ob wirklich, wie ich sicher bin, zu derselben Methode?
Wie immer, einen anderen Rat weiß ich nicht.

⟨SELBSTDARSTELLUNG IM PHILOSOPHEN-LEXIKON⟩[1]

Husserl, Edmund, geb. 8. April 1859 in Proßnitz (Mähren). 1887 [447]
Privatdoz. in Halle, 1901 a.o. Prof., 1906 o. Prof. in Göttingen, 1916
5 in Freiburg i. Br., seit 1928 emeritiert.

Die philosophische Lebensarbeit Husserls läßt sich nicht kennzeichnen, wenn die einzelnen Werke isoliert und nach ihrer jeweiligen
Thematik betrachtet werden, sondern nur wenn ihre historische
Abfolge verstanden wird als die konsequente Auswirkung einer zu-
10 nächst dunklen, ständig aber an Klarheit gewinnenden Tendenz auf
eine radikale Neubegründung der Philosophie. Sein philosophisches
Erstlingswerk ist die *Philosophie der Arithmetik*, I. Band (1891), eine
breitere Ausarbeitung seiner Hallenser Habilitationsschrift, von der
nur ein Stück unter dem Titel *Über den Begriff der Zahl* 1887 im
15 Druck erschienen ist. Husserl, ursprünglich als Mathematiker und
Naturwissenschaftler ausgebildet, hatte als letztes Ziel vor Augen die
Ermöglichung eines radikal strengen, auf logisch und psychologisch
letztgeklärten Grundlagen beruhenden Aufbaus der Arithmetik. Als
Beitrag dazu liefert dieses Werk vor allem eine deskriptiv-psycho-
20 gische Ursprungsanalyse der Fundamentalbegriffe Vielheit, Einheit
und Anzahl. Der dem Ursprung nach frühere Vielheitsbegriff führt
auf eine eingehende Charakteristik der Aktivität der „kollektiven
Einigung", in der das „Zusammen", der „Inbegriff", ursprünglich
bewußt wird. Im Weiteren aber wird das Problem dringend, wie
25 ursprüngliche Vielheitsprädikationen möglich werden ohne ein
wirklich ausgeführtes Kolligieren. Dies führt zur fundamentalen Un-

---

[1] Zuerst erschienen in: *Philosophen-Lexikon*, bearbeitet von Eugen Hauer, Werner
Ziegenfuß, Gertrud Jung, Berlin 1937, S. 447–452. — Dieser Artikel, der unter Husserls
Namen erschien, wurde von Eugen Fink verfaßt. Vgl. *Einleitung der Herausgeber*, S.
XXIV f.

terscheidung zwischen eigentlich gegebenen Vielheiten und sinnlichen Mehrheiten, die bloß „symbolisch", nämlich indirekt assoziativ als Vielheiten aufgefaßt werden. Den Anhalt der Assoziation geben die eine sinnliche Mehrheit konstituierenden „figuralen Mo-
5 mente", im Wesen identisch mit den in derselben Zeit von Ehrenfels unter Leitung einer ganz anderen Fragestellung entdeckten „Gestaltqualitäten". In diesen Zusammenhängen erwächst erstmals die Lehre von den „Akten" und korrelativ den „Gegenständen höherer Ordnung" sowie der erste Anfang der Lehre von den „kategorialen
10 Begriffen" gegenüber den bloß sinnlichen. Wichtige Einzelanalysen betreffen auch Unterscheiden und Unterschied (im Kontrast mit Kollektion und Kollektivum) sowie den Ursprung der Vorstellung der unendlichen Vielheit. Der charakteristische Einsatz der *Philosophie der Arithmetik* liegt aber in der eigentümlichen Doppelung in
15 psychologische und logische Analysen, die nicht einfach nebeneinander herlaufen, sondern ständig in innerem Bezug aufeinander angelegt und abgestimmt sind. Hier tritt erstmalig in einer Spezialuntersuchung das philosophische Grundmotiv auf, das in der Folge von entscheidender Bedeutung wurde: die korrelative Betrachtungsart.
20 Die Spannungseinheit des in eins subjektiv und objektiv gerichteten Fragens ist der eigenste und fruchtbare Ansatz Husserls, der in seiner wachsenden Vertiefung und Wandlung die Etappen bestimmt, in welchen schließlich eine neue Idee der Philosophie zum Durchbruch kommt.
25   In den *Logischen Untersuchungen* hat sich dieser Ansatz durch die Arbeit eines Jahrzehnts zu einer Fülle bahnbrechender philosophischer Fragestellungen und konkreter analytischer Lösungen ausgeweitet. Das Werk, welches Husserl seinem Lehrer Carl Stumpf gewidmet hat, zerfällt in zwei Bände: *Prolegomena zur reinen*
30 *Logik* (1900) | und *Untersuchungen zur Phänomenologie und* [448] *Theorie der Erkenntnis* (1901). Die innere Einheit der beiden Teile, die der zeitgenössischen Kritik merkwürdigerweise verborgen blieb, liegt in nichts anderem als der Verwirklichung des methodischen Prinzips der korrelativen Betrachtungsart. Um aber der subjektiv-
35 objektiven einheitlichen Forschung den rechten Ansatz zu verschaffen, bedurfte es zunächst der Anstrengung, die Objektivität des Objekts, hier der logischen Gebilde, gegen jede falsche Subjektivierung zu verteidigen. So geht denn Husserls Hauptbemühen im I. Bande dahin, den Seinssinn der logischen Gebilde zu klären als

„idealer Einheiten", der logischen Gesetze als „Idealgesetze" in der
ausführlichen kritischen Auseinandersetzung mit dem in der dama-
ligen Logik herrschenden „Psychologismus". „Psychologismus"
bedeutet in der Redeweise dieser Kritik die Auffassung der logischen
5 Begriffe und Sätze als psychischer Gebilde, der logischen Gesetze als
psychologischer Tatsachengesetze. Ein besonders wirksames Moment dieser Kritik bestand und besteht darin, daß Husserl den Psychologismus jeder Spielart als Relativismus nachweist. Positiv dient
die Kritik vor allem der Herausstellung der Idealität resp. Apriorität
10 der reinen Logik. Im Schlußkapitel wird alsdann die Idee dieser reinen Logik selbst entfaltet, und zwar in einer Doppelung ihrer Aufgaben: 1. als apriorische Wissenschaftslehre, d. h. als die Lehre von
den „idealen Bedingungen der Möglichkeit von Wissenschaft bzw.
Theorie", 2. als apriorische Lehre von den „formalen" Begriffen,
15 die für Gegenstände überhaupt konstitutiv sind und „von jeder
Besonderheit irgendwelcher Erkenntnismaterie unabhängig" wie
Gegenstand, Sachverhalt, Einheit, Vielheit, Anzahl, Beziehung usw.
Die reine Logik gabelt sich also ihrer Idee nach hinsichtlich ihrer
Thematik in die Logik der „Bedeutungskategorien" (Begriff, Satz,
20 Schluß usw.) und die Logik der „gegenständlichen Kategorien",
oder wie H. später formulierte, in apophantische Logik und formale
Ontologie (formale Theorie der Gegenstände), deren übergreifende
Einheit die reine Mannigfaltigkeitslehre als Theorie der möglichen
Theorieformen bzw. „Mannigfaltigkeiten" ausmacht. Der II. Band
25 des Werkes gliedert sich in sechs Untersuchungen, die z.T. die für
die Ausführung einer reinen Logik unerläßlichen Vorarbeiten in
Angriff nehmen, teils als Phänomenologie der Erlebnisse die Rück-
gangsdimension eröffnen, in welcher allein die „logischen Ideen, die
Begriffe und Gesetze, zur erkenntnistheoretischen Klarheit und
30 Deutlichkeit zu bringen" sind. In der I. Untersuchung über „Ausdruck und Bedeutung" unterwirft H. die Wesenszusammenhänge
zwischen Bedeutungsintention und Bedeutungserfüllung, zwischen
dem noetischen und idealen Gehalt der Bedeutungserlebnisse, einer
analytischen Klärung und sichert so für die Aufgabe einer reinen
35 Logik die vorbedingte Einsicht in die grammatische Seite der logischen Erlebnisse. Diese I. Untersuchung hat einen sehr starken Einfluß ausgeübt sowohl auf die Sprachphilosophen als auch die Logi-
ker. Die II. Untersuchung handelt über „Die ideale Einheit der Spezies und die neueren Abstraktionstheorien", wendet sich in

einer ersten Begründung der Lehre von der „Ideation" gegen die
psychologische Hypostasierung des Allgemeinen, gegen jede Form
des Nominalismus und vornehmlich gegen die nominalistischen
Abstraktionstheorien des englischen Sensualismus. Die III. Untersu-
5 chung „Zur Lehre von den Ganzen und Teilen" gibt sich ausdrücklich als Grundstück einer „apriorischen Theorie der Gegenstände als
solcher". Die Durchführung der Auslegung an konkret anschaulichen „Inhalten" (Empfindungsdaten oder Dinggegenständen) führt
zur Aufweisung von Wesensgesetzen als Ganzheiten konstituieren-
10 den. Diese werden dann radikal unterschieden in „analytische" und
„synthetische" Gesetze *a priori*, worin die prinzipielle Scheidung
zwischen der (in der reinen Logik enthaltenen) formalen und der
materialen apriorischen Gegenstandslehre beschlossen ist, letztere
das auf das Sachhaltige von Gegenständlichkeiten gegründete Aprio-
15 ri betreffend. Nach beiden Richtungen werden umfassende Analysen
durchgeführt, denen in den weiteren Partien des Werkes sich noch
andere in gleichem Sinne „gegenstandstheoretische" Grundlegungen
anreihen (einige Jahre vor den diesbezüglichen Versuchen von Meinong). Die IV. Untersuchung „Der Unterschied der selbständigen
20 und unselbständigen Bedeutungen und die Idee der reinen Gramma-
tik" setzt die Forschungen | der I. Untersuchung fort und entwirft   [449]
die Idee einer apriorischen Formenlehre aller kategorialen Bedeutungen als einer reinlogischen Sonderdisziplin — die Idee einer
„reinlogischen Grammatik". Für die Weiterentwicklung der Hus-
25 serlschen Philosophie sind die beiden letzten Untersuchungen des
Werkes von zentraler Wichtigkeit: In ihnen kommt zum ersten
Male die phänomenologische Forschungsweise zum vollen Durchbruch. Die V. Untersuchung „Über intentionale Erlebnisse und ihre
Inhalte" bedeutet für den Zusammenhang des Werkes den Rückgang
30 in die subjektiven Quellen, aus denen die logischen Gebilde ent-
springen, und hat ihre Abzweckung in der phänomenologischen
Lehre vom Urteil. Die analytische Fragestellung ist aber von vornherein so weit und radikal gefaßt, daß die allgemeinsten Strukturen
des Bewußtseinslebens überhaupt und seiner Intentionalität thema-
35 tisch werden. Das allgemeine Wesen: intentionaler Akt, wird hier
nach seinen deskriptiv abhebbaren Grundmomenten charakterisiert:
Materie und Qualität, ferner die wesensmöglichen Fundierungen der
Akte werden analytisch verfolgt. Eine Fülle von Bewußtseinsanaly-
sen der weitesttragenden Bedeutung liegt hier bereits vor. Die sehr

umfangreiche VI. Untersuchung „Elemente einer phänomenologischen Aufklärung der Erkenntnis" analysiert die phänomenologischen Elementarstrukturen der Intentionalität als Synthesis von Intention und Erfüllung, gibt eine ausführliche Phänomenologie der
5 Erkenntnisstufen, eine Klärung der logischen Ideen Einigkeit und Widerstreit (Unverträglichkeit), einen wichtigen Antrieb zur Klärung der Korrelation von Evidenz und Wahrheit (wahres Sein) usw. Der ganze 2. Abschnitt gilt dem grundlegenden Unterschied von sinnlicher und kategorialer Anschauung.

10   Betrachten wir die *Logischen Untersuchungen* als Ganzes, so finden wir in ihnen die korrelative Betrachtungsart auf einer Stufe, die gegenüber der Philosophie der Arithmetik einen großen und entscheidenden Fortschritt darstellt. Allgemein ist als Grundcharakter dieser „Phänomenologie" zu bemerken, daß sie alle Feststellungen
15 ausschließlich aus der rein immanenten Intuition schöpft und jedes Überschreiten dieser Sphäre anschaulicher Selbstgegebenheit verwehrt. Diese intuitive Evidenz kann aber nicht eine bloße empirisch-psychologische sein; alle ihre Einsichten sind apodiktische Wesenseinsichten. Das gegen den Psychologismus erkämpfte Ideen-
20 reich, das des „Apriori", ist nicht ein Reich spekulativer Substruktionen, sondern apodiktischer Intuition. Diese ist aber letztlich und überall zurückbezogen auf das Urfeld alles „Apriori", das der Bewußtseinssubjektivität. Zum ersten Male wird hier das reine Bewußtseinsleben zum Thema einer universalen Bewußtseinsfor-
25 schung, getragen von der Einsicht, daß alles in der immanenten Sphäre aufweisbare Sein und Geschehen von Wesensgesetzlichkeiten geregelt ist. Ein weiterer Grundcharakter dieser Phänomenologie ist es, daß in der ausschließlichen Forschungseinstellung auf das Bewußtsein rein als solches und in seinen eigenwesentlichen syntheti-
30 schen Zusammenhängen allererst das eigentümliche Wesen der Intentionalität und der Methode, sie vom intentionalen Gegenstand her zu befragen, zur Geltung gebracht und damit die unfruchtbare klassifikatorisch-deskriptive Methode der Brentanoschen Lehre von den „psychischen Phänomenen" überwunden wurde. Die konse-
35 quente Auswirkung der Anfänge der *Logischen Untersuchungen* tritt ausgereift freilich erst in den *Ideen* zutage als Konzeption der Aufgabe einer universalen Bewußtseinsphänomenologie als „erster Philosophie", und zwar unter der Idee einer universalen konstitutiven Aufklärung alles für uns „Seienden". In den *Logischen*

Untersuchungen ist die Bewußtseinsanalyse noch vorwiegend „noe-
tisch", d.h. in der reflektiven Blickrichtung auf das Erleben allein
vollzogen; sie zieht noch nicht konsequent die zu jedem Erlebnis als
solchem gehörige noematische Sinnesschicht in die Untersuchung:
5 den thematischen Gehalt des Erlebnisses. Die Notwendigkeit einer
konsequent doppelseitigen Bewußtseinsanalyse bringen erst die
Ideen zur vollen Einsicht. Aber gleichwohl fehlt es in den *Logischen
Untersuchungen* nicht ganz an Fixierungen noematischer Strukturen: Wir finden vor allem die Nachweisung des Sinnesmomentes in
10 der außerlogischen Sphäre, so bei den Anschauungen (Wahrnehmungen usw.), eine neue Erkenntnis, die der Denkpsychologie Im-
pulse gegeben hat.

| Nach den *Logischen Untersuchungen* galten die Forschungen [450]
Husserls der systematischen Erweiterung der Phänomenologie zu
15 einer universalen Bewußtseinsanalytik. Aus dem größeren Zusammenhang von Göttinger Vorlesungen von 1905 über die Phänomenologie der Anschauungen stammen die erst 1928 publizierten
„Vorlesungen zur Phänomenologie des inneren Zeitbewußtseins"
(hrsg. von M. Heidegger). Hatten die *Logischen Untersuchungen*
20 vorwiegend den Blick vermöge ihrer Thematik auf die intentionalen
Leistungen der spontanen Aktivität gerichtet, so werden in diesen
„Vorlesungen" die intentionalen Leistungen der rein passiven Genesis enthüllt, in welchen nach einer strengen Wesensgesetzlichkeit
das Bewußtseinsleben im Dahinströmen sich in einer verborgenen
25 kontinuierlichen Synthesis für sich selbst als Strom von zeitlich seienden Erlebnissen konstituiert. Hierbei eröffnen sich neue Einblicke
in das Wesen der Intentionalität und in ihre Weisen, intentionale
Implikationen zu bilden. Es ist hier schon die Methode konsequenter Ausschaltung aller transzendenten Geltungen durchgeführt, aber
30 es fehlt noch an einer prinzipiellen Kontrastierung der rein phänomenologisch gefaßten Subjektivität im psychologischen Sinn und
der transzendentalen Subjektivität.

Im Jahre 1911 erschien als vorläufige programmatische Umzeichnung des universalphilosophischen Sinnes der neuen Phänomenolo-
35 gie im *Logos*, I, der vielbeachtete Aufsatz „Philosophie als strenge
Wissenschaft". Gegen die überhandnehmende Verwirrung der Ziele
einer Weltanschauungsphilosophie (als richtunggebender für den in
der Endlichkeit stehenden praktischen Menschen) und einer wissenschaftlichen Philosophie tritt Husserl für das ewige Recht der letzte-

ren ein, ihren echten Sinn neu bestimmend. Im Kampfe mit dem
sensualistischen Naturalismus und andererseits dem Historismus —
gegen die Naturalisierung des Bewußtseins auf der einen Seite und den
historischen Anthropologismus auf der anderen — wird die Notwen-
5 digkeit einer universalen Phänomenologie der Intentionalität als Fundament für eine wahre Psychologie und Geisteswissenschaft und für eine
universale Philosophie gezeichnet.

In der eigentlichen Grundschrift der konstitutiven Phänomenologie,
den *Ideen zu einer reinen Phänomenologie und phänomenologischen*
10 *Philosophie* (1913), kommt die neue Wissenschaft zu einer systematisch
begründeten Auslegung ihres eigentümlichen Sinnes und ihrer Funktion
als erster Philosophie, als „Grundwissenschaft der Philosophie"
überhaupt. Nach einem ersten Abschnitt über „Tatsache und Wesen"
beginnt im 2. Abschnitt („Die phänomenologische Fundamentalbe-
15 trachtung") die methodische Eröffnung der eigentümlichen Domäne der
„reinen" oder „transzendentalen" Phänomenologie. Husserl setzt
ein mit der Analyse der „natürlichen Einstellung", welche nichts
anderes ist als die ständige, in allem praktischen wie theoretischen
Leben unausdrücklich vollzogene Voraussetzung der Weltexistenz.
20 Mit der Aufhebung dieser Voraussetzung, also der radikalen Änderung der natürlichen Einstellung, wird allererst die phänomenologische Einstellung möglich. Diese Änderung beruht in der unverbrüchlich festzuhaltenden „Einklammerung" der Weltexistenz und all der
in ihr implizierten schlechthinnigen Setzungen von Gegenständen
25 jeder Art. Was nach dieser Einklammerung verbleibt, ist das reine
Bewußtsein mit seinem Weltmeinen. „Welt" ist der Titel geworden
für das Korrelat bestimmter Zusammenhänge des Bewußtseinslebens, in denen dieses gegenständliche Existenz als solche vermeint:
anschaulich erfahrend, dunkel vorstellend, denkend, wertend, prak-
30 tisch strebend usw. Welt wird zum „Weltphänomen". Phänomen
einzig im Sinne der bewußtseinsmäßigen Vermeintheit ist das universale Thema der „Phänomenologie", welche die Wissenschaft ist
von dem reinen oder transzendentalen Bewußtsein nach seinen er-
lebnismäßigen und vermeinten Beständen, oder anders gewendet,
35 die Wissenschaft vom Aufbau der im phänomenologischen Subjekt
jeweils als seiend geltenden Welt (so wie auch des ihm als „ideale"
Gegenständlichkeiten geltenden Seins) in den sinngebenden reinen
Bewußtseinserlebnissen mit ihren vermeinten Gehalten.

Der 2. Abschnitt gilt der methodischen Sicherung der transzendental-phänomenologischen Erkenntnis überhaupt, er entfaltet die volle Systematik der phänomenologischen | Methode als die Einheit [451] der transzendentalen und eidetischen Reduktion, eben als der apriorischen Wesenserkenntnis der nach der Einklammerung der Weltexistenz verbleibenden absoluten Subjektivität. Der 3. Abschnitt „Zur Methodik und Problematik der reinen Phänomenologie" setzt mit prinzipiell methodischen Analysen ein, durch Ausschluß der Probleme der inneren Zeitigung und der Ichprobleme die weitere Untersuchungssphäre begrenzend. In den weiteren Kapiteln über „Noesis und Noema" und „Zur Problematik der noetisch-noematischen Strukturen" bringt jeder Paragraph neue Aufweisungen ganz fundamentaler Strukturen, mit denen sich jeweils ein ganz neuer Problemhorizont konstitutiver Forschungen vorzeichnet.

Im 4. Abschnitt „Vernunft und Wirklichkeit" wird das allgemeine Grundproblem der intentionalen Konstitution behandelt als das konstitutive Problem der Evidenz und des ihr jeweils zugehörigen Seinssinnes. So viele Grundarten von Evidenz, so viele Grundarten von Gegenständlichkeiten: und so viele Grundarten der vernunfttheoretischen Probleme als konstitutiver Probleme. Mit dem Ausblick auf die Idee des voll extendierten transzendentalen Problems und des universalen Konstitutionsproblemes schließt das erste Buch der *Ideen*. Die umfassenden Entwürfe zu den zwei weiteren vorgesehenen Bänden aus der Zeit von 1913-1916 haben, in Abschriften dem Schülerkreis Husserls zugänglich gemacht, Wirkungen geübt. Vor allem die ausgeführten Grundstücke zur konstitutiven Phänomenologie der materiellen Natur als Einheit rein aus naturaler Erfahrung; die Konstitution des Leibes in seiner Eigenheit als Organ und als gegliedertes Organsystem des wahrnehmenden, waltenden und in die physische Natur leiblich hineinwaltenden Ich, andererseits des Leibes als Naturkörpers; ferner die Konstitution der Seele und des Menschen (bzw. Tieres) als Naturrealität im erweiterten Sinne; die Konstitution des „anderen" durch konstitutive Aufklärung der Leistung der Einfühlung. In Gegenrichtung zur Konstitution der physischen und psychophysischen Natur erfolgt in Anknüpfung an die fundamentale Unterscheidung von naturwissenschaftlicher und geisteswissenschaftlicher Einstellung die Behandlung der konstitutiven Probleme der Personalitäten verschiedener Ordnung,

in ihrer Beziehung auf ihre personalen Umwelten, die Konstitution
der kulturellen Umwelt und so überhaupt der „geistigen" Welt.

Nach den *Ideen* waren die Forschungen Husserls bestimmt durch
die Fragen nach einer radikalen Erhellung der Phänomenologie in
5　ihrem Verhältnis zu den positiven Wissenschaften, nach der Abgrenzung der phänomenologischen Analytik gegen die psychologische Bewußtseinsforschung und nach dem inneren Bezug der beiden; überhaupt durch universalmethodische Fragen, in deren Ver-
folg die neue phänomenologische Philosophie zu letzten methodi-
10　schen Einsichten und den obersten Problemsphären vordringt. Andererseits waren diese Jahre erfüllt durch umfassende konkrete Untersuchungen. Da Husserl ständig in seinen Vorlesungen die ihn
unmittelbar bewegenden Probleme vortrug, hat er in einem hohen
Maße durch die lebendige Mitteilung auf die philosophische Litera-
15　tur einen kaum abschätzbaren Einfluß ausgeübt.

Im Jahre 1929 erschien als ein erstes Werk, das den Erwerb der
langen Jahre literarischer Zurückhaltung zur Darstellung bringt, seine *Formale und transzendentale Logik* (Versuch einer Kritik der
logischen Vernunft). Dieses Werk stellt gewissermaßen exemplarisch
20　das Verhältnis der objektiv-mundanen Wissenschaften zur Phänomenologie dar: von der traditionellen und alsdann in ihrem Sinn
vertieften und geklärten Logik, als der thematischen Wissenschaft
des formalen Apriori, werden wir durch die Kritik ihrer Voraussetzungen zurückgeleitet in ihre Verwurzelung in den konstituierenden
25　Zusammenhängen aktueller und implizierter Intentionalitäten des
transzendentalen Bewußtseins. So gliedert sich das Werk in zwei
Abschnitte. Der erste, „Die Strukturen und der Umfang der objektiven formalen Logik", nimmt die Problematik der in den *Logischen Untersuchungen* entworfenen „reinen Logik" wieder in radi-
30　kalisierter Weise auf und bringt als eine wesentlich weiterführende
Einsicht innerhalb einer strukturellen Dreigliederung dieser Logik
die Abgrenzung einer reinen Logik der Konsequenz (in der der
Wahrheitsbegriff noch nicht | thematischer Grundbegriff ist) mit den　[452]
zugehörigen phänomenologischen Klärungen. Im Zusammenhang
35　damit erfährt das Verhältnis der formalen Logik zur formalen Mathematik und zu der sie beide umspannenden formalen *mathesis universalis* eine wesentliche Vertiefung. Der 2. Abschnitt: „Von der
formalen zur transzendentalen Logik" hat die Aufgabe der ausdrücklichen Rückleitung in die konstitutive Problematik; er bringt

u. a. eingehende Untersuchungen zur allgemeinen Problematik der Evidenz in Beziehung auf Sein und Wahrheit, ferner zu einer radikalen Urteilstheorie usw. Von besonderer Bedeutung ist die tiefere Aufklärung der schon in den *Ideen* ersichtlich gewordenen Unter-
5 scheidung zwischen eidetischer Bewußtseinspsychologie und „transzendentaler" Phänomenologie. Damit geht in eins eine methodisch-für die ganze phänomenologische Philosophie grundlegende Klärung des „transzendentalen Psychologismus". Erst hier gewinnt das Verhältnis der transzendentalen Subjektivität zur psychologischen eine
10 unbeirrbare Evidenz, welche die großen in ihrer Verwechslung beschlossenen Mißverständnisse der reinen Phänomenologie fernhält.

Es bleibt noch hinzuweisen auf die *Méditations cartésiennes*, die eine erweiterte Ausarbeitung zweier im Frühjahr 1929 an der Sorbonne gehaltenen Doppelvorträge sind. In diesen umreißt Husserl
15 das Ganze der phänomenologischen Philosophie, gibt vor allem in einer ausführenden Analyse der Einfühlung, als der Erfahrung des Fremdseelischen, die notwendige Basis für die volle Erschließung der transzendentalen Subjektivität als transzendentaler Intersubjektivität und damit die volle Umzeichnung des Universums der kon-
20 stitutiven Probleme. (Für das Lexikon dargestellt von E. Husserl.)

TEXTKRITISCHER ANHANG

ZUR TEXTGESTALTUNG

Dieser Band enthält a) sämtliche zwischen 1922 und 1937 veröffentlichten kleineren Texte Husserls und b) alle seine Vorträge aus dieser Zeit,[1] die in den Husserliana *bisher noch nicht erschienen sind bzw. deren Publikation nicht in anderem Zusammenhang vorbereitet wird.[2] Nicht aufgenommen sind Husserls Vorlesungen, die er im Rahmen der üblichen Lehrverpflichtungen hielt. Wie schon in Band XXV sind hier zudem c) alle eigenständigen Abhandlungen aus dem genannten Zeitraum gesammelt, die Husserl für eine Veröffentlichung vorsah, dann aber doch nicht publizierte.*

Bei der Anordnung der Beiträge wird auf eine Einteilung in Texte, die zu Husserls Lebzeiten erschienen sind, und in solche aus dem Nachlaß verzichtet. Stattdessen wird nur zwischen Haupttexten und Beilagen unterschieden. Letztere sind im Anschluß an die Haupttexte, denen sie zugehören, abgedruckt. Die Anordnung der Texte erfolgt chronologisch. Für die zu Husserls Lebzeiten veröffentlichten Arbeiten und von ihm gehaltenen Vorträge ist das Datum ihres Erscheinens bzw. des Vortrags maßgebend. Für die Texte aus dem Nachlaß gilt das Datum des Zeitraums, in dem sie verfaßt wurden.

Liegen mehrere Fassungen eines von Husserl nicht veröffentlichten Textes vor, wird grundsätzlich die letztgültige Manuskriptfassung Husserls wiedergegeben. Da im Falle der Kaizo-Artikel nur der erste Aufsatz (,, Erneuerung. Ihr Problem und ihre Methode ") außer in japanischer auch in deutscher Sprache erschien, mußte für die Textgrundlage aller übrigen Artikel ebenfalls auf die im Nachlaß vorhandenen Fassungen zurückgegriffen werden.[3] Vor dem zwei-

---

[1] *Aus der* Einleitung der Herausgeber *und den nachfolgenden Textbeschreibungen geht hervor, um welche Texte es sich dabei handelt.*

[2] *Vgl. die Zusammenstellung der in den* Husserliana *bereits veröffentlichen Aufsätze und Vorträge oben auf S. IX.*

[3] *In Husserls Nachlaß befindet sich zu den Arbeiten für Kaizo folgendes Material: 1. Husserls stenographische Fassungen, Entwürfe und Notizen sowie seine kurrentschriftlichen Ausarbeitungen liegen in der Mappe F II 7 (eine Beschreibung dieser Mappe folgt unten auf S. 263). 2. Eine maschinenschriftliche Abschrift des zweiten Artikels mit Korrekturspuren Husserls findet sich in A III 11 auf den Blättern 90–98, die das Format 22,4 × 28,2 cm besitzen. 3. Von Ludwig Landgrebe angefertigte Typoskripte des ersten (M III 4 Ia/2–28: ein maschinenschriftlicher Durchschlag; M III 4 Ib/2–28: desgleichen) und des zweiten Artikels (in A III 11/100–116, 117–132: zwei maschinenschriftliche*

ten Artikel ("Die Methode der Wesensforschung") wurde in Kaizo *der dritte ("Erneuerung als individualethisches Problem") abgedruckt; für die Veröffentlichung in diesem Band wurde die von Husserl vorgesehene Reihenfolge gewählt.*

Husserl entwarf, wie es seine Gewohnheit war, die Texte für Kaizo *in Gabelsberger Stenographie, fertigte aber selbst von ihnen Reinschriften in Kurrent an. Wie die Fragmente und Entwürfe in F II 7 zeigen — er plante zunächst, gleich zu Beginnn seiner Darstellung das Verhältnis von Individualethik und Sozialethik zu bestimmen — wollte er anfangs das Thema wohl in nur einem Aufsatz behandeln. An dieser Konzeption hielt er längere Zeit fest, denn das Fragment, das dies in erster Linie belegt, liegt in einer (unvollständigen) kurrentschriftlichen Ausarbeitung vor (Blätter 69, 66, 67, 65, 68, 40 (3–6) sowie die gestrichene Rückseite von Blatt 100 (8); vgl. auch die stenographischen Seiten 4a und 4b (Blatt 60 und 59)). Doch auch später noch, als sich das Vorhaben bereits zu einer Artikelserie ausgeweitet hatte, wollte Husserl den individualethischen und sozialethischen Aspekt zusammen behandeln: Der Titel der kurrentschriftlichen Ausarbeitung des dritten Artikels lautete ursprünglich* Erneuerung als individualethisches und sozialethisches Problem, *obwohl in ihm nur die Individualethik Thema ist (entsprechend besitzt auch der vierte, unveröffentlicht gebliebene Artikel zur Sozialethik den ge-*

Durchschläge), jeweils auf Blättern vom Format 15,8 × 21 cm. Die Abschrift in M III 4 Ia liegt in dem Umschlag 1/29, der von Husserl mit Blaustift die Aufschrift trägt: Erneuerung. Ihr Problem und ihre Methode, Kaizo 1923, abgefaßt 1922, *daneben mit Bleistift* Kuki's (Exemplar?) *(Gemeint ist der Japaner Graf Shuzo Kuki, der in den zwanziger Jahren Vorlesungen bei Husserl und Heidegger hörte); die Abschrift in M III 4 Ib befindet sich im Umschlag 1/29 (eine Sendung der Kant-Gesellschaft vom 22.11.1933) und trägt von Husserl die Blaustift-Aufschrift* Erneuerung I Kaizo. *Die beiden Durchschläge des zweiten Artikels liegen im Umschlag A III 11/99/133 mit der mit Rotstift geschriebenen Aufschrift* Kaizo, über Allgemeinheitsbewußtsein. *Auf den Seiten dieser Durchschriften in M III 4 Ia,b und A III 11/100–132 finden sich keine Annotationen Husserls. 4. Im Nachlaß ist zudem je ein Exemplar von* The Kaizo, *Heft 3 von 1923 und Heft 2 und 4 von 1924 vorhanden (K VIII).*

Die von Landgrebe angefertigten Typoskript-Fassungen auf den kleinformatigen Blättern stellten keine Vorlagen für den Übersetzer bzw. für den Druck dar. Landgrebe wurde erst im Sommer/Herbst 1923 Husserls Assistent, und zu diesem Zeipunkt waren die Artikel bereits veröffentlicht bzw. befanden sich im Druck. Landgrebe fertigte die Abschriften wohl aus dem Grund im Nachhinein an, damit Husserl sie, da er vom Verlag keine Sonderdrucke des ersten Aufsatzes erhalten hatte (vgl. R II Tanabe, 23.6.1924) und die übrigen Artikel nur in japanischer Sprache veröffentlicht wurden, anderen zur Lektüre überlassen konnte. Auch bei dem Typoskript des zweiten Aufsatzes auf den großformatigen Blättern in A III 11 (Blätter 90–98) ist es zweifelhaft, ob es als Druckvorlage gedacht war. Dagegen spricht, daß in diese Fassung nicht der letzte Absatz aufgenommen ist, der sich sowohl in der letzten handschriftlichen Fassung Husserls (F II 7/77–89) wie auch im japanischen Drucktext findet. Das Typoskript enthält auch nicht die Fußnote zu Beginn, die in der handschriftlichen Fassung nachträglich gestrichen wurde (sie unten S. 266), aber im Drucktext ebenfalls steht.

meinsamen Titel Erneuerung als individualethisches und sozialethisches Problem II).

Zum ersten Kaizo*-Artikel „ Erneuerung. Ihr Problem und ihre Methode" liegen in F II 7 Bruchstücke dreier stenographischer Fassungen vor: 1. Der Beginn einer früheren Fassung auf den Blättern 72-75 (1, 2, 4a und 5). Der Text der Blätter 72 und 73 wird hier als Beilage I wiedergegeben. Die Ausführungen der Blätter 74 und 75 weisen Gemeinsamkeiten mit der Thematik des fünften, von Husserl nicht veröffentlichten Artikels („ Formale Typen der Kultur in der Menschheitsentwicklung") auf. 2. Die Blätter 92, 99 und 116 (2-5), auf denen, 3., der Text der Blätter 94, 100, 111, 112, 115 und 123 (7a, 11-16) fußt. Auf dieser Fassung basiert eine kurrentschriftliche Ausarbeitung (Blätter 5-38 (1-27)), die bis auf wenige geringe Abweichungen mit dem Abdruck in* Kaizo *identisch ist. Die Abweichungen können zum einen aus nachträglichen Verbesserungen Husserls in der nicht erhaltenen Druckvorlage erklärt werden, zum anderen sind sie auf Fehler des japanischen Setzers zurückzuführen. Textgrundlage für den Abdruck in diesem Band ist die Erstveröffentlichung. Nur in den Fällen, wo eindeutige Setzfehler vorliegen, wurde nach dem kurrentschriftlichen Manuskript verbessert; die betreffenden Stellen sind unten in den* Textkritischen Anmerkungen *verzeichnet. Dort sind auch alle übrigen Abweichungen der Erstveröffentlichung vom kurrentschriftlichen Manuskript vermerkt. — Eine frühere, erheblich kürzere stenographische Fassung des zweiten Artikels („ Die Methode der Wesensforschung") findet sich in F II 7 auf den Blättern 119, 120 und 122. Die Originalpaginierung dieser Blätter (II-IV) zeigt, daß dieser Artikel ursprünglich als Exkurs in den dritten (Paginierung I-XIV) integriert war. Daneben liegt eine ausführliche kurrentschriftliche Ausarbeitung vor (Blätter 77-89); sie ist — wieder abgesehen von geringen Abweichungen — textidentisch mit der maschinenschriftlichen Abschrift in A III 11/90-98. Die Abweichungen sind auf Abschreibefehler im Typoskript zurückzuführen; nur an drei Stellen nahm Husserl darin handschriftlich geringfügige Verbesserungen vor. Textgrundlage für den Abdruck in diesem Band bildet Husserls letzte, die kurrentschriftliche Fassung, seine handschriftlichen Korrekturen im Typoskript werden unten in den* Textkritischen Anmerkungen *wiedergegeben. — Zu dem in zwei größere Teile gegliederten dritten Artikel („ Erneuerung als individualethisches Problem") finden sich im Nachlaß ein stenographisch angefertigtes Manuskript (in F II 7/117, 118, 97, 98, 109, 108 (Teil I); 108, 102, 101, 103-106 (Teil II); Originalpaginierung I-XIV, die Seiten VII und X fehlen, Seite VII liegt als Blatt 77b in F I 29) sowie eine kurrentschriftliche Ausarbeitung (F II 7/127-140 (Teil I), 143-160 (Teil II)). Die kurrentschriftliche Fassung bildet die Vorlage für die Veröffentlichung in diesem Band. - Der Artikel „ Erneuerung und Wissenschaft", den Husserl nicht mehr publizierte, liegt nur in einer stenographischen Fassung vor (in F II 7/46-56), ebenso der auch unveröffentlicht gebliebene und unabgeschlossene Aufsatz „ Formale Typen der Kultur in der Menschheitsentwicklung" (F II 7/179-212).*

Zu Husserls Vortrag „Phänomenologie und Anthropologie" finden sich im Nachlaß zwei im Detail voneinander abweichende stenographische Fassungen (in F II 2 auf den Blättern 2-17 und 18-30) sowie eine maschinenschriftliche

Abschrift der Blätter 2-17 (M II 1) von Eugen Fink.[1] Ein Vergleich beider Fassungen zeigt, daß die Blätter 2-17 auf den Blättern 18-30 basieren; sie stellen die letzte handschriftliche Fassung dar, und deshalb wählte Fink sie auch als Vorlage für seine Ausarbeitung. Sicher jedoch ist, daß Husserl die beiden letzten Blätter der ersten Fassung (Blätter 29 und 30) zumindest für den Vortrag in Berlin an die Blätter 2-17 anhängte. Denn nur im Text auf Blatt 29 erwähnt Husserl namentlich Max Scheler, und daß er ihn im Berliner Vortrag nannte, vermerkten Korrespondenten Berliner Zeitungen, die über den Vortrag berichteten. Zum anderen versah Husserl — zusätzlich zur römischen Paginierung der ersten Fassung — Blatt 29 mit der arabischen Ziffer 16, so daß diese Seite an die Seite 15 (Bl. 17), die letzte Seite der zweiten Fassung, anschließt. Wahrscheinlich nahm man bei einer späteren Sichtung der Manuskripte den Schlußteil, nur auf die römische Paginierung achtend, wieder heraus, so daß für Finks Ausarbeitung der Text nur bis Seite 15 vorlag. Der Vortrag erscheint somit in diesem Band zum ersten Mal vollständig in der Form, wie Husserl ihn in Berlin gehalten hatte. Von den Korrekturen, die Husserl handschriftlich in Finks Ausarbeitung vornahm, sind die sachlich bedeutsamen in Fußnoten zum Text wiedergegeben, die übrigen in den Text-kritischen Anmerkungen verzeichnet.

Von der Prager Abhandlung ist ein handschriftliches Manuskript nicht erhalten. Eugen Fink hatte das Originalstenogramm übertragen und eine maschinenschriftliche Abschrift mit einen Durchschlag angefertigt. In diesen beiden zunächst identischen Fassungen (M III 16a und b) brachte Husserl umfangreiche, zum größten Teil jeweils verschiedene Korrekturen an. Da die Überarbeitung beider Manuskripte nicht genau datierbar ist, da aber mit gro-ßer Wahrscheinlichkeit angenommen werden kann, daß Husserl beide Fassungem im gleichen Zeitraum überarbeitete, läßt sich nicht mit Sicherheit sagen, welche der beiden Fassungen er als die letztgültige ansah. Die stärker überarbeitete Fassung b dient in diesem Band als Textgrundlage, die abweichenden sachlich bedeutsamen Korrekturen der Fassung a werden dem Text in Fußnoten beigegeben und alle übrigen Veränderungen in den Textkriti-schen Anmerkungen verzeichnet.

Als Beilagen wurden im Falle der Kaizo-Artikel solche Texte aus Husserls Mappe F II 7 ausgewählt, die eine sachliche Ergänzung zu den Ausführungen der Aufsätze bieten und nicht bloße Bruchstücke darstellen. So wird als Beilage I die Anfangspassage einer früheren Fassung des ersten Artikels wiedergegeben, welche Husserl nicht in die Letztfassung aufgenommen hatte. Die Beilagen II bis X versammeln einige Texte aus derselben Mappe, die Zusätze zum dritten und zum fünften Kaizo-Artikel darstellen. Den Text von Beilage IX verfaßte Husserl wahrscheinlich im Zusammenhang mit seiner Vorlesung „Einleitung in die Philosophie" vom Wintersemester 1922/23 (vgl. B I 37/31-34 und F I 29/3-7). Bei Beilage XI handelt es sich um einen Text, der nicht aus dem Umkreis der Arbeiten zu Kaizo stammt, aber ihnen thematisch nahesteht; er trägt den Titel „Shaw und die Lebenskraft des Abendlandes"

---

[1] *Diese Fassung wurde in* Philosophy and Phenomenological Research, *2, 1941, S. 1—14 veröffentlicht.*

und liegt nur in einer maschinenschriftlichen Version vor (Signatur K IV 2). Laut Angaben von Ludwig Landgrebe handelt es sich dabei um einem authentischen Text Husserls, der etwa in die Mitte der zwanziger Jahre zu datieren ist. Zu welchem Zweck Husserl ihn verfaßte, ist nicht bekannt. Der Stil des kleinen Aufsatzes deutet jedoch auf eine geplante Veröffentlichung hin.

Die Texte der Beilagen XII und XIII aus der Mappe A VI 16–17 gehören zu Husserls geplantem Festschriftbeitrag für Thomas Masaryk. Bei Beilage XII handelt es sich um ein loses Blatt, während der Text von Beilage XIII, wie die Originalpaginierung zeigt, direkt an den Haupttext anschließt.

Zur Prager Abhandlung hatte Husserl einen Umschlag mit Noten (in M III 16b/1–27) angelegt. Er enthält Blätter, deren Mehrzahl unter Angabe von Seitenzahlen auf das Typoskript der Abhandlung Bezug nimmt; die Texte waren von Husserl als Einschübe und Ergänzungen gedacht. Sie werden hier als Beilagen XIV bis XVII veröffentlicht. Auf die wenigen übrigen Blätter hatte Husserl — zumeist stichwortartig — Einfälle und knappe Gedankengänge formuliert. Ihr Text ist meist zusammenhanglos und eignet sich nicht zur Publikation. In K III 2 befindet sich ein weiteres Manuskript, das Husserl, wie die Aufschrift zeigt, zur Prager Abhandlung verfaßt hatte; sein Text wird hier als Beilage XVIII wiedergegeben. Beilage XIX bringt einen Text zum gleichen Themenkreis. Das zugrundegelegte Manuskript findet sich in M III 17 a und b in einer maschinenschriftlichen Fassung mit einer Durchschrift. Es wurde wahrscheinlich von Eugen Fink ausgearbeitet und trägt von Husserls Hand die Jahreszahl 1934. Beilage XX: Dasselbe Doppel-Konvolut enthält Husserls Entwürfe zu einem Motto für Kastors Bild. Es lassen sich dabei drei Fassungen unterscheiden: 1. ein von Husserl in Kurrent verfaßter Text (M III 17a/2), 2. ein ebenfalls in Kurrent geschriebener und von der ersten Fassung deutlich abweichender Text (M III 17a/3). 3. Der zweite Text wurde geringfügig überarbeitet und, wahrscheinlich von Eugen Fink, maschinenschriftlich mit einem Durchschlag abgeschrieben: a. Blatt 4 aus M III 17a weist am Ende einen Bleistift-Zusatz Husserls auf, während b., die Durchschrift (M III 17b/1), nicht von Husserl überarbeitet ist. Als Beilage XX sind hier die erste Fassung und die Fassung 3a. abgedruckt.

*

Orthographie und Interpunktion der von Husserl veröffentlichen Arbeiten sowie der kurrentschriftlichen Manuskripte wurden, wo nötig, den heute geltenden Regeln angeglichen. Die in Gabelsberger Stenographie verfaßten Manuskripte wurden entsprechend transkribiert. Maßgebend hierfür war die 18. Auflage des Duden, Bd, I, Mannheim 1980. *In Husserls Syntax wurde nur eingegriffen, wo fehlende Wörter ergänzt werden mußten oder eindeutige Verschreibungen vorlagen. Letztere werden in den* Textkritischen Anmerkungen *angegeben. Alle von den Herausgebern formulierten Überschriften sowie alle im Text ergänzten Wörter stehen zwischen spitzen Klammern.*

Die überaus zahlreichen Unterstreichungen in Husserls Manuskripten werden der Lesbarkeit der Texte halber nur selten wiedergegeben. In den textkritischen Beschreibungen der einzelnen Manuskripte finden sich allgemeine

Angaben über solche Unterstreichungen, die nicht mit dem Grundschreibmittel ausgeführt wurden. Nicht vermerkt werden Änderungen Husserls in den handschriftlichen Manuskripten, die offensichtlich bei der ersten Niederschrift vorgenommen wurden und nicht von inhaltlicher Bedeutung sind.

Husserl hatte in seinen Manuskripten manche Passagen eingeklammert, was besagen sollte, daß sie im mündlichen Vortrag oder bei der Ausarbeitung fortfallen konnten. Diese Passagen werden grundsätzlich in den hier wiedergegebenen Texten abgedruckt, die Klammern in den Textkritischen Anmerkungen *angegeben. In Klammern gesetzte und überdies gestrichene Textpartien werden dagegen nur in die* Textkritischen Anmerkungen *aufgenommen.*

Anmerkungen Husserls sind hier durch Asterisken gekennzeichnet und werden in Fußnoten wiedergegeben. Von den Herausgebern beigefügte Anmerkungen sind durch Ziffern markiert. Sie werden mit einer durchgehenden Linie vom übrigen Text bzw. den Anmerkungen Husserls abgetrennt.

Die Seitenzahlen der zu Husserls Lebzeiten erfolgten Veröffentlichungen werden am Rande der entsprechenden Zeile in eckigen Klammern vermerkt. Bei den Texten aus dem Nachlaß beziehen sich die Himweise auf die Numerierung von ‚Blättern' in den Textkritischen Anmerkungen *auf die Paginierung des Husserl-Archivs Leuven (die archivierten Konvolute sind jeweils durchgehend numeriert). Hinweise auf die Numerierung von ‚Seiten' beziehen sich auf eine von Husserl vorgenommene Paginierung. Eine Seitenkonkordanz der Texte aus dem Nachlaß findet sich unten auf S. 328.*

Die Bezeichnung ,, Normalformat " der Husserlschen Manuskriptblätter in den Textkritischen Anmerkungen *bezieht sich auf ein Blatt von etwa der Größe 15 × 21 cm.*

In den Textkritischen Anmerkungen *wird bei der Beschreibung eines Manuskriptes das in ihm verwendete Grundschreibmittel (Tinte oder Bleistift) angegeben. In den zugehörigen Anmerkungen wird das Schreibmittel, mit dem Änderungen ausgeführt wurden, nur genannt, wenn es sich nicht um das Grundschreibmittel handelt.*

In den Textkritischen Anmerkungen *werden folgende Abkürzungen verwendet: angestr. = angestrichen; B. = Blatt oder Blätter; m. Blaust. (m. Bleist, etc.) = mit Blaustift (mit Bleistift etc.); Einf. = Einfügung (Zusatz, für den Husserl die Stelle der Einfügung in den Text bezeichnet hat); Erg. = Ergänzung (Zusatz, bei dem Husserl die Stelle der Einfügung nicht bezeichnet hat); gestr. = gestrichen; Hrsg. = Herausgeber; Ms. = Manuskript; Rb. = Randbemerkung; unterstr. = unterstrichen; V. = Veränderung.*

TEXTKRITISCHE ANMERKUNGEN

„Erneuerung. Ihr Problem und ihre Methode": *The Kaizo*, 5, 1923, Heft 3, S. 84–92 (deutsch), S. 68–83 (japanisch) (S. 3–13)

Textgrundlage für den Abdruck in diesem Band bildet die deutschsprachige Erstveröffentlichung (im folgenden mit B bezeichnet). Eindeutige Setzfehler wurden nach dem kurrentschriftlichen Manuskript in F II 7/5–38 (mit A bezeichnet) berichtigt und sind wie die übrigen Abweichungen der Erstveröffentlichung vom Manuskript im folgenden vermerkt.

Beschreibung von F II 7 (wenn nicht anders angegeben, ist der Text mit Tinte und in Gabelsberger Stenographie geschrieben): Das ganze Konvolut befindet sich im Gesamtumschlag 1/239 (ein Briefumschlag der Kant-Gesellschaft Berlin, mit Poststempel vom 10.10.1922); er trägt mit Blaustift die Aufschrift Kaizo. Es folgt ein einzelnes Blatt (Blatt 2), hier als Beilage II abgedruckt (Beschreibung siehe unten, S. 284). Danach der Binnenumschlag 3/125 (eine Sendung der Buchdruckerei des Waisenhauses Halle an der Saale mit Poststempel vom 10.11.1922), darauf die Blaustift-Aufschrift: Kaizo. 1. Artikel über Erneuerung, ihr Problem und ihre Methode, 2. Methode der Wesensforschung. *Blatt 4 enthält eine Gliederung der Aufsätze. Auf den Blättern 5–38 findet sich die kurrentschriftliche Fassung des ersten Artikels. Darauf folgt der Binnenumschlag 39/71, ohne Aufschrift. Die Blätter 40–43 enthalten Bruchstücke aus früheren Fassungen des ersten Artikels: Die Blätter 40 (mit der Bleistift-Paginierung 6) und 42 sind in Kurrent beschrieben, die Blätter 41 und 43 sind Stücke eines maschinenschriftlichen Textes. Blatt 44 enthält, kurrentschriftlich von Malvine Husserl, Gliederungspunkte zum ersten Artikel. Es folgt der Binnenumschlag 45/61 mit der Aufschrift Ko. (mit Blaustift)* „Erneuerung als individualethisches und sozialethisches Problem" *(mit Bleistift). Blätter 46–56: der vierte Artikel (Beschreibung siehe unten, S. 274). Blatt 57: Notizen zum Themenkreis des fünften Artikels. Die Blätter 58, 59 (paginiert mit Blaustift 4b) und 60 (paginiert mit Blaustift 4a, mit Bleistift 3) enthalten Textfragmente zum ersten Artikel. Blatt 62: kurrentschriftlich beschrieben, ohne Paginierung; Blatt 63 weist nur den abgebrochenen Text* Apodiktizität ist, wie wir uns *auf; 64: ein nicht paginiertes Blättchen. Blätter 65–69: mit Bleistift von 3–5 paginierter Teil einer früheren kurrentschriftlichen Fassung des ersten Artikels. Blatt 70: Text auf der Rückseite der oberen Hälfte eines Ankündigungsplakats von Husserls Londoner Vorlesungen*

(Juni 1922); Aufschrift mit Blaustift Zu Kaizo Ern. I. Art., individualethisch. *Blätter 72-75: mit Blaustift paginierter (1, 2, 4a, 5) Teil des ersten Artikels (der Text der Blätter 72 und 73 ist in diesem Band als Beilage I wiedergegeben, Beschreibung siehe unten, S. 283). Blätter 76-90: kurrentschriftliche Fassung des zweiten Artikels (Beschreibung siehe unten, S. 265). 91/124: Binnenumschlag (ein Briefumschlag des Instituts für Psychologie und Pädagogik der Handels-Hochschule Mannheim, Poststempel 27.10.1924). Die Blätter 92-123 enthalten mehrere Fassungen des ersten sowie des dritten bzw. zweiten Artikels, der hier noch in wesentlich kürzerer Form in den dritten integriert ist. Die Blätter sind durcheinandergeraten; es lassen sich aus ihnen diese drei Fassungen zusammenstellen: 1. Mit Bleistift von 2-5 paginierte Fassung auf den Blättern 92, 99 und 116 (erster Artikel). 2. Mit Blaustift paginierte Fassung (*7a *(115),* 11 *(112),* 12 *(111),* 13 *(123),* 14 *und* 16 *(94),* 15 *(100) (erster Artikel)). 3. Mit Tinte, Blei-, Blau- und Fettstift paginierte Fassung:* I *(117),* Beilage zu I *(118),* II *und* III *(119, 120),* IV *(122),* V *und* Va *(97 und 98),* VI *(109),* VIII *(108),* IX *(102),* Beilage zu IX *(101),* XI–XIV *(103–106) (zweiter und dritter Artikel). Dazwischen liegen einige abgetrennte unpaginierte Blätter mit zum großen Teil gestrichenen Textpartien aus dem Umkreis des ersten Artikels (93, 95, 96 und 113). Blatt 121 gibt eine Version zum zweiten Artikel. Blatt 110 enthält auf der Vorderseite einen Briefentwurf Husserls an seinen Neffen Karl (Fleischer?) und Blatt 107 eine Zusammenstellung von Buchtiteln. Der Umschlag 126/141 beinhaltet auf den Blättern 127-140 die kurrentschriftliche Fassung des ersten Teils, der Umschlag 142/161 auf den Blättern 143-160 die kurrentschriftliche Fassung des zweiten Teils des dritten Artikels (siehe unten, S. 266). Blatt 162: kleines Blatt mit der Aufschrift mit Lilastift* Zum l e t z t e n K a i z o a r t i k e l ein vielleicht benützbares Konvolut in Nr. 9 I in gr. Umschlag über W i s s e n s c h a f t a l s K u l t u r p h ä n o m e n, damals dazu ausgearbeitet, und über verwandte Themen. *Blatt 163: Gliederung zu den Aufsätzen. Die Blätter 178-184 und 189-212 enthalten den Text des fünften Artikels (siehe unten, S. 275), die Blätter 164-177, 185-188 und 213-238 ihn bzw. den dritten Artikel ergänzende Ausführungen. Der Text der Blätter 175 und 176 wird hier als Beilage III veröffentlicht, der Blätter 168 und 169 als Beilage IV, der Blätter 186-188 als Beilage V, der Blätter 218 und 219 als Beilage VI, des Blattes 237 als Beilage VII, der Blätter 220 und 221 als Beilage VIII, der Blätter 170-172 als Beilage IX und der Blätter 222, 228-235 als Beilage X (Beschreibungen dieser Blätter siehe unten). Die Blätter 164 und 165 sind die beschriebenen Rückseiten eines Briefes von Karl Bühler an Husserl vom 17.7.1922; 213 ist eine Feldpostkarte, 224 die beschriebene Rückseite eines Briefes von A. Rehm vom 22.9.1921 an das* Sehr geehrte Fräulein Dr.! *(?); 227 der untere Teil eines Blattes aus einem Brief H. Tanabes an Husserl.*

3, 3 Erneuerung *in A in* Anführungszeichen ‖ **3,** 14 *nach* Großen *in A und* Schönen ‖ **3,** 18 *nach* Werten *in A mit* ‖ **3,** 22 *statt* in neuester *in A in der* neuesten ‖ **3,** 24 *nach* Volkskreise *in A in* unseren Nationen ‖ **4,** 4 f. *nach* in uns *in A* selbst ‖ **4,** 6 *statt* Welt *in A* Kultur ‖ **4,** 10 f. *statt* passiv zusehen — passiv zusehen könnten *in B* passio zusehen — passio zusehen könnten *(kor-*

rigiert nach A) || **4,** 11 *statt* auch *in A* selbst || **5,** 9 *statt* Motiv *in A* Motive ||
5, 20 *vor* Wesen *in A* das || **5,** 20 *vor* Möglichkeit *in A* die || **5,** 31 Schamlo-
sigkeit der *in B* || **5,** 31 so *in B* || **5,** 38 f. *statt* die Kräfte des ungeschulten
Denkens völlig übersteigt *in A* für die Kräfte des ungeschulten Denkens völ-
lig unüberwindliche Schwierigkeiten macht || **6,** 16 *statt* im *in A* zu || **6,** 21 *vor*
rationalen *in A* entsprechend || **6,** 21 *statt* vom *in B* von *(korrigiert nach A)* ||
6, 23 *statt* rationale *in B* nationale *(korrigiert nach A)* || **7,** 2 f. *statt* mathema-
tischer *in A* naturmathematischer || **7,** 24 normative *in B* || **7,** 24 allgemei-
nen *in B* || **7,** 34 *statt* naturalistische *in B* naturalische *(korrigiert nach A)* ||
7, 36 methodische *in B* || **8,** 7 *statt* Sinn *in A* Wesen || **8,** 14 bezogen auf *in B* ||
8, 22 *vor* intersubjektive *in B* durch || **8,** 26 *vor* Wollens *in B* und || **8,** 28
Natur *in A* in Anführungszeichen || **8,** 34 objektive *bis* „Natur" *in A* in
Anführungszeichen || **8,** 37 *statt* eigentümliche *in A* eigentliche || **9,** 6 *vor* der
spezifischen *in A* die || **9,** 8 *statt* bzw. *in A* und || **9,** 9 *statt* Normgestalten *in A*
ausgezeichneten || **9,** 11 *vor* praktisch *in A* selbst || **9,** 13 *statt* und *in A* hierin ||
9, 14 *vor* im *in A* die || **9,** 17 *statt* der *in A* einer || **9,** 17 Tatsachen *in A* in
Anführungszeichen || **9,** 23 *statt* beurteilenden Vernunft *in A* beurteilenden
Normierung || **9,** 29 f. *statt* praktischer Vernunftleitung *in A* reiner Vernunft ||
9, 32 es *in B* || **9,** 35 f. nach Erneuerung Strebenden *in B* || **9,** 36 nur *in B* ||
10, 5 *vor* Reform *in A* praktische || **10,** 8 das *in B* || **10,** 8 die *in B* || **10,** 13 f.
statt dies *bis* zu machen *in A* dies klarzumachen und zugleich — wie wir
wollten — zu erweisen || **10,** 19 *statt* also *in B* als *(korrigiert nach A)* || **10,** 25
statt nüchterne *in A* nüchtern || **10,** 33 *vor* Typen *in A* denkbaren || **11,** 1 *statt*
sind *in B* ist || **11,** 20 *vor* bewußt *in A* voll- || **11,** 21 *statt* Erwägungen *in A*
Überlegungen || **11,** 36 *statt* zwei oder x Augen *in B* zwei oder Augen *(korri-
giert nach A)* || **12,** 2 *vor* im Blick *in A* mit || **12,** 27 *vor* leider *in A* uns ||
12, 34 f. *statt* in methodischer Hinsicht *in A* ja aus prinzipiellen Gründen ||
12, 35 *nach* gezeigt haben *in A* — durch jene Kontrastierung der Theoretisie-
rung der Natur und der Theoretisierung des Geistes — || **12,** 38 *statt* vom
Menschentum *in B* von Menschentun *(korrigiert nach A)* || **12,** 39 *nach* kann.
Erg. in A Freilich darf diese Wissenschaft — wie sich durch unsere Kontrastierung zwischen rationaler Theoretisierung der Natur und des Geistes
erwiesen hat — nicht den Typus naturwissenschaftlicher Theoretisierung
imitieren wollen — als ob der Geist ein bloßer „matter of fact" wäre. ||
12, 40 *statt* in Wesensnotwendigkeit *in A* wesenhaft || **13,** 7 *statt* Idee *in A*
Ideen || **13,** 7 *vor* herantretend *in A* selbst || **13,** 10 — vortastende Anfänge —
in B || **13,** 12 *nach* Sphäre denken *in A* und zwar als vorbereitende ||

„Die Methode der Wesensforschung": *The Kaizo,* 6, 1924, Heft
4, S. 107–116 (japanisch)
(S. **13–20**)

*Der Text fußt auf den mit Tinte in lateinischer Kurrentschrift beschriebenen
Blättern 77–89 aus dem Konvolut F II 7 (Beschreibung siehe oben, S. 263 f.).
Die Blätter liegen im Umschlag 76/90 mit der Aufschrift* Methode der We-
sensforschung (Kaizo). *Mit Ausnahme der Blätter 77 (Format 18,4 × 23,1 cm)*

*und 78 (18,8 × 12,3 cm) besitzen sie das Format 19 × 24 cm und sind einseitig
beschrieben und von 4–16 paginiert. Husserls handschriftliche Veränderungen
im Typoskript A III 11/90–98 werden mit dem Vermerk ‚in B' wiedergegeben.*

13, 15 *gestr. Fußnote* In meinem ersten Artikel über Erneuerung (diese
Zeitschrift ⟨ 1923,3 ⟩ „Erneuerung. Ihr Problem und ihre Methode") wies ich
auf die Methode der Wesensforschung hin, als die für alle und so auch für
die prinzipiellen geisteswissenschaftlichen Untersuchungen einzig fruchtbare
Methode. Zunächst für die Leser dieses und der unmittelbar folgenden Artikel über „Erneuerung" — aber auch für andere philosophisch interessierte
Leser — dürfte eine allgemeine Charakteristik dieser zur Zeit vieldiskutierten
Methode nicht unwillkomen sein. ‖ **14**, 4 f. *vor* Denkens *gestr.* mathematischen ‖ **14**, 18 *nach* eine mögliche Natur überhaupt *gestr.* Ebenso bewegt sich
jedes apriorische Denken, und ausschließlich, im Reiche reiner, von aller
Wirklichkeitssetzung freier Möglichkeiten ‖ **14**, 27 erhalten *V. für* festgehalten ‖ **14**, 33 f. *nach* durchhalten *in B Rb. m. Bleist.* im vereinheitlichenden
Prozeß fortgehenden Phantasierens ‖ **14**, 35 jedes *V. für* alles ‖ **14**, 36 *nach*
einstimmig *in B Einf. m. Bleist.* erhalten und ‖ **15**, 4 die in der Phantasie *bis*
kommen *Einf.* ‖ **15**, 8 *statt* es *im Ms.* er ‖ **15**, 9 und erschließt sich das
unendliche *V. für* also zum unendlichen ‖ **15**, 13 *statt* die *in B* deren jede ‖
15, 13 *nach* als *in B Einf. m. Bleist.* der ‖ **15**, 15 *Text zwischen Klammern
Einf.* ‖ **15**, 30 Wesensgesetze *V. für* wesensgesetzlichen Allgemeinheiten ‖
15, 31 f. „notwendige *bis* allgemeine" Wahrheiten *V. für* generelle „strenge"
Allgemeinheiten der Geltung ‖ **15**, 34 ihrer *V. für* jener ‖ **15**, 37 weiter *V. für*
wieder ‖ **15**, 38 *Text zwischen Klammern Einf.* ‖ **16**, 5 bleibt *V. für* ist ‖ **16**, 6
In diesem Sinne ist, was *V. für* und was seinerseits ‖ **16**, 7 *vor* durchaus *gestr.*
ist ‖ **16**, 16 *vor* reiner Möglichkeit *gestr.* freier und ‖ **16**, 37 Dies aber insofern, als *V. für* insofern, nämlich ‖ **17**, 11 *nach* wie wir das *gestr.* oben ‖
17, 16 Zu jeder gehört ein mögliches *V. für* für jederlei ‖ **17**, 16 f. danach eine
apriorische Wissenschaft *Einf.* ‖ **17**, 18 dieser *V. für* apriorischer ‖ **17**, 18 f.
statt denselben *im Ms.* dieselben ‖ **17**, 24 wäre *V. für* ist ‖ **17**, 30 *Text zwischen Klammern Einf.* ‖ **18**, 4 Apriorische Wissenschaften *bis* gibt es also *V.
für* Es gibt danach ‖ **18**, 7 im Rahmen der Natur *Einf.* ‖ **18**, 11 *nach* Kategorie *gestr.* mögliche und demnach auch ins Werk zu setzende apriorische
Wissenschaften ‖ **18**, 19 Gegenständen *V. für* Beständen ‖ **18**, 24 Andeutungen *V. für* Anfängen ‖ **18**, 34 *vor* Bewußtseins *gestr.* Seins und ‖ **19**, 14–18
Differenzieren wir *bis* Differenzierungen. *Einf.* ‖ **19**, 17 Typen *V. für* Differenzen ‖ **19**, 19 geschlossene *V. für* die der geschlossenen ‖

„Erneuerung als individualethisches Problem": *The Kaizo*, 6,
1924, Heft 2, S. 2–31 (japanisch)
⟨S. **20–43**⟩

*Der Text basiert auf den mit Tinte in lateinischer Kurrentschrift beschrie-
benen Blättern 127–140 (Teil I) und 143–160 (Teil II) von Konvolut F II 7*

(Beschreibung von F II 7 siehe oben, S. 263 f.). Die Blätter 127–140 liegen im Umschlag 126/141 (ein Schreiben des Ministeriums des Kultus und Unterrichts Karlsruhe vom 16.11.1922 *mit der Bitte um Prüfung eines Lehramtskandidaten). Er trägt von Malvine Husserl mit Tinte die Aufschrift* Erneuerung als individualethisches *Problem.* Erster Artikel; *darunter von Husserl mit Rot- und Blaustift* = 3. Kaizoartikel. *Die Blätter 143–160 liegen im Umschlag 142/161, der von Malvine Husserl die Bleistift-Aufschrift trägt* Erneuerung als individualethisches Problem. Zweiter *Artikel; darunter von Husserl mit Blaustift* 4. Kaizo.

Die Blätter 127–140 sind von 1–15 paginiert, die Zahlen 1–4 sind mit Blaustift, die Zahlen 6–15 mit Bleistift, und Zahl 5 ist mit Blau- und Bleistift geschrieben. Die Blätter sind unliniert und besitzen das Format 17 × 21,7 cm. *Nur die Blätter 131 und 132, die von Blättern derselben Papiersorte abgetrennt wurden, weichen mit* 17 × 10,6 cm *bzw.* 17 × 19,9 cm *von diesem Format ab; Blatt 140 schließlich ist aus zwei kleineren Blättern von ebenfalls derselben Papiersorte zusammengeklebt. Auf Blatt 129 ist ein kleines Stück Papier (13 × 7 cm) als Beilage aufgeklebt. Außer Blatt 138 sind alle anderen Blätter einseitig beschrieben.*

Die Blätter 143–160 tragen die Originalpaginierung 15a–37. Außer der Zahl 17 (Blatt 145) und der auf der Rückseite von Blatt 160 wiederholten Zahl 37, die mit Tinte geschrieben sind, wurden alle übrigen Blätter mit Bleistift paginiert. Auf die Seite 21 *(147b) folgen die Seite* 21a *(148a), auf die Seite* 22 *(148b) die Seiten* 22a *(149a) und* 22b *(150a), auf die Seite* 24 *(151b) die Seite* 24a *(152a). An Blatt 153 (25, 26) ist Blatt 154 mit einer* Beilage zu 25 *angeklebt. Die Rückseite der Blätter 152 und 154 sind gestrichen; sie enthalten die früheren Textfassungen der Seiten 23 und 17. Der Text ist – mit Ausnahme der Blätter 143 und 160 – auf dasselbe Papier wie derjenige der Blätter 127–140 geschrieben. Der Text von 143 und 160 steht auf längslinierten Blättern von Normalformat. Blatt 150 ist eine abgetrennte Seite vom Format* 17 × 12,2 cm; *der Text ist – ebenso wie der von Blatt 145 – von Malvine Husserl geschrieben. Außer den Blättern 143–145, 149 und 150 sind die übrigen beidseitig beschrieben.*

Die Blätter 127–140 weisen einige Korrekturen mit Bleistift auf. Mit Rot- und Blaustift sind insbesondere die Titel herausgehoben. Stärkere Überarbeitungen finden sich auf den Blättern 143–160: neben Bleistiftkorrekturen Veränderungen mit Rot- und Blaustift.

20, 21 Erneuerung als individualethisches Problem *V. für* Erneuerung als individualethisches und sozialethisches Problem; *danach im Ms.* Erster Artikel ⟨Erster Artikel *von Malvine Husserl geschrieben*⟩ von Edmund Husserl ‖ **20**, 21 *nach dem Titel im Ms.* Fußnote Zugleich als Fortsetzung des Artikels über Problem und Methode der Erneuerung, diese Zeitschrift, 1924, ⟨4⟩. ‖ **20**, 22 f. Titel *Einf.* ‖ **21**, 1 f. individuellen *V. für* geographischen ‖ **21**, 8 einer vernünftigen Subjektivität *V. m. Tinte und Bleist. für* eines vernünftigen Subjektes ‖ **21**, 10–13 welche besonderen *bis* da *V. für* wo immer, und in welchen Besonderungen immer, Unterschiede des Vernünftigen und Unvernünftigen in der Sphäre möglichen Handelns auftreten können ‖ **21**, 15 *vor* Ethik *gestr.*

voll ausgeführte || **21**, 24 f. „Menschheiten" *bis* gehört *V. für* je nachdem ein Volk, Staaten, oder noch umfassender, eine Kulturmenschheit nennen, wie || **21**, 27–29 einer Kultur *bis* fassen kann *V. für* einer abgeschlossenen Gesamtkultur || **21**, 35 geistiges *V. für* allgemein verfügbares || **21**, 35 nach haben. *Rb. m. Bleist.* Beilage || **21**, 35–22, 4 Auf Grund bis Vergemeinschaftung. *Text der Beilage auf gesondertem Blatt* || **21**, 38 *nach* Befähigten *gestr.* und jederzeit in der Einheit historischer Kontinuität || **22**, 3 *nach* Existenz *Rb. m. Bleist.* Verte || **22**, 4 *nach* Vergemeinschaftung *Absatzzeichen m. Bleist.* || **22**, 19 handelnde *V. für* wirkende || **22**, 27 Menschheit *V. für* Gemeinschaft || **22**, 33 f. *vor* natürlich *gestr. m. Bleist.* aber || **22**, 37 End- *V. für* Haupt- || **23**, 3 f. : Ihm *bis* gewidmet. *Einf.* || **23**, 4 *nach* gewidmet. *gestr. m. Tinte und Blaust.* (Titel) Die Methode der Wesensforschung || **23**, 5 meines *V. m. Bleist. für* des || **23**, 5 f. „Problem und Methode der Erneuerung" *Einf., von Malvine Husserl geschrieben* || **23**, 7–10 *letzter Satz des Absatzes Einf.* || **23**, 11 Titel *Einf.* || **23**, 12 den *V. m. Bleist. für* unseren || **23**, 18 der *vor* Selbstgestaltung *V. m. Bleist. für* und || **23**, 22–24 und der *bis* Akten : der *Einf.* || **23**, 23 sich *V. m. Bleist. für* ihn || **23**, 25 Selbstwertung *V. für* das *m. Tinte und zum Teil m. Bleist. gestr.* wertenden Selbstbeurteilung || **23**, 26 Selbstwertung *V. für* wertenden Selbstbeurteilung || **23**, 36 *vor* Aktivität *gestr.* personalen || **24**, 1 *nach* sein. *Absatzzeichen m. Bleist.* || **24**, 3 *vor* anstatt *gestr. m. Bleist.* sich || **24**, 4 preisgegeben zu sein *V. für* hinzugeben || **24**, 7 *nach* Aktivität zu *gestr.* entscheiden || **24**, 8 erfahrene Umwelt *V. für* Welt || **24**, 10 es passiv motivierenden *V. für* darin zugrundeliegenden, in passiver Motivation bestimmenden || **24**, 11 f. in ihrer Auswirkung zu „hemmen", sie *Einf.* || **24**, 16 *vor* Subjekt *gestr.* Willens- || **24**, 18 trifft es seine Entscheidung, und es *V. für* wollendes, es || **24**, 25 anerkennen *V. für* bestätigen || **24**, 26 *nach* ebenso *gestr.* natürlich || **24**, 27–32 Das *bis* versagen. *Einf.* || **24**, 28 *statt* es *im Ms.* ihn || **24**, 31 praktische *Einf. m. Bleist.* || **24**, 35 *nach* gehört es *gestr.* auch || **24**, 39 *vor* mag *gestr.* (rein a priori gesprochen) || **25**, 5 *nach* sind." *Absatzzeichen m. Bleist.* || **25**, 6 Selbstverständlich *V. m. Bleist. (von Malvine Husserl geschrieben) für* Natürlich || **25**, 8 a priori *V. m. Bleist. für* idealiter || **25**, 8 f. a priori *V. m. Bleist. für* ideal || **25**, 10 *vor* Zum Wesen *gestr.* Das ursprüngliche Motiv aller Infragestellungen und Erwägungen ist das || **25**, 11 f. nimmt es dabei stets *bis* also *V. für* ist es dabei || **25**, 14 *nach* „sinnlichem" *gestr.* Unlust || **25**, 16 entspannt *V. für* vollendet, motiviert alsbald || **25**, 18 *vor* Auskosten *gestr. m. Bleist.* das || **25**, 23 zu erstrebender *V. für* von erreichbaren || **25**, 24 neuer, das allgemeine Wertniveau steigernder *Einf. m. Bleist.* || **25**, 29 f. Wertabfälle *Einf. m. Bleist.* || **25**, 31 fortlaufend *Einf. m. Bleist.* || **25**, 32 Gesamt- *Einf. m. Bleist.* || **25**, 35 f. als freies strebt es *V. für* strebt voll- || **25**, 37 f. *nach* gestalten. *Absatzzeichen m. Bleist.* || **25**, 39 das *bis* jeweiligen *V. m. Tinte und Bleist. für* seine jeweilige || **26**, 1 und zu freier *V. für* die Einstellung, in Frage und in || **26**, 2 f. und des Zweifels *bis* drohenden *Einf.* || **26**, 3 Zunichtewerdens *V. m. Bleist. für Ausradiertes* || **26**, 7 die schauende Klarheit *Einf.* || **26**, 10 antizipierenden *V. für Ausradiertes* || **26**, 16 f. Vernünftigkeit *V. für* Richtigkeit || **26**, 26 f. *Rb. m. Rotst. Titel; Titel eingefügt (B m. Bleist.)* || **26**, 32 und in ihr kulminieren *Einf. m. Bleist.* || **26**, 33 f. verschiedener *V. für* verschiedenen Graden der || **26**, 36–27, 1 sich und *V. für* als eine bleibende Regelforderung || **27**, 2 einer aus eigenem *bis* unterwerfen *Einf.* || **27**, 3 Als *bis* Tat *V. für* ein || **27**, 3 *nach* Als *gestr.* eine feste Willensrichtung des Ich und als || **27**, 4 es *V. m. Bleist. für* sie || **27**, 4 *nach* Form *gestr.* -typus, der viele besondere Typen a priori offenläßt || **27**, 9 f. der sinnlichen *bis* Gütern *V. für* sich, ohne darum seiner sinnlichen Selbsterhaltung und den ihr dienenden Gütern vorzüglichen Wert geben zu müssen, ihr doch || **27**, 11 *nach* widmen will *gestr.* (etwa darum, weil er sie als Vorbedingung für die Erlangung aller anderen Güter erkennt) || **27**, 13 f. weil er etwa *bis* oder *Einf.* || **27**, 15 *nach* für *gestr.* die Erlangung || **27**, 17 *nach* mannigfachen *gestr.* besonderen || **27**, 17–20 *ursprünglich lautete der erste Satz dieses Absatzes* Es kann aber auch sein, daß eine persönliche Wertentscheidung in einem anderen Sinne für eine universale Selbstregelung des Lebens entscheidend wird. || **27**, 22 *nach* daß *gestr. m. Tinte und teilweise m. Bleist.* eine gewisse Gattung von || **27**, 22 einer bestimmten Art *Einf. (von Malvine Husserl geschrieben)* || **27**, 29 Güter *V. für* Werte || **27**, 32 diese *V. m. Tinte und Bleist. für* solche || **27**, 33 diesen *V. m. Tinte und Bleist. für* solchen, aber nur gelegentlichen || **27**, 33 *nach* Güter *gestr. m. Tinte und Bleist.* als höherwertige || **27**, 34–37 daß es sich dabei *bis* jederzeit *V. für* daß solche höheren Güter überhaupt || **27**, 39–**28**, 1 Und doch *bis* „kosten". *Einf.* || **28**, 2 Bevorzugung *V. für* Höherschätzung || **28**, 6–11 Was *bis* nicht. *Einf.* || **28**, 6 *nach* hier *gestr. m. Blaust.* aber || **28**, 7 *nach* ist *gestr. m. Blaust.* nur || **28**, 12 also *Einf. m. Bleist.* || **28**, 35 f. *nach* kennengelernt *gestr.* als Wesensmöglichkeiten || **28**, 37 von seiten *V. für* einer „Selbstkritik" || **28**, 39 *vor* auch *gestr.* teils || **28**, 39 *nach* bzw. *gestr.* nie || **28**, 39–**29**, 1 Mit ihnen wesensverwandt ist *V. m. Bleist. für* Zeichnen wir || **29**, 1 *vor* ethische *gestr. m. Blau- und Bleist.* ausgezeichnete || **29**, 1 f. deren Zeichnung unsere nächste Aufgabe sein soll *V. m. Bleist. für* Sie ist nicht nur die relativ höchstwertige, sondern die einzige absolut wertvolle. Alle positiv zu bewertenden Lebensformen können nur dadurch wertvoll bleiben, daß sie sich der ethischen ein- und unterordnen und in ihr nicht nur eine *der Text bricht hier ab; auf der Rückseite des Blattes folgender m. Bleist. geschriebener und m. Bleist. gestr. stenographischer Text* Die Lebensform des ethischen Menschen, deren Wesenscharakteristik unser Thema ist, gegenüber anderen, z.B. den im letzten Artikel gezeichneten eines echten Berufslebens, ist nicht nur die höchstwertige || **29**, 3 *vor* II. *im Ms.* Erneuerung als individualethisches Problem. Zweiter Artikel ⟨Zweiter Artikel *V. (von Malvine Husserl) für* (2. Artikel)⟩ von Edmund Husserl || **29**, 3 Die individuelle *V. für* Ethische || **29**, 10 *nach* nur eine *waagrechter Rotst.-Strich und Rb. m. Rotst.* Titel für folgende Seite cf. Rand*; darunter m. Bleist.* der Titel (29,21 f.)*; nach* Gewissen (29,22) *m. Bleist. gestr.* Erneuerung als absoluter und universaler Selbstregelung || **29**, 11 und Grenze *Einf. m. Bleist.* || **29**, 16–20 *dieser Absatz Einf.* || **29**, 21 *Rb. m. Bleist.* Titel: *m. Tinte* Genesis der Erneuerung etc. *weiter m. Bleist.* cf. voriges Blatt || **29**, 23 f. Lebensformen *bis* Selbstregelung *V. für* Universale Selbstregelungen || **29**, 24 f. z.B. *bis* Berufsmenschen *Einf.* || **29**, 29 *nach* Entschluß *gestr. m. Bleist. und Tinte* unmittelbar || **29**, 30 von da her *V. für* zunächst || **30**, 5 *vor* von der jeweils *gestr. m. Tinte und Bleist.* bewußt || **30**, 35 allgemeinen *Einf. m. Bleist.* || **30**, 39 Hier bedarf es näherer Ausführungen. *Einf.* || **31**, 1 f. *Text in Klam-*

mern V. für den eingefügten und m. Blaust. gestr. Text als eine Einheit (die er sich in synthetischer Vereinheitlichung mannigfaltiger reflektiver Selbsterfahrungen gegenständlich konstituiert hat) frei || **31**, 8 *Klammern m. Tinte und Bleist.* || **31**, 8 Stufe *V. m. Bleist. für* Höhenlage || **31**, 14 *nach* sind. *Rb. m. Bleist.* Verte || **31**, 33 f. *vor* Aufeinanderbezogenheit *gestr. m. Tinte und Bleist.* teleologische || **31**, 39 *vor* Zufriedenheit *gestr. Einf.* Wahre || **32**, 2 *nach* in *gestr.* der Einheit || **32**, 2 größtmöglicher *Einf.* || **32**, 3 Eine ve r nünftig begründete *V. für* Wahre || **32**, 4 *nach* einsichtigen *gestr.* bewährten || **32**, 5 in größtmöglichem Maße *Einf.; danach ursprünglich* in gelingenden Handlungen, die vor Entwertungen, vor Verfehlungen gesichert sind, vollführen zu können || **32**, 8 f. die Möglichkeiten *bis* um *V. für* die im Schoße der Zeit schlummernden Lebensmöglichkeiten umspannt || **32**, 10 *nach* hebt sich *gestr.* auch || **32**, 11 f. — in Erkenntnis *bis* Vernunft — *Einf. m. Tinte und Bleist.* || **32**, 15 *nach* Möglichkeit, *Rb. m. Bleist.* Verte! || **32**, 18 *nach* Vernunfterwägungen *gestr.* gerechtfertigt || **32**, 20 oder das e t h i s c h e G e w i s s e n *Einf. m. Bleist.* || **32**, 21 f. Der *bis* verantwortlich *V. für* Der Mensch weiß sich danach als Subjekt des Vermögens der Vernunft, weiß sich verantwortlich || **32**, 23 seinen Tätigkeiten *V. für* Aktsphären || **32**, 29–32 ein Wunsch *bis* Nämlich der *Einf.* || **32**, 33 personalen *Einf.* || **32**, 35 oder einem Leben *V. m. Tinte und Bleist. für* als einem solchen || **32**, 35 sein Subjekt *V. für* er || **33**, 1 *Titel Einf. m. Bleist.* || **33**, 10 einsehbar *Einf.* || **33**, 21 *nach* verfährt, *Rb. m. Bleist.* Verte || **33**, 23 rein *Einf. m. Bleist.* || **33**, 24 folglich *V. (von Malvine Husserl geschrieben) für* also || **33**, 27 *nach dem Absatz* Bemerkung *m. Bleist.* E. Weitere Erläuterungen *und Rb. m. Bleist.* nun 22a, 22b; *daneben m. Bleist. (nicht von Husserl)* weiter 22a und 22b. *Gestr. m. Blau- und Rotst.* Ziehen wir zur näheren Erörterung dieses Vernunftideals und der darauf bezogenen praktischen Idee des ethischen Menschen die L e b e n s f o r m d e s p a r a d i e s i s c h e n M e n s c h e n heran, also die der „paradiesischen Unschuld". Sie bezeichnet ⟨also *bis* bezeichnet *V. m. Bleist. für* sie bezeichnet dessen paradiesische Unschuld⟩ (wenn wir sie gar auf alle Aktarten beziehen wollten) eine kaum zu voller Klarheit zu bringende, also ihrer Möglichkeit nach kaum zu erweisende ⟨also *bis* erweisende *Einf. m. Bleist.*⟩ Lebensform. Bestenfalls wäre es ein idealer Grenzfall ⟨ein idealer Grenzfall *V. m. Bleist. für* eine einzige ideale Möglichkeit⟩ aus einer Unendlichkeit anderer solcher Möglichkeiten, und jedenfalls ein solcher, den wir keineswegs als das Vollkommenheitsideal geschweige denn als das praktische Ideal des Menschen ansehen ⟨und jedenfalls *bis* ansehen *V. m. Bleist. für* durch die wir das Ideal des Menschen nicht bestimmen⟩ könnten. „Es irrt der Mensch, solang er strebt", also solange er Mensch ist. Wir würden danach das Irren jeder Art nicht nur ⟨nicht nur *Einf. m. Bleist.*⟩ als eine immerzu offene Wesensmöglichkeit, sondern auch als eine schon ⟨Wesensmöglichkeit *bis* schon *V. m. Bleist. für* Möglichkeit und⟩ durch die Wesensbeziehung ⟨Wesens- *Einf. m. Bleist.*⟩ des Menschen auf eine natürliche Umwelt ⟨natürliche Umwelt *V. für* Natur⟩ in jedem erdenklichen Menschenleben faktisch unvermeidliche ⟨in jedem *bis* unvermeidliche *V. m. Bleist. für* auch unvermeidliche⟩ Möglichkeit ansehen ⟨*gestr. m. Bleist.:* unvermeidlich, wenn wir den Menschen naiv dahinlebend, naiv erfahrend, urteilend, wertend oder in die Umwelt⟩ ||

33, 28 *vor* Gehen *Absatzzeichen m. Bleist.* || **33**, 32 axiotischer *V. für* axiologischer || **33**, 34 *nach* Person, die *gestr.* als allkönnende also zugleich || **34**, 7 *statt* „bestmöglichem" Gewissen *im Ms.* „bestmöglichen" Gewissens || **34**, 15 nach *Einf. m. Bleist.* || **34**, 24 f. *vor* Der paradiesische Mensch *(Beginn einer neuen Seite im Ms. (Bl. 151a)) Anschlußzeichen m. Bleist.* || **34**, 29 durch blinde Instinkte *V. für* instinktiv || **34**, 32 f. wie in ⟨Abschnitt⟩ I näher ausgeführt worden *Einf.* || **34**, 36 f. des Befriedigt- und Unbefriedigt-, *Einf.* || **35**, 5 sein gesamtes *V. für* das *m. Tinte und Bleist. gestr.* und je universaler sein || **35**, 6 *vor* wertet *gestr.* es als ganzes Leben || **35**, 9 seinen *V. für* den || **35**, 17 ja ein *bis* relatives *Einf. m. Bleist.* || **35**, 19 eigenen *Einf. m. Bleist.* || **35**, 19 *nach* Vernunft *gestr. m. Tinte und Bleist.* selbst || **35**, 21 *nach* in ihm *gestr. m. Bleist.* selbst || **35**, 23 in der absoluten Fassung *Einf. m. Bleist.* || **35**, 26 *Rb. m. Bleist. nach* dann *(nicht von Husserl)* (24a folgt) || **35**, 26 er *Einf. m. Bleist.* || **35**, 27 f. nicht nur *bis* neben ihr *V. m. Bleist. für* die bestmögliche sei und dann nicht nur die relativ beste neben der || **35**, 28 f. sondern daß sie *V. m. Bleist. für* Mit einem Worte, er muß dann anerkennen, daß sie || **35**, 29 *nach* daß sie *gestr. Bleist-Einf.* vielmehr || **35**, 31 *nach* seines wahren Ich *gestr. m. Bleist.* (des *vor* sich selbst absolut gerechtfertigten, nur in absolut zu rechtfertigenden Akten lebenden Ich) || **35**, 32 reine *Einf. m. Bleist.* || **35**, 33 für sich *Einf. m. Bleist.* || **36**, 3 mit dem Kantischen Worte *Einf. m. Bleist.* || **36**, 3 f. *nach* unter einem „kategorischen *Rückseite von Bl. 152 m. Bleist. gestr.* Der paradiesische Mensch ⟨Der paradiesische Mensch *V. m. Bleist. für* hineinhandelnd annehmen, wie es die Idee eines paradiesischen Menschen fordern würde. Dieser Mensch⟩ hätte sozusagen Unfehlbarkeit, aber nicht wäre es ⟨wäre es *Einf. m. Bleist.*⟩ eine göttliche Unfehlbarkeit aus absoluter Vernunft, sondern eine blind-zufällige ⟨blind- *Einf. m. Bleist.*⟩ Unfehlbarkeit, da er von Vernunft, von evidenter Rechtfertigung keine Ahnung hätte. In seiner reflexionslosen Naivität wäre er eben nur ein instinktiv an zufällig ⟨zufällig *Einf. m. Bleist.*⟩ stabile Verhältnisse ideal ⟨ideal *V. m. Bleist. für* wohl-⟩ angepaßtes Tier. Für den Menschen aber, der nicht bloßes Tier ist, der „Selbstbewußtsein" hat ⟨*gestr. m. Bleist.* und noch viel mehr⟩, der mit der Unendlichkeit seines möglichen ⟨möglichen *Einf. m. Bleist.*⟩ Lebens alle anderen in ihr bewußt werdenden Unendlichkeiten — die der beständigen Umwelt seines Lebens — überschaut und der sich nun auf alle diese Unendlichkeiten des Wirklichen und Möglichen ⟨des Wirklichen und Möglichen *Einf. m. Bleist.*⟩ in seinem Werten und Handeln einstellen kann — ergibt sich notwendig das oben bezeichnete normative Ideal. Nicht nur daß es zum Wesen des Menschen gehört, daß er sich dieses Ideal bilden kann, des weiteren, daß er sein praktisches Absehen darauf richten kann, sich dem Ideal, und zwar in konkret ursprünglicher Gestalt, dem seines eigenen „wahren Ich", nach Möglichkeit in seinem künftigen Leben anzunähern. Vielmehr, wer dieses Ideal einmal gebildet, es als Ziel einmal erwogen hat ⟨*Rb. m. Bleist.* Verte⟩ || **36**, 10 Wert- *Einf. m. Bleist.* || **36**, 10 f. praktische Forderung, so *V. m. Tinte und Bleist. für* es || **36**, 11–13 hinwerdend gegen *bis* Bestmögliche *V. m. Bleist. für* die Einsicht nur hinwerdend gegen die Unendlichkeiten beschließende Idee, sein zur Zeit Bestmögliches || **36**, 14 zeitiger *Einf.* || **36**, 14–17 In *bis* Entwicklung. *V. für* das *m. Tinte und Blaust. gestr.* Dem absoluten Ideal, der „im Unendlichen liegenden" Idee des Seins entspricht also ein absolutes Ideal der humanen Entwicklung *Rb. m. Blaust.* Beilage || **36**, 15–28 *des vollkommenen bis Entwicklung Beilage auf Bl. 154; auf dem Kopf stehender Text auf der Rückseite dieses Bl. m. Blei- und Blaust. gestr.* lebt nicht bloß nach ursprünglichen oder erworbenen Trieben, gewohnheitsmäßigen Neigungen u. dgl.; sondern reflektiv wendet es sich, wie oben (im I. Abschnitt sub A) *Text in Klammern Einf. m. Bleist.* beschrieben, auf sich selbst und sein Tun, es wird zum Sichbesinnenden und -wählenden und, wie im Berufsleben, ⟨und, wie im Berufsleben *V. m. Bleist. für* Ich und sogar zu dem⟩ sein gesamtes Leben einem reflektiven und allgemeinen Willen unterwerfenden Ich. Aber im allgemeinen wirkt solch ein freier Wille sich doch wieder in einer gewissen Naivität aus. ⟨*gestr.* Der Kontrast sagt, was wir meinen.⟩ Es fehlt die habituelle Intention auf eine Kritik ⟨Es *bis* Kritik *V., zum Teil m. Bleist., für* Es liegt in der beständigen Intention auf eine Kritik der Echtheit⟩ der Ziele, der Mittel und ausführenden Wege, sowohl was ihre Erreichbarkeit, ihre Zielangemessenheit und Gangbarkeit anbelangt, als auch ihre axiologische Gültigkeit, ihre werthafte Echtheit. Eine solche Kritik soll ⟨sowohl *bis* soll *V. für* die⟩ das Handeln im voraus vor Enttäuschungen des sachlichen und wertlichen Verfehlens sichern, aber auch hinterher der Erzielungsfreude ihre standhaltende und sich immerfort bewährende Kraft geben, sie vor nachkommenden Entwertungen — vermöge der Preisgabe ihrer sachlichen oder axiologischen Triftigkeit — behüten. In der letzteren Hinsicht erwachsen solche Entwertungen in der peinlichen Erkenntnis ⟨In *bis* Erkenntnis *V. m. Bleist. für* die aus der Erkenntnis erwachsen⟩, das erzielte „Gute" sei nur ein vermeintlich Gutes; die ihm gewidmete Arbeit sei also eine nutzlose, die Freude daran eine „sinnlose" gewesen, und danach eine solche, die hinfort nicht mehr zur Glückssumme des bisherigen Lebens gerechnet werden darf ⟨und danach *bis* darf *Einf. m. Bleist.*⟩.

Die von derart peinlichen Enttäuschungen und Entwertungen ausgehende Motivation ist es, die, wie früher schon angedeutet worden ⟨wie *bis* worden *Einf. m. Bleist.*⟩, das Bedürfnis nach solcher Kritik ⟨das *bis* Kritik *Einf.*⟩ und somit das spezifische Wahrheitsstreben bzw. das Streben nach Bewährung || **36**, 31 *daß sie in einem Strom typischen Werdens V. für* daß sie || **36**, 36 *nach* total *Rb. m. Bleist. (nicht von Husserl)* Verte! 26 || **37**, 1 f. *absolute Einf. m. Bleist.* || **37**, 2 *vernünftigen Einf. m. Bleist.* || **37**, 9 *vor* Vom *Absatzzeichen m. Blaust.* || **37**, 9–11 *Vom bis ist. Einf.* || **37**, 11–13 *Eben bis Sein V. für: m. Blaust. gestr. Einf. radierte Stelle* beiden nahe zusammenhängenden Ideale — für das eines in absolutem Sinne *m. Tinte und Blaust. gestr.* Was von dem Ideal eines vollkommenen Vernunft-Ich und Vernunftlebens gilt, gilt auch shon von dem einer humanen Selbstentwicklung. *Einf., gestr. m. Blau- und zum Teil m. Bleist.* In Richtung auf dieses absolute Ideal ist noch Folgendes auszuführen: || **37**, 13 *nach* Leben hat *gestr. m. Bleist.* als in dem einen und anderen Sinne ethisches || **37**, 19 f. *nach* auch wo er ohne *gestr.* Besinnung und || **37**, 20 Rechtfertigung *V. für* Begründung || **37**, 20 f. Rechtfertigungen *V. m. Bleist. für* Besinnungen || **37**, 21 *vor* phänomenologische *gestr. m. Bleist.* bewußte; phänomenologische *Einf.* || **37**, 23 phänomenologisch *Einf. m. Bleist.* || **37**, 24 (ob beachtet oder unbeachtet) *von V. für* von ‖ **37**, 26 früher *V. für* längst ‖ **37**, 28 Bewußtsein ihres Rechtes *V. m. Bleist. für* Rechtsbewußtsein ‖ **37**, 30 phänomenologisch *Einf.* ‖ **37**, 30 f. der Gesolltheit oder der *Einf. m. Bleist.* ‖ **37**, 32 bzw. zu handeln *Einf. m. Bleist.* ‖ **37**, 33 die *V. m. Bleist. für* diese ‖ **38**, 5 an die Welt *V. für* im Weltlichen ‖ **38**, 9 an die notwendige *V. für* die ‖ **38**, 13 wiederum *V. für* mehr ‖ **38**, 19 Bewußtseins- *Einf.* ‖ **38**, 22 f. Charakter *V. für* er ‖ **38**, 23 evtl. als „Gewissensmahnung" *V. m. Bleist. für* so oft als „Mahnung" ‖ **38**, 25 praktischer *Einf.* ‖ **38**, 28 f. muß *bis* verkümmern *V. für* kann dieser schließlich seine wirkende Motivationskraft einbüßen ‖ **38**, 32 *nach* oder *gestr.* vielmehr ‖ **38**, 37 Das wahrhaft humane Leben *V. für* Zum Wesen echter Humanität gehört, im Sinne des oben Ausgeführten ‖ **38**, 37 nie endender *V. für* steter ‖ **38**, 39 idealen *V. für* das *m. Bleist. gestr.* absoluten *V. für* echten ‖ **39**, 2 der Selbstkultur *Einf.* ‖ **39**, 6 *statt* der *im Ms.* des ‖ **39**, 7 systematisch darzulegen *V. für* zu untersuchen ‖ **39**, 12 ein *V. m. Bleist für* als eines ‖ **39**, 13 Wesen zu sein *V. m. Bleist. für* Wesens ‖ **39**, 14 und nach eigener Einsicht *Einf.* ‖ **39**, 16 *nach* kommen, *gestr.* dieses selbst einsehen ‖ **39**, 16 f. muß *bis* fordern *V. für* dann von sich kategorisch zu fordern ‖ **39**, 17 konsequentes *Einf. m. Bleist.* ‖ **39**, 21 f. absolute *V. für* verwirklichte ‖ **39**, 24 jedes *V. m. Bleist. für* ein ‖ **39**, 24 *der Text in Klammern Einf. m. Bleist.* ‖ **39**, 28 — wieder in einem weitesten Sinne — *Einf. m. Bleist.* ‖ **39**, 28 f. *nach* ethische Persönlichkeit *folgender Text zwischen eckigen Bleist.-Klammern und m. Bleist. und Tinte gestr.* Wir können eine prägnante Idee des Menschen mit dieser weitesten des ethischen Menschen zur Deckung bringen, so daß wir dann niemand als Menschen gelten ließen, der sich nicht mindestens in vager Allgemeinheit entschlossen hätte, ein guter Mensch zu sein bzw. werden zu wollen. ‖ **39**, 34 ein *nach* oder *Einf. m. Bleist.* ‖ **39**, 36 *nach* ethischen Lebens *gestr. m. Bleist.* hin ‖ **39**, 37 hin. Dieser befaßt *V. m. Bleist. für* welcher ‖ **39**, 38 f. *nach* in sich *gestr. m. Bleist.* befaßt ‖ **39**, 39 konsequenten *Einf. m. Bleist.* ‖ **40**, 11 *nach* Akt- *gestr.* und Vernunft- ‖ **40**, 16 *statt* können *im Ms.* kann ‖ **40**, 19 *nach* ermöglichen. *Absatzzeichen m. Bleist.* ‖ **40**, 27 berufsmäßig der Wahrheit gewidmete *Einf. m. Bleist.* ‖ **40**, 30 f. jetzigen individualethischen *Einf. m. Bleist.* ‖ **40**, 33 von ihm fordert *Einf. m. Bleist.* ‖ **40**, 34 zu sein *V. m. Bleist. für* sein zu sollen ‖ **40**, 38 oder künstlerischen, politischen *Einf. m. Bleist.* ‖ **41**, 4 f. von bestimmtem Inhalt *Einf. m. Bleist.* ‖ **41**, 8 f. mit Beziehung *bis* Umstände *Einf. m. Bleist.* ‖ **41**, 10 *vor* ethischen *gestr. Einf.* positiv ‖ **41**, 12 wie natürlich *V. m. Bleist. für* natürlich aber ‖ **41**, 13 *nach* zu entwerfen. *Rb. m. Rotst. (nicht von Husserl)* Fortsetzung S. 35 ‖ **41**, 14 *vor* Jeder Mensch *eckige Bleist.-Klammer auf und Rotst.-Markierung* ‖ **41**, 14 also *Einf. m. Bleist.* ‖ **41**, 17 ethischen *V. m. Bleist. für* neuen ‖ **41**, 18 *nach* kategorischen Imperativ *gestr. m. Bleist.* als eines Lebens der Erneuerung ‖ **41**, 22 einen *V. m. Bleist. für* den ‖ **41**, 27 *nach* für den Menschen *gestr. m. Bleist.* möglicherweise ‖ **41**, 32 geistiges *V. für* personales ‖ **41**, 33 *Anführungszeichen m. Bleist.* ‖ **41**, 33 *vor* Assoziation *gestr. m. Bleist.* z.B. ‖ **42**, 1 f. Kultursubjekt *bis* Denn *V. m. Bleist. für* Subjekt dieses Reiches seiner Kultur und darin zugleich Kulturobjekt — das für ihn wichtigste Kulturobjekt, da ‖ **42**, 3 ist *Einf. m. Bleist.* ‖ **42**, 4 ethischen *Einf.* ‖ **42**, 4 *nach* möglich *gestr. m. Bleist.* ist ‖ **42**, 9 f. und *bis* Ausgeführten *Einf. m. Bleist.* ‖

42, 25 f. *nach* fordern. *eckige Bleist.- Klammer zu und Bemerkung m. Bleist.*
[Hier S c h l u ß w o r t 34] || 42, 27 *Titel Einf. m. Bleist.* || 42, 29 in der Tat *Einf.*
m. Bleist. || 42, 31 in *Einf. m. Bleist.* || 42, 34 entwicklungsfähige *Einf.* || 42, 36
statt mögen *im Ms.* mag || 43, 2 f. nur darin *bis* finden *Einf. m. Bleist.* || 43, 7
nach als *Bemerkung m. Bleist.* Noch ein Schlußsatz bei 37b! || 43, 7 *nach*
begründet. *gestr.* (sozusagen stiftet) || 43, 7 freie *Einf. m. Bleist.* || 43, 9
bestimmt sich *V. m. Bleist. für* wird || 43, 10 (bzw. wird er) *Einf. m. Bleist.* ||
43, 19 *nach* Urstiftung *Rb. (nicht von Husserl) m. Rotst.* Ende des Schlußwor-
tes || 43, 25 *nach* abgesehen. *im Ms. auf dem Kopf stehender Text* wenn wir
nun weiter erwägen ||

Erneuerung und Wissenschaft
(S. 43–59)

Der Text basiert auf den Blättern 46–56 von Konvolut F II 7 (Beschreibung
von F II 7 siehe oben, S. 263 f.). Die Seiten sind von 1–11 mit Bleistift pagi-
niert. Der Text wurde mit Tinte in Gabelsberger Stenographie auf unliniertes
Papier vom Format 17,2 × 21,5 cm beidseitig (mit Ausnahme des letzten Blat-
tes) geschrieben. Blatt 54 (9), vom Format 17,2 × 10,8 cm, enthält eine Beilage
zu Seite 10. Der Text weist außer Unterstreichungen mit Tinte auf den Blät-
tern 46–48 Unterstreichungen mit Blaustift und auf den Blättern 46 und 47
mit Bleistift auf. Veränderungen mit Blaustift finden sich auf der Vorderseite
von Blatt 46, mit Bleistift auf 46a und 48b.

43, 26 *oben rechts am Rand* II Erneuerung als individualethisches und sozi-
alethisches Problem || 43, 27 *vor* Wie *im Ms. m. Blaust.* 1) || 43, 27 *nach*
möglich? *Trennstrich* || 43, 27 a) *m. Blaust.* || 43, 29 b) *m. Blaust.* || 43, 31
nach verleihen. *Trennstrich* || 43, 31 α) *m. Blaust.* || 44, 1 f. daß sie *bis* von
einer *V. für* sich von einer || 44, 5 f. emporgehoben hat *V. für* entwickeln zu
müssen; || 44, 6 *nach dem Doppelpunkt gestr.* Wenn überhaupt eine solche
zustande kommt, muß sie durch Entwicklung aller zustande kommen kön-
nen || 44, 10 α') *m. Blaust.* || 44, 12–14 und einem Willen *bis* kann *Einf.* ||
44, 15 *nach* in Frage kommen *waagrechter Strich* || 44, 16–19 Das *bis* sein? *in*
eckigen Bleist.-Klammern || 44, 20 *vor* einem *im Ms.* unter || 44, 25 *Klammer*
nach hat *fehlt im Ms.* || 44, 29 *statt* wertender und praktischer *im Ms.* wer-
tenden und praktischen || 45, 2 unbedingten *V. für* kategorischen Imperativ ||
45, 5 *statt* unter *im Ms.* einer (?) || 45, 24 *statt* seiner *im Ms.* seine || 48, 1 *nach*
Kräfte *gestr.* und Willen || 48, 3 *nach* Einzel- *gestr.* -handlung || 48, 6 *statt*
werden *im Ms.* wird || 48, 9 *über* durch *m. Bleist. und m. Bleist. gestr.* sum-
matorisch || 48, 12 -gemeinschaft *Einf. m. Bleist.* || 48, 34 obschon ein in
Einzelleben fundiertes *Einf.* || 50, 31 *nach* und wie diese *gestr.* Forderung
selbst || 51, 8 prinzipielle *Einf.* || 51, 14 *nach* wiefern *gestr.* alle andere Wis-
senschaft || 51, 16 prinzipiell *Einf.* || 53, 7 f. universale *Einf.* || 53, 23 *nach*
Gemeinschaft *im Ms.* sich || 53, 26–32 Freilich *bis* Philosophie. *in eckigen*
Klammern || 53, 32 Philosophie *V. für* Wissenschaft || 53, 36 *nach* aber nicht

gestr. kollektiv || **54,** 2 *nach* in einem System, *gestr.* so daß sie einen einzigen Wert darstellen || **54,** 32 *nach* und damit *gestr.* mindest schon in einer Hinsicht ein höheres Menschentum bekundet || **54,** 33 der Zweck *V. für* die Idee || **55,** 2 *nach* strenger *gestr.* (logischer) || **55,** 7 *nach* objektive Wahrheit *gestr.* herausstellende || **55,** 8 *nach* alle *gestr.* objektiven || **55,** 17 strenge *V. für* wissenschaftliche || **55,** 17 -philosophie *V. für* -wissenschaft || **56,** 19 *nach* gestalten *Rb.* Beilage || **56,** 20–57, 26 Strenge *bis* überhaupt. *Text der Beilage auf Bl. 54* || **56,** 22 *nach* alle *gestr.* Arten und Formen || **56,** 32 universalen *Einf.* || **57,** 2 universale *Einf.* || **57,** 2 *nach* Wissenschaft selbst *gestr.* eine höhere Bedeutung || **57,** 6 *nach* nicht nur Bedeutung *gestr.* als Geisteswissenschaft || **57,** 8 f. abgesehen davon *V. für* sie gibt || **57,** 9 universale *V. für* Natur- || **57,** 10 f. das All *bis* zu erkennen *V. für* die Natur nach ihrer Gesetzesverfassung allseitig fortschreitende zu erkennen || **57,** 22 *nach* Möglichkeit *gestr.* Welt und Ich || **57,** 33 Gemeinschaft *V. für* Form || **57,** 33 *nach* überzuführen sei *gestr.* in die einer „ Selbstregierung", d.h. in die Form einer in prägnantem Sinn personalisierten Gemeinschaft, die in || **57,** 34 *nach* d. h. in eine *gestr.* Form einer || **58,** 8 dürfen *V. für* müssen || **58,** 11–21 Jedenfalls *bis* Entwicklungsform. *in eckigen Klammern* || **58,** 29 f. selbst wenn *bis* verloren hat *Einf.* || **58,** 36 *statt* Staaten *im Ms.* Staats ||

Formale Typen der Kultur in der Menschheitsentwicklung (S. 59–94)

Der Text fußt auf den Blättern 179–184 und 190–212 von Konvolut F II 7 (Beschreibung von F II 7 siehe oben, S. 263 f.). Die Blätter liegen im Binnenumschlag 178/217 (= erstes Blatt eines Schreibens Hasime Tanabes an Husserl vom 4.10.1922), der mit Blaustift die Aufschrift trägt Formale Typen der Kultur in der Menschheitsentwicklung. *Sie sind mit Blaustift von 1–29 paginiert und in der Regel beidseitig beschrieben. Ihr Text wurde mit Tinte in Gabelsberger Stenographie verfaßt, und zwar, mit Ausnahme des Blattes 200, auf längsliniertes Papier von Normalformat. Das den Blättern 190–212 voranliegende Blatt 189 (abgetrennte Hälfte eines Schreibens des Bankvereins Göttingen vom 1.4.1922) trägt die Bleistift-Aufschrift* völlig übersehen. Philosophie. Umschaffung des jüdischen Traditionalismus aus griechischer Philosophie. *Blatt 200 (15), eine Beilage zu Seite 16, ist die obere Hälfte eines Bankauszuges der Unionsbank Wien vom 3.4.1922 (Format 14,3 × 20,8 cm). Auf Seite 5 (183) folgt als Blatt 184 eine zweite Seite 5 (irrtümliche Paginierung), und Blatt 190, ohne Paginierung, trägt mit Fettstift die Bemerkung* wohin? *(der Text dieses Blattes wurde von den Herausgebern nach Blatt 181 (3) (= 62/36) eingefügt). Blatt 191 (6) ist eine Beilage zu Seite 7. Die Blätter 198 und 199 tragen außer den Seitenzahlen 13 und 14 noch die Bleistift-Paginierung 1 und 2, Blatt 181 (3) die Aufschrift* A). *Blatt 210 besitzt die Zählung 25/26 und Blatt 211 die Zählung 27—28. Die Rückseiten der Blätter 198 und 205 sind gestrichen.*

Der Text der Blätter 185—188, von Husserl als Beilage *bezeichnet und anders numeriert, wird im Drucktext nicht wiedergegeben. Der Text der Blät-*

ter 186–188 ist als Beilage V abgedruckt. Der Text von Blatt 196a (11) ersetzt eine Textstelle von Blatt 195b. Die von Husserl nicht gestrichene Textpartie auf Blatt 195b wird nur im folgenden wiedergegeben.

Die Blätter weisen außer Korrekturen mit Tinte nur auf den Blättern 208– 210 Korrekturen bzw. Unterstreichungen mit Bleistift sowie auf den Blättern 200 und 201 einige Unterstreichungen mit Blaustift auf.

59, 19 f. die Norm *bis* Menschen *V. für* und auf die Allheit der genommenen *(?)* ‖ **59,** 21 *nach* jeder Priester etc. *gestr.* Die Allgemeinheit der Norm kann wie die Sitte eine relativ geltende sein ⟨ *gestr.* oder sie kann eine absolut geltende sein⟩; *eckige Klammer auf* sie kann zeitlich, räumlich oder nach Gesellschaft wechselnde ⟨ *gestr.* und nur praktisch geltende⟩ sein wie eine landschaftlich beschränkte und zeitlich sich verändernde Sitte oder über alle Bedingtheiten erhabene sein. *eckige Klammer zu* Aber es können Normen auch im Bewußtsein absoluter Geltung, als „kategorische Imperative", bewußt sein, *eckige Klammer auf* und in unbedingter Allgemeinheit und Schrankenlosigkeit (wie das Gebot der Gottesverehrung), und es können Normen mit Schranken aus einem kategorischen Imperativ abgeleitet selbst kategorisch sein mit diesen Schranken; wie z.B. aus absoluten Quellen abgeleitete Gebote für einen besonderen Stand. *eckige Klammer zu* ‖ **59,** 22 f. *Rb.* evtl. als Gesetze einer unbedingten Willkür und Macht, in welcher Form die Menschen ursprünglich ein absolutes, irrelativ geltendes Prinzip sich vorzustellen pflegen ‖ **59,** 23 zufälligen *Einf.* ‖ **59,** 24 zufällige *V. für* aus unbekannter ‖ **60,** 5 *nach* ausgezeichnete Kulturform „Religion" *gestr.* ausgezeichnet dadurch, daß sie (ungleich dem bloßen Mythus) nicht bloß den Kreis der wirklich sinnlich erfahrenen Dingwelt und im einfühlenden und speziell personalen Erfahren gegebenen Tier- und Menschenwelt erweitert um mythische, überempirische, die offenen Unendlichkeiten, die ganze endlose Welt übergreifende und durchherrschende Mächte ‖ **60,** 8 ganze *V. für* endlose; *nach* Weltall *gestr.* universal ‖ **60,** 10 *vor* Vorschriften *gestr.* Anordnungen der ‖ **60,** 14 *nach* Gottheiten *gestr.* zu Trägern, an die absolute Normen ‖ **60,** 15 mitgeteilt *V. für* verkündet ‖ **60,** 16 *nach* ihr Heil finden. *gestr.* Von da aus geht eine Entwicklungstendenz, welche eine ausgezeichnete Entwicklungsgestalt der Religion ‖ **60,** 21 f. *nach* Lebensgebiet *gestr.* (etwa gar das bloß privater Lebenstätigkeiten) ‖ **60,** 25 f. *der Text* unter *bis* zurückführen will *lautete ursprünglich* unter die absoluten Normen stellen will und, was dasselbe, auf absolute göttliche Forderung und Leitung zurückführen will *danach, auf dem Kopf stehend, noch folgender gestr. Text* Das gesellige Leben des Menschen ist nicht durch bloße Instinkte geregelt, sondern ‖ **60,** 33 und Ordnungen, Institutionen *Einf.* ‖ **60,** 37 f. und Objekte *V. für* als Organisation und Objekte und sicherlich ‖ **61,** 10 Wertgehalt und *V. m. Bleist. für* seine ‖ **61,** 22 *zu* Religion *Variante* Theologie ‖ **61,** 31 *nach* voraus *im Ms.* 4) ‖ **61,** 37 *nach* Zweckidee *gestr.* eine kulturelle Entelechie ‖ **62,** 7 legen *bis* Organismus *V. für* legen wir ihm ‖ **62,** 28 *nach* Kultur *gestr.* in denen die Zweckidee fehlt (höchstens ein kraftloses Ideal ist) ‖ **62,** 33 einheitlichen Willens *V. für* Willensvereinigung *V. für* Willenszentrierung ‖ **62,** 34–36 Priesterwillens *bis* Laien *V. für* und korrelativ ebenso sich willentlich unterordnenden Willens ‖

62, 36 *nach* Laien. *im Ms.* 4) || **63**, 2 *nach* Gemeinschaftsleistungen *gestr.* die ineinander greifend *V. für* die nebeneinander in verschiedenen Typen verlaufen und sich wechselseitig bestimmend || **63**, 12 glaubensfreudigen Erfüllung *V. für* Unterordnung || **63**, 20–26 und zwar *bis* Entscheidung *Einf.; Rb.* Beiblatt || **64**, 12 *nach* Gemeinschaft *gestr.* Mythus und Religion haben schon System naiver Überzeugungen || **64**, 17 f. als eine sich ausbreitende Freiheitsbewegung *Einf.* || **64**, 20 f. und zunächst *V. für* und einer von der Wissenschaft her und zunächst ihre Erkenntnissphären || **64**, 25 Lebensregelung *V. für* Kultur || **64**, 39 kulturellen *V. für* religiösen || **65**, 9 *nach* zusammen *gestr.* der gerade aus dem Licht intuitiver Vernunft seine, den höherentwickelten Menschen || **65**, 11 f. im Glaubensinhalt den Hauptton *V. für* die Präponderanz || **65**, 15 *vor* Prüfung *gestr.* Nach- || **65**, 28 *nach* Gott *gestr.* einer neuen Offenbarung || **65**, 37 solche *V. für* so apperzipierte || **65**, 38 *nach* Lebenden *gestr.* und in sich selbst alle Norm als einsehbare Regel des Richtigen verwirklichen würde || **66**, 3 einer *V. für* der || **66**, 20 *Klammer zu im Ms. nach* Quellen || **66**, 22 *nach* sollte *gestr.* reif geworden || **66**, 23 ursprünglicher *V. für* lebendiger || **66**, 24 *nach* wirklichen *gestr.* Nachverstehen der || **66**, 24 f. religiöser Intuition *Einf.; danach im Ms.* auf Grund *(?)* || **66**, 29 *nach* Norm befolgend *gestr.* Anteil an der || **66**, 34 Umkehr *V. für* Umwandlung || **67**, 7 f. das Bewußtsein ihres *V. für* der || **67**, 36 *nach* nennen. *gestr.* Die letztere bestimmt den wesentlichsten Charakter der europäischen Kultur, daß sie ihre Ursprungsstätte in der griechischen Kultur hat, die also die europäische Mutterkultur ist. *Danach Rb.* Beilage || **67**, 36–68, 11 Was *bis* Kulturgestalt *Text der Beilage auf Bl. 191* || **67**, 36 *vor* Was *gestr.* Doch es ist nun an der Zeit, daß wir, um das spezifisch Eigentümliche der europäischen Kultur bzw. den in ihr allein sich verwirklichenden Formtypus einer kulturkonstituierenden Menschheit herauszuarbeiten. *des weiteren gestr.* Schieben wir zunächst die Wesenscharakteristik tieferer Kennzeichnung *Trennstrich m. Bleist.* || **67**, 38 *nach* desgleichen die *gestr. Einf.* Kennzeichnung || **68**, 2 *nach* annimmt *gestr. Einf.* eben damit, wenn wir das Wesen europäischer Kultur verständlich machen können. || **68**, 5 Nation *V. für* Kulturkreis || **68**, 5 *nach* und *gestr.* bestimmt seinen allgemeinen freien Geist || **68**, 8 *nach* ausweitet *gestr.* und der hellenistischen Kultur ihren Charakter als philosophischer Kultur gibt || **68**, 13 Indem *bis* Kulturbewegungen *V. für* in der die beiden Entwicklungsprozesse || **68**, 13 Kultur- *V. für* Freiheits- || **68**, 14 *nach* Kultur *gestr.* (Hellenismus, Kultivierung, dann die spätere Hellenisierung) || **68**, 17 *nach* Wissenschaft *gestr.* sympathisch verbunden, ihrer inneren Verwandtschaft als Geistesbewegungen aus autonomen Stellungnahmen bewußt || **68**, 30 festzulegen *V. für* festlegend, fixierend und die religiöse Weltauffassung überhaupt theoretisierend, eine die ganze Welt theologisch begreifende Wissenschaft || **69**, 2 erzogene *V. für* gebildete || **69**, 8 *nach* geborene *gestr.* Wissenschaft (als griechische Philosophie) angeeignet und in ihren Dienst gestellt, daß sie ihre dogmatische Begriffsbildung und ihre ganze religiöse Weltbetrachtung und soziale Normierung in den Erkenntnismethoden vollzieht, die jene theoretische freie Wissenschaft ausgebildet hat || **69**, 20 *nach* Glaubens, *gestr.* daß er schon in seiner älteren Gestalt die gleiche Universalität umspannte, daß er die ganze Welt als Gottes Beispiel ansah und dabei ⟨die⟩ gesamte Men-

schenwelt durch Christus auf den göttlichen Heilsweg führen und in Form
des christlichen Gemeinschaftsverhaltens eine gottgeforderte, also glaubens-
rationale soziale Welt und damit überhaupt Kulturwelt gewinnen wollte. ||
69, 23 Pflege und Wirkung *V. für* Betätigung || **69**, 30 *nach* gefordert werden
gestr. Ferner die außermenschliche Natur als gottgeschaffene mußte ⟨ *gestr.*
in Verbindung mit der gesellschaftlichen Menschenwelt⟩ Stätte menschlichen Wirkens, mußte mit dem Menschen ⟨ *gestr.* und so das ganze Weltall
mußte⟩ in die Einheit religiöser Rationalität miteinbegriffen werden. || **70**, 9
selbständiges *V. für* eigenes || **70**, 9 *statt* zueignende *im Ms.* zueignen || **70**, 20
vor Dogmatisierung *gestr.* philosophischen || **70**, 24 *vor* Gläubigen *gestr.*
Heils- || **70**, 32 *nach* Schwung *gestr.* -kraft || **71**, 1 die in sich *V. für* die von
einer im europäischen abendländischen Gemeinschaftsbewußtsein bestimmt
gestalteten und die Entwicklung bewußt leitenden Zweckidee bestimmt wird
|| **71**, 5 *vor* Kirche *gestr.* imperialistisch organisierten || **71**, 16 zunächst *V. für*
mindest || **71**, 17 *nach* nähert, *gestr.* das ist die Triebkraft in der Kirche ||
71, 28 *vor* Menschheit *gestr.* Kultur- || **72**, 2 Verlauf *V. für* Gehalt || **72**, 3
dieser *V. für* der mittelalterlichen || **72**, 4 *vor* worin *im Ms.* durch || **72**, 26 f.
den gebundenen mittelalterlichen „Geist" *V. für* das Mittelalter || **72**, 35
nach des Gemüts *gestr.* einer von der Schwere des Erdenlebens erlösenden ||
72, 37 Wissenschaft *V. für* Betätigung des Erkennens || **72**, 38 f. *nach* Interes-
ses. *folgt eine nicht gestr. Textpartie (mit ihr schließt der Text von Bl. 195),
die durch den Text auf Bl. 196a ersetzt wird. Der Text von Bl. 195 lautet:*
Doch es ist nun an der Zeit, die ergänzende Kulturanalyse zu vollziehen und
das Eigentümliche der Befreiungsbewegung zu charakterisieren, die in der
griechischen Nation anhebend und sich von hier aus verbreitend in der
Menschheit zunächst eine neue Kulturform autonome Philosophie, autonome Wissenschaft entwickelt und in weiterer Folge eine neuartige Kultur überhaupt, einen neuartigen Typus einer sich selbst und ihre Umwelt kultivierenden Menschheit schafft, nämlich den einer bewußt aus Prinzipien autonomer
Vernunft frei kultivierenden Menschheit. Unter allen Formen, in denen eine
irgend vereinheitliche Menschheit — in welchen Lebensbedingungen auch
immer und mit welchen besonderen Kulturgehalten und -formen — sich
entfalten mag, hat sie die soeben bezeichnete Entwicklungsform; so ist, sage
ich ⟨ich *V. für das m. Bleist. gestr.* wir⟩, die Menschheit, durch Eintritt in
dieselbe, zum Bewußtsein ihres wahren Menschentums erwacht und lebt
gegen eine absolute Norm hin, gegen den kategorischen Imperativ, der ihrer
Entwicklungsgestalt einen absoluten Wert und der Entwicklung selbst um so
höheren relativen Wert erteilt, je kraftvoller sie diesen Imperativ praktisch
durchzusetzen, je mehr sie sich ⟨erwacht *bis* sich *angestr. am Rand*⟩ der
absoluten Idee echter Humanität anzunähern vermag. || **73**, 9 *nach* zu be-
stimmen *gestr.* und den ⟨*im Ms.* des⟩ sich in ihr allein verwirklichenden
Formtypus einer sich selbst aus autonomer Vernunft und näher durch wissenschaftliche Vernunft gestaltenden Kulturmenschheit zu einem klaren Ver-
ständnis zu bringen. || **73**, 10 f. *vor* morphologischen *gestr.* individuellen ||
73, 14 *vor* Form *gestr. Einf.* subjektive || **73**, 14 Und *bis* bestimmt *V. für* oder
vielmehr daß || **73**, 18 *statt* ihre *im Ms.* seine || **73**, 20 *nach* Kulturmenschheit
Bemerkung m. Blaust. Von hier Stufe wissenschaftliche Kultur || **73**, 21-

31 Das *bis* anstreben. *auf dem Kopf stehend* ‖ **73**, 21 *nach* daß *im Ms.* was ‖ **74**, 37 *nach* solchen) *gestr.* eine ausgezeichnete Weise, wie der Urteilssinn (das Urteil) im Urteilen gegeben ist ‖ **74**, 37 *nach* Form ist *gestr.* von der Aktseite her betrachtet das ‖ **74**, 38 *nach* G e w i ß h e i t *gestr. eckige Klammer auf* in der, wie es auch heißt, der Gegenstand nicht nur als seiend vermeint, sondern derselbe in demselben Sinn gemeinte Gegenstand s e l b s t in seinem Sein gegeben ist, ebenso ein vermeinter Sachverhalt, ein Verhältnis, ein als Folgesein usw. Von der Aktseite her sprechen wir dann von einem Sehen, Einsehen, Evidenz u. dgl. Erkennen hat in der Wahrheit sein Ziel, eine Erkenntnis ist die erzielte Wahrheit. *eckige Klammer zu* Der Ausgang dieses Strebens ist die Urteilsabwandlung Frage, das Zweifeln, ob es so oder so ist, und das Streben, die Entscheidung zu treffen. Das kann geschehen in der Art, daß im Suchen nach „ Gründen “, Motiven der Entscheidung eine entscheidende Gewißheit eintritt, ohne darum einsichtig ⟨ *gestr.* und damit gerechtfertigte zu sein⟩ und durch die Wahrheit selbst normierte zu sein, oder es kann eben dies statthaben.

Noch ist zu sagen, daß das urteilende Streben meist auf momentane Entscheidungen abgestimmt ist, dafür aber ist es abgesehen auf eine ⟨ *gestr.* bleibende⟩ Überzeugung, die in der Weise eines dauernden geistigen Besitztums jederzeit in Gebrauch genommen und immer wieder den gleichen Zweck erfüllen soll. Hier dient die sprachliche Fixierung, sie schafft einen fixierten Satz, den man sich merkt und der die errungene Gewißheit in sich sozusagen einverleibt hat. Man nimmt, wenn der Satz in Erinnerung kommt, ohne weiteres die Gewißheit wieder auf, evtl. in der Wiedererinnerung daran, daß man sie früher nach ernster Überlegung gewonnen hat, wobei übrigens auch die Begründung sprachlich fixiert und mit der sprachlichen Reproduktion wieder kräftig werden kann. ‖ **75**, 4 *statt* ob *im Ms.* oder ‖ **75**, 16–22 Man *bis* anders“. *Einf.* ‖ **75**, 17 *statt* ist nicht *im Ms.* nicht ist ‖ **75**, 26 f. wo *bis* Wert darauf *Einf.* ‖ **75**, 29 dazu auch das Motiv kommen mag *V. für* und auch aus dem Grund, weil er sicher sein kann, daß andere ebenso wie er öfter in die Lage kommen dürften, dieselbe Frage zu stellen und eine Entscheidung zu wünschen und denselben Motiven nicht würden widerstehen ‖ **75**, 38 *nach* Folge *gestr.* die auch für die Begründungszusammenhänge wichtig ist ‖ **75**, 38 f. Erkenntnis- *V. für* Urteils- ‖ **76**, 4–8 Die *bis* stammend. *V. für* So können festgewurzelte Überzeugungen, aus uralten ererbten Traditionen stammend, verflochten mit *V. für* So können Gemütsmotive verschiedener Art ‖ **76**, 9 bestimmender *V. für* entscheidender ‖ **76**, 17 individuell oder auch in Gemeinschaft *Einf.* ‖ **76**, 19 ein für allemal *V. für* schon ‖ **76**, 20 *vor* Urteile *im Ms.* einem ‖ **76**, 22 f. aus originalen *bis* schöpft *V. für* aus originalen Gegebenheiten schöpft *V. für* zur anschaulichen originalen Selbstgegebenheit bringen kann ‖ **76**, 28 *vor* gewisse *gestr.* Sätze als ‖ **76**, 29 *nach* daß sie *gestr.* die „gewisse Meinung“ oder Einsicht ‖ **76**, 32 *nach* motivierten *gestr.* Satz ‖ **76**, 33 *vor* Motivierende *gestr.* Letzt- ‖ **76**, 38–77, 31 Die *bis* Motiven *Text der Beilage auf Bl. 200* ‖ **77**, 9 *nach* Sinn *gestr.* in der niederen Stufe mischen sich Motivationen aus sachlicher Einsicht, also Normierungen durch das Wahre selbst, mit Motivationen ‖ **77**, 12 *nach* Nationen *gestr.* der historisch gewordenen ‖ **77**, 14 *nach* Sachenwelt *gestr.* und gemeinsame

Wahrheit || **77**, 18 *statt* bringen, das *im Ms.* bringen, die || **77**, 20 *nach* Feind
gestr. Gottessohn oder Gottesverächter || **77**, 31 f. *vor* mit solchen *Rb.* hier
Beilage *(= Bl. 200) und gestr.* In der niederen Stufe mischen sich Motivationen aus Einsicht bzw. aus selbstgegebener Wahrheit, mischen sich die Motive, die in den Normcharakteren liegen ⟨*gestr.* (welcher auch als Wahrheit
eines Urteils äquivok bezeichnet wird)⟩, die Urteilen in der Erfüllungssyn-
these mit der selbstgegebenen „Wahrheit", dem selbstgegebenen gegenständlichen Sein, dem selbstgegebenen Sachverhalt zuwachsen (Wahrheit als rich-
tige Angemessenheit), mit niederwertigen Motiven || **78**, 11 *nach* und wir *im
Ms.* sind || **78**, 11 und wir, wie wir sind *Einf.* || **78**, 13 f. Erkenntnissubjekte *V.
für* Ich || **78**, 14 *statt* die die *im Ms.* das die || **78**, 33 Zweck *V. für* Motiv ||
78, 33 im Menschenleben *V. für* eines Lebens || **79**, 6 f. einsichtig sich bestim-
mender *V. für* einsichtiger sich eröffnet || **79**, 12 *nach* wirklich *gestr.* in den
Gang strenger Wissenschaft getretenen || **79**, 15 das theoretische Interesse *V.
für* die theoretische Haltung || **79**, 23 *nach* Wissenschaft. *Trennstrich* || **80**, 5
fern *V. für* fremd || **80**, 5 *nach* Das *gestr.* Hauptthema || **80**, 7 *Rb.* Griechen ||
80, 32 *nach* Philosophien. *Trennnstrich* || **80**, 33 *Rb.* Skeptizismus || **81**, 22
nach Entwicklung. *waagrechter Strich am Rand* || **81**, 27 *nach* jeder *gestr.*
antiken || **81**, 38 *vor* auch *gestr.* bewußtseinmäßig || **82**, 14 *Rb.* Mechanisie-
rung || **82**, 19 *nach* die *gestr.* begründete || **82**, 20 *nach* Gültigkeit *gestr.* für
solches Erfahren || **82**, 23 *nach* das jedermann *gestr.* anerkennen muß und ||
82, 30 f. der nur *bis* aufgebaut ist *Einf.* || **82**, 34 f. im Status *bis* Einsicht *Einf.*
|| **82**, 37 *nach* hat. *waagrechter Strich am Rand* || **82**, 38 *vor* Es *zwei Trenn-
striche am Rand* || **83**, 3 *vor* Idee *gestr.* Ziel- || **83**, 15 ewige *V. für* einzigartige
|| **83**, 28 *nach* Wissenschaft *folgende auf dem Kopf stehende und gestr. Text-
partie* Aber das Erkennen hängt noch an der Anschauung, es geht von der
universalen Einheit der Erfahrung aus, umspannt die All-Einheit, die Welt,
die darin wie in einem Blick erfahren und gesamt evident ist und doch wieder nur partiell und nicht nur unvollständig, sondern nur einseitig, oberflächlich erfahren ist. Es geht den Weg einer Weltanschauung und, wo der Kontrast gegen die religiöse Tradition und eine kraftvolle religiöse Weltanschauung bestimmend ist, den Weg einer anschaulichen Auskunft über die Welt,
die dem Menschen durch das Licht der ⟨*gestr.* „wissenschaftlichen"⟩ Erkenntnis Heil bringen kann. Denn ist nämlich universale reine Erkenntnis als
universales, rein theoretisches Interesse erwacht, so erstreckt sich die Erkenntnis alsbald auf das Reich der Werte. In der Erkenntnis sind keine
Gemütsmotive zulässig, aber die Erkenntnis kann selbst in das Walten des
Gemüts hineinschauen und die in Gemütseinstellung sich bietenden Werte
beurteilen — rein sachlich, unvoreingenommen. Also Werte, konstituiert im
Gemüte, sind hier nicht Erkenntnismotive, sondern Erkenntnisgegenstände.

Das Erkennen kann aber und muß über universale Anschauung und die da
zu gewinnende Welt„weisheit" hinausgehen. Bloße Anschauung, und gar
wenn sie universale Weltanschauung ist und die Erfahrungswelt mit allgemeinen Begriffen und Urteilen, die nur allgemeine Anschauungen ausdrük-
ken, begreifen will, ist notwendig vage, mit unbestimmten Horizonten behaf-
tet. || **83**, 32 *statt* seiner *im Ms.* ihrer || **83**, 32 *statt* sein *im Ms.* ihr || **83**, 33
geschweifte Klammer am Rand und Rb. Verselbständigung des ästhetischen

Interesses ‖ **83**, 33 *nach* verschiedenen *gestr.* Bewußtseinsart ‖ **83**, 34 *nach*
sind, *gestr.* mit Unterschieden der Vernünftigkeit und ‖ **83**, 38 *nach* der *gestr.*
logischen ‖ **84**, 15 *nach* bestimmt. *Rückseite des Bl. 205 gestr.* In der Tat,
diese Rückbeziehung der Philosophie und aller ⟨ *gestr.* in ihrem allgemeinen
Rahmen⟩ sich abzweigender Sonderwissenschaft auf die logische Kritik verändert von Grund aus den Charakter der Philosophie. Denn Wissenschaft
konstituiert sich von nun ab, so fordert es die Logik, ⟨ *gestr.* zu einem kunst-
gerechten Gebilde⟩ in „methodischen" Urteilstätigkeiten, die in jedem
Schritte vom kritischen Bewußtsein der Normgerechtigkeit getragen sind.
⟨ *gestr.* Das aber so, daß der echte Wissenschaftler keinen Schritt vollzieht,
von dessen Normgerechtigkeit er sich nicht selbst überzeugt hat und welche
durch Herstellung der echten normgebenden Einsicht, dessen Normgerechtigkeit er⟩ Das aber ist so gemeint, daß der echte Wissenschaftler von Anfang
an keinen Schritt vollzieht, dessen Normgerechtigkeit er nicht durch wirkliche Anmessung ⟨Anmessung *V. für* Vollzug⟩ an die in ihrer notwendigen
Gültigkeit eingesehene Norm gewonnen hat und daß er demgemäß nie einen
Satz als Prämisse benützt, den er nicht selbst begründet, und keine methodische Begründung vollzieht, in der er sich nicht von der ⟨ *gestr.* logischen
Triftigkeit⟩ prinzipiellen Richtigkeit jedes Schlußschrittes aus dem entsprechenden formalen Prinzip überzeugt hat. Wie sehr das kunstgerechte Erfahren sich mechanisieren mag und sosehr für den wissenschaftlichen Fortschritt eine Mechanisierung auch notwendig ist, ein habituelles Normbewußtsein muß doch frei sein, welches, in früherer eigener einsichtiger Begründung entsprungen, die wohlbegründete praktische Möglichkeit anzeigt,
jederzeit die Normgerechtigkeit auch auszuweisen, die rechtmäßige Gültigkeit des Verfahrens vertreten zu können. Nur so kann wissenschaftliche
Erkenntnis zum Gemeingut werden, einmal festgestellt für jedermann dastehen, von jedermann anerkannt und übernommen werden. ⟨ *gestr.* Die Übernahme ist der nachverstehende Vollzug der angezeigten⟩ Das ist möglich,
weil es nun zum Prinzip der Methode wird, den methodischen Begründungs-
gang selbst in einer Weise zum objektiven Ausdruck zu bringen, der es jedermann ermöglicht, dieselben Begründungen in sich einsichtig nachzuvollzie-
hen und sich von der Normgerechtigkeit selbst zu überzeugen. So ist hinsichtlich der Einsicht der verständnisvolle Schüler dem Entdecker und Lehrer völlig gleich, und der originale Erwerb ist mit identischem Wertgehalt
Gemeingut, ist die eine und selbe Wahrheit.
Rest der Seite auf dem Kopf stehend; ebenfalls gestr. Philosophie ist nur
möglich durch eine vorangehende kritische und rein intuitive Erwägung der
Bedingungen der Möglichkeit objektiv gültiger Erkenntnis als solcher ⟨ *gestr.*
oder durch eine vorangegangene Klärungserwägung, zu vollkommenster
Klarheit muß die Möglichkeit, das Wesen, die Methode objektiv gültiger
Erkenntnis und der Begründung⟩ ‖ **84**, 16 *vor* Der *im Ms.* 1. ‖ **84**, 29 *nach*
nicht *gestr.* den Besitz ‖ **84**, 31–33 und zugleich *bis* Mitteilenden *Einf.* ‖
84, 32 *nach* Verwertung *im Ms.* des einen ‖ **84**, 37 f. also überindividueller *V.*
für und rein geliebter ‖ **85**, 18 *nach* Werte, *gestr.* ja durch gemeinsame
Arbreit an ihnen, durch die selbstlose wechselseitige Förderung und persönliche Erhöhung ‖ **85**, 30 *nach* Interessen, *gestr.* ein Reich sich, wie es die Art

der Erkenntnis ⟨*gestr.* -werte⟩ ist, miteinander theoretisch verflechtender ||
85, 32 *statt* das *im Ms.* die || **85**, 35 *nach* Vagheit *gestr.* und zudem wider-
spruchsvollen Unausgeglichenheit || **86**, 3 *nach* anderer *gestr.* und schließlich
aller möglichen || **86**, 3–6 Wo immer *bis* geltend machen. *V. für* Mit dem
Einsetzen der allgemeinen logischen Reflexion mußte dann auch der Wesenszusammenhang aller dieser Sphären hervortreten und so die Philosophie den
Charakter einer universalen Wissenschaft annehmen || **86**, 7 *nach* so *gestr.*
dann auch das Universum der Werte und Güter, also auch || **86**, 7 *vor* Praxis
gestr. Zweck- || **86**, 34 Erkenntnis *V. für* Wahrheit || **86**, 34 f. *nach* sondern
gestr. Leben, aber echtes, vernünftiges Menschenleben || **87**, 4 *nach* dann
gestr. wirklich praktisch vernünftig handeln || **87**, 15 *nach* Ethik *gestr.* und
nicht nur einer Individualethik, sondern auch einer Sozialethik als Prinzi-
pienwissenschaft von einer ethischen Menschengemeinschaft und schließlich
einer ethischen Menschheit überhaupt || **87**, 18 theoretische Tun *V. für* Argu-
mentieren || **87**, 23 *nach* Platonischen *gestr.* Dialektik || **87**, 34 *statt* möglichst
im Ms. möglichts || **87**, 36–**88**, 5 Vor allem *bis* universalen Philosophie. *V. für*
Die Umwelt, in die die Menschheit hineinwirkt, muß sie theoretisch erkennen nach allen Wirklichkeiten und Möglichkeiten; um vernünftig handeln,
nämlich unter bestmöglicher Vorsicht handeln zu können, muß der Mensch
die Natur und das Geistesleben allseitig und als Tatsache bestmöglich erkennen, er muß sie dann bestmöglich werten und danach behandeln können, was
wieder möglichst vollkommene Erkenntnis der Wertwahrheiten und praktischen Wahrheiten fordert, die, im voraus erkennbar, im gegebenen Einzelfall
normierend fungieren könnten || **88**, 7 *nach* um die *gestr.* in der universalen ||
88, 10 *nach* schon *gestr.* höchst || **88**, 11 *nach* „Staat" *gestr. m.* Bleist. und in
einer Weise, daß schon die Hauptgedanken jener wesentlichen Zusammengehörigkeit von Philosophie als universaler Wissenschaft und vernünftigem
Menschenleben angedeutet oder ausgeführt sind || **88**, 11 *vor* Denn *gestr.*
Denn die naturgemäße Konsequenz dieser in Form eines idealen, von der
⟨*gestr.* autonomen⟩ Philosophie als universaler Vernunft in Form strengster
Wissenschaft geleiteten Staatslebens || **88**, 12 seines *V. m.* Bleist. *für* dieses in
Form eines konkret || **88**, 12 *nach* Staatsideals *gestr. m.* Bleist. durchgeführten
Gedankens || **88**, 12 *nach* irgendeine *gestr. m.* Bleist. Nation oder gar || **88**, 13
nach ganze *gestr.* durch noch so lose Vergemeinschaftung || **88**, 20–23 echter
bis ebenso *Einf.* || **88**, 24 im allgemeinen Bewußtsein *V. für* bewußt || **88**, 27 f.
sollte *bis* Idee *V. m.* Bleist. *für* soll und wie || **88**, 28 *statt* der offen *im Ms.*
eine offen || **88**, 29 europäischen *V. m.* Bleist. *für* Kultur- || **88**, 29 *nach*
Menschheit *gestr. m.* Bleist. (nicht ein kleines und als Ideal in die Wolken
hineingezeichnetes Stadtideal) || **88**, 29 diese *V. m.* Bleist. *für* eine || **88**, 30
Wurzel faßte *V. m.* Bleist. *für* Platz greifen kann || **88**, 31 Wirksamkeit *V. m.*
Bleist. *für* Wirkung || **88**, 31 dieser *V. m.* Bleist. *für* der || **88**, 32 auf Grund *V.*
m. Bleist. *für* in Form || **88**, 32 der *V. m.* Bleist. *für* einer || **88**, 33 *nach* nur
gestr. m. Bleist. denkbar, sondern || **88**, 33 sondern auch *V. m.* Bleist. *für* und
|| **88**, 34 Griechen *V. m.* Bleist. *für* griechische Philosophie || **88**, 34 f. philo-
sophischen *Einf. m.* Bleist. || **88**, 36 adäquat *V. m.* Bleist. *für* wirklich || **88**, 37
vermochten *V. m.* Bleist. *für* vermag || **88**, 37 *nach* sofern *gestr. m.* Bleist. sie
|| **88**, 37 Philosophie *bis* für *V. m.* Bleist. *für* in || **88**, 38 *nach* Philosophien *im*

Ms. auseinandergeht || **89**, 2 Jede *V. m. Bleist. für* die || **89**, 2 *nach* zeichnet *gestr. m. Bleist.* nicht nur || **89**, 4 also durch Philosophie *V. für* in Form theoretischer Philosophie || **89**, 10 *nach* ein *gestr.* ideales || **89**, 15 f. traditionalistischen religiösen Kultur *zwischen eckigen Bleist.-Klammern* || **89**, 17 *vor* Bewegungen *gestr. m. Bleist.* Freiheits- || **89**, 17 des Christentums *zwischen eckigen Bleist.-Klammern* || **89**, 21 formen *V. für* rechtfertigen || **89**, 32 reine *V. m. Bleist. für* echte || **89**, 33 wahrer Humanität, die *V. m. Bleist. für* eines echten Menschentums und || **89**, 36 *nach* Repräsentanten *gestr.* eines echten Menschentums und als das allgemein anerkannt, so sind es jetzt die Priester in der neuen, sich dem hierarchischen Ideal unterordnenden menschlichen Gemeinschaft der || **89**, 36 *zu* Normprinzips *Variante m. Bleist.* Prinzips aller Geltung || **90**, 3 die civitas dei *V. m. Bleist. für* Religion und Kirche || **90**, 6 *vor* entsprechende *gestr.* durch die mittelalterliche Menschheit nach allen Schichten durchgehende || **90**, 7 einheitlichem Willen *V. m. Bleist. für* Einheit eines Willens || **90**, 7 durchherrscht *V. m. Bleist. für* getragen || **90**, 7 *vor* Ihre *gestr. m. Bleist.* und mit || **90**, 7 f. wird durch sie *Einf. m. Bleist.* || **90**, 8 als *V. m. Bleist. für* eine praktische Idee || **90**, 9 einverleibt *V. m. Bleist. für* einverleibend || **90**, 9–11 und durch sie *bis* Bewußtsein *Einf. m. Bleist.* || **90**, 14 als *V. m. Bleist. für* kultivierend wirkt, fortgesetzt || **90**, 15 f. Umdeutung und Verdeckung *V. für* Umformung || **90**, 19 wo man es nicht absperrt *Einf. m. Bleist.* || **90**, 22—29 Auch *bis* wirksam werden. *Einf.* || **90**, 33 f. das sei hier *V. m. Bleist. für* und || **90**, 34 *nach* Sinn *gestr. m. Bleist.* hier || **90**, 34 Also *Einf. m. Bleist.* || **90**, 36–**91**, 1 Die *bis* Theologie *V. m. Bleist. für* Die Kirche vertritt nicht mehr den herrschenden Kulturgeist der Menschheit, die ihr im Mittelalter einwohnende Zweckidee hört auf, Sache der europäischen Menschheit zu sein, sie ist ein Bestandstück der bloßen Kirche || **91**, 5 mehr *Einf. m. Bleist.* || **91**, 7 *nach* Wirklichkeit *gestr. m. Bleist.* (ex definitione) || **92**, 24 *statt* den *im Ms.* der || **92**, 27 freie Vernunft *V. für* intellektuelle Freiheit || **92**, 39 *nach* Welt *gestr.* durch wissenschaftliche Erkenntnis. Sie bildet nicht nur die Mathematik weiter aus und || **93**, 5 *vor* Altertum *gestr.* späteren || **94**, 1-8 An *bis* entsprungen. *Erg.* ||

Beilage I (S. **94-96**)

Diese Beilage gibt den Text der Blätter 72 und 73 aus F II 7 (Beschreibung S. 263 f.) wieder. Die Blätter sind mit Tinte in Gabelsberger Stenographie beidseitig beschrieben und mit Blaustift von 1–2 paginiert. Blatt 72 besitzt Normalformat, Blatt 73 ist oben und am linken Rand abgetrennt (Format 16,5 × 16,1 cm). Auf seiner Rückseite findet sich ein mit Blaustift gestrichener Text. Er ist bruchstückhaft, und wird daher im folgenden nicht wiedergegeben. Die beiden Blätter weisen außer Korrekturen mit Tinte keine Spuren von anderen Schreibmaterialien auf.

94, 17 f. Jugend *bis* Interesses *V. für* Jugend ein rasch anschwellendes Interesse || **94**, 17 eines *V. für* einer inneren Anteilnahme || **94**, 19 es *V. für* sie || **94**, 33 f. zum Zweck *bis* gegründeten *V. für* zu || **95**, 13 *nach* sie *im Ms.* sich ||

95, 15–22 Eine *bis* verführt habe. *Einf.* ‖ **95**, 25 *nach* Wissenschaften *gestr.*
der Vergangenheit und Gegenwart unserer Zeit ‖ **95**, 38 *nach* versagen, *gestr.*
haben wir ihren eigenen Sinn wirklich kennengelernt. Versuchen wir viel-
mehr ‖ **95**, 38 *vor* unbekannt *gestr.* völlig ‖ **95**, 39 f. Dazu *bis* Sinn *V. für* und
dazu fürs erste *V. für* vor allem ‖ **95**, 41 zweitens *V. für* andererseits ‖ **95**, 42
nach wird. *Rb.* Dazu wären zwei Themen zu behandeln. Das eine beträfe ‖
96, 3 *vor* innig *gestr.* so ‖ **96**, 6 *nach* zweiten *gestr.* Problem ‖ **96**, 12 in ihrem
Sinnesrahmen *Einf.* ‖ **96**, 12 rechtfertigen *V. für* verstehen ‖ **96**, 13 *nach*
anderen *gestr.* gerade um ihre intellektualistische Gestalt rechtfertigen läßt ‖

Beilage II (S. 96–97)

*Die Beilage gibt den Text des Blattes 2 von Konvolut F II 7 (Beschrei-
bung S. 263 f.) wieder. Das längslinierte Blatt im Normalformat trägt die
Blaustift-Aufschrift* zu Kaizo. *Es ist mit Tinte in Gabelsberger Stenographie
beidseitig beschrieben und weist außer Unterstreichungen mit Tinte Unterstreichungen mit Bleistift auf.*

Beilage III (S. 97-100)

*Der Text dieser Beilage fußt auf den beiden Blättern 175 und 176 von F II 7
(Beschreibung S. 263 f.). Sie tragen die Überschrift* Der Mensch als Subjekt
von Gütern und Werken, Subjekt einer Kultur. *Der Text ist auf längsliniertes
Papier im Normalformat mit Tinte in Gabelsberger Stenographie beidseitig
geschrieben und trägt keine Paginierung. Auf den Blättern finden sich —
neben Unterstreichungen mit Tinte — zu Beginn drei Unterstreichungen mit
Blaustift.*

97, 33 f. bewußt *bis* Instinkten) *Einf.* ‖ **97**, 37–**98**, 3 Ein *bis* überhaupt. *V. für*
nur er hat bei aller momentanen Abzweckung ein ewiges plus ultra ‖ **98**, 2
real möglichen *V. für* vorkommenden ‖ **98**, 5 *vor* Natur *gestr.* Welt ‖ **98**, 6 f.
mit denen *bis* lebt *V. für* die zu ihm in persönliche Beziehungen treten können ‖ **98**, 11 *nach* schon *gestr.* nützlich geworden einen momentanen ‖
98, 12 f. und allgemeinen *Einf.* ‖ **98**, 13 und evtl. allgemeinen *Einf.* ‖ **98**, 14
„offenen" *V. für* „unendlichen" ‖ **98**, 16 *nach* Zwecktätigkeiten *gestr.* und
zu erwirkenden zweckmäßigen, erstrebten und ‖ **98**, 16 sowie *V. für* von ‖
98, 22 *vor* offenen *gestr.* unendlich ‖ **98**, 33–47 einzelne Zwecke *bis* Möglichkeiten. *Erg.* ‖ **98**, 38 f. die Ersteigung *bis* fordern *V. für* in unendlich vielen
Stufen zu ersteigen sind ‖ **99**, 2 Idee und das Ideensystem *Einf.* ‖ **99**, 4-6 das
Vermögen *bis* Zwecke, einer *V. für* und der ‖ **99**, 10 und als Korrelat von
Einf. ‖ **99**, 17 und soweit *bis* Tier *Einf.* ‖ **99**, 18 *nach* Vernunftformen. *gestr.*
Während die bloße Natur, das ist eine als von allen Einwirkungen freier
Subjekte unberührt gedachte, ihren Lauf in reiner Passivität vollzieht, wäh-
rend die organische Welt in neuer Weise ihr Formensystem gemäß typischen
Ideen entfaltet. ‖ **99**, 20 Willensziele. *V. für* ohne Zweckideen, die für ein

Wollen und Wirken bewußt leitend wären ‖ **99**, 28 Es *V. für* Unter Änderung der Bedingungen ‖ **99**, 31 *nach* neuer Ideen *gestr.* ist aber kein Prozeß personaler Wesen, kein ‖ **99**, 38 gegebener *V. für* erfahren ‖ **99**, 41 bio- *Einf.* ‖

Beilage IV (S. 100–103)

Der Text basiert auf den Blättern 168 und 169 von F II 7 (Beschreibung S. 263 f.). Sie sind überschrieben mit Religiöse Wirkung von Legenden, dichterischen Gebilden *und tragen die Bleistift-Paginierung* p₁, p₂. *Der Text ist mit Tinte in Gabelsberger Stenographie auf längsliniertes Papier von Normalformat beidseitig geschrieben. Er weist keine Spuren späterer Bearbeitung auf.*

100, 35 *nach* mancherlei *gestr.* Legenden ‖ **101**, 25 *vor* Suchers *gestr.* Gott- ‖ **102**, 26-30 Will ich *bis* beachtet. *Erg.* ‖

Beilage V (S. 103-105)

Der Text der Blätter 186-188 von F II 7 (Beschreibung S. 263 f.). Die Blätter sind Teile eines Briefes H. Tanabes an Husserl vom 9.10.1922 (Format 14,2 × 21,8 cm). Husserl beschrieb die Rückseiten und paginierte sie mit Bleistift von 3–5. Der Text trägt die Blaustift-Aufschrift Beilage. Zum Nachlesen. *Die Blätter sind beidseitig mit Tinte in Gabelsberger Stenographie beschrieben und weisen Veränderungen und Unterstreichungen mit Bleistift sowie auf Blatt 187 Unterstreichungen mit Blaustift auf. Auf Blatt 186 findet sich eine Unterstreichung mit Fettstift.*

103, 34 theoretische *Einf. m. Bleist.* ‖ **103**, 44 *vor* Dabei *eckige Bleist.-Klammer auf* ‖ **103**, 44-**104**,1 theoretischen *Einf. m. Bleist.* ‖ **104**, 25 f. bezeugten Glaubensinhalte *V. für* zu gewinnenden Glaubenserfahrung ‖ **104**, 27 f. und ihres Ursprungs aus neuer Offenbarung *Einf. m. Bleist.* ‖ **104**, 30 *nach* will; *gestr.* das schließt nicht Ansätze zu einer Naturwissenschaft aus ‖ **104**, 46 *vor* streng *gestr.* wirklich ‖ **105**, 2 Erkenntnis- *V. m. Bleist. für* Vernunft- ‖ **105**, 7 *vor* Die *Bleist.-Zeichen am Rand* ‖ **105**, 16 *nach* Stand der *gestr.* gemeinschaftlich ‖ **105**, 17 -kindschaft *im Ms. m. Bleist. gestr.* ‖ **105**, 19 f. statt erklärt *im Ms.* zu erklären ‖ **105**, 27 *nach* Kirche regiert *gestr.* und diese Regierungsform hat durch die zu ihr gehörige theologische Wissenschaft zugleich Vernunftform; aber das muß so gemeint sein ‖ **105**, 31 Selbst- *Einf. m. Bleist.* ‖

Beilage VI (S. 105-107)

Der Text fußt auf den Blättern 218 und 219 von F II 7 (Beschreibung S. 263 f.). Es handelt sich dabei um den quergefalteten und jeweils auf

den Rückseiten beschriebenen Brief von Hans Lipps an Husserl vom 7.9.1922
(Format 21,9 × 28,4 cm). Der Text, der keine Überschrift und keine Paginie-
rung besitzt, wurde mit Tinte in Gabelsberger Stenographie verfaßt. Er weist
Unterstreichungen mit Tinte und an späteren Überarbeitungen nur zwei Un-
terstreichungen und eine Anstreichung mit Bleistift sowie eine Anstreichung
mit Fettstift auf.

105, 39 *Vor* Die *gestr.* Die historische Epoche, ⟨ *gestr.* in der das Schicksal
uns unsere Arbeitsstätten angewiesen hat, in die wir hineingeboren sind,⟩ in
der das Schicksal uns und unsere Lebensarbeit hineingestellt hat, ist in allen
Gebieten, in denen *am Rand Bleist.-Pfeil nach unten* || **106**, 1 *vor* des *gestr.*
dieser Jahrhunderte || **106**, 5-9 *am linken und rechten Rand angestr. m.*
Fettst. || **106**, 6 *nach* durch *gestr.* alle Revolutionen || **106**, 8 *vor* Die *eckige*
Klammer auf || **106**, 18-23 *angestr. am Rand* || **106**, 25 Wie sagt die Religion:
V. für Im Anfang war der Logos und || **106**, 27 f. aus einem *bis* erwachsene
Einf. || **106**, 38 *nach* vollkommenen *gestr.* von uns selbst vollkommen gestal-
teten Menschheitswelt, von uns als in immer neuen freien Subjekten fortle-
bender und sich forterhöhender Menschheit || **106**, 39 *statt* dem *im Ms.* der ||
107, 2 *vor* Sinnes *gestr.* letzten ||

Beilage VII (S. **107**)

Die Beilage gibt den Text des nur auf der Vorderseite beschriebenen Blat-
tes 237 aus F II 7 (Beschreibung S. 263 f.) wieder. Er trägt den mit Blei- und
Blaustift unterstrichenen Titel Radikale Kritik. *Das nicht paginierte Blatt ist*
mit Tinte in Gabelsberger Stenographie beschrieben und besteht aus längsli-
niertem Papier von Normalformat. Der Text weist Korrekturen und Unter-
streichungen mit Bleistift sowie eine Unterstreichung mit Blaustift auf.

107, 6 *nach* geworden *Bleist.-Einf., m. Bleist. wieder gestr.* aber auch mit dem
Unschönen, Schlechten || **107**, 8 f. die aber *bis* enthält *Einf. m. Bleist.* ||
107, 12 f. ihm *bis* verschaffen *Einf.* || **107**, 13 f. die Autorität der einsehenden
Vernunft *Einf. m. Bleist.* || **107**, 14 in dieser offenbarten Vernunft *Einf.*
m. Bleist. || **107**, 23-25 und endlich *bis* Handeln *Einf. m. Bleist.* || **107**, 27
selbst *Einf. m. Bleist.* || **107**, 30 f. eine von *bis* mögliche *V. für* nachkommen-
de || **107**, 32 Subjekt *V. m. Bleist. für* Ich || **107**, 35-37 Das Subjekt *bis*
Gemeinschaftssubjektivität. *Einf. m. Bleist.* || **107**, 40 f. durch die *bis* zu nen-
nen, durch *V. für* Sokrates und Platon ||

Beilage VIII (S. **108-109**)

Der Text dieser Beilage fußt auf den Blättern 220 und 221 von F II 7
(Beschreibung S. 263 f.), die mit Blaustift von 6-7 paginiert sind. Der Text ist

mit Tinte in Gabelsberger Stenographie auf längsliniertes Papier von Normal-
format geschrieben; die Rückseite von Blatt 220 ist unbeschrieben. Der Text
weist in der zweiten Hälfte Unterstreichungen und Anstreichungen mit Blei-
stift auf.

108, 9 *nach* Bestimmtheit *gestr.* der Formung ‖ **109,** 1-18 *am Rand m. Bleist.*
angestr. und Bleist.-Pfeil nach unten ‖ **109,** 6 f. dem übrigens *bis* verbleibt
Einf. ‖ **109,** 18-22 *Bleist.-Pfeil am Rand* ‖ **109,** 20 der Begründung aller möglichen *V. für* universaler, allseitig ‖ **109,** 21 ihnen allen *V. für* einer ihr und
allen Gestalten ‖

Beilage IX (S. 109–113)

Diese Beilage gibt den Text der Blätter 170–172 von F II 7 (Beschrei-
bung S. 263 f.) wieder. Sie besitzen keine Paginierung. Die Blätter liegen ver-
tauscht; an Blatt 170 ist Blatt 172 anzuschließen, an dieses Blatt 171. Der
Text ist beidseitig mit Tinte in Gabelsberger Stenographie auf längsliniertes
Papier von Normalformat geschrieben. Er weist außer einigen Korrekturen
und Unterstreichungen mit Bleistift keine Spuren späterer Bearbeitung auf.

109, 43 *Bleist.-Zeichen am Rand* ‖ **109,** 44 erschaute *V. für* erzeugte ‖ **110,** 7–
9 nicht *bis* vielmehr *Einf.* ‖ **110,** 10 f. Gemeinschaft stehenden *V. für* Verbindung tretenden ‖ **110,** 17 objektiv *Einf. m. Bleist.* ‖ **110,** 27 früher *V. für*
anderweitig ‖ **110,** 30 Nacherzeugung *bis* Schritte *V. für* Quasierzeugung ‖
111, 3 *nach* an den *gestr.* vielverhandelten Unterschied zu denken ‖ **111,** 8
nach einzige. *Trennstrich* ‖ **111,** 9 betätigt *V. für* schafft ‖ **111,** 37 *nach* neu
gestr. bestätigter ‖ **112,** 3 *vor* einsichtiger *gestr.* echter ‖ **112,** 10 *vor* unserer *im*
Ms. in ‖ **112,** 19 f. *nach* Arbeit *gestr. m. Bleist.* militarisiert ‖ **112,** 20 *vor*
Disziplin *gestr. m. Bleist.* militärische ‖ **112,** 23 *vor* Weltorganisation *gestr.*
m. Bleist. militärischen ‖ **112,** 30 *nach* Fixierungsleistung *gestr.* in die universalen Ordnungsgesetze ‖ **112,** 37 f. was *bis* mehr *Einf.* ‖ **112,** 39 seine *im Ms.*
gestr. ‖ **112,** 43 *nach* kann: *gestr.* für das, was man jeher und in ‖ **112,** 45 die
Nachkommen *V. für* wir ‖

Beilage X (S. 113-122)

Der Text fußt auf den Blättern 228, 229, 233 und 235, 222, 230-234 außer
Blatt 233 von F II 7 (Beschreibung S. 263 f.). Die Blätter sind mit Tinte in
Gabelsberger Stenographie beschrieben. Blatt 228: ein nicht paginiertes, beid-
seitig beschriebenes längsliniertes Blatt in Normalformat. Außer Unterstrei-
chungen mit Tinte findet sich eine Unterstreichung und eine Randbemerkung
mit Blaustift. Blatt 229: ebenfalls ein beidseitig beschriebenes längsliniertes

Blatt ohne Paginierung in Normalformat; der Text weist Unterstreichungen mit Tinte, aber keine Spuren späterer Bearbeitung auf. Blatt 233 und 235: 233 ist Teil eines Briefumschlags (12,5 × 15,5 cm), Blatt 235 ein an allen vier Rändern abgetrenntes, stark vergilbtes unliniertes Papierstück (Format ca. 15,5 × 17,5 cm). Blatt 233 trägt auf der Rückseite die Aufschrift Herrn Prof. Dr. Husserl. Hier. *sowie einen kurzen stenographischen Text mit Bleistift* Für das Mittelalter haben wir eine von ihm selbst gesetzte Zweckidee. Aber eine Entelechie sollte nur heißen eine absolut gültige Zweckidee. *Die Rückseite von Blatt 235 ist gestrichen. Beide Blätter tragen keine Paginierung. Nur Blatt 235 weist einige Unterstreichungen mit Blaustift auf. Blatt 222 ist die beschriebene Rückseite eines Briefes von Alexander Hold-Ferneck an Husserl vom 4.6.1922 (Format 20,7 × 27,2 cm). Die nicht paginierte Seite trägt die Randbemerkung mit Fettstift* gut. *Sie weist außer einigen Unterstreichungen mit Tinte in der ersten Hälfte Unterstreichungen und eine Anstreichung mit Bleistift auf. Die Blätter 230-232 und 234 sind mit Blaustift von 1-4 paginiert. Sie sind, mit Ausnahme von Blatt 234, beidseitig beschrieben, und zwar die Blätter 230 und 231 auf unliniertes Papier vom Format 14,1 × 21,9 cm (Blatt 231 ist die abgetrennte untere Hälfte des letzten Blattes eines Briefes von Tomoye Oyama an Husserl (obere Hälfte: Blatt 108)). Die Blätter 232, 234 (vom Format 13,5 × 21 cm) sind auf die Rück- (234) bzw. Rück- und Vorderseite (232) eines Briefes von Alexandre Koyré an Husserl vom 21.5.1922 geschrieben. Der Text weist außer etlichen Unterstreichungen mit Tinte nur auf Blatt 231 Veränderungen mit Bleistift auf.*

113, 22 *statt* entfaltet *im Ms.* entfaltet hat ‖ **113,** 29-37 Die *bis* Logik. *Erg.* ‖ **114,** 5 *nach* sei. *gestr.* Dann wird auch über die bloße physische Natur hinaus ‖ **114,** 18 *nach* sind *gestr.* rein an historischer Erfahrungsanschauung ‖ **114,** 19-22 einer objektiven *bis* Ergebnissen *Einf.* ‖ **114,** 29 *nach* durch *gestr.* tatsächlich ‖ **114,** 36 *statt* es *im Ms.* sie ‖ **114,** 39 *statt* Tatsachen *im Ms.* Tatsache ‖ **116,** 11 *nach* zusammenhängen *gestr.* und daher alle praktisch fruchtbar werden ‖ **116,** 17 *nach* sein. *gestr.* Aber die jetzige Wissenschaft macht nicht *abgetrennte Stelle* ihre Welterklärungen, sie ‖ **116,** 20 *nach* verstehen *gestr.* Das ist das eine, was uns nottut. Die Macht, die sie dem Menschen verleiht, nach Bacons Wort „Wille ist Macht", ist die Macht ‖ **116,** 20 *nach* Vernunft *gestr.* erneuern ‖ **116,** 25 *nach* die *im Ms.* sich ‖ **116,** 27 *nach* nüchternster *gestr.* radikalster ‖ **116,** 28 *statt* einer *im Ms.* eines ‖ **116,** 28 f. *nach* universaler *gestr.* vor keinen Schranken beirrter ‖ **116,** 30 *nach* Vernunftklärung *gestr.* welche alle theoretische Leistung, ja alle Leistung, aus letzten Quellen verständlich machen und damit den Sinn alles Erkennbaren ‖ **116,** 33 *nach* Freiheit. *gestr.* Doch haben wir es versuchen wollen, die Art der höchst nüchternen Arbeit der Phänomenologie und ihre absolute methodische Stellung zu charakterisieren. *Rückseite von Bl. 235 gestr.* Was man suchte, war nicht ein bloßes Selbstvergessen in der Not der Gegenwart, nicht ein Emporgetragenwerden von großen Begriffsdichtungen ⟨ Begriffsdichtungen *V. für* Systemdichtungen *V. für* Systemtraditionen ⟩, von der tiefsinnigen Schönheit und Rhetorik ⟨ der ⟩ Weltgedanken und großer Worte. Nicht bloß Wiederbelebung von Traditionellem, sondern sehr viel mehr;

nicht sosehr Anleitung zum bloßen Wiederverständnis des Traditionellen, sondern viel mehr noch, zu selbsttätiger und strenger ⟨selbsttätiger und strenger *V. für* nüchterner, selbsttätiger⟩ wissenschaftlicher Arbeit und zu nüchterner Kritik war das Erwünschte. *Querstrich über die ganze Seite*
Mit einem Worte ⟨*gestr.* in der Begründung⟩, in der Ausführung der Phänomenologie, einer überaus abstrakten, mühseligen Wissenschaft, sieht eine neue philosophische Bewegung die Heilsquelle für alle „Erneuerung", von der in der Gegenwart so viel die Rede ist. Wir stehen hier vor einer an sich merkwürdigen Tatsache, die hier zunächst uns beschäftigen soll. *Querstrich über die ganze Seite*
hat sich eine phänomenologische Bewegung rasch verbreitet, die sich als phänomenologische ⟨sic⟩ bezeichnet. In der Phänomenologie, einer neuen philosophischen Grundwissenschaft, und in ihrer neuen Methode prinzipieller Klärungen sieht sie den Heilsquell, durch den unsere entartete Kultur sich allmählich erneuern, zu einer wurzelechten, ihren tiefsten Sinn erfüllenden Kultur werden kann. Eine solche Überzeugung mag zunächst wohl befremdlich erscheinen, und in allen denen, die von der neuen Phänomenologie noch nicht Kenntnis gewonnen haben ‖ **116**, 35–**117**, 12 *am Rand m. Bleist. angestr.* ‖ **116**, 42 *vor* Entwicklung *gestr.* Kultur- ‖ **116**, 44 *nach* Ideal *gestr.* der neuen Bewegungen ‖ **117**, 2 *nach* Wissenschaftsideal *gestr.* zersetzt ‖ **117**, 11 *statt* sie *im Ms.* sich ‖ **117**, 19 *statt* des Verstoßes *im Ms.* der Verstoß ‖ **117**, 30 *statt* seine *im Ms.* ihre ‖ **117**, 38 *nach* mit *gestr.* der Phraseologie eines Idealismus, der wie allen ‖ **117**, 39 *nach* ewiger *gestr.* und in reiner Gestalt ‖ **117**, 45 positiver *V. für* echter ‖ **117**, 46 *nach* „Realpolitik" *gestr.* der Tatsachenmenschen ‖ **118**, 7 *statt* ihren *im Ms.* seinen ‖ **120**, 6 *nach* Verwirklichung. *Trennstrich und eckige Bleist.-Klammer auf* ‖ **120**, 6–46 Denn *bis* Wert). *in eckigen Bleist.-Klammern* ‖ **121**, 18 *statt* bildet im Ms. bietet ‖ **122**, 18 *nach* Vernunftmenschheit *gestr.* als Entelechie ‖ **122**, 20 *nach* Zeit. *gestr.* Im Ideal ‖

Beilage XI (S. **122–124**)

Dem Abdruck liegt ein Typoskript zugrunde, das sich im Konvolut K IV 2 befindet.

„Über die Reden Gotamo Buddhos": *Piperbote,* 1925, II/1, S. 18-19
(S. **125–126**)

„Die Phänomenologie und Rudolf Eucken": *Die Tatwelt,* 1927, S. 10-11
(S. **127–128**)

Über Ursprung
(S. 129-142)

Der Text gibt das Konvolut A I 27 wieder. Die Blätter 2-16 liegen im Umschlag 1/17. Er trägt die Aufschrift mit Tinte Über „Ursprung" I ⟨I *mit Blaustift*⟩ Januar 1930 ⟨1930 *mit Blaustift überschrieben*⟩. Sinn der Ursprungsprobleme angeknüpft an das Problem Ursprung des „Allgemeinen" und dann natürlich aller kategorialen Gegenständlichkeiten. — Evtl. zur Einleitung in das II. Logische Buch *(gemeint ist wohl die von Husserl geplante Fortsetzung der* Formalen und transzendentalen Logik. *Den Plan, diese Fortsetzung zu bearbeiten, gab Husserl im Lauf des Jahres 1930 auf; Teile der dafür zusammengestellten und ausgearbeiteten Manuskripte nahm Ludwig Landgrebe in* Erfahrung und Urteil *auf (vgl. die Einleitung des Herausgebers in den* Husserliana, Band XVII, S. XXIII f.*))*, das über das System der ursprünglichen Urteile — das ist das System der Formen von Sachverhalten (der Formen ursprünglich geschöpfter Erkenntnisinhalte) — handeln soll. Gedacht als Festgabe für Masaryk. *Links oben mit Blaustift* Ur⟨sprung⟩ I. cf. Ur II 1926 *(vgl. die Ausführungen oben auf S. XX, Fußnote)*.

Das Manuskript ist mit Tinte in Gabelsberger Stenographie geschrieben. Die Blätter 2-10 besitzen Normalformat, die Blätter 11-16 das Format ca. 10,5 × 16,5 cm. Alle Blätter mit Ausnahme der Blätter 5, 10 und 14 sind beidseitig beschrieben. Die Rückseiten der Blätter 6, 11 und 15 sind gestrichen; 15b besitzt die gestrichene Blaustift-Paginierung II. Die Blätter 2-10 sind von 1-9 paginiert, und zwar Blatt 2 und 3 mit Tinte, die Blätter 3-9 mit Blaustift. Am Ende des Textes von Blatt 10 findet sich der mit Blau- und Rotstift geschriebene Hinweis Fortsetzung I-V, *darunter mit Blaustift in kleinen Blättern. Dieser Hinweis bezieht sich auf die Blätter 11-16, die mit Blaustift von I-V paginiert sind. Auf Blatt 14 steht mit Blaustift die Bemerkung zu* IV-V Übergang, *darunter mit Tinte* intentionale Psychologie — Br⟨entano⟩; *Blatt 15 trägt die Paginierung* IVa *und Blatt 16 (V) mit Blau- und Rotstift die zusätzliche Paginierung* y. *Am Ende von 16b steht mit Blaustift der Hinweis* Fortsetzung 10 *(=Blatt 3 aus A VI 16-17, siehe Beilage XIII)*.

Der Text weist kaum Spuren späterer Bearbeitung auf; lediglich auf Blatt 2a findet sich eine Bleistift-Unterstreichung, auf den Blättern 6a, 11b und 15b Streichungen mit Blaustift sowie auf Blatt 16b zwei Unterstreichungen mit Blaustift. Blatt 16 besitzt außerdem einige Unterstreichungen mit Tinte.

129, 8 haben *V. für* annehmen ‖ **129**, 10 *nach* also *gestr.* auch und ‖ **129**, 13 eventuell *V. für* nach beliebigem wiederholten ‖ **129**, 20 *vor* kategorialer *gestr.* prädikativ ‖ **130**, 14 f. *vor* Vermeinens *gestr.* bloßen ‖ **130**, 20 *nach* die *gestr.* Anpassung ‖ **130**, 21 zunichte *V. für* unmöglich ‖ **130**, 31 Erfahrungsmeinung von Individuellem *V. für* individuelle Erfahrung ‖ **130**, 36 f. *nach* als solchen. *gestr.* Gegenstand schlechthin ist ‖ **130**, 39 *nach* aussagen *gestr.* machen ‖ **131**, 2 *vor* Seinsregion *gestr.* Kategorie ‖ **131**, 12 *statt* ⟨gehörigen⟩ *im Ms.* von ‖ **131**, 12 *nach* Erkenntnisgestalten *gestr.* (Gestalten in möglicher allgemeiner Evidenz ‖ **131**, 18 f. *nach* Wesensallgemeinheiten *gestr.* wiederholen ‖ **132**, 24 *vor* alle *gestr.* Psychologie rein aus innerer Erfahrung, die ‖ **132**, 25 *nach* reiner *gestr.* seelischer ‖ **132**, 29 *nach* zwar *gestr.* immerzu ‖ **132**, 34 *nach* Die *gestr. Einf.* naturalistische ‖ **132**, 34 f. *nach* Naturwissenschaft *gestr.* das Psychische ist in ihr Bestandstück der universalen „Natur" ‖ **133**, 23 *nach* Sein *gestr. m. Tinte und Blaust.* und wenn auch die eine und andere Psyche nicht ‖ **133**, 25–30 Die *bis* einreiht. *V. für das m. Blaust. gestr.* wie jede physische Fernwirkung nicht unmittelbare sein kann, so auch die Wirkung der durch ihre getrennten Körper entfernten Seelen. Kurzum ‖ **133**, 28 gefaßt *im Ms. gestr.* ‖ **133**, 30 fundierenden Voraussetzungen *V. für* Grundauffassung ‖ **133**, 33 sich *V. für* als reale Tatsachen ‖ **133**, 38 sinnvolle *V. für* die ‖ **134**, 1–3 als was es *bis* Menschen) *V. für* Psychisches, soweit es verzeitlicht ist, auch ‖ **134**, 6 *nach* zu erwarten. *Text der folgenden Seite (Bl. 6b) gestr.* Vielleicht ist aber kausale Erklärung und im besonderen, unter Rekurs auf die rationale Form der Natur (also auf die Mathematik der Natur), für die Natur die einzig mögliche und für sie wirkliche rationale Erklärung, vielleicht andererseits eine kausale Erklärung des Psychischen, des innerhalb der Raumzeitlichkeit empirisch Aufgefaßten, eine ihm völlig außerwesentliche. Vielleicht zeigt es sich, daß Psychisches als natural betrachtete Tatsache nur einer induktiven Empirie untersteht, mit prinzipiell nur vagen empirischen Regelungen, da hier der Rekurs auf die rationale Form der Seele (auf ihre apriorische Struktur) nicht möglich ist, um die raumzeitliche Empirie exakt zu machen. Aus einem guten Grund. Das Analogon einer Mathematik der Natur fehlt hier, obschon es eine Wesenslehre von der Seele geben muß und gibt, aber nicht einer solchen, die die reale Raumzeitlichkeit des Seelischen umspannt. Sosehr diese der physischen Natur a priori zuzeigen ist (zu ihrem Grundwesen gehörig), ist sie der seelischen Sphäre außerwesentlich. Immanente psychische Zeitlichkeit ist nicht reale Zeitlichkeit. Die seit Hobbes schon durch die Imitation der neuen Naturwissenschaft erwachsene und herrschend gewordene Außenbetrachtung, naturale Betrachtung des Psychischen, des Psychischen als raumzeitlicher Tatsache in der einen Tatsachenwelt, der einen Natur, verdeckte das eigentümliche Wesen des Psychischen, es allein ermöglichte den widersinnigen Sensualismus, der gegen alle ⟨*gestr.* Aussagen einer⟩ wirkliche psychische Erfahrung ⟨*gestr.* und einer Deskription das in reiner psychischer Evidenz Gegebene zur Aussprache bringt⟩, gegen die ursprünglichen und rein evidenten Gegebenheiten der psychischen Sphäre blind wurde. ‖ **134**, 11 *nach* besteht *gestr.* wesensmäßig ‖ **134**, 11 *vor* „wesensmäßig" *gestr.* wiederum ‖ **134**, 14 f. extensiven *bis* Unveränderung) *V. für* als raumzeitliche Objekte allezeit möglicher Veränderungen und Unveränderungen ‖ **134**, 25 *nach* Natur *gestr.* wissenschaftlich ‖ **134**, 31 *nach* Wesens. *gestr.* Von einer Seele (so genommen natürlich, wie sie als Einheit psychischer Erfahrung sich selbst zeigt) kann nicht gesagt werden, daß sie a priori ist, was sie ist, und als Einheit kausaler Eigenschaften, also daß ihre wechselnden Zuständlichkeiten in Beziehung auf ihre äußeren Umstände einen fest geregelten Stil haben ‖ **134**, 37 *vor* Verharren *gestr.* naturales ‖ **135**, 8 *vor* Bekanntes *gestr.* voraus ‖ **135**, 9 sozusagen *V. für* vagen ‖ **135**, 12–21 Freilich *bis* wird. *Einf.* ‖ **135**, 28 *vor* evidenten *gestr.* rein ‖ **135**, 30 *vor* Gleichnis *gestr.* Beispiel ‖ **135**, 32–35 in ihrem *bis* Gesetze *V. für* in Erfahrungsgesetzlichkeit (die offenbar gedacht ist als psychophysische und innerseelische) sich verbindend ‖ **135**, 39 usw. *V. für* und im Zusammenwirken von beiderlei Naturgesetzlichkeiten auch Gebilde verschiedener Stufe ‖ **136**, 7 *nach* „Gestalt- *gestr.* -theorie ‖ **136**, 10 *vor* überwunden *gestr.* ernstlich ‖ **137**, 11 *vor* Eigenschaft *gestr.* Beschaffenheit ‖ **137**, 23 *nach* Betrachtung *gestr.* des Psychischen ‖ **137**, 31 zu bemächtigen *im Ms. gestr.* ‖ **137**, 34 *statt* gilt es *im Ms.* es gilt ‖ **137**, 35 *vor* auszubilden *gestr.* zu begründen ‖ **138**, 12 durch Vorurteile nicht geblendet *Einf.* ‖ **138**, 12 *nach* wirklich *gestr.* vorurteilslos ‖ **138**, 13 *nach* läßt. *gestr.* Doch hier bedarf es näherer Ausführung ‖ **138**, 15 *nach* Leiblichkeit *gestr.* und von der ganzen Natur überhaupt ‖ **138**, 16 *vor* Welterfahrung *gestr.* konkreten ‖ **138**, 26 *nach* Psychologie *Text der folgenden Seite (Bl. 11b) m. Blaust. gestr.* ⟨*gestr.* also nichts, was in einer Seele ist, aber auch keine Seele selbst, ist so etwas wie ein Ding (in weiterer Folge so etwas ⟨wie eine⟩ dingliche Eigenschaft, Relation usw.). Seiendes als Ding und Seiendes psychischer Art haben keine andere Gemeinschaft als die formallogische ⟨*Variante* formalontologische⟩ ⟨*gestr.* die eben mit den bloßen Modi des Etwas oder in einem guten Sinn⟩, Begriffe wie Gegenstand, Beschaffenheit, Sachverhalt, Ganzes ⟨*gestr.* Ähnlichkeit und Gleichheit usw.⟩, Homogenität (Ähnlichkeit), Heterogenität u. dgl. finden in jeder Region Anwendung.⟩ systematisch das Ganze des seelischen Seins umgreifend und erschließend und sich dieses Wesen im Ausgang von erfahrenden Anschauungen, aber durch generelle Wesensintuition bemächtigt (in dem Leibnizschen Sinn ⟨*gestr.* sich bemächtigt aller erdenklichen Möglichkeiten in Form einer apriorischen Wissenschaft)⟩, in dem die Wissenschaft von allen erdenklichen Möglichkeiten der Wissenschaft von den Wirklichkeiten vorangehe). Nur eine solche Psychologie kann erklärende, in echtem Sinn rationale Psychologie sein und so in ihrer Region die geforderte ⟨*gestr.* gleiche⟩ logische Leistung vollziehen — das logische Analogon der rationalen Naturwissenschaft (die gemäß dem Wesen einer Natur die Besonderheit hat, mathematische Naturwissenschaft zu sein). ‖ **138**, 29 *nach* wir *gestr.* im Ausgang von ‖ **138**, 29 *statt* irgendeine *im Ms.* irgendeiner ‖ **138**, 29 *nach* konkreten *gestr.* daseienden ‖ **138**, 30 befragend *V. für* ohne weiteres Physisches und Psychisches unterscheidend sagen müssen ‖ **138**, 37 *vor* Welterfahrung *gestr.* Naturerfahrung ‖ **139**, 3 *vor* Sonderthema *gestr.* Arbeitsfeld ‖ **139**, 7 f. indem *bis* wird *Einf.* ‖ **139**, 8 vollzogen *V. für* thematisch ‖ **139**, 12 seiende Wirklichkeit *V. für* „da" ‖ **139**, 13 Wirklichsein *V. für* Dasein ‖ **139**, 22 *nach* Nicht- *gestr.* Mitvollziehen der schlichten Erfahrung von ihr ‖ **139**, 23 *vor* Straße *gestr.* Wirklichkeit der ‖ **139**, 29 *vor* Demnach *gestr.* Eben darum ist die Evidenz der rein „inneren" Erfahrung, wenn darunter die auf das Psychische in seiner puren Eigenwesentlichkeit verstanden ist, eine andere als die Evidenz der gemeinen, reflektiven Erfahrung (ich sehe diese Straße) ‖ **139**, 37 kann *im Ms gestr.* ‖ **139**, 37 f. *nach* Welterfahrung *gestr.* und alles auf die sonst beständig gesetzte Welt ‖ **140**, 11 *nach* zwar *gestr.* immer wieder durch Korrektur Einheit einstimmiger Wirklichkeit über ‖ **140**, 15 Erfahrungsfeld *V. für* Wirklichkeitsfeld ‖ **140**, 16 -wirklichkeiten *V. für* -gewißheit ‖ **140**, 17 *statt* seinem *im Ms.* seinen ‖ **140**, 25 *vor* Originalität *gestr.* Weise ‖ **140**, 32

nach Kommenden. *kurrentschriftlich auf der folgenden Seite (Bl. 14b)* Diese
Feder *Rest der Seite unbeschrieben* || **140**, 33 *nach* Sein *gestr.* in selbsterfah-
render Evidenz || **141**, 1 reinen *V. für* apriorischen oder || **141**, 2 *nach* läßt
gestr. als eine strikte Wesensgesetzlichkeit der || **141**, 4 *nach* Seins *gestr.* alle
erdenklichen Vorkommnisse meines Erlebnisses, alle || **141**, 9 *nach* können
gestr. mit dem Sinn von || **141**, 12 *nach* sein. *Text der folgenden Seite
(Bl. 15b) m. Blaust. gestr.* ⟨*gestr.* Sie ist ganz unmittelbar und in wirklicher
Originalität in der Selbstwahrnehmung, und die seiner wahrnehmungsmäßigen ⟨wahrnehmungsmäßigen *V. für* originalen⟩ Selbstgegenwart zugehörigen
dunklen Horizonte enthüllen dann⟩ Sie ist in unmittelbarster erfahrender
Evidenz gegeben in der reinen Selbsterfahrung, wobei der Erfahrende in eben
dieser Abstraktion, die von keinem Dasein der Natur und damit der raumzeitlich realen Welt Gebrauch macht, sein ihm selbst eigenes Sein und Sosein
und zunächst sein eigenes Bewußtseinserlebnis rein so, wie ⟨sie⟩ selbst sich
hierbei geben, erfaßt und deskriptiv behandelt. Selbstwahrnehmung dabei die
strömende Selbstgegenwart in ihrer ersten und unmittelbarsten Originarität,
an sie knüpft die weitere, ihren dunklen Horizont enthüllende Selbsterfahrung, sie enthüllt als Wiedererinnerung in einer zweiten (intentional vermittelten) Originarität die eigene Vergangenheit ⟨*gestr.* und in anderen Erfah-
rungsmodi die vorgezeichneten und im freien Ich-kann abzuwandelnden verschiedenen zu verwirklichenden Möglichkeiten⟩ und als vorgerichtete ⟨*gestr.*
Antizipation der⟩ Erfahrung die eigene Zukunft mit ihren im freien Ich-kann
sich wandelnden Leeren des Kommenden || **141**, 13–16 Folgen wir *bis* Psy-
chologie. *Einf.* || **141**, 21 *nach* sind. *Trennstrich* || **141**, 38 f. *nach* deskriptiv
gestr. Einf. primitiven Intentionalitäten || **141**, 39–**142**, 2 die Formtypik *bis*
erforschend *V. für* die Bauelemente und Bauformen jedes erdenklichen fak-
tischen Bewußtseinslebens erforschend || **142**, 5 *nach* stellte *gestr. Einf.* und
die man sich seitdem immer wieder gestellt hat || **142**, 7 f. und *bis* hat *V. für*
die Gesamtheit der Probleme, die || **142**, 8 *vor* immer *im Ms.* seitdem ||
142, 10 f. *nach* zurückzuführen *gestr.* es ist bekannt, daß, wenn diese psycho-
logischen Ursprungsfragen, die psychologisch ||

Beilage XII (S. 142–143)

*Die Beilage gibt den Text von Blatt 4 aus dem Konvolut A VI 16–17 wieder.
Das Blatt von Normalformat trägt den Vermerk zu V$_2$ (=Blatt 16b aus Konvolut A I 27) und ist in Tinte in Gabelsberger Stenographie beidseitig beschrieben. Der Text besitzt drei Unterstreichungen mit Blaustift.*

*Das Konvolut A VI 16–17 enthält 26 Blätter (der Text der Blätter 3 sowie
5–26 ist als Beilage XIII wiedergegeben; Blatt 2 ist ein an allen vier Seiten
abgetrenntes Blatt mit fragmentarischem Text). Die Blätter sind im Umschlag 1/27 zusammengefaßt. Er trägt die Aufschrift: mit Blaustift* Über
Ursprung II Jan. 1930 *daneben ebenfalls mit Blaustift* Ur II cf. Ur III 1926
*(vgl. die Ausführungen oben auf S. XX, Fußnote) darunter mit Tinte und
Blaustift* [Fortsetzung von Ur I und weiternumeriert: 10 ff.–32 und Beilagen.]
darunter mit Blaustift „Psychologischer Ursprung unserer Ideen“ — psycho-

logische Erkenntnistheorie. Klärung, sich klarmachen und *ab hier mit Blaustift und zum Teil mit Tinte überschrieben* Begriff der Erkenntnistheorie, Klärung der Horizonte. „Sich einen Erfahrungsgegenstand klarmachen." — Klärung der Begriffe, insbesondere der Grundbegriffe; universale Klärung und totale — universale Ontologie, von p. 17 an Idee und Möglichkeit einer universalen Psychologie ⟨p. 17 *bis* Psychologie *mit Lilastift angestrichen; mit Tinte Fortsetzung am rechten Rand*⟩. Dann aber Auflösung des Gegensatzes von psychologisch realen und idealen Gegenständlichkeiten in der Phänomenologie und Übergang in die transzendentale Reduktion. *am linken Rand mit Tinte* Von 21–23 ein wichtiger Exkurs über mathematische und sonstige Evidenz von Denkgegenständlichkeiten – Kontrastierung von realen und idealen Gegenständen und ihre Art der Evidenz. Evidenz von der Apodiktizität mathematischer Sätze etc. *darunter mit Tinte und Blaustift und mit Lilastift angestrichen* Das Ganze zum Problem einer intentionalen Psychologie und psychologischen Erkenntnistheorie *darunter mit Tinte* 27 ff.: Die Natur in naturaler Erfahrung, als das Naturale zur Selbsterscheinung bringende. Natur als Idee, empirische Natur als idealisiert. Hier eine „adäquate Erkennbarkeit" der idealisierten Natur hinsichtlich der res extensa (primäre Qualitäten) in unendlichen Approximationen. Unendlichkeit der intersubjektiven Übernahme der Selbstdarstellungen. Demgegenüber ist die Seele (der Mensch in seelischer Hinsicht) sich nicht in Selbsterscheinungen (perspektivierend etc.) darstellend, und prinzipiell ist die individuelle Idee einer Seele nicht in diesem Sinn adäquat erkennbar — Natur berechenbar, Seele nicht berechenbar.

143, 1 *vor* für andere ein *im Ms.* eine der ‖ **143**, 10 *vor* wie *gestr.* wie wandelt sich ‖

Beilage XIII (S. 143–163)

Der Text der Blätter 3 und 5–24 aus Konvolut A VI 16–17 (Beschreibung siehe oben, S. 293). Die Blätter von Normalformat sind mit Tinte in Gabelsberger Stenographie beidseitig beschrieben. Sie sind mit Blaustift von 10–30 paginiert und schließen somit an den Text von Blatt 16 (V) aus Konvolut A I 27 (siehe oben, S. 290) an. Der Text der Blätter 25 und 26 (31, 32) wurde von Husserl als ungültig bezeichnet (auf Blatt 25 (31) findet sich die Bleistift-Notiz ? 31/32 und ein Ungültigkeitszeichen mit Bleistift) und ist im folgenden abgedruckt. Die Blätter 3, 5–26 sind mit Blei- und Blaustift sowie von Blatt 16 an mit Grünstift überarbeitet und weisen Unterstreichungen mit diesen Schreibmaterialien auf.

143, 23 *vor* Diese *gestr.* Das Unternehmen einer Klärung unserer Begriffe zu Zwecken der Ursprungsbegründung einer gültigen Erkenntnis gibt den psychologischen Untersuchungen Lockes ‖ **143**, 24 „Ideen" *bis* unserer *Einf.* ‖ **143**, 29 gültiger Begriff, gültige *V. für* Urteilsrichtigkeit, also Gültigkeit ‖ **143**, 29 *statt* gültige *im Ms.* gültiges ‖ **143**, 32 f. *nach* Vorstellen *gestr.* Begreifen || **143**, 37 *nach* mit *gestr.* Aufklärung der Geltung || **144**, 1 die *bis* verstandene *Einf.* || **144**, 20 *nach* echten *gestr.* und letzten || **144**, 21 *statt* ⟨142⟩ *im Ms.* V 2 *darüber m. Blaust.* in Ursprung I || **144**, 24 f. erweiterten *V. für* geforderten || **144**, 27 *nach* intentionaler? *Rb. m. Blaust.* Ursprungsprobleme || **144**, 36 f. gleichgültig *bis* stehe *Einf.* || **145**, 5 Eigenschafts- *V. für* Beschaffenheits- || **145**, 42–45 Vorstellung *bis* Seiend. *V. für* Wesensmäßig gehört offenbar zu jeder unklaren Vorstellung ein gewisses auf einen intentionalen Gegenstand „Gerichtet"-Sein ⟨ein gewisses *bis* „Gerichtet"-Sein *V. für* in der Urgestalt ein Bewußtsein⟩, das den Modus des vom Ich auf irgendetwas, irgendeinen vermeinten Gegenstand des und des vermeinten Wasgehaltes („Inhalt" der Vorstellung) im doxischen Modus des schlicht Seiend (Seinsgewißheit) || **146**, 2 *statt* es *im Ms.* er || **146**, 8 *nach statt gestr.* schlechthin || **146**, 10 *vor* auch *im Ms.* es kann || **146**, 11–13 Desgleichen *bis* heißen. *Einf.* || **146**, 45 *nach* neuen *gestr.* immer neu zu ergreifenden || **146**, 46 *nach* Implizierte *im Ms.* verwiesen ist || **148**, 20 so *Einf. m. Bleist.* || **149**, 14 *statt* es *im Ms.* sie || **149**, 30 *Fragezeichen m. Bleist.* || **149**, 41 *Anführungszeichen m. Bleist.* || **149**, 42 aber *V. m. Bleist. für* und alle || **149**, 42 Charaktere *m. Bleist. überschrieben* || **149**, 43 (also insbesondere „wahr" – *V. m. Bleist. für* also wahr || **149**, 43 *Klammer nach* etc. *m. Bleist.* || **150**, 3 forderte *V. m. Bleist. für* fordert || **150**, 3 zwar *Einf. m. Bleist.* || **150**, 4 auf *V. m. Bleist. für* und || **150**, 5 ist *Einf. m. Bleist.* || **150**, 5 angestr. *am Rand m. Bleist.* || **150**, 7 als *bis* selbst *Einf. m. Bleist.* || **150**, 8 f. das dieses Zusammenhangs *Einf. m. Bleist.* || **150**, 9 *angestr. am Rand m. Bleist.* || **150**, 9 Aber *V. m. Bleist. für* Und || **150**, 14 ist *Einf. m. Bleist.* || **150**, 15 f. psychologisch *Einf.* || **150**, 18 *Text der Fußnote m. Bleist.* || **150**, 20 *vor* Die *im Ms.* 1) || **150**, 27 f. und des näheren *bis* Natur *Einf.* || **150**, 34–36 in ihrer *bis* Geltung) *Einf.* || **150**, 39–**151**, 1 Menschen und ihren *Einf. m. Bleist.* || **151**, 1 f. Eigenmenschlichkeit *bis* Seele als *Einf. m. Bleist.* || **151**, 3 fraglos ist *V. m. Bleist. für* „vorgesetzt" ist || **151**, 6 f. psychologische *bis* vorgegeben *V. für* das *m. Tinte und Bleist. gestr.* nicht Erfahrungstatsache, etwa aus dem täglichen Leben übernommen || **151**, 8 *Klammern m. Bleist.* || **151**, 8 f. in vertrauter Typik *Einf. m. Bleist.* || **151**, 12 alles *bis* gehörig *Einf. m. Bleist.* || **151**, 12–15 das menschliche Sein *bis* als solcher. *Erg. m. Bleist.* || **151**, 18–24 zunächst *bis* ist *V. für* das *m. Tinte und Bleist. gestr.* zunächst abstrahiert von Sein und Nichtsein der jeweiligen rein zu fassenden psychischen Erlebnisse, wenn er darunter hinsichtlich des vereinheitlichten Gesamtbewußtseins von der seienden Welt, vom Sein oder Nichtsein der Welt, abstrahiert, so ist || **151**, 23 *nach* Bestimmtheit *gestr.* Bekanntheit, Unbekanntheit || **151**, 25 letztlich in Wahrheit *Einf.* || **151**, 25 *nach* festhält. *Trennstrich* || **151**, 26 Jedwede *V. m. Bleist. für* Jede || **151**, 27 welches *V. m. Bleist. für* das || **151**, 29 über die *im Ms. gestr.* || **151**, 29 f. den jeweiligen *bis* bewußte *Einf.* || **151**, 31–38 Jeder *bis* unbekannten. *Einf. m. Bleist.* || **151**, 45 *vor* viele *gestr.* kollektiv || **151**, 46 *nach* vereinheitlichte *gestr.* so gehören || **151**, 46 f. *nach* Bewußtseinsweisen *im Ms.* hierher || **152**, 3–9 Wenn *bis* etc. *Erg.* || **152**, 23–25 *Text in Klammern Einf. m. Bleist.* || **152**, 28 Psychologisch- *Einf. m. Bleist.* || **152**, 29 *Anführungszeichen Einf. m. Bleist.* || **152**, 30 f. machen *bis* einer *V. m. Bleist. für* bauen wir ins Unendliche || **152**, 31 f. *Anführungszeichen m. Bleist.* || **152**, 33 ausschließlich *Einf. m. Bleist.* || **152**, 35 möglicher personaler Ich *Einf. m. Bleist.* || **152**, 39–44 eben *bis* Welt. *Einf. m. Bleist.* || **152**, 44–**153**, 5 Wir *bis* festgehalten *V. m. Bleist. für* Wir können in der intentionalen Forschung fortschreitend lernen, daß jedes Bewußtsein als Bewußtsein eines Gegenständlichen seine Horizonte hat und daß ihre Enthüllung uns verweist auf eine allgemeine Beziehung nicht erfahrenden Bewußtseins auf erfahrendes. || **153**, 3 *statt* ihre *im Ms.* seine || **153**, 7 *vor* führt *gestr.* zurück- || **153**, 17 f. nicht erfahrenden *Einf. m. Bleist.* || **153**, 22 *Anführungszeichen m. Bleist.* || **153**, 28 auf Einstimmigkeit gestelltes *Einf. m. Bleist.* || **153**, 34 *Text der Fußnote m. Bleist.* || **153**, 41 *nach* Sachverhalt *gestr.* im Seinsmodus der apodiktischen Notwendigkeit || **154**, 1 E x k u r s *Einf. m. Blaust.* || **154**, 1–3 Ü b e r *bis* A p o d i k t i z i t ä t *Einf.* || **154**, 4 ob *V. m. Bleist. für* ohne || **154**, 11 f. dem *bis* Seienden *Einf.* || **154**, 13 andererseits *bis* Sein *V. für* als || **154**, 13 *Anführungszeichen m. Bleist.* || **154**, 15 *nach* gültig *gestr.* vorausgesetzt || **154**, 22 f. nachrechnen *bis* entspringt *Einf.* || **154**, 26 *vor* Satz *gestr.* Gaußschen || **154**, 30 *statt* ein *im Ms.* sein || **154**, 38 *nach* Verwirklichung. *waagrechter Blaust.-Strich; auf dem Kopf stehend und m. Tinte und Blaust. gestr.* auch die unter der Idee der Identität eines Gegenstandes in Unendlichkeit zusammengehörigen Mannigfaltigkeiten möglichen Bewußtseins und die Art, wie diese Mannigfaltigkeiten horizontmäßig „vorgezeichnet" und nicht in jeder Hinsicht beliebig sind ⟨und die Art *bis* sind *Einf.*⟩, und wir gewinnen nicht nur das Faktum des Gesamtbewußtseins zunächst und einer einzelnen reinen Seele und dann der Gesamtheit der miteinander wirklichen und möglichen kommunizierenden reinen Seelen (und nicht nur für jede einzelne, sondern als Synthesis aller in Kommunikation tretenden Gesamtbewußtseine zu einer übergreifenden Einheit), wir gewinnen wie alle Bewußtseinsweisen, so auch die ihnen zugehörigen Horizonte, wodurch der vermeinte Gegenstand sich enthüllt als antizipatorisch gesetztes Identisches, nämlich Identisches aller möglichen auf ihn zu beziehenden und letztlich ihn erfahrenden Bewußtseinsweisen. Und zugleich den Sinn dieser Möglichkeit. || **154**, 39 ff. *Rb.* Das gehört auch zur Assoziationslehre || **155**, 2 *Klammern m. Bleist.* || **155**, 19 *nach* ist. *Rb. m. Grünst.* bh Exc ⟨ = *bis* hierhin Exkurs⟩ || **155**, 38 *Text der Fußnote m. Blaust.* || **156**, 7 *statt* Art *im Ms.* geart- || **156**, 11 so *bis* sagen *Einf. m. Bleist.* || **156**, 13 *Anführungszeichen m. Grünst.* || **156**, 23 einen *bis* Einzelseelen *V. für* Einzelseele || **156**, 26 eine *V. m. Bleist. für* die || **156**, 35–39 Andererseits *bis* Vorstellungsleben *V. m. Bleist. für* Andererseits || **156**, 39 wirklich *Einf. m. Bleist.* || **156**, 46 rein und konsequent *Einf. m. Bleist.* || **157**, 1 alle *Einf. m. Bleist.* || **157**, 1 *Text der Fußnote m. Bleist.* || **157**, 2 vorstellig und in bewährter Geltung *Einf. m. Bleist.* || **157**, 7 der Welt *Einf. m. Bleist.* || **157**, 8 f. in der *bis* Welt *Einf. m. Bleist.* || **157**, 10 transzendentales Ego *V. m. Bleist. für das m. Blei- und Grünst. gestr.* Monade || **157**, 10 f. *Klammern m. Bleist.* || **157**, 11 f. dann *bis* „liegt" *Einf. m. Bleist.* || **157**, 12 schließlich *V. m. Bleist. für* dann || **157**, 12 f. *Klammern m. Bleist.* || **157**, 13 Monadengemeinschaften *V. m. Bleist. für* Monadengemeinschaft || **157**, 13–15 es *bis* „Monaden". *Erg. m. Bleist.* || **157**, 14 daß *V. m. Bleist. für* wie || **157**, 14 verräumlicht *V. m. Bleist. für* räumlich || **157**, 16 wird sichtlich *V. m. Bleist. für* muß gezeigt werden || **157**, 18 Subjektivität *Einf. m. Bleist.* || **157**, 18 für *Einf. m. Bleist.* ||

157, 19 sein muß *Einf. m. Bleist.* || **157**, 22 das *V. m. Bleist. für* ihr || **157**, 23 *Klammern m. Bleist.* || **157**, 27 *Anführungszeichen m. Bleist.* || **157**, 28 Das Ego *V. m. Bleist. für* Seele || **157**, 29 ein Ding, einen Körper *Einf. m. Bleist.* || **157**, 30 Ego *Einf. m. Bleist.* || **157**, 30 *nach* Monade *gestr. m. Bleist.* und Seele || **157**, 34 *nach* vollziehender. *Trennstrich m. Bleist.* || **157**, 37 *nach* finden *gestr. m. Bleist.* es hineinappräsentiert || **157**, 40 *statt* ihrer *im Ms.* ihres || **158**, 5 raumzeitlich bestimmt *V. für* individuiert || **158**, 11 tritt *V. m. Bleist. für* wird || **158**, 12 in die *Einf. m. Bleist.* || **158**, 12 -sphäre *V. m. Bleist. für* -punkt || **158**, 14 oder durch jedermann *Einf. m. Bleist.* || **158**, 14 Natur- *Einf. m. Bleist.* || **158**, 18 Natur- *Einf. m. Bleist.* || **158**, 20 *nach* Fern- *gestr.* -welten || **158**, 21 *nach* hineinreichend. *Absatzzeichen m. Bleist.* || **158**, 24 nach der *im. Ms.* sie || **158**, 32 f. *angestr. am Rand m. Bleist.* || **158**, 33 *vor* Welt *gestr.* Nah- || **158**, 40 *nach* ist *gestr.* praktisch unübersehbar || **158**, 44–**159**, 4 Dann *bis* könne? *angestr. am Rand m. Bleist.* || **158**, 44 Dann: *Einf. m. Bleist.* || **158**, 45 *nach* Stelle *gestr.* fixiert || **159**, 6 *vor* Erfahrene *gestr.* wirklich || **159**, 9 *vor* Die psychophysisch *gestr.* Die Natur || **159**, 28 gegeben *Einf. m. Bleist.* || **159**, 31 und Eigenschaften *Einf. m. Bleist.* || **159**, 31 *statt* der *im. Ms.* Begriff || **159**, 38 *Text der Fußnote m. Bleist.* || **160**, 8 vielmehr *Einf. m. Bleist.* || **160**, 11 *vor* Natur *gestr.* Welt || **160**, 15 *Klammer zu nach* Sphären *und Klammer auf vor* Geologie *nicht im Ms.* || **160**, 36 Wie *bis* bleibt *V. für* Andererseits bleibt es || **160**, 42 *Anführungszeichen m. Bleist.* || **160**, 46 *statt* dem *im Ms.* des || **161**, 4 *statt* ihren *im Ms.* seinen || **161**, 7 und im *bis* Normalität *Einf.* || **161**, 12–15 Jedermann *bis* konstruierbar. *Einf. m. Bleist.* || **161**, 15–19 Dabei *bis* verbindenden. *Erg.* || **161**, 16 Menschen *Einf. m. Bleist.* || **161**, 23 eigentlich ein nur scheinbares *Einf. m. Bleist.* || **161**, 26 selbstdarstellender *Einf. m. Bleist.* || **161**, 28 selbstdarstellender *Einf. m. Bleist.* || **161**, 28 *Text der Fußnote m. Bleist.* || **161**, 35 *statt* meiner *im Ms.* meines || **161**, 40 und Selbsterkenntnis *Einf. m. Bleist.* || **162**, 21 *Klammer zu statt nach* typischen *im Ms. nach* Gestalten || **162**, 31 *Text der Fußnote m. Bleist.* || **162**, 37 *vor* Umwelt *gestr.* physische || **162**, 41 *angestr. am Rand m. Bleist.* || **163**, 18 *nach* Sache, *Trennstrich m. Grünstift* || **162**, 22 f. Aber *bis* Natur. *Einf. m. Bleist.* || **163**, 23 *nach* Natur. *der ungültige Text der Bl. 25 und 26* Es ist also ein grundwesentlicher Unterschied zwischen p s y c h o l o g i s c h e r E r f a h r u n g und n a t u r a l e r E r f a h r u n g. *Trennstrich m. Grünst.* Es versteht sich von da her, warum eine naturalistische Psychologie, die auf psychophysisch Faßbares ausging und, was sie von rein Psychischem erfaßte, nach Analogie der Natur als schlicht Erfahrbares suchte, sofern sie meint, Psychisches experimentierend ebenso direkt in seiner Eigenheit erfassen zu können wie Natural-Experimentelles 〈 sofern *bis* Natural-Experimentelles *Erg. m. Bleist.*〉, in d e r n i e d e r s t e n S c h i c h t e d e r S o m a t o l o g i e steckenbleiben mußte 〈 *gestr.* (Psychologie der Empfindungswahrnehmung etc.)〉. Das „ höhere " Seelenleben ist nicht mit dem sinnlich erfahrbaren Körperlichen so schlicht mit da und universal für jedermann und erfordert überhaupt 〈 *im Ms.* keine 〉 andere Methoden. Auch von meiner Seele habe ich keine Selbsterscheinung und keine konstruierbare individuelle Idee meines objektiven Seins aus dem intersubjektiven System von Selbsterscheinungen! 〈 Auch *bis* Selbsterscheinungen! *Erg. m. Bleist.*〉

Ferner: Hinsichtlich der Natur haben wir den Stufenunterschied zwischen ästhetischer Natur, der Natur wirklicher und möglicher direkter Wahrnehmungen, intersubjektiv vergemeinschaftet, und Natur als unbedingt objektive und als durch Mathematisierung hindurchgegangene Idee, mit ihren selbst mathematischen Approximationen.

Hinsichtlich der psychischen Realitäten fällt dieser Unterschied dahin, und zwar in rein psychischer Hinsicht.

Das Psychische in der Einheit der Psychologie hat in der universalen Einheit intersubjektiver Erfahrung von vornherein ihre Objektivität, recht verstanden. Nämlich in der Selbsterfahrung bin ich für mich selbst originaliter da (obschon nicht in selbstabschattenden Darstellungen) *Text in Klammern Einf. m. Bleist.*, aber freilich mit einem kleinen, aber tragenden Grundbestand von einstimmig-selbsterfahrungsmäßig Apperzipiertem und einem dunklen endlosen Horizont des mir von mir aus Bekannten ⟨aber freilich *bis* Bekannten *angestr. am Rand m. Bleist; Rb. m. Bleist.* Somatologie und was zur Selbstkonstitution der eigenen Person als bestimmt vorgezeichnet gehört⟩. Die Formstruktur, die zu dieser Selbstapperzeption gehört, geht notwendig in jede fremde Erfahrung ein, und individuell ist der andere in dieser unenthüllten Struktur gegeben, verwirklicht in dem ursprünglichsten Bestand des für jedermann in direkter „Miterfahrung" Zugänglichen, jener Miterfahrung, die trotz der intentionalen Mittelbarkeit Miterfahrung heißen kann. So wie ich den anderen als anderen erfahre, erfahre ich ihn in der Formstruktur meines konkreten Ich, die erhalten bleibt und schlechthin unveränderlich, wie anders der andere sein mag wie ich selbst (in dem, was ich von ihm verstehend erfahre).

So habe ich einen formalen Horizont als Horizont der Erfahrbarkeit vorgezeichnet, aber nur hinsichtlich des Somatischen einer schlicht unmittelbaren Erfahrbarkeit, sonst einer Erfahrbarkeit der Art verstehender Erfahrung (der Erfahrung der spezifischen Geistigkeit), die außerordentlich schwer zu enthüllende Mittelbarkeiten hat. A priori geht für den Psychologen und für jedermann in der Erfahrung seine eigene psychische Subjektivität allen anderen vorher und wie in der Erfahrung, so im Gang der Erkenntnis. Psychologische Erkenntnis ist nur möglich von der Selbsterkenntnis des Psychologen aus. Nicht nur weil Selbsterfahrung ⟨*gestr.* leibhafter, originärer ist⟩ allein die Form wirklicher ⟨*gestr.* Selbst-⟩ Wahrnehmung annehmen kann und Wahrnehmung einen Erfahrungsvorzug hat, sondern weil Fremderfahrung prinzipiell intentionale Modifikation ⟨Modifikation *V. für* Nachbildung⟩ der Selbsterfahrung ist, die in gewisser Weise in dem Selbsterfahrenen das Urbild hat, nach dem sie Fremdes analogisch setzt.

Demnach ist mein Selbst der urbildliche Boden für alle möglichen anderen als mögliche, oder alle Möglichkeiten fremden Seelenlebens sind wesensmäßig in meinen eigenen Möglichkeiten beschlossen. Eine theoretisch erklärende, eine rationale wissenschaftliche Psychologie hat danach eine ganz andere Methode als eine rationale Naturwissenschaft (mathematische Naturwissenschaft). In der Allnatur ist kein Naturobjekt durch Erfahrung bevorzugt in dem Sinn, daß prinzipiell jedes Naturobjekt für mich und jedermann wahrnehmbar ist im Sinn der originalen Selbstdarstellung, Selbsterfassung, sei es auch in der Ferndarstellung ⟨in dem Sinn *bis* Ferndarstellung *Einf. m. Bleist.*⟩. Jedes wird erfahren innerhalb der Allnatur, und in diesem unendlichen Feld prinzipieller Wahrnehmbarkeit ⟨prinzipieller Wahrnehmbarkeit *Einf. m. Bleist.*⟩ bewegt sich das aktuelle Erfahren ⟨das aktuelle Erfahren *Einf. m. Bleist.*⟩ von Naturobjekt zu Naturobjekt unmittelbar oder mittelbar indizierend ⟨unmittelbar *bis* indizierend *Einf. m. Bleist.*⟩, von kausalem Zusammenhang zu kausalem Zusammenhang fortschreitend die Naturwissenschaft. Das alles ist das Feld, und alles einzelne darin liegt sozusagen in der einen Ebene. ⟨*gestr. m. Bleist.* Und von Erfahrung zu Wesensbetrachtung übergehend gewinnen wir auch Wesen der Natur nicht in der Weise des Wesens eines einzelnen Naturobjektes, sondern dieses Wesen ist von vornherein unselbständig, und Wesen der Natur ist von vornherein Wesen der Allnatur.⟩ Anders in der Psychologie. Jede Psyche steht zwar im Weltzusammenhang *am Rand horizontaler Blaust.-Strich* und hat auch und ⟨*gestr. m. Blei- und Blaust.* vielleicht⟩ wesensmäßig Gemeinschaft, wirkliche und mögliche, mit anderen Seelen. Aber die Allheit der Seelen ist erkenntnismäßig ⟨erkenntnismäßig *Einf. m. Bleist.*⟩ nicht All-Einheit in einer Ebene. Oder von seiten der Erfahrung: Mehrfache ⟨Mehrfache *V. m. Bleist. für* Die⟩ Seelen werden nicht ⟨*gestr. m. Bleist.* unmittelbar⟩ alle zugleich direkt ⟨direkt *Einf. m. Bleist.*⟩ erfahren, sondern eine einzige Seele, meine eigene, ist original erfahren, und alle anderen sind in sehr mittelbarer Weise zugänglich, und selbst wenn sie in unmittelbarster Fremderfahrung zugänglich sind, sind sie es nur und prinzipiell nur ⟨*gestr. m. Bleist., am Rand zwei Fragezeichen m. Bleist.* nach den Beständen, die in meiner analogisierenden Seele ihresgleichen haben, sei es in Form wirklicher eigener Erlebnisse, sei es von Einbildungen usw. Ich kann nicht das Apriori des Seelischen suchen, indem ich von einer Welt der Seelen ausgehe, sondern in meiner Seele finde ich alle seelischen Möglichkeiten und konstruiere sie darin originaliter als Möglichkeiten. Freilich weiß ich dann, daß jeder andere von sich aus ebenso die in ihm liegenden Wesensmöglichkeiten und das Wesen seiner Seele finden könnte und daß dieses dasselbe sein müßte wie ⟨*statt* wie *im Ms. als*⟩ das eigene. Das allgemeine Wesen Seele wird selbst intersubjektiv, und Wesenslehre vom Seelischen wird zur „objektiven" Wissenschaft, die jedermann treiben kann. Aber doch ich, der Psychologe, muß mir klarmachen, daß in erster Ursprünglichkeit mein Allgemeines als Apriori gesucht und festgestellt werden muß, und von da aus muß ich den intentionalen Beschlossenheiten meiner Seele in der Möglichkeit nachgehend mir klarmachen, wie mein Wesensmögliches für andere Seelen als solche gilt und welche Gemeinschaftsmöglichkeiten sich dann ergeben.⟩

Es ist ferner zu sagen: Die Natur ist eine Seinsebene, Seinsfeld universaler Erfahrung, in dem alles einzelne gleich gilt und eines und anderes ⟨eines und anderes *V. für* alles⟩ schon in schlichter Erfahrung verbunden auftritt. So bewegt sich morphologische Wissenschaft in der Einheit der einheitlich anschaulichen Natur, und alle Gestalten stehen auf einer Stufe und haben auch ihre eigene morphologische Kausalität in der einheitlich anschaulichen Natur. ‖

⟨Vortrag in den Kant-Gesellschaften von Frankfurt, Berlin und
Halle:⟩
Phänomenologie und Anthropologie
(S. 164–181)

*Der Text geht auf das Vortragsmanuskript zurück, das zusammen mit dem
Manuskript der Amsterdamer Vorträge von 1928 im Konvolut F II 1,2 archi-
viert ist. Das gesamte Konvolut wird vom Umschlagblatt 1/90 umfaßt, das die
Aufschrift mit Blaustift trägt* 1. Amsterdamer Vorlesungen 1928, 2. Berlin-
Halle, Juni 1932 (sic) Kantgesellschaft. *Das Vortragsmanuskript von „Phäno-
menologie und Anthropologie" liegt in zwei Fassungen im Umschlag-
blatt 1/33. Der Umschlag trägt die Blaustift-Aufschrift* Vorlesungen in den
Kantgesellschaften Frankfurt, Berlin, Halle. Frankfurt 1.–2. Juni, Berlin 10.
Juni, Halle 16. Juni *mit dunklerem Blaustift daneben erneut die unrichtige
Jahreszahl* 1932.
*Die frühere Fassung findet sich auf den Blättern 18–30; sie sind mit Blau-
stift von I–XIII numeriert. Die in diesem Band veröffentlichte zweite Fassung
steht auf den Blättern 2–17 sowie 29 und 30. Die Blätter 2–17 von Normalformat sind — mit Ausnahme von Blatt 4 und 13 beidseitig — mit Tinte in
Gabelsberger Stenographie beschrieben und mit arabischen Ziffern numeriert,
und zwar die Blätter 2–4 mit Blaustift von 1–3, Blatt 5 besitzt die mit Bleistift
geschriebene Seitenzahl 3a, und die Blätter 6–17 sind mit Bleistift von 4–15
numeriert. Die letzten beiden Blätter der früheren Fassung, die Blätter 29 und
30 (vom Format 14,5 × 22,7 cm und ebenfalls mit Tinte in Gabelsberger Stenographie beidseitig beschrieben) hatte Husserl in die spätere Fassung übernommen. Blatt 29 trägt zusätzlich die mit Bleistift geschriebene arabische
Ziffer 16. Die Blätter 2–17, 29 und 30 sind mit Blei-, Blau- und Grünstift
überarbeitet, Blatt 29 auch mit Rotstift. Mit Ausnahme der letzten beiden
Blätter des Teilkonvoluts (31 und 32), die einige mit Tinte und Bleistift
geschriebene Notizen zu den Themen des Vortrags enthalten, weisen alle übrigen Blätter die für Husserls Vortrags- und Vorlesungsmanuskripte typische
Längsfaltung in der Mitte auf.
In Finks maschinenschriftlicher Ausarbeitung des Vortrags (M II 1, im folgenden mit A bezeichnet) finden sich handschriftliche Veränderungen Husserls
mit Bleistift. Diejenigen, die von inhaltlicher Bedeutung sind, sind oben in
Fußnoten vermerkt. Die übrigen werden im folgenden aufgeführt.*

164, 8 *nach* Wirkung aus *Trennstrich* ‖ **164**, 18 die Beteiligung an der Fundamentierung *V. für* irgendwelche fundamentierende Beteiligung an ‖ **164**, 25
nach halten. *Trennstrich* ‖ **164**, 25 *vor* dieser Epoche *gestr.* eigenartige subjektivistische Motivation ‖ **165**, 1 *vor* Die *eckige Grün-, Blau- und Bleist.-
Klammer auf und am Rand waagrechter Blaust.-Strich* ‖ **165**, 7 *nach* seien.
eckige Blei- und Blaust.-Klammer zu ‖ **165**, 7 *nach* seien. *in eckigen Bleist.-
Klammern, m. Blei- und Blaust. gestr. und Deleaturzeichen m. Blaust.* Die
prinzipielle Nachfragestellung und Entscheidung ist über alle Sondergestalten
der historischen ⟨historischen *Einf.*⟩ Philosophien und Anthropologien er-

haben. Also brauchen wir uns, um selbst zu einer Entscheidung zu kommen, auch nicht in den Streit des Tages einzulassen. Der Gegensatz ist nicht ein bloß historisch-faktischer || **165**, 17 *nach* ist. *m. Bleist. gestr. und m. Grünst. umrandete Rb.* Das war im Grunde auch die allgemeine Meinung der Philosophen, seitdem überhaupt im Gegeneinander der subjektiv tendierten Philosophien der Methodenstreit offen ausgebrochen und in solchen Gegenformeln ausdrücklich geworden war || **165**, 19 *nach* Einsichten *gestr.* von prinzipiellen Wesen echter Philosophie und philosophischer Methode || **165**, 20 *nach* ermöglichte. *Trennstrich* || **165**, 27 *nach* Phänomenologie *gestr. m. Blaust.* zu einer vollen, systematischen transzendentalen Philosophie. || **165**, 27–31 Ohne *bis* umzeichnen. *V. für den zwischen eckigen Blei- und Blaust.-Klammern stehenden Text* Der erste Durchbruch der phänomenologischen Methode hatte sich an dem Problem der radikalen philosophischen Begründung der formalen Logik vollzogen. Die darauf folgende Selbstbesinnung über den echten Sinn und die Tragweite dieser Methode als einer universalphilosophischen Methode führte zur Idee einer transzendentalen Phänomenologie, oder was dasselbe, phänomenologischen Transzendentalphilosophie. Mit dieser apodiktisch einsichtig begriffenen Idee ⟨ *gestr. m. Bleist.* und ihrer wesensmäßigen Methode⟩ wurde nun evident, in welchem Sinn eine subjektive Begründung der Philosophie wesensnotwendig sei, und zugleich evident, daß der allgemeine subjektivistische Zug der Neuzeit auf eine solche Transzendentalphilosophie hinauswollte und daß ⟨ *gestr. m. Bleist.* nur⟩ durch sie alle nur aus prinzipieller Unklarheit entsprungenen Gegensätze der traditionellen Philosophien ⟨der traditionellen Philosophien *Einf. m. Bleist.*⟩ überwunden werden.

Wir wollen versuchen, uns diese prinzipiell abgeklärte Idee einer Transzendentalphilosophie zuzueignen. *Zu Beginn dieser V. ein auf sie zeigender Blaust.-Pfeil, am Ende der V. ist m. Grünst. die Anschlußstelle im Text markiert* || **165**, 38 f. die erstere *bis* altursprünglichen *V. für bzw.* die Entwicklung der altursprünglichen || **166**, 1 f. Die nachcartesianische *bis* Idee *V. für* und mit der neuzeitlichen Gegenbewegung, und zwar in Richtung auf eine Transzendentalphilosophie || **166**, 3 f. *Klammern m. Blaust.* || **166**, 4 bezeichneten *V. m. Blaust. für* besprochenen || **166**, 6 *nach* Idee: *Trennstrich* || **166**, 6–8 Echte *bis* transzendental-relativen. *angestr. am Rand* || **166**, 12 *nach* Seienden. *Trennstrich* || **166**, 13 *statt* deren *im Ms.* die || **166**, 30 *nach* Welt, aber *gestr.* nicht ohne weiteres, der bloßen Erfahrung bleiben || **166**, 31 übersteigen *bis* Erfahrung *V. für* blieben verborgen || **166**, 34 *nach* zugänglich ist. *waagrechter Blaust.-Strich über die ganze Seite und gestr. m. Blaust.* Die Entwicklung tendiert gegen folgende Idee. Zu philosophischer Welterkenntnis gehört vor allem Erkenntnis des reinen Apriori, das ist der universalen Wesensform der Welt als einer Welt überhaupt. Das erste ist m.a.W. eine universale, und zwar nicht bloß eine abstrakt allgemeine, sondern sich regional differenzierende Ontologie. Durch sie, durch diese Totalität des weltlichen Apriori, erwächst im voraus eine Erkenntnisherrschaft über alle Wesensmöglichkeiten, ohne die eine Welt überhaupt nicht gedacht werden könnte als seiend. Unter Leitung dieses Apriori wird nun eine rational empirische Erkenntnis, eine Erkenntnis der faktischen Welt und nach allen Sondergebieten dersel-

ben, möglich. Die blinde Empirie erhält Anteil am Apriori, an der reinen
Ratio. Echte, philosophische Tatsachenerkenntnis wird möglich als Erkenntnis aus ⟨ *gestr.* apriorischen und schon in festen Begriffen⟩ wesensmöglichen,
in Wesensbegriffen ausgeprägten Gründen, also echte Tatsachenwissenschaft
ist rational erklärende und setzt als das rein rationale apriorische Wissenschaft voraus. ‖ **167**, 1 bis hinein *bis* Seinssphären *V. für* und nach allen ihren
Gebieten, oder was äquivalent ist, einschließlich aller ihrer abstrakten und
konkreten Seinssphären ‖ **167**, 8 *nach* rationalisiert, *gestr.* wird Erkenntnis
aus ‖ **167**, 13 *nach* mathematische. *Trennstrich* ‖ **167**, 15 f. in *bis* Sphäre *Einf.*
‖ **167**, 18 als späte *V. für* in ‖ **167**, 22 *nach* Totalität. *Trennstrich* ‖ **167**, 25 der
seienden Welt her *V. für* daher ‖ **167**, 29 *vor* Die mit *Absatzzeichen m. Blau-
und Grünst. und gewellte waagrechte Linie m. Blaust.* ‖ **167**, 31–33 das zwar
bis wohl aber *Einf.* ‖ **167**, 33 *nach* Sinn und *gestr.* der Philosophie angreift ‖
167, 34 *nach* verändert. *Trennstrich* ‖ **167**, 37 *nach* R ä t s e l. *doppelter Trennstrich m. Blau- und Grünst.* ‖ **168**, 3 *vor* Als *in eckigen Blaust.-Klammern
und m. Blaust. gestr.* Kein Selbstdenker konnte sich hinfort der Macht der
neuen, transzendentalen Motivation entziehen. ‖ **168**, 6 *nach* Metaphysik
usw. *Trennstrich m. Grünst.* ‖ **168**, 9 *nach* sein. *Trennstrich m. Grünst.* ‖
168, 9 f. *nach* Unklarheit *gestr.* in der Tat ‖ **168**, 10 *nach* offenläßt. *Trennstrich m. Grünst.* ‖ **168**, 11 und Begriff *Einf. m. Bleist.* ‖ **168**, 16 *nach* kommen. *Trennstrich* ‖ **168**, 17 *nach* weit. *Trennstrich* ‖ **168**, 20 *nach* Systeme.
Doppeltrennstrich m. Grünst. ‖ **168**, 22 *vor* Kann *gestr. m. Blaust.* Sind wir
bis heute weiter gekommen? ‖ **168**, 29 *nach* selbst? *gestr. m. Bleist. und Aus-
lassungszeichen m. Blaust. am Rand, zwischen Bleist.-Klammern gesetzt und
abgetrennt m. Blaust.-Strichen* Aber warum sollte das verborgen geblieben
sein? Sind die alten Versuchungen noch zu mächtig, welche in Jahrhunderten
die philosophische Selbstbesinnung nicht zu Rande kommen ließen?

Sind sie vielleicht gerade darum so mächtig, weil unser allzu eifriges Histo-
risieren uns nicht zu einem ursprünglichen philosophischen Fragen kommen
läßt, anstatt zu einem sekundären Bedenken der einst von den Großen
gefragten Fragen? Hindert das zu sehen, zu verstehen, was schon da ist? ‖
168, 30 f. Meine *bis* nicht anders als *V. für* das *m. Blaust. und zum Teil
m. Tinte gestr.* Meine Antwort habe ich im voraus gegeben ⟨habe ich im
voraus gegeben *V. m. Bleist. für* liegt schon in dem einleitungsweise Gesag-
ten⟩. Ich kann nicht anders, als alle diese Fragen zu bejahen und aus zwingendster Evidenz ‖ **168**, 32 *nach* Phänomenologie *gestr. m. Blaust.* in der Tat
‖ **168**, 34 *nach* noch *gestr. m. Blaust.* völlig ‖ **169**, 5–10 Von *bis* durchzuführen. *Einf. m. Bleist., m. Tinte überschrieben und zwischen Grünst.-Strichen* ‖
169, 10 *nach* durchzuführen. *Trennstrich m. Grünst.* ‖ **169**, 12 *nach* Sachliche. *Trennstrich m. Bleist.* ‖ **169**, 13 jeder *V. m. Bleist. für* der ‖ **169**, 15 *nach*
Ursprünglichkeit *gestr.* ist Sache des einsamen ‖ **169**, 16 *vor* Durch *Trennstrich m. Grünst.* ‖ **169**, 18 als *bis* anfangende *Einf. m. Bleist., m. Tinte überschrieben* ‖ **169**, 21–23 bis *bis* verantworten *Einf.* ‖ **169**, 26 *vor* Versuche
Trennstrich m. Grünst. ‖ **169**, 29 *nach* trägt. *Trennstrich* ‖ **169**, 35 *nach* Voraussetzung. *Trennstrich m. Grünst.* ‖ **170**, 5–11 Reicht *bis* bleiben. *V. für den
in eckigen Blei- und Blaust.-Klammern stehenden und m. Blaust. gestr. Text:*
Ist darum ihr Nichtsein apodiktisch ausgeschlossen? Hier ist eine Unklar-

heit, die sich nur steigert, wenn ich zudem der wesensmäßigen Präsumptivität aller Erfahrung, der singulären und totalen, inne werde. Die Seinsgewißheit von der Welt wächst mir kontinuierlich zu, *eckige Bleist.-Klammer auf* ist mir, wie weit immer ich mich zurückbesinne, schon kontinuierlich erwachsen und erwachsend gewesen. *eckige Bleist.-Klammer zu* Aber nie aus einer sie verantwortenden Aktivität apodiktischer Begründung. So unverantwortet lag sie allem wissenschaftlichen Denken zugrunde, so wollte ich sie, diese universalste aller Selbstverständlichkeiten, auch schon übernehmen — bis ich mich des Besseren besann. ⟨*Gestr. m. Blaust.* Nun sah ich⟩ *eckige Bleist.-Klammer zu* ‖ **170**, 5 *nach* Begründung *gestr.* ihrer Seinsgewißheit ‖ **170**, 11 *nach* darf sie *gestr.* meinem Absehen gemäß ‖ **170**, 14 *nach* haben. *in eckigen Blei- und Blaust.-Klammern und gestr. m. Blaust.* In dieser allerdings vertieften Form eignen wir uns Descartes' Anfänge an — während wir weit enfernt davon sind, den ganzen Sinn seiner Begründung einer radikalen Philosophie, geschweige denn seine Philosophie selbst auf uns zu nehmen. ‖ **170**, 16 *nach* n i c h t m e h r *gestr. m. Blaust. und zwischen Blaust.-Klammern* (bzw. die Welterfahrung) einen ‖ **170**, 21 *nach* anbietet. *Trennstrich m. Tinte und Doppeltrennstrich m. Grünst.* ‖ **170**, 21 Was bleibt übrig? *Einf.* ‖ **170**, 22 Ist *V. für* Heißt aber ‖ **170**, 25 f. in einiger Ähnlichkeit *V. für* formal übereinstimmend mit ‖ **170**, 29 *nach* doch *Trennstrich m. Blaust.* ‖ **170**, 29 f. dessen bin *bis* feststellen *V. für das m. Bleist. gestr.* ja apodiktisch bin, das kann ich unmittelbar verantworten ‖ **170**, 31 eine *Einf. m. Blaust.* ‖ **170**, 33 *vor* und *gestr. m. Blaust.* ist ja außer Geltung gesetzt ‖ **170**, 36 *nach* ist. *Trennstrich m. Grünst.* ‖ **170**, 37–39 nämlich *bis* mag *zwischen eckigen Grün- und Blaust.-Klammern* ‖ **171**, 1–3 kann ich das *bis* durchführen *V. für Ausradiertes; gestr. m. Blaust.* wenn überhaupt durchführen ‖ **171**, 23 *nach* ist. *Trennstrich m. Grünst.* ‖ **171**, 28 Welt *Einf. m. Bleist.* ‖ **171**, 33 *nach* bindende *Trennstrich m. Grünst.* ‖ **171**, 36 *nach* transzendentale *Trennstrich* ‖ **172**, 3 *nach* Epoché. *Trennstrich m. Grünst.* ‖ **172**, 5 transzendentalen *Einf.* ‖ **172**, 5 *nach* Ego. *Trennstrich m. Grünst.* ‖ **172**, 8 f. noch manches andere *Einf.* ‖ **172**, 9–11 und so *bis* Weltbewußtseins. *V. m. Bleist für den in eckigen Blau- und Grünst.-Klammern gesetzten und m. Bleist. gestr. Text* so wie er in der Gegenrichtung von den Bewußtseinserlebnissen in ihrer Mannigfaltigkeit hinführt auf die in den Mannigfaltigkeiten sich synthetisch identifizierenden gegenständlichen Einheiten, als verharrende Geltungsphänomene ‖ **172**, 10 *in A* Mannigfaltigkeiten *V. für* Mannigfaltigkeit ‖ **172**, 11 *nach* Weltbewußtseins. *Rb. m. Grünst.* Das Ego ganz k o n k r e t ‖ **172**, 12 *vor* In *gestr. m. Blaust. und Tinte* Ein erstes ist es, die Typik der Bewußtseinsweisen, der passiven und aktiven, zu verfolgen, und zwar zunächst im Rahmen der lebendig strömenden egologischen Gegenwart. Denn darauf ist alle transzendentale Forschung wesensmäßig zurückbezogen. *waagrechter Tinten- und Blaust.-Strich über die ganze Seite* ‖ **172**, 13 Punkt *V. m. Blaust. für* und ‖ **172**, 15 f. unmittelbaren und mittelbaren *Einf. m. Bleist.* ‖ **172**, 17 *nach* blind. *Trennstrich m. Grünst.* ‖ **172**, 22 *nach* bringen. *Trennstrich m. Bleist.* ‖ **172**, 24 *nach* Fichte *gestr.* und Hegel ‖ **172**, 25 transzendentalen *Einf.* ‖ **172**, 25 f. in seiner Unendlichkeit *Einf. m Bleist., m. Tinte überschrieben* ‖ **172**, 26 *nach* machen *gestr. m. Bleist.* für ein echt wissenschaftliches, letztlich auf Erfahrung ruhendes Vorgehen. || **172**, 29 überhaupt *V. m. Bleist. für Ausradiertes* || **172**, 31 *nach* Wissenschaft *gestr.* im strengsten Sinne || **172**, 32 *nach* Verantwortung. *Trennstrich* || **172**, 33 f. *nach* Reduktion *gestr. m. Bleist.* und ihrer richtigen konkreten Fortführung unter beständig erneuerter besonderter Epoché. || **172**, 35–173, 9 Ist *bis* Seinssinn erhält. *in eckigen Blaust.-Klammern* || **172**, 35 einzige *V. m. Bleist. für Ausradiertes* || **172**, 36 *vor* Die *gestr.* Schon Descartes, der das verstand || **173**, 4 -natürliche *Einf.* || **173**, 4 *nach* zurückgefallen *gestr.* oder er hat von vornherein || **173**, 10 *vor* Doch *gestr.* Ebenso ist die Versuchung groß, ihr ist schon Descartes unterlegen || **173**, 11 transzendentale *Einf.* || **173**, 15 f. bzw. *bis* bringen *V. für den zwischen eckigen Grünst.-Klammern gesetzten und m. Bleist. gestr. Text* ja zu sehen, daß nur auf diesem Wege und auf ihm allein Philosophie werden könne. Die ⟨Die *V. m. Bleist. für* Eine⟩ Wissenschaft vom All des Seienden ⟨vom *bis* Seienden *Einf. m. Bleist.*⟩ aus letzter Verantwortung, im Rückgang auf letzte Gründe. *eckige Bleist.-Klammer auf* Das wollte Philosophie von Anfang an leisten, aber hinter die Naivität der Geltung der Welterfahrung ging sie nicht hinaus. Daß diese fraglich geworden ist, macht aber die neue Epoché, die der transzendentalen Motivation. *eckige Bleist.-Klammer zu* || **173**, 18 f. rein *bis* können? *V. für den zwischen eckigen Bleist.-Klammern gesetzten und m. Bleist. gestr. Text* vom Ego aus, von mir, dem transzendental einsamen Ich, aus, reine Philosophie werden? || **173**, 19 *nach* Welt *gestr. m. Blaust.* mich wissend || **173**, 25 rationale *V. für* universale || **173**, 26 *nach* anstrebte. *in eckigen Bleist.-Klammern und gestr. m. Bleist.* Die auf mich als Ego und meinen Bewußtseinsbereich transzendental bezogene Wissenschaft erscheint als etwas völlig gleichgültiges, ein zweckloses theoretisches Spiel. || **173**, 27 konsequente *Einf. m. Bleist.* || **173**, 39 *nach* durchzuführenden. *Trennstrich m. Grünst.* || **173**, 32 *nach* gewann. *Trennstrich m. Grünst.* || **173**, 34 *vor* Thema *gestr.* unser || **173**, 36 *nach* uns *Trennstrich m. Grünst.* || **173**, 37 *nach* Erfahrung *Doppeltrennstrich m. Grünst.* || **173**, 37 die *Einf. m. Bleist.* || **174**, 1 *nach* auslegen und *gestr. m. Bleist.* nach ihren Geltungsstufen zurückfragen und bis in die letzten Zwecke fragend || **174**, 1 und *V. m. Bleist. für Ausradiertes* || **174**, 2 *nach* wir *gestr. m. Bleist.* die Geltungsleistung || **174**, 2 sie *V. m. Bleist. für Ausradiertes* || **174**, 4 und naive Welt- *V. für das m. Blau- und Bleist. gestr.* und an die als seiend hingenommene || **174**, 4 f. Wahrheitsfragen des gewöhnlichen Sinnes *V. m. Bleist. für das m. Blau- und Bleist. gestr.* objektiver Wahrheit, Fragen des irrelativen Ansich || **174**, 8 f. *nach* gewonnen hat *gestr. m. Bleist.* bzw. immerfort gewinnt || **174**, 10 *vor* dem Abschnitt *waagrechter Strich m. Grünst.* || **174**, 15 *nach* Quelle *m. Blaust.* eingeklammert und *m. Bleist. gestr.* ⟨*gestr.* in ständigem Werden und Sichwandeln⟩, aber auch jede Seinsgeltung, die für mich eben Geltung ist. *eckige Bleist.-Klammer auf* So mag ich schon in natürlicher Einstellung sagen, mich als Menschen in der Welt findend, aber auch mich findend als Welt erfahrend, Welt erkennend, weltlich handelnd usw. *Anschlußzeichen im Text m. Grünst.* || **174**, 17 gewissen *Einf. m. Bleist.* || **174**, 18 *nach* Apperzeption *gestr. m. Blaust.* und zwar desselben || **174**, 18 *nach* Seinsgewißheit. *gestr.* So auch mein Dasein als Mensch. || **174**, 20–22 Sie *bis* konstituieren. *V. für das m. Tinte und teilweise m. Bleist. gestr.* für den Seinssinn Mensch also bin ich, dieses Ego also, das Sinngebende. So überall *eckige Bleist.-Klammer zu* || **174**, 20 *vor* Geschehen *gestr.* freilich verborgenes in einem überaus komplexen || **174**, 22 seiende *V. für* Geltungsphänomen || **174**, 22 Auch *Einf. m. Bleist.* || **174**, 25 *nach* Ego. *Trennstrich* || **174**, 28 ihren Sinn und ihre *V. für* in || **174**, 29 *nach* helfen. *Trennstrich m. Tinte und Doppeltrennstrich m. Blaust.* || **174**, 30 und das verantwortliche *Einf. m. Bleist.* || **174**, 31 f. meiner Seinsgeltungen *bis* innewerdend *V. für* meiner Seinsgeltungen, als das *Anschlußzeichen m. Grünst.* || **174**, 31 *nach* Seinsgeltungen. *Trennstrich m. Grünst.* || **174**, 36 *nach* sein, *Trennstrich m. Grünst.* || **174**, 37 *nach* gibt. *Trennstrich m. Grünst.* || **175**, 3 *nach* damit *Trennstrich m. Grünst.; m. Blaust. gestr.* indem ich die Welt aber erkannte, als was sie stets war und wesensmäßig sein mußte: als transzendentales Phänomen *ab hier in eckigen Blaust.-Klammern und zusätzlich m. Bleist. gestr.* und sein wirkliches Sein als Sein aus einer selbst im Transzendentalen liegenden Ausweisung, Begründung, Bewährung || **175**, 7 *nach* könne. *Trennstrich m. Grünst., Doppeltrennstrich m. Bleist. und Absatzzeichen m. Grünst. und am Rand zwei Trennstriche m. Grünst.* || **175**, 9 *nach* Einstellung *gestr. m. Bleist.* die der naiven Welthabe als || **175**, 10 *nach* relative hat *in eckigen Blaust.-Klammern und m. Blau- und Bleist. gestr.* Sinngebilde, Geltungs- und Bewährungsgebilde in der transzendentalen Subjektivität ist — als derjenigen, in deren apperzeptiven Leistungen sie eben Sinn und Sein hat. Ist also nicht schon klar || **175**, 12 *nach* kann? *Doppeltrennstrich am Rand* || **175**, 17 *nach* Denkleistungen. *Trennstrich* || **175**, 18 *nach* selbst *gestr. m. Blaust.* nur || **175**, 24 *nach* diesen Sinn *gestr. m. Bleist.* und wenn sie rechtmäßig ist, ihre Bewährung || **175**, 26 *nach* seiend *in Bleist.-Klammern und gestr. m. Bleist.* ja selbst als möglich, wahrscheinlich, als unmöglich, als Trug || **175**, 29 *vor* unbefriedigend *gestr.* ganz und gar || **176**, 2 wirklich *Einf. m. Bleist.* || **176**, 6 *zu* anfangs *ausradierte Variante m. Bleist.* in der Anfangsgestalt ist || **176**, 8 Der Anfang ist kein Ende. *Einf. m. Bleist., m. Tinte überschrieben* || **176**, 8 f. Jedenfalls *bis* haben *V. für* Was zu tun ist || **176**, 11 *nach* kommen. *gestr. m. Blaust.* ist klar || **176**, 12 f. und zwar *bis* bringt *Einf. m. Bleist., m. Tinte überschrieben* || **176**, 18 *nach* Thema *Trennstrich m. Blaust.* || **176**, 18 f. Als *bis* gilt es also *V. für* machen. Vor allem *Anschlußzeichen m. Grünst.* || **176**, 19 *nach* stehenbleiben. *Trennstrich m. Grünst.* || **176**, 21 f. *in A* cogitationes *in Anführungszeichen* || **176**, 27 andererseits *V. m. Bleist. für Ausradiertes* || **176**, 33 transzendentale *Einf.* || **176**, 33 *nach* Vermögenseigenschaften *Doppeltrennstrich m. Blaust.* || **177**, 2 f. Hier *bis* werden. *V. für* eintretend || **177**, 16 *nach* Totalphänomen. *Trennstrich* || **177**, 18 *nach* Tragweite. *Trennstrich und waagrechter Strich m. Blaust. am Rand* || **177**, 23 *vor* Die *Trennstrich m. Blaust.* || **177**, 23 *nach* Auffindung *gestr. m. Bleist.* des Sinnes und || **177**, 25 konkret enthüllend *Einf. m. Bleist.* || **177**, 25 *nach* zurückzufragen. *Trennstrich m. Grünst.* || **177**, 27 Klammern *m. Bleist.* || **177**, 28 *vor* Seiendes *gestr. m. Bleist.* bzw. erfahrend || **177**, 29–31 Nicht *bis* verrate. *Einf. m. Bleist., m. Tinte überschrieben; Anschlußzeichen m. Grünst.* || **177**, 31 *nach* verrate. *Trennstrich m. Grün- und Blaust.* || **177**, 34 f. wie in der *bis* jeweils auf *V. m. Bleist., m. Tinte überschrieben, für* auf *Anschlußzeichen m. Grünst.* || **178**, 2 *nach* verdeckt. *Trennstrich m. Blaust.* || **178**, 8 -forschung *V. für* -betrachtung || **178**, 8 transzendentalen *V. m. Bleist. für* transzendental || **178**, 8 *nach* transzendentalen *gestr. m. Bleist.* Ego und seines ‖ **178,** 11 *nach* Spezialität. *Trennstrich m. Bleist.* ‖ **178,** 13 wissenschaftliche *Einf. m. Bleist.* ‖ **178,** 16 der *vor* einzig *Einf. m. Bleist.* ‖ **178,** 16 f. um Wissenschaften *bis* begründen *V. für* und spezialen ‖ **178,** 18 *nach* Philosophie. *Trennstrich m. Blaust., waagrechter Strich m. Grünst.* ‖ **178,** 19 *nach* Aufgabe *gestr. m. Bleist.* um die zunächst notwendigen und für alle künftige wissenschaftliche Arbeit leitenden Wesenserkenntnisse, die universalen Strukturen, umzeichnen zu können ‖ **178,** 19 f. *vor* eine außerordentlich *gestr.* die Entdeckung ‖ **178,** 22 f. von Problemstufe *bis* können *V. m. Bleist. für* die ungeheure konkrete Problematik bewältigen zu können ‖ **178,** 25 f. abgesehen *V. m. Bleist. für* abstrahiert ‖ **178,** 26 *nach* wird. *Trennstrich* ‖ **178,** 30 *in A* leere *V. für* hohle ‖ **178,** 35 im *bis* eigenen *Einf. m. Bleist.* ‖ **178,** 37–**179,** 1 sie gewinne ich *V. m. Bleist. für* ich gewinne sie ‖ **179,** 2 *in A* objektive *in Anführungszeichen* ‖ **179,** 3 *nach* konstituiert. *Doppeltrennstrich m. Grünst.* ‖ **179,** 6 des *Einf. m. Bleist.* ‖ **179,** 6 *nach* Stils *gestr. m. Bleist.* – wir können auch sagen, von der Stufe der ⟨Stufe der *Einf. m. Bleist.*⟩ positiven Wissenschaft – ‖ **179,** 7 *nach* Seienden *in eckigen Bleist.-Klammern und gestr. m. Bleist.* und darin beschlossen ist der Weg ⟨ist der Weg *Einf. m. Bleist.*⟩ zur endgültigen Erkenntnis des wahren Seins und Soseins d e r W e l t als eines transzendental Relativen. ‖ **179,** 8 zu *Einf. m. Bleist.* ‖ **179,** 8 *nach* ist *gestr. m. Bleist.* immer ‖ **179,** 10 f. *Klammern m. Bleist.* ‖ **179,** 13 Seins- *Einf. m. Bleist.* ‖ **179,** 16 *nach* Sinn. *waagrechter Strich m. Grünst.* ‖ **179,** 17 *vor* Hat *Doppeltrennstrich m. Grünst.* ‖ **179,** 23 *vor* Damit *Abschnittzeichen m. Rotst., danach gestr. m. Bleist.* Machen wir nun für unser Thema die sehr naheliegende Anwendung. Es ist Ihnen, wie ich hoffen möchte, die innere Notwendigkeit einer transzendentalen Weltforschung klargeworden, in welcher die Welt als transzendentales Geltungsphänomen und nach ihrer „ phänomenologischen K o n s t i t u t i o n " zur großen Aufgabe wird ⟨in welcher *bis* wird *in Grünst.-Klammern*⟩. Mit einem Worte, die innere Notwendigkeit einer transzendentalen Phänomenologie. Klargeworden ist dabei auch, daß damit die nach der endlichen Erschließung des wahren Sinnes der Transzendentalität, auf den die neuzeitliche Entwicklung hinauswollte, ⟨die nach *bis* hinauswollte *in Grün- und Blaust.-Klammern*⟩ die einzig mögliche Aufgabenstellung gewonnen ist für eine Philosophie, für eine aus absolut letzten Quellen begründete universale Wissenschaft. *waagrechter Bleist.-Strich über die ganze Seite* ‖ **179,** 23 *vor* Damit *am Rand doppelt angestr. m. Blaust. und Doppeltrennstrich m. Grünst.* ‖ **179,** 32–34 Nachdem *bis* Rückkehr. *V. für* und die nun, nachdem das echte transzendentale Problem in seiner apodiktischen Notwendigkeit gewonnen ist, unbedingt überwunden werden muß. Das geschieht ‖ **179,** 34 *nach* Rückkehr. *gestr. m. Bleist.* Für den, der verstanden hat, kann keine noch so tiefsinnige Systemphilosophie eine Versuchung werden. Aber die Überwindung der Naivität nicht durch ein leeres transzendentales Argumentieren, sondern durch eine neue, aus ursprünglichen Quellen der transzendentalen Anschauung schöpfende Wissenschaft. ‖ **179,** 35 *vor* Ich *Trennstrich m. Grünst.* ‖ **179,** 36 f. und auch *bis* zu erklären, die *V. m. Bleist. für* ⟨*gestr.* und jede philosophisch-anthropologisch orientierte Philosophie⟩ und jeden vom Menschen her unternommenen Versuch einer philosophischen Fundamen-

tierung für einen Irrweg || **179**, 38 *nach* können. *Trennstrich m. Grünst.* ||
180, 3 *nach* Subjektivität *Trennstrich* || **180**, 4 Schelersche *kurrentschriftlich
wiederholt* || **180**, 6 *nach* Erkenntnis *gestr. m. Tinte und Blaust.* durch meine
Logischen Untersuchungen einen Freibrief für eine naive Metaphysik sieht
⟨durch *bis* sieht *V. für* eine metaphysische Wiederentdeckung sieht⟩, unter
Wegsehen subjektiv gerichteter konstitutiver Untersuchungen schon dieses
Werkes. || **180**, 16 f. *Klammern m. Grünst.* || **180**, 19 *vor* Die *Trennstrich* ||
180, 19 f. verlief *m. Bleist.* überschrieben || **180**, 23 f. *nach* erhalten. *Doppel-
trennstrich* || **180**, 26 *nach* selbst. *Trennstrich* || **180**, 32 haben *im Ms. vor*
Vorbedingungen || **180**, 34 *nach* Methode. *Trennstrich m. Grünst.* || **180**, 37 f.
nach eigentliche *gestr.* methodische || **180**, 38 *nach* Innenpsychologie. *Trenn-
strich m. Grünst.* || **180**, 38 Leitproblem *V. für* Aufgabe || **181**, 18 f. *Klammern
m. Grünst.* || **181**, 25 *nach* um. *Trennstrich m. Grünst.* ||

„Vorwort": Eugen Fink, „Die phänomenologische Philosophie
Edmund Husserls in der gegenwärtigen Kritik", *Kant-Studien,* 38,
1933, S. 319–320
(S. 182–183)

Über die gegenwärtige Aufgabe der Philosophie
(S. 184–221)

*Der Text fußt auf den Blättern 28–73 von Konvolut M III 16b, die oben in
Fußnoten wiedergegebenen Varianten auf den Blättern 2–12, 15–25 und 28–
48 von M III 16a. Bei den Blättern 28–73 von M III 16b handelt es sich um
den Durchschlag einer maschinenschriftlichen Abschrift (=M III 16a) eines
nicht erhaltenen Stenogramms Husserls. Die Abschrift fertigte Eugen Fink. —
Die ersten 11 Blätter des maschinenschriftlichen Originals M III 16a befinden
sich im Umschlag 1/13, der die Aufschrift mit Tinte trägt* Exzerpte zur
Urteilstheorie. Brentano, Erdmann, Stout. Humes Lehre vom belief. *Die
Blätter 15–25 liegen im Umschlag 14/26: ein aufgeschnittener Briefumschlag,
in dem Fink die Abschrift an Husserl in Kappel sandte (vgl. oben, S. XXVI).
Auf die Vorderseite schrieb Husserl mit Bleistift* Freiburg 30.VIII.1934; *der
Eingangsstempel von Kappel auf der Rückseite des Umschlags zeigt das
Datum* 31.8.1934. *Die Blätter 28–48 schließlich liegen im Umschlag 27/49:
eine Drucksache des Reichsstudentenwerks Berlin. — M III 16b: Der Durchschrift des Typoskripts liegt voran ein Umschlag (1/27) mit Zusätzen zur Prager Abhandlung. Der Umschlag, ein Rundschreiben des Rektors der Universität Freiburg vom* 17.11.1934, *trägt die Aufschrift mit Blaustift* November 1934 *mit Bleistift* Zu Prager Abhandlung. Seiten Noten. *Das Konvolut
beschließen zwei kleine Blättchen (74 und 75) mit stichwortartigen Notizen
zum Themenkreis der Abhandlung.*
*Durchschlag wie Original des Typoskripts weisen zum Teil erhebliche Über-
arbeitungen mit Tinte und vor allem mit Bleistift auf. Die Blätter vom For-*

*mat 21 × 29,6 cm sind von 1–40 paginiert; nach Blatt 40 (13) von M III 16b
ist als Blatt 41 eine stenographische Bleistift-Notiz beigelegt (das Blatt ist der
obere Teil eines Schreibens des Ministeriums für Wissenschaft, Kunst und
Volksbildung Berlin vom 9.5.1931). Auf Seite 19 (Blatt 47) folgen die Seiten
19 a-c (Blätter 48–50). Nach Blatt 52 (21) sind zwei beidseitig mit Tinte in
Gabelsberger Stenographie beschriebene Blätter (53, 54) von Normalformat
eingefügt. Sie sind mit den Bleistiftziffern 1 und 2 paginiert; ihre Aufschrift
ad 22 weist sie als Korrektur der zur Hälfte gestrichenen Seite 22 (Blatt 55)
aus. Die Seitenzahlen der Seiten 8–10 (Blätter 35–37) sind gestrichen; auf
Blatt 35 (8) steht die Bleistift-Bemerkung* in das andere Exemplar hineinko-
pieren!

*Im folgenden werden die Veränderungen, die Husserl in beiden Fassungen
des Typoskripts vornahm, vermerkt. Die Anmerkungen beziehen sich auf das
Manuskript M III 16b, das dem Abdruck in diesem Band zugrunde liegt. Die
Veränderungen in M III 16a sind mit A gekennzeichnet. Wenn nicht anders
vermerkt, sind die Veränderungen beider Fassungen mit Bleistift vorgenommen.*

184, 7–16 muß ich darauf gefaßt sein *bis* entspringt? *V. für* bin ich in einiger
Verlegenheit, wie ich das in Kürze tun soll. Handelte es sich um eine Sonderwissenschaft, spräche ich als Glied ihrer Arbeitsgemeinschaft, so wäre
eine Antwort auf die Frage nach ihrer gegenwärtigen Aufgabe leicht. Hier
leben alle Forscher in der Gewißheit eines gemeinsamen Erkenntnisbodens,
einer gemeinsamen letztbegründeten, letztbewährten ⟨letztbegründeten, letztbewährten *Einf.*⟩ Methode und eines gemeinsamen Besitzes an schon erar-
beiteten, zweifellos geltenden Wahrheiten und umspannenden Theorien. Diese sind für alle Forscher immer wieder dazu bestimmt, zu Baugliedern für
neue, in gemeinsamer Arbeit zu entwerfende und bewährende ⟨neue *bis*
bewährende *V. m. Tinte für* in gemeinsamer Arbeit neu zu entwerfende und
bewährende⟩ Wahrheitsgebilde zu werden. Jede Forschergeneration lebt in
der Einheit einer praktisch geistigen Motivation, welche für alle die gleiche
allgemeine Besinnung und dasselbe Urteil über den Stand der Gesamtleistung und über die nächsten drängenden Desiderate ermöglicht.
Ganz anders die Philosophie, sosehr sie ihrem Ursprungssinn gemäß Wissenschaft sein wollte und durch die Jahrtausende hindurch diesem Sinne
genugzutun versuchte ⟨und durch *bis* versuchte *in A in eckigen Klammern
und verändert zu* nämlich universale Wissenschaft, Wissenschaft von der All-
Einheit des Seienden, aber sosehr sie sich als solche die höchste Erkenntnis-
dignität beimaß und hinsichtlich aller anderen Wissenschaften die archon-
tische Funktion, vermochte sie trotz aller Bemühungen der größten Geister
im Lauf der Jahrtausende diesen großen Sinn nicht zu erfüllen⟩. Von Anfang
an haben wir das Bild eines ständigen Entstehens und Vergehens widerstrei-
tender Systeme. Dementsprechend verbindet ⟨verbindet *V. für das m. Tinte
gestr.* bewältigen⟩ die Philosophengenerationen nicht die ⟨die *V. für* in der⟩
Einheit einer Methode, ein fortwachsendes Lehrsystem ⟨ein *bis* Lehrsystem
V. für eines fortwachsenden Lehrsystems⟩ von Theorien, eine Einheit bestimmt motivierter und sich in gemeinsamer Arbeit zu erledigender Proble-

matik und eine Einheit von diesem gemeinsamen Boden aus ⟨ und eine Einheit *bis* aus *Einf.;* Dementsprechend *bis* Problematik *in A verändert zu* Danach erwächst nicht in der Folge der philosophischen Generationen eine fest bestimmte, in ihrer Ordnung fest motivierte Problematik, eine sich mit ihr ausbildende apodiktische Methode und als ständiger Erfolg ein sich immer erweiterndes System von Ergebnissen, sich verbindend als das Lehrsystem der theoretischen Wahrheiten ⟩. Wie kann man hier ⟨ *gestr.* und konnte man je⟩ von der gegenwärtigen Aufgabe der Philosophie sprechen? Die Philosophie — wie läßt sie überhaupt Kongresse zu, die über ihre Aufgabe verhandeln? ⟨ *nach der V. Bemerkung* p. 2 oben⟩ || **184**, 17-19 Und war es *bis* Systeme? *Einf.* || **184**, 24 zerfließen *V. für* zerflossen || **185**, 1-**186**, 8 *in A* Doch *bis* Wahrheitsbildung *gestr.* || **185**, 1-34 *in A* Doch *bis* unterbrechen *in eckigen Klammern* || **185**, 11 echte *Einf.* || **185**, 11 werk- *V. für* wirklich || **185**, 15 wo *V. für* wenn || **185**, 20 inner- *Einf.* || **185**, 23 doch *Einf.* || **185**, 26 *nach* Sinne *gestr.* jede der geistigen Scheuklappen, jede abstraktiv und traditionell gewordene Sinnbegrenzung, in welcher jede Spezialwissenschaft ihr Sondergebiet und ihre Sonderaufgaben gewinnt, sichtlich und ausdrücklich thematisch zu machen. Erst so ist der vollen und ganzen Erkenntnisaufgabe genugzutun, deren Name Philosophie ist und der alle Einzelwissenschaften nur dienen.

eckige Klammer auf Die Aufgaben der Universalität bedeuten dann nicht Zusammenfassung der Ergebnisse aller objektiven Sonderwissenschaften, ihre Ordnung nach ihren thematischen Verflechtungen und gemäß der ⟨ gemäß der *Einf.*⟩ Vermittlung der Begründungen, allenfalls unter Ausgleichung der hierbei hervortretenden Unstimmigkeiten. *eckige Klammer zu* Denn der einzelwissenschaftliche Sinn ist nur Sinn aus der abstraktiven Einstellung, Sinn in der Scheuklappe. Diese selbst als berufsmäßige, habituelle Haltung spezialwissenschaftlichen Forschens bleibt in aller Fortarbeit unbewußt, gehört nicht zum Horizont spezialwissenschaftlicher Fragen und Antworten. *Trennstrich* || **185**, 31 als ein Selbstverständliches *bis* Fragliches *Einf.* || **185**, 36 *in A vor* Raum *Einf. m. Tinte* geometrische || **185**, 37 *in A nach* eine *Einf. m. Tinte* traditionale, symbolisch entleerte || **185**, 39 zu der Welt wirklicher *V. für* zu denen der weltwirklichen || **186**, 4 *in A vor* Wahrheit *Einf. m. Tinte* Sinn der || **186**, 5 *in A nach* wird. *Einf. m. Tinte* Ähnliches gilt für alle Wissenschaften von der Welt || **186**, 6 *in A nach* „ Grundlagenprobleme " *m. Tinte eingefügte Fußnote* sc. die Probleme des eigentlichen Wahrheitssinnes aller positiven Wissenschaften als der Lebenswelt von diesen Wissenschaften und ihrer eigenen Lebenswahrheit. || **186**, 8 *nach* Wahrheitsbildung *horizontaler Strich am Rand* || **186**, 17 *angestr. am Rand, ebenso in A* || **186**, 19 und gibt *Einf.* || **186**, 22 f. *in A angestr. am Rand* || **186**, 30 *Einf. in A m. Tinte überschrieben* || **186**, 31 *nach* Vorgehens. *Absatzzeichen* || **187**, 5 *Einf. in A m. Tinte* || **187**, 12 Die aufkommende *V. für* Das Aufkommen der || **187**, 12-15 zweimal *angestr. am Rand* || **187**, 14 Andererseits ist sie doch, aber *V. für* Sie ist eben || **187**, 15 *Einf. in A m. Tinte* || **187**, 15-23 Interesse *bis* Praxis. *Wellenlinie am Rand* || **187**, 16 *Einf. in A m. Tinte* || **187**, 19 oder *Einf.* || **187**, 20 das jeweilige Ziel wirklich erreicht zu haben *Einf., m. Tinte überschrieben; in A dasselbe Einf. m. Tinte* || **187**, 21 *nach* ist *gestr.* nur || **187**, 23-25 mit dem *bis* gewinnt *V., m. Tinte überschrieben, für* und das wichtigere; *in A dasselbe V. m. Tinte* || **187**, 25 f. als *bis* Urteile *Einf., m. Tinte überschrieben; in A dasselbe Einf. m. Tinte* || **187**, 27 wenn *bis* bedeutet *Einf.* || **187**, 28 f. Interesse *im Ms. gestr.* || **187**, 31–**188**, 1 Das lag *bis* verwandelt sich. *Einf., m. Tinte überschrieben; in A dasselbe Einf. m. Tinte* || **188**, 2 weckt *im Ms. gestr.* || **188**, 3–7 ist die *bis* man will *Wellenlinie am Rand* || **188**, 5 *V. in A m. Tinte* || **188**, 7 *in A* was dasselbe, die Relativität der eigenen *V. m. Tinte für* wenn man will, ihrer || **188**, 8 *in A in eckigen Klammern und gestr.* Damit wird || **188**, 8 f. *in A* also der *bis* Er *in eckigen Klammern* || **188**, 9 der Welt *Einf.* || **188**, 9 *V. in A m. Tinte* || **188**, 12 f. wie *bis* Nation *Einf.* || **188**, 13 *vor* Offenbar *eckige Klammer auf* || **188**, 13 f. rein aus Tradition *Einf.* || **188**, 15 als *Einf.* || **188**, 26 also *Einf.* || **188**, 27 jede *vor* in ihrer *Einf.* || **188**, 28 *in A* theoretische *in Anführungszeichen* || **188**, 31 doch *Einf.* || **188**, 31 *V. in A. m. Tinte* || **189**, 8 national *Einf.* || **189**, 8 diese *V. für* dieselbe || **189**, 10–12 *V. in A m. Tinte* || **189**, 12–14 *in A gestr.* Es entsprang bis Wahrheiten, die; *Rb.* Das steht nicht an der richtigen Stelle! || **189**, 17 *vor* Begreiflicherweise *eckige Klammer auf* || **189**, 17 f. *V. in A m. Tinte* || **189**, 19 *in A* Erfahrung *m. Tinte gestr.* || **189**, 24– **190**, 12 Mit alldem *bis* wirklich sei *V. für* Von vornherein überträgt sich die Überzeugung des vorwissenschaftlichen Lebens || **190**, 16 *nach* zu begründen sei. *Absatzzeichen* || **190**, 17 Nun ist *bis* Überzeugung *Einf.* || **190**, 18 f. ohne weiteres *bis* überträgt *Einf.* || **190**, 19 also *Einf.* || **190**, 20 und für sich wirklich *V. für* sich || **190**, 20 An- und Fürsich *V. für* Ansich || **190**, 22 absolute *Einf.* || **190**, 23 alle *V. für* nur durch; *ebenso in A* || **190**, 23 *nach* Erfahrung *Schrägstrich* || **190**, 29 *in A nach* sinnlich *Einf.* Seiendes || **190**, 29 *in A nach* Relativitäten *gestr.* sich || **190**, 29 Seiendes *V. für* sich || **191**, 2 Erfahrung *V. für* δόξα || **191**, 2 bloße δόξα, ist *Einf.* || **191**, 15 Notwendigkeit einer *Einf.* || **191**, 19 *Fußnote: bis* Umwelt *m. Tinte überschrieben; nach* Umwelt *Trennstrich* || **191**, 20 oder konnte *Einf.* || **191**, 20 f. vorweg doch selbstverständliche *Einf.* || **191**, 22 irgend *Einf.* || **191**, 24 vage *Einf.* || **191**, 24 *nach* Konstruktionen *gestr.* denen evtl., aber erst ex post ⟨evtl., aber erst ex post *Einf.*⟩ vom Standpunkt entwickelter objektiver Wissenschaft der Charakter genialer, nur roh geformter Entdeckungen zugeeignet werden konnte ⟨zugeeignet werden konnte *V. für* eignet⟩. || **191**, 25–**192**, 4 In theoretischer Haltung *bis* offenlassen. *am Rand eingeklammert; in A zwischen eckigen Klammern und Rb.* Gehört nicht hierher || **192**, 8 *in A* sich ausdrückenden *V. für* liegenden || **192**, 9 in naiv sinnlicher Analogisierung *Einf.* || **192**, 15 primitiver *V. für* einheitlicher || **192**, 16 solche *V. für* die; *in A* diese *V. für* die || **192**, 17 f. noch keine zwingende Begründung *im Ms. gestr.* || **192**, 18 zulassen *V. für* sei || **192**, 26 Vordeutungen auf *Einf.* || **192**, 27 f. Formungen *V. für* Forschungen || **192**, 28 *nach* Neuerarbeitung *horizontaler Strich am Rand* || **192**, 34 f. hinsichtlich der Welt *Einf.* || **192**, 35 *nach* betrachtet *gestr.* deswegen Unverträglichkeiten || **192**, 35 f. an *bis* übrigblieb *V. für* verblieben || **193**, 11 f. Hierher *bis* apriorischen *V. für* also die || **193**, 12 ihr Weg geht *Einf.* || **193**, 14 Analysis der *Einf.* || **193**, 14 andererseits *V. für* sowie || **193**, 16 ist es *Einf.* || **193**, 17 So *V. für* und so || **193**, 17 *in A Schrägstrich am Rand* || **193**, 23 als dem *V. für* geleistet als Philosophie in ihrem || **193**, 24 *in A Fragezeichen am Rand* || **193**, 24 ergründen *V. für* begründen || **193**, 24 f. Genüge getan *bis* dafür *Einf.* ||

193, 27 nur *Einf.* || **193**, 31 frühe *V. für* früher || **193**, 32 Vorahnungen *V. für* Triebe || **193**, 32 triebmäßig *Einf.* || **193**, 39 *in A vor* Gelang *Rb.* Das reichte nicht hin *Doppelklammer auf* || **193**, 39–**194**, 3 Gelang *bis* hinabreicht *Wellenlinie und Kreuz am Rand* || **194**, 6 f. Dazu gehört *bis* Umschlages *V. für* aber auch in seinem schicksalsvollen Umschlagen || **194**, 10 *vor* Innewerden *gestr.* allmählichen || **194**, 11 in ihnen *Einf.* || **194**, 11 sie *V. für* die erfolgreichen positiven Wissenschaften || **194**, 12 im Miteinander verwirklichen *V. für* mitverwirklichen || **194**, 12 *in A nach* sollten. *zwei Schrägstriche am Rand* || **194**, 14 *in A nach* an. *Absatzzeichen* || **194**, 14 in der *V. für* als || **194**, 14 *in A* Vorstufe zur *V. für* Vorstufe der *und angestr. am Rand* || **194**, 15 Unwissenschaftlichkeit *V. für* Wissenschaftlichkeit || **194**, 16 f. der Welt an sich *bis* besprochenen *V. für* in deren *(ebenso in A) V. für* ist deren || **194**, 18 f. ein wesentlich *bis* hatte *V. für* in die Idee der an sich seienden Welt; *in A und für Einf. vor* sich seienden Welt *und angestr. am Rand* || **194**, 19 objektiven *Einf.* || **194**, 20 Objektiv- *Einf.* || **194**, 21 objektiv- *Einf.* || **194**, 22 die meisten *V. für* Menschen || **194**, 23 Begriffspaare *V. für* Begriffe || **194**, 28 den mannigfaltigen *Einf.* || **194**, 34 f. also *bis* gewordenen *Einf.* || **194**, 37–39 *in A am Rand angestr. und Schrägstrich am Rand* || **194**, 38 angestr. *am Rand* || **195**, 5 sein Gegenpart *Einf.* || **195**, 5 f. *in A und Einf. nach* Objektivismus || **195**, 5 f. *nach* Objektivismus *gestr.* als dessen Gegenpart || **195**, 6–9 nicht als eine *bis* Seinssinn *V., m. Tinte überschrieben, für* und nicht vorweg als wissenschaftliche Möglichkeit || **195**, 9 und das *V. für* oder || **195**, 10 *in A nach* die *gestr.* aber || **195**, 10 f. für entsprechend Eingestellte *V. für* aber || **195**, 12 läßt *V. für* lassen will || **195**, 12 Der Subjektivismus *V., m. Tinte überschrieben, für* Er || **195**, 12 zunächst *Einf., m. Tinte überschrieben* || **195**, 13 *nach* Plan, *gestr.* zunächst || **195**, 13 fast *V., m. Tinte überschrieben, für* aber auch || **195**, 14 Skeptizismus *V., m. Tinte überschrieben, für* Solipsismus || **195**, 15 das Sein einer objektiven Welt an sich *V., m. Tinte überschrieben, für* Objektivität || **195**, 15 *in A nach* leugnet. *Trennstrich* || **195**, 17 f. immer *bis* auflebt *V., m. Tinte überschrieben, für* nicht mehr umzubringen ist durch Widerlegungen || **195**, 18 f. durchläuft dabei Verwandlungen *im Ms. in Klammern* || **195**, 19 dabei *V. für* bald || **195**, 20 f. und denen *bis* Widerlegungen *Einf.* || **195**, 22 f. in Form *bis* identischen *V. für* vermengt mit wirklichen und halben Verkehrtheiten || **195**, 24 f. In *bis* gruppieren *V. für* die ihre eigene Evidenz haben und die || **195**, 26 *nach* Erkanntem *gestr.* gruppieren || **195**, 26 machen die aus ihr entspringende *V. für* die || **195**, 27 *nach* fühlbar *gestr.* machen || **195**, 32 von der Natur *Einf.* || **195**, 33–**196**, 1 Und bei der *bis* machen werden. *Erg.* || **196**, 1 den *V. für* deren || **196**, 1 f. Erfolgen der Naturwissenschaften *V. für* Gedanken || **196**, 6 selbst *Einf.* || **196**, 7 ganz *Einf.* || **196**, 8 das Gelingen eines *V. für* ein || **196**, 9 f. und zwar als systematische Wissenschaft *Einf.* || **196**, 11–16 widerlegen *bis* erhielten. *ursprünglich* widerlegen und doch das Recht und die Notwendigkeit objektiver Wissenschaften anerkennen könnte, weil sie selbst in seinem Felde ihren Stand erhielte. || **196**, 16 f. Inkonsequent *bis* ja *V. für* Im Agnostizismus lag || **196**, 25 etwas *bis* Menschen. *Einf.* || **196**, 26 -ich *V. für* als Ich || **196**, 28 für mich in *V. für* zur || **196**, 28 meines *V. für* seines || **196**, 29 f. Ich bin Mensch, bin *V. für* Mensch || **196**, 32 Andererseits *im Ms. gestr.* || **196**, 32 f. *geschweifte Klammer am Rand, ebenso in A* || **197**, 6 bedeutende Anfänge *V. für* eine relativ hochentwickelte Anthropologie || **197**, 12–22 Die *bis* Philosophie *(Ende der Seite) im Ms. m. leichtem Bleist.-Strich gestr. und Wellenlinie am Rand* || **197**, 15–22 *in A Wellenlinie am Rand* || **197**, 17 des Fortschritts *Einf.* || **197**, 22–**198**, 5 *Wellenlinie am Rand* || **197**, 29 *nach* Biologie *gestr.* zur Zeit vitalistische Formen annehmend *Kreuz am Rand* || **197**, 31 in *bis* folgt *V. für* unmittelbar vorangegangen war || **197**, 31 *nach* folgt. *Absatzzeichen* || **197**, 32–36 *Wellenlinie am Rand* || **197**, 34 subjektiv gerichteten *V. für* subjektiven || **198**, 6 zu einer neuen ungeahnten Kraft gekommen *Einf.* || **198**, 7 *vor* schon *gestr.* die || **198**, 13–16 *angestr. am Rand* || **198**, 21–23 *angestr. am Rand* || **198**, 30–34 *Wellenlinie am Rand* || **198**, 39 *nach* kann. *Absatzzeichen; ebenso in A* || **199**, 10 wird *im Ms. gestr.* || **199**, 10 *Schrägstrich am Rand* || **199**, 11 Sekundär- *V. für* Annex- || **199**, 26 f. Das *bis* Objektivität. *in eckigen Klammern und Schrägstrich am Rand* || **199**, 32 f. − in dieser Umwelt − *Einf.; ebenso in A* || **199**, 34 *in A nach* Pflanzen *Einf.* oder Steine || **199**, 35 oder Gestein *Einf.* || **199**, 36 *Anführungszeichen Einf.* || **200**, 2 *Anführungszeichen Einf.* || **200**, 5 *nach* Sinn. *in eckigen Klammern, Deleaturzeichen am Rand (in A Wellenlinie am Rand und Deleaturzeichen)* ⟨*gestr.* Aber⟩ freilich bereitet schon sie ⟨schon sie *V. für* eine derart deskriptive Psychologie⟩, selbst ⟨selbst *V. für* auch⟩ wenn man den guten Willen hat, keine sensualistischen Vorurteile walten zu lassen, gleich am Anfang außerordentliche Schwierigkeiten ⟨solche psychophysische *bis* Schwierigkeiten *angestr. am Rand*⟩. Die ständige äußere Erfahrung ist eine Hauptschicht in der Selbsterfahrung und so in jeder seelischen Innerlichkeit: Es ist nicht so leicht, den Gegenstand der äußeren Erfahrung in der inneren, den eigenen Körper als Organ für die Erfahrung anderer Körper und diese selbst in der rechten Weise loszuwerden − zumal wenn man bedenkt, daß man doch die „bloß subjektiv-relative" Umwelt ⟨*in A nach* Umwelt *Einf.* die doch ein Subjektives, also doch wohl in die Psychologie Gehöriges ist⟩ jetzt als Welt gelten läßt. || **200**, 5 f. *in A* Die Tradition ging *V. für* Aber Philosophie und letztlich alle Wissenschaft geht *am Rand doppelt angestr.* || **200**, 6 ging *V. für* geht || **200**, 12 galt *bis* geleistet *V. für* mußte das prinzipiell schon geleistet sein || **200**, 15 hoffte *V. für* erhoffte || **200**, 15 nun *Einf.* || **200**, 18 *nach* „Seele an sich" *gestr.* und als Komponente der objektiven Welt selbst || **200**, 19 f. die eine Komponente *bis* sein müsse *in eckigen Klammern* || **200**, 19 f. *in A angestr. am Rand* || **200**, 20 an sich sein müsse *im Ms. gestr.* || **200**, 23 *nach* aussehen müßte? *gestr.* Nämlich daß auf seiten der Seelen, in ihrer Allheit betrachtet ⟨betrachtet *Einf.*⟩, auch die aller möglichen „bloß subjektiv-relativen" Umwelten vorkommen müssen, eben damit hinsichtlich der bloß umweltlichen Natur alle möglichen Approximationen an die Idee „Natur an sich" mit allen zugehörigen Theorien ⟨*gestr.* stattfinden können⟩, das macht man sich nicht klar. Umgreift nicht das konkrete ⟨konkrete *Einf., dasselbe in A*⟩ Apriori der seelischen Sphäre das der Natur, liegt nicht das „Ansich" jeder Art als idealer Pol in den seelischen Erkenntnismannigfaltigkeiten ⟨-mannigfaltigkeiten *V. für* -intentionen; dasselbe in A*⟩? Kann Natur und Geist, an sich betrachtet, ein bloß naturkausales Miteinander sein? || **200**, 25 *in A* bzw. *Einf. nach* Wissenschaftlichkeit || **200**, 26 erreicht, daß sie *Einf.* || **200**, 26 *in A* nie *V. für* nicht || **200**, 27 *in A* Wohlverstanden *Einf. vor* Nicht || **200**, 27 *in A* hier *V. für* ja || **200**, 28 konkret *Einf.* || **200**, 29 f. *zwischen den Zeilen Bleist.-Strich* || **200**, 30 welches *V. für* die || **200**, 32 bei ihrer Voreingenommenheit für das ideal Exakte *Einf.* || **200**, 33 *vor* erkennenden *gestr.* anschauend- || **200**, 33 f. nach Forschens *gestr.* aus ihrer Voreingenommenheit für das ideal Exakte an sich heraus || **200**, 37 in der Tat *Einf.* || **201**, 5–15 Anfangs *bis* geschwächt hatten *V. für* In seiner späteren Entwicklung || **201**, 29 dabei *V. für* aus ihnen || **201**, 34 *vor* Philosophie *gestr.* objektivistischen; *in A* eigenen *V. für* objektivistischen || **201**, 34 *nach* Philosophie selbst *wieder ausradierte Einf.* durch die er den Objektivismus für immer begründet zu haben meinte; *in A nach* Philosophie selbst *Einf.* durch die er gerade einen universalen Objektivismus für immer begründet zu haben meinte || **202**, 1 f. Zu den Geltungen *V. für* Dahin || **202**, 4 der Geltungsmodalität *V. für* Charakter || **202**, 7 f. auch *bis* Mich-Enthalten *Erg.* || **202**, 11 Es *bis* cogito *Erg.* || **202**, 12 der *V. für* ihr || **202**, 12 für all diese Modi *Einf.* || **202**, 13 f. nach *bis* Geltungsmodus *Einf.* || **202**, 16 und macht dies methodisch sichtlich *Einf.* || **202**, 16 *vor* eine *gestr.* nur || **202**, 17 und sehr merk⟨würdige⟩ *Einf.* || **202**, 17 f. quasiskeptische *bis* skeptische *Einf.* || **202**, 19 *nach* Ego *wieder ausradierte Einf.* in seiner ganz andersartigen Eigenheit und in seiner evidenten Unterschiedenheit von mir als dem Menschen || **202**, 22–28 in fragloser *bis* in Freiheit *V. für* gegeben. Frei ⟨Frei *V. für* Freilich kann ich⟩ || **202**, 28 sinnlichen *Einf.* || **202**, 29 einheitlichen und seinsgewissen Weltgeltung *V. für* Seinsgeltung || **202**, 30 f. das für mich *bis* beschlossen *V. für* wie die ganze Welt, so || **202**, 32 eigenes *bis* Mensch *V. für* Sein als Ich, dieser Mensch || **202**, 33–**204**, 29 Die Welt *bis* gewiß ist, daß *V. auf zwei m. Tinte stenographisch beschriebenen Blättern für* ⟨*eckige Klammer auf; in A eckige Klammer auf und Rb.* Einlage⟩ Aber nun sehe ich ein: Ich ⟨*gestr.* der diese Erfahrungsgeltungen vorhin vollzog; ich, der ich mich nun enthalte, ich⟩, das Subjekt dieser ⟨dieser *V. für* der⟩ Epoché und letztlich das Vollzugssubjekt aller Geltungen, auch der Selbstgeltungen als Mensch, *eckige Klammer zu* bin nicht der ⟨der *Einf.*⟩ Mensch in der Welt, sondern eben das Ich, in dessen cogitationes der Mensch und die Welt überhaupt cogitatum ist. *eckige Klammer zu, Absatzzeichen*

Die Cartesianische Epoché in ihrer Anknüpfung an die skeptische Zweifelsmöglichkeit der sinnlichen Erfahrung hat eine Nuance, die den Wert seiner ganzen Betrachtung schädigt, ja verdirbt. Seine Absicht war eine ganz radikale Begründung der Philosophie als absoluter Wissenschaft, also einer absolut vorurteilslosen, die auf einen ersten apodiktischen Grund aller Brgründungen zurückführen muß. Aber das traditionelle Vorurteil der transzendentalen Objektivität und die Überzeugung, *Trennstrich* || **202**, 34 ständig *V. m. Bleist.* für und ich selbst || **202**, 35 und in nie fehlender Gewißheit *Einf. m. Bleist., m. Tinte überschrieben* || **202**, 37 f. das fraglose Sein *V. für* die fraglose Selbstverständlichkeit || **202**, 38 f. ihre *bis* apodiktische *V. für* als eine apodiktische Wahrheit || **203**, 9 f. ausgeschaltet *V. für* außer Geltung gesetzt || **203**, 13 *nach* und *gestr.* absoluter Wahrheit || **203**, 29 und *bis* Menschen-Ich *Einf.* || **203**, 29 f. Damit *bis* entdeckt *V. m. Bleist* für und damit auch || **203**, 30 *angestr. am Rand m. Bleist.* || **203**, 30 was *vor* Ding *Einf. m. Bleist.* || **203**, 31 *nach* usw. *im Ms. Klammer zu m. Bleist.* || **203**, 34 cogitationes *m. Bleist.*

ergänzt || **203**, 35 *nach* befaßt. *Trennstrich m. Bleist.* || **204**, 6 *vor* Mit *gestr. m. Bleist.* Aber wie steht es mit dem Vollzugs-Ich dieser Epoché selbst? Es ist identisch ⟨*gestr.* und kontinuierlich⟩ mit dem Vollzugs-Ich der synthetischen Kontinuität von Erfahrungen, von Meinungen, von wechselnden Bewußtseinsweisen, in deren Geltungen zur Einheit einer Seinsgewißheit verbunden die Welt für mich soeben noch die fraglos seiende war, die einheitlich geltende meines strömenden Geltungslebens, welches ich, die Vollzugsweise in die der universalen Enthaltung umwandelnd, eben als Ich der Epoché fortführe. || **204**, 30 Das *Einf.* || **204**, 31 f. selbst auch *bis* inbegriffen ist *V. für* von manchen Momenten der ihn noch bestimmenden ⟨noch bestimmenden *V. für* umgebenden⟩ scholastischen Tradition abgesehen || **204**, 33–35 zusammengenommen *bis* werden *V. für* mit allen Auslegungen der beiden ersten Meditationen im Rahmen dieser egologischen Immanenz || **204**, 35 apodiktische *Einf.* || **204**, 39 auch dem *V. für* das || **205**, 1 beizumessen sei *V. für* hat || **205**, 2 f. im Sinn *bis* Objektivismus *Einf.* || **205**, 4 aber *Einf.* || **205**, 4 ganz und gar *Einf.* || **205**, 4 f. und Descartes selbst völlig verborgen *Einf.* || **205**, 6 wie gesagt *Einf.* || **205**, 7 des *Einf.* || **205**, 9 Keim *V. für* Ansatz || **205**, 10 egologisch *Einf.* || **205**, 11–24 Man *bis* Quelle *V. für* Auf ihn weist die || **205**, 20 *statt* denen *im Ms.* der || **205**, 22 *nach* verwies? *Trennstrich* || **205**, 25 *Anführungszeichen Einf.* || **205**, 26 nicht minder ist es die Quelle für *V. für* zurück, auf ihn || **205**, 28 zu gestalten *Einf.* || **205**, 29 f. Methode *bis* Immanenz *Einf.* || **205**, 31 *vor* in allen *gestr.* mit ihren || **205**, 31–33 wiederholt *bis* Versuchen *V., m. Tinte überschrieben, für* widersinnigen Versuchen || **205**, 35 einer Transzendenz, mit welcher die *V. m. Tinte für* und zwar als || **205**, 36 exakten *Einf. m. Tinte* || **205**, 36 positiven *Einf., m. Tinte überschrieben* || **205**, 36 f. getroffen sein sollte *Einf., m. Tinte überschrieben* || **205**, 38 ganzen *Einf.* || **206**, 4 f. physischen und psychischen *Einf.* || **206**, 7 f. im herrschenden Sinn *Einf.* || **206**, 8 sie allein sind also *Einf.* || **206**, 10 die so wenig wie die antike Philosophie *Einf.* || **206**, 13 nach müsse. *Schrägstrich* || **206**, 21 in *A* Glaube *V. für* Glaubt || **206**, 22 in *A* war *V. für* ist || **206**, 23 in *A* hatte so *V. für* hat || **206**, 25–27 von leidenschaflichem *bis* Erkenntnislebens *V. für* Erkenntnisreich || **206**, 28 f. Ich meine *V. für* als || **206**, 29–32 die man *bis* Menschen *Einf.* || **206**, 32 besonderen *V. für* diese || **206**, 33–**207**, 2 Das Versagen *bis* Wissenschaftlichkeit *V. für* und aus dem allein sie das leisten konnten || **207**, 3 war *V. für* Doppelpunkt || **207**, 7 Dasein in Wirken und *Einf.* || **207**, 7 Dieses *Einf.* || **207**, 12 sei *V. für* ist und wird || **207**, 13 gestalte *V. für* gestaltet || **207**, 13 f. sowie *bis* vergeistigend *Einf.* || **207**, 13 *statt* ihre *im Ms.* seine || **207**, 16–19 in die konkrete *bis* geben *Einf.; statt* geben *im Ms.* ergeben || **207**, 19 *nach* erfüllt *gestr.* natürlich || **207**, 21 die *Einf.; ebenso in A (m. Tinte)* || **207**, 23 sozusagen geistig *Einf.; ebenso in A (m. Tinte)* || **207**, 23–26 Aus ihnen *bis* geworden. *Einf.* || **207**, 27 geistigen *Einf.* || **207**, 30 aus *vor* Bildung *V. für* der || **207**, 30–33 anstatt *bis* Kulturwelt *V. für den in eckigen Klammern stehenden Text* geschaffen ursprünglich aus den Schöpfungen der Philosophie, aus ihren theoretischen „Weltanschauungen", aus den in ihr konzipierten und begründeten obersten „Ideen" || **207**, 32 *statt* der *im Ms.* den || **207**, 36 *nach* Europa. *Absatzzeichen* || **208**, 2 *nach* Zeitalter. *Trennstrich und angestr. am Rand* || **208**, 2 Und doch *Einf.* || **208**, 3 f. trotz *bis* Wissen-

schaften *Einf., m. Tinte überschrieben* || **208**, 6–11 *Wellenlinie am Rand* ||
208, 6 f. Der ursprüngliche Sinn der *Einf.* || **208**, 7 als *V. für* im alten Sinne
sowie || **208**, 7 der Sinn *V. für* in Form || **208**, 8 *vor* als *gestr.* — im alten Sinne
|| **208**, 8 f. wird aufgegeben *bis* Denken *V. für* — Intellekt und || **208**, 13 *vor*
Sosehr *eckige Klammer auf* || **208**, 13 in dieser Entwicklung *V. für* darin ||
208, 14 Weise *V. für* Art || **208**, 14–16 in der *bis* von ihnen sich *V. für* sich
von autonom ergriffenen und ausgestalteten Ideen || **208**, 14–21 *Wellenlinie
am Rand* || **208**, 17 *nach* zu geben *eckige Klammer zu ausradiert* || **208**, 18 in
A umgewandtes *V. für* umgestürztes || **208**, 18 in *A* dieser Krise *V. für* diesen
Krisen || **208**, 18 f. in *A* geworden *Einf. nach* lebendig || **208**, 19 in *A* Skepsis
V. für skeptischen Philosophie || **208**, 19–21 in *A Wellenlinie am Rand* ||
208, 23 f. und zwar *bis* Naturwissenschaften *Erg.; in A* und zwar durch die
Vorbildlichkeit der von Anfang an ⟨für⟩ die Entwicklung leitend geworde-
nen Naturwissenschaft || **209**, 2 f. *Wellenlinie am Rand* || **209**, 3 selbst *Einf.* ||
209, 5 der *V. für* und || **209**, 10 *statt* weil *im Ms.* das*; in A* weil *V. (von Eugen
Fink) für* das || **209**, 10 in *A* konsequent *gestr.* || **209**, 10–12 verlaufenden
Arbeit *bis* verlorengehen kann *in eckigen Klammern* || **209**, 13 f. praktisch
höchst leistungsfähigen *Einf.* || **209**, 14–16 der Notwendigkeit *bis* genugtut *V.
für* des ursprünglichen Sinnes, und damit der entsprechenden über das jeweilige aus Abstraktheit entsprungene Gebiet hinausreichenden Sinneshorizonte
Wellenlinie am Rand und angestr. || **209**, 17 f. Sinnklärung *bis* also *Erg.* ||
209, 21 wirtschaftlichen *V. für* wissenschaftlichen || **209**, 22 *Anführungszei-
chen Einf.* || **209**, 22 populären Wort- *V. für* gemeinen *V. für* allgemeinen ||
209, 25–28 Ihre Genialität *bis* prätendieren. *Einf.* || **209**, 31 f. Es ist die *bis*
gesprochen haben. *Einf.* || **210**, 1 in *A* angestr. am Rand || **210**, 1 nach *Einf.* ||
210, 3 mit Sokrates einsetzende *Einf.* || **210**, 7 wie es nun leicht scheinen
konnte: *Einf.* || **210**, 8 hier *V. für* daran || **210**, 9 anders *bis* Grunde *Einf.* ||
210, 10 f. in Wahrheit nur *Einf.* || **210**, 11 f. real in sich geschlossenen *Einf.* ||
210, 13 Totalität *Einf.* || **210**, 18 als sekundärer kausaler Annex *Einf.; in A* als
sekundärer Annex *Einf.* || **210**, 23 als *V. für* ein*; ebenso in A* || **210**, 23 Realität
Einf.; in A eine Realität *Einf.* || **210**, 24 f. und sein *bis* Naturkausalität *Erg.; in
A* derart daß sein Für-sich-Sein eindeutig bestimmt sei vermöge einer allge-
meinen und rein physischen Kausalität *Einf. nach* darstellen soll || **210**, 26 in
welcher überall *V. für* und da nun || **210**, 28 animalische *Einf.; in A* und
insbesondere animalische *Einf.* || **210**, 29 empirisch *Einf.; ebenso in A* ||
210, 29 doch *Einf.* || **210**, 32 als Annex *Einf.; ebenso in A* || **211**, 5 und ihre
subjektive Gewißheit *Einf.; ebenso in A* || **211**, 5 abschätzig *V. für* abgrenzbar*;
ebenso in A* || **211**, 6 geworfen *V. für* gelassen*; ebenso in A* || **211**, 10 aller-
Einf.; ebenso in A || **211**, 12 psychischen *Einf.* || **211**, 13 *vor* menschlichen
gestr. personalen || **211**, 13 f. so wie *bis* darstellt *Einf., m. Tinte überschrieben*
|| **211**, 14 *vor* nicht *gestr. m. Tinte* unmittelbar || **211**, 15 Nun führte *Einf., m.
Tinte überschrieben* || **211**, 15 *nach* Entwicklung *gestr. m. Tinte* führte ||
211, 17 *nach* Geisteswissenschaften *Rb.* Lücke. Wie faßten das die Psycholo-
gen auf? || **211**, 23 natur- *Einf., m. Tinte überschrieben* || **211**, 23 *nach* Welt-
betrachtung *gestr. m. Bleist. und Tinte* als Naturbetrachtung || **211**, 24–26
obschon *bis* Methode doch *V. m. Tinte für* insoweit || **211**, 26 f. Menschen *bis*
doch *V. m. Tinte für* als Menschen || **211**, 26 *vor* wie *im Ms.* doch || **211**, 28

So *V. m. Bleist. und Tinte für* haben und so || **211**, 32 f. mit ihrer bloß anschaulichen Raumzeitlichkeit *Einf., m. Tinte überschrieben* || **211**, 34 mathematisierten *Einf., m. Tinte überschrieben* || **211**, 34 *nach* Naturwissenschaften *gestr. m. Tinte und Bleist.* der mathematischen Natur || **211**, 34 f. und ihrer mathematischen Raumzeitlichkeit *Einf. m. Bleist., m. Tinte überschrieben* || **211**, 39 der Personen *Einf.* || **211**, 39–**212**, 1 für das Wirken und das Werk *Einf. m. Tinte* || **212**, 1 f. und Personenverbände, die seine Themen sind *Einf.* || **212**, 2 *nach* zu werden *gestr.* durch umweltliche Motive, || **212**, 3 wie sie bewußtmäßig haben und wie *V., m. Tinte überschrieben, für* er sie erfaßt, auch wie || **212**, 5 wechselseitige *V. für* wechselnde || **212**, 5 jeweils für die Menschen darstellt *V., m. Tinte überschrieben, für* gibt || **212**, 11 *nach* ebenfalls *gestr.* gebietsweise || **212**, 11 Gebieten *Einf.* || **212**, 14 für ihn *Einf., m. Tinte überschrieben* || **212**, 15 dereinst *Einf., m. Tinte überschrieben* || **212**, 16 Theoretisierung in mathematischer *Einf., m. Tinte überschrieben* || **212**, 16 f. an das *bis* Seiende *Einf., m. Tinte überschrieben* || **212**, 25–30 nämlich *bis* Natur? *Einf., m. Tinte überschrieben* || **212**, 32 f. dann nicht mehr *V., m. Tinte überschrieben, für* doch nicht || **212**, 35 nie *Einf., m. Tinte überschrieben* || **212**, 35 hinreichend *Einf., m. Tinte überschrieben* || **212**, 35 gewürdigten *V., m. Tinte überschrieben, für* würdigen || **212**, 37 f. *in A* im Sinne dieser Wissenschaften „objektive" *V. für* in ihrem Sinne objektive || **213**, 3 f. da *bis* geworden ist *Einf. m. Tinte* || **213**, 5 f. als tätiges *bis* Person *V. für* als tätige und leidende Subjektivität || **213**, 6 mathematisch-objektiven *Einf.* || **213**, 7–11 Man kann *bis* fassen. *Einf.* || **213**, 16 Erkenntnisse *V. für* Erkenntnis || **213**, 17 *vor* benutzt *gestr. m. Tinte und Bleist.* von ihm || **213**, 20 nur *Einf.* || **213**, 21 f. an *bis* herantritt *V. für* über die verwirrend mannigfaltigen Gestalten || **213**, 22 dabei *Einf.* || **213**, 24 als andere, als Ihr *Einf.* || **213**, 29 systematisch *V. für* so || **213**, 31 großen *Einf.* || **213**, 32 rein *Einf.* || **213**, 33 mit ihren Disziplinen *Einf.* || **213**, 34 etc. *Einf.* || **213**, 35 *statt* einem *im Ms.* seinem || **214**, 5 *in A gestr.* als Glieder einer Philosophie || **214**, 9–11 *in A Wellenlinie am Rand* || **214**, 10 *in A nach* von real Seiendem, *Einf.* insbesondere: || **214**, 16 *in A gestr.* und sie zugleich mächtig bewegend || **214**, 16 f. *in A* wenn auch *bis* angedeutet wurden *in eckigen Klammern* || **214**, 17 welche *V. für* sie || **214**, 19 *in A* ihre Eigenart *V. für* sie || **214**, 19 und seit *im Ms. gestr.; in A* Seit *V. für* und seit || **214**, 22 *in A vor* diese *Einf.* hat man || **214**, 22 *in A gestr.* Freilich || **214**, 33–**215**, 1 *in A* Sphäre der menschlichen Geistigkeit *V. für* menschlich-geistigen Sphäre || **215**, 1 *in A* an ihr *V. für* hier || **215**, 4 innerhalb der Menschlichkeit *Einf.* || **215**, 10 und zwar auf das jeweilige Ich *Einf.* || **215**, 12 zunächst *Einf.* || **215**, 18 *in A* den innerhalb ihres Themas und ihrer Methode liegenden *V. für* ihren thematischen || **215**, 19 f. fachmännisch *bis* also *Einf.* || **215**, 26–28 den Anspruch *bis* gab *Erg.* || **215**, 34 genialen *V. für* gewöhnlichen || **215**, 37 selbst *Einf., m. Tinte überschrieben* || **215**, 38 glauben *bis* können *V. m. Tinte für* philosophisch interpretieren || **215**, 39 Lehrgebäuden *V., m. Tinte überschrieben, für* Fortschritten || **215**, 39–**216**, 1 und *bis* ihrer *V., m. Tinte überschrieben, für* in ihrer || **216**, 1 ganz *Einf.* || **216**, 1 in besonderem Maß *Einf., m. Tinte überschrieben* || **216**, 3–5 in der Philosophie *bis* zu klären *V. m. Tinte und Bleist. für* die geistige Sinnbildung der Methode bis ins letzte aufgeklärt || **216**, 5 *nach* und *im Ms. Einf.* ihr Funktionieren als Momente ‖ **216**, 6 *statt* zurückzubeziehen *im Ms.* zurückbezogen hat ‖ **216**, 7 *zu* Lage *Variante* Bedeutung ‖ **216**, 8 und das ist nichts anderes als *Einf.* ‖ **216**, 9 f. noch ganz und gar verworren ist *V. für* als eine sehr verworrene bezeichnen muß ‖ **216**, 11 f. ihren *bis* Seiende *V. für* sie ‖ **216**, 25 diese *V. für* sie ‖ **216**, 28 *in A gestr.* solch ‖ **216**, 29 zwar *V. für* nur ‖ **216**, 33 noch wirklich *V. für* nicht selbst ‖ **216**, 35 *in A* also ohne *V. für* unter Verzicht darauf, ‖ **217**, 2 f. Philosophien *V. für* Philosophen ‖ **217**, 6–9 *in A* Das *bis* rangen. *in eckigen Klammern und Deleaturzeichen am Rand* ‖ **217**, 10 *in A* persönlichen. *V. für* personalen ‖ **217**, 10 *in A* ringenden *V. für* inneren ‖ **217**, 14–19 *in A Wellenlinie am Rand* ‖ **217**, 20 der *vor* Fragen *Einf.; in A* dieser ‖ **217**, 27 *in A zwei Schrägstriche am Rand* ‖ **218**, 2 *vor* Interpretation *gestr.* etwas knapp formulierte ‖ **218**, 6 *in A vor* von *Einf.* wenn schon ‖ **218**, 8 f. verschossen auf das Ziel der Transzendenz *Einf.* ‖ **218**, 9 *in A zu* Bergsteiger *Variante* Wanderer ‖ **218**, 13 f. Schenken *bis* Aufmerksamkeit *im Ms. gestr., Rb.* wiederholt; *in A nach* Schenken Sie *Einf.* noch einmal ‖ **218**, 20 *in A* in fragloser, unberedeter Selbstverständlichkeit *V. für* unberedet, fraglos unbeachtet ‖ **218**, 21 *in A* in seiner Wirklichkeit vorgegebener *V. für* wirklicher ‖ **218**, 22 f. *in A* dieses *bis* usw. *in runden Klammern* ‖ **218**, 25 *in A* usw. *V. für* eben schließlich Welt ‖ **218**, 27 *in A nach* Vollzüge und *Einf.* damit alle ‖ **218**, 28 *in A gestr.* total als Welt ‖ **219**, 6 *Rb.* wiederholt ‖ **219**, 12 korrelativ *Einf.* ‖ **219**, 13 *vor* das *im Ms. Einf.* als ‖ **219**, 13 *in A vor* diese Akte *Einf.* und ‖ **219**, 14 *in A nach* Einstellung *Einf.* der Epoché ‖ **219**, 14 f. *in A vor* tun sich *Einf.* dann ‖ **219**, 20 *nach* wir *gestr.* in der Tat; *ebenso in A* ‖ **219**, 24 *in A vor* über *Einf.* ferner ‖ **220**, 2–7 *Wellenlinie am Rand* ‖ **220**, 4–7 so *bis* zu haben *in eckigen Klammern* ‖ **220**, 4 *in A* Allerdings *V. für* so ‖ **220**, 4 *in A* liegen *V. für* auch ‖ **220**, 5 f. *in A* und nicht ganz leer ist bei ihren großen Schöpfern der Anspruch *V. für* liegen *bis* begründeten ‖ **220**, 7 *in A* gleichwohl auch für sie blieb der Keim *V. für* der Keim blieb ‖ **221**, 4 originale *V. für* Original; *ebenso in A* ‖ **221**, 4 *in A vor* originale *und vor* Philosophie *Einf.* eine ‖ **221**, 15 *in A* nie aus den Augen verloren hat *V. für* vor Augen hat ‖ **221**, 15 *am Ende des Textes im Ms.* Edmund Husserl Freiburg i. Br. ‖

Beilage XIV (S. 221-222)

Der Text fußt auf den Blättern 4–7 von Konvolut M III 16 b. Er ist mit Ausnahme von Blatt 7, das mit Bleistift beschrieben wurde, mit Tinte in Gabelsberger Stenographie verfaßt. Blatt 7 besitzt Normalformat, die Blätter 4 und 5 sind von Blättern derselben Papiersorte wie Blatt 7 abgetrennt; Blatt 4 mißt 14,9 × 13 cm, Blatt 5 14,9 × 8,2 cm und Blatt 6 weist das Format 14,7 × 18,9 cm auf. Außer Blatt 6 sind die Blätter beidseitig beschrieben; die Rückseiten der Blätter 5 und 7 sind gestrichen. Auf den Blättern 4–6 steht mit Rotstift ad 2 (bezieht sich auf die Seitenzahl des Typoskripts der Prager Abhandlung), die Blätter 4 und 5 tragen die Bleistiftpaginierung 1 und 2; die Blätter 5–7 sind überdies mit Kreuzchen paginiert: auf Blatt 5 ein Rotstiftkreuzchen, auf Blatt 6 zwei Rotstiftkreuzchen und auf Blatt 7 drei Bleistift-

kreuze. Auf den Blättern 4 und 6 finden sich geringe Spuren von Veränderungen mit Bleistift.

221, 20 *vor* Erfolge *gestr.* Erkenntnis- || **221**, 20 *vor* wissensstolzen *gestr.* hochgemuten || **221**, 20 positiven *V. für* strengen || **221**, 27 f. Formstrukturen *bis* Allgemeinheit *V. m. Bleist. für* allgemeingesetzliche Strukturen, die durch || **222**, 7 *nach* Philosophie *gestr.* (gewöhnlich als Metaphysik von dieser Seite bezeichnet und abschätzig beurteilt) || **222**, 12 *nach* Phantastik *Text der folgenden Seite (Bl. 5 b) gestr.* eine solche Skepsis an Philosophie, die ja universale Wissenschaft von der All-Einheit des Seienden sein wollte und sich als solche die höchste Erkenntnisdignität und die archontische Funktion hinsichtlich aller anderen Wissenschaften beimaß. Trotz aller Bemühungen größter Geister im Lauf der Jahrtausende vermag sie ihren großen Sinn nicht zu erfüllen. Von Anfang an || **222**, 20 f. orientiert *bis* von *V. für* identifiziert man || **222**, 20 eben *Einf. m. Bleist.* || **222**, 29 ganzen *bis* homo) *Einf.* || **222**, 31–33 frei von allen *bis* Tradition *Einf.* || **222**, 33 *statt* von *im Ms. vor* || **222**, 37–39 Er *bis* Vernunft. *Einf.* || **222**, 39 f. im menschlichen Dasein *Einf.* || **222**, 48 *nach* leisten. *Text der folgenden Seite (Bl. 7 b) gestr.* Danach erwächst nicht in der Folge der Philosophengenerationen eine fest bestimmte, in ihrer Ordnung fest umspannte Problematik, eine mit ihr sich ausbildende und fortbildende Methode und ein sich immer mehr erweiterndes System von Ergebnissen, sich ihr verbindend als das Lehrsystem der theoretischen Wahrheiten ||

Beilage XV (S. 223–227)

Diese Beilage gibt den Text der Blätter 9–14 und 21 und 22 von Konvolut M III 16 b wieder. Die Blätter sind mit Tinte in Gabelsberger Stenographie und mit Ausnahme von Blatt 11 beidseitig beschrieben. Außer Blatt 12 (vom Format 16,2 × 20,9 cm) sowie 21 und 22 (14,8 × 10,4 cm bzw. 14,8 × 10,6 cm) besitzen die übrigen Blätter Normalformat. Blatt 9 trägt die Überschrift Seite 3 unten und 4 *(bezieht sich auf das Typoskript der Prager Abhandlung); die Blätter 9 und 10 sind mit Rotstift von I–II paginiert, Blatt 10 besitzt außerdem die Rotstiftbemerkung* 3/4. *Blatt 11 besitzt keine Paginierung. Blatt 12 ist mit Rotstift überschrieben* Grundlagenprobleme; *Blatt 13 mit* Noten ad Grundlagenprobleme (Zweideutigkeit). *Blatt 13 besitzt die Rotstiftpaginierung* a, *Blatt 12* a' *und Blatt 14* b. *Der Text von Blatt 12 variiert den Text der Blätter 13 und 14; die Blätter sind hier in folgender Reihenfolge wiedergegeben: Blätter 13 und 14 (225,1–40), danach Blatt 12 (225,41–226,35). Die Rückseite von Blatt 13 (paginiert mit Blaustift* 11) *und die Vorderseite von Blatt 14 (paginiert mit Blaustift* 5) *sind gestrichen. Von den Blättern 9–11 weist nur das erste Drittel der Vorderseite von Blatt 10 einige Korrekturen mit Bleistift auf. Stärker ist der Text der Blätter 12 und 13 korrigiert; außer Veränderungen und Unterstreichungen mit Tinte weisen die Blätter Korrekturen und einige Unterstreichungen mit Rot- und Blaustift auf, auf Blatt 12 finden sich Korrekturen mit Bleistift. Der gültige Text von Blatt 14 b weist neben*

Unterstreichungen mit Tinte keine Veränderungen auf. — Auf Blatt 21 ist mit Grünstift notiert Beilage ad 3 *(zu beziehen auf das Typoskript der Prager Abhandlung), mit Bleistift die Bleistiftbemerkung* ad 26 *gestrichen. Auf Blatt 22 wiederholt sich mit Grünstift die Angabe* ad 3. *Beide Blätter sind mit Grünstift paginiert (*I, II*). Die Rückseite von Blatt 22 ist gestrichen; Blatt 21a weist Bleistiftkorrekturen auf.*

223, 45 f. *nach* betreten *auf dem Kopf stehend* durch welche Abstraktionen und Idealisationen diese Idee, dieser „reine Raum" idealer Gestalten ‖ **223**, 47 exakten Natur- *V. m. Bleist., m. Tinte überschrieben, für* positive ‖ **223**, 47–**224**, 4 in welchen *bis* nachstreben *Einf. m. Bleist., m. Tinte überschrieben* ‖ **224**, 5 *nach* Neubegründung *gestr. m. Bleist. und Tinte* der alten und der Schöpfung neuer Wissenschaften desselben Geistes ‖ **224**, 5 *vor* den *im Ms. hat* sie ‖ **224**, 6 *vor* von *gestr.* von Lehrgebäuden ‖ **224**, 7 f. für welche *bis* Arbeit *Einf. m. Bleist., m. Tinte überschrieben* ‖ **224**, 8 f. in *bis* verläuft *V. m. Bleist. für* und der Methode der technischen Verarbeitung gilt ‖ **224**, 16 *vor* Techniken *gestr.* wissenschaftliche ‖ **224**, 21 hat *bis* Geltung *V. für* die ihren ersten und letztfundierenden Sinn hat ‖ **224**, 21–25 Denn *bis* Problem. *V. für* als Erkenntnis der Welt in erfahrender Anschauung und überhaupt als im konkreten Strom des aktuellen Lebens zuerst als alltägliche Lebensumwelt im strömenden Wandel der Sinnbildung ⟨im *bis* Sinnbildung *V. für* naiv geltende Welt⟩ und von da aus in intellektuellen Bedürfnissen, dieser Welt einen höheren (freilich erst als Problem zu klärenden) Wahrheitssinn einzuverleiben ‖ **225**, 1 *vor* „Grundlagenprobleme" *im Ms.* 1) ‖ **225**, 2 *nach* bezogen *gestr. m. Blaust.* die auf die Grundlegung für den Seins- ‖ **225**, 3 *nach* Grundlagenproblem *am Rand m. Rotst.* 1) ‖ **225**, 3 *nach* Grundlagenproblem *gestr. m. Rotst.* Die philosophischen Grundlagenprobleme, das meint ⟨*gestr.* hier⟩ die nicht auf die methodische ⟨methodische *V. für* technische⟩ Vollkommenheit der Wissenschaft ⟨*gestr.* unter der Idee einer universalen wissenschaftlichen Theorie⟩ bezogene Problematik der ⟨*gestr.* Prämissenanalyse, die *V. für* Konstruktion⟩ Suche nach dem systematischen Körper der letzten irreduziblen ⟨*gestr.* Prämissen⟩ Axiome, auf welchen als Prämissen unentbehrlich, um jede erdenklichen Sätze der Theorie zu erweisen, die Wissenschaft beruht und für immer beruhen muß ‖ **225**, 4 *vor* Grundlagenprobleme *im Ms. m. Rotst.* 1) ‖ **225**, 5 f. *Klammern m. Blaust.* ‖ **225**, 11 alle *V. für* die ‖ **225**, 26–28 Und *bis* vorausgesetzt? *Erg. am Rand* ‖ **225**, 28 *nach* vorausgesetzt? *Rückseite von Bl. 13 m. Blei- und Blaust. gestr.; der Text ist m. Bleist. verfaßt* Andererseites konnte sich der Objektivismus, da der Subjektivismus sein wesentlichstes Moment nicht zur Reinheit brachte und in inkonsequenten Halbheiten steckenblieb ⟨da *bis* steckenblieb *Einf. m. Tinte*⟩, mit der Evidenz beruhigen, daß doch die Subjektivität jeder Art und Form, die menschliche und tierische und evtl. in anderen anzunehmenden Gestalten von untertierischer, aber auch übermenschlicher, als Bestand der Welt zu seinem Thema gehöre mit allen speziell dem Menschen eigenen Erkenntnisfunktionen. Und es fehlte ⟨Welt *bis* fehlte *V. m. Tinte für Ausradiertes*⟩ ja nicht an eifriger Pflege der entsprechenden objektiven Wissenschaften, der Geisteswissenschaften im weitesten Sinn. Schon in den Anfän-

gen einer philosophischen Wissenschaft bei Pl⟨aton⟩ und Aristoteles haben
wir eine relativ hochentwickelte Anthropologie, systematische Lehren über
menschliche und tierische Seele und Seelenleben, über den Menschen als
Person im sozialen und praktischen Ganzen, über den Menschen als Subjekt
des erkennenden, wertenden, praktischen Verhaltens, über seine theoretische
und praktische Vernunft, über sein Ringen um „Existenz", wie man heute
sagt usw. *Absatzzeichen*

Die im Altertum abgebrochene Entwicklung der Philosophie als autonomer objektiver Wissenschaft wird — wir überspringen den wichtigen Zwischenraum, in dem die Philosophie zur Theologie ⟨*gestr.* theologisierende
mittelalterliche Philosophie⟩ erwachsen — seit der Renaissance wiederaufge-
nommen, und in einer gewaltigen, konsequenten Entwicklung erwächst die
neue ⟨neue *m. Tinte überschrieben*⟩, die ⟨die *Einf. m. Tinte*⟩ innere Unendlichkeit der Theorien, die ⟨die *Einf. m. Tinte*⟩ äußere der Disziplinen verbürgende Methode ⟨der Disziplinen verbürgende Methode *m. Tinte überschrieben*⟩ der positiven Weltwissenschaften, ja noch mehr scheint sie klar
zu verbürgen, nämlich daß in der freien und systematischen Verwirklichung
dieser Unendlichkeiten wirklich d i e T o t a l i t ä t der für die Welt zu stellenden theoretischen Fragen umspannt ⟨wird⟩ und so das Ziel der Philosophie,
das einer Erkenntnisherrschaft über die Welt, in der allein denkbaren Form
eines unendlichen Progresses zu gewinnen und gewonnen sei. Ihr muß aber
⟨Ihr muß aber *m. Tinte überschrieben*⟩ der Progressus der praktischen Herrschaft folgen: „scientia est potentia!" In der Etablierung der neuzeitlichen
Wissenschaften tritt gleich ⟨gleich *m. Tinte überschrieben*⟩ anfangs den
Naturwissenschaften zur Seite ⟨ja noch mehr *bis* zur Seite *Einf., m. Tinte
überschrieben*⟩ — wir erinnern an Hobbes und Locke — die neuzeitliche
Psychologie ⟨Psychologie *m. Tinte überschrieben*⟩ und das Heer der neuen
Geisteswissenschaften, die neue universale Biologie, zur Zeit vitalistische
Formen annehmend. *am Rand kurzer Strich m. Grünst.* Und doch hat die
nachsokratische ⟨-sokratische *m. Tinte eingekästelt*⟩ wissenschaftliche Philosophie neben sich weiter den Skeptizismus, der ihr unmittelbar vorangegan-
gen war als Reaktion gegen die vorsokratischen Systeme. In der Neuzeit aber
haben wir als einen sich von den methodisch wohlbegründeten und blühenden positiven Wissenschaften abhebenden philosophischen Hintergrund all
die philosophischen Betrachtungen, die nachher allein als Philosophie bezeichnet und in Disziplinen behandelt werden ⟨allein *bis* behandelt werden
V. m. Tinte für Ausradiertes⟩, unter den Titeln Erkenntnistheorie, Theorie
der Vernunft, der theoretischen und praktischen und ästhetischen Metaphysik vielgestaltige, eindrucksvolle und doch unklare Gedankenbildungen vollziehen, die immerfort mit subjektivistischen Gedankenmotiven operieren.
Von ⟨Von *m. Tinte überschrieben*⟩ der empfindlich gewordenen Spannung
jener gegensätzlichen Evidenzen innerlich bewegt, können sie ihr doch nicht
durch Abklärung und Versöhnung genugtun. Diese Wissenschaftlichkeit er-
strebenden, aber nie ⟨innerlich bewegt *bis* nie *m. Tinte überschrieben*⟩ ‖
225, 40 *nach* Paradoxien? *folgende Seite (Bl. 14a) m. Blei- und Blaust.
gestr.* ⟨*gestr.* national wohlbekannt sind ihr Sinn, ihre Sozialität, ihre Geschichtlichkeit mit dem Inhalt, der eben zur Selbstverständlichkeit der natio-

nalen Tradition gehört. Es ist natürlich ursprüngliche Religion, aber nicht als Schichte der Kultur, wie etwas für sich, sondern die nationale Umwelt selbst, konkret, ist mythisch eine animistische Welt.⟩ *Dieser Text wurde durch den folgenden, zwischen horizontalen Strichen unten auf der Seite stehenden Text (bis* sinnbestimmend*) ersetzt; Anschlußstellen m. Grün- und Rotst. markiert.* Er entdeckt, daß die Welt, in der er lebt, ihren Seinssin hat aus seiner nationalen Tradition und Sitte, von da her ihre Selbstverständlichkeit für jeden Volksgenossen ableitet. Offenbar konnte diese vorwissenschaftliche, in Zweifellosigkeit geltende Welt nur eine animistisch erfahrene sein, eine Welt mannigfaltiger wie menschlicher, so übermenschlicher, andererseits untermenschlicher, teils tierischer, teils untertierischer Lebewesen sein, immer in naiver Analogie mit menschlich-personaler Seelenhaftigkeit geschaut. Daher lebt der Mensch mit ihnen in einer universalen Verkehrs- und Schicksalsgemeinschaft, einer freundlichen und feindlichen. Auf sie beziehen sich die traditionalen Kulte. Der Animismus selbst in dieser natürlich gewachsenen Mythologie ist nicht ein abscheidbares Stück oder eine Seite dieser nationalen vorwissenschaftlichen Welt, sondern macht konkret genommen ihr ganzes Sein aus, für alle Lebenstätigkeiten der Menschen sinnbestimmend. Im friedlich vielverzweigten Verkehr mit mannigfaltigen fremden ⟨fremden *V. für den außergriechischen*⟩ Nationen tritt eben dieses höchst Befremdliche hervor, daß eine jede in einer anderen, in ihrer konkreten mythischen Welt lebt, während, wie sich der theoretische Zuschauer sagen mußte, eine Seinsidentität durch alle diese Welten hindurcherstreckte. Schon die Möglichkeit, im Handel und überhaupt gesellschaftlich sich zu verständigen, mußte das evident machen. Menschen hier und Menschen dort, im Wesen doch dieselben, mit denselben leiblichen Organen, denselben Grundbedürfnissen usw. Andererseits ⟨Schon *bis* Andererseits *V. für* wie schon die Möglichkeit, im Handel sich zu verständigen, vorangeht⟩ dieselben Dinge, dieselbe Erde, dasselbe Meer, dieselbe Sonne usw. Dies alles als Identisches gegenüber dem Wandel der mythologischen Anschauungen. So hebt sich ab der Unterschied von Weltvorstellung (eben das, was vordem schlechthin „Welt" war) und Welt an sich, die identische, wie immer apperzipierte. ‖ 225, 41 *vor* Grundlagenprobleme *gestr. m. Rotst.* Aufgabe der Philosophie in der Gegenwart. Gegenwärtige Aufgabe anderer Wissenschaften, Mathematik etc., aber in der Philosophie. Widerstreitende Systeme von jeher. „Die Philosophie" — ein sinnvolles Ziel? Ja, aber nicht ein speziales wie die einzelnen Wissenschaften. Alle abstraktiv, alle intentional verflochten — Aufgaben der Universalität. *Querstrich m. Blaust.* ‖ 226, 1 ausdrücklich *Einf. m. Bleist.* ‖ **226,** 1 *vor* durch *gestr. m. Bleist.* selbst ‖ **226,** 2-5 unmittelbar *bis* daher die *V. für* nicht mehr zu verantwortende Selbstverständlichkeiten, auf ein System formulierter ‖ **226,** 3 *nach* Sätzen *gestr.* unmittelbaren Einsichten ‖ **226,** 6-9 mit *bis* Axiomatik *V. für* aufgebaut war, daß alle Sätze sie insgesamt voraussetzen und andererseits einzusehen ist, daß alle künftigen Sätze sie würden nicht entbehren können, überhaupt als Sätze der betreffenden Wissenschaft ‖ **226,** 9 *vor* schon *im Ms.* sind ‖ **226,** 14 *vor* Problem *gestr.* universales ‖ **226,** 16 *nach* philosophische, das *gestr.* universale der ‖ **226,** 16 *nach* subjektive *gestr.* Methode ‖ **226,** 16 *vor* Sinn *gestr.* abstraktiven ‖ **226,** 17 *nach* Mathematik *gestr.* liegt || **226**, 18 *nach* verbindet. *gestr. m. Bleist.* Halten wir uns zunächst an den Sinn selbst, so ist er jeweiliger. Für Euklid, für Descartes, für uns heute || **226**, 19 *nach* Raum *gestr.* ein Abstraktum ist || **226**, 20 *statt* bezogen ist *im Ms.* hat || **226**, 20 *nach* Wissenschaften *gestr.* aber die waren zunächst Forderung, bestenfalls Anfang — und sind sie heute schon so weit, daß wir etwa eine Physik mit einer Wissenschaftlichkeit hätten, die jenen idealen Forderungen einer letzten Axiomatik entspricht? || **226**, 30 *angestr. am Rand* || **226**, 36 f. an sich früheren *Einf. m. Bleist.* || **226**, 40 verschafften *V. m. Bleist. für* schafft || **226**, 43 in eins *Einf. m. Bleist.* || **226**, 43 als *bis* bestimmender *Einf. m. Bleist.* || **226**, 44 *nach* „Gebiet" *gestr.* als letzte || **226**, 44–**227**, 1 Wahrheiten eingeht *V. m. Bleist. für* wahrhaft Seiendes als ⟨als *Einf. m. Bleist.*⟩ letztlich ihren Seins- ⟨ihren Seins- *Einf. m. Bleist.*⟩ Sinn bestimmend eingeht || **227**, 34 *nach* Universum *gestr.* von der untrennbaren All-Einheit || **227**, 35 f. Dies *bis* Seienden *V. für* die eben nicht ein äußerliches Miteinander- und Aneinander-Gebundensein von Seienden ist || **227**, 36 f. sondern *bis* All-Einheit *Einf.* || **227**, 37 *nach* Universum *gestr.* das Weltall || **227**, 38 der Vorgeltung *Einf.* || **227**, 38 f. ein Horizont *bis* Erkenntnis *V. für* als im voraus unbestimmt allgemein geltenden || **227**, 40 *statt* ihrem *im Ms.* seinem || **227**, 40 schaffen *V. für* machen || **227**, 40 Vorgewißheit *V. für* Vorüberzeugung || **227**, 42 f. eines *bis* Leistung *V. für* idealiter zu erzielenden Leistung || **227**, 44 *nach* nur *gestr.* und schon höherstufige || **227**, 45 *nach* Welt. *Text auf der Rückseite von Bl. 22 auf dem Kopf stehend und m. Bleist. gestr.* Es ist gerade die Funktion der Philosophie ⟨Es *bis* Philosophie *Einf. m. Bleist.*⟩, alle die geistigen Leistungen, die innerlich ⟨*gestr. m. Bleist.* in traditionell gewordenen Formen⟩ von den Forschern der methodisch sicher gewordenen Spezialwissenschaften getätigt werden, zu reflektiven und korrelativen Themen zu machen, nach Leisten und Leistungsergebnis: Also jede der Weisen der Sinnbildung, durch welche je eine Spezialwissenschaft ihr Thema, ihr „Gebiet", gewinnt, ihren gebietumgreifenden Begriff, ihre Aufgaben und Theorien. Erst so ist der universalen ⟨universalen *Einf. m. Bleist.*⟩ Erkenntnisaufgabe Genüge zu tun, deren Name Philosophie ist, nur so ⟨nur so *Einf. m. Bleist.*⟩ die ⟨*gestr. m. Bleist.* innerlich⟩ einheitliche Leistung ⟨*gestr. m. Bleist.* zu vollziehen und⟩ zu verstehen, die in allen Leistungen der Einzelwissenschaften als Teilfunktionen sich auswirkt und für den Sinn einer jeden grundwesentlich mitbestimmend ist — wir müssen eine jede in ihrer notwendigen thematischen Einseitigkeit, ihrem gebietsmäßigen spezialen Sinn ||

Beilage XVI (S. 228-231)

Der Text fußt auf den Blättern 15–20 von Konvolut M III 16 b. Sie sind beidseitig mit Tinte in Gabelsberger Stenographie beschrieben und besitzen außer Blatt 15 (16,4 × 9,3 cm) das Format 16,4 × 10,4 cm. Sie sind mit Bleistift von 1–6 paginiert. Auf Blatt 15 steht mit Rotstift ad 3 (zu beziehen auf das Typoskript der Prager Abhandlung) und mit Bleistift das Datum 9.IV.35.

Die Blätter sind mit Bleistift überarbeitet und weisen zahlreiche Unterstreichungen mit Bleistift auf.

228, 11 *angestr. am Rand m. Bleist.* ‖ **228**, 32 *nach* Welt. *Trennstrich m. Bleist.* ‖ **228**, 32 f. Sie sind *V. m. Bleist. für* Komma ‖ **228**, 34 *nach* sind. *Trennstrich m. Bleist.* ‖ **228**, 43 ihn *m. Bleist. überschrieben* ‖ **228**, 45 hat *nach* In sich *Einf. m. Bleist.* ‖ **229**, 4 *angestr. am Rand m. Bleist.* ‖ **229**, 8 *angestr. am Rand m. Bleist.* ‖ **229**, 11 und *vor* nach *Einf. m. Bleist.* ‖ **229**, 11 andere *Einf. m. Bleist.* ‖ **229**, 12 *vor* geltend *gestr. m. Bleist.* unbedingt ‖ **229**, 12 *angestr. am Rand m. Bleist.* ‖ **229**, 14 Anführungszeichen *m. Bleist.* ‖ **229**, 19 und des *V. m. Bleist. für* daß sie den ‖ **229**, 19 f. *statt* mit dem *im Ms.* mit der ‖ **229**, 20 *nach* gilt *gestr. m. Bleist.* und der Geltung selbst ‖ **229**, 21 Komma *V. m. Bleist. für* muß und ‖ **229**, 22 werden muß. Ferner *Einf. m. Bleist.* ‖ **229**, 37 f. und Wir als Wir, Ich und mein Wir als *Einf. m. Bleist.* ‖ **229**, 39 *Rb. m. Bleist.* = schon die intentionale Psychologie fehlt ‖ **229**, 39 und uns *Einf. m. Bleist.* ‖ **229**, 39 *nach* hat. *Trennstrich m. Bleist.* ‖ **229**, 40 psychologisch *Einf. m. Bleist.* ‖ **229**, 43 *statt* seiender Realitäten, seiender Welt *im Ms.* seiende Realitäten, seiende Welt ‖ **230**, 4 *über* etc. *m. Bleist.* das explizite und implizite Bewußtsein *danach Trennstrich m. Bleist.* ‖ **230**, 14 nach machen — *Trennstrich m. Bleist.* ‖ **230**, 16 *nach* bestimmen. *Trennstrich m. Bleist.* ‖ **230**, 17 und *vor* das *V. m. Bleist. für* Komma ‖ **230**, 20 ergibt *V. m. Bleist. für* gibt ‖ **230**, 23 f. handelt es sich *V. m. Bleist. für* ist ‖ **230**, 24 um folgendes *V. m. Bleist. für* die Meinung die ‖ **230**, 34–36 *Klammern m. Bleist.* ‖ **230**, 36 *nach* bekommt) *gestr. m. Bleist.* — andererseits eben dies an sich Seiende ‖ **230**, 40 *nach* bringenden. *Trennstrich m. Bleist.* ‖ **230**, 47 und zunächst die erfahrenden *Einf.* ‖ **231**, 1 *nach* Dingen. *Rb.* cf 3₂ ‖ **231**, 11 und in *bis* bewährt *Einf. m. Bleist.* ‖ **231**, 12 in der Psychologie *Einf. m. Bleist.* ‖ **231**, 17–25 *Wellenlinie m. Bleist. am Rand und Rb.* das ist doch dasselbe ‖ **231**, 22 f. *Anführungszeichen jeweils m. Bleist.* ‖ **231**, 23 f. auf *bis* Konnex *V. m. Bleist. für* als Einheit eines strömenden Wandels ‖

Beilage XVII (S. 231–233)

Der Text dieser Beilage fußt auf den Blättern 24–26 von Konvolut M III 16 b. Die Blätter von Normalformat sind beidseitig in Gabelsberger Stenographie beschrieben, und zwar Blatt 24 mit Bleistift (auf der Rückseite, paginiert m. Grünst. (16), befindet sich ein auf dem Kopf stehendes, mit Tinte geschriebenes gestrichenes Textstück), die Blätter 25 und 26 mit Tinte; die Rückseite von Blatt 26 weist die Blaust.-Paginierung 9 und ein kurzes Textfragment auf (siehe im folgenden). Auf allen drei Blättern ist mit Rotstift die Zahl 8 notiert (zu beziehen auf das Typoskript der Prager Abhandlung). Die Blätter 24 und 25 sind mit Bleistift (1, 2), Blatt 26 ist mit Rotstift (3) paginiert. Die Blätter weisen keine Spuren späterer Bearbeitung auf.

231, 34 *nach* Relativität *gestr.* stört nicht den normalen ‖ **231**, 35 *nach* dahinlebend *im Ms.* und ‖ **231**, 38 *nach* diese — *gestr.* etwas von der Ferne so, im näheren Herankommen (oder aktiv an ihn herantretend) anders || **231**, 38 *nach* ihnen *gestr.* oder ihrer Stellung zu || **231**, 42–**232**, 1 Wechsel *V. für* Wandel || **232**, 4 *nach* als *gestr.* Einheit der Geltung || **232**, 12 *vor* selbstverständlich *im Ms.* alles || **232**, 15 umsetzen *V. für* korrigieren || **232**, 15 Änderungen *V. für* Inhaltsmerkmale || **232**, 16 *statt* ihrer *im Ms.* seiner || **232**, 16 *nach* verlaufen *gestr.* eigentlich || **232**, 17 f. *nach* beachtet *im Ms.* zu werden || **232**, 22 *nach* nachzu- *gestr.* verstehenden und || **232**, 26 *nach* gehört. *gestr.* So verbleibt immerfort das jeweils als Zustand in diesem Sosein Gegebene, auch nach jeder Korrektur in seiner Relativität. Ebenso *auf dem Rest der Seite ein m. Tinte geschriebener, auf dem Kopf stehender und m. Blei- und Rotst. gestr. Text* Im 19. Jahrhundert merken wir einen wesentlichen Wandel. Eben dieser schwunggebende Glaube an Philosophie und Wissenschaft ⟨an Philosophie und Wissenschaft *Einf. m. Bleist.*⟩ wird matt, um schließlich fast ganz zu entschwinden. Welche Wandlung im europäischen Zeitgeist! Philosophie im alten Sinn ⟨*gestr.* Aufklärung, Wissenschaft⟩, theoretische Welterkenntnis als Einzelwissenschaft — im alten Sinn als Zweig der Philosophie ⟨als Zweig der Philosophie *V. m. Bleist. für* wiederhole ich⟩ —, Intellekt und Intellektualismus usw. sind Worte, die in weiten Kreisen einen ⟨*gestr.* fast⟩ verächtlichen Beigeschmack erhalten ⟨erhalten *V. m. Bleist. für* haben⟩ und vor allem in der Jugend, die sich für berufen hält, neue Ideale anstelle der vermeintlichen und für immer erledigten zu suchen oder ⟨zu suchen oder *Einf. m. Bleist.*⟩ zu pflegen. Sosehr sich auch darin der europäische Geist, den Philosophie gebildet hat, bewährt, nämlich sich von autonom ergriffenen und ausgestalteten Ideen bewußt leiten zu lassen und von da her dem ganzen Gemeinschaftsleben, in Staat, in Nation, in Kultur, Form und Gehalt zu geben, es ist ein skeptisch umgestülptes Europa in diesen Kreisen lebendig, eine Parallele zur skeptischen Antiphilosophie gegenüber der Philosophie selbst, und zugleich von dieser Seite her wesentlich bestimmt.

Bleiben wir zunächst in der Sphäre der positiven Wissenschaften. || **233**, 10 f. *statt* erfüllendes *im Ms.* Erfüllens || **233**, 17 *nach* Lebens, *gestr.* wie auch dies, daß im Wechsel dieser Relativitäten doch ein identisches Sein hindurchgeht, solange die Einstimmigkeit nicht verletzt wird || **233**, 19 f. *statt* Philosophen *im Ms.* Philosophischen || **233**, 26 f. *vor* seinen Sinn *gestr.* sein ursprünglich || **233**, 29 *nach* hat. *auf der folgenden Seite (Bl. 26 b) ein auf dem Kopf stehender Text* Die im platonischen Geiste gestaltete Euklidische Geometrie und die daran sich schließenden Anfänge exakter Physik und Astronomie waren der erste feste Kernbestand, der sich im Glutstrom philosophischer Gedankenbildung niederschlug. ||

Beilage XVIII (S. 233–236)

Der Text der Blätter 54–56 von Konvolut K III 2. Die Blätter liegen im Binnenumschlag 52/57, der die Aufschrift trägt Zur Prager Abhandlung Herbst 1934. *Voran liegt ein abgetrenntes Blatt (53); die Rückseite ist gestrichen, auf der Vorderseite folgender Text* Schon der Materialismus vergißt, daß er eine Konstruktion ist, vergißt, daß das theoretisch konstruierende

Subjekt, das erlebende, die Erscheinungen habende, das Hypothesen entwerfende, nicht Konstruktion, sondern konstruierend ist, daß es vorausgesetzt und in anderer Weise als die Welt immer im voraus ⟨ist⟩ — apodiktisch vor aller Theorie.

Die Blätter 54–56 von Normalformat sind mit Tinte in Gabelsberger Stenographie beidseitig beschrieben und mit Blaustift von I–III paginiert. Blatt 54 trägt den mit Bleistift geschriebenen Titel Menschliche Selbstbesinnung, ins Transzendentale führend*; darunter mit Blaustift* Zum Schluß! *Der Text ist mit Blei-, Blau- und Rotstift überarbeitet und weist etliche Unterstreichungen auf.*

233, 33 *eckige Rotst.-Klammer auf vor* Ich ‖ **233**, 42–44 Führt *bis* Wissenschaft. Einf. ‖ **234**, 36 *angestr. am Rand* ‖ **234**, 36–39 *angestr. am Rand* ‖ **235**, 3 *vor* wissenschaftlichen *gestr.* philosophischen ‖ **235**, 9 und niemand *bis* mag Einf. ‖ **235**, 13 *nach* verstanden. *waagrechter Strich über die ganze Seite und gestr. m. Bleist.* ⟨Rb. Von hier Psychologie und transzendentale Philosophie. Bloße Änderung der Einstellung.⟩ Ernstliche Psychologie führt in eidetische transzendentale Philosophie und verliert doch nicht das Faktum Ich und Wir, an das sie gebunden ist als dessen Funktion. Aber kann ich sagen, Psychologie sich als transzendentale Philosophie ausbildend, also in universaler Reduktion, „sei nicht mehr objektive, positive Wissenschaft, sosehr sie das sein wollte"? Sie hat sich in dieser Selbsterkenntnis ihrer wahren Aufgabe verwandelt? So ist es nicht korrekt. In der Einstellung auf die Ichpole und das „Bewußtseinsleben" und Konstitution der Welt, die nur als Leitfäden fungieren, ist das Ego und sind die Alteri, die Ichpole der selbstobjektivierenden Apperzeption, also nicht thematisch gesetzt als Menschen. Es ist niemals über Menschen in dieser Einstellung geurteilt, so wenig als über die Natur. *Trennstrich* Aber alle natürlichen Geltungen, Welt in ihrer Relativität, in ihren Einheiten, die als seiend gelten und noch sosehr korrigiert, gelegentlich als Schein herausgestrichen doch immer wieder zu Einheitsgeltung führen und verharrende Welt, die Welt für mich, ergeben — all das bleibt bestehen, und ich sagte ja, ich muß sogar die Setzungen vollziehen, um sie in Epoché setzen und als Phänomene zur Hand haben zu können ⟨im Ms. haben kann⟩. Die Umstellung ist jederzeit offen, ich stelle mich wieder auf Welt und Weltleben ein, nur von der „Naivität" befreit. Jetzt sind die absoluten Ichpole und das Bewußtseinsleben eben weltlich. ⟨Rb. Psychologische Eidetik als Methode der Erkenntnis der menschlichen Person = transzendentale Phänomenologie in Funktion der psychologischen Ontologie⟩ Aber wie steht es mit der psychologischen Eidetik? Sie wird doch jetzt zu einer Methode (des philosophierenden Menschen oder der Menschheit), über menschliche „Seelen", besser über menschliche Personen, überhaupt über Ichsubjekte universal auszusagen. Das ist also transzendentale Phänomenologie in der Funktion einer psychologischen Ontologie. Sie ist für unsere Denkgewohnheiten eine gar paradoxe Ontologie! ⟨Rb. Die psychologische Ontologie verschlingt alle Ontologie⟩ Denn sie ist eine solche des „bloß" menschlich-geistigen Seins, freilich notwendig überführend in das kindliche Sein, in das anormale Sein, in das tierische

Sein, aber jedenfalls bloß eidetische Psychologie — aber sie verschlingt alle Ontologie — die Ontologie der Natur, die Mathematik, die Logik. Kann etwas noch übrigbleiben? *Trennstrich und doppelt angestr. am Rand* || **235**, 21 *Pfeil nach unten m. Blaust.* || **235**, 23 *Text der Fußnote Rb. m. Bleist.* || **236**, 13 *nach* abgetan. *Trennstrich* || **236**, 24 *nach* bleibt. *Trennstrich* || **236**, 26 *doppelt angestr. am Rand* ||

Beilage XIX (S. 236–238)

Der Text fußt auf den Blättern 5–8 (1–4) vom Format 20,9 × 29,6 cm aus Konvolut M III 17 a. Es handelt sich dabei um ein wahrscheinlich von Eugen Fink angefertigtes Typoskript (eine Durchschrift des Textes findet sich in M III 17 b/2–5). Das Originaltyposkript trägt von Husserl mit Bleistift die Jahreszahl 1934 und weist zwei Bleistift-Korrekturen von ihm auf (die Durchschrift ist nicht überarbeitet).

Dem Konvolut M III 17 a liegt als Blatt 1 die abgetrennte Vorderseite einer Jurismappe voran, die von Malvine Husserl die Bleistift-Aufschrift trägt Kastor frz. Künstler schickte einen Stich von E.H. an E.H. *darauf folgende Ausführungen. Die Blätter 2–4 (und ebenso Blatt 1 von M III 17 b) enthalten Fassungen des Mottos zu Kastors Bild (siehe Beilage XX).*

237, 20 Denn *V. m. Bleist. für* Nämlich || **238**, 7 *vor* Endlichkeit *gestr. m. Bleist.* ständigen ||

Beilage XX (S. 238-239)

Die erste Fassung ist der Text von Blatt 2 aus M III 17 a, die dritte Fassung der Text von Blatt 4 (Blatt 3 enthält die zweite (kurrentschriftliche) Fassung). Blatt 2 von Normalformat ist mit Tinte in Kurrentschrift beschrieben. Es trägt die Aufschrift Zur Unterschrift unter Kastors Bild, gedacht 1935, Anfang Januar. *Der Text weist keine Spuren späterer Bearbeitung auf. Blatt 4, eine maschinenschriftliche Abschrift der zweiten Fassung, besitzt das Format 20,9 × 29,6 cm und trägt von Malvine Husserl die Aufschrift mit Bleistift* Zur Unterschrift für das Portrait, das Kastor — Paris Anfang 1935 von E.H. (Kupferstich) an E.H. gesandt mit der Bitte um einige Worte; *das Blatt besitzt einen stenographischen Zusatz von Husserl. Blatt 1 von M III 17 b ist eine Durchschrift des maschinenschriftlichen Textes ohne Veränderungen. (Zu M III 17 a, b vgl. Beilage XIX.)*

239, 15–19 Nur *bis* sollen. *Bleist.-Zusatz in eckigen Klammern* ||

„An den Präsidenten des VIII. Internationalen Philosophen-Kongresses, Herrn Professor Dr. Rádl in Prag": *Actes du Huitième Congrès International de Philosophie à Prague 2–7 Septembre 1934*, Prague 1936, S. XLI–XLV
(S. 240–244)

Im Anschluß an den Text wurde bei der Erstveröffentlichung noch der folgende persönliche Brief Husserls an Rádl abgedruckt (vgl. oben, Einleitung der Herausgeber, *S. XXVI):*

Sehr verehrter Herr Kollege!

Da es mir peinlich war, Behauptungen ohne tiefere Begründungen zu geben, habe ich, so gut es in der kurzen und leider störungsreichen Zeitspanne möglich war, mindestens für eine Hauptlinie begründende Ausführungen hingeworfen, freilich ohne letzte Redaktion. Diese kleine Abhandlung wird Ihnen in einer Maschinen-Kopie durch meinen Freiburger Assistenten Dr. E. Fink inzwischen hoffentlich zugekommen sein. Vielleicht ist sie als Vortrag brauchbar und geeignet, vor einem kleinen Kreis von Interessenten (etwa durch Herrn Dr. Patočka) vorgelesen zu werden. Ansonst bitte ich um gütige Rücksendung.

Mit der Bitte, dem tagenden Kongreß meine ergebensten Grüße und Wünsche für einen schönen Verlauf der Verhandlungen aussprechen zu wollen zeichne ich in vorzüglicher Hochachtung und landsmannschaftlichem Gruß

Ihr sehr ergebener
E. Husserl.

〈Selbstdarstellung im *Philosophen-Lexikon:*〉
„Edmund Husserl": *Philosophen-Lexikon,* bearbeitet von Eugen Hauer, Werner Ziegenfuß, Gertrud Jung, Berlin 1937, S. 447–452
(S. 245–254)

Im Husserl-Archiv ist unter der Signatur P II 2 eine Kopie einer maschinenschriftlichen Vorlage des Artikels, die Eugen Fink anfertigte, archiviert (Blätter 44–56, paginiert von 1–13; das Original befindet sich im Besitz der Familie Fink). Auf das Titelblatt (44) hat Husserl mit Blaustift notiert Artikel für das Philosophen-Lexikon von Eisler. *Das Manuskript weist, vor allem auf den Seiten 6–9, handschriftliche Korrekturen Finks auf. An drei Stellen nahm Husserl handschriftlich Veränderungen vor (siehe im folgenden), nur eine davon wurde in den Erstdruck übernommen. Mit Ausnahme der beiden anderen Stellen ist der Text des Typoskripts identisch mit dem Erstdruck. Bruchstücke einer erheblich abweichenden, ebenfalls maschinenschriftlichen Fassung finden sich auf Blatt 13 (7) von A VII 19 und Blatt 56 (9) von D I 4.*

246, 28 *statt* Carl Stumpf *im Erstdruck irrtümlich* Franz Brentano *(im Typoskript von Husserl m. Blaust. korrigiert)* || **248**, 9 *vor* Ganzheiten *im Typoskript Zusatz von Husserl m. Tinte* die || **248**, 13 letztere *im Typoskript V. von Husserl m. Tinte für* letzlich *(in den Erstdruck übernommen)*

NACHWEIS DER ORIGINALSEITEN

In der linken Kolonne sind Seite und Zeile der vorliegenden Ausgabe verzeichnet, in der rechten Kolonne das Manuskriptkonvolut und die Blattzahlen im Manuskript (nach der Signierung und Numerierung des Husserl-Archivs Leuven).

13, 15-**20,** 20	**F II** 7/76-89	**118,** 3-**122,** 25	**F II** 7/230-232,
20, 21-**43,** 25	**F II** 7/127-140,		234
	143-160	**129,** 1-**142,** 13	**A I** 27/1-16
43, 26-**59,** 5	**F II** 7/46-56	**142,** 17-**143,** 19	**A VI** 16-17/4
59, 6-**94,** 12	**F II** 7/178-184,	**143,** 23-**163,** 23	**A VI** 16-17/3,
	190-212		5-24
94, 16-**96,** 15	**F II** 7/72, 73	**164,** 1-**181,** 27	**F II** 2/2-17,
96, 19-**97,** 27	**F II** 7/2		29, 30
97, 28-**100,** 28	**F II** 7/175, 176	**184,** 4-**221,** 15	**M III** 16b/28-40,
100, 29-**103,** 12	**F II** 7/168, 169		42-73
103, 15-**105,** 36	**F II** 7/186-188	**221,** 19-**222,** 48	**M III** 16b/4-7
105, 39-**107,** 3	**F II** 7/218, 219	**223,** 5-**227,** 45	**M III** 16b/9-14,
107, 4-41	**F II** 7/237		21, 22
108, 4-**109,** 39	**F II** 7/220, 221	**228,** 4-**231,** 30	**M III** 16b/15-20
109, 43-**113,** 13	**F II** 7/170-172	**231,** 34-**233,** 29	**M III** 16b/24-26
113, 18-**115,** 4	**F II** 7/228	**233,** 30-**236,** 36	**K III** 2/54-56
115, 5-44	**F II** 7/229	**236,** 40-**238,** 31	**M III** 17a/5-8
116, 1-34	**F II** 7/233, 235	**238,** 32-**239,** 19	**M III** 17a/2, 4
116, 34-**118,** 2	**F II** 7/222		

SACHREGISTER

Stellungnahme 23, 44, 63, 65, 79 f., 99, 139
Streben 25, 30, 37, 85
Subjektivismus 195 ff., 205
Subjektivität 164 ff., 198 ff.; transzendentale S. 171 ff., 180 f.
Sündhaftigkeit 38, 44

T

Technik, Technisierung 208 f., 215, 223 ff.
Teleologie 104, 112, 153, 228, 234
Telos (siehe auch Entelechie) 118 ff., 198, 207
Theorie, theoretische Einstellung 186 ff., 228 ff., 240 f.
Tradition 90, 103 f., 110, 188 f.
Transzendentalphilosophie 164 f., 168 ff.

U

Umwelt 158, 162 f., 212 f., 253
Urteil 130 f.

V

Vernunft, Vernünftigkeit 4 ff., 10, 12, 19, 21, 26, 36, 39 ff., 71, 83 f., 86 ff., 91 ff., 99, 105 f., 107, 116 ff., 206 f., 234, 241 ff., 252; absolute V. 33 f., 54 f.; praktische V. 108 f.

Volk 111
Vollkommenheit 33, 37 ff., 45

W

Wahrheit 77 f., 146, 149, 190, 192, 224 ff., 233
Welt 140, 149 ff., 155 ff., 166 ff., 179, 189, 194 ff., 212 ff., 224 ff., 228 ff., 251
Weltkrieg 3 f., 94 f.
Wesensgesetz (siehe auch Wesenswissenschaft) 6 f., 11, 14 f., 31, 40, 248
Wille 24 ff., 52 f., 99, 118; Gemeinschaftswille 53, 57
Wissenschaft 5 f., 12, 43, 49 ff., 55 ff., 64, 68, 73, 76, 79 ff., 88 f., 91, 103, 110 ff., 159, 164 ff., 179, 185 ff., 221 f., 240 ff., 253 f.; christliche W. 103 f.; W. als Geisteswissenschaft 7 f., 114, 195 ff., 211 ff.; Naturwissenschaft 6 ff., 17 f., 93, 113 f., 195 f., 200, 213 ff., 223 ff.; Tatsachenwissenschaft 9 f., 114, 167, 222, 234; Wesenswissenschaft (siehe auch Wesensgesetz) 10 ff., 13 ff., 167 ff.; Weltweisheit 52 ff.; Wissenschaftstheorie 56

Z

Zivilisation 110 f.

NAMENREGISTER

Aristoteles 104, 193 f., 197, 228

Bacon 94, 177
Berkeley 132
Brentano 144, 181, 249
Buddho 125 f.

Christus 65 f., 69, 72, 100 f., 103 f.

D'Alembert 226
David 101
Descartes 94, 128, 138, 167, 169 f.,
   172, 200 ff., 218 ff., 244
Dilthey 164, 160, 214

Ehrenfels 246
Eucken 127 f.
Euklid 192, 226

Fichte 172

Galilei 116

Heidegger 250
Hobbes 132, 135, 197
Hume 132, 144
Huygens 52

Kant 15, 36, 44, 128, 132

Leibniz 18, 113, 132, 137, 193
Lerset 154
Locke 114, 132, 135 f., 142, 144,
   180, 197, 205

Meinong 248

Neumann 125 f.

Paulus 100 f.
Phidias 62
Platon 5, 13, 15, 17, 80 f., 83 f., 87 f.,
   93 f., 107 ff., 116 f., 192, 194, 197

Rádl 240

Scheler 180
Schiller 57
Shaw 122 ff.
Sokrates 13, 17, 80 f., 83, 86 f., 107,
   207, 210
Stumpf 246